Herzlich willkommen! Das ist dein persönliches MEHR!-Buch.

Aktiviere dein MEHR!-Buch online und nutze es mit zusätzlichen Inhalten und Funktionalitäten.

lernenwillmehr.at

63988BkyhcvS

Hier ist dein persönlicher Start-Code.

Unternehmensrechnung HAK III
Auflage 2021, SBNr. 195175 mit E-Book
Autorenteam: Gerhard Veidl, Helmut Bauer, Hannes Nitschinger
Redaktion: Petra Salzer, Daniela Schüller, Barbara Grasböck
Head of Design: Elisabeth Scheit **Design:** Agnes Kaufmann, Matea Oršolić, Andrea Fazakas
E-Publishing: Joanna Szelag, Aaziz Lahrouchi **Kapitelstartvideos:** kirschgrau.media **Erklärvideos:** Helmut Bauer
Strategische Beratung, Kommunikation und Design: buero8, Wien

Dieses Arbeitsbuch wurde vom Bundesministerium für Bildung, Wissenschaft und Forschung mit Bescheid vom 02.12.2019, Geschäftszahl BMBWF-5.025/0024-Präs/14/2018, für den Unterricht an Handelsakademien, III. Jahrgang, im Unterrichtsgegenstand Unternehmensrechnung für geeignet erklärt.

Dem Hölzel Verlag ist es ein grundlegendes Anliegen, Chancengleichheit wo immer möglich zu fördern. Frauen und Männer werden in den Texten und Beispielen dieses Buches gleichberechtigt behandelt. Um den Lesefluss nicht zu stören, wird aber – wo nötig – auf das Nebeneinander weiblicher und männlicher Formen verzichtet.

Druck: Print Alliance HAV Produktions GmbH, 2540 Bad Vöslau, ISBN 978-3-7068-6398-8
Das vorliegende Buch wurde auf chlorfrei gebleichtem Papier gedruckt.

Hier ist dein MEHR!-Buch, gedruckt und digital …

Das MEHR!-Buch ist ein Multimedia-Schulbuch.
Es steht sowohl gedruckt als auch online zur Verfügung.

Das bietet dir dein MEHR!-Buch

Einstiegsvideos am Beginn der Kapitel

Erklärvideos zum leichteren Verständnis

Umfangreiche Downloads

Lernkarten mit den wichtigsten Inhalten

Interaktive Übungen

Kompetenzchecks zur Selbsteinschätzung

Leicht verständliche Infografiken

Optimale Lesbarkeit auch auf kleinen Bildschirmen

Gedruckt und digital

Mit deinem MEHR!-Buch lernst du, wo du willst. Im gedruckten Buch und auf allen deinen Bildschirmen.

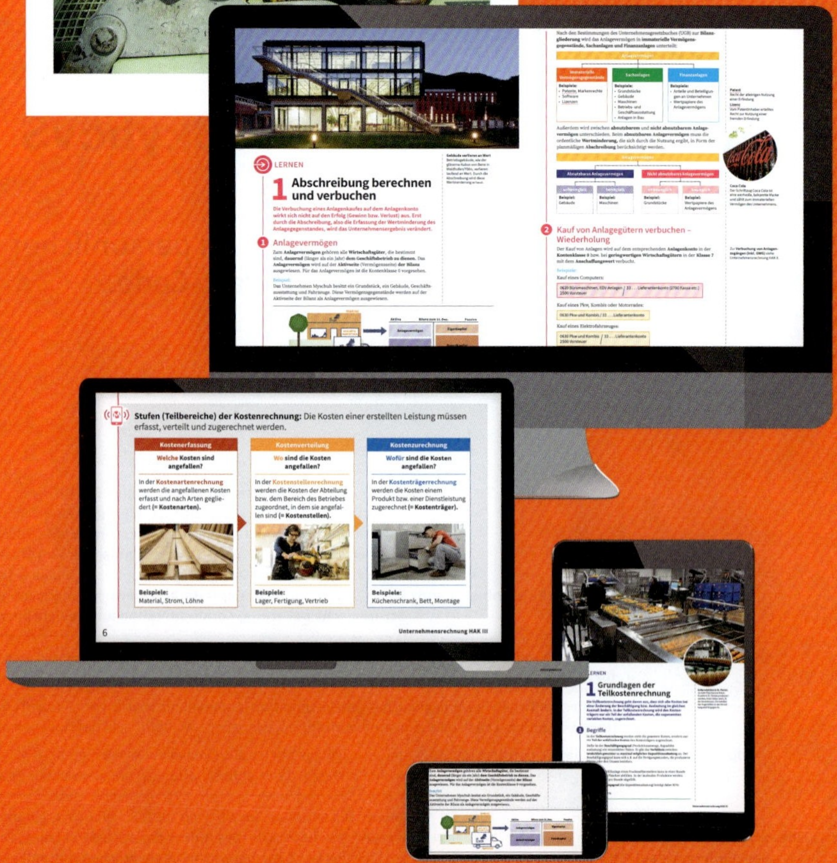

... und so aktivierst du dein MEHR!-Buch online

Mit der Aktivierung deines MEHR!-Buchs kannst du alle Vorteile des Multimedia-Schulbuchs nutzen.

1 Browser öffnen und lernenwillmehr.at aufrufen

2 Oben rechts auf ANMELDEN klicken und neu registrieren oder mit bereits vorhandenen Zugangsdaten anmelden

3 Im Menü LERNRAUM oder links unten am Bildschirm auf MEINE MEHR!-MEDIEN klicken

4 Auf das Feld „Start-Code eingeben“ klicken

5 Den Start-Code von der ersten Seite deines MEHR!-Buchs eingeben

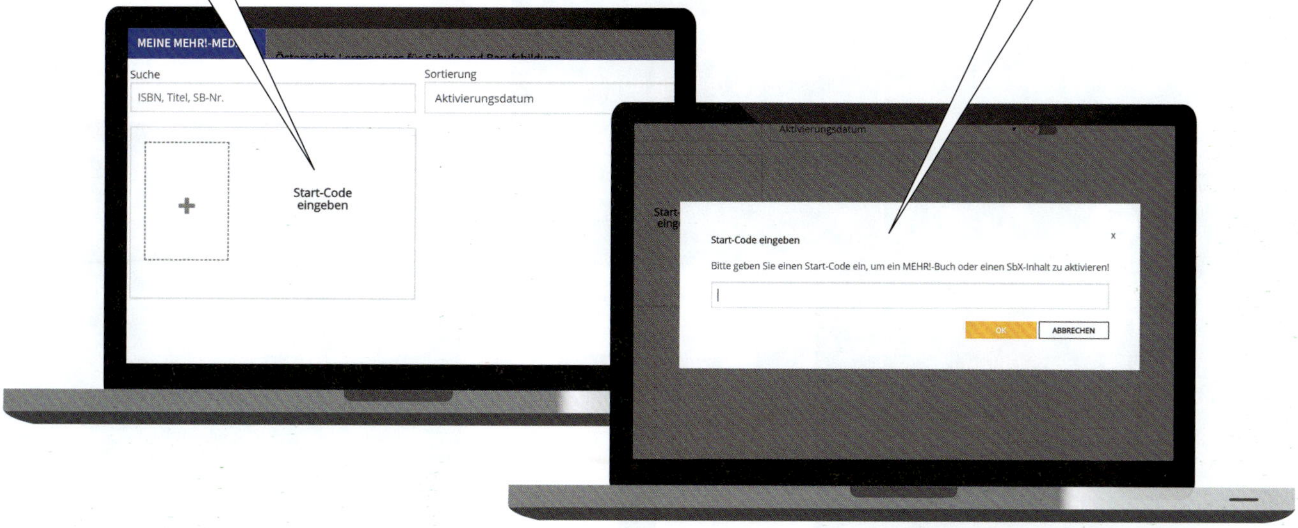

6 Aktiviertes MEHR!-Buch starten

Der MEHR!-Lernraum ist deine smarte Lernplattform …

Hier kannst du selbständig lernen und mit deinen Lehrern/Lehrerinnen online zusammenarbeiten: **lernenwillmehr.at**

So lernst du online im MEHR!-Lernraum

1

MEHR!-Bücher aktivieren

Sobald du deine MEHR!-Bücher unter MEINE MEHR!-MEDIEN aktiviert hast, kannst du sie öffnen und darin spannende Erklärvideos, interaktive Übungen und interessantes Zusatzmaterial nutzen.

2

MEHR!-Kursen beitreten

Im LERNRAUM können deine Lehrer/innen MEHR!-Kurse anlegen und ihnen MEHR!-Bücher zuordnen.

Deine Lehrer/innen erhalten KURS-CODES, die sie an dich weitergeben.

Mit diesen Codes kannst du deinen MEHR!-Kursen gleich beitreten.

3

Aufgaben bearbeiten

In den MEHR!-Kursen stellen dir deine Lehrer/innen Aufgaben. Du kannst diese Aufgaben online bearbeiten und abgeben.

Deine Lehrer/innen beurteilen die von dir abgegebenen Aufgaben direkt in den MEHR!-Kursen.

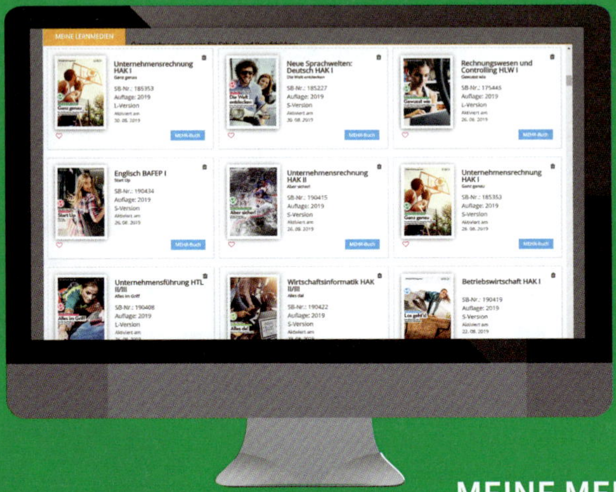

MEINE MEHR!-MEDIEN

In deiner persönlichen MEHR!-Medienbibliothek aktivierst du deine MEHR!-Bücher mithilfe von START-CODES.

MEINE MEHR!-KURSE

Deine Lehrer/innen legen MEHR!-Kurse an und stellen dir darin Aufgaben, die du löst und zur Beurteilung abgibst.

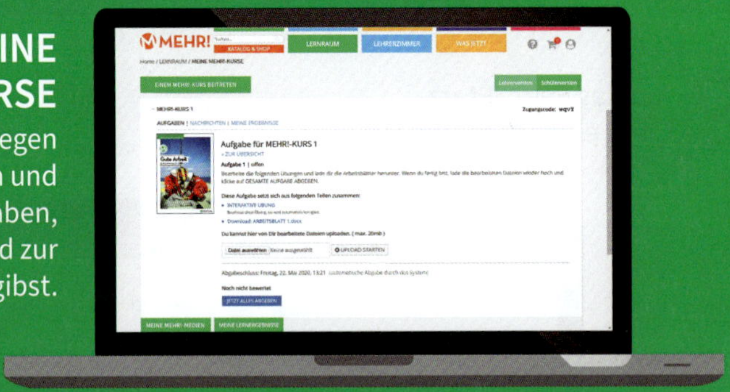

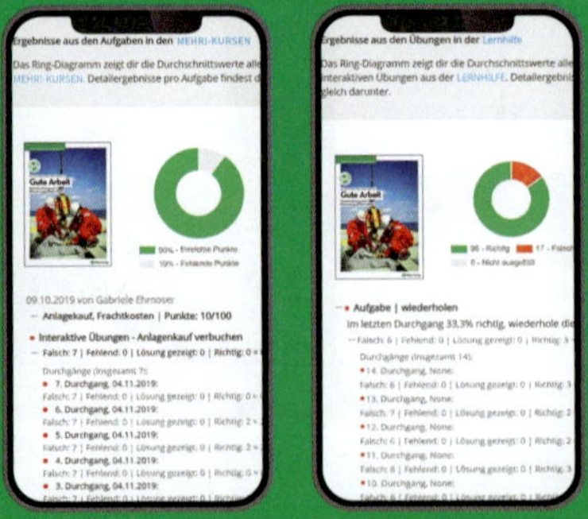

MEINE LERNERGEBNISSE

Unter MEINE LERNERGEBNISSE siehst du alle deine Ergebnisse nach MEHR!-Büchern und MEHR!-Kursen geordnet.

… und so nutzt du deine MEHR!-Kurse im MEHR!-Lernraum

Hier kannst du schnell und effizient Aufgaben bearbeiten, abgeben und beurteilen lassen.

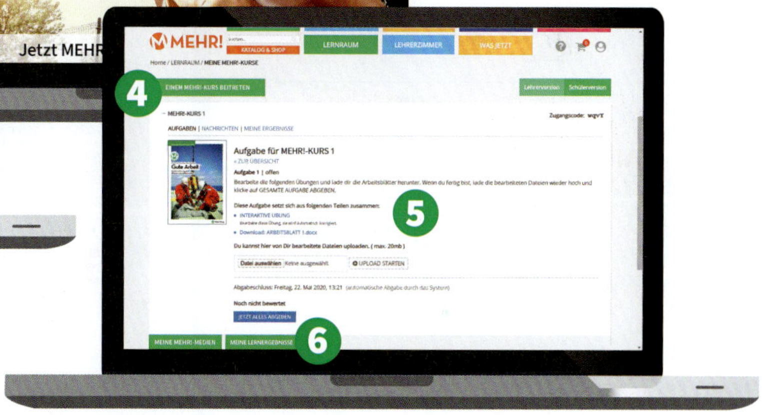

So geht's als Lehrer/in

1. Browser öffnen und **lernenwillmehr.at** aufrufen.
2. Oben rechts auf **ANMELDEN** klicken und als Lehrer/in neu registrieren oder sich mit bereits vorhandenen Zugangsdaten anmelden.
3. Im Menü **LERNRAUM** auf **MEINE MEHR!-KURSE** klicken.
4. Auf **NEUEN MEHR!-KURS ANLEGEN** klicken und einen MEHR!-Kurs mit einem Namen eigener Wahl anlegen, dabei das zuvor aktivierte MEHR!-Buch zuordnen.
5. Im neuen MEHR!-Kurs selbst Aufgaben erstellen oder auf **AUFGABE IMPORTIEREN** klicken, mit **Aufgaben-Codes**[1] vorgefertigte Aufgaben importieren und Abgabetermine festlegen.
6. Den **Kurs-Code** an die Schüler/innen **weitergeben,** die dem MEHR!-Kurs beitreten und die Aufgaben bearbeiten sollen.
7. Nach der Abgabe der Aufgaben durch die Schüler/innen die **Arbeiten beurteilen.**

So geht's als Schüler/in

1. Browser öffnen und **lernenwillmehr.at** aufrufen.
2. Oben rechts auf **ANMELDEN** klicken und als Schüler/in neu registrieren oder sich mit bereits vorhandenen Zugangsdaten anmelden.
3. Im Menü **LERNRAUM** auf **MEINE MEHR!-KURSE** klicken.
4. Auf **EINEM MEHR!-KURS BEITRETEN** klicken und mit dem **Kurs-Code** (wird von der Lehrperson bekannt gegeben) dem MEHR!-Kurs beitreten.
5. Im MEHR!-Kurs die **Aufgaben bearbeiten** und abgeben.
6. Nach der **Beurteilung** durch die Lehrperson die Beurteilung anschauen.

[1] Aufgaben-Codes

Alle Detail-Infos zum Importieren von fertigen Aufgaben mit Aufgaben-Codes gibt es unter **lernenwillmehr.at/aufgaben-codes**

Mit deinem neuen MEHR!-Buch kannst du …

Dein MEHR!-Buch bietet dir viele Lernhilfen und Zusatzmaterialien – gedruckt und digital.

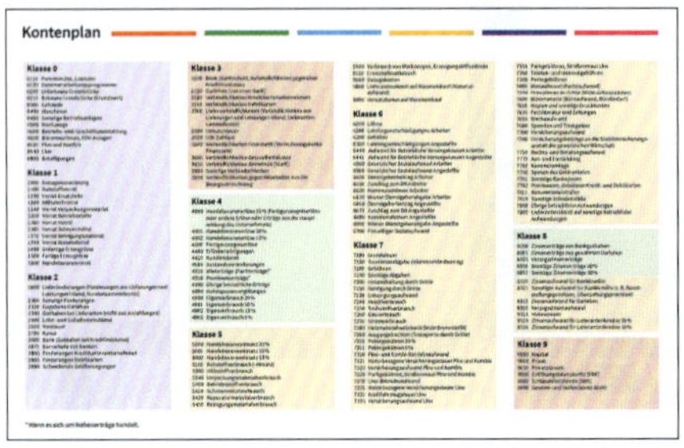

… deinen Kontenplan aufhängen oder einheften und ihn so immer bei der Hand haben.

… über die M-LINKS Zusatzmaterial im MEHR!-Buch online finden.

- → Hol dir Excel-Dateien und PDF-Formulare, um Übungsbeispiele zu bearbeiten.
- → Übe mit dem Buchungstrainer und interaktiven Übungen, die deine Eingaben sofort auswerten.
- → Folge externen Links zu weiteren Informationen.
- → Lade dir Zusatzinhalte als PDF-Datei herunter.

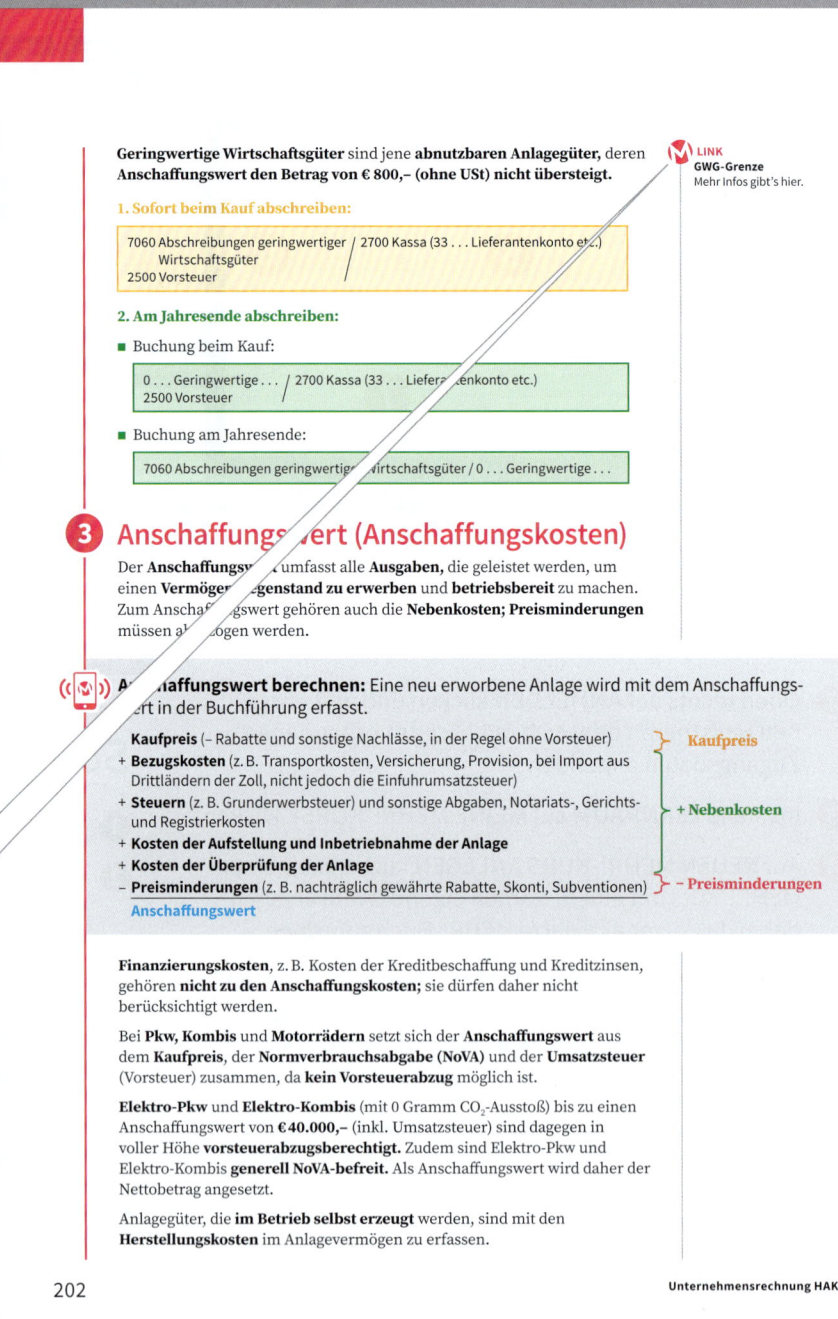

Geringwertige Wirtschaftsgüter sind jene **abnutzbaren Anlagegüter,** deren **Anschaffungswert den Betrag von € 800,– (ohne USt) nicht übersteigt.**

LINK
GWG-Grenze
Mehr Infos gibt's hier.

1. Sofort beim Kauf abschreiben:

7060 Abschreibungen geringwertiger Wirtschaftsgüter 2500 Vorsteuer	2700 Kassa (33 . . . Lieferantenkonto etc.)

2. Am Jahresende abschreiben:

- Buchung beim Kauf:

0 . . . Geringwertige . . . 2500 Vorsteuer	2700 Kassa (33 . . . Lieferantenkonto etc.)

- Buchung am Jahresende:

7060 Abschreibungen geringwertiger Wirtschaftsgüter / 0 . . . Geringwertige . . .

3 Anschaffungswert (Anschaffungskosten)

Der **Anschaffungswert** umfasst alle **Ausgaben,** die geleistet werden, um einen **Vermögensgegenstand zu erwerben** und **betriebsbereit** zu machen. Zum Anschaffungswert gehören auch die **Nebenkosten; Preisminderungen** müssen abgezogen werden.

Anschaffungswert berechnen: Eine neu erworbene Anlage wird mit dem Anschaffungswert in der Buchführung erfasst.

	Kaufpreis (– Rabatte und sonstige Nachlässe, in der Regel ohne Vorsteuer)	Kaufpreis
+	**Bezugskosten** (z. B. Transportkosten, Versicherung, Provision, bei Import aus Drittländern der Zoll, nicht jedoch die Einfuhrumsatzsteuer)	+ Nebenkosten
+	**Steuern** (z. B. Grunderwerbsteuer) und sonstige Abgaben, Notariats-, Gerichts- und Registrierkosten	
+	**Kosten der Aufstellung und Inbetriebnahme der Anlage**	
+	**Kosten der Überprüfung der Anlage**	
–	**Preisminderungen** (z. B. nachträglich gewährte Rabatte, Skonti, Subventionen)	– Preisminderungen
	Anschaffungswert	

Finanzierungskosten, z. B. Kosten der Kreditbeschaffung und Kreditzinsen, gehören **nicht zu den Anschaffungskosten;** sie dürfen daher nicht berücksichtigt werden.

Bei **Pkw, Kombis** und **Motorrädern** setzt sich der **Anschaffungswert** aus dem **Kaufpreis,** der **Normverbrauchsabgabe (NoVA)** und der **Umsatzsteuer** (Vorsteuer) zusammen, da **kein Vorsteuerabzug** möglich ist.

Elektro-Pkw und **Elektro-Kombis** (mit 0 Gramm CO_2-Ausstoß) bis zu einen Anschaffungswert von **€ 40.000,–** (inkl. Umsatzsteuer) sind dagegen in voller Höhe **vorsteuerabzugsberechtigt.** Zudem sind Elektro-Pkw und Elektro-Kombis **generell NoVA-befreit.** Als Anschaffungswert wird daher der Nettobetrag angesetzt.

Anlagegüter, die **im Betrieb selbst erzeugt** werden, sind mit den **Herstellungskosten** im Anlagevermögen zu erfassen.

202 Unternehmensrechnung HAK III

Und so funktioniert's:
1 MEHR!-App downloaden
2 Seite scannen
3 Video startet

... über das Handy-Symbol Videos finden und in der MEHR!-App oder im MEHR!-Buch online anschauen.

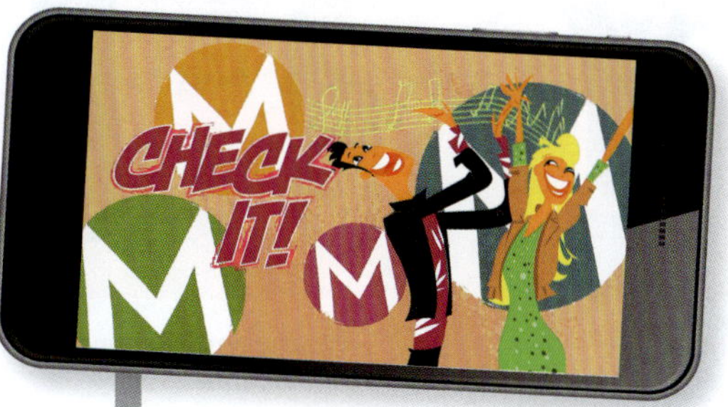

Aktivierung des Anschaffungswertes
Der Anschaffungswert muss in der Buchhaltung **aktiviert** werden, d. h., er wird in der Kontenklasse 0 erfasst.

Anschaffungswert aktivieren: Beim Kauf einer neuen Anlage werden der Kaufpreis und die Nebenkosten abzüglich der Preisminderungen am Anlagenkonto aktiviert (= erfasst).

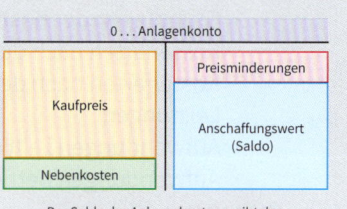

Verbuchung des Kaufpreises:
0 . . . Anlagenkonto / 33 . . . Lieferantenkonto
2500 Vorsteuer / (2700 Kassa etc.)

Verbuchung der Nebenkosten:
0 . . . Anlagenkonto / 33 . . . Lieferantenkonto
2500 Vorsteuer / (2700 Kassa etc.)

Verbuchung der Preisminderungen:
33 . . . Lieferantenkonto / 0 . . . Anlagenkonto
2500 Vorsteuer

0 . . . Anlagenkonto	
Kaufpreis	Preisminderungen
Nebenkosten	Anschaffungswert (Saldo)

Der Saldo des Anlagenkontos ergibt den **Anschaffungswert** (die Anschaffungskosten).

... das Wichtigste auf Lernkarten nachlesen und sie online einzeln durchklicken.

4 Anlagenabschreibung

Der Wert eines abnutzbaren Anlagegegenstandes verringert sich durch **Nutzung** (= Einsatz im Betrieb) oder **Zeitablauf**. Diese **Wertminderung** wird im **Anlagenverzeichnis** dokumentiert und in der **Buchführung** durch die **Abschreibung** erfasst. Durch die Abschreibung wird ein **Teil des Anschaffungswertes** der Anlage jährlich als **Aufwand** berücksichtigt.

Im Steuerrecht wird die Anlagenabschreibung als **Absetzung für Abnutzung (AfA)** bezeichnet.

Mit der **Abschreibung** erfolgt eine **Abwertung der Vermögensgegenstände** auf den **Wert am Abschlussstichtag.**

Abschreibungen sind **verpflichtend vorzunehmen,** unterlassene Abschreibungen können **nicht nachgeholt** werden.

Aktiva	Bilanz zum 31. Dez.
Anlagevermögen ↓	
Umlaufvermögen ↓	

Zur **Abschreibung** und zum **Anlagenverzeichnis** siehe auch Unternehmensrechnung HAK I.

Beginn der Abschreibung, Halbjahresregel
Für den **Beginn der Abschreibung** ist nicht der Zeitpunkt der Anschaffung des Anlagegutes, sondern der **Zeitpunkt seiner Inbetriebnahme** maßgebend.

- Wird das Anlagegut in der **ersten Jahreshälfte** (1.1.–30.6.) **in Betrieb genommen,** wird die **gesamte Jahresabschreibung** als Aufwand berücksichtigt.
- Wird das Anlagegut in der **zweiten Jahreshälfte** (1.7.–31.12.) **in Betrieb genommen,** wird die **halbe Jahresabschreibung** als Aufwand berücksichtigt **(Halbjahresregel).**

Abschreibung	
ganzes Jahr	halbes Jahr
☒	☐

Abschreibung	
ganzes Jahr	halbes Jahr
☐	☒

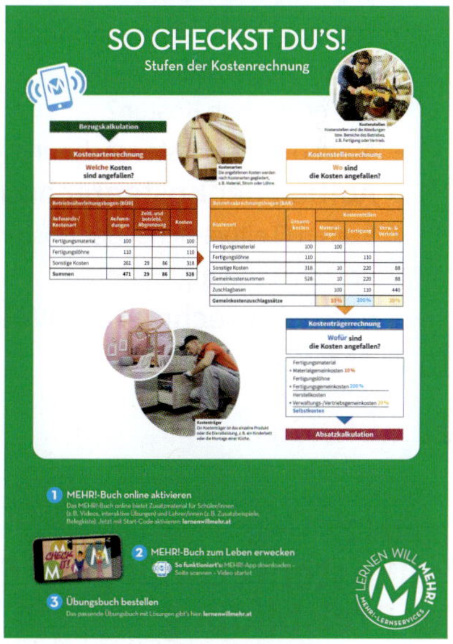

... das Klassenposter als Lernhilfe verwenden und so komplexe Themen und Abläufe verstehen.

Inhalt

Einführung in die Kostenrechnung. Welche Kosten können bei der Herstellung eines Produktes anfallen?

Vollkostenrechnung als Grundlage der Preisbildung. Was ist eine Vorkalkulation?

Teilkostenrechnung als Entscheidungsintrument. Welche Fixkosten fallen bei dir zuhause an?

Kostenrechnung als Ergebnisrechnung. Was sind „unfertige Erzeugnisse“?

Kapitel 3
Teilkostenrechnung als Entscheidungsintrument

Kapitel 4
Kostenrechnung als Ergebnisrechnung

Online-Service

Hier hält dich dein MEHR!-Buch über Neuigkeiten im Rechnungswesen auf dem Laufenden. Außerdem gibt's eine Sammelmappe und die wichtigsten Fachbegriffe auf Englisch übersetzt!

LINK
Aktuelles
Alle wichtigen unternehmens- und steuerrechtlichen Änderungen

LINK
Fachbegriffe Deutsch/Englisch
Die wichtigsten Fachbegriffe übersetzt

LINK
Sammelmappe
Die wichtigsten Buchungssätze zum Nachschlagen

Kostenrechnung im Handel und im Handwerk. Warum ist es auch im Handel wichtig, eine Kostenrechnung durchzuführen?

Grundlagen des Jahresabschlusses. Weißt du noch, wie man eine Summen- und Saldenbilanz aufstellt?

6. Semester

Kapitel 5

Kostenrechnung im Handel und im Handwerk

Kapitel 6

Grundlagen des Jahresabschlusses

Anlagenbewertung. Kannst du dich noch an die Abschreibung erinnern?

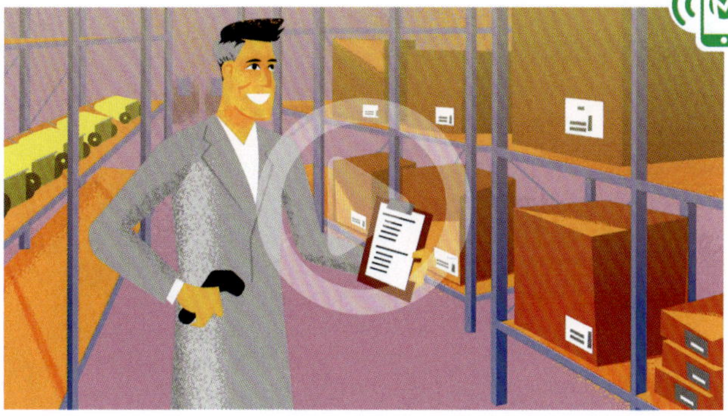

Waren- und Materialbewertung. Warum ist es wichtig, die Vorräte zu bewerten?

Kapitel 7
Anlagenbewertung

Kapitel 8
Waren- und Materialbewertung

Bewertung von unfertigen und fertigen Erzeugnissen.
Welche Gemeinkosten können in einer Tischlerei anfallen?

Betriebswirtschaftliche Fallstudien. Kannst du zwei Aufgaben nennen, die im Rechnungswesen anfallen?

Kapitel 9

Bewertung von unfertigen und fertigen Erzeugnissen

Drei Phasen zum Lernerfolg

1. LERNEN
Wissen & Verstehen
In der ersten Phase erklärt dir dein MEHR!-Buch die Lerninhalte.

2. ÜBEN
Probieren & Trainieren
Die zweite Phase bietet dir zusätzliche Übungsbeispiele.

3. KÖNNEN
Anwenden & Vernetzen
In der dritten Phase zeigst du, was du kannst, und wendest das Gelernte gleich an.

5. und 6. Semester

Kapitel 10

Betriebswirtschaftliche Fallstudien zum 5. und 6. Semester

Anhang

Handlungskompetenzen

Du siehst bei jeder Aufgabe, welche Handlungskompetenz du für die Lösung brauchst.

HANDLUNGS-KOMPETENZEN

A Wiedergeben

Du kannst grundlegende Inhalte, die du gelernt hast, wiedergeben, beschreiben und einordnen.

B Verstehen

Du kannst Gelerntes auf einen bestimmten Sachverhalt beziehen. Du kannst es mit einem Beispiel erklären, zusammenfassen und Zusammenhänge erkennen.

C Anwenden

Du kannst praxisnahe Aufgabenstellungen mithilfe gelernter Verfahren und Werkzeuge bearbeiten.

D Analysieren & Interpretieren

Du kannst Gelerntes neu strukturieren und nach eigenen Kriterien beurteilen.

E Entwickeln

Du kannst eigenständig Neues entwickeln.

Ziel deiner Schulausbildung ist nicht nur die Aneignung von Fachwissen, sondern vor allem der Aufbau von Kompetenz. Kompetenz bedeutet, dass man Wissen auch anwenden und neue Lösungen entwickeln kann.

Platz zum Schreiben

5. Semester

Darum geht's in diesem Semester:

1 Einführung in die Kostenrechnung
2 Vollkostenrechnung als Grundlage der Preisbildung
3 Teilkostenrechnung als Entscheidungsinstrument
4 Kostenrechnung als Ergebnisrechnung

FALLSTUDIEN ZUM 5. SEMESTER IN KAPITEL 10

Platz zum Schreiben

1 Einführung in die Kostenrechnung

Einführung in die Kostenrechnung
Einstiegsvideo zum Kapitel

Welche Kosten können bei der Herstellung eines Produktes anfallen?

Kann man im Vorhinein genau wissen, wie hoch die Kosten sein werden?

Darum geht's in diesem Kapitel:

Du findest im Internet ein neues Snowboard, das € 399,– kostet. Du fragst dich, wie der Hersteller den Verkaufspreis für das Snowboard festgelegt hat. Welche Kosten müssen damit gedeckt werden und was bleibt als Gewinn übrig?

Das lernst du in den folgenden Lerneinheiten:

1 Was ist die **Kostenrechnung**?
2 Aus welchen **Teilbereichen** und **Systemen** besteht die **Kostenrechnung**?
3 Wie läuft die **Istkostenrechnung zu Vollkosten** ab?

Aktiviere dein MEHR!-Buch online: **lernenwillmehr.at**

LERNEN

1 Was ist die Kostenrechnung?

In einem Unternehmen fallen täglich die unterschiedlichsten Kosten an. Mithilfe der Kostenrechnung werden alle Kosten erfasst, richtig zugeordnet und für Kalkulationen verwendet.

1 Stellung der Kostenrechnung im Rechnungswesen

Die doppelte Buchführung hast du in den letzten beiden Jahren bereits genau kennengelernt. Die Kostenrechnung ist ein weiterer **Teilbereich des Rechnungswesens.**

Teilbereiche des Rechnungswesens: Die Kostenrechnung steht mit den weiteren Teilbereichen des Rechnungswesens in enger Verbindung.

Rechnungswesen

Buchführung	Kostenrechnung	Betriebliche Statistik	Planungsrechnung
Die **Buchführung (Finanzbuchführung)** gibt Auskunft über den **Erfolg** (Gewinn oder Verlust) sowie die **Vermögens- und Finanzlage** eines Unternehmens.	In der **Kostenrechnung** werden die Zahlen aus der Buchführung u. a. für **Kalkulationen** und **Programmentscheidungen** verwendet, z. B. für die Berechnung der **Verkaufspreise.**	Mithilfe der **betrieblichen Statistik** werden die Zahlen aus der Buchführung und der Kostenrechnung **übersichtlich dargestellt** und **ausgewertet.**	Die **Planungsrechnung** ist zukunftsorientiert. Sie zeigt die zahlenmäßige **Auswirkung geplanter Maßnahmen** anhand der Daten aus den anderen drei Teilbereichen.

2 Wie entstehen Kosten?

Unternehmen verkaufen Sachleistungen (Waren) oder Dienstleistungen. Bei der **Erstellung von Leistungen** fallen **Kosten** an. Diese Kosten entstehen durch den Einsatz von **Produktionsfaktoren** (z. B. Material, Personal, Betriebsmittel) und **Dienstleistungen** (z. B. Strom, Transport).

Beispiel:
Für die Herstellung eines Snowboards braucht man das notwendige Material, man braucht Angestellte und Arbeiter sowie Maschinen. Außerdem muss man die Stromrechnung bezahlen und die Snowboards müssen ausgeliefert werden.

Kosten deines Snowboards
Im Preis deines neuen Snowboards sind alle Kosten inkludiert, die es bisher verursacht hat. Dazu zählt zum Beispiel das Material des Boards, der Transport, die Werbung und die Löhne für die Arbeiter.

3 Aufgaben der Kostenrechnung

Mithilfe der Kostenrechnung werden die **Kosten,** die bei der Leistungserstellung angefallen sind, **erfasst,** auf jene Betriebsbereiche **verteilt,** in denen sie entstanden sind, und den jeweiligen Sach- oder Dienstleistungen **zugerechnet.**

So können die **Selbstkosten** ermittelt werden, das sind die Kosten einer einzelnen **Sach- oder Dienstleistung.** Davon ausgehend werden z. B. Verkaufspreise festgelegt und weitere wichtige Entscheidungen getroffen.

Beispiel:
In der Kostenrechnungsabteilung des Süßwarenproduzenten Josef Manner werden die Kosten für eine Packung Manner Neapolitaner berechnet.

Dazu werden die Kosten für das Material (z. B. Haselnüsse, Zucker) und die Herstellung (z. B. Löhne) ermittelt. Außerdem werden Kosten aus anderen betrieblichen Bereichen erfasst, wie z. B. Lager-, Transport- und Energiekosten. Mithilfe bestimmter Verfahren werden sie anteilsmäßig einer Packung zugerechnet.

Das Ergebnis aus dieser Berechnung sind die Selbstkosten für eine Packung. Davon ausgehend kann ein Verkaufspreis festgelegt oder der geplante Gewinn ermittelt werden.

Vegane Schnitten aus Wien
In der Kostenrechnung müssen die Materialkosten jedes Produktes ermittelt werden. Die Neapolitaner-Schnitten von Manner enthielten übrigens schon lange vor dem Trend zur veganen Ernährung keine tierischen Produkte.

Aufgabenbereiche der Kostenrechnung: Die Aufgaben der Kostenrechnung werden in vier Bereiche aufgeteilt.

Aufgabenbereiche der Kostenrechnung

Grundlage der Preisbildung	Entscheidungsinstrument	Ergebnisrechnung	Planungsinstrument
Die **Kosten,** die bei der Leistungserstellung angefallen sind, werden berechnet. **Verkaufspreise** bzw. kostendeckende **Mindestpreise** werden festgelegt.	**Preisuntergrenzen** werden festgelegt. Es wird über das **Produktionsprogramm** und die **Produktionsverfahren** entschieden sowie über **Eigenfertigung oder Fremdbezug.**	Der **Betriebserfolg** wird ermittelt. Auch der Erfolg **einzelner Unternehmensbereiche** (Profit-Center) und **einzelner Produkte** bzw. **Dienstleistungen** wird ermittelt.	**Plankosten** werden ermittelt. Die **geplanten Kosten** werden mit den **tatsächlichen Kosten** verglichen. Abweichungen werden analysiert.
Beispiel: Kalkulation des Verkaufspreises für eine Packung Manner Neapolitaner	**Beispiel:** Soll die Schokolade für die Waffeln selbst erzeugt oder zugekauft werden?	**Beispiel:** Ermittlung des Erfolges für die Sorte Manner Knusper Snack	**Beispiel:** Planung der voraussichtlichen Personalkosten in den Filialen von Manner im nächsten Jahr
vergangenheitsorientiert			**zukunftsorientiert**

Ü 1.1 Aufgabenbereiche der Kostenrechnung

LINK
Ü 1.1
Interaktive Übung

Fragestellungen	Grundlage der Preisbildung	Entscheidungs-instrument	Ergebnis-rechnung	Planungs-instrument
a) Soll für die Produktion der Laufschuhe Nike Performance FREE RUN+3 eine neue Fertigungsstraße eingerichtet werden?				
b) Warum weichen die tatsächlichen Kosten für die Waschmaschine Panasonic Premium von den geplanten Kosten ab?				
c) Wie hoch muss ein kostendeckender Einführungspreis für das neue iPad von Apple mindestens sein?				
d) Wie hoch war der Erfolg im Bereich Wintersportartikel in einem Sportgeschäft?				

Aufgabe: Ordne die Fragestellungen dem passenden Aufgabenbereich zu. C

2 Aufbau der Kostenrechnung

Die Kostenrechnung wird in drei Stufen gegliedert und ist vergangenheitsorientiert oder zukunftsorientiert.

1 Stufen (Teilbereiche) der Kostenrechnung

Die Kosten einer erstellten Leistung werden in **drei Stufen** ermittelt. Aus den drei Stufen ergeben sich die **drei Teilbereiche** der Kostenrechnung.

Stufen (Teilbereiche) der Kostenrechnung: Die Kosten einer erstellten Leistung müssen erfasst, verteilt und zugerechnet werden.

Kostenerfassung

Welche Kosten sind angefallen?

In der **Kostenartenrechnung** werden die angefallenen Kosten erfasst und nach Arten gegliedert **(= Kostenarten).**

Beispiele:
Material, Strom, Löhne

Kostenverteilung

Wo sind die Kosten angefallen?

In der **Kostenstellenrechnung** werden die Kosten der Abteilung bzw. dem Bereich des Betriebes zugeordnet, in dem sie angefallen sind **(= Kostenstellen).**

Beispiele:
Lager, Fertigung, Vertrieb

Kostenzurechnung

Wofür sind die Kosten angefallen?

In der **Kostenträgerrechnung** werden die Kosten einem Produkt bzw. einer Dienstleistung zugerechnet **(= Kostenträger).**

Beispiele:
Küchenschrank, Bett, Montage

Ü 1.2 Stufen (Teilbereiche) der Kostenrechnung

In der Tischlerei Hannah Schellander e. U. werden hochwertige Vollholzmöbel hergestellt. Du kommst als neue Mitarbeiterin bzw. neuer Mitarbeiter in die Kostenrechnungsabteilung des Unternehmens und verschaffst dir einen ersten Überblick.

LINK
Ü 1.2
Interaktive Übung

	Kostenart	Kostenstelle	Kostenträger
a) Abteilung Verwaltung			
b) Stromkosten			
c) Produzierter Küchenschrank			
d) Holz (Material)			
e) Abteilung Fertigung			
f) Reparatur eines Tisches für einen Kunden			

Aufgabe: Kreuze an, ob es sich um Kostenarten, Kostenstellen oder Kostenträger handelt. C

2 Kostenrechnungssysteme

Die Kostenrechnung beschäftigt sich entweder mit Kosten, die in der Vergangenheit angefallen sind **(= Istkostenrechnung),** oder mit der Planung zukünftiger Kosten **(= Plankostenrechnung). Ziel der Istkostenrechnung** ist die lückenlose Verrechnung der **tatsächlich angefallenen Kosten einer vergangenen Abrechnungsperiode** (z. B. eines Jahres). Die Istkostenrechnung ist die **Grundlage** jeder Kostenrechnung.

Innerhalb beider Systeme kann eine **Vollkostenrechnung** oder eine **Teilkostenrechnung** zum Einsatz kommen.

Kostenrechnungssysteme: Das Kostenrechnungssystem legt fest, welche Kosten herangezogen werden und in welchem Umfang sie den erstellten Leistungen zugerechnet werden.

Systeme der Kostenrechnung

Istkostenrechnung		Plankostenrechnung	
Vollkostenrechnung	**Teilkostenrechnung**	**Vollkostenrechnung**	**Teilkostenrechnung**
Den Kostenträgern werden **alle durch sie verursachten Kosten** zugerechnet.	Den Kostenträgern wird nur ein **Teil der durch sie verursachten Kosten** zugerechnet.	Den Kostenträgern werden **alle geplanten Kosten** zugerechnet.	Den Kostenträgern wird nur ein **Teil der geplanten Kosten** zugerechnet.
vergangenheitsorientiert		**zukunftsorientiert**	

Die **Plankostenrechnung** wird in diesem Schulbuch nicht behandelt.

Keine gesetzlichen Grundlagen für Kostenrechnung

Die Kostenrechnung ist im Gegensatz zur Buchführung **nicht an gesetzliche Bestimmungen und Vorschriften gebunden,** daher wird sie in der Praxis auf sehr unterschiedliche Art durchgeführt. In den folgenden Kapiteln werden allgemeingültige Verfahren und Methoden vorgestellt.

LERNEN

3 Istkostenrechnung zu Vollkosten

Die Istkostenrechnung zu Vollkosten beantwortet die Frage, was die Produkte oder Dienstleistungen tatsächlich gekostet haben. Es werden dazu alle angefallenen Kosten erfasst und auf die Produkte oder Dienstleistungen (= Kostenträger) verrechnet.

Kostenträger
Ein Kostenträger ist das einzelne Produkt oder die Dienstleistung, z. B. ein Kinderbett oder die Montage einer Küche.

In der **Istkostenrechnung zu Vollkosten** werden **den Produkten** bzw. **Dienstleistungen alle** durch sie verursachten **Kosten zugerechnet.**

Istkostenrechnung zu Vollkosten: Den Kern der Istkostenrechnung zu Vollkosten bilden die Kostenarten-, die Kostenstellen- und die Kostenträgerrechnung.

Bezugskalkulation → **Kostenartenrechnung** → **Kostenstellenrechnung** → **Kostenträgerrechnung** → **Absatzkalkulation**

Mit der **Bezugskalkulation** wird in erster Linie berechnet, wie viel ein Produkt im Einkauf kostet **(= Einstandspreis).**

Istkostenrechnung zu Vollkosten

Die Istkostenrechnung zu Vollkosten erfasst die entstandenen Kosten in der **Kostenartenrechnung** und rechnet sie in der **Kostenstellenrechnung** den einzelnen Bereichen des Betriebes sowie in der **Kostenträgerrechnung** den erstellten Leistungen (Produkte oder Dienstleistungen) zu.

Mit der **Absatzkalkulation** wird in erster Linie der **Verkaufspreis** berechnet.

In Kapitel 2 werden die Bezugskalkulation, die Istkostenrechnung zu Vollkosten und die Absatzkalkulation behandelt.

Im Folgenden findest du ein vereinfachtes Beispiel, das den Zusammenhang zwischen den einzelnen Stufen (Teilbereichen) der Istkostenrechnung zu Vollkosten verdeutlicht.

Beispiel:
In der Tischlerei Hannah Schellander e. U. werden mithilfe der Aufwandszahlen der Finanzbuchführung im Rahmen der **Kostenartenrechnung** die Kosten errechnet. Danach werden sie in der **Kostenstellenrechnung** auf die Abteilungen bzw. Bereiche des Betriebes verteilt und es werden Zuschlagssätze für jene Kosten ermittelt, die den Produkten nicht direkt zugerechnet werden können. Mithilfe dieser Zuschlagssätze können in der **Kostenträgerrechnung** die Kosten (Selbstkosten) und der Gewinn für einen Küchenschrank berechnet werden.

Kostenarten
Die angefallenen Kosten werden nach Kostenarten gegliedert, z. B. Material, Strom oder Löhne.

Gewinn- und Verlustkonto	Aufwände	Erträge
Materialaufwand (Fertigungsmaterial)	100.000,00	
Personalaufwand (Fertigungslöhne)	110.000,00	
Sonstige Aufwände	261.000,00	
Erlöse		510.000,00
Gewinn	39.000,00	
	510.000,00	510.000,00

Kostenartenrechnung | **Kostenstellenrechnung**

Betriebsüberleitungs-/Betriebsabrechnungsbogen (in € 1.000)

Aufwands-/Kostenart	Aufwendungen	Abgrenzung –/+	Kosten	Materiallager	Fertigung	Verwaltung & Vertrieb
Fertigungsmaterial	100		100	100		
Fertigungslöhne	110		110		110	
Sonstige Kosten	261	– 29 + 86	318	10	220	88
Zuschlagsbasen				100	110	440
Zuschlagssätze				**10%**	**200%**	**20%**

Hinweis: Wie die Abgrenzung der Kosten, die Verteilung der Kosten auf die Kostenstellen und die Berechnung der Zuschlagssätze funktioniert, lernst du in Kapitel 2.

Kostenträgerrechnung

Für die Herstellung eines Küchenschrankes wird Fertigungsmaterial im Wert von € 350,– benötigt. Die Fertigungslöhne betragen € 440,–, der Verkaufspreis € 2.325,–.

Berechnung der Selbstkosten und des Gewinnes:

Fertigungsmaterial	€ 350,00
Materialgemeinkosten 10 %	€ 35,00
Fertigungslöhne	€ 440,00
Fertigungsgemeinkosten 200 %	€ 880,00
Herstellkosten	€ 1.705,00
Vw-/Vt-Gemeinkosten 20 %	€ 341,00
Selbstkosten	€ 2.046,00
Gewinn 13,6 %	**€ 279,00**
Verkaufspreis	€ 2.325,00

Kostenstellen
Kostenstellen sind die Abteilungen bzw. Bereiche des Betriebes, z. B. Fertigung oder Vertrieb.

Vw-/Vt-Gemeinkosten
Verwaltungs- und Vertriebsgemeinkosten

ÜBEN

Probier es selbst: Bearbeite die folgenden Übungsbeispiele.

LINK
Ü 1.3
Interaktive Übung

Ü 1.3 Einführung in die Kostenrechnung

Aussage	Richtig	Falsch, richtig ist:
a) Die Kostenrechnung gibt Auskunft über den Erfolg (Gewinn oder Verlust) ~~sowie die Vermögens- und Finanzlage eines Unternehmens.~~		Woher Kosten etc. kommen
b) Die Kostenrechnung kann je nach Aufgabenbereich vergangenheits- oder zukunftsorientiert ausgerichtet sein.	X	
c) Die Kostenzurechnung befasst sich mit der Frage, wo Kosten angefallen sind.		wofür,
d) Die Istkostenrechnung kann auf Basis der Voll- oder Teilkosten durchgeführt werden.	X	

Aufgabe: Kreuze an, ob die Aussagen richtig oder falsch sind. Stelle falsche Aussagen richtig. C

Ü 1.4 Stufen (Teilbereiche) der Kostenrechnung

LINK
Ü 1.4
Interaktive Übung

Kostenerfassung	1 Kostenverteilung	Kostenzurechnung
Welche Kosten sind angefallen?	Wo sind die Kosten angefallen?	Wofür sind die Kosten angefallen?
1 Kostenartenrechnung	Kostenstellenrechnung	Kostenträgerrechnung

Aufgabe: Ergänze die fehlenden Begriffe. C

WEITER ÜBEN!

Zusätzliche Übungsbeispiele im Anhang ab Seite 320

Online-Training: Check dein Wissen!

LINK
Interaktive Übungen

KÖNNEN

Zeig, was du kannst: Wende bei den folgenden Aufgaben dein Wissen an.

LINK
K 1.1
Interaktive Übung

K 1.1 Stellung der Kostenrechnung im Rechnungswesen

Bereich	Aufgabe	Zuordnung
A. Buchführung	a) zeigt die zahlenmäßige Auswirkung geplanter Maßnahmen	A. +
B. Kostenrechnung	b) weist den Erfolg (Gewinn oder Verlust) sowie die Vermögens- und Finanzlage aus	B. +
C. Betriebliche Statistik	c) wertet die Zahlen des Rechnungswesens aus und stellt sie übersichtlich dar	C. +
D. Planungsrechnung	d) liefert Grundlagen für die Berechnung der Verkaufspreise	D. +

Aufgabe: Ordne dem jeweiligen Bereich des Rechnungswesens seine Aufgabe zu. C

K 1.2 Aufgabenbereiche und Teilbereiche der Kostenrechnung

Du arbeitest als Ferialpraktikantin bzw. Ferialpraktikant in einem Unternehmen, das Filter für Kraftfahrzeuge herstellt. Deine Abteilungsleiterin Dr. Franziska Reicholt bittet dich, eine Kurzpräsentation zum Thema Kostenrechnung für ein Abteilungsmeeting zu erstellen. In der Präsentation soll die Bedeutung der Kostenrechnung als Teil des Rechnungswesens betont werden.

Aufgabe: Beantworte als Vorbereitung für die Präsentation folgende Fragen: A

a) Welche Aufgabenbereiche erfüllt die Kostenrechnung?
b) Welche Stufen (Teilbereiche) der Kostenrechnung werden bei der Ermittlung der Kosten unterschieden?
c) Welche Kostenrechnungssysteme können eingesetzt werden?

KOMPETENZCHECK

Meine Kompetenzen	Kann ich?	Lernstoff	Aufgaben
Ich kann die Stellung der Kostenrechnung im Rechnungswesen erkennen.		Lerneinheit 1	Ü 1.3, K 1.1
Ich kann Aufgabenbereiche der Kostenrechnung erläutern und Teilbereiche der Kostenrechnung nennen.		Lerneinheiten 1 und 2	Ü 1.1 bis Ü 1.4, K 1.2
Ich kann Kostenrechnungssysteme unterscheiden.		Lerneinheit 2	Ü 1.3, K 1.2

Platz zum Schreiben

2 Vollkostenrechnung als Grundlage der Preisbildung

Vollkostenrechnung als Grundlage der Preisbildung
Einstiegsvideo zum Kapitel

Was ist eine Vorkalkulation?

Warum ist eine Nachkalkulation sinnvoll?

Darum geht's in diesem Kapitel:

In der Vollkostenrechnung ermittelst du alle Kosten, die ein Produkt oder eine Dienstleistung verursacht hat. Davon ausgehend kannst du den Verkaufspreis berechnen oder prüfen, ob damit alle Kosten gedeckt werden können.

Das lernst du in den folgenden Lerneinheiten:

1 Wie funktioniert die **Bezugskalkulation**?
2 Was muss man über die **Kostenartenrechnung** wissen?
3 Wie wird die **Kostenstellenrechnung** durchgeführt?
4 Wie funktioniert die **Kostenträgerrechnung?**
5 Was ist die **Absatz- und Differenzkalkulation?**

Aktiviere dein MEHR!-Buch online: **lernenwillmehr.at**

Bezugskalkulation → Kostenartenrechnung → Kostenstellenrechnung → Kostenträgerrechnung → Absatzkalkulation

LERNEN

1 Bezugskalkulation

Bezug von Rohstoffen
Bevor ein Fruchtsaft produziert werden kann, müssen unter anderem Orangen bezogen werden. Die Bezugskalkulation steht deshalb am Beginn der Kostenrechnung.

Für die Erstellung von Leistungen müssen Waren, Rohstoffe etc. bezogen werden. Dafür fallen Versandkosten an, die Lieferanten gewähren aber vielleicht einen Rabatt. Auf Grundlage dieser Daten wird die Bezugskalkulation durchgeführt.

1 Grundlagen der Bezugskalkulation

Bevor die Istkostenrechnung zu Vollkosten durchgeführt werden kann, muss mithilfe der **Bezugskalkulation** der Einstandspreis berechnet werden.

Einstandspreis
Preis einer Ware unter Berücksichtigung von Preisnachlässen (z.B. Rabatte, Skonto) und Zuschlägen (z.B. Transportkosten, Kosten für die Versicherung)

Man unterscheidet zwei **Arten der Bezugskalkulation:**

Arten der Bezugskalkulation

Progressive Bezugskalkulation	Retrograde Bezugskalkulation
Die **progressive Bezugskalkulation** wird angewandt, um ausgehend vom Rechnungspreis den **Einstandspreis** zu berechnen.	Die **retrograde Bezugskalkulation** wird angewandt, um von einem vorgegebenen Einstandspreis den **maximal zulässigen Rechnungspreis** zu berechnen.

Bei der Bezugskalkulation müssen **Rabatte, Bezugsspesen** und ein eventueller **Skonto** berücksichtigt werden. Die **Umsatzsteuer** wird **nicht berücksichtigt,** wenn sie als Vorsteuer geltend gemacht werden kann.

Bezugskalkulation: Mit der progressiven Bezugskalkulation wird der Einstandspreis berechnet, mit der retrograden Bezugskalkulation der maximal zulässige Rechnungspreis.

Progressive Bezugskalkulation (Vorwärtskalkulation) ↓		**Rechnungspreis**		**Retrograde Bezugskalkulation** (Rückwärtskalkulation) ↑
	– v. h.	– Rabatt	+ i. h.	
		Rabattierter Preis		
		+ Fakturenspesen	–	
		Zielpreis (Rechnungsbetrag exkl. USt)		
	– v. h.	– Skonto	+ i. h.	
		Kassapreis		
		+ Eigene Bezugsspesen	–	
		Einstandspreis		

Wenn der Einstandspreis nicht für die Gesamtmenge, sondern für eine einzelne Einheit berechnet werden soll, muss der **Gesamteinstandspreis** durch die tatsächliche **Menge dividiert** werden.

Rabatt

Rabatte werden aus verschiedenen Gründen gewährt:

- **Einzelhandels- und Großhandelsrabatt,** wenn beim Großhändler oder Produzenten eingekauft wird
- **Sonderrabatt,** z. B. bei Ausverkauf oder mangelhaften Produkten
- **Mengenrabatt** bei großen Abnahmemengen

Wenn **mehrere Rabatte** gewährt wurden, werden sie in der Bezugskalkulation in der Praxis oft nacheinander in der hier dargestellten Reihenfolge berücksichtigt. Es wird jeweils die **Prozentrechnung von hundert** angewandt.

v. h.
Prozentrechnung von hundert

i. h.
Prozentrechnung in hundert

Skonto

Ein Skonto ist ein **Preisabzug,** der gewährt wird, wenn eine gegen spätere Bezahlung (auf Ziel) gekaufte Ware **innerhalb einer kurzen Frist nach Rechnungserhalt (= Kassafrist)** bezahlt wird.

Bezugsspesen

Bezugsspesen fallen in Form von Fakturenspesen und eigenen Bezugsspesen an.

- **Fakturenspesen** sind die vom Verkäufer in Rechnung gestellten Spesen, z. B. für gesondert verrechnete Verpackung oder Frachtkosten.
- **Eigene Bezugsspesen** fallen zusätzlich beim Käufer an, dazu zählen u. a.
  - Frachtkosten, Hafen- und Kaigebühren, Lager-, Verlade- und Umladekosten, Speditionsprovisionen und -nebenspesen usw.
  - Versicherungskosten
  - Eingangsabgaben, z. B. Zoll oder Verbrauchsteuern
  - Devisenankaufsspesen
  - Spesen und Provisionen z. B. eines Handelsvertreters, der den Einkauf besorgt hat
  - Übernahmespesen

Wiener Frachthafen
Fracht- und Hafengebühren sind Bezugsspesen. Pro Jahr werden rund 6,4 Mio. Tonnen Güter in den drei Wiener Frachthäfen umgeschlagen.

2 Progressive Bezugskalkulation

Aufgabe der **progressiven Bezugskalkulation** ist die Berechnung des **Einstandspreises** bei gegebenem Rechnungspreis.

L 2.1 Progressive Bezugskalkulation

RaceTech GmbH, Schifabrik und Snowboard-Erzeugung, Innsbruck

15.3. E 445 Die RaceTech GmbH bezieht für ihre Snowboard-Produktion von der OMV AG (33140) den Rohstoff Kunststoffgranulat EMU12 laut folgendem Auszug aus der Eingangsrechnung:

Ein **Granulat** ist ein körniges, leicht schüttbares Material.

Rechnung RE5567/. .

3.000 kg Kunststoffgranulat EMU12 zu € 2,50 je kg		€ 7.500,00
	– 10 % Rabatt	€ 750,00
		€ 6.750,00
	+ Verpackung laut Vereinbarung	€ 31,00
	+ Frachtkosten (Bahntransport)	€ 69,00
	Rechnungsbetrag netto	€ 6.850,00
	+ 20 % Umsatzsteuer	€ 1.370,00
	Rechnungbetrag brutto	€ 8.220,00

Zahlbar innerhalb von 8 Tagen abzüglich 2 % Skonto, 30 Tage ohne Abzug!

17.3. E 456 Rechnung der Spedition von Roth & Otten OG (33187) über Frachtkosten für den Transport ab Bahnhof sowie Umladekosten € 181,– + € 36,20 USt = € 217,20

22.3. B 41 Überweisung von € 8.055,60 an die OMV AG; Ausgleich der RE5567/. . unter Abzug von 2 % Skonto (€ 137,– + € 27,40 USt = € 164,40)

Aufgabe: a) Verbuche die Geschäftsfälle der RaceTech GmbH. C

b) Berechne den Gesamteinstandspreis für das Kunststoffgranulat. C

c) Berechne den Einstandspreis pro kg Kunststoffgranulat unter Berücksichtigung von 1 % Gewichtsverlust. C

Lösung:

a)

15.3.	E 445	5100 Rohstoffverbrauch	6.850,00	
		2500 Vorsteuer	1.370,00	
		an 33140 OMV AG		8.220,00
17.3.	E 456	5100 Rohstoffverbrauch	181,00	
		2500 Vorsteuer	36,20	
		an 33187 Roth & Otten OG		217,20
22.3.	B 41	33140 OMV AG	8.055,60	
		an 2800 Bank		8.055,60
		33140 OMV AG	164,40	
		an 5880 Lieferantenskonti 20 %		137,00
		an 2500 Vorsteuer		27,40

b) und **c)**

	Rechnungspreis	€ 7.500,00	
–	10 % Rabatt	€ 750,00	– v. h. 7.500 · 10 : 100 = 750,00
	Rabattierter Preis	€ 6.750,00	
+	Fakturenspesen: Verpackung	€ 31,00	
	Fracht	€ 69,00	
	Zielpreis (Rechnungsbetrag exkl. USt)	€ 6.850,00	
–	2 % Skonto	€ 137,00	– v. h. 6.850 · 2 : 100 = 137,00
	Kassapreis	€ 6.713,00	
+	Eigene Bezugsspesen (Speditionsrechnung)	€ 181,00	
	Gesamteinstandspreis für 2.970 kg	**€ 6.894,00**	
	Einstandspreis für 1 kg	**€ 2,32**	6.894 : 2.970 = **€ 2,32**

Prozentrechnung v. h.

100 % .... € 7.500,00
10 % .... € x

x = 7.500 · 10 : 100 = **€ 750,00**

	Nettogewicht	3.000 kg
–	1 % Gewichtsverl.	30 kg
	Hausgewicht	2.970 kg

Hinweis: Die Ergebnisse aller Lehr- und Übungsbeispiele in diesem Schulbuch werden auf 2 Dez. gerundet, wenn nicht anders angegeben. Prozentwerte werden auf 1 Dez. gerundet.

LINK Ü 2.1 Excel

LINK Ü 2.1 Buchungstrainer

Ü 2.1 Progressive Bezugskalkulation

Steinbacher Dämmstoff GmbH, Erzeugung von Dämmstoffen, Erpfendorf in Tirol

22.6. E 851 Einkauf von hochwertigem Isoliermaterial bei der ISOCHEM GmbH (33530) gegen spätere Bezahlung:

RECHNUNG A44306 . .

Position	Bezeichnung	Menge	Netto/EH	Gesamt	USt %
001	Isofloc-Dämmstoff	1500 kg	2,00	3.000,00	20
	- 8 % Mengenrabatt			240,00	
				2.760,00	
	+ Fracht bis Graz			180,00	
	Nettobetrag			2.940,00	
Betrag netto				2.940,00 EUR	
Umsatzsteuer			20 %	588,00 EUR	
Rechnungssumme				**3.528,00 EUR**	

Zahlungsbedingungen: 10 Tage abzüglich 3 % Skonto, 20 Tage ohne Abzug!

26.6. E 865 Das Speditionsunternehmen LKW WALTER AG (33655) führt den Transport des Isoliermaterials ab Graz durch und stellt Transportkosten und Übernahmespesen von € 126,– + € 25,20 USt = € 151,20 in Rechnung.

1.7. B 84 Bankausgang € 3.422,16; Ausgleich der E 851 abzüglich 3 % Skonto

Aufgabe: a) Verbuche die Geschäftsfälle der Steinbacher Dämmstoff GmbH (Konto 5100 Rohstoffverbrauch). C

b) Berechne den Gesamteinstandspreis für den Isofloc-Dämmstoff. C

c) Berechne den Einstandspreis pro kg Isofloc-Dämmstoff unter Berücksichtigung von 1,5 % Gewichtsverlust durch Austrocknung des Isoliermaterials. C

Durchführung der Kalkulation

Die Durchführung der Kalkulation mithilfe eines **Tabellenkalkulationsprogrammes** (MS-Excel, Google Tabellen etc.) hat den Vorteil, dass Neuberechnungen aufgrund von Preis- oder Mengenänderungen schnell und einfach durchgeführt werden können. Auch für Zusatzaufträge kann die bestehende Kalkulation verwendet werden.

Beachte: Aufgrund der hohen Rechengenauigkeit (Anzahl Dezimalstellen) kann es bei der Berechnung mit einem Tabellenkalkulationsprogramm zu Abweichungen in den Ergebnissen im Vergleich zu Berechnungen mit dem Taschenrechner oder Smartphone kommen.

Tipp der Autoren: Wenn du die Möglichkeit hast, verwende ein Tabellenkalkulationsprogramm!

L 2.2 Progressive Bezugskalkulation (Fortsetzung von L 2.1)

Die RaceTech GmbH bestellt bei der OMV AG weitere 15.300 kg Kunststoffgranulat EMU12 (davon 300 kg Verpackung).

Für diesen Zusatzauftrag gewährt die OMV AG 20 % Rabatt. Die Bezugskosten (Fakturenspesen und eigene Bezugsspesen) sind doppelt so hoch wie jene für den Hauptauftrag. Die Zahlung erfolgt innerhalb der Kassafrist unter Abzug von 2 % Skonto; Gewichtsverlust beim Transport ca. 1 %.

Aufgabe: Berechne den Gesamteinstandspreis und den Einstandspreis pro kg mithilfe der Excel-Datei.

Lösung:

	A	B	C	D	E
4		Bruttogewicht		15.300 kg	
5	–	Tara (Verpackung)		300 kg	
6		Nettogewicht		15.000 kg	
7					
8		Rechnungspreis	€ 2,50	15.000 kg	€ 37.500,00
9	–	Rabatt		20%	€ 7.500,00
10		Rabattierter Preis			€ 30.000,00
11	+	Fakturenspesen	Verpackung		€ 62,00
12			Fracht		€ 138,00
13		Zielpreis (Rechnungsbetrag exkl. USt)			€ 30.200,00
14	–	Skonto		2%	€ 604,00
15		Kassapreis			€ 29.596,00
16	+	Eigene Bezugsspesen	Transport		€ 362,00
17		**Gesamteinstandspreis für**		**14.850 kg**	**€ 29.958,00**
18		**Einstandspreis für**		**1 kg**	**€ 2,02**
19					
20		Nettogewicht			15.000 kg
21	–	Gewichtsverlust		1%	150 kg
22		Hausgewicht			14.850 kg

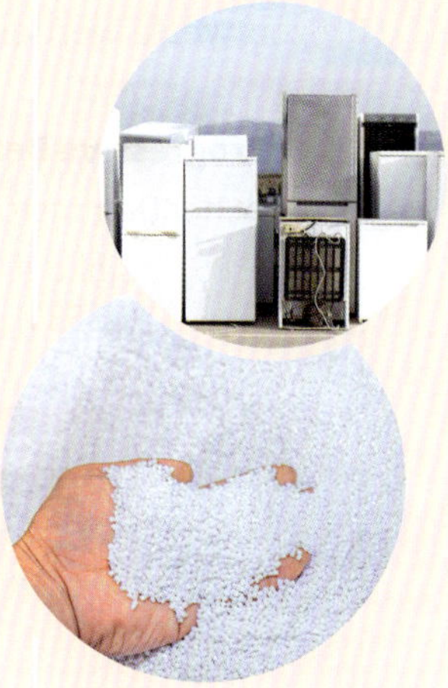

Kunststoffgranulate aus alten Kühlschränken
Das Unternehmen Bageplastics erzeugt in seinen Recyclinganlagen in Wolfern bei Steyr hochwertiges Kunststoffgranulat aus dem Plastik alter Kühlschränke und anderer Elektroabfälle.

Ü 2.2 Progressive Bezugskalkulation

Der Elternverein möchte für die Schüler der dritten Jahrgänge bei der Büroexpert-Handels-GmbH 60 Stück Notebooks der Marke Dell kaufen. Der Lieferant konnte als Schulsponsor gewonnen werden und gewährt daher äußerst günstige Konditionen: Listenpreis je Stück € 700,–, 35 % Sonderrabatt und 5 % Mengenrabatt, Fakturenspesen € 165,–, 3 % Skonto; eigene Bezugsspesen € 63,–.

Aufgabe: a) Berechne den Gesamteinstandspreis und den Einstandspreis pro Notebook. C

b) Ein Mitbewerber bietet qualitativ gleichwertige Notebooks um € 650,– an. Wenn der Elternverein dieses Angebot annimmt, muss jedoch die Virenschutzsoftware zusätzlich bezahlt werden. Diese Installation verursacht Kosten von € 30,– pro Notebook (eigene Bezugsspesen). Weitere Konditionen: 35 % Schulrabatt (Sonderrabatt), Fakturenspesen (Fracht) € 250,–, 2,5 % Skonto. Prüfe mithilfe der Excel-Datei, welches Angebot günstiger ist. D

LINK
Ü 2.2
Excel

Gebrauchte Geräte kaufen und Geld sparen
Das österreichische Start-up Refurbed verkauft und vermietet u. a. gebrauchte Laptops. Damit wird Elektroschrott reduziert und die Umwelt geschont.

3 Retrograde Bezugskalkulation

Aufgabe der **retrograden Bezugskalkulation** ist die Berechnung des **maximal zulässigen Rechnungspreises** bei gegebenem Einstandspreis.

Diese Kalkulation kommt vor allem dann zum Einsatz, wenn der Verkaufspreis eines Produktes nicht höher sein soll als jener der Mitbewerber. Um das möglich zu machen, muss auch der **Einstandspreis** in einem bestimmten Rahmen bleiben.

Rechenschema

Für die **retrograde Bezugskalkulation** wird das **Rechenschema der progressiven Bezugskalkulation** angewandt, mit folgenden Unterschieden:

- Es wird von unten nach oben gerechnet.
- Der Einstandspreis ist in diesem Fall gegeben und wird eingesetzt.
- Die Vorzeichen werden umgekehrt.
- Prozentrechnungen: progressiv – v. h. → retrograd + i. h.

L 2.3 Retrograde Bezugskalkulation

Die Avida Catering GmbH benötigt 800 l Orangen-Smoothies. Der Einstandspreis darf € 0,85 pro l nicht überschreiten.

Der Verkäufer, die Innocent Alps GmbH, gewährt 15 % Rabatt und 3 % Skonto.

Eigene Bezugsspesen € 80,–

Aufgabe: Berechne den Preis, zu dem 1 l Orangen-Smoothie höchstens eingekauft werden darf. C

Lösung:

	Rechnungspreis: 800 l à **€ 0,91**	€ 727,72	↑	
–	15 % Rabatt	€ 109,16	+ i. h.	618,56 · 15 : 85 = 109,16
	Zielpreis (Rechnungsbetrag exkl. USt)	€ 618,56		
–	3 % Skonto	€ 18,56	+ i. h.	600 · 3 : 97 = 18,56
	Kassapreis	€ 600,00		
+	Eigene Bezugsspesen	€ 80,00	–	
	Gesamteinstandspreis für 800 l	€ 680,00		
	Einstandspreis für 1 l	€ 0,85		

Prozentrechnung i. h.
97 % .... € 600,00
3 % .... € x
x = 600 · 3 : 97 = **€ 18,56**

Ein Liter Orangen-Smoothie darf höchstens zum Preis von € 0,91 eingekauft werden.

Ü 2.3 Retrograde Bezugskalkulation

LINK Ü 2.3 Excel

Die Konditorei Fürst benötigt zur Herstellung ihrer berühmten Fürstkugeln unter anderem auch Zucker. Dieser wird von einem österreichischen Großhändler bezogen. Es sollen 2.000 kg eingekauft werden, der Einstandspreis darf dabei € 0,70 pro kg nicht überschreiten.

Der Lieferant gewährt 10 % Rabatt und 3 % Skonto; die eigenen Bezugsspesen betragen € 109,–.

Aufgabe: Berechne den Preis, zu dem 1 kg Zucker höchstens eingekauft werden darf. C

L 2.4 Retrograde Bezugskalkulation (Fortsetzung von L 2.3)

Die Rauch Fruchtsäfte GmbH gewährt der Avida Catering GmbH ab 1.000 l Orangen-Smoothie einen Rabatt von 20 % und 2 % Skonto. Die eigenen Bezugsspesen betragen bei dieser Bestellmenge € 87,–.

Aufgabe: a) Berechne den Preis, zu dem 1 l Orangen-Smoothie bei der Rauch Fruchtsäfte GmbH höchstens eingekauft werden darf, mithilfe der Excel-Datei. C

b) Berechne den Unterschied zwischen den beiden Angeboten pro Liter in Euro und in Prozent (auf 1 Dez.) auf Basis des Angebotes der Rauch Fruchtsäfte GmbH. C

Lösung:

	A	B	C	D	E
4		**Rechnungspreis**	1.000 l	**€ 0,97**	€ 973,21
5	–	Rabatt		20%	€ 194,64
6		Zielpreis (Rechnungsbetrag exkl. USt)			€ 778,57
7	–	Skonto		2%	€ 15,57
8		Kassapreis			€ 763,00
9	+	Eigene Bezugsspesen			€ 87,00
10		Gesamteinstandspreis für	1.000 l		€ 850,00
11		Einstandspreis für	1 l		€ 0,85

Preisvergleich:

Einkaufspreis Rauch Fruchtsäfte GmbH	€ 0,97
– Einkaufspreis Innocent Alps GmbH	€ 0,91
Preisspielraum pro Liter in Euro	**€ 0,06**
Preisspielraum in Prozent	**6,2 %**

0,06 · 100 : 0,97 = **6,2%**

Ü 2.4 Retrograde Bezugskalkulation

LINK Ü 2.4 Excel

Der Einstandspreis der Gartenkralle „Easywork" darf € 13,40 pro Stück nicht überschreiten.

Der Verkäufer gewährt 12 % Mengenrabatt und 2 % Skonto.

Eigene Bezugsspesen für 150 Stück € 131,–

Aufgabe: a) Berechne den Preis, zu dem ein Stück höchstens eingekauft werden darf, mithilfe der Excel-Datei. C

b) Für ein Frühjahrsangebot darf der Einstandspreis der Gartenkralle „Easywork" € 12,– pro Stück nicht übersteigen. Berechne mithilfe der Excel-Datei den dazu erforderlichen Rechnungspreis, wenn alle anderen Konditionen gleich bleiben. C

ÜBEN

Probier es selbst: Bearbeite die folgenden Übungsbeispiele.

Ü 2.5 Progressive Bezugskalkulation

Die Friebe Musikhaus GmbH bezieht von der Koch Musikverlag GmbH (33202) Notenbücher (Handelsware). Die Rechnung lautet wie folgt:

KOCH Musikverlag
Gesellschaft m.b.H.
Postfach 24
6600 Höfen

Tel.: +43 5672 606 269
Fax: +43 5672 606 275

E 1042

KOCH

LIEFERANSCHRIFT 17584
Friebe Musikhaus GmbH
Postfach 87
8055 Graz

RECHNUNGSANSCHRIFT 17584
Friebe Musikhaus GmbH
Postfach 87
8055 Graz

RECHNUNG NR. 2356/01 **Rechnungsdatum:** 10.10.20 . . **Lieferdatum:** 10.10.20 . . **Kunden-Nr.:** 58479251 **Kunden-UID-Nr.:** ATU57313936

Ihr Auftrag schriftlich vom 05.10.20 . .
Unser Auftrag Nr.: 658741 vom 05.10.20 . .
BearbeiterIn: Müller Erika

Stück bestellt	Stück geliefert	Artikel	Art.-Nr.	Titel	Einzelpreis	Gesamtpreis
205	205	STK	32X14	The Beatles Piano Solos	€ 15,00	€ 3.075,00
150	150	STK	78A55	Jazz Standards	€ 13,00	€ 1.950,00

Warenwert	€ 5.025,00
Mengenrabatt 12 %	€ 603,00–
	€ 4.422,00
Umsatzsteuer 20 %	€ 884,40
Rechnungsbetrag	€ 5.306,40

Gesamtmenge
355
Zahlungskond.: 2 % Skonto in 14 Tagen, 40 Tage netto Kassa Lieferkond.: frei Haus
Colli: 1,00

Landesgericht Innsbruck FN 16979k, UID: ATU44461202
Bank: BTV, Reutte IBAN: AT13 1636 0001 3611 1140 BIC: BTVAAT22REU
Es gelten unsere allgemeinen Geschäftsbedingungen. Mengenreklamationen werden nur innerhalb von 8 Tagen nach Empfang der Ware anerkannt. Die Ware bleibt bis zur vollständigen Bezahlung unser Eigentum. Zahlbar und klagbar in Höfen.

Der Rechnungsbetrag wird am 22. Oktober innerhalb der Kassafrist unter Abzug von 2 % Skonto durch Banküberweisung (B 174) bezahlt.

Aufgabe: a) Verbuche die Eingangsrechnung und den Rechnungsausgleich mit Skontoabzug. C

b) Berechne den Einstandspreis pro Notenbuch „The Beatles Piano Solos“ und „Jazz Standards“ ausgehend vom jeweiligen Gesamteinstandspreis. C

LINK
Ü 2.5
Excel

LINK
Ü 2.5
Buchungstrainer

Personalisierte Noten
Die OKTAV GmbH aus Linz empfiehlt auf ihrer Website Klaviernoten individuell nach Können und persönlichem Geschmack. Diese können auch direkt angehört, gekauft und ausgedruckt werden.

Ü 2.6 Progressive Bezugskalkulation

LINK
Ü 2.6
Excel

Die Luca Fieberer OG möchte im Rahmen einer Werbekampagne 20 Stück Kopfhörer der Marke Beats by Dr. Dre verlosen. Zur Anschaffung der Kopfhörer werden drei Angebote eingeholt:

Anbieter / Konditionen	Citymusic	Elektromarkt	Deluxe Sound
Listenpreis	€ 186,00	€ 189,00	€ 204,00
Rabatt	–	–	5 %
Skonto	–	–	2 %
Fracht	frei Haus	€ 8,90	frei Haus
Transportversicherung	inkludiert	1 % vom Listenpreis	inkludiert

Hinweis: Die Frachtkosten zählen zu den Fakturaspesen, die Transportversicherung zu den eigenen Bezugsspesen.

Aufgabe: Berechne den Einstandspreis pro Stück für jedes Angebot und entscheide, welcher Lieferant der günstigste ist. D

Ü 2.7 Retrograde Bezugskalkulation

LINK
Ü 2.7
Excel

Vom Motoröl ENI Sint Turbo Diesel werden 800 l benötigt. Der Einstandspreis soll € 5,43 pro l nicht überschreiten.

Der Lieferant gewährt 8 % Mengenrabatt und 3 % Skonto; eigene Bezugsspesen € 60,–.

Aufgabe: Berechne den Preis, zu dem 1 l Motoröl höchstens eingekauft werden darf. C

WEITER ÜBEN!

Zusätzliche Übungsbeispiele im Anhang ab Seite 321

Online-Training: Check dein Wissen!

LINK
Interaktive Übungen

LINK
Das passende Übungsbuch mit Lösungen gibt's hier.

Bezugskalkulation → **Kostenartenrechnung** → Kostenstellenrechnung → Kostenträgerrechnung → Absatzkalkulation

Büro in der Tabakfabrik Linz
Die Miete für ihr ungewöhnliches Büro muss die Online-Marketingagentur smec in der Kostenartenrechnung zeitlich richtig zuordnen.

LERNEN

2 Kostenartenrechnung

Nicht alle in der Buchführung erfassten Aufwendungen sind für die Kostenrechnung relevant. So wird zum Beispiel die Miete, falls sie für einen längeren Zeitraum bezahlt wurde, zeitlich den einzelnen Perioden zugeordnet. Das passiert durch die zeitliche Abgrenzung in der Kostenartenrechnung.

1 Grundlagen der Kostenartenrechnung

Die **Kostenartenrechnung** hat die Aufgabe, **sämtliche Kosten,** die bei der Leistungserstellung entstehen, zu **erfassen** und sie **nach ihrer Herkunft** zu **gliedern.**

Ausgangspunkt für die Ermittlung der Kosten sind die **Aufwendungen,** die in der **Finanzbuchführung** erfasst wurden. Diese Aufwendungen werden **zeitlich** und **betrieblich abgegrenzt:**

Abgrenzung der Aufwendungen

Zeitliche Abgrenzung	Betriebliche Abgrenzung
Durch die **zeitliche Abgrenzung** werden nur jene Kosten verrechnet, die tatsächlich **in den jeweiligen Zeitraum** gehören.	Durch die **betriebliche Abgrenzung** werden **Aufwendungen ausgeschieden,** die zwar in der Finanzbuchführung, nicht aber in der Kostenrechnung verrechnet werden. Außerdem werden **Kosten hinzugerechnet,** die in der Finanzbuchführung nicht oder in anderer Höhe verrechnet werden.

Aufwendungen in Kosten überleiten: Die Aufwendungen aus der Finanzbuchführung werden durch die zeitliche und betriebliche Abgrenzung in Kosten übergeleitet.

Aufwendungen	Zeitliche und betriebliche Abgrenzung	Kosten
Aufwendungen sind **alle Güter und Dienstleistungen,** die im Unternehmen **verbraucht** bzw. **eingesetzt** werden. Aufwendungen umfassen also den **gesamten Werteinsatz.** Sie werden mit dem **Anschaffungswert** verbucht. Aufwendungen sind ein Begriff der **Finanzbuchführung.**	– / +	Kosten entstehen durch den **Einsatz von Gütern und Dienstleistungen** für die **Erstellung einer Leistung.** Kosten umfassen somit nur den **betriebsbedingten Werteinsatz.** Sie werden mit dem aktuellen **Tagespreis** angesetzt. Kosten sind ein Begriff der **Kostenrechnung.**
Beispiele: Alle Verbuchungen in den Kontenklassen 5, 6, 7 (z.B. Kauf von Rohstoffen oder Waren, Abschreibungen des Anlagevermögens) und teilweise in der Kontenklasse 8 (z.B. Zinsenaufwand)		**Beispiele:** Rohstoff-, Hilfsstoff- und Betriebsstoffverbrauch, Lohn-, Material- und Energiekosten, Mietkosten für betrieblich genutzte Räume, Treibstoffkosten für betrieblich eingesetzte Fahrzeuge
Finanzbuchführung		Kostenrechnung

Im Gegensatz zu den Aufwendungen besteht bei den Kosten also ein unmittelbarer **Zusammenhang mit einer erstellten Leistung.**

L 2.5 Aufwendungen und Kosten

In der Serim KG, Assemblingunternehmen für Server, fallen im 3. Quartal eines Jahres folgende Geschäftsfälle an:

Geschäftsfall	Aufwendungen	Kosten
1. Für die Miete einer Produktionsstätte werden an die VermietungsGmbH für das 3. Quartal €3.000,– + €600,– USt = = €3.600,– überwiesen.	**€3.000,00**	**€3.000,00**
2. Einkauf von Hardwarebestandteilen für Server bei der Hewlett Packard AG, 500 Stück à €100,– = €50.000,– + + €10.000,– USt = €60.000,–; die Hardwarebestandteile werden am Ende des Quartals eingebaut. Der Preis ist auf €90,– pro Stück (exkl. 20% USt) gesunken.	**€50.000,00**	**€45.000,00**
3. Für die Tätigkeit des Unternehmers Yunus Serim sind in den Kalkulationsunterlagen €40.000,– als kalkulatorischer Unternehmerlohn berücksichtigt.	–	**€40.000,00**
4. Für eine Maschine wird in der Finanzbuchführung eine Nutzungsdauer von fünf Jahren, in der Kostenrechnung eine Nutzungsdauer von acht Jahren angenommen. Die Jahresabschreibung wird in der Finanzbuchführung mit €6.000,– und in der Kostenrechnung mit €3.750,– angesetzt.	**€1.500,00**	**€937,50**

90 · 500 = € 45.000,00 (Tagespreis)

6.000 : 4 = € 1.500,00 (Abschreibung für ein Quartal)

3.750 : 4 = € 937,50 (Abschreibung für ein Quartal)

Kalkulatorischer Unternehmerlohn
Abgeltung der Arbeitsleistung des Unternehmers in einer KG, darf in der Finanzbuchführung nicht als Aufwand erfasst werden

Hinweis: Die Abschreibung in der Kostenrechnung erfolgt entsprechend der verbrauchsbedingten Wertminderung. Daraus ergibt sich eine unterschiedliche Nutzungsdauer.

Aufgabe: Berechne die Werte und ordne sie in entsprechender Höhe den Aufwendungen und Kosten für das 3. Quartal zu. C

Ü 2.8 Aufwendungen und Kosten

LINK
Ü 2.8
Interaktive Übung

Die Johann Willberger e. U. beliefert mehrere große Automobilproduzenten im deutschsprachigen Raum. Im 2. Halbjahr fallen folgende Geschäftsfälle an. Sie sollen in entsprechender Höhe den Aufwendungen und Kosten für November zugeordnet werden.

Geschäftsfall	Aufwendungen	Kosten
1. Eine Gussmaschine für die Herstellung von Rückspiegeln wird in der Finanzbuchführung mit einer Nutzungsdauer von acht Jahren, in der Kostenrechnung mit einer Nutzungsdauer von zehn Jahren angesetzt. Die Jahresabschreibung beträgt in der Finanzbuchführung € 5.400,–, in der Kostenrechnung wurde sie mit € 4.320,– angesetzt. Wie hoch ist die Abschreibung für November?		
2. Für die Miete einer Lagerhalle für Oktober bis Dezember wurden am 1. Oktober € 2.400,– + € 480,– USt = € 2.880,– überwiesen. Wie hoch ist die Miete für November?		
3. Am 3. November wurden 20.000 kg Kunststoffgranulat für die Produktion von Armaturen zu einem Preis von € 4,50 pro kg = = € 90.000,– + € 18.000,– USt = € 108.000,– eingekauft. Das Granulat wird ab 25. November im Produktionsprozess verbraucht. Der Tagespreis des Granulats liegt am 25. November bei € 4,20 pro kg (exkl. 20% USt). Welche Werte ergeben sich im November?		
4. Johann Willberger legt für seine Tätigkeit im Betrieb einen Unternehmerlohn von € 88.200,– pro Jahr fest (14 Bezüge). Wie hoch ist der Unternehmerlohn im November?		
5. Für eine heuer gekaufte Stanzmaschine mit einem Anschaffungswert von € 28.800,– wurde in der Finanzbuchführung eine Nutzungsdauer von sechs Jahren angesetzt. Die Nutzungsdauer in der Kostenrechnung beträgt vier Jahre. Wie hoch ist die Abschreibung für November?		

Aufgabe: Berechne die Werte und ordne sie in entsprechender Höhe den Aufwendungen und Kosten für November zu. C

Betriebsüberleitungsbogen (BÜB)

Die **zeitliche** und **betriebliche Abgrenzung** erfolgt in der Praxis auf zwei Arten:

- Mit einer **Kostenrechnungssoftware:** In diesem Fall müssen **Nebenrechnungen** geführt werden.
- Mit einem **Betriebsüberleitungsbogen (BÜB):**

Betriebsüberleitungsbogen					
Konto-Nr.	Aufwands-/Kostenart	Aufwendungen	Zeitliche und betriebliche Abgrenzung		Kosten
			–	+	

Die Beispiele in diesem Schulbuch werden mit dem **Betriebsüberleitungsbogen** bearbeitet.

Gliederung der Kostenarten

Die durch die Kostenrechnung ermittelten Kosten können nach verschiedenen Gesichtspunkten untergliedert werden:

Nach der Art der Kostengüter	Nach den betrieblichen Funktionsbereichen	Nach der Zurechenbarkeit auf die Leistungen
• Personalkosten • Materialkosten (Sachkosten) • Kapitalkosten • Fremdleistungskosten • Kosten der menschlichen Gesellschaft • Kosten des Umweltschutzes	• Kosten der Beschaffung • Kosten der Lagerhaltung • Kosten der Fertigung • Kosten der Verwaltung • Kosten des Vertriebes	• Einzelkosten • Gemeinkosten • Sonderkosten

Wie viel bekommt ein Produktionsmechaniker?
In Österreich ist der Mindestlohn in Kollektivverträgen geregelt. Welcher Kollektivvertrag zur Anwendung kommt, hängt von der Branche ab.

2 Kostenarten nach der Art der Kostengüter

Nach der **Art der Kostengüter** können sechs Kostenarten unterschieden werden.

1 Personalkosten

Personalkosten sind alle Kosten, die durch die **Beschäftigung von Mitarbeitern** im Betrieb entstehen:

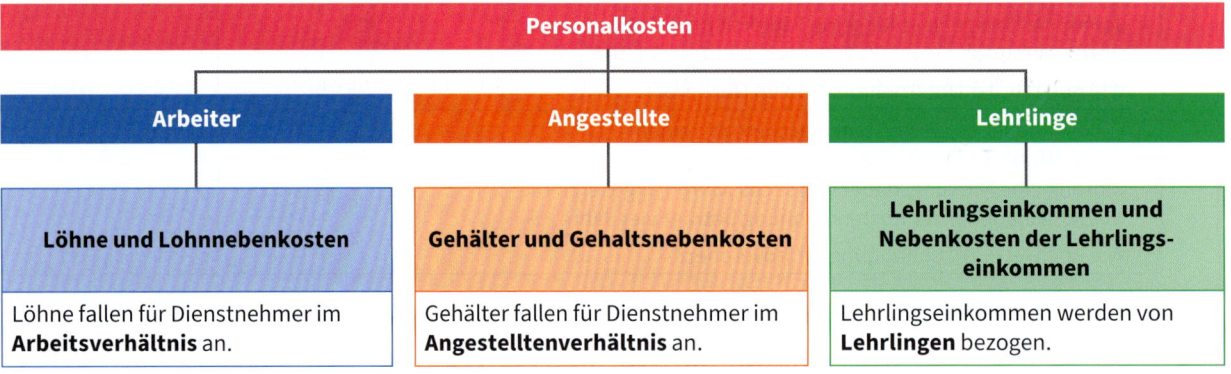

Personalkosten

Arbeiter	Angestellte	Lehrlinge
Löhne und Lohnnebenkosten	**Gehälter und Gehaltsnebenkosten**	**Lehrlingseinkommen und Nebenkosten der Lehrlingseinkommen**
Löhne fallen für Dienstnehmer im **Arbeitsverhältnis** an.	Gehälter fallen für Dienstnehmer im **Angestelltenverhältnis** an.	Lehrlingseinkommen werden von **Lehrlingen** bezogen.

Löhne

Löhne werden in **Leistungslöhne** und **Nichtleistungslöhne** untergliedert.

- **Leistungslöhne**
  - **Fertigungslöhne:** Die Fertigungslöhne stehen in unmittelbarem Zusammenhang mit der **Erzeugung der für den Verkauf bestimmten Produkte** und können diesen daher **direkt zugerechnet** werden **(= Einzelkosten).**

    Beispiel:
    Ein Tischler arbeitet 32 Stunden an einem Einbaukasten. Der Stundenlohn beträgt € 14,–. Für den Kasten sind daher 32 · 14 = € 448,– Fertigungslöhne angefallen.

  - **Hilfslöhne:** Die Hilfslöhne können **den einzelnen Produkten nicht direkt zugerechnet** werden **(= Gemeinkosten).**

    Beispiel:
    Der Monatslohn eines im Lager beschäftigten Hilfsarbeiters in Höhe von € 1.200,– wird als Hilfslohn erfasst. Dieser Mitarbeiter ist nicht direkt an der Erzeugung von Produkten beteiligt.

- **Löhne für innerbetriebliche Leistungen:** Eine **innerbetriebliche Leistung** ist z. B. die Herstellung von Werkzeugen oder Maschinen, die **nicht für den Verkauf** bestimmt sind, sondern **der eigenen Leistungserstellung dienen.** Diese Löhne werden gesondert erfasst.

  Beispiel:
  In einer Maschinenfabrik stellt ein Schlosser eine Einspannvorrichtung für eine Bohrmaschine her; Arbeitszeit 24 Stunden, Stundenlohn € 15,–. Die Einspannvorrichtung kommt im Betrieb zum Einsatz. Der Lohn für diese innerbetriebliche Leistung muss gesondert erfasst werden und beträgt 24 · 15 = € 360,–.

- **Nichtleistungslöhne** sind Löhne, für die von den Arbeitern **keine unmittelbare Gegenleistung** erbracht wird, wie z. B.
  - Lohnfortzahlung bei Arbeitsausfall, z. B. bei Fehlen geeigneter Arbeit oder bei Arbeitsausfall wegen ungünstiger Witterung,
  - Lohnfortzahlung für Krankheitstage und sonstige Verhinderungen des Arbeiters,
  - Urlaubszuschüsse (Urlaubsbeihilfen, UB), Weihnachtsremunerationen (WR) und
  - Abfertigungen.

  Sie betragen **ca. 40 % bis 55 % der Leistungslöhne** und sind daher ein wesentlicher Faktor in der Kostenrechnung.

  Beispiel:
  Die Fertigungslöhne betragen in einem Jahr € 70.000,–, die zugehörigen Nichtleistungslöhne € 31.500,–. Die Nichtleistungslöhne betragen daher 45 % der Fertigungslöhne.

Die für jeden Arbeiter erfassten Lohnzettel bzw. die entsprechenden Daten der Zeiterfassungssysteme bilden die Grundlage der **Lohnverrechnung (Personalverrechnung).** Die nach den Erzeugnissen (Kostenträgern) erfassten Werte werden zur **Ermittlung der Lohnkosten je Erzeugnis** verwendet.

Gehälter

Zu den Gehältern zählen auch das 13. und 14. Gehalt, Bilanzgelder, Jahresprämien usw. Es erfolgt keine Trennung in Leistungsgehälter und Nichtleistungsgehälter.

Die Gehälter gehören in der Regel zu den **Gemeinkosten.**

Lehrlingseinkommen

Das Einkommen der Lehrlinge zählt in der Regel zu den **Gemeinkosten.**

Personal ist teuer
Dienstgeber müssen zusätzlich zu den Bruttolöhnen bzw. -gehältern mit ca. 30 % Lohn- und Gehaltsnebenkosten rechnen.

Lohn- und Gehaltsnebenkosten

Zu den Lohn- und Gehaltsnebenkosten zählen unter anderem die **gesetzlichen Lohn- bzw. Gehaltsabgaben** (SV-DGA, Beitrag zur Betrieblichen Vorsorge im Rahmen der Abfertigung NEU, DB, DZ, KommSt, in Wien auch die Dienstgeberabgabe der Gemeinde Wien), **Abfertigungen** (im Rahmen der Abfertigung ALT) und **Berufsausbildungskosten.** Die Nebenkosten der Lehrlingseinkommen werden in diesem Schulbuch vernachlässigt.

Die Lohn- und Gehaltsnebenkosten zählen im Allgemeinen zu den **Gemeinkosten.**

Zuschlagssatz für Lohn- und Gehaltsnebenkosten sowie Nichtleistungslöhne und -gehälter

In der Regel werden die **Lohn- und Gehaltsnebenkosten** in einer **Summe** mit den **Nichtleistungslöhnen und -gehältern** als **Gemeinkosten** ausgewiesen. Sie werden mithilfe eines **Zuschlagssatzes** auf die Leistungslöhne bzw. Gehälter aufgeschlagen.

Dieser Zuschlagssatz beträgt bei Arbeitern 85 % bis 100 %, bei Angestellten 80 % bis 95 % und bei Lehrlingen 120 % bis 130 %.

Beispiel:

Der Fertigungslohn eines Arbeiters beträgt für April € 1.600,–. Der Zuschlagssatz der Nichtleistungslöhne wurde mit 45 % errechnet, die Lohnnebenkosten betragen 30 %.

Fertigungslohn	€ 1.600,00	100,0 %
+ 45 % Nichtleistungslöhne	€ 720,00	+ 45,0 %
	€ 2.320,00	145,0 %
+ 30 % Lohnnebenkosten	€ 696,00	+ 43,5 %
Gesamtlohnkosten für April	**€ 3.016,00**	**188,5 %**

30 % der Summe aus Fertigungslohn und Nichtleistungslöhnen

Der Zuschlagssatz für Nichtleistungslöhne inkl. der Lohnnebenkosten beträgt **88,5 %** (188,5 % – 100,0 %).

2 Materialkosten (Sachkosten)

Materialkosten (Sachkosten) entstehen durch den **Verbrauch** von **Rohstoffen, Hilfsstoffen, Betriebsstoffen** und von **bezogenen Fertigteilen** im betrieblichen Produktionsprozess.

Die wichtigsten Materialien sind **Rohstoffe** und **Hilfsstoffe.**

Rohstoffe (Fertigungsmaterial)

Rohstoffe werden in der Kostenrechnung als **Fertigungsmaterial** bezeichnet. Sie gehen als **Hauptbestandteil** in die Fertigungserzeugnisse ein.

Das Fertigungsmaterial fällt unter die **Einzelkosten.**

Beispiele:
Holz in der Möbelerzeugung, Blech für die Herstellung von Autos

Einzelkosten

Hilfsstoffe (Hilfsmaterial)

Hilfsstoffe werden in der Kostenrechnung als **Hilfsmaterial** bezeichnet. Sie sind **Bestandteil** des Produktes, aber für seinen Charakter **nicht wesentlich.**

Das Hilfsmaterial fällt unter die **Gemeinkosten.**

Beispiele:
Schrauben und Nägel in der Möbelerzeugung

Gemeinkosten

Die genaue Verrechnung des Fertigungsmaterialverbrauches ist besonders wichtig, weil diese Kosten **Einzelkosten** darstellen und daher **nach Erzeugnissen getrennt** erfasst werden müssen.

Die Methoden zur Ermittlung und Bewertung des Verbrauches von Roh-, Hilfsstoffen, Handelswaren und bezogenen Fertigteilen werden in Kapitel 8 dargestellt.

Ü 2.9 Rohstoffe (Fertigungsmaterial) und Hilfsstoffe (Hilfsmaterial)

LINK
Ü 2.9
Interaktive Übung

Materialart	Rohstoff (Fertigungs-material)	Hilfsstoff (Hilfs-material)
a) Holzdübel für die Produktion eines Tisches		
b) Kakaobohnen für die Produktion von Schokolade		
c) Papier für die Produktion eines Schulbuches		
d) Schrauben für die Produktion eines E-Scooters		

Aufgabe: Kreuze an, ob es sich um Fertigungs- oder Hilfsmaterial handelt. C

3 Kapitalkosten

Die Kapitalkosten umfassen die **kalkulatorischen Abschreibungen** und die **kalkulatorischen Zinsen** (siehe Lernschritt 5).

4 Fremdleistungskosten

Unter die Fremdleistungskosten fallen alle **Kosten für Leistungen anderer Betriebe,** z. B. Transportkosten, Miete, Versicherungen, Rechts- und Beratungskosten, Energiekosten und Reparaturkosten.

Regen am Nova Rock in Nickelsdorf
Das Linzer Start-up „L'amie direkt" versichert Festivals und Hochzeiten gegen Schlechtwetter. Versicherungskosten sind Fremdleistungskosten.

5 Kosten der menschlichen Gesellschaft

Die Kosten der menschlichen Gesellschaft umfassen **Steuern, Zölle** und **Gebühren,** die das Unternehmen aufgrund der gesetzlichen Bestimmungen entrichten muss.

6 Kosten des Umweltschutzes

Die Kosten des Schutzes bzw. der Sanierung der durch den Betrieb bereits geschädigten Umwelt spielen in vielen Branchen eine große Rolle.

3 Kostenarten nach der Zurechenbarkeit auf die Leistungen

Je nachdem, ob die Kosten den erstellten Leistungen **direkt zugerechnet** werden können, unterscheidet man drei Kostenarten.

1 Einzelkosten (direkte Kosten)

Die **Einzelkosten** können den jeweiligen im Betrieb **erstellten Produkten direkt zugerechnet** werden, z. B. die **Fertigungslöhne** und das **Fertigungsmaterial** bei der Herstellung eines Produktes.

Rohstoffe (Fertigungsmaterial) (= Kostenart)

Einzelkosten

werden **direkt** zugerechnet →

Produkt (= Kostenträger)

Gebäck

Fragestellung: Wie hoch sind z. B. die Kosten für Mehl, Germ, Salz, Zucker und Sonnenblumenöl für eine Semmel? Dies kann relativ einfach über die Mengen ermittelt werden. Man spricht daher von Einzelkosten.

Beispiele:

- In der Bäckerei Franz Plunder sind für die Herstellung von Gebäck € 4.200,– an Materialkosten für Mehl, Eier usw. angefallen. Diese Kosten sind Einzelkosten.
- Für das Tauschen von Bremsbelägen sind 1,5 Arbeitsstunden vorgesehen. Im Rahmen von Servicearbeiten stellt die Autowerkstätte Mariella Pietra e. U. dem Kunden dafür € 75,– (exkl. 20 % USt) in Rechnung. Diese Kosten sind Einzelkosten.

2 Gemeinkosten (indirekte Kosten)

Die Gemeinkosten stehen in **keiner direkten Beziehung zu den einzelnen erstellten Produkten** und können diesen daher nur **indirekt zugerechnet** werden.

Fragestellung: Wie hoch sind die Energiekosten in einer Bäckerei, umgerechnet auf eine einzelne Semmel? Dies muss durch verschiedene Rechenverfahren aufwendig ermittelt werden. Wie das funktioniert, erfährst du in diesem Kapitel.

Beispiel:

Bei der Herstellung von Gebäck in einer Bäckerei entstehen Gemeinkosten, z. B. für die Bezahlung des Personals, für die Abschreibungen der Maschinen und für den Energieverbrauch. Weitere Beispiele für Gemeinkosten sind Miete, Versicherungen und Zinsen.

3 Sonderkosten

Sonderkosten sind **Einzelkosten,** die zusätzlich zu **Fertigungsmaterial** und **Fertigungslöhnen** entstehen und ebenfalls **direkt** den Kostenträgern zugerechnet werden können.

Man unterscheidet:

- Sonderkosten des Bezuges (d. s. die im Zuge der Bezugskalkulation erfassten Bezugskosten)
- Sonderkosten der Fertigung (z. B. besondere Werkzeugkosten, Patentkosten, Kosten für Materialanalysen und Kosten für einzelne Modelle)
- Sonderkosten des Vertriebes (z. B. Verkaufsprovision für einen Vertreter, Verpackung bei Außer-Haus-Service von Cateringbetrieben)

Ü 2.10 Gliederung der Kostenarten

LINK
Ü 2.10
Interaktive Übung

Kostenart	Personalkosten	Materialkosten (Sachkosten)	Einzelkosten	Gemeinkosten
a) Fertigungslöhne				
b) Hilfsstoffe				
c) Rohstoffe				
d) Gehälter				
e) Fertigungsmaterial				

Aufgabe: Kreuze an, ob es sich bei der jeweiligen Kostenart um Personal- oder Materialkosten bzw. um Einzel- oder Gemeinkosten handelt. C

4 Aufwendungen zeitlich abgrenzen

Durch die zeitliche Abgrenzung der Aufwendungen werden die **Kosten periodenrichtig zugewiesen.** Das heißt, es werden nur die Kosten verrechnet, die wirtschaftlich tatsächlich in den jeweiligen Zeitraum gehören.

Eine zeitliche Abgrenzung der Aufwendungen ist vor allem dann erforderlich, wenn die Abrechnungen **pro Monat, Quartal** oder **Halbjahr** durchgeführt werden.

Aufwendungen, die (ganz oder teilweise) andere Perioden betreffen, müssen **ausgeschieden** werden. Aufwendungen, die die Abrechnungsperiode betreffen, in der Finanzbuchführung aber nicht in diesem Zeitraum gebucht wurden, müssen **hinzugerechnet** werden. Stoßweise anfallende Aufwendungen (z. B. Urlaubsbeihilfen, Versicherungsprämien) müssen aliquot abgegrenzt werden.

aliquot
anteilsmäßig

Eine zeitliche Abgrenzung ist u. a. bei folgenden Aufwendungen notwendig:

- **Löhne:** Lohnvorschüsse, die als Aufwand verbucht wurden, werden ausgeschieden. Rückstände (z. B. noch nicht abgerechnete Überstundenentlohnungen) werden hinzugerechnet.
- **Gehälter:** Gehaltsvorschüsse werden ausgeschieden, Rückstände hinzugerechnet.
- **Lohn- und Gehaltsnebenkosten:** Die Lohn- und Gehaltsnebenkosten (inklusive der Nichtleistungslöhne und -gehälter) werden entsprechend den zeitlich abgegrenzten Löhnen und Gehältern berechnet.
- **Aufwendungen für Energie, Miete, Versicherung usw.:** Diese Aufwände müssen zeitlich abgegrenzt werden.
- **Abschreibungen, Schadensfälle, Zinsen:** Diese werden im Rahmen der kalkulatorischen Kosten behandelt (siehe Lernschritt 5) und müssen aliquot berücksichtigt werden.

Wie viel Miete wurde für einen Monat bezahlt?
Manche Zahlungen betreffen einen größeren Zeitraum, z. B. wenn die Miete für drei Monate im Voraus bezahlt wird. In der Kostenrechnung werden die Kosten dem betreffenden Monat zugeordnet.

L 2.6 Aufwendungen zeitlich abgrenzen

In der Holzbau Klaura KG müssen im März u. a. folgende Aufwendungen abgegrenzt werden:

1. Für Miete werden am 1. März und 1. September jeweils € 6.900,– + € 1.380,– USt = € 8.280,– für sechs Monate bezahlt.
2. Die Feuerversicherungsprämie beträgt € 1.800,– pro Jahr. Sie wurde im März durch Banküberweisung bezahlt.

Aufgabe: a) Berechne die Kosten, die für März anzusetzen sind. C

b) Grenze die Aufwendungen mithilfe des Betriebsüberleitungsbogens zeitlich ab. C

Lösung:

a)

1. Miete pro Monat: $\frac{6.900}{6}$ = **€ 1.150,00**

   In der Finanzbuchführung werden im März und im September je € 6.900,– als Mietaufwand ausgewiesen. In der Kostenrechnung werden monatlich € 1.150,– an Miete angesetzt.

2. Feuerversicherung pro Monat: $\frac{1.800}{12}$ = **€ 150,00**

b)

Betriebsüberleitungsbogen März					
Konto-Nr.	Aufwands-/Kostenart	Aufwendungen	Zeitliche und betriebliche Abgrenzung		Kosten
			–	+	
....					
7400	Mietaufwand	6.900,00	5.750,00		1.150,00
7700	Versicherungsaufwand	1.800,00	1.650,00		150,00
....					

Ü 2.11 Aufwendungen zeitlich abgrenzen

LINK
Ü 2.11
Excel

In einem Erzeugungsbetrieb müssen im Juli u. a. folgende Aufwendungen abgegrenzt werden:

1. Stromkosten: Entgelt für die Netznutzung € 0,06/kWh, Energiepreis € 0,07/kWh, Zählermiete € 9,–/Monat; im Juli wurden 11.970 kWh verbraucht.
2. Für Miete werden am 1. März, 1. Juli und 2. November jeweils € 2.600,– + € 520,– USt = € 3.120,– bezahlt.
3. Am 2. Jänner, 1. April, 1. Juli und 1. Oktober werden jeweils € 360,– für die Feuerversicherung bezahlt.

Aufgabe: a) Berechne die Kosten, die für Juli anzusetzen sind. C

b) Führe die zeitliche Abgrenzung der Aufwendungen mithilfe des Betriebsüberleitungsbogens durch (auf € genau). C

Lösung:

a)

b)

Betriebsüberleitungsbogen Juli					
Konto-Nr.	**Aufwands-/Kostenart**	**Aufwendungen**	**Zeitliche und betriebliche Abgrenzung**		**Kosten**
			–	**+**	
....					
7270	Stromverbrauch	1.340,00			
7400	Mietaufwand	2.600,00			
7700	Versicherungsaufwand	360,00			
....					

L 2.7 Lohnkosten zeitlich abgrenzen

Auszug aus der Saldenbilanz (Mai) eines kleinen Bauunternehmens (auf € 100 genau):

Konto-Nr.	Kontobezeichnung	Saldenbilanz	
		Soll	**Haben**
6000	Fertigungslöhne	17.600,00	
6010	Hilfslöhne	5.600,00	
6020	Sonderzahlungen Arbeiter	2.000,00	
Kl. 6	Gesetzliche Lohnabgaben	8.000,00	

Fertigungslöhne im Mai laut Arbeitsnachweisen € 14.600,–
Lohnnebenkosten der Fertigungslöhne 98 %
Lohnnebenkosten der Hilfslöhne 91 %

Aufgabe: Grenze die Lohnkosten für Mai mithilfe des Betriebsüberleitungsbogens zeitlich ab (auf € 100 genau). C

Lösung:

Betriebsüberleitungsbogen Mai					
Konto-Nr.	**Aufwands-/Kostenart**	**Aufwendungen**	**Zeitliche und betriebliche Abgrenzung**		**Kosten**
			–	**+**	
....					
6000	Fertigungslöhne	17.600,00	3.000,00		14.600,00
6010	Hilfslöhne	5.600,00			5.600,00
6020	Sonderzahlungen Arbeiter	2.000,00	2.000,00		
Kl. 6	Gesetzliche Lohnabgaben	8.000,00	8.000,00		
....					
	Lohnnebenkosten der FL			14.300,00	14.300,00
	Lohnnebenkosten der HL			5.100,00	5.100,00

Nebenrechnungen und Erläuterungen:

Fertigungslöhne: Die den Kostenträgern (Produkten) direkt zurechenbaren Fertigungslöhne laut Arbeitsnachweisen (z. B. Lohnzettel) werden als Kosten erfasst. Die Differenz zu den Aufwendungen laut Finanzbuchführung wird in der Spalte „Zeitliche und betriebliche Abgrenzung" berücksichtigt.

Hilfslöhne: Die Aufwendungen laut Finanzbuchführung entsprechen den Kosten und werden somit in gleicher Höhe erfasst.

Sonderzahlungen Arbeiter: Da die Sonderzahlungen in den Lohnnebenkosten berücksichtigt sind, wird der ausgewiesene Aufwand zur Gänze ausgeschieden.

Gesetzliche Lohnabgaben: Diese sind in den Lohnnebenkosten berücksichtigt und werden daher ausgeschieden.

Lohnnebenkosten der Fertigungslöhne: 14.600 · 98 % = 14.308,00, gerundet 14.300,00
Der Satz von 98 % bezieht sich auf die direkt zurechenbaren Fertigungslöhne (Kosten).
Lohnnebenkosten der Hilfslöhne: 5.600 · 91 % = 5.096,00, gerundet 5.100,00

Ü 2.12 Lohnkosten zeitlich abgrenzen

LINK Ü 2.12 Excel

Auszug aus der Saldenbilanz (4. Quartal) des Malereifachbetriebes Katharina Morgenstern e. U.:

Konto-Nr.	Kontobezeichnung	Saldenbilanz	
		Soll	Haben
6000	Fertigungslöhne	18.650,00	
6010	Hilfslöhne	1.650,00	
6020	Sonderzahlungen Arbeiter	730,00	
Kl. 6	Gesetzliche Lohnabgaben	6.720,00	

Fertigungslöhne im 4. Quartal laut Arbeitsnachweisen € 16.040,–
Lohnnebenkosten der Fertigungslöhne 95 %
Lohnnebenkosten der Hilfslöhne 91 %

Aufgabe: Grenze die Lohnkosten für das 4. Quartal mithilfe des Betriebsüberleitungsbogens zeitlich ab (auf € genau). C

Lösung:

Betriebsüberleitungsbogen 4. Quartal					
Konto-Nr.	Aufwands-/Kostenart	Aufwendungen	Zeitliche und betriebliche Abgrenzung		Kosten
			–	+	
....					
6000	Fertigungslöhne	18.650,00			
6010	Hilfslöhne	1.650,00			
6020	Sonderzahlungen Arbeiter	730,00			
Kl. 6	Gesetzliche Lohnabgaben	6.720,00			
....					

5 Aufwendungen betrieblich abgrenzen

Durch die betriebliche Abgrenzung der Aufwendungen werden die **neutralen Aufwendungen ausgeschieden,** die **kalkulatorischen Kosten hinzugerechnet** und gewisse Aufwendungen korrigiert, z. B. auf Tageswertbasis umgerechnet.

Neutrale Aufwendungen

Neutrale Aufwendungen sind jene Aufwendungen, die zwar **in der Finanzbuchführung, nicht** aber **in der Kostenrechnung** verrechnet werden.

Beispiele:
Forderungsausfälle, Spenden für wohltätige Zwecke

Kalkulatorische Kosten

Kalkulatorische Kosten sind jene Kosten, die zwar **in der Kostenrechnung, nicht** aber oder **in anderer Höhe in der Finanzbuchführung** verrechnet werden.

Beispiel:
Kalkulatorische Zinsen für das vom Unternehmer eingebrachte Eigenkapital

Die neutralen Aufwendungen kann man gliedern in:

- **Außergewöhnliche betriebliche Aufwendungen:** Diese sind betrieblich bedingt, fallen aber zeitlich und der Höhe nach unregelmäßig an. Sie werden in der Kostenrechnung mit einem Durchschnittswert erfasst.

  Beispiele:
  Forderungsausfälle, Kursverluste und sonstige Schadensfälle, wie nicht versicherte Verluste
- **Betriebsfremde Aufwendungen:** Wurden Aufwendungen nicht durch den eigentlichen Betriebszweck verursacht, müssen sie ausgeschieden werden.

  Beispiele:
  Kursverluste aus einem Spekulationsgeschäft, Pacht für ein nicht dem Betrieb dienendes Grundstück, Privatanteil von Kfz-Aufwendungen, Reparaturen an einem betrieblich nicht genutzten Gebäude, Spenden
- **Sonstige neutrale Aufwendungen:** Dazu gehören die bilanzmäßigen Abschreibungen, die Zinsen für das Fremdkapital sowie alle aus dem Erfolg zu deckenden Aufwendungen.

  Beispiel:
  Steuernachzahlung nach einer Betriebsprüfung

Die wichtigsten kalkulatorischen Kosten sind:

- **Kalkulatorische Abschreibungen**
- **Kalkulatorische Wagnisse**
- **Kalkulatorische Zinsen**
- **Kalkulatorischer Unternehmerlohn**

Kalkulatorische Abschreibungen

Durch die **kalkulatorischen Abschreibungen** werden die **Wertminderungen der Anlagen,** die im Betrieb für die **Leistungserstellung** verwendet werden, als **Kosten** erfasst.

Im Unterschied zur Abschreibung in der Finanzbuchhaltung wird in der Kostenrechnung nicht mit der „steuerlichen" Nutzungsdauer (z. B. acht Jahre für Pkw) und dem Anschaffungs- oder Herstellungswert gerechnet. Die Anlagen werden immer wieder neu mit dem **Tagespreis bewertet** und die **Nutzungsdauer wird** entsprechend der **tatsächlichen Wertminderung laufend angepasst.** Auch für Wirtschaftsgüter, die in der Finanzbuchführung **bereits voll abgeschrieben** sind, können **weiter kalkulatorische Abschreibungen** erfasst werden.

Heute wäre er günstiger
Wenn ein neues Modell auf den Markt kommt, sinkt meist der Preis der alten Modelle. Die kalkulatorische Abschreibung wird angepasst, sobald sich der Wiederbeschaffungswert einer Anlage ändert.

Die Abschreibungen können in der Kostenrechnung **höher oder niedriger** sein als in der Finanzbuchführung.

Ziel der kalkulatorischen Abschreibungen ist es, während der Nutzungsdauer einen Teil des (künftigen) **Wiederbeschaffungswertes einer Ersatzanlage** in den **Verkaufspreisen der Erzeugnisse** (oder Dienstleistungen) zu berücksichtigen und somit zu verdienen. Dadurch soll die Substanz des Unternehmens erhalten bleiben.

Anlagegüter, die in der Finanzbuchführung als **geringwertige Wirtschaftsgüter** sofort abgeschrieben werden können, werden in der Kostenrechnung **über die tatsächliche Nutzungsdauer abgeschrieben.** Als durchschnittlicher Anschaffungszeitpunkt wird die Mitte des Jahres festgesetzt.

L 2.8 Kalkulatorische Abschreibungen berechnen

Die Süßwarenproduktions GmbH ermittelt die kalkulatorischen Abschreibungen anhand folgender Werte:

1. Anschaffungswert der Produktionshalle € 410.000,–, kalkulatorische Abschreibung 4 % p. a.; Baukostenindex zum Anschaffungszeitpunkt 3.200, Ende 2021 8.300
2. Eine Verpackungsmaschine wurde Anfang 2017 angeschafft; Anschaffungswert € 80.000,–, Schrottwert zum Anschaffungszeitpunkt € 5.000,–, 20 % p. a. Abschreibung. Ende 2021 wird die Restnutzungsdauer auf drei Jahre geschätzt; Index Ende 2016 120, Ende 2021 148.
3. Anschaffungswert der geringwertigen Wirtschaftsgüter:
   2018 € 4.000,–, 2019 € 7.000,–, 2020 € 6.000,–, 2021 € 8.000,–
   Nutzungsdauer drei Jahre, Preisindex 2018 133, 2019 139, 2020 143, 2021 148

Ein **Index** (Preisindex, Baukostenindex) gibt die Preissteigerung gegenüber dem Anschaffungszeitpunkt an.

Aufgabe: Berechne die kalkulatorischen Abschreibungen für 2021 (auf € 100 genau). C

Lösung:

1. Kalk. Abschreibung Produktionshalle: $410.000 \cdot \frac{8.300}{3.200} \cdot \frac{4}{100} \approx$ **€ 42.500,00**
2. Kalk. Abschreibung Verpackungsmaschine:

	Anschaffungswert	€ 80.000,00
–	Schrottwert	€ 5.000,00
	Abschreibungsbasis	€ 75.000,00 $\cdot \frac{148}{120} \cdot \frac{1^{*}}{8} \approx$ **€ 11.600,00**

3. Kalk. Abschreibungen geringwertiger Wirtschaftsgüter:

Anschaffungen 2018: $4.000 \cdot \frac{148}{133} \cdot \frac{1}{3} \cdot \frac{1^{**}}{2} =$ € 742,00***

Anschaffungen 2019: $7.000 \cdot \frac{148}{139} \cdot \frac{1}{3} =$ € 2.484,00***

Anschaffungen 2020: $6.000 \cdot \frac{148}{143} \cdot \frac{1}{3} =$ € 2.070,00***

Anschaffungen 2021: $8.000 \cdot \frac{1}{3} \cdot \frac{1^{**}}{2} =$ € 1.333,00***

€ 6.629,00 ≈ **€ 6.600,00**

Kalkulatorische Abschreibungen 2021: 42.500 + 11.600 + 6.600 = **€ 60.700,00**

* Die ursprüngliche Nutzungsdauer von fünf Jahren (20 % p. a.) und die Restnutzungsdauer von drei Jahren ergeben die tatsächliche Nutzungsdauer von acht Jahren. Der Abschreibungssatz wird der tatsächlichen Nutzungsdauer von acht Jahren angepasst.

** Als durchschnittlicher Anschaffungszeitpunkt wird die Mitte des Jahres angenommen. Im ersten und im vierten Jahr wird daher nur die Hälfte der Jahresabschreibung berücksichtigt.

*** Berechnungen auf € genau

Den wollen alle
Ein kalorienarmer Schokoriegel ist der Wunschtraum aller Naschkatzen und Süßwarenhersteller. Das Wiener Food-Start-up Alpha Republic versucht diesen Balanceakt, ihr Schokoriegel Neoh enthält 95 % weniger Zucker.

Ü 2.13 Kalkulatorische Abschreibungen berechnen

In der Wolfgang Uhl e. U., Konditorei für Spezialtorten, ergeben sich für das Jahr 2021 folgende Werte:

1. Anschaffungswert des Betriebsgebäudes € 360.000,–. Das Betriebsgebäude wird zu 15 % privat genutzt; kalkulatorische Abschreibung 3 % p. a., Index zum Anschaffungszeitpunkt 2.600, Ende 2021 7.500.
2. Büroausstattung – Auszug aus der Anlagendatei:

Anlagegegenstand	Datum Inbetriebnahme	Anschaffungswert	Wiederbeschaffungspreis 2021	Nutzungsdauer
Büroschrank	27.08.2018	€ 1.660,00	€ 1.930,00	10 Jahre
Kopierer	21.01.2019	€ 4.000,00	€ 3.720,00	8 Jahre
Computeranlage	25.05.2020	€ 7.800,00	€ 6.200,00	5 Jahre

Ende 2021 stellt sich heraus, dass die Restnutzungsdauer des Büroschrankes noch neuneinhalb Jahre beträgt. Nach einer aktuellen Schätzung beträgt der Schrottwert des Kopierers am Ende der Nutzungsdauer €360,–. Die Nutzungsdauer der Computeranlage wird mit Ende 2021 auf zwei Jahre geschätzt.

3. Anschaffungswert der geringwertigen Wirtschaftsgüter:
   2017 €4.200,–, 2018 €5.100,–, 2019 €2.500,–, 2020 €4.400,–, 2021 €5.200,–
   Nutzungsdauer vier Jahre, Preisindex 2017 143, 2018 150, 2019 159, 2020 172, 2021 182

Aufgabe: Berechne die kalkulatorischen Abschreibungen für 2021 (auf € genau). C

Kalkulatorische Wagnisse

Durch die **kalkulatorischen Wagnisse** werden die **nicht versicherten Einzelwagnisse** als Kosten berücksichtigt.

Unter **Wagnis** versteht man die **Verlustgefahr,** die sich aus der betrieblichen Tätigkeit oder der Art des Betriebes ergibt. Man unterscheidet folgende Arten von Wagnissen:

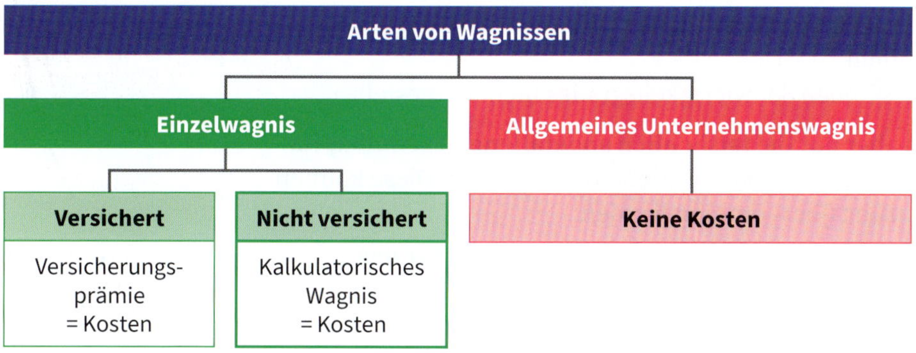

Beispiele:

- Eine Maschine erleidet einen Totalschaden und muss durch eine neue ersetzt werden (Anlagenwagnis).
- Beim Transport vom Lager zur Fertigungshalle werden Rohstoffe beschädigt und können für die Produktion nicht mehr verwendet werden (Beständewagnis).
- Ein Kunde geht in Konkurs, er kann nur mehr 30 % seiner Schulden zahlen (Vertriebswagnis).
- Ein verkauftes Produkt wird innerhalb der Gewährleistungsfrist defekt und muss dem Kunden ersetzt werden (Gewährleistungswagnis).

Die **tatsächlichen Wagnisverluste** bei nicht versicherten Einzelwagnissen treten **unregelmäßig** und **zufällig** auf und können deshalb in die Kostenrechnung nicht eingesetzt werden. Man verwendet daher **Durchschnittssätze,** die sich an den Erfahrungen aus der Vergangenheit orientieren.

Google Glass
Auch fehlgeschlagene Entwicklungsarbeit zählt zu den kalkulatorischen Wagnissen. Google investierte z. B. in den Miniaturcomputer Google Glass, der 2014 in einer Testversion erschien und 2015 wieder vom Markt genommen wurde.

L 2.9 Kalkulatorische Wagnisse berechnen

Die angeführten Prozentsätze stellen ermittelte Durchschnittswerte der letzten vier Jahre dar:

- Anlagenwagnis: 2,5 % vom Tageswert der Maschinen von €320.000,–
- Beständewagnis: 1,7 % vom Materialeinsatz von €890.000,–
- Vertriebswagnis (Forderungsausfälle): 2,1 % der Zielverkäufe von €2.700.000,–
- Gewährleistungswagnis: 2,8 % der unter Garantie stehenden Verkäufe von €1.270.000,–

Aufgabe: Berechne die kalkulatorischen Wagnisse. C

Lösung:

Anlagenwagnis:	€ 320.000,00 · 2,5 % = € 8.000,00
Beständewagnis:	€ 890.000,00 · 1,7 % = € 15.130,00
Vertriebswagnis:	€ 2.700.000,00 · 2,1 % = € 56.700,00
Gewährleistungswagnis:	€ 1.270.000,00 · 2,8 % = € 35.560,00
Kalkulatorische Wagnisse	**€ 115.390,00**

Kalkulatorische Zinsen

Durch die **kalkulatorischen Zinsen** werden in der Kostenrechnung **Zinsen für das gesamte dem Unternehmen zur Verfügung stehende Kapital** berücksichtigt. Damit werden in der Kostenrechnung sowohl die **Zinsen für das Fremdkapital** als auch die **Zinsen für das Eigenkapital** verrechnet.

In der Praxis gibt es verschiedene Varianten zur Berücksichtigung der kalkulatorischen Zinsen:

- Fremdkapitalzinsen
- Fremdkapitalzinsen + kalkulatorische Zinsen für das Eigenkapital
- Fremdkapitalzinsen + kalkulatorische Zinsen vom zinsberechtigten berichtigten Eigenkapital
  (Diese wird wegen des hohen Schwierigkeitsgrades nicht dargestellt.)

Üblicherweise werden aber nur die **tatsächlich angefallenen Fremdkapitalzinsen** (z. B. Zinsen für Bankkredit oder Darlehen) verrechnet. Diese können aus der Finanzbuchführung übernommen werden.

Vielfach werden aber zusätzlich auch **kalkulatorische Zinsen für das Eigenkapital** angesetzt. Hätte der Unternehmer das Eigenkapital nämlich nicht ins Unternehmen eingebracht, könnte er es am Kapitalmarkt anlegen und würde dafür Zinsen bekommen. Der **Zinssatz** orientiert sich am **durchschnittlichen Zinssatz für langfristige Geldanlagen.**

Kalkulatorische Zinsen für das Eigenkapital berechnen

$$\textbf{Kalkulatorische Zinsen für das Eigenkapital} = \text{Eigenkapital} \cdot \frac{\text{Zinssatz}}{100}$$

Gesamte kalkulatorische Zinsen berechnen

	Fremdkapitalzinsen laut Finanzbuchführung
+	Kalkulatorische Zinsen für das Eigenkapital
	Kalkulatorische Zinsen

L 2.10 Kalkulatorische Zinsen berechnen

Das Eigenkapital (Stammkapital) der Freizeit GmbH, eines Produktionsbetriebes für Golf-Ausstattungen und Golf-Zubehör, wurde mit € 461.000,– errechnet. In der Gewinn- und Verlustrechnung sind Fremdkapitalzinsen in der Höhe von € 32.600,– ausgewiesen.

Der Zinssatz für die Berechnung der kalkulatorischen Zinsen für das Eigenkapital beträgt 5 %.

Aufgabe: Berechne die kalkulatorischen Zinsen (auf € 100 genau). C

Lösung:

Zinsen für das Fremdkapital	€ 32.600,00
+ Kalkulatorische Zinsen für das Eigenkapital:	
€ 461.000,00 · 5 % =	€ 23.050,00
Kalkulatorische Zinsen p. a.	€ 55.650,00
Kalkulatorische Zinsen p. a. (gerundet)	**€ 55.700,00**

Kalkulatorischer Unternehmerlohn

Der **kalkulatorische Unternehmerlohn** ist eine **Abgeltung für die Arbeitsleistung** des **Unternehmers** bzw. der **Gesellschafter** und der **mittätigen Angehörigen,** soweit sie nicht als Arbeitnehmer Entgelt beziehen.

Die Höhe des kalkulatorischen Unternehmerlohnes richtet sich nach dem **Gehalt eines leitenden Angestellten** zuzüglich eines **Dispositionszuschlages.**

Der **Dispositionszuschlag** ist das Entgelt für die Führungstätigkeit des Unternehmers.

L 2.11 Kalkulatorischen Unternehmerlohn berechnen

Jahresgehalt eines leitenden Angestellten (inkl. Urlaubsbeihilfe und Weihnachtsremuneration) € 68.400,–
Es soll ein Dispositionszuschlag von 25 % berücksichtigt werden.

Aufgabe: Berechne den kalkulatorischen Unternehmerlohn pro Monat. C

Lösung:

€ 68.400,00 : 12 (Monate)	€ 5.700,00
+ 25 % Dispositionszuschlag	€ 1.425,00
Kalkulatorischer Unternehmerlohn pro Monat	**€ 7.125,00**

Mithilfe des Betriebsüberleitungsbogens (BÜB) werden die Aufwendungen zeitlich und betrieblich abgegrenzt.

L 2.12 Kostenartenrechnung – Betriebsüberleitungsbogen

Die Finanzbuchführung der Marie Liebscher OG, Erzeugung von Rohren, weist für Mai folgende Aufwendungen aus (auf € 100 gerundet):

Konto-Nr.	Kontobezeichnung	Saldenbilanz	
		Soll	Haben
5100	Fertigungsmaterialverbrauch	22.000,00	
5300	Hilfsmaterialverbrauch	7.600,00	
6000	Fertigungslöhne	43.100,00	
6010	Hilfslöhne	11.300,00	
6020	Sonderzahlungen Arbeiter	4.400,00	
6200	Gehälter	16.000,00	
Kl. 6	Gesetzliche Lohnabgaben (zusammengefasst)	18.700,00	
Kl. 6	Gesetzliche Gehaltsabgaben (zusammengefasst)	4.800,00	
7010	Abschreibungen von Sachanlagen	12.800,00	
7700	Versicherungsaufwand	2.300,00	
78 . .	Schadensfälle (zusammengefasst)	4.300,00	
Div.	Diverse Aufwände	23.200,00	
8310	Zinsenaufwand für Bankkredite	900,00	

Für die Abgrenzung ist zu beachten:

1. Die durchschnittliche Preissteigerung beim Fertigungsmaterial beträgt, bezogen auf den Anschaffungszeitpunkt, 10 %.
2. Es muss noch ein Hilfsmaterialverbrauch von € 1.400,– berücksichtigt werden.
3. Fertigungslöhne laut Lohnzetteln € 37.300,– (Bei der Verbuchung erfolgte keine Trennung der Leistungslöhne und der Nichtleistungslöhne.)
4. Lohnnebenkosten der Fertigungslöhne 94 %
5. Lohnnebenkosten der Hilfslöhne 90 %
6. Gehaltsnebenkosten 62 %
7. Die Sachversicherungen betragen € 19.500,– für das ganze Jahr.
8. Kalkulatorische Abschreibungen € 292.600,– für das ganze Jahr
9. Kalkulatorische Wagnisse € 85.200,– für das ganze Jahr
10. Kalkulatorische Zinsen € 172.920,– für das ganze Jahr
11. Für die zwei Gesellschafterinnen werden je € 6.000,– Unternehmerlohn pro Monat verrechnet.

Aufgabe: Führe die Abgrenzung der Aufwendungen durch und stelle den Betriebsüberleitungsbogen für Mai auf (in € 1.000, auf 1 Dez. genau). C

Lösung:

Betriebsüberleitungsbogen Mai					
Konto-Nr.	Aufwands-/Kostenart	Aufwendungen	Zeitliche und betriebliche Abgrenzung		Kosten
			–	+	
5100	Fertigungsmaterial-verbrauch	22,0		2,2	24,2
5300	Hilfsmaterialverbrauch	7,6		1,4	9,0
6000	Fertigungslöhne	43,1	5,8		37,3
6010	Hilfslöhne	11,3			11,3
6020	Sonderzahlungen Arbeiter	4,4	4,4		
6200	Gehälter	16,0			16,0
Kl. 6	Gesetzliche Lohnabgaben	18,7	18,7		
Kl. 6	Gesetzliche Gehaltsabgaben	4,8	4,8		
7010	Abschreibungen von Sachanlagen	12,8	12,8		
7700	Versicherungsaufwand	2,3	0,7		1,6
78 . .	Schadensfälle	4,3	4,3		
Div.	Diverse Aufwände	23,2			23,2
8310	Zinsenaufwand für Bankkredite	0,9	0,9		
	Lohnnebenkosten der FL			35,1	35,1
	Lohnnebenkosten der HL			10,2	10,2
	Gehaltsnebenkosten			9,9	9,9
	Kalk. Abschreibungen			24,4	24,4
	Kalk. Wagnisse			7,1	7,1
	Kalk. Zinsen			14,4	14,4
	Kalk. Unternehmerlohn			12,0	12,0
	Summen	171,4	52,4	116,70	235,7

Nebenrechnungen und Erläuterungen:

1. Preissteigerung des Fertigungsmaterials: 22,0 · 10% = 2,2 (Spalte +)
2. Zusätzlicher Hilfsmaterialverbrauch: 1,4 (Spalte +)
3. Die den Kostenträgern (Produkten) direkt zurechenbaren Fertigungslöhne laut Arbeitsnachweisen (z. B. Lohnzettel) werden als Kostenposition in der Spalte Kosten erfasst. Die Differenz zu den Aufwendungen laut Finanzbuchführung wird in der Spalte – berücksichtigt.
   Fertigungslöhne (Abgrenzung): 37,3 – 43,1 = – 5,8 (Spalte –)

Die Aufwendungen der **Hilfslöhne** laut Finanzbuchführung entsprechen den Kosten. Der ausgewiesene Aufwand von 11,3 wird als Kostenposition erfasst.

Die **Sonderzahlungen Arbeiter,** die **gesetzlichen Lohnabgaben** und die **gesetzlichen Gehaltsabgaben** werden in den Kostenpositionen Lohn- und Gehaltsnebenkosten (Punkte 4 und 5) berücksichtigt und müssen daher ausgeschieden werden (Spalte –).

Der Aufwand laut Finanzbuchführung für **Gehälter** von 16,0 entspricht den Kosten und wird als Kostenposition eingetragen.

Die entsprechenden **Werte der Punkte 4 bis 6 bzw. 8 bis 11** sind in **separaten Zeilen am Ende des Betriebsüberleitungsbogens** zu erfassen.

4. Der Lohnnebenkostensatz der Fertigungslöhne von 94% bezieht sich auf die direkt zurechenbaren Fertigungslöhne.
   Lohnnebenkosten der Fertigungslöhne: 37,3 · 94% = 35,1 (Spalte +)
5. Lohnnebenkosten der Hilfslöhne: 11,3 · 90% = 10,2 (Spalte +)
6. Gehaltsnebenkosten: 16,0 · 62% = 9,9 (Spalte +)
7.

Sachversicherungen pro Monat: 19,5 : 12 =	1,6
– Ausgewiesene Sachversicherungen	– 2,3
Zeitliche Abgrenzung	– 0,7 (Spalte –)

Die **diversen Aufwände** laut Finanzbuchführung von 23,2 entsprechen den Kosten und werden als Kostenposition berücksichtigt.

Die **Abschreibungen von Sachanlagen,** die **Schadensfälle** und der **Zinsenaufwand für Bankkredite** werden in den entsprechenden kalkulatorischen Kosten (Punkte 8 bis 11) berücksichtigt und sind auszuscheiden (Spalte –).

8. Kalkulatorische Abschreibungen pro Monat: 292,6 : 12 = 24,4 (Spalte +)
9. Kalkulatorische Wagnisse pro Monat: 85,2 : 12 = 7,1 (Spalte +)
10. Kalkulatorische Zinsen pro Monat: 172,9 : 12 = 14,4 (Spalte +)
11. Kalkulatorischer Unternehmerlohn: 6,0 · 2 = 12,0 (Spalte +)

Ü 2.14 Kostenartenrechnung – Betriebsüberleitungsbogen

LINK **BÜB** Formular

LINK **Ü 2.14** Excel

Die Finanzbuchführung der Relaisbau GmbH weist für August folgende Aufwendungen aus:

Konto-Nr.	Kontobezeichnung	Saldenbilanz	
		Soll	Haben
5100	Fertigungsmaterialverbrauch	35.000,00	
5200	Verbrauch von Einbauteilen	18.000,00	
5300	Hilfsmaterialverbrauch	4.600,00	
6000	Fertigungslöhne	28.000,00	
6010	Hilfslöhne	9.500,00	
6020	Sonderzahlungen Arbeiter	5.900,00	
6200	Gehälter	12.900,00	
Kl. 6	Gesetzliche Lohnabgaben (zusammengefasst)	13.800,00	

Konto-Nr.	Kontobezeichnung	Saldenbilanz	
		Soll	Haben
Kl. 6	Gesetzliche Gehaltsabgaben (zusammengefasst)	3.900,00	
7010	Abschreibungen von Sachanlagen	8.200,00	
7270	Stromverbrauch	3.000,00	
7400	Mietaufwand		
7700	Versicherungsaufwand	2.400,00	
7750	Rechts- und Beratungsaufwand	1.600,00	
78 . .	Schadensfälle	7.800,00	
Div.	Diverse Aufwände	27.400,00	
8310	Zinsenaufwand Bankkredite	1.200,00	

Für die Abgrenzung ist zu beachten:

1. Tageswert des Fertigungsmaterialverbrauches € 33.000,–
2. Die Preise für das Hilfsmaterial sind durchschnittlich um 5 % gesunken. Es muss anschließend noch ein Hilfsmaterialverbrauch von € 1.300,– berücksichtigt werden.
3. Die ausgewiesenen Fertigungslöhne und Hilfslöhne sind Leistungslöhne. (Die entsprechenden Nichtleistungslöhne wurden gesondert verbucht.)
   Lohnnebenkosten der Fertigungslöhne 96 %
   Lohnnebenkosten der Hilfslöhne 90 %
4. Gehaltsnebenkosten 60 %
5. Für Garagenmiete werden am 2. Jänner und 1. Juli jeweils € 2.500,– (exkl. USt) im Voraus bezahlt.
6. Die Versicherungsprämien betragen für das ganze Jahr € 17.000,–.
7. Rechts- und Beratungsaufwand ca. € 9.600,– für das ganze Jahr
8. Kalkulatorische Abschreibungen
   Auszug aus der Anlagendatei:

Maschine	Anschaffungs-wert	Anschaffungs-index	Wiederbeschaf-fungsindex	Nutzungs-dauer	Bisherige Nutzung (per 1.1.)	Schrottwert (zum Anschaffungs-zeitpunkt)
Produktionsstraße 1	€ 282.500,00	350	370	8 Jahre	5 Jahre	€ 60.000,00
Produktionsstraße 2	€ 340.000,00	250	265	10 Jahre	4 Jahre	€ 75.000,00

   Die kalkulatorischen Abschreibungen für die übrigen Maschinen und Anlagegegenstände betragen € 212.000,– für das ganze Jahr.
9. Kalkulatorische Wagnisse € 43.200,– für das ganze Jahr
10. Kalkulatorische Zinsen € 82.800,– für das ganze Jahr

Aufgabe: Führe die Abgrenzung der Aufwendungen durch und stelle den Betriebsüberleitungsbogen für August auf (in € 1.000, auf 1 Dez. genau). C

ÜBEN

Probier es selbst: Bearbeite die folgenden Übungsbeispiele.

Ü 2.15 Aufwendungen zeitlich abgrenzen

In der TAURUS-Steuerungstechnik GmbH, einem Produzenten von CNC-gesteuerten Werkzeugmaschinen, sind im Juli u. a. folgende Aufwendungen abzugrenzen:

1. Die Miete beträgt für das ganze Jahr € 21.600,– (inkl. 20% USt) und wird jeweils am Beginn eines Quartals überwiesen.
2. Für die Lizenzen der Steuerungssoftware werden am 1. März, 1. Juli und 2. November jeweils € 10.600,– + € 2.120,– USt = € 12.720,– für vier Monate bezahlt (Konto 7480 Lizenzaufwand).
3. Am 2. Jänner und 1. Juli werden jeweils € 1.242,– für sechs Monate für die Betriebsbündelversicherung bezahlt.

Aufgabe: a) Berechne die Kosten, die für Juli anzusetzen sind. C
b) Grenze die Aufwendungen mithilfe des Betriebsüberleitungsbogens zeitlich ab (auf € genau). C

LINK
Ü 2.15
Excel

CNC (Computerized Numerical Control) Werkzeugmaschinen in der Steuerungstechnik, die Werkstücke mit hoher Präzision auch für komplexe Formen automatisch herstellen können

Lösung:

a)

b)

Betriebsüberleitungsbogen Juli

Konto-Nr.	Aufwands-/Kostenart	Aufwendungen	Zeitliche und betriebliche Abgrenzung –	Zeitliche und betriebliche Abgrenzung +	Kosten
....					
7400	Mietaufwand	4.500,00			
7480	Lizenzaufwand	10.600,00			
7700	Versicherungsaufwand	1.242,00			
....					

Ü 2.16 Lohnkosten zeitlich abgrenzen

LINK
Ü 2.16
Excel

Auszug aus der Saldenbilanz (2. Quartal) eines Handwerksbetriebes:

Konto-Nr.	Kontobezeichnung	Saldenbilanz	
		Soll	Haben
6000	Fertigungslöhne	21.940,00	
6010	Hilfslöhne	1.950,00	
6020	Sonderzahlungen Arbeiter	820,00	
Kl. 6	Gesetzliche Lohnabgaben (zusammengefasst)	7.900,00	

Fertigungslöhne im 2. Quartal laut Arbeitsnachweisen € 18.850,–
Lohnnebenkosten der Fertigungslöhne 94 %
Lohnnebenkosten der Hilfslöhne 92 %

Aufgabe: Führe die zeitliche Abgrenzung der Lohnkosten für das 2. Quartal mithilfe des Betriebsüberleitungsbogens durch (auf € genau). C

Lösung:

Betriebsüberleitungsbogen 2. Quartal					
Konto-Nr.	Aufwands-/Kostenart	Aufwendungen	Zeitliche und betriebliche Abgrenzung		Kosten
			–	+	
....					
6000	Fertigungslöhne	21.940,00			
6010	Hilfslöhne	1.950,00			
6020	Sonderzahlungen Arbeiter	820,00			
Kl. 6	Gesetzliche Lohnabgaben	7.900,00			
....					

Ü 2.17 Kalkulatorische Abschreibungen berechnen

Die Tischlerei Sonja Krahammer e. U. errechnet die kalkulatorischen Abschreibungen aufgrund folgender Werte:

1. Anschaffungswert eines Gebäudes € 484.000,–. Das Gebäude wird zu 10 % privat genutzt; Nutzungsdauer 25 Jahre, Index zum Anschaffungszeitpunkt 360, Ende 2021 820.
2. Anschaffungswert einer Kreissäge-Fräsmaschine Anfang 2018 € 8.000,–. Die Nutzungsdauer wurde mit zehn Jahren angenommen. Ende 2021 stellt sich heraus, dass die Restnutzungsdauer nur mehr zwei Jahre beträgt; Index Ende 2017 130, Ende 2021 160.
3. Anschaffungswert der geringwertigen Wirtschaftsgüter:
   2018 € 4.500,–, 2019 € 3.000,–, 2020 € 5.300,–, 2021 € 7.200,–
   Nutzungsdauer drei Jahre, Preisindex 2018 138, 2019 147, 2020 153, 2021 160

Aufgabe: Berechne die kalkulatorischen Abschreibungen für 2021 (auf € 100 genau). C

LINK **BÜB** Formular

LINK **Ü 2.18** Excel

Ü 2.18 Kostenartenrechnung – Betriebsüberleitungsbogen

Saldenbilanz der Alfred Reiter e. U., Erzeugung von Werkzeugen für die Industrie, für das 2. Quartal per 30. Juni:

Konto-Nr.	Kontobezeichnung	Saldenbilanz	
		Soll	Haben
0400	Maschinen	410.000,00	
Kl. 0	Betriebs- und Geschäftsausstattung, Fahrzeuge	180.000,00	
1100/ 1300	Roh- und Hilfsstoffvorrat	23.200,00	
2000	Lieferforderungen	65.900,00	
2700/ 2800	Kassa, Bank	33.800,00	
3300	Lieferverbindlichkeiten		238.000,00
Kl. 3	Sonstige Verbindlichkeiten		10.000,00
4100	Fertigerzeugniserlöse 20%		254.200,00
5100	Rohstoffverbrauch	12.000,00	
5300	Hilfsstoffverbrauch	3.200,00	
6000	Fertigungslöhne	36.000,00	
6010	Hilfslöhne	9.600,00	
6020	Sonderzahlungen Arbeiter	5.200,00	
6200	Gehälter	19.500,00	
Kl. 6	Gesetzliche Lohnabgaben (zusammengefasst)	16.200,00	
Kl. 6	Gesetzliche Gehaltsabgaben (zusammengefasst)	5.900,00	
7010	Abschreibungen von Sachanlagen	7.100,00	
7270	Stromverbrauch	1.700,00	
78 . .	Schadensfälle	3.600,00	
Div.	Diverse Aufwände	19.900,00	
8310	Zinsenaufwand für Bankkredite	200,00	
9000	Kapital		350.800,00
		853.000,00	853.000,00

Für die Abgrenzung ist zu beachten:

1. Durchschnittliche Preissteigerung bei den Rohstoffen 5%
2. Von den Hilfsstoffen wurden €300,– für private Zwecke verbraucht. Die durchschnittliche Preissteigerung beträgt 4%.
3. Fertigungslöhne laut Arbeitsnachweisen €31.200,–
4. Lohnnebenkosten der Fertigungslöhne 98%
   Lohnnebenkosten der Hilfslöhne 94%
   Gehaltsnebenkosten 62%
5. Energiekosten für das 2. Quartal €1.600,–
6. Kalkulatorische Abschreibungen: Anschaffungswert der Maschinen €620.000,–, Indexverhältnis 140 : 160, 10% p.a. kalkulatorische Abschreibung
   Hinweis: Bei Angabe von Indexverhältnissen ist der erste Wert der Index im Anschaffungsjahr, der zweite Wert der Index des aktuellen Jahres.
   Kalkulatorische Abschreibungen Betriebs- und Geschäftsausstattung sowie Fahrzeuge für das ganze Jahr €27.000,–

Technischer Handel
Die Steyr-Werner Technischer Handel GmbH versorgt Industrie und Gewerbe mit technischen Produkten (z.B. Werkzeuge und Arbeitsschutz). Das Unternehmen hat seinen Sitz in Pasching, Oberösterreich, und ist mit acht Standorten in Österreich vertreten.

7. Kalkulatorische Wagnisse: Die angeführten Prozentsätze sind ermittelte Durchschnittswerte der letzten drei Jahre.

   Vertriebswagnis (Forderungsausfälle): 1,2% der Zielverkäufe im 2. Quartal, die gesamten Kundenforderungen betrugen € 180.000,–

   Gewährleistungswagnis: 1,5% der Fertigerzeugniserlöse aus dem 2. Quartal

   Für das Anlagen- und Beständewagnis sind € 3.520,– für das 2. Quartal anzusetzen.

8. Kalkulatorische Zinsen: Der Zinssatz für die Berechnung der kalkulatorischen Zinsen für das Eigenkapital beträgt 7% p.a. Das Eigenkapital ist der Saldenbilanz zu entnehmen.

   Die Fremdkapitalzinsen für das 2. Quartal sind ebenfalls in der Saldenbilanz ausgewiesen.

9. Kalkulatorischer Unternehmerlohn: Der kalkulatorische Unternehmerlohn für den Eigentümer Alfred Reiter soll sich am branchenüblichen Jahresgehalt eines leitenden Angestellten (inkl. Urlaubsbeihilfe und Weihnachtsremuneration) orientieren. Dieses beträgt € 52.800,–. Weiters ist ein Dispositionszuschlag in Höhe von 25% zu berücksichtigen.

Aufgabe: Führe die Abgrenzung der Aufwendungen durch und stelle den Betriebsüberleitungsbogen für das 2. Quartal auf (in € 1.000, auf 1 Dez. genau). C

WEITER ÜBEN!

Zusätzliche Übungsbeispiele im Anhang ab Seite 322

Online-Training: Check dein Wissen!

LINK
Interaktive Übungen

LINK
Das passende Übungsbuch mit Lösungen gibt's hier.

Bezugskalkulation → Kostenartenrechnung → **Kostenstellenrechnung** → Kostenträgerrechnung → Absatzkalkulation

Werk von Berglandmilch, Klagenfurt am Wörthersee
An der Produktion von Schärdinger-Milchprodukten sind viele verschiedene Betriebsbereiche beteiligt. In der Kostenrechnung werden sie als Kostenstellen bezeichnet.

LERNEN

3 Kostenstellenrechnung

In Unternehmen wird häufig, vielleicht auch vorwurfsvoll, die Frage gestellt: „Wo sind die Kosten angefallen"? Die Aufgabe der Kostenstellenrechnung ist es, diese Frage zu beantworten und damit herauszufinden, welche Abteilungen (Kostenstellen) für die Verursachung der Kosten verantwortlich sind.

1 Grundlagen der Kostenstellenrechnung

Kostenstellen sind jene **Betriebsbereiche, in denen die Kosten anfallen,** z. B.:

- **Materiallager**
- **Fertigung**
- **Verwaltung**
- **Vertrieb**

Sie entsprechen oft den **Verantwortungsbereichen** der Mitarbeiter. **Aufgabe der Kostenstellenrechnung** ist es, den **Gesamtbetrieb in Kostenstellen zu untergliedern,** in denen die in der Abrechnungsperiode **anfallenden Gemeinkosten** entsprechend der Verursachung **erfasst und kontrolliert** werden können.

Die **Einzelkosten** können **den Kostenträgern direkt zugerechnet** werden. Die **Gemeinkosten** werden vorerst **über Kostenstellen** geführt und dann mithilfe von Zuschlagssätzen **indirekt den Kostenträgern zugerechnet.** Dies erfolgt mithilfe eines **Betriebsabrechnungsbogens (BAB).**

Jedem Kostenträger werden nur die Gemeinkosten jener Kostenstellen zugerechnet, die er durchlaufen hat.

Gemeinsame Kostenstelle Verwaltung und Vertrieb
In einigen Unternehmen gibt es zwischen den Bereichen Verwaltung und Vertrieb Überschneidungen. In diesem Fall können die beiden Bereiche in einer gemeinsamen Kostenstelle geführt werden.

Beispiel:
Die Tischlerei Hannah Schellander e. U. hat sich auf die Herstellung von Vollholzmöbeln spezialisiert. Diese werden in den beiden Produktionshallen des Unternehmens hergestellt und im Verkaufs- und Ausstellungsraum den Kunden präsentiert. Die Möbel werden von den Kunden selbst abgeholt oder mit den unternehmenseigenen Fahrzeugen zugestellt. Die Montage erfolgt bei Bedarf durch ein Montage-Team. Ein Blick auf den Betrieb zeigt folgendes Bild:

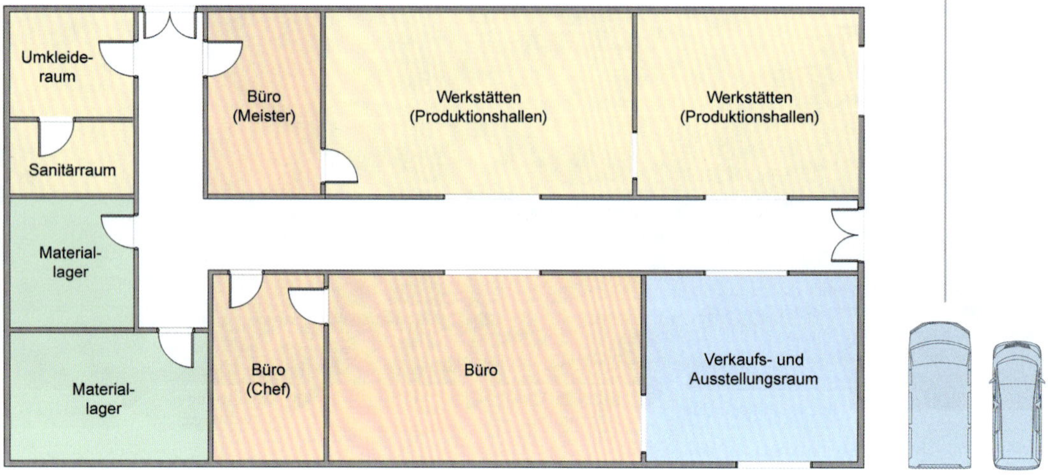

In der Tischlerei gibt es folgende Kostenstellen:

- **Materiallager**
- **Fertigung** (Produktionshallen, Umkleideraum, Sanitärraum)
- **Verwaltung** (Büroräume)
- **Vertrieb** (Verkaufs- und Ausstellungsraum, Kastenwagen, Kombi)

Kosten den Kostenträgern zurechnen: Während die Einzelkosten den Kostenträgern direkt zugerechnet werden können, werden die Gemeinkosten mit einem Betriebsabrechnungsbogen (BAB) über die Kostenstellen geführt und mithilfe von Zuschlagssätzen indirekt den Kostenträgern zugerechnet.

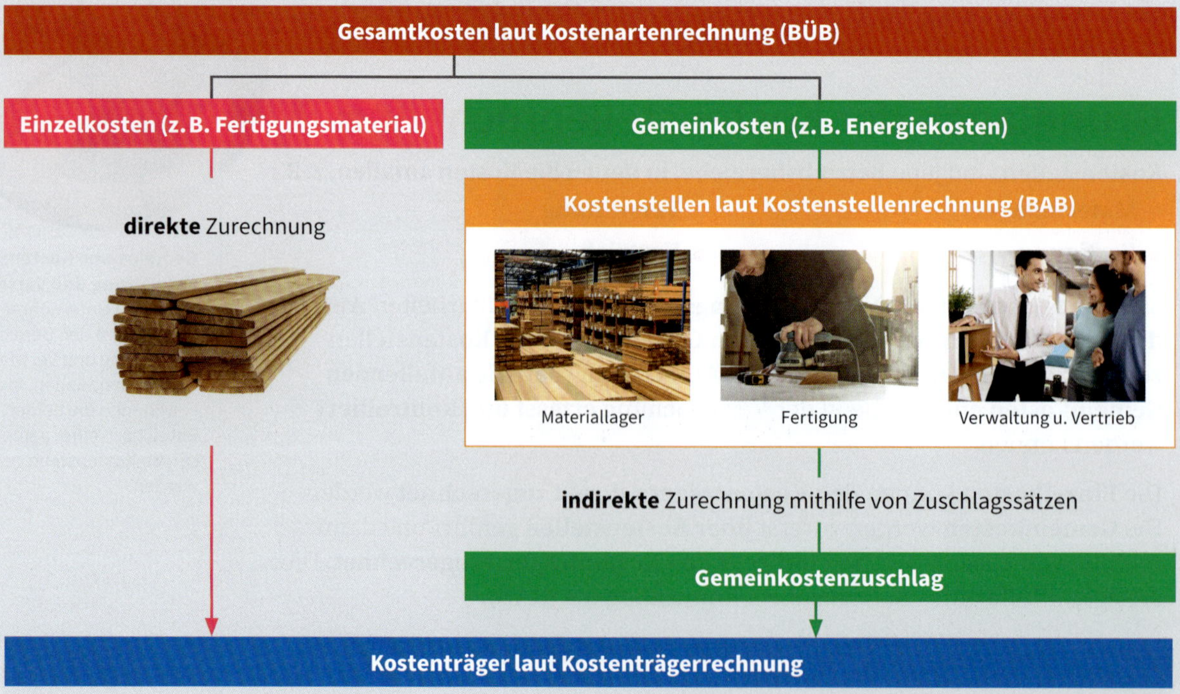

In der **Kostenstellenrechnung** ergeben sich drei **Arbeitsschritte,** die auf den folgenden Seiten beschrieben werden:

1 **Kostenstellen bilden**

2 **Gemeinkosten auf die Kostenstellen verteilen** (umlegen)

3 **Gemeinkostenzuschlagssätze** (Kalkulationssätze, Zuschlagssätze) für die Kostenträgerrechnung **ermitteln**

2 Kostenstellen bilden

Kostenstellen sollen so gebildet werden, dass die Kosten möglichst **verursachungsgerecht den Kostenträgern zugerechnet** werden können. Meist entsprechen die Kostenstellen **örtlichen Bereichen,** wie z. B. Verkaufsraum, Reparaturwerkstätte und Ersatzteillager eines Kfz-Betriebes. Kostenstellen werden auch durch die **Aufbauorganisation** geschaffen, wie z. B. Vertrieb und Marketing.

Bei der Bildung der Kostenstellen muss man außerdem darauf achten, dass **Mitarbeiter** für die in der Kostenstelle **angefallenen Kosten persönlich verantwortlich sind.**

In einem **Erzeugungsbetrieb** sollte es **zumindest** folgende Kostenstellen geben:

Kostenstellen in einem Erzeugungsbetrieb (Mindestgliederung)

Materiallager

Fertigung

Verwaltung und Vertrieb

In **Großbetrieben** wird zur Systematisierung der Kostenstellenrechnung meist ein **Kostenstellenplan** entwickelt.

Beispiel:

Ein metallerzeugendes Unternehmen hat drei Werke. Kostenstellen werden entsprechend dem Organisationsdiagramm des Unternehmens gebildet.

Der Auszug aus dem Kostenstellenplan (siehe Abbildung rechts) zeigt die Gliederung der Kostenstellen „Allgemeine Stellen“, „Gießerei“ und „Produktion“:

- Die **allgemeinen Stellen** erbringen Leistungen für den gesamten Betrieb.
- Die Fertigungsstellen **Gießerei** und **Produktion** erbringen die eigentliche Leistung des Unternehmens. In diesen Kostenstellen erfolgt die Herstellung der Kostenträger.

Weitere Kostenstellen sind z. B. **Konstruktion** (Forschung und Entwicklung), **Materialstellen** (Versorgung mit Roh- und Hilfsstoffen), **Verwaltung, Vertrieb.**

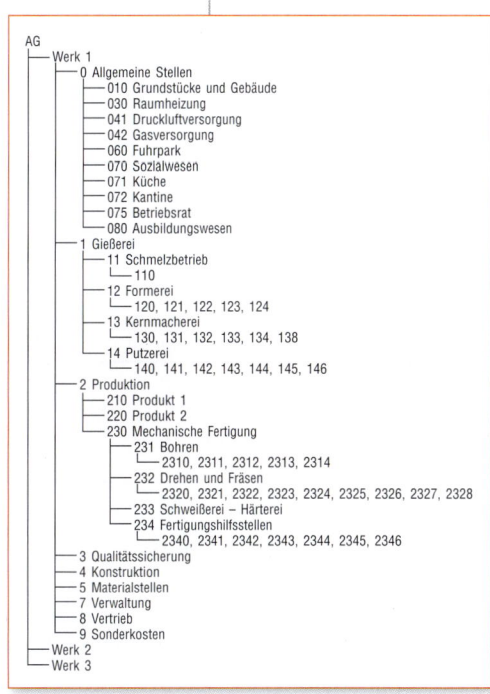

```
AG
├── Werk 1
│   ├── 0 Allgemeine Stellen
│   │   ├── 010 Grundstücke und Gebäude
│   │   ├── 030 Raumheizung
│   │   ├── 041 Druckluftversorgung
│   │   ├── 042 Gasversorgung
│   │   ├── 060 Fuhrpark
│   │   ├── 070 Sozialwesen
│   │   ├── 071 Küche
│   │   ├── 072 Kantine
│   │   ├── 075 Betriebsrat
│   │   └── 080 Ausbildungswesen
│   ├── 1 Gießerei
│   │   ├── 11 Schmelzbetrieb
│   │   │   └── 110
│   │   ├── 12 Formerei
│   │   │   └── 120, 121, 122, 123, 124
│   │   ├── 13 Kernmacherei
│   │   │   └── 130, 131, 132, 133, 134, 138
│   │   └── 14 Putzerei
│   │       └── 140, 141, 142, 143, 144, 145, 146
│   ├── 2 Produktion
│   │   ├── 210 Produkt 1
│   │   ├── 220 Produkt 2
│   │   └── 230 Mechanische Fertigung
│   │       ├── 231 Bohren
│   │       │   └── 2310, 2311, 2312, 2313, 2314
│   │       ├── 232 Drehen und Fräsen
│   │       │   └── 2320, 2321, 2322, 2323, 2324, 2325, 2326, 2327, 2328
│   │       ├── 233 Schweißerei – Härterei
│   │       └── 234 Fertigungshilfsstellen
│   │           └── 2340, 2341, 2342, 2343, 2344, 2345, 2346
│   ├── 3 Qualitätssicherung
│   ├── 4 Konstruktion
│   ├── 5 Materialstellen
│   ├── 7 Verwaltung
│   ├── 8 Vertrieb
│   └── 9 Sonderkosten
├── Werk 2
└── Werk 3
```

3 Gemeinkosten auf die Kostenstellen verteilen

Die **Gemeinkosten** müssen auf die festgelegten **Kostenstellen verteilt** werden. Dabei unterscheidet man:

Arten von Gemeinkosten
- Kostenstelleneinzelkosten
- Kostenstellengemeinkosten

Kostenstelleneinzelkosten

Kostenstelleneinzelkosten sind jene **Gemeinkosten,** die **den einzelnen Kostenstellen direkt** zugerechnet werden können.

Grundlage der Zurechnung der Kostenstelleneinzelkosten sind interne oder externe **Belege,** in denen die **verursachenden Kostenstellen** angeführt sind. So können z. B. folgende Belege die Zurechnungsgrundlage für die angeführten Kostenarten bilden:

Kostenart	Belege
Hilfs- und Betriebsstoffe	Entnahmescheine
Hilfslöhne	Lohnaufzeichnungen (z. B. Lohnliste)
Gehälter	Gehaltslisten
Büromaterial	Entnahmescheine

Kostenart	Belege
Fremdleistungen	Eingangsrechnungen
Kalkulatorische Abschreibungen	Anlagendatei
Kalkulatorische Zinsen	Kreditverträge, Anlagendatei u. a.
Fuhrpark	Fahrtenbuch

Beispiel:

Die Reparaturkosten für eine Maschine in der Kostenstelle Tischlerei 2 betragen € 1.000,– + € 200,– USt = € 1.200,–, der Betrag wird mit der Firmendebitkarte bezahlt. In der Finanzbuchführung wird der Beleg mit folgendem Buchungssatz verbucht:

7200 Instandhaltung durch Dritte 1.000,00 / 3190 Verbindlichkeiten
2500 Vorsteuer 200,00 / Debitkarten 1.200,00

Im Betriebsabrechnungsbogen wird der Nettobetrag direkt der Kostenstelle Tischlerei 2 zugerechnet.

S 317
Rechnung
€ 1.000,00
+ 20% USt € 200,00
€ 1.200,00

Betriebsabrechnungsbogen							
Kostenart	Gesamtkosten	Kostenstellen				
		Materiallager	Tischlerei 1	Tischlerei 2	Verwaltung	Vertrieb
. . .						
Instandhaltung durch Dritte	1.000,00			1.000,00		

Es ist zweckmäßig, möglichst **viele Gemeinkostenarten als Kostenstelleneinzelkosten** zu erfassen.

Kostenstellengemeinkosten

Kostenstellengemeinkosten sind jene **Gemeinkosten,** die nicht direkt, sondern nur mithilfe von **Verteilungsschlüsseln den Kostenstellen zugerechnet** werden können.

Kostenverteilungsschlüssel helfen dabei, die Kosten möglichst **verursachungsgerecht** aufzuteilen. Einige Kostenverteilungsschlüssel, die häufig angewendet werden, sind:

Kilowatt (kW) gibt die Leistung (Ladeleistung, Motorleistung) an.

Kostenverteilungsschlüssel

Mengenschlüssel	Zeitschlüssel	Wertschlüssel
Aufteilung nach Raumgröße, installierter Leistung usw.	Aufteilung nach Arbeitsstunden, Maschinenstunden, Fertigungszeit usw.	Aufteilung nach Lohn, Gehalt, Herstellkosten, Umsatzzahlen usw.
Beispiele: Stromkosten nach der installierten Leistung, Heizungskosten nach der Heizleistung der Heizkörper oder nach der Raumgröße (m^3), Miete nach m^2	**Beispiele:** Treibstoffe und Schmiermittel nach Maschinenstunden, evtl. in Verbindung mit Kilowatt, Reparaturkosten nach Maschinenstunden	**Beispiele:** Lohnnebenkosten nach den Löhnen, Werbekosten nach dem Umsatz

L 2.13 Gemeinkosten auf Kostenstellen verteilen

In der Tischlerei Hannah Schellander e. U. werden vom Bankkonto die Telefon- und Internetgebühren in Höhe von € 600,– (inkl. 20% USt) abgebucht. In der Finanzbuchführung wird der Beleg mit folgendem Buchungssatz verbucht:

7380 Telefon- und Internetgebühren 500,00 / 2800 Bank 600,00
2500 Vorsteuer 100,00 /

Im Betriebsabrechnungsbogen wird der Nettobetrag auf die Kostenstellen Materiallager, Fertigung, Verwaltung und Vertrieb nach dem Schlüssel 15 : 5 : 20 : 60 verteilt.

Aufgabe: Verteile die Telefon- und Internetgebühren auf die Kostenstellen. C

Lösung:

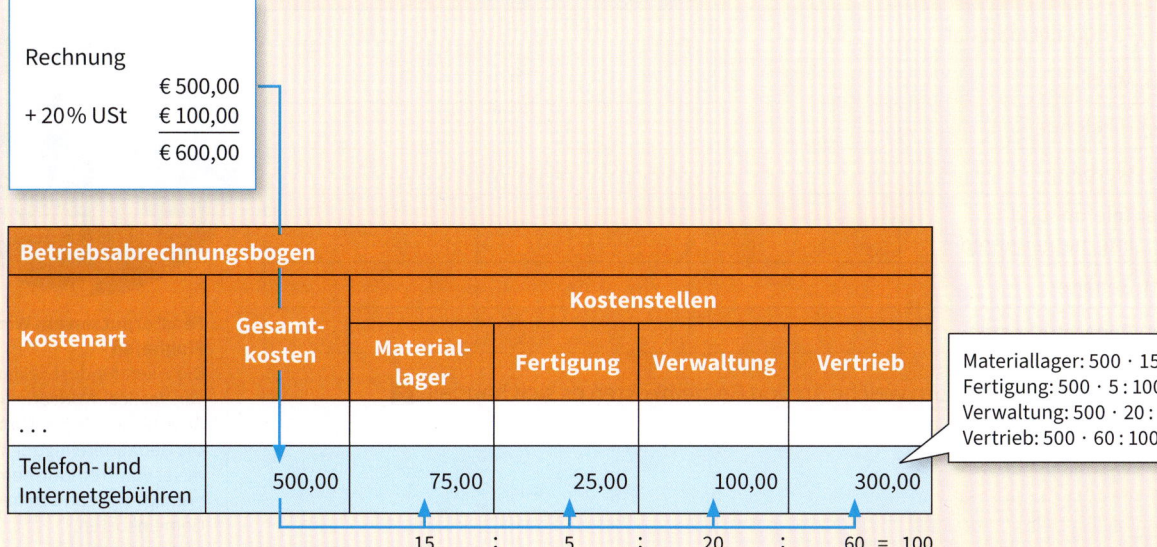

Rechnung	
	€ 500,00
+ 20% USt	€ 100,00
	€ 600,00

Betriebsabrechnungsbogen

Kostenart	Gesamtkosten	Kostenstellen			
		Materiallager	Fertigung	Verwaltung	Vertrieb
...					
Telefon- und Internetgebühren	500,00	75,00	25,00	100,00	300,00
		15 :	5 :	20 :	60 = 100

Materiallager: 500 · 15 : 100 = **75,00**
Fertigung: 500 · 5 : 100 = **25,00**
Verwaltung: 500 · 20 : 100 = **100,00**
Vertrieb: 500 · 60 : 100 = **300,00**

Quersummenkontrolle: 75,00 + 25,00 + 100,00 + 300,00 = 500,00

Die **Verteilung der Gemeinkosten auf die Kostenstellen mithilfe von Verteilungsschlüsseln** erfolgt nach den **Regeln der Verteilungsrechnung,** wobei bei jeder Kostenart eine Quersummenkontrolle durchgeführt werden sollte.

Ü 2.19 Gemeinkosten auf Kostenstellen verteilen

1. In der Schlosserei Leon Schlager e. U. wird vom Bankkonto die Miete in Höhe von € 2.400,– (inkl. 20 % USt) abgebucht. In der Finanzbuchführung wird der Beleg mit folgendem Buchungssatz verbucht:

   7400 Mietaufwand 2.000,00 / 2800 Bank 2.400,00
   2500 Vorsteuer 400,00

   Im Betriebsabrechnungsbogen werden die Kosten auf die Kostenstellen Materiallager, Fertigung, Verwaltung und Vertrieb nach folgendem Schlüssel verteilt: 80 m² : 300 m² : 50 m² : 70 m²
2. Die Kosten für Büromaterial betragen € 2.850,– (netto) und werden prozentuell auf die Kostenstellen verteilt: 12 % : 8 % : 48 % : 32 %

Aufgabe: Verteile die Miete und das Büromaterial auf die Kostenstellen. C

Lösung:

Betriebsabrechnungsbogen					
Kostenart	Gesamtkosten	Kostenstellen			
		Materiallager	Fertigung	Verwaltung	Vertrieb
. . .					
Miete					
Büromaterial					

Gemeinkostensummen

Nach der Verteilung aller Gemeinkosten werden die **Gemeinkostensummen in den einzelnen Kostenstellen** ermittelt. Die formale Richtigkeit wird durch eine **Quersummenkontrolle** überprüft (Gemeinkostensumme der einzelnen Kostenstellen = Gemeinkostensumme der Spalte Gesamtkosten).

Ü 2.20 Kostenstelleneinzelkosten und Kostenstellengemeinkosten

Kostenart	Kostenstellen-einzelkosten	Kostenstellen-gemeinkosten	weder/noch
a) Fertigungsmaterial			
b) Miete			
c) Hilfslöhne			
d) Werbung			
e) Telefon- und Internetgebühren			
f) Gehälter			
g) Reparaturkosten			

Aufgabe: Kreuze an, um welche Art von Gemeinkosten es sich handelt. C

LINK
Ü 2.19
Interaktive Übung

LINK
Ü 2.20
Interaktive Übung

Fensterputzen am Wiener Flughafen
Die Wiener Industriekletterer von Vertical Work erledigen Arbeiten in luftigen Höhen. Die Gebäudereinigung wird meist von Fremdfirmen erledigt und zählt zu den Gemeinkosten.

Ü 2.21 Gemeinkosten auf Kostenstellen verteilen

Kostenart	Möglichkeit der Zuordnung auf Kostenstellen
Betriebskosten Lkw	
Reinigung durch Dritte	
Leasingkosten	
Kopien	
Fortbildungskosten	

Aufgabe: Beurteile, nach welchen Kostenverteilungsschlüsseln die einzelnen Kostenarten den Kostenstellen zugerechnet werden können. D

Kostenverteilung mit Buchhaltungssoftware

Bei Einsatz einer **Buchhaltungssoftware** (z. B. SAP, WINLine, RZL, BMD) erfolgt die Verteilung auf die Kostenstellen automatisch nach **fixen Schlüsseln**. Es können auch Monats- oder Jahresverteilungsschlüssel angelegt werden.

Falls die Verteilung der Kosten nicht immer gleich ist, muss der Verteilungsschlüssel gesondert eingegeben werden. In der Finanzbuchführung können direkt bei der Erfassung eines Geschäftsfalles auf den entsprechenden Konten auch die betroffenen Kostenstellen eingegeben werden. So wird der Aufwand sofort auf einer oder mehreren Kostenstellen erfasst.

Bei der anschließenden Erstellung des Betriebsabrechnungsbogens werden alle Buchungen auf den entsprechenden Kostenstellen berücksichtigt.

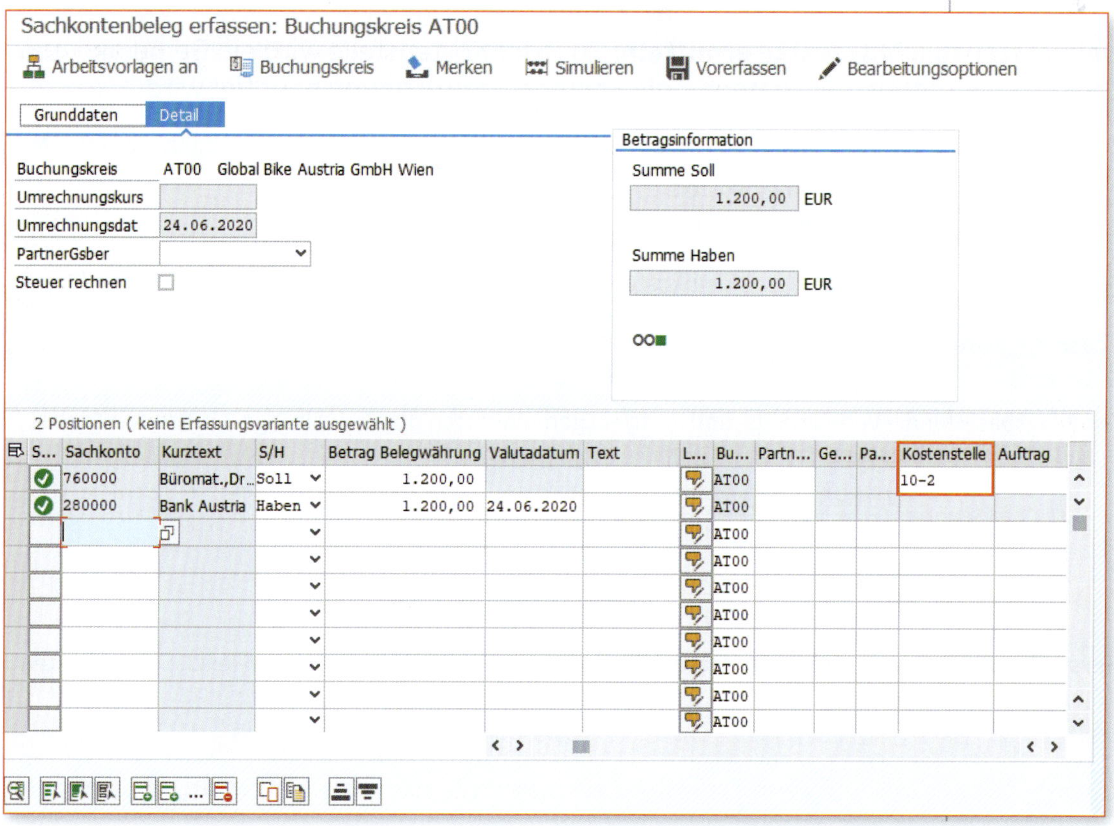

4 Gemeinkostenzuschlagssätze ermitteln

Die **Gemeinkosten** werden im Zuge der **Kostenträgerrechnung** den einzelnen Kostenträgern zugerechnet. Dies erfolgt mithilfe der sogenannten **Gemeinkostenzuschlagssätze,** z. B.

- **Materialgemeinkostenzuschlagssatz** (MGK-Zuschlagssatz)
- **Fertigungsgemeinkostenzuschlagssatz** (FGK-Zuschlagssatz)
- **Verwaltungsgemeinkostenzuschlagssatz** (VwGK-Zuschlagssatz)
- **Vertriebsgemeinkostenzuschlagssatz** (VtGK-Zuschlagssatz)

In der **Zuschlagskalkulation** finden diese Zuschlagssätze ihre Anwendung:

Zur **Zuschlagskalkulation** siehe auch Lerneinheit 4.

Zuschlagskalkulation

Fertigungsmaterial	
+ **Materialgemeinkosten**	Materialkosten
Fertigungslöhne	
+ **Fertigungsgemeinkosten**	
+ Sonderkosten der Fertigung	+ Fertigungskosten
	Herstellkosten
	+ **Verwaltungsgemeinkosten**
	+ **Vertriebsgemeinkosten**
	Selbstkosten

Hinweis: Das Fertigungsmaterial, die Fertigungslöhne und die Sonderkosten der Fertigung sind Einzelkosten.

In der **Kostenstellenrechnung** müssen die **Gemeinkostenzuschlagssätze ermittelt** werden. Dazu wird für jede Stelle eine **Zuschlagsbasis** gewählt, die eine möglichst **verursachungsgerechte Zurechnung der Gemeinkosten auf die Kostenträger** ermöglicht.

Gemeinkostenzuschlagssätze ermitteln: Zu jeder Kostenstelle wird ein Gemeinkostenzuschlagssatz ermittelt, der später für die Kostenträgerrechnung benötigt wird.

Die Zuschlagsbasis für die Materialgemeinkosten der Materiallagerstelle ist das **Fertigungsmaterial (FM):**

$$\text{MGK-Zuschlagssatz} = \frac{\text{Materialgemeinkosten}}{\text{Fertigungsmaterial}} \cdot 100\ (\%)$$

Die Zuschlagsbasis für die Fertigungsgemeinkosten der Fertigungsstelle sind die **Fertigungslöhne (FL):**

$$\text{FGK-Zuschlagssatz} = \frac{\text{Fertigungsgemeinkosten}}{\text{Fertigungslöhne}} \cdot 100\ (\%)$$

Die Zuschlagsbasis für die Verwaltungs- und Vertriebsgemeinkosten der Verwaltungs- und der Vertriebsstelle sind die **Herstellkosten:**

$$\text{VwGK-Zuschlagssatz} = \frac{\text{Verwaltungsgemeinkosten}}{\text{Herstellkosten}} \cdot 100\ (\%)$$

$$\text{VtGK-Zuschlagssatz} = \frac{\text{Vertriebsgemeinkosten}}{\text{Herstellkosten}} \cdot 100\ (\%)$$

Die **Herstellkosten** setzen sich aus den **Materialkosten** und den **Fertigungskosten** (exkl. Sonderkosten der Fertigung) zusammen.

Anstelle eines Zuschlagssatzes auf Basis der Fertigungslöhne werden in der Kostenstelle Fertigung auch häufig **Stundensätze auf Basis der geleisteten Fertigungsstunden** oder **Maschinenstunden** errechnet.

Stundensatz berechnen

$$\textbf{Stundensatz} = \frac{\text{Fertigungs(gemein)kosten}}{\text{Fertigungsstunden}} \text{ (€/h)}$$

oder

Maschinenstundensatz berechnen

$$\textbf{Maschinenstundensatz} = \frac{\text{Fertigungs(gemein)kosten}}{\text{Maschinenstunden}} \text{ (€/h)}$$

Es kann auch eine **Teilung der Gemeinkosten** erfolgen, z. B. in **lohnabhängige** (Errechnung eines Zuschlagssatzes auf Basis der Fertigungslöhne) und **maschinenabhängige** (Errechnung eines Maschinenstundensatzes).

Fertigung von Dieselmotoren
In Steyr steht das größte Motorenwerk der BMW Group. Dort läuft alle 14 Sekunden ein Motor von den Montagebändern. Zu Spitzenzeiten werden 6.000 Motoren pro Tag produziert.

Betriebsabrechnungsbogen: Im Betriebsabrechnungsbogen (BAB) werden die Gemeinkostensummen und – mithilfe der jeweiligen Zuschlagsbasis – die Gemeinkostenzuschlagssätze ermittelt.

Betriebsabrechungsbogen					
Kostenart	Gesamtkosten	Kostenstellen			
		Materiallager	Fertigung	Verwaltung	Vertrieb
. . .	Einzelkosten	Einzelkosten	Einzelkosten		
. . .	Gemeinkosten	Gemeinkosten	Gemeinkosten	Gemeinkosten	Gemeinkosten
Gemeinkostensummen	GK-Summe	GK-Summe	GK-Summe	GK-Summe	GK-Summe
Zuschlagsbasen		Fertigungsmaterial	Fertigungslöhne	Herstellkosten	Herstellkosten
Gemeinkostenzuschlagssätze		. . . %	. . . %	. . . %	. . . %

Fertigungsmaterial	
+ **. . . % MGK-Zuschlag**	Materialkosten
Fertigungslöhne	
+ **. . . % FGK-Zuschlag**	+ Fertigungskosten
	Herstellkosten
	+ **. . . % VwGK-Zuschlag**
	+ **. . . % VtGK-Zuschlag**
	Selbstkosten

Die **Einzelkosten** werden im Betriebsabrechnungsbogen nur der Vollständigkeit halber angeführt. Dabei werden das Fertigungsmaterial der Kostenstelle Materiallager und die Fertigungslöhne der Kostenstelle Fertigung zugeordnet.

Die Kostenstellenrechnung ist nicht nur im Rahmen der **Zuschlagskalkulation**, sondern auch bei anderen Aufgaben der Kostenrechnung von Bedeutung (z. B. zur Kostenkontrolle).

Istkostenrechnung im Überblick: Die Kostenstellenrechnung (Betriebsabrechnungsbogen) übernimmt die Kosten aus der Kostenartenrechnung (Betriebsüberleitungsbogen) und liefert die Gemeinkostenzuschlagssätze für die Kostenträgerrechnung.

Kostenartenrechnung

Welche Kosten sind angefallen?

Betriebsüberleitungsbogen (BÜB)

Aufwands-/Kostenart	Aufwendungen	Zeitl. und betriebl. Abgrenzung –	Zeitl. und betriebl. Abgrenzung +	Kosten
Fertigungsmaterial	100			100
Fertigungslöhne	110			110
Sonstige Kosten	261	29	86	318
Summen	**471**	**29**	**86**	**528**

Kostenstellenrechnung

Wo sind die Kosten angefallen?

Betriebsabrechnungsbogen (BAB)

Kostenart	Gesamtkosten	Kostenstellen: Materiallager	Kostenstellen: Fertigung	Kostenstellen: Verw. & Vertrieb
Fertigungsmaterial	100	100		
Fertigungslöhne	110		110	
Sonstige Kosten	318	10	220	88
Gemeinkostensummen	528	10	220	88
Zuschlagsbasen		100	110	440
Gemeinkostenzuschlagssätze		10%	200%	20%

Kostenträgerrechnung

Wofür sind die Kosten angefallen?

Fertigungsmaterial
\+ Materialgemeinkosten 10%
Fertigungslöhne
\+ Fertigungsgemeinkosten 200%
Herstellkosten
\+ Verwaltungs-/Vertriebsgemeinkosten 20%
Selbstkosten

L 2.14 Kostenstellenrechnung – Betriebsabrechnungsbogen

Die ALUSTA-Industrietechnik GmbH produziert ihre Erzeugnisse in zwei Fertigungsbereichen (Kostenstellen). In der Kostenstelle Teilefertigung (Fertigung 1) werden die Rohstoffe zu montagefertigen Bauteilen verarbeitet. In der Kostenstelle Montage (Fertigung 2) erfolgt die Lackierung und Endmontage der Teile. Für Mai ergeben sich nach der zeitlichen und betrieblichen Abgrenzung der Aufwendungen folgende Kosten (auf € 100 genau):

Kostenart	Betrag
1. Fertigungsmaterial	€ 42.100,00
2. Fertigungslöhne	€ 39.000,00
3. Hilfsmaterial	€ 10.000,00
4. Hilfslöhne	€ 21.600,00
5. Gehälter	€ 21.400,00
6. Lohnnebenkosten der Fertigungslöhne	€ 37.800,00
7. Lohnnebenkosten der Hilfslöhne	€ 19.900,00
8. Gehaltsnebenkosten	€ 13.500,00
9. Telefon- und Internetgebühren	€ 2.000,00
10. Diverse Kosten	€ 97.500,00

Kostenverteilung (in € 1.000, auf 1 Dez. genau, Einheiten, %)

Verteilungsschlüssel	Materiallager	Teilfertigung	Montage	Verwaltung	Vertrieb
1. Einzelkosten	42,1				
2. Einzelkosten		20,0	19,0		
3. Materialentnahmescheine	0,4	5,2	4,4		
4. Lohnlisten	3,0	8,0	7,3		3,3
5. Gehaltslisten	0,7	2,6	3,4	6,2	8,5
6. 97 % der Fertigungslöhne					
7. 92 % der Hilfslöhne					
8. 63 % der Gehälter					
9. Gebührenzähler (Einheiten)	2.497 :	1.256 :	1.752 :	7.495 :	12.054
10. Diverse Unterlagen	1,9	24,9	22,3	20,0	28,4

Aufgabe: Stelle den Betriebsabrechnungsbogen für Mai auf (in € 1.000, auf 1 Dez. genau) und berechne die Gemeinkostenzuschlagssätze (auf 1 Dez. genau). C

Lösung:

Betriebsabrechnungsbogen Mai								
Nr.	Kostenart	Gesamtkosten	Kostenstellen				
			Materiallager	Fertigung 1 (Teilefertigung)	Fertigung 2 (Montage)	Verwaltung	Vertrieb
1.	Fertigungsmaterial	42,1	42,1				
2.	Fertigungslöhne	39,0		20,0	19,0		
3.	Hilfsmaterial	10,0	0,4	5,2	4,4		
4.	Hilfslöhne	21,6	3,0	8,0	7,3		3,3
5.	Gehälter	21,4	0,7	2,6	3,4	6,2	8,5
6.	Lohnnebenkosten der FL	37,8		19,4	18,4		
7.	Lohnnebenkosten der HL	19,9	2,8	7,4	6,7		3,0
8.	Gehaltsnebenkosten	13,5	0,4	1,6	2,1	3,9	5,5 *
9.	Telefon- und Internetgebühren	2,0	0,2	0,1	0,1	0,6	1,0
10.	Diverse Kosten	97,5	1,9	24,9	22,3	20,0	28,4
	Gemeinkostensummen	223,7	9,4	69,2	64,7	30,7	49,7
	Zuschlagsbasen		42,1	20,0	19,0	224,4	224,4
	Gemeinkostenzuschlagssätze		**22,3%**	**346,0%**	**340,5%**	**13,7%**	**22,1%**

Die Einzelkosten (Fertigungsmaterial, Fertigungslöhne) werden im Betriebsabrechnungsbogen der Vollständigkeit halber eingetragen. Sie werden jedoch bei der Addition der Gemeinkosten nicht mitgerechnet.

* In einer Verteilungsrechnung kann sich bei der letzten Stelle eine Rundungsdifferenz zwischen dem zu verteilenden Wert und der Summe der einzelnen Anteile von + 0,1 oder – 0,1 ergeben. In diesen Fällen muss der letzte Anteil entsprechend korrigiert werden. Diese Vorgangsweise muss bei allen Beispielen eingehalten werden.

Nebenrechnungen zum Betriebsabrechnungsbogen (in € 1.000, auf 1 Dez. genau)

Telefon- und Internetgebühren: $\frac{€\ 2.000,00}{25.054\ \text{Einheiten}} = €\ 0,08/\text{Einheit}$

	Gesamt	Materiallager	Teilefertigung	Montage	Verwaltung	Vertrieb
Einheiten	25.054	2.497	1.256	1.752	7.495	12.054
Kosten (in € 1.000)	2,0	0,2	0,1	0,1	0,6	1,0

Herstellkosten:

Fertigungsmaterial	42,1	
+ Materialgemeinkosten	9,4	51,5
Fertigungslöhne Teilefertigung	20,0	
+ Fertigungsgemeinkosten Teilefertigung	69,2	89,2
Fertigungslöhne Montage	19,0	
+ Fertigungsgemeinkosten Montage	64,7	83,7
Herstellkosten		**224,4**

Gemeinkostenzuschlagssätze:

z. B. MGK-Zuschlagssatz $= \frac{9,4}{42,1} \cdot 100 = \mathbf{22,3\%}$

Ü 2.22 Kostenstellenrechnung – Betriebsabrechnungsbogen

LINK
Ü 2.22
Excel

Die Bautischlerei Alexander Berger e. U. hat die Produktion in einer Kostenstelle Fertigung organisiert. Darüber hinaus werden noch die Kostenstellen Materiallager, Verwaltung und Vertrieb geführt. Die Kosten für das 1. Quartal betragen (in € 1.000):

		Verteilung in € 1.000, auf 1 Dez. genau			
Kostenart	**Betrag**	**Materiallager**	**Fertigung**	**Verwaltung**	**Vertrieb**
1. Fertigungsmaterial	38,0				
2. Fertigungslöhne (FL)	41,0				
3. Hilfsmaterial	7,0	0,5	6,5		
4. Hilfslöhne (HL)	15,5	1,9	11,0		2,6
5. Gehälter	16,4			10,4	6,0
6. Lohnnebenkosten der FL	96 % der FL				
7. Lohnnebenkosten der HL	92 % der HL				
8. Gehaltsnebenkosten	60 % der Gehälter				
9. Diverse Kosten	79,4	2,5 :	54,4 :	12,6 :	30,5 (%)

Aufgabe: Stelle den Betriebsabrechnungsbogen für das 1. Quartal auf (in € 1.000, auf 1 Dez. genau) und berechne die Gemeinkostenzuschlagssätze (auf 1 Dez. genau). C

Lösung:

Betriebsabrechnungsbogen 1. Quartal						
Nr.	**Kostenart**	**Gesamt-kosten**	**Kostenstellen**			
1.	Fertigungsmaterial					
2.	Fertigungslöhne (FL)					
3.	Hilfsmaterial					
4.	Hilfslöhne (HL)					
5.	Gehälter					
6.	Lohnnebenkosten der FL					
7.	Lohnnebenkosten der HL					
8.	Gehaltsnebenkosten					
9.	Diverse Kosten					
	Gemeinkostensummen					
	Zuschlagsbasen					
	Gemeinkostenzuschlagssätze					

5 Innerbetriebliche Leistungsverrechnung

Innerbetriebliche Leistungen sind Leistungen, die von **Hilfskostenstellen für andere Kostenstellen** erbracht werden. Sie sind nicht für den Verkauf am Markt bestimmt.

Beispiele:

- Herstellung von Menüs für die Mitarbeiter durch die Werksküche
- Versorgung des Betriebes mit Heizung und Warmwasser durch die Heizungsstelle
- Durchführung der Personentransporte und der Materialzulieferungen durch den Fuhrpark

Hilfskostenstelle Logistik
Die Logistik kümmert sich um den Warentransport. Betrifft dies den Transport innerhalb eines Unternehmens, so werden die Kosten innerbetrieblich weiterverrechnet.

Die **Kosten der Hilfskostenstellen** können **nicht direkt** den **Kostenträgern angelastet** werden, sondern **müssen auf die Hauptkostenstellen,** für die sie eine Leistung erbringen, **aufgeteilt** werden. Hauptkostenstellen sind jene Kostenstellen (z. B. Materiallager, Fertigung, Verwaltung und Vertrieb), deren Kosten den Kostenträgern (Erzeugnissen bzw. Leistungen des Unternehmens) zugerechnet werden können.

Aufgabe der innerbetrieblichen Leistungsverrechnung ist es, die **Kosten den Kostenstellen zuzuordnen, für die sie angefallen sind.** Dabei muss man zwischen **leistenden Kostenstellen** (erbringen die innerbetrieblichen Leistungen) und **empfangenden Kostenstellen** (erhalten die innerbetrieblichen Leistungen) unterscheiden.

Da nur die Kosten der Hauptkostenstellen den Produkten zugerechnet werden können, müssen nach der Durchführung der innerbetrieblichen Leistungsverrechnung **alle Kosten der Hilfskostenstellen (= sekundäre Gemeinkosten)** auf die Hauptkostenstellen umgelegt sein. Zusammen mit den in den Hauptkostenstellen **bereits ausgewiesenen Gemeinkosten (= primäre Gemeinkosten)** gehen sie in die Gemeinkostenzuschlagssätze ein.

Es gibt eine Reihe von Verfahren der innerbetrieblichen Leistungsverrechnung.

Im Folgenden wird nur das wichtigste Verfahren, das **Umlageverfahren,** behandelt.

Umlageverfahren

Beim **Umlageverfahren** werden die **Gemeinkostensummen** der **Hilfskostenstellen** mithilfe von **Umlage-(Verteilungs-)schlüsseln** auf die **Hauptkostenstellen** umgelegt.

Die gesamten Kosten der umzulegenden Hilfskostenstelle werden **durch die Menge der geleisteten innerbetrieblichen Leistungen dividiert.** So werden die empfangenden Kostenstellen mit den Kosten der erhaltenen Leistungen belastet.

Beispiele:

Hilfskostenstelle	Umlageschlüssel
Personalbüro, Werksküche, Betriebsarzt, Bibliothek	Anzahl der Mitarbeiter in den empfangenden Stellen
Instandhaltung und Reparaturstelle	Leistungsstunden
Heizung	Verbrauch, installierte Leistung, Rauminhalt (m^3)
Reinigung	Stundenmäßige Inanspruchnahme, Fläche (m^2)
Hausverwaltung	Fläche (m^2)

Sind in einem Betrieb **mehrere Hilfskostenstellen** vorhanden, so wird meist das **Stufenleiterverfahren (Treppenverfahren)** angewendet.

Stufenleiterverfahren: Im Stufenleiterverfahren werden die Hilfskostenstellen stufenweise (treppenförmig) auf die Hauptkostenstellen umgelegt.

Betriebsabrechnungsbogen mit Hilfskostenstellen

Kostenart	Gesamtkosten	Hilfskostenstellen		Hauptkostenstellen			
		A	B	Materiallager	Fertigung 1	Fertigung 2	Verw. und Vertr.
...		Sekundäre Gemeinkosten		Primäre Gemeinkosten			
Summe Gemeinkosten	Σ	Σ	Σ	Σ	Σ	Σ	Σ
		→	...	...	...	...	...
			Σ →	...	...	...	...
Gemeinkostensummen	Σ			Σ	Σ	Σ	Σ
Zuschlagsbasen				...	...	...	...
Gemeinkostenzuschlagssätze				...%	...%	...%	...%

Die Hilfskostenstellen werden so angeordnet, dass die Kostenstelle, die **keine bzw. am wenigsten Kostenanteile** von anderen Kostenstellen erhält, am **Beginn der Verrechnung** steht. Die Leistungen der nachfolgenden Kostenstellen für die vorhergehenden werden vernachlässigt. Die Genauigkeit des Stufenleiterverfahrens ist daher von der Festlegung der Reihenfolge der Hilfskostenstellen abhängig.

L 2.15 Kostenstellenrechnung – Betriebsabrechnungsbogen mit Hilfskostenstellen

Die Ing. Bauer GmbH, Maschinenbau, weist im 2. Quartal folgende Kosten aus (in € 1.000):

Kostenart	Gesamtkosten	Hilfskostenstellen			Hauptkostenstellen		
		Werksküche	Reparatur	Transport	Materiallager	Fertigung	Verwaltung & Vertrieb
Fertigungsmaterial	120,3				120,3		
Fertigungslöhne	106,2					106,2	
Summe Gemeinkosten	510,0	23,5	12,2	18,0	20,5	316,1	119,7

Umlage der Hilfskostenstellen:

Umlageschlüssel	Kostenstellen					
	Werksküche	Reparatur	Transport	Materiallager	Fertigung	Verwaltung & Vertrieb
Werksküche nach Zahl der verpflegten Mitarbeiter	(1)	2	2	3	16	2
Reparatur nach Stunden	–	–	38	12	79	12
Transport nach Kubikmeter Transportleistung	–	–	–	90	40	120

In der Kostenstelle Fertigung sind 5.820 Maschinenstunden angefallen.

Aufgabe: Stelle den Betriebsabrechnungsbogen für das 2. Quartal auf (in € 1.000, auf 1 Dez. genau) und berechne die Gemeinkostenzuschlagssätze (auf 1 Dez. genau; in der Kostenstelle Fertigung auf Basis der Maschinenstunden, auf Cent genau). C

Lösung:

Betriebsabrechnungsbogen mit Hilfskostenstellen 2. Quartal							
Kostenart	Gesamtkosten	Hilfskostenstellen			Hauptkostenstellen		
		Werksküche	Reparatur	Transport	Materiallager	Fertigung	Verwaltung & Vertrieb
Fertigungsmaterial	120,3				120,3		
Fertigungslöhne	106,2					106,2	
Summe Gemeinkosten	510,0	23,5	12,2	18,0	20,5	316,1	119,7
Umlage Werksküche		– 23,5	1,9	1,9	2,8	15,0	1,9
Umlage Reparatur			– 14,1	3,8	1,2	7,9	1,2
Umlage Transport				– 23,7	8,5	3,8	11,4
Gemeinkostensummen	510,0				33,0	342,8	134,2
Zuschlagsbasen					120,3	5.820 h	602,3
Gemeinkostenzuschlagssätze					**27,4%**	**€ 58,90/h**	**22,3%**

Umlage der Hilfskostenstellen:

Werksküche:

Die Verpflegungskosten des Mitarbeiters in der Werksküche werden auf alle anderen Kostenstellen aufgeteilt, 23.500 : 25 (Zahl der verpflegten Mitarbeiter ohne Werksküche).

$$\frac{23.500}{25 \text{ Mitarbeiter}} = € \, 940{,}00/\text{Mitarbeiter}$$

z. B. Umlage Werksküche auf Reparatur: 940 · 2 Mitarbeiter = 1.880,00 ≈ 1,9

Reparatur:

	12.000,00		
+	1.900,00 (Umlage Werksküche)	$\frac{14.100}{141\ h}$ = € 100,00/h	
	14.100,00		38 + 12 + 79 + 12 = **141 h**

Transport:

	18.000,00		
+	1.900,00 (Umlage Werksküche)		
+	3.800,00 (Umlage Reparatur)	$\frac{23.700}{250\ m^3}$ = € 94,80/m^3	
	23.700,00		90 + 40 + 120 = **250 m³**

Herstellkosten:

	Fertigungsmaterial	120,3	
+	Materialgemeinkosten	33,0	153,3
	Fertigungslöhne	106,2	
+	Fertigungsgemeinkosten	342,8	449,0
	Herstellkosten		**602,3**

Gemeinkostenzuschlagssatz Fertigung:

Maschinenstundensatz: $\frac{342.800}{5.820\ h}$ **= € 58,90/h**

Ü 2.23 Kostenstellenrechnung – Betriebsabrechnungsbogen mit Hilfskostenstellen

LINK
BAB mit Hilfskostenstellen
Formular

LINK
Ü 2.23
Excel

Die Dipl.-Ing. F. Hauser GmbH, Erzeugung von Landmaschinen, hat die Hilfskostenstellen Heizung, Fertigungshilfsstelle und EDV sowie die Hauptkostenstellen Materiallager, Fertigung und Verwaltung & Vertrieb (eine gemeinsame Kostenstelle). Für das 3. Quartal ergeben sich folgende Kosten (auf € 100 genau):

Kostenart	Betrag in €	Verteilung in € 1.000, auf 1 Dez. genau
1. Fertigungsmaterial	65.000,00	Einzelkosten
2. Fertigungslöhne	78.000,00	Einzelkosten
3. Hilfs- und Betriebsmaterial	10.300,00	Materialentnahmescheine: 2,1 : 1,7 : 0,3 : 0,2 : 4,3 : 1,7
4. Hilfslöhne	25.000,00	Lohnzettel: 2,5 : 5,2 : — : 3,1 : 11,6 : 2,6
5. Gehälter	49.000,00	Gehaltslisten: — : — : 9,0 : — : 18,0 : 22,0
6. Lohnnebenkosten der FL	73.300,00	94 % von 2.
7. Lohnnebenkosten der HL	22.500,00	90 % von 4.
8. Gehaltsnebenkosten	28.400,00	58 % von 5.
9. Diverse Kosten	194.700,00	Diverse Unterlagen: 4,6 : 8,4 : 15,0 : 7,0 : 123,0 : 36,7

Umlage der Hilfskostenstellen:

Umlageschlüssel	Kostenstellen					
	Heizung	Fertigungs-hilfsstelle	EDV	Material-lager	Fertigung	Verwaltung & Vertrieb
Heizung nach m³	–	80	100	540	3.500	480
Fertigungshilfsstelle, nach Stunden	–	–	9	36	188	17
EDV-Leistungen, nach Stunden	–	–	–	–	120	184

Aufgabe: Stelle den Betriebsabrechnungsbogen für das 3. Quartal auf (in € 1.000, auf 1 Dez. genau) und berechne die Gemeinkostenzuschlagssätze (auf 1 Dez. genau). C

ÜBEN

Probier es selbst: Bearbeite die folgenden Übungsbeispiele.

LINK **BAB** Formular

LINK **Ü 2.24** Excel

Ü 2.24 Kostenstellenrechnung – Betriebsabrechnungsbogen (Fortsetzung von Ü 2.18)

Die Kosten der Alfred Reiter e.U., Erzeugung von Werkzeugen für die Industrie, betragen im 2. Quartal (in € 1.000):

Kostenart	Betrag	Verteilung (in € 1.000, auf 1 Dez. genau) auf die Kostenstellen Materiallager, Fertigung 1, Fertigung 2, Verwaltung-Vertrieb
1. Fertigungsmaterial	12,6	Einzelkosten
2. Fertigungslöhne	31,2	Einzelkosten: — : 12,0 : 19,2 : —
3. Hilfsstoffverbrauch	3,0	lt. Materialentnahmescheinen: 0,2 : 1,6 : 1,2 : —
4. Hilfslöhne	9,6	lt. Lohnzetteln: 1,5 : 4,0 : 4,1 : —
5. Gehälter	19,5	lt. Gehaltslisten: — : 4,3 : 6,0 : 9,2
6. Lohnnebenkosten der FL	30,6	98 % von 2.
7. Lohnnebenkosten der HL	9,0	94 % von 4.
8. Gehaltsnebenkosten	12,1	62 % von 5.
9. Energieverbrauch	1,6	gemäß dem Stromverbrauch: 0,1 : 0,6 : 0,8 : 0,1
10. Diverse Kosten	19,9	gemäß div. Unterlagen: 1,1 : 2,6 : 3,0 : 13,2
11. Kalk. Abschreibungen	24,5	lt. Anlagenverzeichnis: 1,0 : 5,3 : 12,2 : 6,0
12. Kalk. Wagnisse	9,5	gemäß den durchschnittlichen Schadensfällen: 0,4 : 2,3 : 2,8 : 4,0
13. Kalk. Zinsen	6,3	nach dem investierten verzinsten Kapital (in € 1.000): 1,0 : 220,0 : 320,0 : 149,0
14. Kalk. Unternehmerlohn	16,5	nach der zeitlichen Inanspruchnahme: — : 3,0 : 3,0 : 10,5

Aufgabe: a) Stelle den Betriebsabrechnungsbogen für das 2. Quartal auf (in € 1.000, auf 1 Dez. genau) und berechne die Gemeinkostenzuschlagssätze (auf 1 Dez. genau). C

b) Durch Umstrukturierungen im Bereich der Personalkosten konnten die Lohnnebenkosten der Fertigungs- und Hilfslöhne auf 92 % bzw. 88 % und die Gehaltsnebenkosten auf 58 % gesenkt werden. Welche Auswirkungen haben die Umstrukturierungsmaßnahmen auf die Höhe der Gemeinkostenzuschlagssätze? Führe mithilfe der Excel-Datei eine Neuberechnung des Betriebsabrechnungsbogens und der Gemeinkostenzuschlagssätze durch. D

LINK **BAB** Formular

LINK **Ü 2.25** Excel

Ü 2.25 Kostenstellenrechnung – Betriebsabrechnungsbogen

Die Kosten der Agrartechnik GmbH, Erzeugung von landwirtschaftlichen Maschinen und Geräten, betragen für April:

Kostenart	Betrag in €	Verteilung (auf € genau) auf die Kostenstellen Materiallager, Fertigung A, Fertigung B, Verwaltung, Vertrieb
1. Rohstoffverbrauch	54.810,00	Einzelkosten
2. Fertigungslöhne	34.450,00	Einzelkosten: — : 18.947,00 : 15.503,00 : — : —
3. Hilfsstoffverbrauch	5.360,00	im Verhältnis des Rohstoffverbrauches in kg
4. Gehälter	22.600,00	Gehaltslisten: 4.800,00 : — : — : 10.200,00 : 7.600,00
5. Lohnnebenkosten der FL	31.694,00	92 % von 2.

Kostenart	Betrag in €	Verteilung (auf € genau) auf die Kostenstellen Materiallager, Fertigung A, Fertigung B, Verwaltung, Vertrieb
6. Gehaltsnebenkosten	13.108,00	58% von 4.
7. Reinigung durch Dritte	400,00	nach der zu reinigenden Fläche
8. Stromverbrauch	1.995,00	lt. Zählerauswertung
9. Betriebskosten Pkw	2.400,00	nach der Zahl der Kundenbesuche
10. Betriebskosten Lkw	1.800,00	nach den gefahrenen Kilometern laut Fahrtenbüchern
11. Kopien	315,00	nach der Zahl der Kopien
12. Fortbildungskosten	300,00	für eine Mitarbeiterin der Kostenstelle Verwaltung
13. Diverse Kosten	6.590,00	diverse Unterlagen: 10 : 30 : 30 : 15 : 15 (%)
14. Kalkulatorische Abschreibungen	6.400,00	entsprechend dem investierten Kapital (in € 1.000): 120 : 210 : 250 : 50 : 90
15. Kalkulatorische Wagnisse	800,00	20 : 30 : 30 : — : 20 (%)
16. Kalkulatorische Zinsen	3.600,00	entsprechend dem investierten Kapital (wie Pkt. 14.)

Auszug aus den Erfassungslisten zur Kostenverteilung:

Verteilungsgrundlagen	Kostenstellen				
	Material-lager	Fertigung A	Fertigung B	Verwaltung	Vertrieb
Rohstoffverbrauch in kg		3.878	2.822		
Betriebsfläche in m²	400	170	130	58	42
Stromverbrauch: Entgelt für die Netznutzung € 0,07/kWh Energiepreis € 0,08/kWh Verbrauch in kWh	400	5.300	6.800	600	200
Zahl der Kundenbesuche					78
Gefahrene Kilometer (Rohstoff- und Warentransporte)	1.600				3.400
Zahl der Kopien	230	180	120	3.250	720
Maschinenstunden			386		

Aufgabe: a) Stelle den Betriebsabrechnungsbogen für April auf (auf € genau) und ermittle die Gemeinkostenzuschlagssätze (auf 1 Dez. genau; in der Kostenstelle Fertigung B auf Basis der Maschinenstunden, auf Cent genau). C

b) Von der Geschäftsleitung wird beabsichtigt, im Verwaltungsbereich Kosten einzusparen. Ermittle die Gemeinkostenzuschlagssätze für April mithilfe der Excel-Datei, unter der Annahme, dass in der Kostenstelle Verwaltung zwei Mitarbeiter (Bruttogehälter insgesamt € 4.300,– pro Monat) freigesetzt werden. C

Ü 2.26 Kostenstellenrechnung – Betriebsabrechnungsbogen mit Hilfskostenstellen

LINK
BAB mit Hilfskostenstellen
Formular

LINK
Ü 2.26
Excel

Die Kosten der Glasfabrik Rogner GmbH, Herstellung von Trinkgläsern und Designer-Glaswaren, betragen für das 2. Quartal (auf € 100 genau):

Kostenart	Betrag in €	Verteilung (in € 1.000, auf 1 Dez. genau) auf die Hilfskostenstellen Heizung, Fertigungshilfsstelle und auf die Hauptkostenstellen Materiallager, Fertigung Trinkgläser, Fertigung Designer-Glaswaren, Verwaltung & Vertrieb
1. Fertigungsmaterial	580.000,00	Einzelkosten
2. Fertigungslöhne	560.000,00	Einzelkosten: — : — : — : 290,0 : 270,0 : —
3. Hilfs- und Betriebsmaterial	111.000,00	Materialentnahmescheine: 28,0 : 31,0 : 5,0 : 21,0 : 17,0 : 9,0
4. Hilfslöhne	140.000,00	Lohnzettel: 16,0 : 28,0 : 17,0 : 34,0 : 32,0 : 13,0
5. Gehälter	256.000,00	Gehaltslisten: — : — : — : 48,0 : 40,0 : 168,0
6. Lohnnebenkosten der FL	532.000,00	95 % von 2.
7. Lohnnebenkosten der HL	126.000,00	90 % von 4.
8. Gehaltsnebenkosten	153.600,00	60 % von 5.
9. Diverse Kosten	1.399.600,00	diverse Unterlagen: 30,4 : 43,9 : 44,3 : 513,7 : 414,2 : 353,1

Umlage der Hilfskostenstellen Heizung und Fertigungshilfsstelle:

Umlageschlüssel	Kostenstellen					
	Heizung	Fertigungs-hilfsstelle	Material-lager	Fertigung Trinkgläser	Fertigung Designer-Glaswaren	Verw. & Vertrieb
Heizung, nach der Heizleistung der Heizkörper und dem Heißwasserverbrauch	–	10,6 %	5,1 %	36,0 %	27,2 %	21,1 %
Fertigungshilfsstelle, nach Leistungsstunden	–	–	500	1.500	1.700	300

In der Kostenstelle Fertigung Trinkgläser ist ein Arbeitsstundensatz für 21.800 Stunden zu errechnen.

Aufgabe: Stelle den Betriebsabrechnungsbogen für das 2. Quartal auf (in € 1.000, auf 1 Dez. genau) und berechne die Gemeinkostenzuschlagssätze (auf 1 Dez. genau; in der Kostenstelle Fertigung Trinkgläser auf Basis der Arbeitsstunden, auf Cent genau). C

WEITER ÜBEN!

Zusätzliche Übungsbeispiele im Anhang ab Seite 323

Online-Training: Check dein Wissen!

LINK
Interaktive Übungen

Bezugskalkulation → Kostenarten-rechnung → Kostenstellen-rechnung → **Kostenträger-rechnung** → Absatzkalkulation

E-Scooter als Kostenträger
Für die Produktion dieses E-Scooters sind Kosten angefallen – in der Kostenträgerrechnung werden sie ihm nun zugerechnet.

LERNEN

4 Kostenträgerrechnung

Mit der Kostenträgerrechnung werden die in der Kostenartenrechnung erfassten und in der Kostenstellenrechnung verteilten Kosten nun möglichst verursachungsgerecht den Kostenträgern (Produkte und Dienstleistungen) zugerechnet. Damit ist der Aufbau der Kostenrechnung abgeschlossen.

1 Grundlagen der Kostenträgerrechnung

Die **Kostenträgerrechnung** ist die **dritte Stufe der Kostenrechnung.** Falls keine Kostenstellenrechnung durchgeführt wird, baut die Kostenträgerrechnung direkt auf der Kostenartenrechnung auf.

Als **Kostenträger** werden die **Leistungen des Betriebes** (Sachgüter und Dienstleistungen) bezeichnet. Das können für den Verkauf bestimmte Leistungen oder für den Betrieb selbst erbrachte Leistungen sein.

Beispiele:

- Die BMW Group stellt neben Autos, Motorrädern und Fahrrädern auch E-Scooter her. Die Fahrzeuge sind Kostenträger.
- Ein Snowboardhersteller erzeugt verschiedene Arten von Boards. Das sind die Kostenträger.
- In einem Malereibetrieb ist u.a. das Verputzen einer Fassade ein Kostenträger.

Mithilfe der Kostenträgerrechnung werden **den Kostenträgern die durch sie verursachten Kosten zugerechnet.** So werden die **Herstellkosten,** die **Selbstkosten** oder der **Verkaufspreis** des jeweiligen Kostenträgers **berechnet.**

Man unterscheidet zwei Arten der Kostenträgerrechnung:

Arten der Kostenträgerrechnung

Kostenträgerstückrechnung (= Kostenträgererfolgsrechnung)	Kostenträgerzeitrechnung (= Betriebserfolgsrechnung)
Die Kostenträgerstückrechnung ermittelt die **Herstellkosten**, die **Selbstkosten** oder den **Verkaufspreis** des jeweiligen Kostenträgers oder bei gegebenem Verkaufspreis den **Gewinn für den Kostenträger.** Sie stellt die **eigentliche Kalkulation** dar.	Aufgabe der Kostenträgerzeitrechnung ist es, **alle** in der jeweiligen **Periode** entstandenen **Kosten** zu ermitteln und diese den **Leistungen** (= Erlösen) gegenüberzustellen. So wird der **Betriebserfolg** ermittelt (siehe Kapitel 3, Lerneinheit 2 sowie Kapitel 4).

Kalkulationsarten

Nach dem Zeitpunkt der Durchführung unterscheidet man drei Arten der Kalkulation:

Arten der Kalkulation

Vorkalkulation (Angebotskalkulation)	Zwischenkalkulation	Nachkalkulation
Vor der Leistungserstellung – Kalkulation der Kosten und Erstellung eines Angebotes	**Während der Leistungserstellung** – Überwachung der Kostenentwicklung	**Nach Fertigstellung der Leistung** – Ermittlung der tatsächlichen Kosten

- Unter der **Vorkalkulation** versteht man eine **vor der Leistungserstellung** durchgeführte Kalkulation, die über die **Höhe der voraussichtlichen Kosten** Auskunft gibt. Mit ihrer Hilfe kann ein Angebot erstellt werden **(= Angebotskalkulation)** bzw. über Annahme oder Ablehnung eines Auftrages entschieden werden.
- Die **Zwischenkalkulation** liegt zeitlich **zwischen der Vorkalkulation und dem Produktionsende.** Sie ist bei Produkten mit einer langen Herstellungszeit (z. B. Brückenbau) zur **Überwachung der Kostenentwicklung** notwendig.
- Der **Nachkalkulation,** die **nach Erstellung der Leistung** durchgeführt wird, liegen die für die Leistungserstellung **tatsächlich angefallenen Kosten** zugrunde. Gründe für die Durchführung einer Nachkalkulation sind:
  - **Kostenermittlung und -kontrolle** (vorwiegend bei Einzel- und Kleinserienfertigung) als Grundlage für die nächste Vorkalkulation,
  - **Ermittlung des Verkaufspreises für die erstellte Leistung** (z. B. bei Verträgen mit Kostenschwankungsklauseln) sowie
  - **Errechnung der Istgewinnspanne** (des tatsächlich erzielten Gewinnes) durch Gegenüberstellung der tatsächlichen Kosten und der erzielten Erlöse.

Kalkulationsverfahren

Nach der **rechnerischen Durchführung der Kalkulation** im Erzeugungsbetrieb unterscheidet man verschiedene **Kalkulationsverfahren.** Die Wahl des jeweils anzuwendenden Verfahrens hängt insbesondere von den im Betrieb **eingesetzten Fertigungsverfahren** ab. Diese unterscheiden sich durch die **Häufigkeit der Wiederholung der Fertigungsprozesse** (Einzel-, Massen-, Serien- und Sonderfertigung) und durch die **Struktur der Fertigungsprozesse** (einstufige, mehrstufige Fertigung).

Kalkulationsverfahren der Kostenträgerrechnung: Die Wahl des passenden Kalkulationsverfahrens hängt vor allem von den im Betrieb eingesetzten Fertigungsverfahren ab.

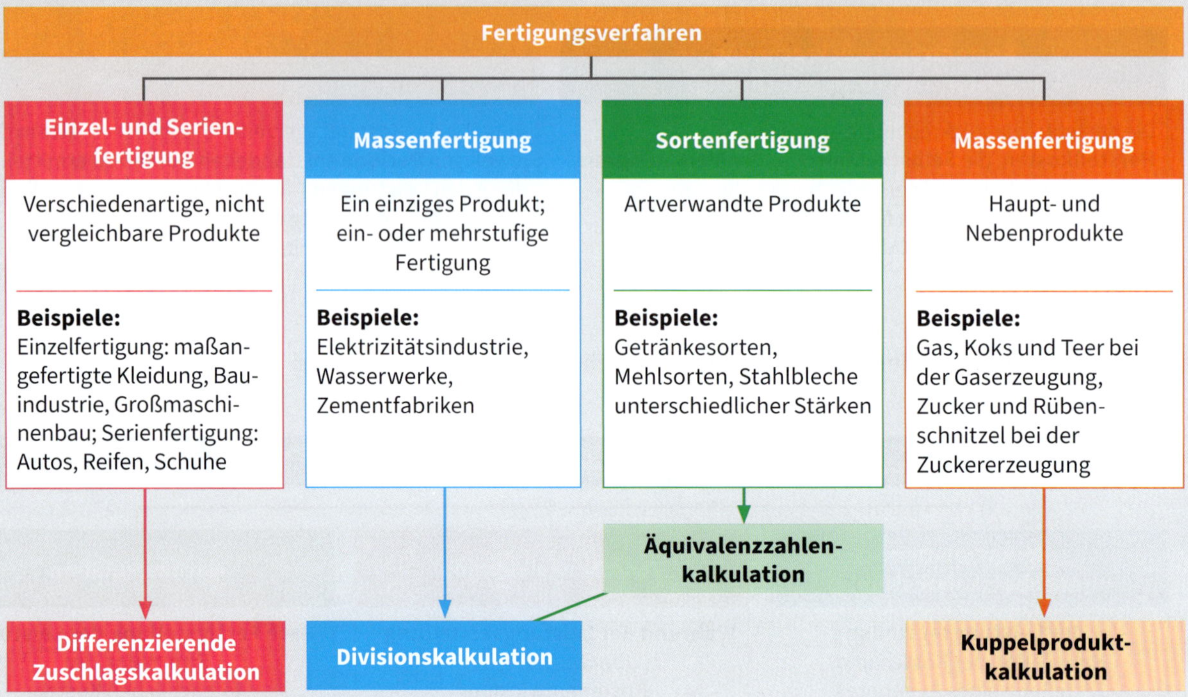

- Bei der **Äquivalenzzahlenkalkulation** werden die bei der Herstellung artverwandter Produkte entstandenen Kosten mithilfe einer Verteilungsrechnung auf diese Produkte aufgeteilt. Dabei wird berücksichtigt, welche Produkte die Kosten verursacht haben.
- Die **Kuppelproduktkalkulation** wird angewendet, wenn im Rahmen der Produktion zwangsweise zwei oder mehrere Produkte anfallen.

Die **differenzierende Zuschlagskalkulation** und die **Divisionskalkulation** werden in den folgenden Lernschritten näher behandelt.

LINK
Ü 2.27
Interaktive Übung

Ü 2.27 Kalkulationsverfahren der Kostenträgerrechnung

Anwendungsfall	Kalkulationsverfahren
a) In einem Bergbaubetrieb wird in der Fertigungsstelle 2 nur Lehm hergestellt.	
b) In einer Schneiderei werden zehn verschiedene Hochzeitskleider erzeugt.	
c) In einem Betrieb zur Herstellung von Holztischgarnituren wird das Restholz zu Holzbriketts aufbereitet und verkauft.	
d) Bei einem Getränkehersteller werden Biosäfte mit verschiedenen Geschmacksrichtungen hergestellt.	

Aufgabe: Gib an, welches Kalkulationsverfahren in diesen Fällen angewendet wird. D

2 Differenzierende Zuschlagskalkulation

Die **Zuschlagskalkulation** wird angewendet, wenn **verschiedenartige,** hinsichtlich der Kostenverrechnung **nicht miteinander vergleichbare** Produkte oder Leistungen erstellt werden.

Die **Einzelkosten,** das sind das Fertigungsmaterial, die Fertigungslöhne und die Sonderkosten der Fertigung, werden **den Kostenträgern direkt zugerechnet,** die **Gemeinkosten** werden **mithilfe der Gemeinkostenzuschlagssätze zugeschlagen.**

Zu den **Gemeinkostenzuschlagssätzen** siehe auch Lerneinheit 3.

Da die Gemeinkosten mit Zuschlagssätzen auf die Einzelkosten aufgeschlagen werden, müssen **Produkte (Kostenträger) mit höheren Einzelkosten** im Verhältnis einen **höheren Betrag der Gemeinkosten tragen** als jene mit niedrigeren Einzelkosten.

Die Zuschlagskalkulation wird in der Regel von Betrieben angewendet, die **mehrere verschiedenartige Produkte** herstellen (z. B. Anzüge, Röcke und Pullover in einer Kleiderfabrik).

Wenn die **Kosten eines Produktes** (Kostenträger) **berechnet** werden, werden dem Produkt **nur die Gemeinkosten** jener Kostenstellen **zugerechnet, die es durchlaufen hat.**

Beispiel:
Ein Spielwarenproduzent stellt Stofftiere und Gesellschaftsspiele her. Beide Produktgruppen werden in einer eigenen Produktionshalle (Kostenstelle Fertigung Stofftiere und Kostenstelle Fertigung Gesellschaftsspiele) hergestellt.

Werden die Kosten eines Stofftieres berechnet, sind neben den Einzelkosten auch die anteilsmäßigen Gemeinkosten aus den Kostenstellen Materiallager, Fertigung Stofftiere und Verwaltung & Vertrieb anzusetzen. Die Gemeinkosten aus der Kostenstelle Fertigung Gesellschaftsspiele müssen vom Kostenträger Stofftiere nicht getragen werden.

Differenzierende Zuschlagskalkulation: Mithilfe der Zuschlagskalkulation werden die Herstellkosten, die Selbstkosten oder der Verkaufspreis des Kostenträgers berechnet.

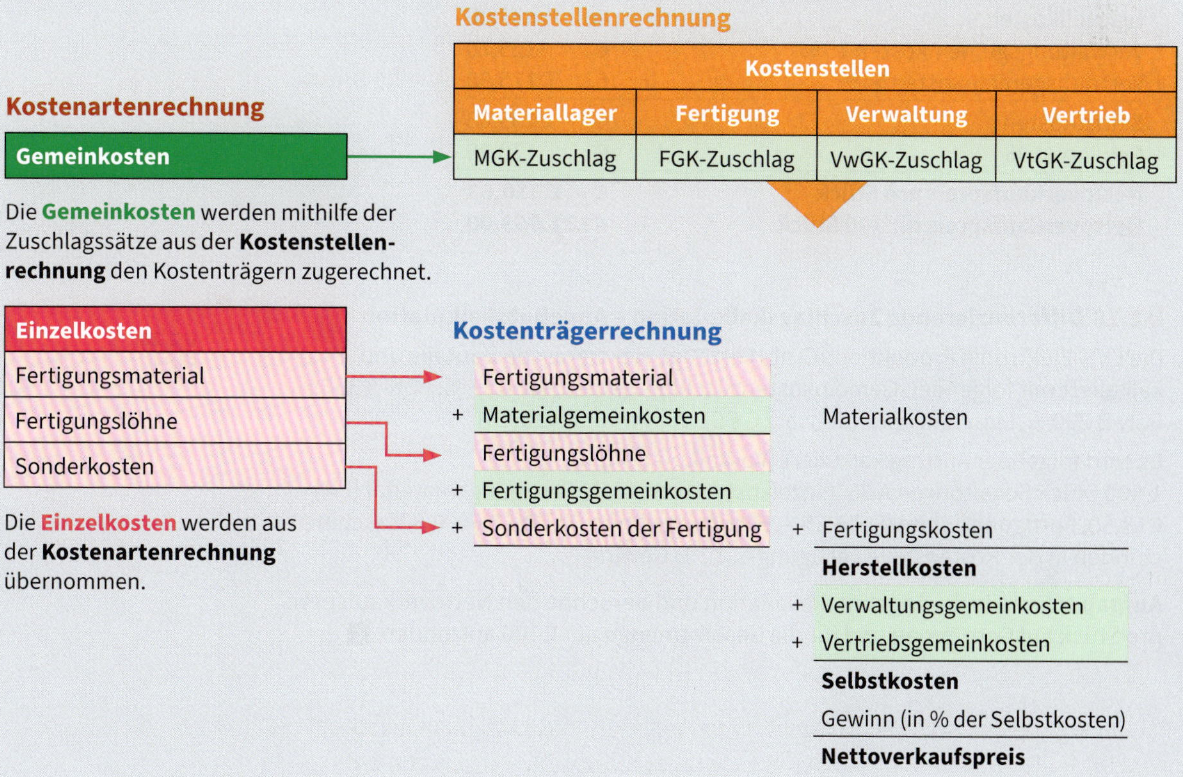

Da in der Fertigung immer häufiger Maschinen eingesetzt werden, kann der Fertigungsgemeinkostenzuschlagssatz durch den **tatsächlich angefallenen Maschinenstundensatz** ersetzt werden **(= Gemeinkostenverrechnungssatz)**.

Beispiel:
Der Maschinenstundensatz beträgt in der Kostenstelle Fertigung € 42,50 pro Stunde. Für die Erstellung eines Produktes wird mit 0,5 Maschinenstunden kalkuliert.

Fertigungskosten = 0,5 h · 42,50 = € 21,25

L 2.16 Differenzierende Zuschlagskalkulation – Angebotskalkulation

Die ALUSTA-Industrietechnik GmbH stellt Alu- und Stahlbehälter für die Land- und Molkereiwirtschaft her. Das Unternehmen verwendet für die Kalkulation von Angeboten folgende Gemeinkostenzuschlagssätze:

MGK 21%, FGK-1 348%, FGK-2 339%, VwGK 15%, VtGK 21%

Mithilfe dieser Zuschlagssätze und eines Gewinnzuschlages von 15% wird ein Auftrag über 100 Nirosta-Druckbehälter kalkuliert und ein Angebot erstellt (Vorkalkulation): 100 Stück, Fertigungsmaterial pro Stück €85,–, Fertigungslöhne 1 pro Stück €120,–, Fertigungslöhne 2 pro Stück €45,–

Aufgabe: Erstelle die Angebotskalkulation und berechne den Nettoverkaufspreis pro Stück auf Cent genau und für die Gesamtmenge auf € genau. C

Lösung:

Fertigungsmaterial	€ 85,00		
+ Materialgemeinkosten 21%	€ 17,85	€	102,85
Fertigungslöhne 1	€ 120,00		
+ Fertigungsgemeinkosten 1 348%	€ 417,60	€	537,60
Fertigungslöhne 2	€ 45,00		
+ Fertigungsgemeinkosten 2 339%	€ 152,55	€	197,55
Herstellkosten		€	838,00
+ Verwaltungsgemeinkosten 15%		€	125,70
+ Vertriebsgemeinkosten 21%		€	175,98
Selbstkosten		€	1.139,68
+ Gewinn 15%		€	170,95
Nettoverkaufspreis pro Stück		**€**	**1.310,63**
Nettoverkaufspreis für 100 Stück		**€**	**131.063,00**

Vernetzte Molkereiwirtschaft
Das Grazer Unternehmen smaXtec ermöglicht die kontinuierliche Überwachung der Gesundheits- und Bewegungsdaten von Milchvieh mittels Sensor. Der Landwirt hat somit das Wohlbefinden seiner Kühe immer im Blick.

Ü 2.28 Differenzierende Zuschlagskalkulation – Angebotskalkulation

Die EVS-Elektronik Produktions GmbH erzeugt elektronische Bauteile und kalkuliert mit folgenden Gemeinkostenzuschlagssätzen: MGK 17%, FGK-A 305%, FGK-B 290%, Maschinenstundensatz C €51,20, Vw- und VtGK 31%

Es wird folgender Auftrag kalkuliert (Vorkalkulation):
1.500 Stück Schaltboxen A 35, Einzelkosten pro Stück: Fertigungsmaterial (FM) €13,50, Fertigungslöhne (FL) A €5,–, Fertigungslöhne (FL) B €3,60, 0,8 Maschinenstunden in der Kostenstelle Fertigung C, 12% Gewinn

Aufgabe: Erstelle die Angebotskalkulation und berechne den Nettoverkaufspreis pro Stück auf Cent genau und für die Gesamtmenge auf € 100 aufrunden. C

LINK
Ü 2.28
Excel

L 2.17 Differenzierende Zuschlagskalkulation – Nachkalkulation (Fortsetzung von L 2.14 und L 2.16)

In der ALUSTA-Industrietechnik GmbH ergibt die Nachkalkulation der Nirosta-Druckbehälter folgende Werte: Fertigungsmaterialverbrauch insgesamt € 8.400,–, Fertigungslöhne 1 insgesamt € 14.500,–, Fertigungslöhne 2 insgesamt € 4.600,–

Die Gemeinkostenzuschlagssätze betragen laut Betriebsabrechnungsbogen (siehe L 2.14):
MGK 22,3%, FGK-1 346,0%, FGK-2 340,5%, VwGK 13,7%, VtGK 22,1%

Aufgabe: Erstelle die Nachkalkulation für die Gesamtmenge (auf Cent genau) und berechne den tatsächlich erzielten Gewinn (in € und in % der Selbstkosten auf 1 Dez. genau). C

Lösung:

Fertigungsmaterial	€ 8.400,00	
+ Materialgemeinkosten 22,3%	€ 1.873,20	€ 10.273,20
Fertigungslöhne 1	€ 14.500,00	
+ Fertigungsgemeinkosten 1 346,0%	€ 50.170,00	€ 64.670,00
Fertigungslöhne 2	€ 4.600,00	
+ Fertigungsgemeinkosten 2 340,5%	€ 15.663,00	€ 20.263,00
Herstellkosten		€ 95.206,20
+ Verwaltungsgemeinkosten 13,7%		€ 13.043,25
+ Vertriebsgemeinkosten 22,1%		€ 21.040,57
Selbstkosten		€ 129.290,02
+ Gewinn 1,4%*		**€ 1.772,98**
Nettoverkaufspreis		€ 131.063,00

*1.772,98 · 100 : 129.290,02 = **1,4%**

Der erzielte Gewinn von 1,4% der Selbstkosten weicht erheblich vom kalkulierten Gewinn laut Angebotskalkulation von 15% ab.

Der Nettoverkaufspreis ergibt sich aus der Angebotskalkulation, siehe L 2.16.

Berechnung mit Excel:

	A	B	C	D	E	F	G	H	I	J	K
4	**Vorkalkulation (Angebotskalkulation)**						**Nachkalkulation**				
5		Fertigungsmaterial		€ 85,00				Fertigungsmaterial		€ 8.400,00	
6	+	Materialgemeinkosten	21%	€ 17,85	€ 102,85		+	Materialgemeinkosten	22,3%	€ 1.873,20	€ 10.273,20
7		Fertigungslöhne 1		€ 120,00				Fertigungslöhne 1		€ 14.500,00	
8	+	Fertigungsgemeinkosten 1	348%	€ 417,60	€ 537,60		+	Fertigungsgemeinkosten 1	346,0%	€ 50.170,00	€ 64.670,00
9		Fertigungslöhne 2		€ 45,00				Fertigungslöhne 2		€ 4.600,00	
10	+	Fertigungsgemeinkosten 2	339%	€ 152,55	€ 197,55		+	Fertigungsgemeinkosten 2	340,5%	€ 15.663,00	€ 20.263,00
11		Herstellkosten			€ 838,00			Herstellkosten			€ 95.206,20
12	+	Verwaltungsgemeinkosten	15%		€ 125,70		+	Verwaltungsgemeinkosten	13,7%		€ 13.043,25
13	+	Vertriebsgemeinkosten	21%		€ 175,98		+	Vertriebsgemeinkosten	22,1%		€ 21.040,57
14		Selbstkosten			€ 1.139,68			Selbstkosten			€ 129.290,02
15	+	Gewinn	15%		€ 170,95		**+**	**Gewinn**	**1,4%**		**€ 1.772,98**
16		**Nettoverkaufspreis pro Stück**		**1 Stück**	**€ 1.310,63**			Nettoverkaufspreis für		100 Stück	€ 131.063,00
17		**Nettoverkaufspreis für**		**100 Stück**	**€ 131.063,00**						

Ü 2.29 Differenzierende Zuschlagskalkulation – Nachkalkulation (Fortsetzung von Ü 2.28)

LINK
Ü 2.29
Excel

In der EVS-Elektronik Produktions GmbH ergibt die Nachkalkulation für die Gesamtmenge der Schaltboxen folgende Zahlen: FM € 19.000,–, FL A € 8.100,–, FL B € 5.800,–, 1.215 Maschinenstunden in der Kostenstelle Fertigung C

Gemeinkostenzuschlagssätze laut Betriebsabrechnungsbogen: MGK 16,8%, FGK-A 304,6%, FGK-B 298,4%, Maschinenstundensatz C € 51,60, Vw- und VtGK 30,0%

Aufgabe: a) Erstelle die Nachkalkulation für die Gesamtmenge (auf Cent genau) und berechne den tatsächlich erzielten Gewinn (in € und in % der Selbstkosten auf 1 Dez. genau). C

b) Durch Rationalisierungsmaßnahmen konnten beim Fertigungsmaterial € 2.500,– und bei den Löhnen € 1.250,– (davon bei FL A € 800,–, bei FL B € 450,–) eingespart werden. Führe mithilfe der Excel-Datei die Nachkalkulation durch und berechne den neuen Gewinn. D

3 Divisionskalkulation

Wenn in einem Betrieb nur ein **einziges Produkt** hergestellt wird (z. B. Strom in einem Wasserkraftwerk) und keine größeren Schwankungen in den Beständen an unfertigen Erzeugnissen auftreten, dann kann die **Divisionskalkulation** angewendet werden. Der Betrieb wird als **eine einzige Leistungsstelle** aufgefasst.

Divisionskalkulation: Wird in einem Betrieb nur ein einziges Produkt hergestellt, dann können die Selbstkosten pro Einheit mit der Divisonskalkulation berechnet werden.

$$\text{Selbstkosten pro Einheit} = \frac{\text{Gesamtkosten der Periode}}{\text{erzeugte Menge der Periode}}$$

Eine **Kostenstellenrechnung** ist in diesen Fällen aus kalkulatorischen Gründen **nicht erforderlich;** aus Gründen der Kostenkontrolle wird man aber trotzdem nicht darauf verzichten.

Da Einproduktbetriebe in der Praxis kaum vorkommen, kann die Divisionskalkulation in ihrer reinen Form **fast nie angewendet** werden. Ein weites Anwendungsgebiet der Divisionskalkulation sind jedoch **einzelne Betriebsbereiche, die eine einheitliche Leistung erstellen.** Die Divisionskalkulation wird dann **häufig mit anderen Kalkulationsformen kombiniert.**

L 2.18 Divisionskalkulation

In der Obertaler Konservenfabrik GmbH betragen die Herstellkosten für Kichererbsen-Konserven im 1. Quartal €46.400,–.

Aufgabe: a) Berechne die Herstellkosten pro Stück, wenn im 1. Quartal 45.700 Stück erzeugt wurden. C

b) Berechne den Nettoverkaufspreis für ein Stück, wenn 27,8% Vw- und VtGK und 15% Gewinn zu kalkulieren sind. C

Lösung:

a)

$$\text{Herstellkosten pro Stück} = \frac{\text{Herstellkosten}}{\text{Anzahl der hergestellten Stück}} = \frac{46.400}{45.700} = \mathbf{€\,1{,}02}$$

b)

	Herstellkosten	€1,02
+	27,8% Vw- u. VtGK	€0,28
	Selbstkosten	€1,30
+	15% Gewinn	€0,20
	Nettoverkaufspreis	**€1,50**

Warum sind Konserven rund?
Um Keime und Schadstoffe abzutöten, wird das Wasser in den Dosen auf 130° C erhitzt, wodurch sich der Doseninhalt ausdehnt und einen hohen Druck entwickelt. Runde Formen können diesem Druck besser standhalten als eckige.

Ü 2.30 Divisionskalkulation

Die Otto Dachser OG erzeugt Gartenwerkzeuge. Die Herstellkosten des Gartenspatens Modell Standard betragen im März €39.100,–.

Aufgabe: a) Berechne die Herstellkosten pro Stück, wenn im März 3.750 Stück hergestellt wurden. C

b) Berechne den Nettoverkaufspreis für ein Stück, wenn 27,9% Vw- und VtGK und 15% Gewinn einkalkuliert werden sollen. C

ÜBEN

Probier es selbst: Bearbeite die folgenden Übungsbeispiele.

Ü 2.31 Differenzierende Zuschlagskalkulation

LINK Ü 2.31 Excel

Die PowerTech GmbH, ein Zulieferant für die Maschinenbauindustrie, kalkuliert mit folgenden Gemeinkostenzuschlagssätzen: MGK 17%, FGK-2 229% auf Basis der FL 2, Vw- und VtGK 23%, Gewinnzuschlag 10%

Es wird folgender Auftrag (Aufzugstür „OPTIMA") kalkuliert (Vorkalkulation):

20 Stück, Einzelkosten pro Stück: FM € 870,–, FL 2 € 730,– (Der Kostenträger durchläuft nur die Kostenstelle Fertigung 2.)

Die Nachkalkulation ergibt für die Gesamtmenge folgende Werte: FM € 16.840,–, FL 2 € 15.100,–; Gemeinkostenzuschlagssätze laut Betriebsabrechnungsbogen: MGK 16,6%, FGK-2 215,2%, Vw- und VtGK 19,9%

Aufgabe: a) Erstelle die Angebotskalkulation (pro Stück auf Cent genau) und ermittle den gesamten Nettoverkaufspreis (auf € 100 aufrunden). C

b) Erstelle die Nachkalkulation (für die Gesamtmenge auf Cent genau) und ermittle den tatsächlich erzielten Gewinn (in € und in % der Selbstkosten auf 1 Dez. genau). C

c) Durch einen Brand in der Produktionsstätte des Zulieferers der Materialkomponenten für die Aufzugstür „OPTIMA" ist es zu einem Engpass am Markt gekommen. Der Preis für die Materialteile ist um 40% gestiegen. Beurteile, wie sich die Preissteigerung auf das Ergebnis des aktuellen Auftrages auswirkt. Erstelle die Berechnung mithilfe der Excel-Datei. D

Ü 2.32 Differenzierende Zuschlagskalkulation

LINK Ü 2.32 Excel

In der Gartentraum GmbH, Erzeugung von Gartenzubehör, wird eine Vorkalkulation für 120 Stück des Kostenträgers A14 (Blumentopf „Florastar") durchgeführt:

Kosten pro Stück: Diverses Material € 9,80, Löhne der Fertigungsstelle 1 € 6,–, 1,5 Maschinenstunden in der Fertigungsstelle 2

MGK 9%, FGK-1 259%, Stundensatz Fertigung 2 € 37,30, Vw- und VtGK 31%, Gewinnzuschlag 20%

Nachkalkulation:

Kosten für die Gesamtmenge: Diverses Material € 1.240,–, Löhne der Fertigungsstelle 1 € 705,–, 190 Maschinenstunden in der Fertigungsstelle 2

MGK 8,3%, FGK-1 253,4%, Stundensatz Fertigung 2 € 38,–, Vw- und VtGK 32,1%

Aufgabe: a) Erstelle die Angebotskalkulation (pro Stück auf Cent genau) und ermittle den gesamten Nettoverkaufspreis (auf € 100 aufrunden). C

b) Führe die Nachkalkulation für die Gesamtmenge durch (auf Cent genau) und ermittle den tatsächlich erzielten Gewinn (in € und in % der Selbstkosten auf 1 Dez. genau). C

c) Mit einer neuen Tonmischung konnten beim Material 15% und in der Produktion bei den Fertigungslöhnen 8% eingespart werden.
Zu welchem Nettoverkaufspreis pro Stück kann der Blumentrog „Florastar" in Zukunft angeboten werden?
Führe die Berechnungen mithilfe der Excel-Datei durch (pro Stück auf Cent genau). D

Ü 2.33 Divisionskalkulation

Die Biochem AG hat im April 37.480 kg biologischen Rosendünger Rosoplant Spezial hergestellt.

Fertigungsmaterial gesamt € 15.080,–, gesamte Fertigungskosten (inkl. FGK) € 24.520,–, MGK 11,3 %, VwGK 18,4 %, VtGK 12,7 %

Aufgabe: Berechne die Selbstkosten pro kg (Kalkulation für 1 kg). C

WEITER ÜBEN!

- **Zusätzliche Übungsbeispiele im Anhang ab Seite 327**
- **Online-Training: Check dein Wissen!**

LINK
Interaktive Übungen

LINK
Das passende Übungsbuch mit Lösungen gibt's hier.

Bezugskalkulation → Kostenartenrechnung → Kostenstellenrechnung → Kostenträgerrechnung → **Absatzkalkulation**

LERNEN

5 Absatz- und Differenzkalkulation (Kostenträgererfolgsrechnung)

Du weißt jetzt schon, wie du die Selbstkosten eines Produktes oder einer Dienstleistung berechnen kannst. Aber wie hoch soll der Verkaufspreis sein? Dabei muss z. B. ein Skonto, ein möglicher Rabatt, Provisionen für Verkäufer oder Zwischenhändler und selbstverständlich auch ein Gewinn kalkuliert werden.

Wie viel dürfen die Schuhe kosten?
Verkaufspreise werden so festgelegt, dass für das Unternehmen ein Gewinn übrig bleibt. Sie sollten aber nicht weit höher sein als die Verkaufspreise der Konkurrenz, damit sie von den Kunden akzeptiert werden.

1 Grundlagen der Absatzkalkulation

Um den Kunden ein möglichst attraktives Angebot erstellen zu können, wird ihnen z. B. ein **Rabatt** und/oder ein **Skonto** gewährt. Diese Positionen werden jedoch meistens **zuvor in** der **Absatzkalkulation auf** den **Verkaufspreis aufgeschlagen,** damit der gewünschte Gewinn trotz Preisnachlässen erzielt werden kann.

Man unterscheidet zwei **Arten der Absatzkalkulation:**

Arten der Absatzkalkulation

Progressive Absatzkalkulation	Retrograde Absatzkalkulation
Mit der **progressiven Absatzkalkulation** kann man aus den Selbstkosten oder dem Nettoverkaufspreis den **Bruttoverkaufspreis** berechnen.	Mit der **retrograden Absatzkalkulation** kann man aus dem Bruttoverkaufspreis den (maximal zulässigen) **Nettoverkaufspreis oder** die (maximal zulässigen) **Selbstkosten** berechnen.

Absatzkalkulation: Mit der progressiven Absatzkalkulation wird der Bruttoverkaufspreis berechnet, mit der retrograden Absatzkalkulation der maximal zulässige Nettoverkaufspreis oder die maximal zulässigen Selbstkosten.

Progressive Absatzkalkulation (Vorwärtskalkulation) ↓ — **Retrograde Absatzkalkulation** (Rückwärtskalkulation) ↑

Progressiv	Kalkulationsschema	Retrograd
	Selbstkosten 1	
+ v. h.	+ Gewinn 2	− a. h.
	Nettoverkaufspreis	
+	+ nominelle Sonderkosten 3	−
	Zwischensumme	
+ i. h.	+ Verkaufsprovision 4	− v. h.
	Kassapreis	
+ i. h.	+ Skonto 5	− v. h.
	Zielpreis	
+ i. h.	+ Rabatt 6	− v. h.
	Listenverkaufspreis (Einzelhandelspreis exkl. USt)	
+ v. h.	+ Umsatzsteuer 7	− a. h.
	Bruttoverkaufspreis (Einzelhandelspreis inkl. USt)	

Arbeitsschritt	Erläuterung	Progressiv	Retrograd
1	Die **Selbstkosten** sind die Summe aller Kosten, die für einen Kostenträger (Produkt oder Dienstleistung) durch den Leistungsprozess des Betriebes entstanden sind.		
2	Der **Gewinn** wird von den Selbstkosten berechnet.	+ v. h.	− a. h.
3	Die **nominellen Sonderkosten** sind z. B. Kosten für eine spezielle Verpackung oder Frachtkosten.	+	−
4	Die **Verkaufsprovision,** die ein Mitarbeiter oder Zwischenhändler für den Verkauf eines Produktes oder für die Vermittlung einer Dienstleistung erhält, wird einkalkuliert. Sie wird im Allgemeinen vom Kassapreis berechnet.	+ i. h.	− v. h.
5	Ein **Skonto** muss dann einkalkuliert werden, wenn der Käufer bei Zahlung innerhalb der Kassafrist einen Skontoabzug vornehmen kann.	+ i. h.	− v. h.
6	Wenn mehrere **Rabatte** berücksichtigt werden müssen, dann werden sie in der Praxis oft in folgender Reihenfolge aufgeschlagen: Mengenrabatt → Sonderrabatt → Großhandelsspanne (= Großhandelsrabatt) → Einzelhandelsspanne (= Einzelhandelsrabatt) Mengen- und Sonderrabatte dürfen nicht in voller Höhe angesetzt werden, sondern nur entsprechend dem Umsatzanteil, für den voraussichtlich ein Rabatt gewährt wird (z. B. 30 % Rabatt bei 60 % des Umsatzes = 30 · 60 : 100 = 18 % Rabatt durchschnittlich). Die auf den Listenverkaufspreis bezogene Handelsspanne entspricht dem Rabatt, den der Erzeuger (Produzent) bei Lieferung an den Großhändler oder Einzelhändler bzw. der Großhändler an den Einzelhändler gewährt (Großhandels- bzw. Einzelhandelsrabatt). Dieser Rabatt wird auch als Wiederverkäuferrabatt bezeichnet.	+ i. h.	− v. h.
7	**Umsatzsteuer**	+ v. h.	− a. h.

Schritte 3 bis 6: **Sonderkosten des Vertriebes**

v. h.
Prozentrechnung von hundert

i. h.
Prozentrechnung in hundert

a. h.
Prozentrechnung auf hundert

Die **tatsächlichen Verkaufspreise stimmen in der Praxis oft nicht mit den kalkulierten Verkaufspreisen überein** (soweit überhaupt eine Kalkulation im obigen Sinne durchgeführt wird). Gründe für eine abweichende Preisbildung sind vor allem **marketingpolitische Überlegungen** (Lockpreise, psychologische Preisgestaltung, Beachtung der Verkaufspreise der Konkurrenz bzw. von Konkurrenzprodukten). Es könnte z. B. notwendig sein, bei einem kalkulierten Verkaufspreis von € 100,53 den tatsächlichen Verkaufspreis mit € 99,90 festzulegen.

2 Progressive Absatzkalkulation

Mit der **progressiven Absatzkalkulation** wird der **Bruttoverkaufspreis** aus den Selbstkosten oder dem Nettoverkaufspreis errechnet.

L 2.19 Progressive Absatzkalkulation

In der Flextronics GmbH, Elektrogeräteproduktion, müssen in der Absatzkalkulation für Reiseföhns folgende Werte berücksichtigt werden:

Selbstkosten des Reiseföhns € 8,50, 15 % Gewinn, Transportkosten € 0,60, 8 % Verkaufsprovision, 2 % Skonto, 4 % Mengenrabatt bei 30 % des Umsatzes, 35 % Einzelhandelsspanne, 20 % USt

Aufgabe: a) Berechne den Bruttoverkaufspreis (inkl. 20 % USt). C

b) An den Elektrofachmarkt Gertrude Stöhr GmbH (20068) werden Reiseföhns verkauft (A 332, 13. Mai): 50 Stück zu je € 11,65 (= Listenverkaufspreis – 35 % Einzelhandelsspanne) = = € 582,50 + € 116,50 USt = € 699,–; Zahlungsbedingung: Zahlbar innerhalb von 10 Tagen mit 2 % Skonto, nach 30 Tagen ohne Abzug.

Bankeingang € 685,02 (B 69, 22. Mai); die Kundin Gertrude Stöhr GmbH hat die A 332 abzüglich 2 % Skonto (€ 13,98) ausgeglichen.

Stelle die Buchungssätze für den Verkauf der Reiseföhns (Konto 4100 Fertigerzeugniserlöse 20 %) und den Zahlungseingang auf. C

Lösung:

a)

	Selbstkosten	€ 8,50		
+	15 % Gewinn	€ 1,28	+ v. h.	8,50 · 15 : 100 = 1,28
	Nettoverkaufspreis	€ 9,78		
+	Transportkosten	€ 0,60	+	
	Zwischensumme	€ 10,38		
+	8 % Verkaufsprovision	€ 0,90	+ i. h.	10,38 · 8 : (100 – 8) = 0,90
	Kassapreis	€ 11,28		
+	2 % Skonto	€ 0,23	+ i. h.	11,28 · 2 : (100 – 2) = 0,23
	Zielpreis	€ 11,51		
+	4 · 30 : 100 = 1,2 % Mengenrabatt	€ 0,14	+ i. h.	11,51 · 1,2 : (100 – 1,2) = 0,14
	Zwischensumme	€ 11,65		
+	35 % Einzelhandelsspanne	€ 6,27	+ i. h.	11,65 · 35 : (100 – 35) = 6,27
	Listenverkaufspreis (exkl. USt)	€ 17,92		
+	20 % USt	€ 3,58	+ v. h.	17,92 · 20 : 100 = 3,58
	Bruttoverkaufspreis (inkl. USt)	**€ 21,50**		

Prozentrechnung v. h.

100 % .... € 8,50
15 % .... € x

x = 8,50 · 15 : 100 = **€ 1,28**

Prozentrechnung i. h.

92 % .... € 10,38
8 % .... € x

x = 10,38 · 8 : 92 = **€ 0,90**

Der **Mengenrabatt** wird entsprechend dem Umsatzanteil, für den voraussichtlich der Rabatt gewährt wird, verrechnet.

Der Bruttoverkaufspreis, der sich aufgrund der Kalkulation ergibt, stimmt häufig nicht mit dem tatsächlichen, von der Geschäftsleitung festgelegten Bruttoverkaufspreis überein. Der **tatsächliche Bruttoverkaufspreis** wird **unter Beachtung marketingpolitischer Überlegungen** (Konkurrenzverhältnisse usw.) **festgelegt.** Wenn die Marktsituation es erlaubt, könnte der Verkaufspreis auch höher angesetzt werden (z. B. mit € 23,–). Wenn der Preis eines gleichwertigen Konkurrenzproduktes z. B. € 20,– beträgt, wird meist ein Preis von € 21,50 für das eigene Produkt kaum haltbar sein. Man wird dann unter anderem versuchen, die eigenen Kosten zu senken.

Der kalkulierte Verkaufspreis von **€ 21,50** ist daher nur ein Richtwert, anhand dessen z. B. geprüft werden kann, ob das Produkt konkurrenzfähig ist.

Berechnung mit Excel:

	A	B	C	D
4		Selbstkosten		€ 8,50
5	+	Gewinn	15,0%	€ 1,28
6		Nettoverkaufspreis		€ 9,78
7	+	Transportkosten		€ 0,60
8		Zwischensumme		€ 10,38
9	+	Verkaufsprovision	8,0%	€ 0,90
10		Kassapreis		€ 11,28
11	+	Skonto	2,0%	€ 0,23
12		Zielpreis		€ 11,51
13	+	Mengenrabatt	1,2%	€ 0,14
14		Zwischensumme		€ 11,65
15	+	Einzelhandelsspanne	35,0%	€ 6,27
16		Listenverkaufspreis (exkl. USt)		€ 17,92
17	+	Umsatzsteuer	20,0%	€ 3,58
18		**Bruttoverkaufspreis (inkl. USt)**		**€ 21,50**

b)

			Soll	Haben
13.5.	A 332	20068 Gertrude Stöhr GmbH	699,00	
		an 4100 Fertigerzeugniserlöse 20%		582,50
		an 3500 Umsatzsteuer		116,50

Der Verkauf vom Produzenten an den Einzelhandel erfolgt zu einem Verkaufspreis nach Abzug der Einzelhandelsspanne. Dies ist der Rabatt, den der Produzent dem Einzelhändler gewährt (Wiederverkäuferrabatt).

			Soll	Haben
22.5.	B 69	2800 Bank.	685,02	
		an 20068 Gertrude Stöhr GmbH		685,02
		4410 Kundenskonti 20%	11,65	
		3500 Umsatzsteuer	2,33	
		an 20068 Gertrude Stöhr GmbH		13,98

Ü 2.34 Progressive Absatzkalkulation

Dentifix GmbH, Produktion von smarten Zahnpflegeprodukten

Selbstkosten einer elektrischen Zahnbürste € 6,–, 15% Gewinn, Sonderverpackung € 0,60, 7% Verkaufsprovision, 3% Skonto, 5% Mengenrabatt, 40% Einzelhandelsspanne, 20% USt

Aufgabe: a) Berechne den Bruttoverkaufspreis (inkl. 20% USt). C

b) Für die Neuausstattung des Kurzentrums in Bad Schönau (20101) werden 300 elektrische Zahnbürsten um € 8,75 pro Stück geliefert (A 202, 14. Feb.); Nettobetrag € 2.625,– + € 525,– USt = € 3.150,–; zahlbar innerhalb von 8 Tagen mit 3% Skonto, nach 20 Tagen ohne Abzug.

Bankeingang € 3.055,50 (B 24, 20. Feb.); Ausgleich der A 202 abzüglich 3% Skonto (€ 94,50)

Stelle die Buchungssätze für den Verkauf der Zahnbürsten (Konto 4100 Fertigerzeugniserlöse 20%) und die Zahlung auf. C

c) Die Selbstkosten der elektrischen Zahnbürste konnten auf € 4,50 gesenkt werden. Wie hoch ist der Bruttoverkaufspreis (inkl. 20% USt), wenn alle anderen Bedingungen gleich bleiben?

Führe die Berechnungen mithilfe der Excel-Datei durch. C

LINK
Ü 2.34
Excel

LINK
Ü 2.34
Buchungstrainer

Zahnbürste aus Österreich
Das Start-up Playbrush entwickelt elektrische Zahnbürsten mit dazugehöriger App. Kinder können mit Putzbewegungen verschiedene Spiele steuern und lernen so interaktiv, länger, regelmäßiger und gründlicher zu putzen.

3 Retrograde Absatzkalkulation

Mit der **retrograden Absatzkalkulation** werden bei gegebenem Bruttoverkaufspreis bzw. Listenverkaufspreis (Einzelhandelspreis) der **(maximal zulässige) Nettoverkaufspreis** bzw. die **(maximal zulässigen) Selbstkosten** berechnet.

Rechenschema

Für die **retrograde Absatzkalkulation** wird das **Rechenschema der progressiven Absatzkalkulation** angewandt, mit folgenden Unterschieden:

- Es wird von unten nach oben gerechnet.
- Der Bruttoverkaufspreis (bzw. der Listenverkaufspreis) ist in diesem Fall gegeben und wird eingesetzt.
- Die Vorzeichen werden umgekehrt.
- Prozentrechnungen: progressiv + v. h. → retrograd – a. h.
  progressiv + i. h. → retrograd – v. h.

L 2.20 Retrograde Absatzkalkulation

Hannes Weisser GmbH, Produktion von Küchenmaschinen

Der Einzelhandelspreis der Küchenmaschine „Ultra" Allesschneider soll € 66,– inkl. 20 % USt nicht überschreiten. Wie hoch dürfen die Selbstkosten sein, wenn eine Einzelhandelsspanne von 35 % (vom Einzelhandelspreis exkl. USt), 2 % Skonto, 5 % Verkaufsprovision und 20 % Gewinn zu berücksichtigen sind?

Aufgabe: a) Berechne die maximal zulässigen Selbstkosten. C

b) Dem Küchenmaschinenhändler Karl Kuchler e. U. (20441) werden für den Verkauf im Rahmen der Gastronomiemesse „GAST" 50 Stück der Küchenmaschine „Ultra" Allesschneider um € 1.787,50 + € 357,50 USt = € 2.145,– geliefert (A 199, 1. Feb.).
Stelle den Buchungssatz für den Verkauf auf (Konto 4100 Fertigerzeugniserlöse 20 %). C

Lösung:

a)

Selbstkosten	**€ 27,73**	↑	
+ 20 % Gewinn	€ 5,55	– a. h.	33,28 · 20 : 120 = 5,55
Nettoverkaufspreis	€ 33,28		
+ 5 % Verkaufsprovision	€ 1,75	– v. h.	35,03 · 5 : 100 = 1,75
Kassapreis	€ 35,03		
+ 2 % Skonto	€ 0,72	– v. h.	35,75 · 2 : 100 = 0,72
Zielpreis	€ 35,75		
+ 35 % Einzelhandelsspanne	€ 19,25	– v. h.	55 · 35 : 100 = 19,25
Einzelhandelspreis (exkl. USt)	€ 55,00		
+ 20 % USt	€ 11,00	– a. h.	66 · 20 : 120 = 11,00
Einzelhandelspreis (inkl. USt)	€ 66,00		

Prozentrechnung v. h.

100 % .... € 55,00
35 % .... € x

x = 55 · 35 : 100 = **€ 19,25**

Prozentrechnung a. h.

120 % .... € 66,00
20 % .... € x

x = 66 · 20 : 120 = **€ 11,00**

Berechnung mit Excel:

	A	B	C	D
4		**Selbstkosten**		**€ 27,74**
5	+	Gewinn	20%	€ 5,55
6		Nettoverkaufspreis		€ 33,28
7	+	Verkaufsprovision	5%	€ 1,75
8		Kassapreis		€ 35,04
9	+	Skonto	2%	€ 0,72
10		Zielpreis		€ 35,75
11	+	Einzelhandelsspanne	35%	€ 19,25
12		Listenverkaufspreis (exkl. USt)		€ 55,00
13	+	Umsatzsteuer	20%	€ 11,00
14		Bruttoverkaufspreis (inkl. USt)		€ 66,00

Beachte: Aufgrund der hohen Rechengenauigkeit (Anzahl Dezimalstellen) eines Tabellenkalkulationsprogrammes im Vergleich zur Berechnung mit dem Taschenrechner oder Smartphone weicht das Ergebnis um einen Cent ab.

b)

1.2.	A 199	20441 Karl Kuchler e. U.	2.145,00	
		an 4100 Fertigerzeugniserlöse 20 %		1.787,50
		an 3500 Umsatzsteuer		357,50

Ü 2.35 Retrograde Absatzkalkulation

LINK **Ü 2.35** Excel

LINK **Ü 2.35** Buchungstrainer

In der Otto Strein OG, Büroartikelproduzent, soll der Einzelhandelspreis des Kugelschreibers „Masterwrite" inkl. 20 % USt € 6,90 nicht überschreiten; 40 % Einzelhandelsspanne, 10 % Mengenrabatt bei 70 % des Umsatzes, 2 % Skonto, 4 % Verkaufsprovision, 20 % Gewinn.

Aufgabe: a) Berechne die maximal zulässigen Selbstkosten. C

b) Dem Kunden Styrian Erzberg GmbH (20887) werden 500 Stück des Kugelschreibers „Masterwrite" um € 2.875,– + € 575,– USt = € 3.450,– verkauft. Die Ware wird bei Übernahme mit Kreditkarte bezahlt (S 241, 18. Sep.).
Stelle den Buchungssatz auf (Konto 4100 Fertigerzeugniserlöse 20 %). C

4 Differenzkalkulation (Kostenträgererfolgsrechnung)

Mit der **Differenzkalkulation** (Kostenträgererfolgsrechnung) wird der **Erfolg** (Gewinn oder Verlust) eines **Kostenträgers** (Produktes) oder einer **Kostenträgergruppe** (Produktgruppe) ermittelt, wenn die Selbstkosten und der Bruttoverkaufspreis gegeben sind.

Wenn bei allen Erzeugnissen die Selbstkosten bzw. die Verkaufspreise mit den Gemeinkostenzuschlagssätzen aus dem Betriebsabrechnungsbogen kalkuliert wurden und die entsprechenden Verkaufspreise auch erzielt werden, dann decken die Erlöse alle Kosten ab und es ergibt sich der insgesamt aufgeschlagene Gewinn.

Wird der Verkaufspreis durch die **Mitbewerber am Markt** vorgegeben (konkurrenzorientierte Preisbildung), so ergibt sich der **Erfolg** eines Produktes als **Differenz zwischen** dem **Nettoverkaufspreis** und den ermittelten **Selbstkosten.**

Differenzkalkulation: Mit der Differenzkalkulation (Kostenträgererfolgsrechnung) wird der Erfolg eines Kostenträgers oder einer Kostenträgergruppe ermittelt.

Selbstkosten	
+ Gewinn (– Verlust)	**= Nettoverkaufspreis – Selbstkosten**
Nettoverkaufspreis	
+ Sonderkosten des Vertriebes	–
Listenverkaufspreis (Einzelhandelspreis exkl. USt)	
+ Umsatzsteuer	– a.h.
Bruttoverkaufspreis (Einzelhandelspreis inkl. USt)	

Die Berechnung des **Nettoverkaufspreises** erfolgt wie bei der retrograden Absatzkalkulation.

Die Differenzkalkulation kann sich auf eine **Einheit,** einen **Auftrag,** eine **Serie** oder auf die **in einer Periode abgesetzte Menge** beziehen.

L 2.21 Differenzkalkulation (Kostenträgererfolgsrechnung)

Die LED-Schreibtischlampe „Vivo“ wurde bisher um € 25,– exkl. USt verkauft; 8% Mengenrabatt bei 40% des Umsatzes, 3% Skonto, 6% Verkaufsprovision.
Die Selbstkosten betragen € 24,40.

Aufgabe: a) Berechne den Erfolg absolut (auf Cent genau) und in Prozent (auf 1 Dez. genau). C
b) Analysiere, welche Maßnahmen für die Schreibtischlampe gesetzt werden können. D

Lösung:

a)

Selbstkosten	€ 24,40		
– Verlust 9,6%	**€ 2,34**		2,34 · 100 : 24,40 = 9,6%
Nettoverkaufspreis	€ 22,06		
+ 6% Verkaufsprovision	€ 1,41	– v.h.	23,47 · 6 : 100 = 1,41
Kassapreis	€ 23,47		
+ 3% Skonto	€ 0,73	– v.h.	24,20 · 3 : 100 = 0,73
Zielpreis	€ 24,20		
+ 8 · 40 : 100 = 3,2% Mengenrabatt	€ 0,80	– v.h.	25 · 3,2 : 100 = 0,80
Listenverkaufspreis (exkl. USt)	€ 25,00		

€ 24,40 .... 100%
€ 2,34 .... x%
x = 2,34 · 100 : 24,40 = **9,6%**

b)

Folgende Maßnahmen können gesetzt werden:

- Preiserhöhung
- Senkung der Kosten
- Einstellung der Produktion

Die **Nachteile der Differenzkalkulation zu Vollkosten** werden in Kapitel 3 behandelt. Es ist z.B. aufgrund der Vollkostenrechnung alleine nicht möglich, richtige Entscheidungen über den Verkaufspreis, die Fortführung oder Einstellung des Produktes usw. zu treffen. Für solche Entscheidungen ist eine **Teilkostenrechnung** erforderlich.

Ü 2.36 Differenzkalkulation (Kostenträgererfolgsrechnung)

Für einen Slim-Fit-Herrenanzug ist wegen der starken Konkurrenz aus Asien ein maximaler Listenverkaufspreis exkl. 20% USt von € 240,– erzielbar. In der Kalkulation sind 8% Mengenrabatt bei 60% des Umsatzes, 3% Skonto und 6,5% Verkaufsprovision zu berücksichtigen.

Die Selbstkosten betragen € 185,20.

Aufgabe: Berechne den Erfolg absolut (auf Cent genau) und in Prozent (auf 1 Dez. genau). C

LINK
Ü 2.36
Excel

Konkurrenz aus Asien
China galt lange als Billigproduzent für Textil- und Elektroartikel. Steigende Löhne, eine alternde Gesellschaft sowie der Handelskrieg zwischen China und den USA lassen nun viele Konzerne nach alternativen Produktionsstätten suchen.

ÜBEN

Probier es selbst: Bearbeite die folgenden Übungsbeispiele.

Ü 2.37 Progressive Absatzkalkulation

GREEN4YOU GmbH, Erzeugung von Gartenelementen

Selbstkosten eines Blumenkastens € 12,70, 20% Gewinn, Transportkosten € 1,–, 6,5% Verkaufsprovision, 2% Skonto, 9% Rabatt bei 45% des Umsatzes

Aufgabe: a) Berechne den Einzelhandelspreis exkl. USt. C

b) Aus Konkurrenzgründen muss sehr knapp kalkuliert werden. Welcher Einzelhandelspreis exkl. USt ergibt sich, wenn die Verkaufsprovision und der Skonto nicht berücksichtigt werden?
Führe die Kalkulation mithilfe der Excel-Datei durch. C

c) Dem Magistrat der Stadtgemeinde Klagenfurt am Wörthersee (20501) werden zum unter b) ermittelten Zielpreis 100 Stück Blumenkästen um € 1.624,– + € 324,80 USt = € 1.948,80 verkauft (A 878, 16. April).
Auf dem Bankkonto gehen am 25. April € 1.948,80 zum Ausgleich der A 878 ein (B 57).
Stelle die Buchungssätze für die Ausgangsrechnung (Konto 4100 Fertigerzeugniserlöse 20%) und die Zahlung auf. C

LINK
Ü 2.37
Excel

LINK
Ü 2.37
Buchungstrainer

Ü 2.38 Progressive Absatzkalkulation

Franziska Jud KG, Büromaschinenhandel

Selbstkosten einer importierten Rechenmaschine CASIO 120 S € 23,70, 20% Gewinn, 5% Verkaufsprovision, 3% Skonto, 4% Mengenrabatt, 20% USt

Aufgabe: a) Berechne den Bruttoverkaufspreis inkl. 20% USt. C

b) Berechne den Bruttoverkaufspreis inkl. 20% USt, wenn zusätzlich 30% Einzelhandelsspanne in der Kalkulation berücksichtigt werden. C

LINK
Ü 2.38
Excel

Ü 2.39 Retrograde Absatzkalkulation

Der Einzelhandelspreis des neuen Würfelspiels „McSmart" soll bei einer Einzelhandelsspanne von 45% € 6,99 inkl. 20% USt nicht überschreiten.

Wie hoch darf der Nettoverkaufspreis sein, wenn 2% Skonto und 3,5% Verkaufsprovision zu berücksichtigen sind?

Aufgabe: a) Berechne den Nettoverkaufspreis. C

b) Der Einzelhandelspreis inkl. USt darf für ein Angebot an den Megastore-Kunden „Play-Experts" € 5,99 nicht übersteigen. Wie hoch ist der Nettoverkaufspreis bei Wegfall der Verkaufsprovision und des Skontos?
Führe die Berechnungen mithilfe der Excel-Datei durch. C

LINK
Ü 2.39
Excel

Ü 2.40 Retrograde Absatzkalkulation

Der Einzelhandelspreis des Müsliriegels „Fit" beträgt inkl. 10 % USt € 0,60; Wiederverkäuferrabatt 35 %, 8 % Mengenrabatt bei 60 % des Umsatzes, 3 % Skonto, 4,5 % Verkaufsprovision.

Aufgabe: a) Berechne den Nettoverkaufspreis. C

b) Kann der in der Aufgabe a) errechnete Nettoverkaufspreis beibehalten werden, wenn der Einzelhandelspreis inkl. 10 % USt des Müsliriegels auf € 0,55 gesenkt, der Wiederverkäuferrabatt auf 40 % erhöht und die Verkaufsprovision nicht berücksichtigt wird?

Führe die Berechnungen mithilfe der Excel-Datei durch. D

LINK
Ü 2.40
Excel

Ü 2.41 Differenzkalkulation (Kostenträgererfolgsrechnung)

Der Einzelhandelspreis für eine Waschmaschine soll € 549,90 inkl. 20 % USt betragen. Zu berücksichtigen sind 30 % Einzelhandelsspanne, 5 % Mengenrabatt, 2 % Skonto und 3 % Verkaufsprovision.
Die Selbstkosten betragen € 238,15.

Aufgabe: a) Berechne den Erfolg absolut (auf Cent genau) und in Prozent (auf 1 Dez. genau). C

b) Bei einer Abnahme von 100 Stück der Waschmaschine betragen die Selbstkosten € 222,50, der Mengenrabatt wird auf 15 % erhöht. Die übrigen Konditionen bleiben gleich. Der Einzelhandelspreis inkl. 20 % USt soll € 499,90 betragen.

Berechne den Gewinn absolut (auf Cent genau) und in Prozent (auf 1 Dez. genau). Führe die Berechnungen mithilfe der Excel-Datei durch. C

LINK
Ü 2.41
Excel

WEITER ÜBEN!

Zusätzliche Übungsbeispiele im Anhang ab Seite 327

Online-Training: Check dein Wissen!

LINK
Interaktive Übungen

LINK
Das passende Übungsbuch mit Lösungen gibt's hier.

KÖNNEN

Zeig, was du kannst: Wende bei den folgenden Aufgaben dein Wissen an.

K 2.1 Kostenrechnung als Grundlage der Preisbildung

Istkostenrechnung zu Vollkosten

Aufgabe: a) Ergänze die Schritte der Kostenrechnung als Grundlage der Preisbildung. B

b) Gib eine kurze Erläuterung zu jedem Schritt an. C

K 2.2 Progressive Bezugskalkulation

LINK K 2.2 Excel

LINK K 2.2 Buchungstrainer

Marie Zier GmbH, Steyr, Erzeugung von Schutzausrüstungen

11.4. E 443 Einkauf von Rohstoffen für latexfreie Einweghandschuhe aus Neopren bei der Adrian Tagger KG (33240) gegen spätere Bezahlung; Auszug aus der Eingangsrechnung:

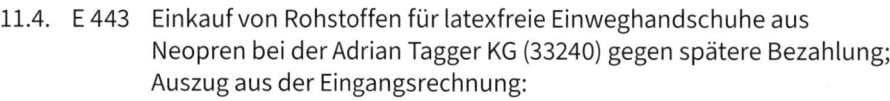

Rechnung FA44120

120 Sack á 50 kg Rohstoff Polymere X346K zu € 0,60 je kg		€ 3.600,00
	– 7 % Mengenrabatt	€ 252,00
		€ 3.348,00
	+ Fracht bis Bahnhof Steyr	€ 290,00
	Nettobetrag	€ 3.638,00
	+ 20 % Umsatzsteuer	€ 727,60
	Rechnungsbetrag	€ 4.365,60

Zahlbar innerhalb von 14 Tagen abzüglich 3 % Skonto, 30 Tage ohne Abzug!

13.4. K 165 Barzahlung der Rechnung des Spediteurs für den Transport vom Bahnhof auf das Werksgelände € 75,– + € 15,– USt = € 90,–

25.4. B 54 Überweisung an die Adrian Tagger KG € 4.234,63 zum Ausgleich der E 443 abzüglich 3 % Skonto (€ 109,14 + € 21,83 USt = € 130,97)

Aufgabe: a) Stelle die Buchungssätze auf (Konto 5100 Rohstoffverbrauch). C

b) Berechne den Gesamteinstandspreis und den Einstandspreis pro kg netto (Hausgewicht auf kg genau; Gewichtsverlust beim Transport ca. 1 %). C

c) Für einen Zusatzauftrag über 80 Sack zu je 50 kg bietet ein Mitbewerber den entsprechenden Rohstoff um € 0,40 pro kg an. Wegen des günstigen Verkaufspreises ist die Berücksichtigung eines Rabattes bzw. Skontos nicht mehr möglich. Bahnfracht € 240,– (Fakturenspesen), eigene Bezugsspesen € 60,–; Gewichtsverlust beim Transport rund 1 %

Berechne den Gesamteinstandspreis und den Einstandspreis pro kg netto mithilfe der Excel-Datei. Prüfe, welcher Einkauf günstiger ist. D

Schutzausrüstung kann Leben retten

In Österreich erleiden jährlich 120.000 Personen einen Arbeitsunfall, jeder siebte passiert im Bau- und Baunebengewerbe.

LINK
BÜB
Formular

LINK
K 2.3a
Excel

K 2.3a Kostenartenrechnung – Betriebsüberleitungsbogen

Die Finanzbuchführung der Bautischlerei Kilian Hamberger KG, Stockerau, weist am 31. März für das 1. Quartal folgende Salden aus:

Konto-Nr.	Kontobezeichnung	Saldenbilanz	
		Soll	**Haben**
0400	Maschinen	310.000,00	
0600	Betriebs- und Geschäftsaustattung	130.000,00	
1100	Rohstoffvorrat	110.000,00	
1300	Hilfsstoffvorrat	22.000,00	
1500	Fertige Erzeugnisse	70.000,00	
2000	Lieferforderungen	82.000,00	
2700/2800	Kassa, Bank	5.000,00	
3150	Darlehen (von einer Bank)		80.000,00
3300	Lieferverbindlichkeiten		22.000,00
3520	USt-Zahllast		4.000,00
3540	Verbindlichkeiten Finanzamt		1.300,00
3600	Verbindlichkeiten Gesundheitskasse		2.700,00
4100	Fertigerzeugniserlöse		248.000,00
5100	Rohstoffverbrauch	24.000,00	
5300	Hilfsstoffverbrauch	4.000,00	
6000	Fertigungslöhne	26.000,00	
6010	Hilfslöhne	7.600,00	
6200	Gehälter	15.000,00	
Kl. 6	Gesetzliche Lohnabgaben (zusammengefasst)	7.200,00	
Kl. 6	Gesetzliche Gehaltsabgaben (zusammengefasst)	3.000,00	
7200	Instandhaltung durch Dritte	10.500,00	
7260	Gasverbrauch	1.500,00	
7380	Telefon- und Internetgebühren	1.000,00	
78 . .	Schadensfälle (zusammengefasst)	2.100,00	
Div.	Diverse Aufwände	30.900,00	
8315	Zinsenaufwand für Darlehen	4.000,00	
9000	Kapital		507.800,00
		865.800,00	865.800,00

Hinweis: Die Lohn- und Gehaltsabgaben werden immer erst bei der Zahlung verbucht.

Kostenbelege im März (zusammengezogen):

31.3. M 5 Rohstoffverbrauch (Kostenträger Nr. 31, Fenster Type B) € 12.000,–
31.3. M 6 Hilfsstoffverbrauch (Kostenstelle Fertigung) € 2.000,–
31.3. L 3 Fertigungslöhne (Kostenträger Nr. 31, Fenster Type B) € 7.800,–
31.3. L 4 Hilfslöhne: Lager € 900,–, Fertigung € 1.800,–

Die Belege M 5 und M 6 wurden noch nicht verbucht. Die Belege L 3 und L 4 wurden bei der Lohnabrechnung berücksichtigt.

Erstellung des Betriebsüberleitungsbogens für das 1. Quartal:

Die Aufwände laut Finanzbuchführung müssen in einen Betriebsüberleitungsbogen (in € 1.000, auf 1 Dez. genau) eingetragen werden. Anschließend werden folgende Abgrenzungen durchgeführt:

1. Erfassung des Rohstoffverbrauchs und des Hilfsstoffverbrauchs für März laut den Belegen M 5 und M 6; diese Kosten sind noch zu erfassen.
2. Fertigungslöhne laut Arbeitsnachweisen € 23.000,–
3. Lohnnebenkosten der Fertigungslöhne 92 % (bezogen auf die Leistungsstunden), Lohnnebenkosten der Hilfslöhne 89 %
4. Gehaltsnebenkosten 60 %
5. Die Reparaturkosten werden voraussichtlich € 36.000,– für das ganze Jahr betragen.
6. Der Gasverbrauch für das ganze Jahr wird voraussichtlich € 3.600,– betragen.
7. Kalkulatorische Abschreibungen: Anschaffungswert der Maschinen € 450.000,–, Indexverhältnis 130 : 140, 10 % kalkulatorische Abschreibung (auf € 100 genau)
   Anschaffungswert der Betriebs- und Geschäftsausstattung € 180.000,–, Indexverhältnis 120 : 135, 10 % kalkulatorische Abschreibung (auf € 100 genau)
8. Kalkulatorische Wagnisse ca. € 24.000,– für das ganze Jahr
9. Kalkulatorische Zinsen ca. € 47.600,– für das ganze Jahr
10. Kalkulatorischer Unternehmerlohn € 4.000,– pro Monat

Aufgabe: Stelle den Betriebsüberleitungsbogen für das 1. Quartal auf (in € 1.000, auf 1 Dez. genau). **C**

LINK **BAB** Formular

LINK **K 2.3b** Excel

K 2.3b Kostenstellenrechnung – Betriebsabrechnungsbogen

Das Unternehmen führt die Kostenstellen Materiallager, Fertigung sowie Verwaltung und Vertrieb.

Kostenart	Verteilungsgrundlage	Kostenstellen		
		Materiallager	Fertigung	Vw. & Vt.
1. Rohstoffverbrauch	Einzelkosten			
2. Fertigungslöhne	Einzelkosten			
3. Hilfsstoffverbrauch			100 %*	
4. Hilfslöhne	Lohnzettel	2,7	4,9*	
5. Gehälter	Gehaltslisten		4,6	10,4*
6. Lohnnebenkosten der FL	lt. BÜB			
7. Lohnnebenkosten der HL	lt. BÜB			
8. Gehaltsnebenkosten	lt. BÜB			
9. Instandhaltung d. Dritte	lt. Belegen	1,0	6,0	2,0*
10. Gasverbrauch	Heizleistung	10 :	70 :	20 %**
11. Telefon- u. Internetgebühren	geschätzter Aufwand	10 :	20 :	70 %**
12. Diverse Kosten	diverse Unterlagen	2,1	7,9	20,9*
13. Kalk. Abschreibungen	lt. Anlagenverzeichnis	1,0	13,0	3,2*
14. Kalk. Wagnisse	durchschnittliche Schadensfälle	1,5	1,0	3,5*
15. Kalk. Zinsen	investiertes verzinstes Kapital (in € 1.000)	160,0 :	370,0 :	110,0**
16. Kalk. Unternehmerlohn	zeitliche Inanspruchnahme	5 :	30 :	65 %**

* Kostenstelleneinzelkosten (in € 1.000, auf 1 Dez. genau)
** Kostenstellengemeinkosten

Aufgabe: Erstelle den Betriebsabrechnungsbogen für das 1. Quartal (in € 1.000, auf 1 Dez. genau) und berechne die Gemeinkostenzuschlagssätze (auf 1 Dez. genau). **C**

LINK
K 2.3c
Excel

K 2.3c Kostenträgerrechnung – Differenzierende Zuschlagskalkulation

Es wurden u. a. zwei Fenstertypen hergestellt.

	Isolierglasfenster Eiche 120 × 120	Isolierglasfenster Fichte 100 × 100
Fertigungsmaterial	€ 80,00	€ 50,00
Fertigungslöhne	€ 70,00	€ 22,50
Erzeugungsmenge	200 Stück	400 Stück

Aufgabe: Berechne die Selbstkosten pro Stück (auf Cent genau). C

LINK
K 2.3d
Excel

K 2.3d Absatzkalkulation

Für einen Auftrag ist ein Angebot über 100 Stück Isolierglasfenster Eiche 120 × 120 auf Basis der in K 2.3c berechneten Selbstkosten zu erstellen.

Auftragskonditionen: 15 % Gewinn, 5 % Verkaufsprovision, 2 % Skonto, 15 % Mengenrabatt, 20 % USt

Aufgabe: Ermittle den Bruttoverkaufspreis (inkl. USt) pro Fenster (auf Cent genau) und für die Gesamtmenge (auf € aufrunden). C

LINK
K 2.4
Excel

K 2.4 Differenzkalkulation (Kostenträgererfolgsrechnung)

Der E-Scooter ES2 von Segway wird um € 399,– inkl. 20 % USt verkauft. Es werden 5 % Aktionsrabatt und 3 % Skonto gewährt. Die Transportkosten pro Stück betragen € 10,70.

Die in der Kostenträgerrechnung ermittelten Selbstkosten betragen € 308,–.

Aufgabe: a) Berechne den Erfolg absolut (auf Cent genau) und in Prozent (auf 1 Dez. genau). C

b) Überlege dir Maßnahmen, um das Ergebnis zu verbessern. D

KOMPETENZCHECK

Meine Kompetenzen	Kann ich?	Lernstoff	Aufgaben
Ich kann die Schritte von der Ermittlung des Einstandspreises über die Leistungserstellung zur Errechnung des Verkaufspreises erläutern.		(Kapitel 1, Lerneinheit 3), Lerneinheiten 1 bis 5	K 2.1
Ich kann mit der Bezugskalkulation den Einstandspreis ermitteln und die entsprechenden Buchungen vornehmen.		Lerneinheit 1	Ü 2.1, Ü 2.2, Ü 2.5, Ü 2.6, K 2.2
Ich kann die Aufwendungen zu Kosten und Erträge zu Leistungen überleiten.		Lerneinheit 2	Ü 2.8 bis Ü 2.18, K 2.3a
Ich kann Kosten auf Kostenstellen zurechnen und die Selbstkosten ermitteln.		Lerneinheiten 3 und 4	Ü 2.19 bis Ü 2.28, Ü 2.30 bis Ü 2.33, K 2.3b, K 2.3c
Ich kann Kostenträgerstück- und Kostenträgerzeitrechnungen durchführen.		Lerneinheit 4	Ü 2.27 bis Ü 2.33, K 2.3 c
Ich kann den Verkaufspreis berechnen und die entsprechenden Buchungen vornehmen.		Lerneinheit 5	Ü 2.34, Ü 2.37, Ü 2.38, K 2.3d
Ich kann mit Differenzkalkulationen Entscheidungsgrundlagen vorbereiten.		Lerneinheit 5	Ü 2.36, Ü 2.41, K 2.4
Ich kann mit Hilfe der Kostenträgererfolgsrechnung den Erfolg ermitteln.		Lerneinheiten 4 und 5	Ü 2.29, Ü 2.31, Ü 2.32, Ü 2.36, Ü 2.41, K 2.4

Platz zum Schreiben

3 Teilkostenrechnung als Entscheidungsinstrument

Darum geht's in diesem Kapitel:

In der Teilkostenrechnung wird berücksichtigt, dass es in jedem Betrieb fixe Kosten gibt. Jedes verkaufte Produkt bzw. jede erbrachte Dienstleistung trägt dazu bei, diese zu decken.

Das lernst du in den folgenden Lerneinheiten:

1 Was sind die **Grundlagen** und **Begriffe** der **Teilkostenrechnung?**
2 Wie wird das **Direct Costing** (Deckungsbeitragsrechnung) durchgeführt?
3 Was sind die **Anwendungsmöglichkeiten des Direct Costing?**

Teilkostenrechnung als Entscheidungsinstrument
Einstiegsvideo zum Kapitel

Welche Fixkosten fallen bei dir zuhause an?

Soll man ein Produkt aus dem Sortiment nehmen, wenn man damit keinen Gewinn macht?

Aktiviere dein MEHR!-Buch online: **lernenwillmehr.at**

Saftproduktion in St. Florian
Je mehr Flaschen bei Eckes-Granini in St. Florian produziert werden, desto höher sind z. B. die Stromkosten. Die Gehälter der Angestellten in der Verwaltung sind hingegen fix.

LERNEN

1 Grundlagen der Teilkostenrechnung

Die Vollkostenrechnung geht davon aus, dass sich alle Kosten bei einer Änderung der Beschäftigung bzw. Auslastung im gleichen Ausmaß ändern. In der Teilkostenrechnung wird den Kostenträgern nur ein Teil der anfallenden Kosten, die sogenannten variablen Kosten, zugerechnet.

1 Begriffe

In der **Teilkostenrechnung** werden nicht die gesamten Kosten, sondern nur ein **Teil der anfallenden Kosten** den Kostenträgern zugerechnet.

Dafür ist der **Beschäftigungsgrad** (Produktionsmenge, Kapazitätsauslastung) ein wesentlicher Faktor. Er gibt das **Verhältnis** zwischen **tatsächlich genutzter** zu **maximal möglicher Kapazitätsauslastung** an. Der Beschäftigungsgrad kann sich z. B. auf die Fertigungsstunden, die produzierte Menge oder den Umsatz beziehen.

Beispiel:
Die Flaschenabfüllanlage eines Fruchtsaftherstellers kann in einer Stunde maximal 60.000 Flaschen abfüllen. In der laufenden Produktion werden 48.000 Flaschen pro Stunde abgefüllt.

Der **Beschäftigungsgrad** (die Kapazitätsauslastung) beträgt daher 80 %:

$$\frac{48.000}{60.000} \cdot 100 = 80\,\%$$

Kosten der Teilkostenrechnung: Kosten werden nach ihrem Verhalten bei Änderung des Beschäftigungsgrades in fixe und variable Kosten unterschieden.

Trennung der Kosten

Fixe Kosten	Variable Kosten
Fixe Kosten sind beschäftigungs**unabhängig.** Sie steigen oder fallen auch dann nicht, wenn mehr oder weniger produziert wird.	Variable Kosten sind beschäftigungs**abhängig.** Sie fallen nur an, wenn ein Produkt erstellt oder eine Leistung erbracht wird.
Beispiele: Miete, Kreditzinsen, Versicherungsprämien, Unternehmerlohn	**Beispiele:** Fertigungsmaterial, Fertigungslöhne, Strom, Verpackungsmaterial

Den **Kostenträgern** (Produkten) werden in der Teilkostenrechnung **nur** die **variablen (beschäftigungsabhängigen) Kosten zugerechnet.**

Die Teilkostenrechnung besteht – wie die Vollkostenrechnung – aus der Kostenarten-, Kostenstellen- und Kostenträgerrechnung:

Bezugskalkulation → Kostenarten-rechnung → Kostenstellen-rechnung → Kostenträger-rechnung → Absatzkalkulation

2 Fixe und variable Kosten

Abhängig von ihrem **Verhalten bei Änderung des Beschäftigungsgrades** (Menge, Umsatz etc.) werden fixe und variable Kosten unterschieden.

Fixe Kosten

Fixe Kosten entstehen durch die **Ausstattung des Unternehmens mit Produktionsmitteln** (z. B. Produktionshallen, Maschinen) und **Personal.** Diese Kosten werden durch Änderungen des Beschäftigungsgrades **nicht beeinflusst.**

Bei **Erweiterungen** oder **Reduktionen** (z. B. Einstellung bzw. Abbau von Mitarbeitern, Anschaffung weiterer Maschinen) können sich die fixen Kosten aber sprunghaft verändern.

Hoher Beschäftigungsgrad im Sommer
Atomic hat in Altenmarkt in Salzburg die weltgrößte Schifabrik. Der Großteil der Schi wird im Sommer produziert und verschickt.

Fixe Kosten: Absolut fixe Kosten sind vom Beschäftigungsgrad unabhängig. Relativ fixe Kosten können sich bei Erweiterung oder Reduktion der Kapazitäten verändern.

Fixe Kosten

Absolut fixe Kosten	Relativ fixe Kosten
Absolut fixe Kosten sind vom **Beschäftigungsgrad unabhängig** und ändern sich auch bei schwankender Auslastung der Kapazitäten nicht.	Relativ fixe Kosten (auch als sprungfixe Kosten bezeichnet) bleiben innerhalb eines bestimmten Beschäftigungsgrades gleich. Sie schnellen bei der **Erweiterung der Kapazitäten in die Höhe,** um dann wieder gleichzubleiben.
Beispiele: Gebäudeabschreibung, Miete für Büroräume, Gehälter in der Verwaltung, Grundsteuer	**Beispiele:** Miete für eine zusätzliche Lagerhalle, Abschreibungen von neuen Maschinen bei Kapazitätserweiterung, Zinsen für einen weiteren Kredit

Beispiele:

- **Absolut fixe Kosten:**
  Gebäudeabschreibung von € 10.000,–

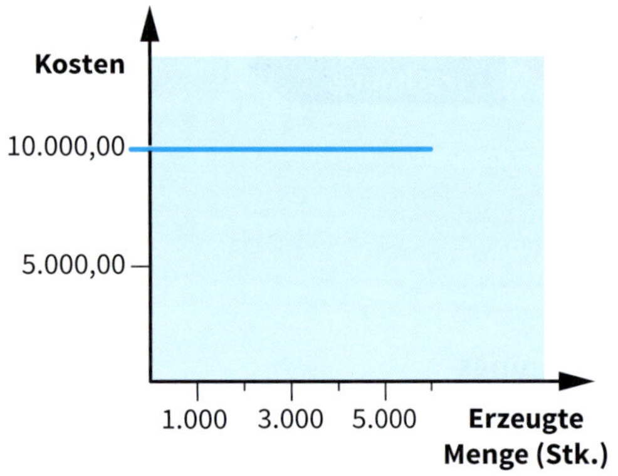

- **Relativ fixe Kosten:**
  Abschreibung einer Maschine von € 20.000,– bei einer Erzeugungskapazität von 2.000 Stück. Zur Erhöhung der Kapazität auf 4.000 bzw. 6.000 Stück werden zusätzliche Maschinen angeschafft. Die Abschreibungen betragen in Folge € 40.000,– bzw. € 60.000,–.

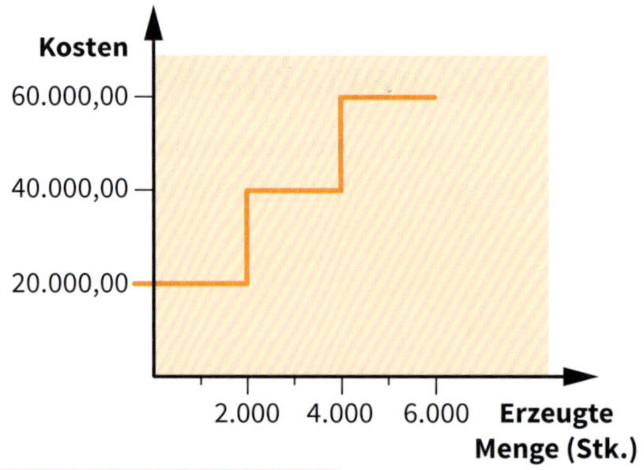

Die Fixkosten verteilen sich bei Erhöhung des Beschäftigungsgrades auf eine immer größer werdende Zahl von Leistungen (Produkten). **Bezogen auf eine Leistungseinheit** (z. B. ein Stück) **fallen somit die fixen Kosten pro Stück (= Fixkostendegression).**

Beispiel:

Fixkostendegression absolut fixer Kosten:
Gebäudeabschreibung von € 10.000,–

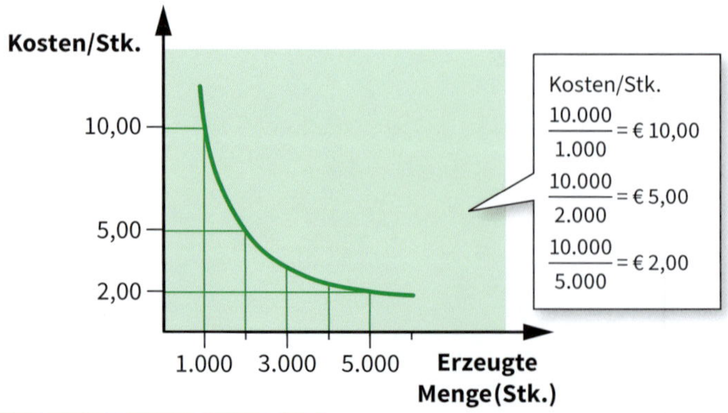

Variable Kosten

Variable Kosten werden durch die **Änderung des Beschäftigungsgrades** beeinflusst.

Variable Kosten: Variable Kosten sind beschäftigungsabhängig. Je nachdem, in welchem Verhältnis sie sich verändern, werden sie in proportionale, progressive, degressive und regressive Kosten untergliedert.

Variable Kosten

Proportionale Kosten	Progressive Kosten	Degressive Kosten	Regressive Kosten
Die proportionalen Kosten steigen und fallen **im selben Ausmaß** wie der **Beschäftigungsgrad.**	Die progressiven Kosten steigen **in stärkerem Ausmaß** als der **Beschäftigungsgrad.**	Degressive Kosten steigen **in geringerem Ausmaß** als der **Beschäftigungsgrad.**	Regressive Kosten **sinken bei Produktionsausweitungen.**
Beispiele: Mehr Material und mehr Strom für bestimmte Maschinen, wenn mehr produziert wird	**Beispiel:** Fertigungslöhne bei Überstunden (sind aufgrund der Zuschläge teurer)	**Beispiel:** Materialkosten bei Inanspruchnahme von Mengenrabatten	**Beispiel:** Heizkosten in einem Kino bei zunehmender Besucherzahl

Beispiele:

- **Proportionale Kosten:**
  Fertigungsmaterial € 100,– pro Stück

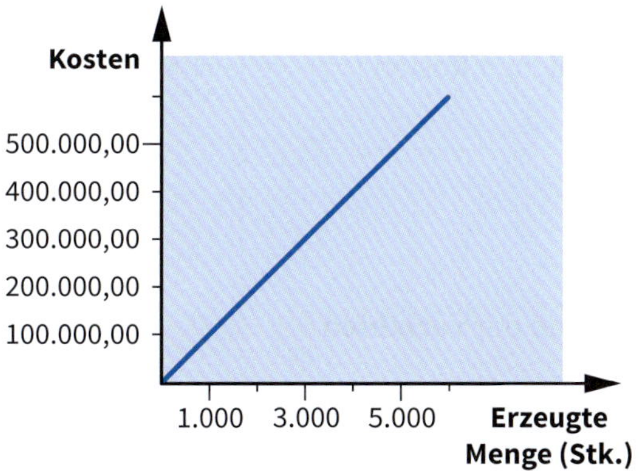

- **Progressive Kosten:**
  Kosten für Abfallbeseitigung
  bei 2.000 Stk . . . . € 1.000,00
  bei 4.000 Stk . . . . € 2.100,00
  bei 6.000 Stk . . . . € 3.600,00

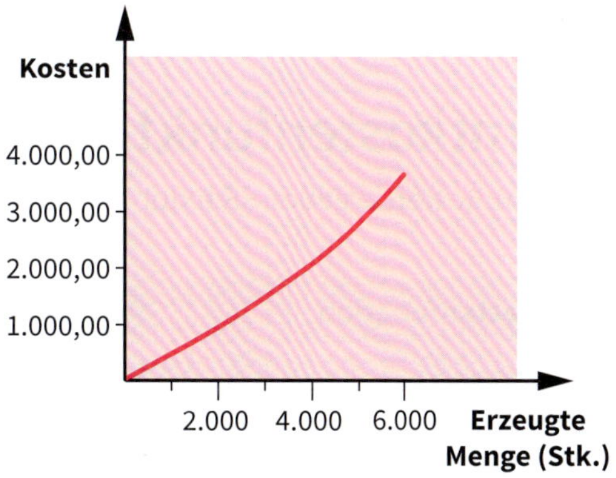

Wenn man die **proportionalen Kosten** auf eine Leistungseinheit (z. B. Stück) bezieht, verlaufen die **proportionalen Kosten pro Leistungseinheit konstant.**

Beispiel:

Proportionale Kosten pro Stück – Fertigungsmaterial

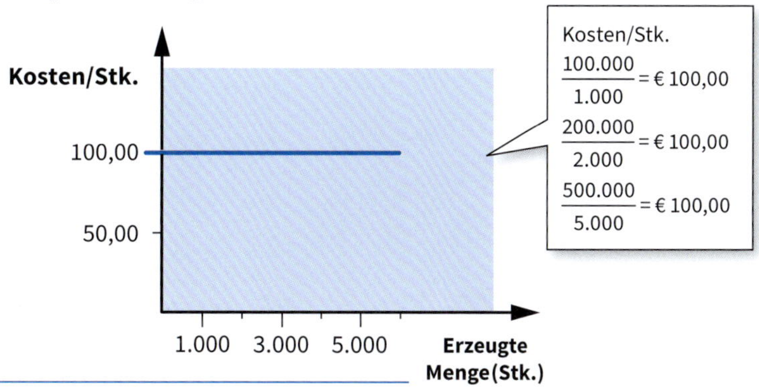

Im Allgemeinen sind **Einzelkosten** (Fertigungsmaterial, Fertigungslöhne usw.) als **variabel** anzusehen, während **Gemeinkosten** sowohl **fix** als auch **variabel** sein können:

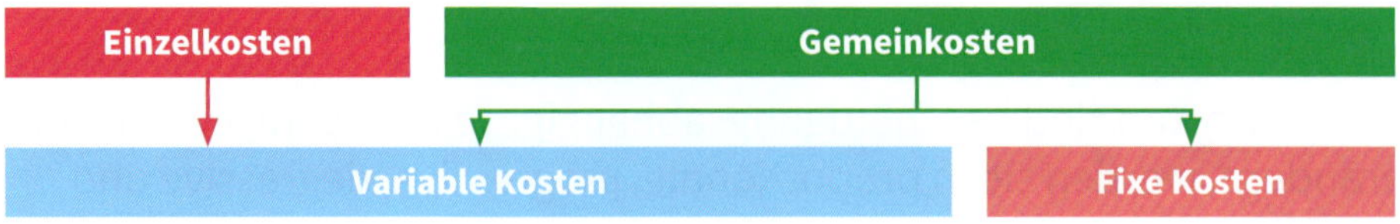

Beispiel:
In einer Tischlerei sind das Hilfsmaterial (z. B. Schrauben) und die Miete Gemeinkosten. Das Hilfsmaterial zählt zu den variablen Kosten, die Miete zu den fixen Kosten.

Die Zuordnung von Kosten als variabel bzw. fix stellt eine **Vereinfachung** dar. So sind z. B. **Fertigungslöhne** in **großen Industrieunternehmen** als variabel, jedoch **Löhne** in **Kleinbetrieben,** im **Handel** und in **Dienstleistungsbetrieben** weitgehend als **fix** anzusehen.

Leiharbeiter für Spitzenzeiten
Mithilfe der Leiharbeit bzw. Arbeitskräfteüberlassung können Produktionsbetriebe einen kurzfristig hohen Bedarf an Arbeitskräften decken. Damit steigen auch die Löhne.

Mischkosten

Kosten, die sowohl fixe als auch variable Bestandteile aufweisen, werden auch als **Mischkosten** bezeichnet.

Beispiel:
Mobilfunkverträge über Telefon- und Internetgebühren beinhalten oft eine bestimmte Anzahl an Freiminuten für Telefonate und ein Limit für den Datenverbrauch. Wenn man die Freiminuten bzw. das Datenlimit überschreitet, werden diese Kosten extra in Rechnung gestellt. In diesem Fall zählen die Telefon- und Internetgebühren zu den Mischkosten. Die Grundgebühr wird den fixen Kosten zugerechnet, die zusätzlichen Kosten sind variable Kosten.

3 Gesamtkostenfunktion

Die Gesamtkosten ergeben sich durch Addition der **fixen** und der **variablen Kosten:**

Gesamtkostenfunktion

$K_{(x)} = K_f + k_v \cdot x$

$\mathbf{K_{(x)}}$ = Gesamtkosten in Abhängigkeit vom Beschäftigungsgrad
$\mathbf{x}$ = Beschäftigungsgrad (z. B. Mengeneinheiten, wie Tonnen, Stück oder Liter)
$\mathbf{K_f}$ = Fixe Kosten
$\mathbf{k_v}$ = Variable Kosten je Leistungseinheit (z. B. Tonnen, Stück oder Liter)

Beispiel:
In der Konditor-Studio GmbH, einem Produzenten von Konditoreiprodukten, fallen u. a. bei der Erzeugung von Hochzeitstorten Fixkosten in Höhe von € 2.000,– an. Die variablen Kosten betragen € 70,– pro Torte.

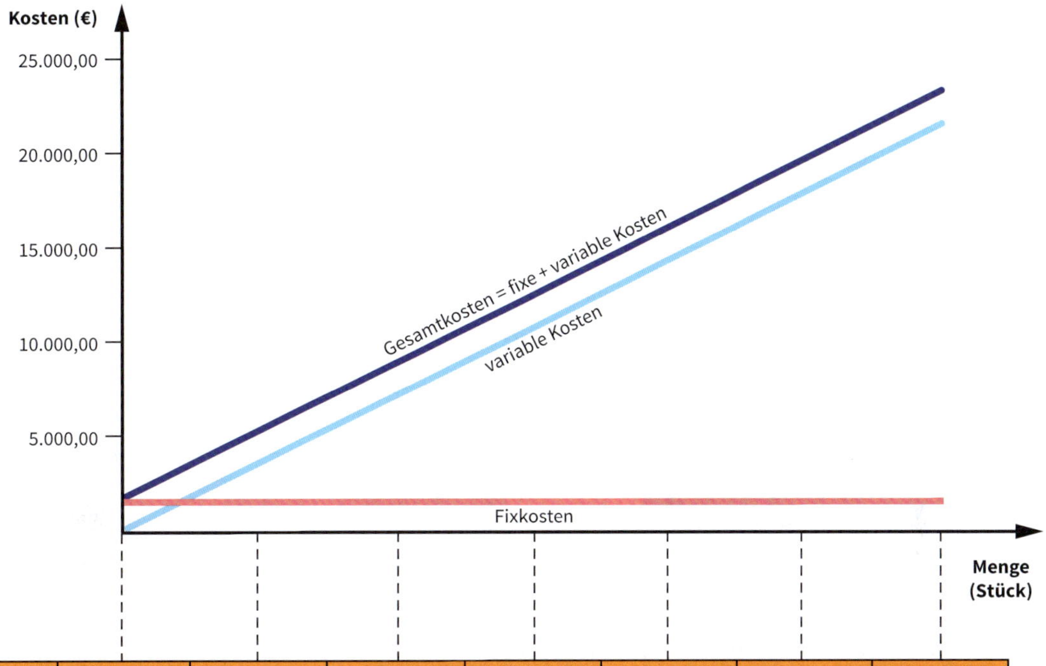

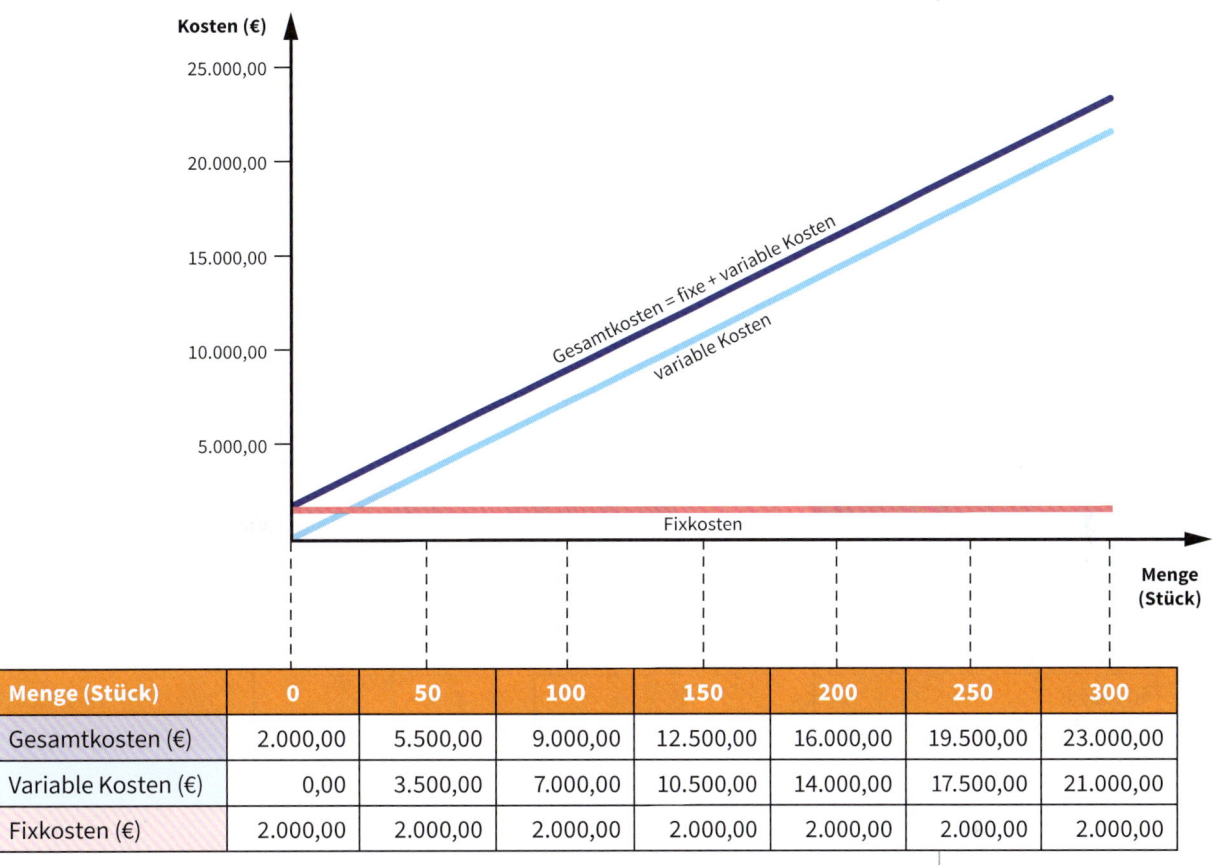

Menge (Stück)	0	50	100	150	200	250	300
Gesamtkosten (€)	2.000,00	5.500,00	9.000,00	12.500,00	16.000,00	19.500,00	23.000,00
Variable Kosten (€)	0,00	3.500,00	7.000,00	10.500,00	14.000,00	17.500,00	21.000,00
Fixkosten (€)	2.000,00	2.000,00	2.000,00	2.000,00	2.000,00	2.000,00	2.000,00

Die Fixkosten von € 2.000,– fallen unabhängig von der produzierten Menge an. Die variablen Kosten steigen entsprechend der erzeugten Zahl von Torten.

Sie betragen z. B. bei 50 Stück € 3.500,– (50 · 70), bei 200 Stück € 14.000,– (200 · 70). Die Gesamtkosten für die jeweilige Produktionsmenge ergeben sich aus der Addition von Fixkosten und variablen Kosten für die jeweilige Produktionsmenge. So betragen diese z. B. für 200 Stück € 16.000,– (Fixkosten € 2.000,– + variable Kosten € 14.000,–).

ÜBEN

Probier es selbst: Bearbeite die folgenden Übungsbeispiele.

LINK
Ü 3.1
Interaktive Übung

Ü 3.1 Einteilung der Kosten nach ihrem Verhalten bei Änderung des Beschäftigungsgrades

	Absolut fixe Kosten	Relativ fixe Kosten	Proportionale Kosten	Progressive Kosten	Degressive Kosten	Regressive Kosten
a) Ein Zusatzauftrag erfordert zusätzliche Nachtschichten in Form von Überstunden.						
b) Für den Verkaufsraum wird monatlich Miete bezahlt.						

	Absolut fixe Kosten	Relativ fixe Kosten	Proportionale Kosten	Progressive Kosten	Degressive Kosten	Regressive Kosten
c) Es wird mehr Hilfsmaterial verbraucht als im Vormonat, da die Produktionsmenge gestiegen ist.						
d) Wegen der schlechten Auftragslage müssen Mitarbeiter gekündigt werden.						
e) Im Verkaufsraum wird an einem langen Einkaufssamstag aufgrund der hohen Besucherfrequenz weniger geheizt.						
f) Ein Lieferant von Rohstoffen gewährt aufgrund des höheren Einkaufsvolumens einen Rabatt.						

Aufgabe: Ordne zu, um welche Art von Kosten es sich handelt. D

Ü 3.2 Einteilung der Kosten

LINK
Ü 3.2
Interaktive Übung

Die Neumann GmbH produziert Holzkisten nach Maß (z. B. Weinkisten, Tortenkisten, Pralinenboxen).

Kostenart	Einzelkosten	Gemeinkosten	Variable Kosten	Fixe Kosten
a) Gebäudeabschreibung				
b) Leim				
c) Betriebsbündelversicherung				
d) Holz				
e) Gehalt des Sekretärs				

Aufgabe: Kreuze an, ob es sich bei der jeweiligen Kostenart um Einzel- oder Gemeinkosten bzw. um variable oder fixe Kosten handelt. D

WEITER ÜBEN!

Online-Training: Check dein Wissen!

LINK
Interaktive Übungen

Mit dem Mountainbike geht's bergab
Wenn eine Produktgruppe, z. B. die Mountainbikes eines Fahrradherstellers, laut Vollkostenrechnung Verluste erwirtschaftet, kann es trotzdem noch gute Gründe geben, die Bikes im Produktionsprogramm zu behalten.

LERNEN

2 Direct Costing (Deckungsbeitragsrechnung)

Die Aufteilung der Gesamtkosten in fixe und variable Kosten bewirkt, dass die Auswirkung von Verkaufspreis- und Kostenänderungen auf den Deckungsbeitrag sofort erkennbar ist.

1 Aufgabe und Arten des Direct Costing

Von den verschiedenen Arten der Teilkostenrechnung hat sich in der **Praxis** vor allem das **Direct Costing** (die Deckungsbeitragsrechnung) durchgesetzt.

Anders als bei der Vollkostenrechnung werden bei der Teilkostenrechnung bzw. beim **Direct Costing nicht alle Kosten**, sondern **nur die variablen Kosten** (direct costs) den Kostenträgern zugerechnet. Die direct costs umfassen alle variablen (d. h. mengen- oder beschäftigungsabhängige) Kosten.

Variable Kosten (direct costs) berechnen: Die variablen Kosten (direct costs) setzen sich aus den Einzelkosten und den variablen Gemeinkosten zusammen.

Variable Kosten (direct costs):

	Einzelkosten
+	Variable Gemeinkosten
	Variable Kosten (direct costs)

Die Unterteilung der variablen Kosten in proportionale, progressive, degressive und regressive Kosten wird beim Direct Costing bewusst vernachlässigt. **Die variablen Kosten werden immer als proportionale Kosten aufgefasst.**

Deckungsbeitrag berechnen: Der Deckungsbeitrag ist die Differenz zwischen dem Nettoverkaufspreis und den variablen Kosten.

Deckungsbeitrag pro Einheit:

	Nettoverkaufspreis
–	Variable Kosten
	Deckungsbeitrag

Mit dem Deckungsbeitrag sollen die **fixen Kosten abgedeckt** und darüber hinaus ein angemessener **Gewinn erzielt** werden.

Ist die **Summe der Deckungsbeiträge aller Produkte gleich der Höhe der gesamten Fixkosten,** erreicht das Unternehmen die **Gewinnschwelle.**

Der Deckungsbeitrag ist also **nicht mit dem Gewinn gleichzusetzen.** Er sollte höher als der Gewinn sein, da er auch die fixen Kosten abzudecken hat.

Beispiel:

	Summe der Deckungsbeiträge	€ 980.000,00
–	Fixe Kosten	€ 830.000,00
	Betriebsgewinn	**€ 150.000,00**

Auch das Direct Costing (die Deckungsbeitragsrechnung) wird mithilfe der **Kostenarten-, Kostenstellen-** und **Kostenträgerrechnung** durchgeführt.

Arten des Direct Costing

Je nach Art des Direct Costing werden die **Fixkosten** in **einem Block** bzw. aufgeteilt in **mehrere Blöcke** vom Deckungsbeitrag abgezogen.

Arten des Direct Costing

Einstufiges Direct Costing	Mehrstufiges Direct Costing
Beim einstufigen Direct Costing werden die **Fixkosten** des Unternehmens **in einem Block** von der Summe der Deckungsbeiträge abgezogen.	Beim mehrstufigen Direct Costing werden die **Fixkosten in mehrere Blöcke untergliedert.**

2 Einstufiges Direct Costing

Beim einstufigen Direct Costing werden die **gesamten Fixkosten des Unternehmens** in **einem Block** verrechnet.

Für die Ermittlung des Betriebsergebnisses beim einstufigen Direct Costing wird zuerst die **Differenz** zwischen den **Nettoerlösen** und den **variablen Kosten** (Einzelkosten + variable Gemeinkosten) ermittelt **(= Deckungsbeiträge). Subtrahiert** man von der Summe der Deckungsbeiträge die **fixen Kosten,** erhält man das **Betriebsergebnis (= Gewinn oder Verlust).**

Einstufiges Direct Costing: Beim einstufigen Direct Costing wird das Betriebsergebnis (= Gewinn oder Verlust) berechnet, indem man von der Summe aller Deckungsbeiträge die gesamten Fixkosten des Unternehmens in einem Block abzieht.

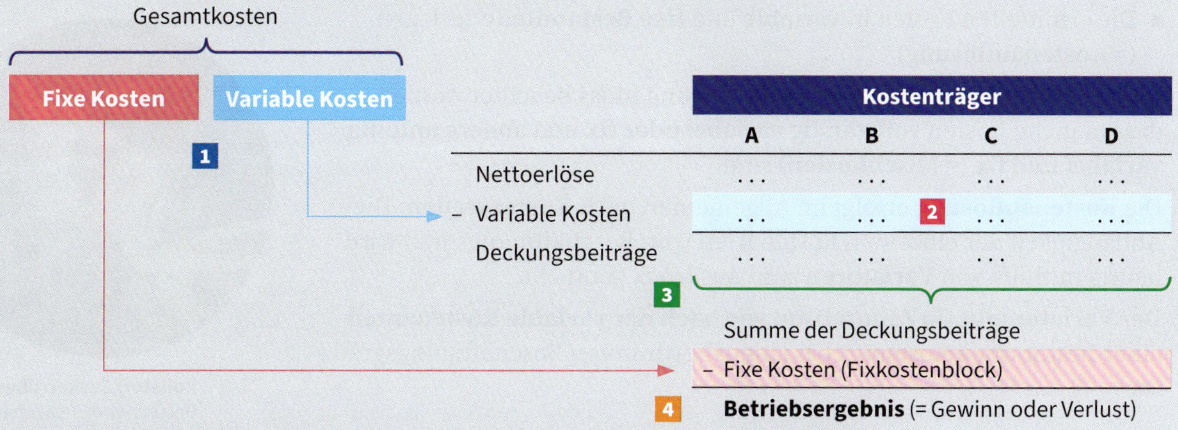

	Arbeitsschritte des einstufigen Direct Costing
1	Kosten in **fixe** und **variable Kosten** zerlegen
2	**Variable Kosten** den Kostenträgern zurechnen
3	**Deckungsbeiträge der einzelnen Produkte** und **Summe der Deckungsbeiträge** (= Gesamt-Deckungsbeitrag) berechnen
4	**Betriebsergebnis** durch Abzug der gesamten Fixkosten ermitteln

L 3.1 Direct Costing

Die Gesamtkosten der AMK Pumpenproduktion GmbH betragen € 2.100.000,–, davon sind € 1.100.000,– Fixkosten und € 1.000.000,– variable Kosten. Der Betrieb stellt zwei leistungsfähige Elektro-Wasserpumpen her und weist für das 1. Quartal folgende Zahlen aus:

Produkt	WP 1000	WP 1500
Variable Kosten	€ 600.000,00	€ 400.000,00
Erzeugungsmenge	2.000 Stück	1.000 Stück
Nettoverkaufspreis/Stück	€ 650,00	€ 840,00

Aufgabe: Berechne das Betriebsergebnis. C

Lösung:

	WP 1000	WP 1500
Nettoverkaufspreis	€ 650,00	€ 840,00
– Variable Kosten	€ 300,00	€ 400,00
Deckungsbeitrag/Stück	€ 350,00	€ 440,00
· Erzeugungsmenge	2.000 Stk.	1.000 Stk.
Deckungsbeitrag/Produkt	€ 700.000,00	€ 440.000,00
Gesamt-Deckungsbeitrag	€ 1.140.000,00	
– Fixkosten	€ 1.100.000,00	
Betriebsgewinn	**€ 40.000,00**	

Variable Kosten/Stück:
WP 1000: $\frac{600.000}{2.000} = \textbf{€ 300,00}$
WP 1500: $\frac{400.000}{1.000} = \textbf{€ 400,00}$

Die einzelnen Arbeitsschritte des einstufigen Direct Costing werden auch im Rahmen der Kostenarten-, Kostenstellen- und Kostenträgerrechnung durchgeführt.

Kostenartenrechnung

Die **Kostenartenrechnung** hat im Direct Costing **zwei Aufgaben:**

- **Aufwendungen der Finanzbuchführung abgrenzen** und **Kosten ermitteln;** dieser Teil unterscheidet sich nicht von der Vollkostenrechnung.
- Die ermittelten Kosten in **variable** und **fixe Bestandteile** zerlegen **(= Kostenauflösung)**

Im Zusammenhang mit der Kostenauflösung muss beachtet werden, dass manche Kosten **vollständig variabel oder fix** und andere **anteilig variabel und fix (= Mischkosten)** sind.

Die **Kostenauflösung** erfolgt im Allgemeinen nach **Kostenstellen.** Die Abhängigkeit der einzelnen Kostenarten vom Beschäftigungsgrad wird häufig mithilfe von **Variatoren** zum Ausdruck gebracht.

Der **Variator gibt (in Zehntel) an, wie hoch der variable Kostenanteil** einer bestimmten Kostenart bei einem bestimmten Beschäftigungsgrad ist.

Rohstoff Zuckerrüben
Bei uns wird Zucker hauptsächlich aus Zuckerrüben gewonnen. Ihr Ankauf verursacht variable Kosten bei der Zuckerproduktion.

Beispiel:

In einer Zuckerfabrik werden 1.000 t Zucker produziert. Die Hilfslöhne betragen € 5.000,– (Variator 6), die Kosten für die Zuckerrüben € 28.000,– (Variator 10) und die Miete für eine Lagerhalle € 2.000,– (Variator 0).

Kostenart	Betrag	Variator	Kostenauflösung
Hilfslöhne	€ 5.000,00	**V = 6** (= 6/10 oder 60 % variabel)	Variabler Kostenanteil = $5.000 \cdot \frac{6}{10}$ = **€ 3.000,00** Fixer Kostenanteil = $5.000 \cdot \frac{4}{10}$ = **€ 2.000,00** Wenn die Produktion von 1.000 t auf 1.100 t Zucker steigt, ergeben sich rechnerisch folgende Hilfslöhne: Hilfslöhne = $\underbrace{5.000 \cdot \frac{4}{10}}_{K_f} + \underbrace{5.000 \cdot \frac{6}{10} \cdot \frac{1.100}{1.000}}_{k_v \cdot x}$ = **€ 5.300,00** $(K_{(x)} = K_f + k_v \cdot x)$ Die Produktionszunahme von 10 % würde eine Zunahme der Hilfslöhne um 6 % (entsprechend dem Variator 6) verursachen. Der Variator gibt daher auch an, um **welchen Prozentsatz** sich die **Gesamtkosten bei** einer **Änderung der Beschäftigung ändern.**
Zuckerrüben	€ 28.000,00	**V = 10** (= 10/10 oder 100 % variabel)	Variabler Kostenanteil = $28.000 \cdot \frac{10}{10}$ = **€ 28.000,00** Fixer Kostenanteil = **€ 0,00** Wenn die Produktion von 1.000 t auf 1.100 t Zucker steigt, ergeben sich rechnerisch folgende Kosten für die Zuckerrüben: Kosten für die Zuckerrüben = $28.000 \cdot \frac{1.100}{1.000}$ = **€ 30.800,00**
Miete für Lagerhalle	€ 2.000,00	**V = 0** (= 0/10 oder 0 % variabel)	Variabler Kostenanteil = **€ 0,00** Fixer Kostenanteil = **€ 2.000,00** Wenn die Produktion von 1.000 t auf 1.100 t Zucker steigt, bleibt die Höhe der Miete unverändert bei € 2.000,–. Bei **beschäftigungsunabhängigen Fixkosten** beträgt der variable Kostenanteil **0 %.**

Bei einer Änderung der Beschäftigung müssen die **Variatoren** unter Umständen **angepasst** werden.

Kostenstellenrechnung

Die Kostenstellenrechnung des einstufigen Direct Costing unterscheidet sich von jener der Vollkostenrechnung dadurch, dass **in den einzelnen Kostenstellen die Fixkosten getrennt von den variablen Gemeinkosten** ausgewiesen werden. Für die Errechnung der **Gemeinkostenzuschlagssätze** werden **nur die variablen Gemeinkosten** herangezogen.

Daraus ergibt sich folgender Aufbau eines Betriebsabrechnungsbogens zu Teilkosten:

Betriebsabrechnungsbogen zu Teilkosten

Kostenart	Gesamtkosten			Materiallager			Fertigung			Verw.-Vertr.		
	Ges.	Fix	Var.	Ges.	Fix	Var.	Ges.	Fix	Var.	Ges.	Fix	Var.
. . .												
. . .												
Gemeinkostensummen	Σ	Σ	Σ	Σ	Σ	Σ	Σ	Σ	Σ	Σ	Σ	Σ
Zuschlagsbasen						. . .			. . .			. . .
Variable Gemeinkostenzuschlagssätze						**. . .%**			**. . .%**			**. . .%**

Besonders geeignet für das einstufige Direct Costing ist die **Bildung von Kostenstellen, die sich auf eine Produktart** oder zumindest auf **bestimmte Produktgruppen** beziehen.

In der Praxis muss der Betriebsabrechnungsbogen meist in **Kostenstellenblätter** aufgelöst werden. Dabei werden die fixen und variablen Kosten pro Kostenstelle auf separaten Blättern dargestellt.

Beispiel:
In einer Tischlerei wird eine Istkostenrechnung zu Vollkosten und zu Teilkosten geführt. Der Betriebsabrechnungsbogen wird in einzelne Kostenstellenblätter aufgelöst.

Kostenstellenblatt

Kostenstelle: 2 Tischlerei 1
Auswertung: von Monat: **1** bis Monat: **12** — von Jahr: **20. .** bis Jahr: **20. .**
Gruppensum.: **Nein** — für Ebene:

Kostenart		Periode Variabel	Periode Fix	Periode Gesamt	Vorperioden Variabel	Vorperioden Fix	Vorperioden Gesamt	Jahressumme Variabel	Jahressumme Fix	Jahressumme Gesamt
Einzelkosten										
600	Fertigungslöhne	7.968,00		7.968,00	82.200,00		82.200,00	90.168,00		90.168,00
	Summe Einzelkosten	**7.968,00**		**7.968,00**	**82.200,00**		**82.200,00**	**90.168,00**		**90.168,00**
Gemeinkosten										
530	Hilfsmaterial	556,20	61,80	618,00	13.027,50	1.447,50	14.475,00	13.583,70	1.509,30	15.093,00
601	Hilfslöhne	520,00	520,00	1.040,00	5.414,00	5.414,00	10.828,00	5.934,00	5.934,00	11.868,00
620	Gehälter		950,00	950,00		8.000,00	8.000,00		8.950,00	8.950,00
650	Lohnnebenkosten FL	7.808,64		7.808,64	80.556,00		80.556,00	88.364,64		88.364,64
651	Lohnnebenkosten HL	488,80	488,80	977,60	5.089,00	5.089,00	10.178,00	5.577,80	5.577,80	11.155,60
656	Gehaltsnebenkosten		589,00	589,00		4.960,00	4.960,00		5.549,00	5.549,00
720	Instandhaltung d. Dritte	232,00	58,00	290,00	3.108,00	777,00	3.885,00	3.340,00	835,00	4.175,00
726	Gasverbrauch		178,50	178,50		2.080,00	2.080,00		2.258,50	2.258,50
738	Telefon- und Internetgebühren		107,20	107,20		962,00	962,00		1.069,20	1.069,20
770	Versicherungskosten		298,48	298,48		3.890,00	3.890,00		4.188,48	4.188,48
778	Kammerumlage	20,11		20,11	54,00		54,00	74,11		74,11
785	Diverse Kosten	492,00	738,00	1.230,00	6.740,00	10.110,00	16.850,00	7.232,00	10.848,00	18.080,00
790	Kalk. AfA Gebäude		188,64	188,64		2.218,00	2.218,00		2.406,64	2.406,64
791	Kalk. AfA übriges AV		2.712,39	2.712,39		30.729,00	30.729,00		33.441,39	33.441,39
792	Kalk. Zinsen		654,32	654,32		7.198,00	7.198,00		7.852,32	7.852,32
793	Kalk. Wagnisse	83,84	83,84	167,68	922,00	922,00	1.844,00	1.005,84	1.005,84	2.011,68
794	Kalk. Unternehmerlohn		900,00	900,00		9.900,00	9.900,00		10.800,00	10.800,00
	Summe Gemeinkosten	**10.201,59**	**8.528,97**	**18.730,56**	**114.910,50**	**93.696,50**	**208.607,00**	**125.112,09**	**102.225,47**	**227.337,56**
Zuschlagsbasis		7.968,00		7.968,00	82.200,00		82.200,00	90.168,00		90.168,00
Zuschlagssätze		**128,03**		235,07	**139,79**		253,78	**138,75**		252,13

In den folgenden Beispielen wird aus **Vereinfachungsgründen** auf die Ausweisung der Fixkosten pro Kostenstelle verzichtet.

Betriebsabrechnungsbogen zu Teilkosten							
Nr.	**Kostenart**	**Gesamtkosten**	**Fixkosten**	**Variable Kosten**	**Kostenstellen**		
					Materiallager	**Fertigung**	**Verw. & Vertr.**
1.	Fertigungsmaterial	350,0		350,0	350,0		
2.	Fertigungslöhne	420,0		420,0		420,0	
3.	Hilfsmaterial	45,0		45,0		40,0	5,0
4.	Sonstiges Material	20,0	4,0	16,0	5,0	8,0	3,0
	...						
	Gemeinkostensummen	...	...	...	...	...	...
	Zuschlagsbasen				...	...	...
	Variable Gemeinkostenzuschlagssätze				**...%**	**...%**	**...%**

L 3.2 Einstufiges Direct Costing – Kostenstellenrechnung – Betriebsabrechnungsbogen

In der Jana Leskovar KG, Herstellung von Soundsystemen, werden die Kostenstellen Materiallager, Fertigung sowie Verwaltung und Vertrieb geführt. Die Kosten betragen für ein Jahr:

Kostenart	Betrag in €	Kostenverteilung in € 1.000 (Kostenanteil bzw. Kostenanteil und Variator je Kostenstelle)
1. Fertigungsmaterial	210.000,00	Einzelkosten
2. Fertigungslöhne	349.000,00	Einzelkosten
3. Hilfsmaterial	69.300,00	— : 57,3 (V 10) : 12,0 (V 10)
4. Sonstiges Material	13.000,00	1,0 (V 10) : 10,0 (V 8) : 2,0 (V 5)
5. Hilfslöhne	87.500,00	12,5 (V 4) : 75,0 (V 7) : —
6. Gehälter	205.000,00	— : 65,0 (V 0) : 140,0 (V 0)
7. Lohnnebenkosten der FL	342.000,00	98% der Fertigungslöhne
8. Lohnnebenkosten der HL	78.800,00	90% der Hilfslöhne
9. Gehaltsnebenkosten	127.100,00	62% der Gehälter
10. Sonstige Kosten	151.000,00	9,0 (V 3) : 38,0 (V 3) : 104,0 (V 2)
11. Kalk. Abschreibungen	380.000,00	4,0 (V 0) : 350,0 (V 2) : 26,0 (V 2)
12. Kalk. Wagnisse	54.500,00	3,7 (V 10) : 8,3 (V 10) : 42,5 (V 10)
13. Kalk. Zinsen	198.300,00	3,0 (V 0) : 178,3 (V 0) : 17,0 (V 0)
14. Kalk. Unternehmerlohn	100.000,00	— : 40,0 (V 0) : 60,0 (V 0)

Aufgabe: a) Stelle den Betriebsabrechnungsbogen zu Teilkosten auf (in € 1.000, auf 1 Dez. genau). C
b) Berechne die variablen Gemeinkostenzuschlagssätze (auf 2 Dez. genau). C

Lösung:

Betriebsabrechnungsbogen zu Teilkosten

Nr.	Kostenart	Gesamtkosten	Fixkosten	Variable Kosten	Kostenstellen		
					Materiallager	Fertigung	Verwaltung & Vertrieb
1.	Fertigungsmaterial	210,0		210,0	210,0		
2.	Fertigungslöhne	349,0		349,0		349,0	
3.	Hilfsmaterial	69,3		69,3		57,3	12,0
4.	Sonstiges Material	13,0	3,0	10,0	1,0	8,0	1,0
5.	Hilfslöhne	87,5	30,0	57,5	5,0	52,5	
6.	Gehälter	205,0	205,0				
7.	Lohnnebenkosten der FL	342,0		342,0		342,0	
8.	Lohnnebenkosten der HL	78,8	27,0	51,8	4,5	47,3	
9.	Gehaltsnebenkosten	127,1	127,1				
10.	Sonstige Kosten	151,0	116,1	34,9	2,7	11,4	20,8
11.	Kalk. Abschreibungen	380,0	304,8	75,2		70,0	5,2
12.	Kalk. Wagnisse	54,5		54,5	3,7	8,3	42,5
13.	Kalk. Zinsen	198,3	198,3				
14.	Kalk. Unternehmerlohn	100,0	100,0				
	Gemeinkostensummen	1.806,5	1.111,3	695,2	16,9	596,8	81,5
	Zuschlagsbasen				210,0	349,0	1.172,7
	Variable Gemeinkostenzuschlagssätze				**8,05%**	**171,00%**	**6,95%**

Variable Herstellkosten (in € 1.000):

FM	210,0
MGK_v	16,9
FL	349,0
FGK_v	596,8
HK_v	**1.172,7**

Nach der Eintragung der Gesamtkosten geht man bei **Mischkosten** wie folgt vor:

1 **Variable Kostenanteile der einzelnen Kostenstellen** ermitteln

2 **Summe der variablen Kostenanteile** bilden

3 **Fixkosten** aus der **Differenz** zwischen den **Gesamtkosten** und der **Summe der variablen Kosten** ermitteln

z. B. Aufteilung des sonstigen Materials in variable und fixe Kosten:

Materiallager: $1{,}0 \cdot \frac{10}{10} =$	1,0	1
+ Fertigung: $10{,}0 \cdot \frac{8}{10} =$	8,0	1
+ Verwaltung & Vertrieb: $2{,}0 \cdot \frac{5}{10} =$	1,0	1
Summe der variablen Kosten	**10,0**	2
Gesamtkosten sonstiges Material	13,0	
− Summe der variablen Kosten	10,0	
Fixkosten	**3,0**	3

Hinweis: Bei Verteilungsrechnungen wird eine eventuelle **Rundungsdifferenz** jeweils in der **letzten Spalte** ausgeglichen.

Ü 3.3 Einstufiges Direct Costing – Kostenstellenrechnung – Betriebsabrechnungsbogen

LINK Ü 3.3 Excel

In der Miro Buchner OG, Schulmöbelhersteller, werden die Kostenstellen Materiallager, Fertigung Sessel, Fertigung Tische sowie Verwaltung und Vertrieb geführt. Die Kosten betragen für das 1. Quartal:

Kostenart	Betrag in €	Kostenverteilung in € 1.000 (Kostenanteil bzw. Kostenanteil und Variator je Kostenstelle)
1. Fertigungsmaterial	44.000,00	Einzelkosten
2. Fertigungslöhne	52.000,00	Einzelkosten (Fertigung Sessel 32,0, Fertigung Tische 20,0)
3. Hilfsmaterial	9.900,00	0,2 (V 10) : 4,7 (V 8) : 5,0 (V 9) : —
4. Sonstiges Material	4.700,00	1,2 (V 9) : 1,1 (V 7) : 1,4 (V 7) : 1,0 (V 8)
5. Hilfslöhne	27.100,00	5,2 (V 5) : 10,3 (V 7) : 7,7 (V 6) : 3,9 (V 10)
6. Gehälter	41.000,00	— : 10,0 (V 0) : 9,0 (V 0) : 22,0 (V 0)
7. Lohnnebenkosten der FL	48.900,00	94% der Fertigungslöhne
8. Lohnnebenkosten der HL	24.400,00	90% der Hilfslöhne
9. Gehaltsnebenkosten	24.600,00	60% der Gehälter
10. Sonstige Kosten	40.000,00	3,0 (V 6) : 8,0 (V 5) : 9,0 (V 4) : 20,0 (V 7)
11. Kalk. Abschreibungen	29.000,00	2,0 (V 2) : 14,0 (V 3) : 9,0 (V 3) : 4,0 (V 0)
12. Kalk. Wagnisse	9.700,00	1,7 (V 8) : 2,0 (V 10) : 2,0 (V 10) : 4,0 (V 10)
13. Kalk. Zinsen	15.000,00	1,0 (V 0) : 7,0 (V 0) : 5,0 (V 0) : 2,0 (V 0)
14. Kalk. Unternehmerlohn	30.000,00	— : 10,0 (V 0) : 10,0 (V 0) : 10,0 (V 0)

Aufgabe: a) Stelle den Betriebsabrechnungsbogen zu Teilkosten für das 1. Quartal auf (in € 1.000, auf 1 Dez. genau). C

b) Berechne die variablen Gemeinkostenzuschlagssätze (auf 2 Dez. genau). C

Lösung:

Betriebsabrechnungsbogen zu Teilkosten 1. Quartal								
Nr.	Kostenart	Gesamtkosten	Fixkosten	Variable Kosten	Kostenstellen			
1.	Fertigungsmaterial							
2.	Fertigungslöhne							
3.	Hilfsmaterial							
4.	Sonstiges Material							
5.	Hilfslöhne							
6.	Gehälter							
7.	Lohnnebenkosten der FL							
8.	Lohnnebenkosten der HL							
9.	Gehaltsnebenkosten							
10.	Sonstige Kosten							
11.	Kalk. Abschreibungen							
12.	Kalk. Wagnisse							
13.	Kalk. Zinsen							
14.	Kalk. Unternehmerlohn							
	Gemeinkostensummen							
	Zuschlagsbasen							
	Variable Gemeinkostenzuschlagssätze							

Kostenträgerrechnung

Die **Kostenträgerstückrechnung** (Kalkulation) hat im Direct Costing vor allem die Aufgabe, **für jedes Produkt** die **variablen Kosten** und den **Deckungsbeitrag je Einheit** zu ermitteln. Zur Bestimmung der variablen Stückkosten sind grundsätzlich alle Kalkulationsverfahren (differenzierende Zuschlagskalkulation usw.) anwendbar.

Deckungsbeitrag pro Einheit berechnen

	Nettoverkaufspreis
–	Variable Kosten
	Deckungsbeitrag

In der Praxis erfolgt oft eine **stufenweise Ermittlung des Deckungsbeitrages.** Dabei werden, ausgehend **vom erzielbaren Nettoverkaufspreis,** die **variablen Kosten stufenweise abgezogen.** Damit kann im Einzelfall entschieden werden, welche der Deckungsbeiträge in einer Entscheidungssituation (z. B. Annahme oder Ablehnung eines Auftrages) herangezogen werden sollen.

Deckungsbeiträge stufenweise ermitteln: Die variablen Kosten können auch stufenweise vom Nettoverkaufspreis abgezogen werden.

	Nettoverkaufspreis
–	Fertigungsmaterial (Einzelkosten)
	Deckungsbeitrag 1
–	Fertigungslöhne (Einzelkosten)
	Deckungsbeitrag 2
–	Variable Material- und Fertigungsgemeinkosten
	Deckungsbeitrag 3
–	Variable Verwaltungs- und Vertriebsgemeinkosten
	Deckungsbeitrag 4

Die Deckungsbeiträge stellen wichtige Informationen für die **Absatzpolitik** des Unternehmens dar.

Kostenträgerzeitrechnung, Kostenträgererfolgsrechnung, Betriebsergebnisrechnung

Auf Grundlage der Kostenträgerstückrechnung werden in der **Kostenträgerzeitrechnung** die für die **Gesamtmenge der einzelnen Produkte** in der Abrechnungsperiode **angefallenen Kosten** ermittelt. In der **Kostenträgererfolgsrechnung** werden die **Deckungsbeiträge** ermittelt.

Die Deckungsbeiträge werden häufig auch in Prozent vom Umsatz ausgedrückt **(DB in % vom Umsatz, DBU, Deckungsbeitragsrate).** Ein Deckungsbeitrag vom Umsatz von z. B. 40 % bedeutet, dass je Euro Umsatz durchschnittlich 40 Cent Deckungsbeitrag zur Abdeckung der fixen Kosten und zur Erzielung des Gewinnes erwirtschaftet werden. Je **höher** der einzelne **Deckungsbeitrag** vom Umsatz ausfällt, umso mehr trägt dieses Produkt zum **Erfolg** des Unternehmens bei.

DBU
Deckungsbeitrag in Prozent vom Umsatz

Der Deckungsbeitrag in Prozent vom Umsatz wird auch als **DBU-Faktor** dargestellt:

DBU-Faktor berechnen

$$\textbf{DBU-Faktor} = \frac{\text{DB in \% vom Umsatz}}{100}$$

Beispiel:
Bei einem Deckungsbeitrag vom Umsatz von 40 % beträgt der DBU-Faktor 0,4.

Von der **Summe der Deckungsbeiträge** aller Produkte werden die **Fixkosten in einem Block abgezogen.** Die **Differenz** stellt das **Betriebsergebnis** (den Periodenerfolg) dar.

Beispiel:
In der Keramo AG, Keramikerzeugung, wird eine Kostenträgerrechnung (einstufiges Direct Costing) durchgeführt:

Unternehmen	**Keramo AG**			
Kostenträgergruppe	**Keramik – Outdoor**			**Keramik – Indoor**
Kostenträger (Erzeugnis)	**Figur – Zwerg**	**Figur – Reh**	**Figur – Frosch**	**Ziertopf**
Nettoerlöse (Umsatz)	...	...	...	...
– Variable Selbstkosten	...	...	...	...
Deckungsbeitrag	...	...	...	...
Gesamt-Deckungsbeitrag	...			
– Fixkosten	...			
Betriebsergebnis	**...**			

Wie hoch ist der DB?
Vor allem E-Bike-Akkus sind in der Produktion sehr teuer. Damit sie zum Erfolg des Unternehmens beitragen, muss der Deckungsbeitrag der einzelnen Bikes hoch genug sein.

L 3.3 Einstufiges Direct Costing – Kostenträgerrechnung (Fortsetzung von L 3.2)

In der Jana Leskovar KG, Herstellung von Soundsystemen, werden u. a. zwei Typen von Lautsprechern hergestellt:

	Soundbar	**Streaming Lautsprecher**
Erzeugte und abgesetzte Menge	2.000 Stück	1.000 Stück
Nettoverkaufspreis je Stück	€ 540,00	€ 430,00
Fertigungsmaterial je Stück	€ 50,00	€ 24,00
Fertigungslöhne je Stück	€ 92,00	€ 54,00

Die variablen Gemeinkostenzuschlagssätze sind dem L 3.2 zu entnehmen.

Aufgabe: a) Ermittle den Deckungsbeitrag je Stück (auf Cent genau). C

b) Ermittle den Deckungsbeitrag stufenweise (auf Cent genau). C

c) Führe die Kostenträgererfolgsrechnung durch, ermittle die Deckungsbeiträge in % vom Umsatz und die DBU-Faktoren (auf 2 Dez. genau), berechne das Betriebsergebnis; Fixkosten siehe L 3.2; DB der übrigen Produkte € 550.120,–. Gib an, welches Produkt den höheren Beitrag zum Erfolg des Unternehmens leistet. C

d) Ermittle den zusätzlichen Gewinn pro zusätzlich verkauftem Stück bei den zwei Produkten. Analysiere, bei welchem Produkt der Absatz daher besonders gefördert werden sollte. D

Lösung:

a)

	Soundbar	Streaming Lautsprecher
FM	50,00	24,00
+ MGK_V 8,05 %	4,03	1,93
+ FL	92,00	54,00
+ FGK_V 171,00 %	157,32	92,34
Variable Herstellkosten	303,35	172,27
+ Vw- u. $VtGK_V$ 6,95 %	21,08	11,97
Variable Selbstkosten	324,43	184,24
Nettoverkaufspreis	540,00	430,00
Deckungsbeitrag	**215,57**	**245,76**

b)

	Soundbar	Streaming Lautsprecher
Nettoverkaufspreis	540,00	430,00
– FM	50,00	24,00
Deckungsbeitrag 1	**490,00**	**406,00**
– FL	92,00	54,00
Deckungsbeitrag 2	**398,00**	**352,00**
– MGK_V	4,03	1,93
– FGK_V	157,32	92,34
Deckungsbeitrag 3	**236,65**	**257,73**
Vw- u. $VtGK_V$	21,08	11,97
Deckungsbeitrag 4	**215,57**	**245,76**

c)

	Gesamtbetrag	Soundbar	Streaming Lautsprecher
Abgesetzte Menge		2.000 Stk.	1.000 Stk.
Nettoerlöse (Umsatz)	1.510.000,00	1.080.000,00	430.000,00
– Variable Selbstkosten	833.100,00	648.860,00	184.240,00
Deckungsbeitrag	676.900,00	431.140,00	245.760,00
DB in % vom Umsatz		**39,92 %**	**57,15 %**
DBU-Faktor		**0,40**	**0,57**
+ DB der übrigen Produkte	550.120,00		
Gesamt-Deckungsbeitrag	1.227.020,00		
– Fixkosten	1.111.300,00		
Betriebsgewinn	**115.720,00**		

$$\frac{431.140}{1.080.000} \cdot 100 = \mathbf{39{,}92\,\%}$$

$$\frac{39{,}92}{100} = \mathbf{0{,}40}$$

$$\frac{245.760}{430.000} \cdot 100 = \mathbf{57{,}15\,\%}$$

$$\frac{57{,}15}{100} = \mathbf{0{,}57}$$

Von den Nettoerlösen (Umsatz) des Produktes Soundbar werden 39,92 %, vom Produkt Streaming Lautsprecher 57,15 % zur Abdeckung der Fixkosten bzw. zum Erzielen des Gewinnes verwendet. Der DBU-Faktor beträgt 0,40 beim Produkt Soundbar und 0,57 beim Produkt Streaming Lautsprecher. Das Produkt **Streaming Lautsprecher** leistet den **höheren Beitrag pro Stück zum Erfolg des Unternehmens.**

d) Zusätzlicher Gewinn pro zusätzlich verkauftes Stück = DB pro Stück
(= Nettoverkaufspreis – zusätzliche variable Selbstkosten)

Daher:	Soundbar	Streaming Lautsprecher
Zusätzlicher Gewinn pro zusätzlich verkauftem Stück	**€ 215,57**	**€ 245,76**

Der Absatz des Produktes **Streaming Lautsprecher sollte** daher besonders **gefördert werden**.

Ü 3.4 Einstufiges Direct Costing – Kostenträgerrechnung

In der Textil Weisser KG werden zwei Bettwäschegarnituren hergestellt:

		Soft Wonder	Summerdream
Erzeugte und abgesetzte Menge		20.000 Stück	40.000 Stück
Nettoverkaufspreis je Stück		€ 70,00	€ 32,00
Fertigungsmaterial je Stück		€ 10,00	€ 6,00
Fertigungslöhne je Stück	Fertigung 1	€ 10,00	€ 3,00
	Fertigung 2	€ 6,00	€ 2,00

MGK_V 5,3 %, FGK_V-1 137,8 %, FGK_V-2 152,4 %, Vw- und $VtGK_V$ 5,4 %

Aufgabe: a) Ermittle den Deckungsbeitrag je Stück (auf Cent genau). C

b) Ermittle den Deckungsbeitrag stufenweise (auf Cent genau). C

c) Ermittle die Deckungsbeiträge für die beiden Produkte mithilfe der Excel-Datei unter der Annahme, dass die variablen Fertigungsgemeinkostenzuschlagssätze wie folgt gesenkt werden konnten: FGK_V-1 125,0 %, FGK_V-2 138,0 %. C

d) Führe nach Aufgabe a) die Kostenträgererfolgsrechnung durch, ermittle die Deckungsbeiträge in % vom Umsatz und die DBU-Faktoren (auf 2 Dez. genau), berechne das Betriebsergebnis (Fixkosten € 776.080,–). Gib an, welches Produkt den höheren Beitrag zum Erfolg des Unternehmens leistet. C

e) Ermittle nach Aufgabe a) den zusätzlichen Gewinn pro zusätzlich verkauftem Stück bei den zwei Produkten. Analysiere, bei welchem Produkt der Absatz daher besonders gefördert werden sollte. D

LINK
Ü 3.4
Excel

3 Mehrstufiges Direct Costing

Beim mehrstufigen Direct Costing werden die **Fixkosten** in **mehrere Blöcke** aufgeteilt.

Vor allem in Industriebetrieben mit **hoher Anlagen- und Kapitalintensität** und mit entsprechend **hohen Fixkosten** sind die **variablen Stückkosten** meist sehr **niedrig.** Dazu kommt, dass viele Kosten bei genauerer Betrachtung Fixkostencharakter haben (z. B. viele Löhne). In solchen Fällen muss der Fixkostenblock unbedingt aufgeteilt werden.

Beim mehrstufigen Direct Costing werden daher bis auf die Unternehmensfixkosten (z. B. Kosten der Unternehmensleitung), bei denen kein unmittelbarer Zusammenhang mit den Produkten und Kostenstellen bzw. Bereichen besteht, auch die **Fixkosten verursachungsgemäß auf die Kostenträger zugerechnet.**

Voraussetzung für das mehrstufige Direct Costing ist die Bildung von **produktbezogenen Kostenstellen.** Das heißt, jede Kostenstelle soll nur durch eine Produktart bzw. Produktgruppe in Anspruch genommen werden. Weiters sollen die Kostenstellen zu **Kostenbereichen** zusammengefasst werden können.

In Bereiche einteilen
Für den besseren Überblick ist es sinnvoll, die Produkte in Gruppen und Bereiche einzuteilen. Das gilt sowohl für die Sortierung eines Warenregals, als auch für die Kostenrechnung.

Beispiel:
Die Sportgeräte GmbH wird nach Kostenbereichen, Kostenträgergruppen und Kostenträgern aufgegliedert.

Unternehmen	Sportgeräte GmbH							
Bereich	Indoor						Outdoor	
Kostenträgergruppe	Bälle		Hanteln		Matten		Carver	Tourenschi
Kostenträger	Gymnastikball	Medizinball	1-kg-Hanteln	2,5-kg-Hanteln	Sprungmatte	Gymnastikmatte	Racer 2000	Fun XL

Aufgliederung der Fixkosten

Die Fixkosten können z. B. in **vier Schichten** aufgegliedert werden.

Aufgliederung der Fixkosten in vier Schichten

Erzeugnisfixkosten	Erzeugnisgruppenfixkosten	Bereichsfixkosten	Unternehmensfixkosten (Overhead-Kosten)
Diese werden durch die Entwicklung, die Fertigung und den Vertrieb **eines bestimmten Erzeugnisses verursacht.** Sie lassen sich jedoch nicht der Leistungseinheit (z. B. Stück) direkt zurechnen, sondern nur der in einer Abrechnungsperiode erzeugten **Gesamtmenge des Produktes.**	Diese können nicht den einzelnen Produktarten, sondern nur **einer Gruppe von Erzeugnissen** direkt zugerechnet werden.	Diese können nur einer Gruppe von Kostenstellen, also einem **Kostenbereich,** direkt zugerechnet werden. Die Bereichsfixkosten werden durch den Deckungsbeitrag jener Produkte, die den Bereich beansprucht haben, gedeckt.	Diese stellen den **nicht mehr direkt zurechenbaren Rest der Fixkosten** dar. Sie sind vom Restdeckungsbeitrag aller Produkte zu tragen und werden meist als **Overhead-Kosten** bezeichnet.
Beispiele: Patentkosten, Kosten für Spezialmaschinen, die nur für das eine bestimmte Erzeugnis entstehen	**Beispiele:** Forschungs- und Entwicklungskosten für mehrere zusammenhängende Produkte, Kosten für gemeinsam benutzte Anlagen	**Beispiele:** Kosten gemeinsamer Verwaltungsabteilungen, Kosten für Werksdirektoren	**Beispiele:** Kosten der Unternehmungsleitung, Kosten der Betriebsbewachung (Security)

Bei einer Aufgliederung in **drei Fixkostenschichten** unterscheidet man z. B. zwischen:

- Fixkosten der **Produkte**
- Fixkosten der **Produktgruppen** (Bereiche)
- Fixkosten des **Gesamtbetriebes** (unverteilbarer Rest)

Kostenträgerzeitrechnung

Die **Kostenträgerzeitrechnung** zeigt, in welchem Ausmaß die **Fixkostenschichten gedeckt** sind und welcher **Betriebserfolg** erzielt wird.

Den **Nettoerlösen** (Umsatz) der Produkte werden vorerst die **variablen Kosten** gegenübergestellt und der **Deckungsbeitrag** ermittelt. Dieser wird dann schichtenweise um die verschiedenen **Fixkostenarten** vermindert. Als letzte Differenz ergibt sich das positive oder negative **Betriebsergebnis** (Periodenerfolg).

Beispiel:
In der Steiner GmbH wird neben Designer-Gartenmöbeln aus Holz auch Holzspielzeug hergestellt. Die Fixkosten werden in drei Schichten aufgegliedert.

Gesamtkosten

Fixe Kosten | Variable Kosten

Unternehmen	Steiner GmbH			
Bereich	Designer-Gartenmöbel aus Holz		Holzspielzeug	
Kostenträger (Erzeugnis)	Lounge-garnitur	Hollywood-schaukel	Ritterburg	Eisenbahn aus Holz
Nettoerlöse (Umsatz)	...	...	...	...
– Variable Selbstkosten	...	...	...	...
Deckungsbeitrag 1	...	...	...	...
– Erzeugnisfixkosten	...	...	...	...
Deckungsbeitrag 2	...	...	...	...
	...		...	
– Bereichsfixkosten	...		...	
Deckungsbeitrag 3	...		...	
	...			
– Unternehmensfixkosten	...			
Betriebsergebnis	...			

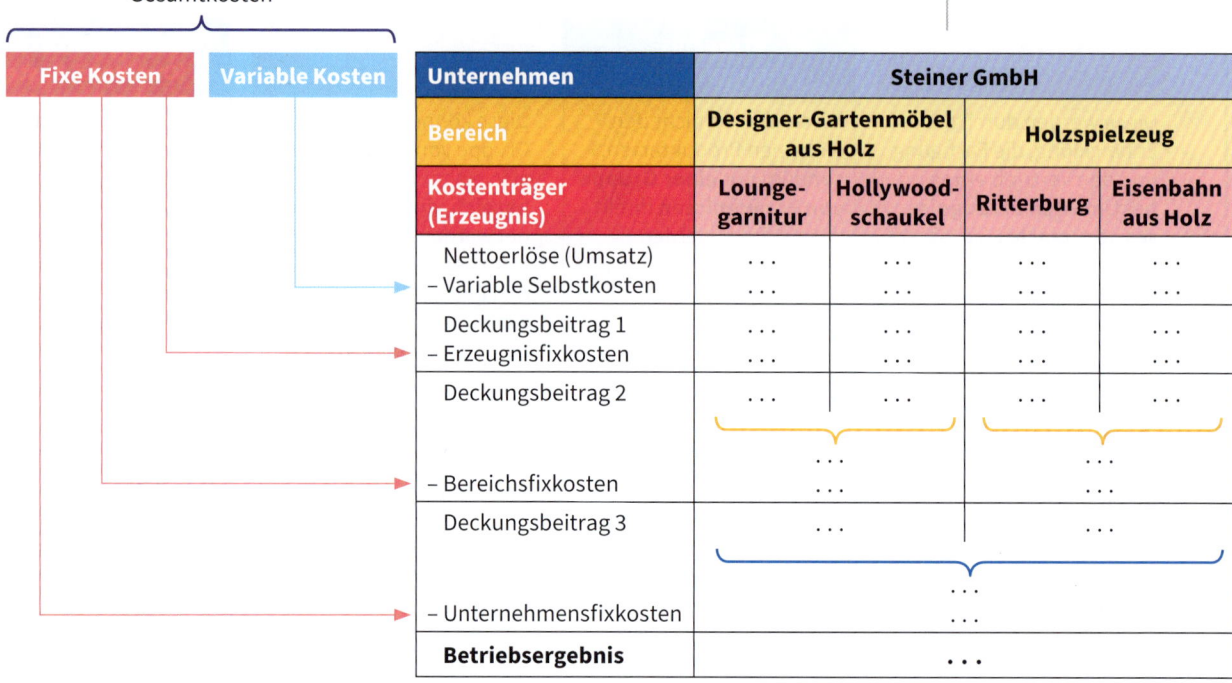

Mit dem mehrstufigen Direct Costing werden aussagefähige Informationen über den **Erfolg** der **einzelnen Produkte, Produktgruppen, Unternehmensbereiche** und des gesamten **Unternehmens** gewonnen. Die Zusammensetzung des Betriebsergebnisses kann bis auf die **Produktebene** heruntergebrochen werden. Damit können zielgerichtet **Maßnahmen gegen ungünstige Kostenentwicklungen** getroffen werden. Beim einstufigen Direct Costing, bei dem die Fixkosten in einem Block abgezogen werden, können derartige Entwicklungen nicht erkannt werden.

Das mehrstufige Direct Costing wird überwiegend zur **Unternehmenssteuerung** und zur **Wirtschaftlichkeitskontrolle** der einzelnen Produkte, Produktgruppen, Unternehmensbereiche und des gesamten Unternehmens eingesetzt.

L 3.4 Mehrstufiges Direct Costing – Kostenträgerzeitrechnung und Betriebsergebnisrechnung bei drei Fixkostenschichten

Der Sportgerätehersteller Fitness4you GmbH erzeugt vier verschiedene Produkte:

Bereich Kraftgeräte	Bereich Cardiogeräte
Hantelbank	Laufband
Kraftstation	Rudergerät

In der Abrechnungsperiode haben sich folgende Nettoerlöse (Umsatz) und Kosten ergeben:

	Nettoerlöse (Umsatz)	Variable Selbstkosten	Fixe Kosten	Erzeugte und abgesetzte Menge
	in € 1.000			
Produkt Hantelbank	1.870,0	660,0	591,0	2.200 Stück
Produkt Kraftstation	985,0	402,0	206,0	5.000 Stück
Produkt Laufband	372,0	137,4	299,6	1.200 Stück
Produkt Rudergerät	576,0	191,0	127,0	4.500 Stück
Bereich Kraftgeräte			235,2	
Bereich Cardiogeräte			222,6	
Unternehmen			512,0	

Aufgabe: a) Berechne die Deckungsbeiträge und das Betriebsergebnis (in € 1.000, auf 1 Dez. genau). C
b) Interpretiere das Ergebnis. D

Lösung:

a)

Kostenträgerzeitrechnung und Betriebsergebnisrechnung (in € 1.000)				
Unternehmen	**Fitness4you GmbH**			
Bereich	**Kraftgeräte**		**Cardiogeräte**	
Kostenträger	**Hantelbank**	**Kraftstation**	**Laufband**	**Rudergerät**
Nettoerlöse (Umsatz) – Variable Selbstkosten	1.870,0 660,0	985,0 402,0	372,0 137,4	576,0 191,0
Deckungsbeitrag 1 – Erzeugnisfixkosten	1.210,0 591,0	583,0 206,0	234,6 299,6	385,0 127,0
Deckungsbeitrag 2	619,0	377,0	– 65,0	258,0
 – Bereichsfixkosten	996,0 235,2		193,0 222,6	
Deckungsbeitrag 3	760,8		– 29,6	
 – Unternehmensfixkosten	731,2 512,0			
Betriebsgewinn	**219,2**			

b)

Das **Unternehmen** weist **insgesamt** ein **positives Betriebsergebnis** in Höhe von € 219.200,– auf.

Allerdings ist der **Deckungsbeitrag 2** des **Produktes Laufband** mit € 65.000,– **negativ.** Auch der **Deckungsbeitrag 3** für den **Bereich Cardiogeräte** ist mit insgesamt € 29.600,– **negativ.**

Ü 3.5 Mehrstufiges Direct Costing – Kostenträgerzeitrechnung und Betriebsergebnisrechnung

Die Teufelsküche GmbH erzeugt hochwertiges Kochgeschirr aus Emaille und Keramik. Für den Verkauf wurde der Absatzmarkt Österreich in zwei Regionen aufgeteilt, und zwar in Österreich-West (Vorarlberg, Tirol, Salzburg, Oberösterreich und Kärnten) und Österreich-Ost (Wien, Burgenland, Steiermark und Niederösterreich).

Für die beiden Regionen wurden für ein Jahr folgende Werte ermittelt:

Region	Österreich-West		Österreich-Ost	
Kostenträger	Emaille	Keramik	Emaille	Keramik
Nettoerlöse (Umsatz)	€ 1.760.000,00	€ 2.534.000,00	€ 1.930.600,00	€ 2.834.000,00
Variable Selbstkosten	€ 1.520.000,00	€ 2.622.000,00	€ 1.025.000,00	€ 2.168.000,00

Für Österreich-West sind drei Verkäufer zuständig (Personalkosten € 160.000,–). Österreich-Ost wird von zwei Verkäufern betreut (Personalkosten € 115.000,–). Die Werbekosten der Teufelsküche GmbH betragen € 136.000,–. Die Personalkosten in der Zentrale machen € 178.000,– aus. An sonstigen fixen Verwaltungskosten sind € 375.000,– angefallen.

Aufgabe: a) Berechne die Deckungsbeiträge und das Betriebsergebnis. C
b) Interpretiere das Ergebnis. D

LINK
Mehrstufiges Direct Costing
Formular

LINK
Ü 3.5
Excel

Emaillegeschirr von Riess
Riess wurde 1550 als Pfannenschmiede in Ybbsitz im Mostviertel gegründet und begann 1922 mit der Produktion von Kochgeschirr aus Emaille. Emaille besteht aus Eisen, das mit Glas verschmolzen wird. Es ist rostfrei, kratzfest, leicht zu reinigen und zu 100 % im Altmetall recyclebar.

Lösung:

a)

Unternehmen	Teufelsküche GmbH			
Region	Österreich-West		Österreich-Ost	
Kostenträger	Emaille	Keramik	Emaille	Keramik

b)

ÜBEN

Probier es selbst: Bearbeite die folgenden Übungsbeispiele.

Ü 3.6 Einstufiges Direct Costing – Kostenstellenrechnung – Betriebsabrechnungsbogen

In der EnergySave GmbH werden verschiedene Leuchtkörper erzeugt. Im Profit-Center zur Herstellung von Energiesparlampen ergeben sich im 4. Quartal in den Kostenstellen Materiallager, Fertigung U-Form, Fertigung Classic, Fertigung Spiral-Form, Verwaltung & Vertrieb folgende Kosten:

LINK **BAB Direct Costing** Formular

LINK **Ü 3.6** Excel

Kostenart	Betrag in €	Kostenverteilung in € 1.000 (Kostenanteil bzw. Kostenanteil und Variator je Kostenstelle)
1. Fertigungsmaterial	800.000,00	Einzelkosten
2. Fertigungslöhne	2.800.000,00	Einzelkosten (Fertigung U-Form 1.200, Fertigung Classic 1.000, Fertigung Spiral-Form 600)
3. Hilfsmaterial	760.000,00	— : 280 (V 8) : 200 (V 8) : 160 (V 9) : 120 (V 9)
4. Hilfslöhne	720.000,00	120 (V 8) : 240 (V 8) : 200 (V 8) : 160 (V 8) : —
5. Nichtleistungslöhne, gesetzlicher Sozialaufwand, lohnabhängige Abgaben	1.760.000,00	60 (V 7) : 700 (V 8) : 620 (V 6) : 380 (V 8) : —
6. Gehälter inkl. gesetzl. Sozialaufwand und gehaltsabhängiger Abgaben	620.000,00	— : 100 (V 0) : 60 (V 0) : 60 (V 0) : 400 (V 0)
7. Energiekosten	680.000,00	80 (V 7) : 240 (V 6) : 180 (V 6) : 140 (V 6) : 40 (V 7)
8. Sonstige Gemeinkosten	2.040.000,00	160 (V 2) : 720 (V 3) : 480 (V 3) : 400 (V 2) : 280 (V 4)
9. Kalk. Abschreibungen	1.760.000,00	80 (V 2) : 520 (V 2) : 280 (V 2) : 280 (V 2) : 600 (V 2)
10. Kalk. Zinsen	640.000,00	40 (V 0) : 160 (V 0) : 120 (V 0) : 80 (V 0) : 240 (V 0)

Folgende Maschinenstunden sind in den Fertigungsstellen angefallen:
U-Form: 20.000 Stunden Classic: 14.286 Stunden Spiral-Form: 10.000 Stunden

Aufgabe: a) Stelle den Betriebsabrechnungsbogen zu Teilkosten für das 4. Quartal auf (in € 1.000, auf 1 Dez. genau). C

b) Berechne die variablen Gemeinkostenzuschlagssätze (auf 1 Dez. genau; in den Fertigungskostenstellen auf Basis der Maschinenstunden, auf Cent genau). C

c) Durch weitere Automatisierungsmaßnahmen sinken in der Kostenstelle Fertigung Classic die Fertigungslöhne auf € 980.000,– und die Hilfslöhne auf € 150.000,–. Diese Maßnahmen führen in derselben Kostenstelle in den Kostenarten Nichtleistungslöhne, gesetzlicher Sozialaufwand, lohnabhängige Abgaben zu einer Reduktion auf € 320.000,–, zu einer Reduktion der Energiekosten auf € 120.000,– und einer Reduktion der kalkulatorischen Abschreibungen auf € 240.000,–. Stelle den Betriebsabrechnungsbogen zu Teilkosten unter Berücksichtigung der Kosten nach der Inbetriebnahme der neuen Maschinen mithilfe der Excel-Datei auf (Variatoren bleiben unverändert). C

Ü 3.7 Einstufiges Direct Costing – Kostenstellenrechnung – Betriebsabrechnungsbogen

In der AnimalCare Produktion GmbH werden Käfige, Aquarien und Transportboxen für Kleintiere hergestellt. Für das 2. Quartal ergeben sich in den Kostenstellen Produktgruppe A (Käfige), Produktgruppe B (Aquarien), Produktgruppe C (Transportbehälter), Verwaltung und Vertrieb (eine Kostenstelle) folgende Kosten:

LINK
BAB Direct Costing
Formular

LINK
Ü 3.7
Excel

Kostenart	Betrag in €	Kostenverteilung in € 1.000 (Kostenanteil bzw. Kostenanteil und Variator je Kostenstelle)
1. Fertigungsmaterial	221.400,00	Einzelkosten, 88,1 : 71,5 : 61,8 : —
2. Fertigungslöhne	161.500,00	Einzelkosten, 42,1 : 64,5 : 54,9 : —
3. Hilfsmaterial	63.200,00	variabel, 25,7 : 17,2 : 20,3 : —
4. Sonstiges Material	21.700,00	7,1 (V 8) : 4,8 (V 7) : 6,6 (V 5) : 3,2 (V 9)
5. Hilfslöhne	47.000,00	12,5 (V 7) : 15,0 (V 7) : 8,2 (V 7) : 11,3 (V 4)
6. Gehälter	190.500,00	fix, 24,9 : 35,1 : 26,2 : 104,3
7. Lohnnebenkosten der FL	148.600,00	92 % der Fertigungslöhne
8. Lohnnebenkosten der HL	41.400,00	88 % der Hilfslöhne
9. Gehaltsnebenkosten	114.300,00	60 % der Gehälter
10. Energiekosten	22.000,00	6,1 (V 8) : 7,8 (V 8) : 6,7 (V 8) : 1,4 (V 7)
11. Sonstige Kosten	182.900,00	45,6 (V 3) : 53,2 (V 3) : 38,7 (V 3) : 45,4 (V 1)

Aufgabe: a) Stelle den Betriebsabrechnungsbogen zu Teilkosten für das 2. Quartal auf (in € 1.000, auf 1 Dez. genau), ermittle die variablen Kosten (inkl. FM und FL) jeder Kostenstelle und berechne den variablen Gemeinkostenzuschlagssatz für die Kostenstelle Verwaltung und Vertrieb (auf 2 Dez. genau). C

b) Durch Maßnahmen im Fertigungsbereich konnten sowohl Material- als auch Personalkosten eingespart werden. Es ergeben sich folgende Kosten:

Fertigungsmaterial € 199.300,–; variabel, 79,3 : 64,4 : 55,6 : —
Fertigungslöhne € 140.500,–; variabel, 36,6 : 56,1 : 47,8
Hilfsmaterial € 61.300,–; variabel, 24,9 : 16,7 : 19,7 : —
Sonstiges Material € 21.300,–; 7,0 (V 8) : 4,7 (V 7) : 6,5 (V 5) : 3,1 (V 9)
Hilfslöhne € 43.200,–; 11,5 (V 7) : 13,8 (V 7) : 7,5 (V 7) : 10,4 (V 4)

Ermittle die variablen Kosten (inkl. FM und FL) jeder Kostenstelle und den variablen Gemeinkostenzuschlagssatz für die Kostenstelle Verwaltung und Vertrieb mithilfe der Excel-Datei. C

Ü 3.8 Einstufiges Direct Costing – Kostenträgerrechnung

LINK
Ü 3.8
Excel

Ein Büromöbelhersteller erzeugt zwei Schreibtischsessel-Modelle:

	FIT 70	FIT 90
Erzeugte und abgesetzte Menge	4.000 Stück	5.000 Stück
Fertigungsmaterial je Stück	€ 30,00	€ 45,00
Fertigungslöhne je Stück	€ 25,00	€ 34,00
Nettoverkaufspreis je Stück	€ 120,00	€ 180,00

MGK_v 6,23 %, FGK_v 104,23 %, Vw- und $VtGK_v$ 3,78 %

Aufgabe: a) Ermittle den Deckungsbeitrag je Stück (auf Cent genau). C

b) Ermittle den Deckungsbeitrag stufenweise (auf Cent genau). C

c) Führe die Kostenträgererfolgsrechnung durch, ermittle die Deckungsbeiträge in % vom Umsatz und die DBU-Faktoren (auf 2 Dez. genau), berechne das Betriebsergebnis (Fixkosten € 443.300,–). Gib an, welches Produkt den höheren Beitrag zum Erfolg des Unternehmens leistet. C

d) Um den Absatz der Modelle FIT 70 und FIT 90 zu erhöhen, wurde der Nettoverkaufspreis um jeweils 10 % gesenkt. Die abgesetzte Menge erhöht sich danach beim Modell FIT 70 um 800 Stück und beim Modell FIT 90 um 600 Stück. Durch Rationalisierungsmaßnahmen konnten die variablen Fertigungsgemeinkosten auf 95,20 % und die Fixkosten auf € 385.000,– gesenkt werden.

Analysiere, wie sich die getroffenen Maßnahmen auf das Ergebnis der einzelnen Produkte und auf den Betriebserfolg ausgewirkt haben.

Führe die Berechnungen mithilfe der Excel-Datei durch (Kalkulation auf Cent genau, Betriebserfolg auf € genau). D

Produktiver im schönen Büro
Die Österreicher verbringen durchschnittlich 40 Stunden pro Woche im Büro. Umso wichtiger ist es, sich dort wohl zu fühlen. Das Unternehmen offezio aus Wien bietet Planung, Renovierung, Gestaltung und Inneneinrichtung von Büroflächen für produktives und kreatives Arbeiten.

Ü 3.9 Einstufiges Direct Costing – Kostenträgerrechnung

LINK
Ü 3.9
Excel

Die Wattmann GmbH erzeugt Beleuchtungskörper. Die Kalkulationsdaten für die Badezimmerleuchte Dreamlight betragen:
Einzelkosten je Stück: Fertigungsmaterial € 39,50, Fertigungslöhne € 51,30
MGK_v 4,3 %, FGK_v € 0,27/min für 110 min, Vw- und $VtGK_v$ 6,7 %
Listenverkaufspreis exkl. USt € 310,–, 10 % Mengenrabatt bei 60 % des Umsatzes, 2 % Skonto, 4 % Verkaufsprovision, 2.480 erzeugte und verkaufte Stück

Aufgabe: a) Berechne den Deckungsbeitrag pro Stück (auf Cent genau) und für die Gesamtmenge (auf 10 Cent genau). C

b) Ermittle den Deckungsbeitrag in % vom Umsatz und den DBU-Faktor (auf 2 Dez. genau). C

c) Ermittle den Deckungsbeitrag stufenweise (auf Cent genau). C

d) Berechne das Betriebsergebnis (auf 10 Cent genau), wenn die übrigen Beleuchtungskörper einen Deckungsbeitrag von € 3.787.200,– erzielen und die Fixkosten € 4.191.600,– betragen. C

Ü 3.10 Mehrstufiges Direct Costing – Kostenträgerzeitrechnung und Betriebsergebnisrechnung

Die PlastoMetall GmbH stellt Kübel und Körbe aus Plastik und Metall her. Für das 1. Quartal stehen folgende Daten zur Verfügung:

LINK
Mehrstufiges Direct Costing
Formular

LINK
Ü 3.10
Excel

	Erzeugte Menge	Nettoverkaufspreis pro Stück	Herstellkosten variabel	Vertriebskosten variabel
Plastikkübel P30	5.000 Stück	€ 26,00	€ 70.000,00	€ 7.000,00
Plastikkörbe P40	2.500 Stück	€ 30,00	€ 40.000,00	€ 10.000,00
Metallkübel M15	7.500 Stück	€ 8,00	€ 30.000,00	€ 6.000,00
Metallkörbe M50	1.250 Stück	€ 32,00	€ 20.000,00	€ 3.000,00

Für die Patentnutzung und für Spezialgeräte sind Fixkosten in Höhe von € 15.000,– angefallen. Diese sind auf die Produkte Plastikkörbe P40, Metallkübel M15 und Metallkörbe M50 im Verhältnis 5 : 4 : 6 zu verteilen. Die für die Maschinen und das Gebäude angefallenen fixen Kosten werden den Plastikprodukten mit € 23.000,– und den Metallprodukten mit € 11.000,– zugerechnet. An sonstigen Fixkosten sind für den Bereich der Plastikprodukte € 10.000,– und für den Bereich der Metallprodukte € 5.000,– angefallen. Die Unternehmensfixkosten betragen € 16.000,–.

Aufgabe: Berechne die Deckungsbeiträge und das Betriebsergebnis. C

WEITER ÜBEN!

Zusätzliche Übungsbeispiele im Anhang ab Seite 329

Online-Training: Check dein Wissen!

LINK
Interaktive Übungen

LINK
Das passende Übungsbuch mit Lösungen gibt's hier.

Wir entwickeln eine App!
Eine gute Idee ist ein Anfang, aber dann beginnt die Planungs- und Entscheidungsphase. Soll ein externer Programmierer beauftragt werden? Welche weiteren Apps passen ins Sortiment? Wie hoch ist der Deckungsbeitrag?

LERNEN

3 Anwendungsmöglichkeiten des Direct Costing

Vor der Veröffentlichung einer neuen App muss klar sein, welchen Deckungsbeitrag ein App-Store-Download liefert und wie viele Verkäufe zu welchem Verkaufspreis notwendig sind, um die Kosten zu decken.

1 Break-even-Analyse (Gewinnschwellenanalyse)

Mit der **Break-even-Analyse (Gewinnschwellenanalyse)** wird der **Break-even-Point (Gewinnschwelle)** ermittelt. An diesem Punkt sind die **Erlöse** gleich hoch wie die **Gesamtkosten**, somit sind **alle Kosten gedeckt.**

Der **Break-even-Point** zeigt an, bei welcher Produktionsmenge im Unternehmen weder Gewinn noch Verlust erwirtschaftet wird (=Break-even-Menge). Wird der Punkt **überschritten,** entsteht ein **Gewinn.** Wird er **unterschritten,** entsteht ein **Verlust.**

Der **Break-even-Umsatz** ist der Umsatz, bei dem **Kostendeckung** erreicht wird.

KHM-App
Apps bieten viele Möglichkeiten, das Angebot eines Unternehmens besser zu präsentieren oder gar zu erweitern. So wird ein Museumsbesuch im Kunsthistorischen Museum Wien dank der KHM-App zum virtuellen Erlebnis.

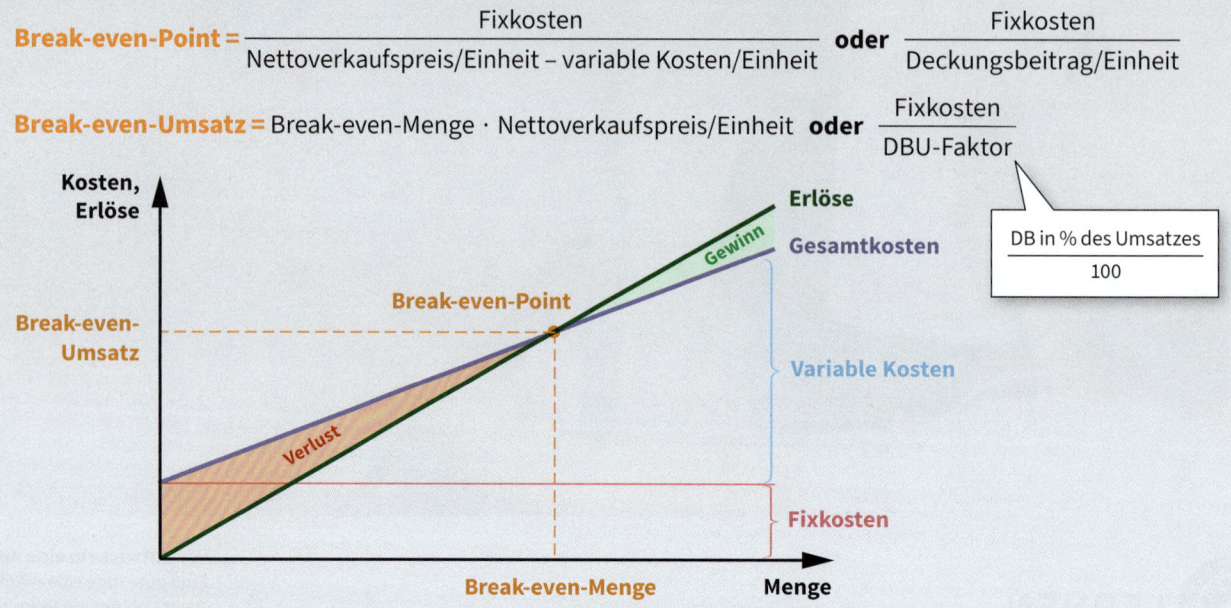

Break-even-Analyse: Mithilfe der Break-even-Analyse wird der Break-even-Point bzw. der Break-even-Umsatz ermittelt. Ab diesem Punkt bzw. Umsatz erwirtschaftet das Unternehmen einen Gewinn. Darunter entsteht ein Verlust.

$$\text{Break-even-Point} = \frac{\text{Fixkosten}}{\text{Nettoverkaufspreis/Einheit} - \text{variable Kosten/Einheit}} \quad \textbf{oder} \quad \frac{\text{Fixkosten}}{\text{Deckungsbeitrag/Einheit}}$$

$$\text{Break-even-Umsatz} = \text{Break-even-Menge} \cdot \text{Nettoverkaufspreis/Einheit} \quad \textbf{oder} \quad \frac{\text{Fixkosten}}{\text{DBU-Faktor}}$$

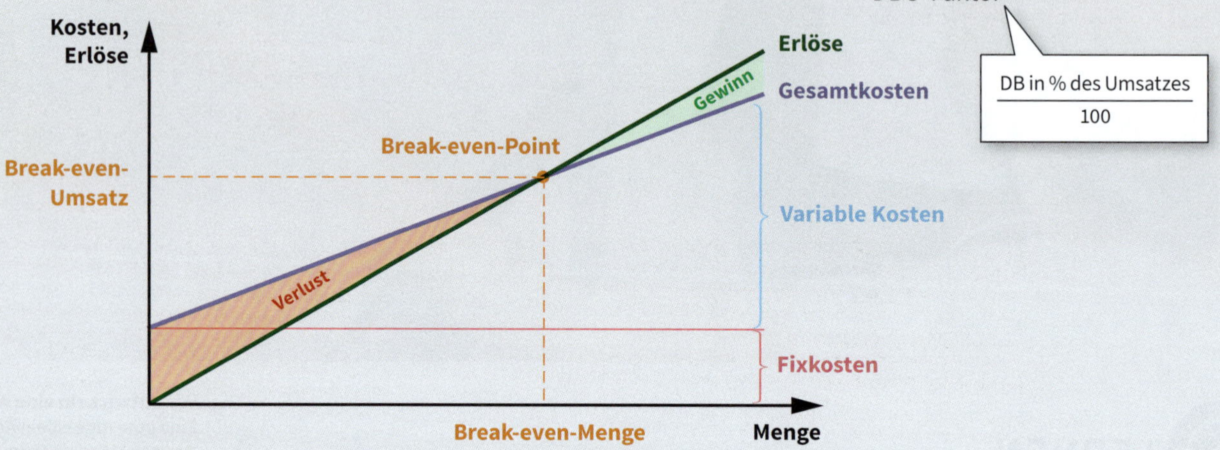

Hinweis: Da gewisse Einheiten (z. B. Stück) nur als Ganzes verkauft werden können, muss das Ergebnis **auf ganze Einheiten aufgerundet** werden, um den Verlustbereich zu verlassen.

Die Break-even-Analyse kann für den Gesamtbetrieb, für einzelne Betriebsbereiche, für Erzeugnisgruppen und für einzelne Erzeugnisse durchgeführt werden.

L 3.5 Break-even-Analyse

In der Selecta Sitzmöbel GmbH soll für den neuen ergonomischen Schreibtischsessel SITPRO eine Gewinnschwellenanalyse durchgeführt werden.
Fixkosten € 80.000,– + € 100.000,– für Werbung, variable Kosten pro Stück € 120,–, Nettoverkaufspreis pro Stück € 180,–

Aufgabe: a) Berechne den Break-even-Point und den Break-even-Umsatz. C
b) Erstelle ein Break-even-Diagramm und kennzeichne den Break-even-Point, den Gewinn- und Verlustbereich und die Break-even-Menge. C
c) Berechne den Gewinn (Verlust), wenn 2.450 Stück abgesetzt werden. C
d) Die Selecta Sitzmöbel GmbH möchte bei diesem Produkt einen Mindestgewinn von € 30.000,– erzielen. Berechne, wie viel Stück davon verkauft werden müssen und wie hoch der Break-even-Umsatz ist. D

Lösung:

a)

Break-even-Point: K (Gesamtkosten) = E (Erlöse)

$$K_f + k_v \cdot x = e \cdot x$$

$$x = \frac{K_f}{e - k_v} = \frac{K_f}{d}$$

$$x = \frac{(80.000 + 100.000)}{(180 - 120)} = \frac{180.000}{60} = \textbf{3.000 Stück}$$

Der **Break-even-Point** liegt bei **3.000 Stück.**

K_f = Fixkosten
k_v = Variable Kosten pro Einheit
x = Break-even-Point (kritische Menge)
e = Nettoverkaufspreis pro Einheit
d = Deckungsbeitrag pro Einheit

Break-even-Umsatz:

Break-even-Menge · Nettoverkaufspreis pro Stück = 3.000 · 180 = **€ 540.000,00**

oder

$$\frac{\text{Fixkosten}}{\text{DBU-Faktor}} = \frac{(80.000 + 100.000)}{0{,}3\dot{3}} = \textbf{€ 540.000,00}$$

DB in % des Umsatzes = $\frac{60}{180} \cdot 100 = 33{,}3\dot{3}\,\%$

DBU-Faktor = $\frac{33{,}33}{100}$ = **$0{,}3\dot{3}$**

Der Break-even-Umsatz beträgt **€ 540.000,–.**

b) Break-even-Diagramm

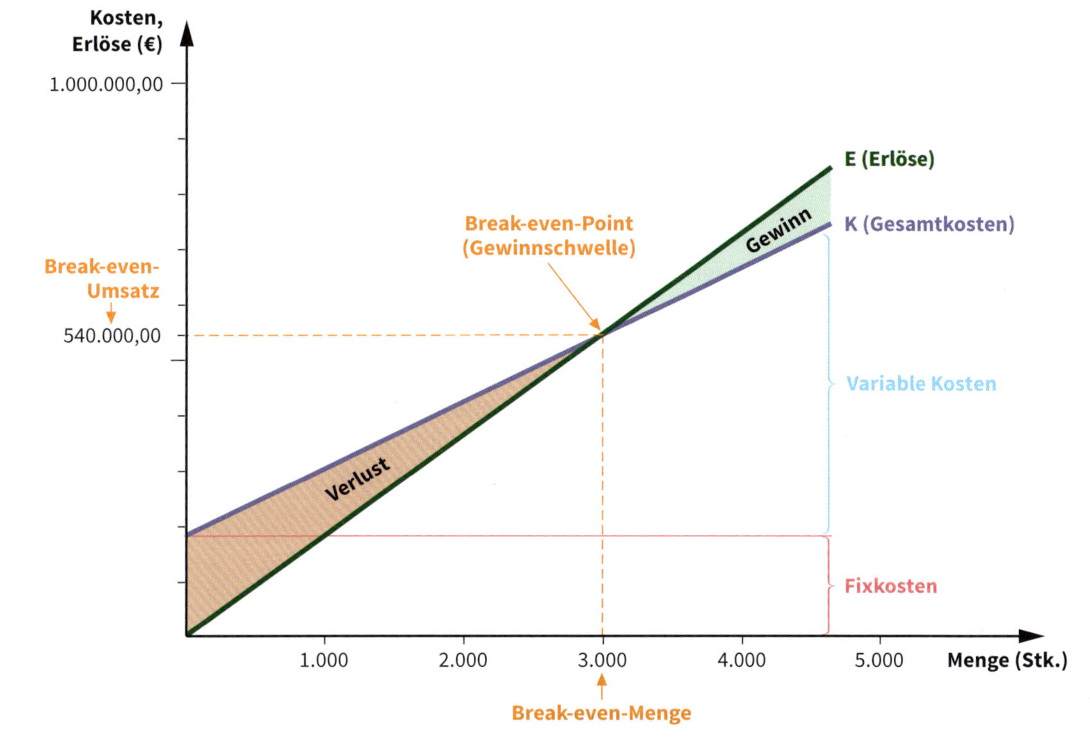

Hinweis: Die Kostenkurve beginnt bei € 180.000,–, das sind die Fixkosten.

Gesamtkosten (K) = Fixkosten + variable Kosten · Stück

Stückzahl	Gesamtkosten	Fixkosten	Variable Kosten
0	180.000,00	180.000,00	0,00
3.000	540.000,00	180.000,00	360.000,00 (120 · 3.000)

Erlös (E) = Nettoverkaufspreis · Stück

Stückzahl	Erlös	Nettoverkaufspreis · Stück
0	0,00	180 · 0
3.000	540.000,00	180 · 3.000

Die Kosten- und die Erlöskurve schneiden sich bei **3.000 Stück** (= Break-even-Point, Break-even-Menge).
Der **Break-even-Umsatz** beträgt **€ 540.000,–.**

c)

	Erlöse	180 · 2.450 =	441.000,00
–	Kosten	180.000 + (120 · 2.450) =	474.000,00
	Verlust		**– 33.000,00**

Der Verlust beträgt **€ 33.000,–.**

d)

Der Mindestgewinn muss zu den fixen Kosten addiert werden.

$$\text{Break-even-Point} = \frac{(80.000 + 100.000 + 30.000)}{(180 - 120)} = \mathbf{3.500\ Stück}$$

	3.500 · 180 =	€ 630.000,00
–	3.500 · 120 =	€ 420.000,00
		€ 210.000,00
–	Fixe Kosten	€ 180.000,00
	Mindestgewinn	**€ 30.000,00**

$$\text{Break-even-Umsatz} = 3.500 \cdot 180 \text{ oder } \frac{(80.000 + 100.000 + 30.000)}{0,3\dot{3}} = \mathbf{€\ 630.000,00}$$

Der Break-even-Point liegt, unter Berücksichtigung des Mindestgewinnes, bei **3.500 Stück.** Der entsprechende **Umsatz** beträgt **€ 630.000,–.**

Ü 3.11 Break-even-Analyse

Für den Sonnenschirm Bali 250 der Berger Freizeit-Ausstattungs GmbH soll eine Break-even-Analyse durchgeführt werden.

Fixkosten € 35.000,– + € 50.000,– für Werbung, variable Kosten pro Stück € 50,–, Nettoverkaufspreis pro Stück € 90,–

Aufgabe: a) Berechne den Break-even-Point und den Break-even-Umsatz. C

b) Erstelle ein Break-even-Diagramm und kennzeichne den Break-even-Point, den Gewinn- und Verlustbereich und die Break-even-Menge. C

c) Berechne den Gewinn (Verlust), wenn 1.800 Stück abgesetzt werden. C

d) Beim Produkt Sonnenschirm Bali 250 soll ein Mindestgewinn von € 5.000,– erzielt werden. Berechne, wie viel Stück davon verkauft werden müssen und wie hoch der Break-even-Umsatz ist. D

2 Kurzfristige Preisuntergrenze

In der **Vollkostenrechnung** werden dem **Kostenträger alle** bei der Herstellung angefallenen **Kosten zugerechnet.** In der **Teilkostenrechnung** wird berücksichtigt, dass bei **genug freien Kapazitäten** durch **Zusatzaufträge** der Gewinn gesteigert bzw. der Verlust verringert werden kann.

Langfristige und kurzfristige Preisuntergrenze: In der Vollkostenrechnung wird so kalkuliert, dass die langfristige Preisuntergrenze erreicht wird. In der Teilkostenrechnung ist die kurzfristige Preisuntergrenze ausschlaggebend.

Lanfgristige Preisuntergrenze (Vollkostenrechnung)	Kurzfristige Preisuntergrenze (Teilkostenrechnung)
Die **langfristige Preisuntergrenze** ist der Preis, mit dem **alle** dem Kostenträger zugerechneten **Kosten (fix und variabel) abgedeckt** sind.	Die **kurzfristige Preisuntergrenze** ist der Preis, bei dem sich der **Gewinn** bzw. **Verlust** des Unternehmens z. B. bei Annahme eines Zusatzauftrages **nicht verschlechtert.** Er ergibt sich aus den **variablen Kosten** pro Einheit. Die fixen Kosten werden nicht berücksichtigt.

Wenn im Unternehmen genug **freie Kapazitäten** vorhanden sind, wird bei **Zusatzaufträgen** meist die **kurzfristige Preisuntergrenze** zur Preisgestaltung herangezogen.

Der Betrag, der über den variablen Kosten als Erlös für einen Zusatzauftrag erzielt werden kann, führt zu einer **Steigerung des Gewinnes** bzw. zu einer **Verringerung des Verlustes** des Unternehmens. Zusatzaufträge, die einen Erlös unterhalb der kurzfristigen Preisuntergrenze ergeben, werden meist abgelehnt, da sie den Gewinn des Unternehmens verringern bzw. den Verlust erhöhen würden.

Außerdem ist zu beachten, dass bei der Annahme von Zusatzaufträgen **Anpassungsmaßnahmen** erforderlich sein könnten, die zu einem Einsatz ungünstigerer Produktionsverfahren und damit zu einer Erhöhung der variablen Selbstkosten führen. Auch sind gegebenenfalls **Auswirkungen auf Erlöse und Absatzmengen der übrigen Produkte** zu berücksichtigen.

In den folgenden Beispielen wird aus Vereinfachungsgründen davon ausgegangen, dass genügend freie Kapazitäten zur Annahme von Zusatzaufträgen zur Verfügung stehen, keine Anpassungsmaßnahmen notwendig und keine Auswirkungen auf die Erlöse bzw. Produktions- und Absatzmengen anderer Produkte gegeben sind.

L 3.6 Kurzfristige Preisuntergrenze

Der Restaurator Christopher Müller (Einzelunternehmer) hat für Jänner einen Auftrag zur Restauration eines Bildes erhalten. Die Restauration wird die ersten beiden Jännerwochen in Anspruch nehmen. Dem Kunden werden € 8.500,– (exkl. 20 % USt) in Rechnung gestellt. Durch die Restauration entstehen € 6.500,– an variablen Kosten. Die Fixkosten für Jänner belaufen sich auf € 750,–. Für die verbleibenden zwei Wochen im Jänner hat Christopher Müller noch Kapazitäten frei.

Das städtische Volkskundemuseum ersucht Christopher Müller, die Restaurierung einer antiken Truhe zu übernehmen. Der Auftrag muss bis Ende Jänner durchgeführt werden. Herr Müller schätzt die dafür benötigte Arbeitszeit auf ca. zwei Wochen. Geschätzte variable Kosten € 2.500,–.

Aufgabe: a) Ermittle die kurzfristige Preisuntergrenze für den Auftrag des Volkskundemuseums. C
b) Berechne den Gewinn für Jänner ohne bzw. mit Annahme des Auftrages des Volkskundemuseums, wenn Christopher Müller einen Preis von € 3.000,– (exkl. 20 % USt) in Rechnung stellt. C

Lösung:

a)

Der Restaurator Christopher Müller müsste für den Zusatzauftrag im Jänner mindestens einen Preis von € 2.500,– (zur Abdeckung der variablen Kosten) verlangen. Jeder Preis über € 2.500,– erhöht den Gewinn des Restaurators.

b)

Gewinn bei Ablehnung des Auftrages:

	Erlöse	€ 8.500,00
–	Variable Kosten	€ 6.500,00
	Deckungsbeitrag	€ 2.000,00
–	Fixe Kosten	€ 750,00
	Gewinn	**€ 1.250,00**

Gewinn bei Annahme des Auftrages:

	Erlöse	€ 11.500,00	(8.500 + 3.000)
–	Variable Kosten	€ 9.000,00	(6.500 + 2.500)
	Deckungsbeitrag	€ 2.500,00	
–	Fixe Kosten	€ 750,00	
	Gewinn	**€ 1.750,00**	

Durch den Zusatzauftrag erhöht sich der Gewinn um € 500,–. Dies entspricht dem Deckungsbeitrag des Zusatzauftrages (Erlöse € 3.000,– – variable Kosten € 2.500,– = DB € 500,–).

Ü 3.12 Kurzfristige Preisuntergrenze

Die Chemosa GmbH, ein Pharmazeutikunternehmen, bekommt den Zusatzauftrag, 8.000 Packungen des Präparates Sanginom zu einem Fixpreis von € 2,– pro Packung für die Fizzer AG zu produzieren. Die Herstellung des Medikaments muss innerhalb der nächsten Wochen durchgeführt werden.

Für die Herstellung einer Packung Sanginom fallen folgende Kosten an:
Rohstoffe € 0,20
Variable Materialgemeinkosten 10 %
Fertigungslöhne € 0,40
Variable Fertigungsgemeinkosten 200 %
Variable Verwaltungs- und Vertriebsgemeinkosten 17,5 %
Kapazität für die Herstellung der zusätzlichen Menge ist vorhanden.

Aufgabe: a) Ermittle die kurzfristige Preisuntergrenze. C
b) Berechne den zusätzlichen Gewinn, wenn der Zusatzauftrag der Fizzer AG angenommen wird. C

3 Programmplanung

Im Zuge der **kurzfristigen Planung des Produktions- und Absatzprogrammes** werden die **Produktions- und Absatzmengen** ermittelt, mit denen das Unternehmen den **höchstmöglichen Gewinn** erzielt. Sie bezieht sich meist auf ein Kalenderjahr, kann aber auch weiter in Monate und Wochen unterteilt werden.

Programmplanung: In der kurzfristigen Programmplanung werden jene Produktions- und Absatzmengen ermittelt, mit denen das Unternehmen den höchstmöglichen Gewinn erzielt. Dafür ist es wesentlich, ob und wie viele Engpässe es gibt.

Programmplanung

Ohne Engpass

Wenn die verfügbaren Kapazitäten ausreichen, um die **gesamte Produktpalette** herzustellen, gibt es **keinen Engpass.**

Gewinnoptimales Produktions- und Absatzprogramm ohne Engpass

Alle Produkte mit einem **positiven Deckungsbeitrag** werden mit ihren **höchstmöglichen Absatzmengen** in das Produktionsprogramm aufgenommen.

Mit Engpass

Unter einem **Engpass** versteht man **nicht ausreichende Kapazitäten im Produktionsbereich.**

Beispiele:
Ungenügende Maschinenkapazität im Fertigungsbereich, Engpass bei Rohstoffen oder Mitarbeitern

Gewinnoptimales Produktions- und Absatzprogramm mit Engpass

Die Produkte werden nach der **Höhe ihrer Deckungsbeiträge gereiht** und von oben beginnend mit den **höchstmöglichen Absatzmengen** eingeplant, **bis die Kapazität des Engpasses aufgebraucht ist.**

Neben dem Prinzip der Gewinnmaximierung sollten jedoch immer noch weitere Faktoren in die Entscheidung für ein bestimmtes Produktionsprogramm einfließen, z. B. **Umweltaspekte** (kurze Transportwege, nachhaltige Rohstoffgewinnung etc.) und **soziale Aspekte** (faire Arbeitsbedingungen etc.).

Die Anzahl der Engpässe ist ausschlaggebend für das anzuwendende Planungs- bzw. Berechnungsverfahren.

Hinweis: Wegen des hohen Schwierigkeitsgrades wird in diesem Schulbuch die Berechnung bei Vorliegen von mehreren Engpässen nicht behandelt.

Planung des Produktions- und Absatzprogrammes ohne Engpass

Wenn es **keinen Engpass** gibt, werden bei der **Ermittlung des gewinnoptimalen Produktions- und Absatzprogrammes alle Produkte**, die einen **positiven Deckungsbeitrag** aufweisen, mit ihrer **höchstmöglichen Absatzmenge** in das Produktionsprogramm aufgenommen. Produkte mit negativem Deckungsbeitrag werden nicht produziert.

L 3.7 Programmentscheidung ohne Engpass

Die API Produktion GmbH erzeugt Sportkappen in verschiedenen Designs. Für die drei hergestellten Produkte werden folgende Werte festgestellt:

	Gesamt	Beach	Surf	Sun
Erzeugte und abgesetzte Menge		100.000 Stück	80.000 Stück	100.000 Stück
Fertigungsmaterial Fertigungslöhne Gemeinkosten	€ 430.000,00 € 430.000,00 € 1.545.000,00	€ 200.000,00 € 210.000,00	€ 120.000,00 € 100.000,00	€ 110.000,00 € 120.000,00
Selbstkosten zu Vollkosten je Stück Variable Selbstkosten je Stück		€ 11,60 € 6,99	€ 7,35 € 4,51	€ 6,57 € 3,94
Nettoverkaufspreis je Stück		€ 14,00	€ 6,90	€ 8,00

Aufgabe: a) Berechne die Nettoergebnisse je Stück zu Vollkosten und die Deckungsbeiträge je Stück (auf Cent genau) und interpretiere die Ergebnisse. D

b) Ein Kunde würde für das Produkt Sportkappe Surf einen Zusatzauftrag über 30.000 Stück erteilen, wenn der Verkaufspreis pro Stück auf € 6,30 gesenkt werden könnte. Kapazität für die Herstellung der 30.000 Stück ist vorhanden. Der Verkaufspreis von € 6,90 für die ursprüngliche Menge wäre bei Annahme des Auftrages nicht gefährdet. Entscheide, ob der Auftrag angenommen werden soll. Wenn ja, berechne den zusätzlichen Gewinn. D

c) Der Gesamtabsatz des Produktes Sportkappe Sun könnte auf 130.000 Stück gesteigert werden, wenn der Verkaufspreis auf € 7,50 gesenkt wird. Kapazität für die Herstellung der zusätzlichen Menge ist vorhanden. Entscheide, ob die Preissenkung vorgenommen werden soll. Begründe deine Entscheidung. D

Lösung:

a)

Vollkostenrechnung

Produkt	Beach	Surf	Sun
Nettoverkaufspreis	€ 14,00	€ 6,90	€ 8,00
– Selbstkosten zu Vollkosten	€ 11,60	€ 7,35	€ 6,57
Nettoergebnis	**+ € 2,40**	**– € 0,45**	**+ € 1,43**

Teilkostenrechnung

Produkt	Beach	Surf	Sun
Nettoverkaufspreis	€ 14,00	€ 6,90	€ 8,00
– Variable Selbstkosten	€ 6,99	€ 4,51	€ 3,94
Deckungsbeitrag	**€ 7,01**	**€ 2,39**	**€ 4,06**

Nach der **Vollkostenrechnung** könnte sich der Unternehmer veranlasst sehen, die Produktion des **Erzeugnisses Surf einzustellen.** Die **Teilkostenrechnung** hingegen zeigt, dass das **Produkt Surf** einen **Deckungsbeitrag von € 2,39 pro Stück** erzielt, also mithilft, die Fixkosten des Unternehmens zu decken. Die Einstellung des Produktes Surf würde daher, kurzfristig gesehen, eine Reduktion des Gewinnes um € 2,39 pro Stück bzw. insgesamt um € 191.200,– (€ 2,39 · 80.000 Stück) bringen.

Hinweis: Bei einer langfristigen Betrachtung muss untersucht werden, inwieweit durch die Einstellung des Produktes Surf Fixkosten abgebaut werden können. Diese Untersuchung kann mithilfe des mehrstufigen Direct Costing durchgeführt werden.

Bei Entscheidungen über Produktionseinstellungen sind selbstverständlich neben den rein kostenmäßigen Überlegungen auch andere Gesichtspunkte zu beachten (z. B. Sortimentserfordernisse, Umweltaspekte).

Bisheriger Gewinn:

Erlöse Produkt Beach: 14,00 · 100.000 =	€ 1.400.000,00
Erlöse Produkt Surf: 6,90 · 80.000 =	€ 552.000,00
Erlöse Produkt Sun: 8,00 · 100.000 =	€ 800.000,00
Gesamterlöse	€ 2.752.000,00
Gesamtkosten: 430.000 + 430.000 + 1.545.000 =	€ 2.405.000,00
Gesamtgewinn	**€ 347.000,00**

Nach der Einstellung der Produktes Surf ergibt sich folgender Gewinn:

Erlöse Produkt Beach		€ 1.400.000,00
Erlöse Produkt Sun		€ 800.000,00
Gesamterlöse		€ 2.200.000,00
Gesamtkosten:		
Bisherige Gesamtkosten	€ 2.405.000,00	
– Var. Selbstkosten Produkt Surf: 4,51 · 80.000 =	– € 360.800,00	– € 2.044.200,00
Gesamtgewinn nach der Einstellung		€ 155.800,00
Gesamtgewinn vor der Einstellung		€ 347.000,00
Verringerung des Gewinnes		**€ 191.200,00**

b)

Verkaufspreis (Zusatzauftrag)	€ 6,30
– Variable Selbstkosten	€ 4,51
Neuer DB Surf	€ 1,79

Gesamt-DB (Zusatzauftrag) = 1,79 · 30.000 (Menge des Zusatzauftrages) = **€ 53.700,00**

Der Auftrag kann angenommen werden. Der Deckungsbeitrag beträgt € 1,79 je Stück. Da die Fixkosten bereits abgedeckt sind, ist der Deckungsbeitrag identisch mit dem zusätzlichen Gewinn. Der **zusätzliche Gewinn** bei Annahme des Auftrages beträgt **€ 53.700,–.**

Wesentlich ist, dass der Verkaufspreis von € 6,90 für die übrige Absatzmenge nicht gefährdet ist.

c)

Neuer Verkaufspreis	€ 7,50
– Variable Selbstkosten	€ 3,94
Neuer DB Sun	€ 3,56

Neuer Gesamt-DB Sun: 3,56 · 130.000 =	€ 462.800,00
Bisheriger Gesamt-DB Sun: 4,06 · 100.000 =	€ 406.000,00
Zusätzlicher DB Sun	**€ 56.800,00**

Der zusätzliche DB von € 56.800,– entspricht einem **zusätzlichen Gewinn von € 56.800,–. Die Preissenkung sollte** daher **vorgenommen werden.**

Vor der Preissenkung müssen alle eventuellen Auswirkungen (langfristige Erhöhung der Fixkosten, Auswirkung auf den Absatz der übrigen Produkte, Auswirkung auf den Absatz und Gewinn der nächsten Jahre, Reaktion der Konkurrenz usw.) untersucht werden.

Ü 3.13 Programmentscheidung ohne Engpass

LINK Ü 3.13 Excel

Die Vienna Line AG erzeugt unter anderem die Damenstrumpfhosen Exklusiv und Fashion. Für März liegen dafür folgende Daten vor:

	Exklusiv	Fashion
Fertigungsmaterial	€ 20.000,00	€ 16.000,00
Fertigungslöhne	€ 32.000,00	€ 11.000,00
Erzeugte und abgesetzte Menge	5.000 Stück	10.000 Stück
Selbstkosten zu Vollkosten/Stück	€ 32,06	€ 6,70
Variable Selbstkosten/Stück	€ 18,26	€ 4,12
Nettoverkaufspreis/Stück	€ 36,00	€ 6,30

Aufgabe: a) Berechne die Nettoergebnisse je Stück zu Vollkosten und die Deckungsbeiträge je Stück (auf Cent genau) und interpretiere die Ergebnisse. D

b) Die Kapazität des Betriebes würde es erlauben, noch zusätzlich entweder 400 Stück des Produktes Exklusiv oder 2.000 Stück des Produktes Fashion zu erzeugen. Absatzmöglichkeiten sind vorhanden. Der Verkaufspreis für die zusätzliche Menge müsste beim Produkt Exklusiv auf € 32,–, beim Produkt Fashion auf € 6,– herabgesetzt werden. Der Verkaufspreis für den bisherigen Absatz ist durch den zusätzlichen Absatz nicht gefährdet. Ermittle, bei welchem Produkt die Produktionsmenge erhöht werden soll. Berechne den zusätzlichen Gewinn. D

c) Der Gesamtabsatz des Produktes Fashion könnte auf 13.000 Stück gesteigert werden, wenn der Verkaufspreis auf € 5,90 reduziert wird. Kapazität ist ausreichend vorhanden. Entscheide, ob die Preissenkung vorgenommen werden soll. Begründe deine Entscheidung. D

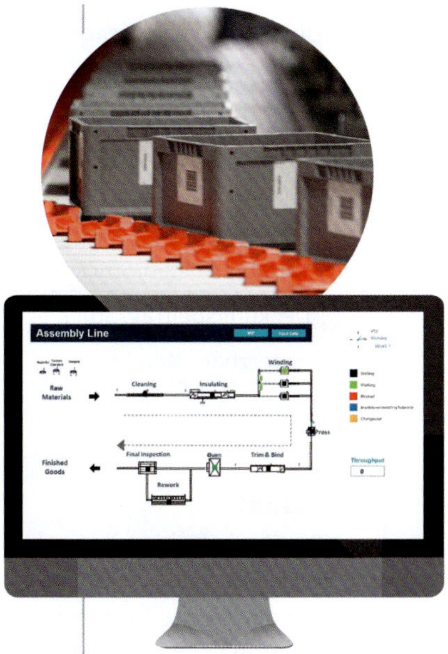

Engpässe vermeiden
Simulationssoftware wie Simul8 hilft, Prozessabläufe darzustellen und bereits im Vorfeld Auslastung, Durchlaufzeiten oder Engpässe zu ermitteln.

Planung des Produktions- und Absatzprogrammes mit einem Engpass

Wenn im Produktionsbereich eines Unternehmens die **Kapazität** (z. B. einer Maschine, der zur Verfügung stehenden Rohstoffe oder Mitarbeiter) **nicht ausreicht,** um die gesamte Produktpalette herzustellen, spricht man von einem **Engpass.**

Programmentscheidung mit einem Engpass: Für die Entscheidung, welche Produkte mit welcher Menge in das Produktionsprogramm aufgenommen werden, wird der engpassbezogene Deckungsbeitrag herangezogen.

$$\textbf{Engpassbezogener DB pro Produkt} = \frac{\text{Deckungsbeitrag/Einheit}}{\text{beanspruchte Engpasseinheiten}}$$

Arbeitsschritte zur Planung des Produktions- und Absatzprogrammes mit einem Engpass	
1	Bei allen Produkten mit positivem Deckungsbeitrag den engpassbezogenen Deckungsbeitrag ermitteln
2	Produkte nach der Höhe der engpassbezogenen Deckungsbeiträge reihen
3	Produkte mit den entsprechenden Absatzhöchstmengen in das Produktionsprogramm aufnehmen (beginnend mit dem höchsten engpassbezogenen Deckungsbeitrag), bis die Kapazität des Engpasses aufgebraucht ist
4	Das letzte Produkt mit jener Menge in das Produktionsprogramm aufnehmen, mit der die verbleibende Kapazität des Engpasses ausgeschöpft wird

Hinweis: Da gewisse Einheiten (z. B. Stück) nur als Ganzes produziert werden können, muss das Ergebnis **auf ganze Einheiten abgerundet** werden, da für eine weitere Einheit die Restkapazität nicht ausreicht.

L 3.8 Programmentscheidung mit einem Engpass

Die Horvath KG produziert Spezialwerkzeuge. Das Produktionsprogramm umfasst unter anderem die Produkte Bohrhammer, Akkuschrauber und Brennholzsäge. Im Rahmen des Erzeugungsprozesses müssen diese Produkte auf einer Fräsmaschine nachbearbeitet werden. Diese weist eine Kapazität von durchschnittlich 1.000 Stunden pro Jahr auf und stellt den Engpass dar.

Die Fixkosten betragen voraussichtlich € 11.000,–.

Aufgabe: Erstelle das gewinnoptimale Produktions- und Absatzprogramm und berechne den Gesamt-Deckungsbeitrag sowie das Betriebsergebnis anhand folgender Daten: C

	Bohrhammer	Akkuschrauber	Brennholzsäge
Nettoverkaufspreis/Stück	€ 200,00	€ 480,00	€ 1.100,00
Variable Kosten/Stück	€ 160,00	€ 400,00	€ 1.170,00
Deckungsbeitrag/Stück	€ 40,00	€ 80,00	– € 70,00
Absetzbare Menge	300 Stück	200 Stück	600 Stück
Nachbearbeitungszeit auf der Fräsmaschine pro Stück	2 Stunden	8 Stunden	5 Stunden

Lösung:

Die Brennholzsäge weist einen negativen Deckungsbeitrag in Höhe von € 70,– auf und wird daher aus dem Produktionsprogramm ausgeschieden.

Für die Herstellung der höchstmöglichen Absatzmengen von Bohrhammer und Akkuschrauber wird eine Nachbearbeitungszeit von 2.200 Stunden (300 Stück Bohrhammer zu 2 Stunden, 200 Stück Akkuschrauber zu 8 Stunden) auf der Fräsmaschine benötigt. Die Kapazität der Fräsmaschine beträgt jedoch nur 1.000 Stunden pro Jahr. Sie ist der Engpass, auf welchen das Produktions- und Absatzprogramm mittels der engpassbezogenen Deckungsbeiträge anzupassen ist.

Ermittlung der engpassbezogenen Deckungsbeiträge:

	Bohrhammer	Akkuschrauber
Nettoverkaufspreis/Stück	€ 200,00	€ 480,00
Variable Kosten/Stück	€ 160,00	€ 400,00
Deckungsbeitrag/Stück	€ 40,00	€ 80,00
Nachbearbeitungszeit auf der Fräsmaschine/Stück	2 Stunden	8 Stunden
Engpassbezogener Deckungsbeitrag	$\frac{40}{2}$ **= € 20,00**	$\frac{80}{8}$ **= € 10,00**
Reihung	**1.**	**2.**

Aufgrund der Reihung nach dem engpassbezogenen Deckungsbeitrag wird zuerst das Werkzeug Bohrhammer bis zur höchstmöglichen Absatzmenge von 300 Stück produziert. Die verbleibende Kapazität von 400 Stunden Bearbeitungszeit (Gesamtkapazität 1.000 Stunden – 300 Stück Bohrhammer · 2 Stunden) auf der Fräsmaschine wird für die Herstellung der Akkuschrauber verwendet, dies sind 50 Stück (400 Stunden Restkapazität im Engpass : 8 Stunden Nachbearbeitungszeit pro Stück = 50 Stück).

Ermittlung des gewinnoptimalen Produktions- und Absatzprogrammes:

Höchstmögliche Kapazität im Engpass (Fräsmaschine)	1.000 Stunden
– Engpassbeanspruchung für 300 Stück Bohrhammer (300 · 2)	600 Stunden
Verbleibende Kapazität im Engpass	400 Stunden
– Engpassbeanspruchung für 50 Stück Akkuschrauber (50 · 8)	400 Stunden
Verbleibende Kapazität im Engpass	0 Stunden

	Bohrhammer	Akkuschrauber
Gewinnoptimale Produktionsmenge	**300 Stück**	**50 Stück**
Deckungsbeitrag pro Stück	€ 40,00	€ 80,00
Deckungsbeitrag pro Produkt	€ 12.000,00	€ 4.000,00
Gesamt-Deckungsbeitrag	**€ 16.000,00**	
– Fixkosten	€ 11.000,00	
Betriebsgewinn	**€ 5.000,00**	

Ü 3.14 Pogrammentscheidung mit einem Engpass

LINK
Ü 3.14
Excel

Das Hightechunternehmen Johanna Fischer OG erzeugt drei Handscanner: CSL, Inateck und Tera. In diesem Jahr war der Betrieb vollständig ausgelastet. Es wurden folgende Stückzahlen produziert und abgesetzt:

	CSL	Inateck	Tera
Erzeugte und abgesetzte Menge	500 Stück	200 Stück	600 Stück
Benötigte Fertigungszeit/Stück	2 Stunden	4 Stunden	1 Stunde

Die letzten Marktanalysen haben ergeben, dass im kommenden Jahr bei gleichbleibenden Verkaufspreisen folgende Mengen absetzbar sind:

	CSL	Inateck	Tera
Geplanter Absatz	600 Stück	250 Stück	500 Stück
Nettoverkaufspreis/Stück	€ 50,00	€ 120,00	€ 120,00
Variable Kosten/Stück	€ 40,00	€ 30,00	€ 85,00

Im Fertigungsprozess verfügt eine Verarbeitungseinheit über eine Kapazität von 2.500 Stunden pro Jahr und stellt den Engpass dar.

Die Fixkosten betragen im kommenden Jahr voraussichtlich € 25.000,–.

Aufgabe: Ermittle das gewinnoptimale Produktions- und Absatzprogramm und berechne das Betriebsergebnis. C

4 Make or buy (Eigenfertigung oder Fremdbezug)?

Unternehmen müssen immer wieder entscheiden, ob sie Produkte bzw. Zwischenprodukte **eigenfertigen (selbst herstellen)** oder **fremdbeziehen (zukaufen).** Die Deckungsbeitragsrechnung liefert die Informationen darüber, ob Eigenfertigung oder Fremdbezug vorteilhafter ist. Dazu wird der **Deckungsbeitrag bei Fremdbezug** mit dem **Deckungsbeitrag bei Eigenfertigung** verglichen.

Um den Deckungsbeitrag eines Produktes bei Fremdbezug zu ermitteln, werden vom Nettoverkaufspreis die variablen Kosten für den Fremdbezug und die sonstigen anfallenden variablen Kosten subtrahiert.

Eigenfertigung oder Fremdbezug: Ob ein Produkt selbst hergestellt oder fremdbezogen (zugekauft) werden soll, hängt davon ab, bei welcher Variante der Deckungsbeitrag höher ist.

Eigenfertigung:

Nettoverkaufspreis
– Variable Kosten
Deckungsbeitrag bei Eigenfertigung

Wenn der **Deckungsbeitrag bei Eigenfertigung gleich hoch oder höher** ist als jener bei Fremdbezug, wird das Produkt in der Absatzhöchstmenge in **Eigenfertigung** produziert.

Fremdbezug:

Nettoverkaufspreis
– Variable Kosten für den Fremdbezug
– Sonstige anfallende variable Kosten
Deckungsbeitrag bei Fremdbezug

Wenn der **Deckungsbeitrag bei Fremdbezug höher** ist als jener bei Eigenfertigung, ist der **Fremdbezug** vorteilhafter.

Ist der Deckungsbeitrag eines Produktes sowohl bei Eigenfertigung als auch bei Fremdbezug negativ, so wird das Produkt nicht produziert.

Aus Gründen der Vereinfachung wird in den folgenden Beispielen davon ausgegangen, dass kein Engpass bei der Fertigung der Produkte im Unternehmen besteht.

L 3.9 Eigenfertigung oder Fremdbezug

Die Druckerei Sorrong GmbH druckt Formulare, Broschüren und Kalender. Aufgrund der anhaltenden schlechten Gewinnsituation in den letzten Jahren erfolgt eine kostenrechnerische Analyse der Produkte.

Dabei wird festgestellt, dass der Druck eines 55-seitigen Kalenders bei einer Auflage von 2.000 Stück Selbstkosten zu Vollkosten in der Höhe von € 2,50 pro Stück verursacht. Die variablen Selbstkosten für einen Kalender betragen € 0,90 pro Stück. Für einen Kalender wird durchschnittlich ein Nettoverkaufspreis von € 1,90 pro Stück erzielt. Eine Herausnahme des Kalenderdrucks aus dem Programm der Druckerei ist nicht möglich, da sehr viele Stammkunden diesen Kalender bestellen.

Als Alternative ergibt sich der Fremdbezug der Kalender von einer deutschen Großdruckerei. Dabei fallen variable Kosten für einen Kalender von € 0,85 und durchschnittlich Transportkosten in Höhe von € 200,– für 2.000 Stück Kalender an.

Die Sorrong GmbH ist in diesem Jahr nicht voll ausgelastet.

Aufgabe: Entscheide, ob die Sorrong GmbH die Kalender fremdbeziehen oder selbst drucken soll. Begründe deine Entscheidung rechnerisch. D

Lösung:

Berechnung pro Kalender zu Teilkosten:

Deckungsbeitrag bei Eigenfertigung

Nettoverkaufspreis	€ 1,90
– Variable Selbstkosten	€ 0,90
DB bei Eigenfertigung	**€ 1,00**

Deckungsbeitrag bei Fremdbezug

Nettoverkaufspreis	€ 1,90
– Variable Kosten Fremdbezug	€ 0,85
– Bezugskosten: 200 : 2.000 =	€ 0,10
DB bei Fremdbezug	**€ 0,95**

Da der **Deckungsbeitrag pro Kalender bei Eigenfertigung höher** ist als jener bei Fremdbezug, sollte die Druckerei Sorrong GmbH die **Kalender selbst drucken,** sofern Umweltaspekte wie Schadstoffausstoß oder zu geringe Nachhaltigkeit bei der Rohstoffgewinnung nicht dagegen sprechen.

Ü 3.15 Eigenfertigung oder Fremdbezug

Die Ferroimpex GmbH erzeugt unter anderem Kochgeschirr (Töpfe, Pfannen usw.). Die Deckel für die Kochtöpfe mit 19 cm Durchmesser werden zu einem Preis von € 9,50 fremdbezogen. Da noch freie Kapazitäten vorhanden sind, könnten die Deckel zu diesen Kochtöpfen selbst produziert werden.

Aus den Produktionsunterlagen können für einen Kochtopfdeckel mit 19 cm Durchmesser folgende Zahlen entnommen werden:

	Kosten/Gemeinkostensätze	
	Vollkosten	Variable Kosten
Rohstoff	€ 3,50	
Materialgemeinkosten	12,5 %	4,2 %
Fertigungslöhne	€ 3,00	
Fertigungsgemeinkosten	75,0 %	18,5 %
Maschinenstundensatz	€ 110,00/h	€ 55,00/h

Bearbeitungszeit je Stück	1,5 Minuten
Nettoverkaufspreis	€ 11,00

Aufgabe: Entscheide, ob die Deckel für die Kochtöpfe fremdbezogen oder eigengefertigt werden sollen. Begründe deine Entscheidung rechnerisch. D

ÜBEN

Probier es selbst: Bearbeite die folgenden Übungsbeispiele.

Ü 3.16 Break-even-Analyse

Lukas Leitner betreibt eine Tankstelle. Als Zusatzgeschäft überlegt er sich die Anschaffung einer Selbstbedienungswaschanlage. Folgende Daten stehen zur Verfügung:

Geplante Fixkosten pro Jahr	
Anschaffungswert der Waschanlage	€ 42.500,00
Nutzungsdauer	5 Jahre
Raumkosten	€ 7.000,00
Versicherung	€ 1.500,00

Geplante variable Kosten je Autowäsche	
Material (Waschmittel, Politur usw.)	€ 0,20
Wasser (inkl. Entsorgung)	0,2 m^3 zu € 3,50 pro m^3
Strom	2 kWh zu € 0,05 je kWh
Instandhaltung	€ 1,05 pro Waschvorgang

Der durchschnittliche Nettoverkaufspreis je Autowäsche beträgt € 8,–.

Hinweis: Der Anschaffungswert der Waschanlage ist auf die Nutzungsdauer von fünf Jahren zu verteilen. Der errechnete Wert entspricht der kalkulatorischen Abschreibung pro Jahr.

Aufgabe:
a) Berechne die Mindestmenge an Autowäschen pro Jahr (auf Ganze aufrunden), damit Kostendeckung erreicht wird. C
b) Berechne den Break-even-Umsatz (auf € genau). C
c) Lukas Leitner möchte mit der Waschanlage einen Mindestgewinn von € 4.000,– erzielen. Berechne, wie viele Autowäschen dazu verkauft werden müssen (auf Ganze aufrunden) und wie hoch der entsprechende Umsatz ist (auf € genau). D

Ü 3.17 Kurzfristige Preisuntergrenze

Die Selchert GmbH erzeugt Strumpfhosen. Mit einer Monatsproduktion von 1.200.000 Stück ist die Kapazität der Fabrik zu 60 % ausgelastet. Dabei ergibt sich folgende Kostensituation:

Variable Kosten		Fixe Kosten	
Rohstoffkosten	€ 156.000,00	Sonstige Gemeinkosten	€ 653.000,00
Materialgemeinkosten	€ 26.000,00		
Fertigungslöhne	€ 255.000,00		
Fertigungsgemeinkosten	€ 247.000,00		

Nettoverkaufspreis pro Stück Strumpfhose: € 1,80

Für eine große Lebensmittelkette sollen monatlich 400.000 Stück Strumpfhosen produziert werden. Die Abnahme erfolgt zu einem Verkaufspreis von € 1,15 pro Stück. Kapazität für die Herstellung der zusätzlichen Menge ist vorhanden.

Aufgabe:
a) Ermittle die kurzfristige Preisuntergrenze. C
b) Ermittle, ob die Selchert GmbH den Zusatzauftrag über 400.000 Stück annehmen soll. C
c) Berechne, wie sich bei Annahme des Zusatzauftrages die Erfolgssituation der Selchert GmbH verändert. C

Ü 3.18 Programmentscheidung ohne Engpass

LINK Ü 3.18 Excel

Die Melvin Blumauer GmbH stellt Brillenetuis aus Stoff, Leder und Kunststoff her. Im März werden unter anderem die Produkte E 12 und E 20 produziert. Es liegen folgende Daten vor:

	E 12	E 20
Fertigungsmaterial	€ 12.000,00	€ 20.000,00
Fertigungslöhne	€ 18.000,00	€ 36.000,00
Erzeugte und abgesetzte Menge	80.000 Stück	100.000 Stück
Selbstkosten zu Vollkosten/Stück	€ 1,31	€ 1,98
Variable Selbstkosten/Stück	€ 0,72	€ 1,08
Listenverkaufspreis/Stück	€ 1,67	€ 2,71
Rabatt	10%	15%

Aufgabe: a) Berechne die Deckungsbeiträge je Stück (auf Cent genau). C

b) Für das Produkt E 20 könnte ein Exportauftrag von 10.000 Stück erlangt werden, wenn der Verkaufspreis für den Zusatzauftrag auf € 1,80 je Stück gesenkt wird. Der Verkaufspreis für den bisherigen Absatz ist durch den zusätzlichen Absatz nicht gefährdet. Kapazität ist ausreichend vorhanden. Entscheide, ob der Auftrag angenommen werden soll. Wenn ja, berechne den zusätzlichen Gewinn. D

c) Es könnten zusätzlich 40.000 Stück E 12 zum Verkaufspreis von € 1,40 oder 30.000 Stück E 20 zum Verkaufspreis von € 1,90 abgesetzt werden. Kapazität ist ausreichend vorhanden. Entscheide, welcher Auftrag angenommen werden soll. Begründe deine Entscheidung. D

Ü 3.19 Programmentscheidung ohne Engpass

LINK Ü 3.19 Excel

Die Neumann GmbH bietet Kisten aus naturbelassenem Holz als stilvolle Verpackungen, die genau für die Abnehmer zugeschnitten sind.

Folgende Holzkisten sind im Sortiment:

	Weinkiste	Tortenkiste	Pralinenbox
Produzierte und abgesetzte Menge	6.100 Stück	5.200 Stück	4.600 Stück
Fertigungsmaterial je Stück	€ 1,90	€ 1,00	€ 1,30
Fertigungslöhne je Stück	€ 2,10	€ 1,30	€ 1,80
Nettoverkaufspreis je Stück	€ 9,50	€ 5,80	€ 7,90

Aus dem Betriebsabrechnungsbogen stehen folgende Gemeinkostenzuschlagssätzen zur Verfügung:

Gemeinkostenzuschlagssätze	Materiallager	Fertigung	Verwaltung & Vertrieb
Zu Vollkosten	15,5%	325,8%	29,7%
Zu Teilkosten	6,5%	148,2%	5,8%

Aufgabe: a) Berechne die Deckungsbeiträge je Stück (auf Cent genau). C

b) Ein burgenländischer Winzer würde einen Zusatzauftrag über 500 Weinkisten erteilen, wenn auf den regulären Nettoverkaufspreis ein Rabatt von 10 % gewährt wird. Kapazität für die Herstellung der 500 Weinkisten ist ausreichend vorhanden. Der Verkaufspreis von € 9,50 für die ursprüngliche Menge wäre bei Annahme des Auftrages nicht gefährdet. Entscheide, ob der Auftrag übernommen werden soll. Wenn ja, berechne den zusätzlichen Gewinn. D

c) Die Kapazität des Betriebes würde es erlauben, entweder zusätzlich
weitere 1.000 Tortenkisten oder
weitere 800 Pralinenboxen
herzustellen. Um diese absetzen zu können, müssen die Nettoverkaufspreise der Tortenkisten auf € 5,20 und die der Pralinenboxen auf € 7,10 reduziert werden. Der Verkaufspreis für den bisherigen Absatz ist durch den zusätzlichen Absatz nicht gefährdet. Entscheide, bei welchem Produkt die Produktionsmenge erhöht werden soll. Begründe deine Entscheidung. D

d) Der Gesamtabsatz der Weinkisten könnte auf 8.000 Stück gesteigert werden, wenn der Verkaufspreis auf € 8,90 gesenkt wird. Kapazität ist ausreichend vorhanden. Entscheide, ob die Preissenkung vorgenommen werden soll. Begründe deine Entscheidung. D

Ü 3.20 Programmentscheidung mit einem Engpass

LINK Ü 3.20 Excel

Die Martina Mares GmbH, Sportartikelerzeugung, produziert unter anderem Flossen. Für die Sommersaison umfasst das Produktionsprogramm folgende Flossentypen:

	Mares Fun	Mares Diver
Geplanter Absatz	2.000 Paar	1.500 Paar
Listenverkaufspreis/Paar	€ 60,00	€ 110,00
Rabatt	10 %	15 %
Variable Kosten/Paar	€ 20,00	€ 40,00
Maschinenbedarf/Paar	40 Minuten	50 Minuten

Die Produktion erfolgt auf einer Maschine, deren Kapazität pro Jahr 114.000 Minuten beträgt. Die Fixkosten betragen € 45.800,–.

Aufgabe: a) Ermittle das gewinnoptimale Produktions- und Absatzprogramm und das damit erzielbare Betriebsergebnis. C

b) Die Martina Mares GmbH plant, die neue Flosse „Mares Force Fins“ in das Programm aufzunehmen. Von diesem Produkt könnten aufgrund von Daten der Marktforschung 600 Paar abgesetzt werden. Weitere Daten (pro Paar): Nettoverkaufspreis € 120,–, variable Kosten € 58,–, Maschinenbedarf 63 Minuten.
Ermittle das gewinnoptimale Produktions- und Absatzprogramm und berechne das Betriebsergebnis. Entscheide, ob die neue Flosse in das Produktionsprogramm aufgenommen werden soll. Begründe deine Entscheidung rechnerisch mithilfe der Excel-Datei. D

Ü 3.21 Programmentscheidung mit einem Engpass

LINK Ü 3.21 Excel

Die Plastiplant GmbH erzeugt Zahnpastatuben, Duschgelflaschen und Sprühflaschen für Sonnencreme. Das Kunststoffgranulat (Rohstoff) wird von drei Zulieferern bezogen.

Für März stehen folgende Daten zur Verfügung:

	Zahnpastatube	Duschgelflasche	Sprühflasche für Sonnencreme
Produzierte und abgesetzte Menge	35.000 Stück	30.000 Stück	15.000 Stück
Nettoverkaufspreis/Stück	€ 0,25	€ 0,50	€ 0,80
Selbstkosten zu Vollkosten/Stück	€ 0,18	€ 0,35	€ 0,62
Variable Selbstkosten/Stück	€ 0,10	€ 0,20	€ 0,35
Benötigte Menge an Kunststoffgranulat in Gramm/Stück	20 g	35 g	45 g

Einer der Rohstofflieferanten ist insolvent und hat seine Produktion eingestellt. Durch den Ausfall des Zulieferers stehen daher für April nur 2.000 kg Kunststoffgranulat für die Produktion der Kunststofftuben und -flaschen zur Verfügung. Diese Menge bildet den Engpass.

Die Fixkosten betragen € 16.500,– pro Monat.

Aufgabe: Ermittle das gewinnoptimale Produktions- und Absatzprogramm für April und berechne das damit erzielbare Betriebsergebnis. (Der engpassbezogene Deckungsbeitrag ist auf 3 Dez. zu berechnen.) C

Ü 3.22 Eigenfertigung oder Fremdbezug

Die Klara Omega KG, ein Maschinenbauunternehmen, braucht eine neue Produktionsmaschine. Diese kann selbst hergestellt oder von einem anderen Unternehmen bezogen werden. Der Fremdbezug würde frei Haus € 25.000,– kosten.

Bei Eigenfertigung der Produktionsmaschine fallen folgende Kosten an:

	Kosten/Gemeinkostensätze	
	Vollkosten	**Variable Kosten**
Materialeinzelkosten	€ 10.000,00	
Materialgemeinkosten	10,0 %	5,0 %
Fertigungslöhne	€ 5.000,00	
Fertigungsgemeinkosten	300,0 %	100,0 %

Kapazität für die Eigenfertigung ist vorhanden.

Aufgabe: Entscheide, ob für die neue Produktionsmaschine Eigenfertigung oder Fremdbezug vorteilhafter ist. Begründe deine Entscheidung rechnerisch. D

WEITER ÜBEN!

Zusätzliche Übungsbeispiele im Anhang ab Seite 331

Online-Training: Check dein Wissen!

LINK
Interaktive Übungen

LINK
Das passende Übungsbuch mit Lösungen gibt's hier.

KÖNNEN

Zeig, was du kannst: Wende bei den folgenden Aufgaben dein Wissen an.

LINK
K 3.1
Interaktive Übung

K 3.1 Fixe und variable Kosten

Roland Hiessberger betreibt eine Bäckerei an mehreren Standorten. Im Betrieb fallen u.a. folgende Kosten an:

Kosten	Fix	Variabel
a) Gehalt der Verkäuferin im Verkaufsshop		
b) Mehl für die Produktion von Butterkeksen		
c) Abschreibung eines Lieferwagens		
d) Brandschutzversicherung für die Backstube		

Aufgabe: Ordne die Kosten den fixen und den variablen Kosten zu. D

LINK
K 3.2
Excel

K 3.2 Einstufiges Direct Costing – Kostenträgerrechnung

In der Aluprod GmbH werden unter anderem Alu-Leitern produziert:

	Stehleiter 2,5 m	Stehleiter 2,0 m
Erzeugte und abgesetzte Menge	850 Stück	620 Stück
Fertigungsmaterial je Stück	€ 10,00	€ 8,50
Fertigungslöhne je Stück: Fertigung 1 Fertigung 2	€ 5,00 € 4,20	€ 3,80 € 4,40
Nettoverkaufspreis je Stück	€ 65,00	€ 56,00

MGK_v 3,8%, FGK_v-1 128,3%, FGK_v-2 137,6%, Vw- und $VtGK_v$ 6,1%

Aufgabe: a) Ermittle den Deckungsbeitrag je Stück (auf Cent genau). C

b) Ermittle den Deckungsbeitrag stufenweise (auf Cent genau). C

c) Führe die Kostenträgererfolgsrechnung durch, ermittle die Deckungsbeiträge in% vom Umsatz und die DBU-Faktoren (auf 2 Dez. genau), berechne das Betriebsergebnis, wenn die übrigen Produkte einen Deckungsbeitrag von € 184.500,– erzielen und die Fixkosten € 195.000,– betragen. Gib an, welches Produkt den höheren Beitrag zum Erfolg des Unternehmens leistet. C

LINK
Mehrstufiges Direct Costing
Formular

LINK
K 3.3
Excel

K 3.3 Mehrstufiges Direct Costing – Kostenträgerzeitrechnung und Betriebsergebnisrechnung

Im Bäckereiunternehmen Die Backstube GmbH, Wien, werden die Produkte in einer zentralen Bäckerei hergestellt und in drei Verkaufsstellen verkauft. Die Filialen werden als Profit-Center geführt. Der Einkauf der Rohstoffe und der Handelswaren (z.B. Kaffee, Milch) erfolgt zentral. Auch die Verwaltung ist in der Zentrale angesiedelt. Für Juni ergeben sich folgende Werte:

	Filiale Reumannplatz		Filiale Graben		Filiale Kärntner Straße	
	Erlöse	Variable Kosten	Erlöse	Variable Kosten	Erlöse	Variable Kosten
Backwaren	€ 54.480,00	€ 25.440,00	€ 94.500,00	€ 48.000,00	€ 77.640,00	€ 37.200,00
Handelswaren	€ 6.560,00	€ 4.960,00	€ 15.750,00	€ 11.850,00	€ 11.880,00	€ 8.880,00

	Filiale Reumannplatz	Filiale Graben	Filiale Kärntner Straße
	Fixkosten der einzelnen Filialen		
Personal	€ 25.240,00	€ 16.650,00	€ 15.480,00
Sonstige Kosten	€ 6.480,00	€ 11.700,00	€ 8.760,00

Die zentrale Bäckerei liegt im Hinterhof der Filiale am Reumannplatz. Die frischen Backwaren werden über den Hof angeliefert. Die beiden anderen Filialen werden täglich mehrmals mithilfe eines Klein-Lkw mit frischen Produkten beliefert. Dabei fallen für die beiden Filialen Fixkosten von insgesamt € 2.000,– an.

Die zentrale Bäckerei sowie die Verwaltung verursachen Kosten von € 18.500,–. Für Marketingmaßnahmen werden € 2.300,– ausgegeben.

Hinweis: Die Fixkosten für das Personal, die sonstigen Kosten und die Kosten für die Zulieferung stellen Bereichsfixkosten dar. Diese sind jedoch getrennt zu verrechnen. Dabei sind die Fixkosten für das Personal und die sonstigen Kosten bei der Berechnung des DB 2, die Kosten für die Zulieferung bei der Berechnung des DB 3, zu berücksichtigen. Für die Filiale Reumannplatz fallen keine Bereichsfixkosten an.

Aufgabe: a) Berechne die Deckungsbeiträge und das Betriebsergebnis. C
b) Interpretiere das Ergebnis. D

K 3.4 Break-even-Analyse

Aufgrund der hohen Nachfrage erweitert die Bell & Son Ltd., Boston, ihre Produktpalette und produziert den Tablet-PC „star". Für dieses Produkt gelten folgende Daten:

Nettoverkaufspreis	Variable Kosten pro Stück	Fixe Kosten
USD 450,00	USD 200,00	USD 80.140.000,00

Aufgabe: a) Berechne den Break-even-Point und den Break-even-Umsatz für den Tablet-PC „star". C
b) Berechne, wie viel Stück des Tablet-PCs abgesetzt werden müssen, damit ein Mindestgewinn von USD 10.000.000,– erzielt wird. D

K 3.5 Kurzfristige Preisuntergrenze

Das Cateringunternehmen Gourmet GmbH wird vom Veranstalter eines Tennisturnieres ersucht, ein Angebot zur Bewirtung der Turniergäste zu erstellen. Da das Unternehmen zum gegenwärtigen Zeitpunkt nicht voll ausgelastet ist, kommt dieser Auftrag wie gerufen.

Mit folgender Kostensituation ist zu rechnen:

Kostenart	Kosten
Personal – Service: laufende Bezüge Überstunden	€ 12.000,00 € 15.000,00
Auf- und Abbaukosten	€ 3.300,00
Getränke	€ 7.000,00
Speisen	€ 14.000,00
Sonstige Kosten	€ 3.000,00

Die laufenden Bezüge des Servicepersonals fallen unabhängig von der Auslastung des Unternehmens an und stellen fixe Kosten dar. Für die Abwicklung des Auftrages ist auch Überstundenarbeit erforderlich.

Aufgabe: a) Berechne die kurzfristige Preisuntergrenze. C
b) Die geplanten Erlöse für die Bewirtung der Turniergäste betragen €50.000,–. Berechne den zusätzlichen Gewinn, wenn der Zusatzauftrag zustande kommt. C

LINK K 3.6 Excel

K 3.6 Programmentscheidung ohne Engpass

Der Strickwarenhersteller Woll-Trend GmbH hat u.a. Produkte aus Alpakafaser in seinem Produktionsprogramm. Für das letzte Quartal liegen folgende Daten vor:

	Pullover	Strickjacke	Schal
Nettoverkaufspreis/Stück	€ 100,00	€ 140,00	€ 50,00
Selbstkosten zu Vollkosten/Stück	€ 105,00	€ 90,00	€ 25,00
Variable Selbstkosten/Stück	€ 30,00	€ 35,00	€ 9,00
Erzeugte und abgesetzte Menge	1.500 Stück	1.300 Stück	2.350 Stück

Die Summe aus Einzelkosten (Material, Löhne) und Gemeinkosten beträgt € 333.250,–.

Aufgabe: a) Berechne die Nettoergebnisse je Stück zu Vollkosten sowie die Deckungsbeiträge je Stück (auf Cent genau). C
b) Entscheide, ob das Produkt mit dem negativen Ergebnis zu Vollkosten aufzulassen ist. Begründe deine Entscheidung rechnerisch. Berechne dazu das Betriebsergebnis vor und nach dem Auflassen des Produktes. D
c) Die Kapazität des Betriebes würde es erlauben, noch zusätzlich entweder weitere 200 Strickjacken oder weitere 500 Schals zu erzeugen. Um diese absetzen zu können, muss der Nettoverkaufspreis der Strickjacke um 15 % und der des Schals um 20% reduziert werden. Die Verkaufspreise für die übrige Absatzmenge sind nicht gefährdet. Entscheide, bei welchem Produkt die Produktionsmenge erhöht werden soll. Berechne den zusätzlichen Gewinn. D

LINK K 3.7 Excel

K 3.7 Programmentscheidung mit einem Engpass

Die Burger Spielwaren AG produziert unter anderem Puzzles. Für das aktuelle Kalenderjahr umfasst das Sortiment folgende Puzzletypen:

	100 Teile	500 Teile	1.000 Teile
Geplanter Absatz	20.000 Stück	15.000 Stück	5.000 Stück
Nettoverkaufspreis/Stück	€ 3,00	€ 9,00	€ 30,00
Variable Kosten/Stück	€ 1,95	€ 7,20	€ 25,20
Maschinenbedarf/Stück	3 Minuten	6 Minuten	15 Minuten

Im Rahmen der Produktion werden die Puzzles auf einer Maschine in die entsprechende Anzahl von Teilen (100, 500 oder 1.000 Teile) gestanzt. Die Kapazität der Maschine beträgt pro Jahr 180.000 Minuten. Die Fixkosten betragen € 27.900,–.

Aufgabe: a) Ermittle das gewinnoptimale Produktions- und Absatzprogramm und das damit erzielbare Betriebsergebnis. C

b) Die Burger Spielwaren AG plant, 500-teilige handgemalte Kunst-Puzzles in das Programm aufzunehmen. Von dieser Puzzleart könnten aufgrund von Marktforschungsergebnissen 1.000 Stück abgesetzt werden. Daten (pro Puzzle): Nettoverkaufspreis € 38,–, variable Kosten € 32,–, Maschinenbedarf zehn Minuten. Ermittle das gewinnoptimale Produktions- und Absatzprogramm und berechne das Betriebsergebnis. Entscheide, ob die neue Puzzleart in das Produktionsprogramm aufgenommen werden soll. Begründe deine Entscheidung rechnerisch mithilfe der Excel-Datei. D

K 3.8 Eigenfertigung oder Fremdbezug

Die Neuburger Fleischlos GmbH mit ihrer Eigenmarke Hermann steht vor der Entscheidung, einige fleischfreie Produkte nicht mehr selbst zu fertigen, sondern zuzukaufen.

Aus den Unterlagen der Produktion sind folgende Werte pro kg zu entnehmen:

	Rostbrat-würstchen	Schnitzel	Faschiertes
Nettoverkaufspreis	€ 10,90	€ 15,50	€ 6,30
Selbstkosten zu Vollkosten	€ 12,10	€ 13,40	€ 4,80
Variable Selbstkosten	€ 6,70	€ 7,40	€ 3,50
Variable Kosten Fremdbezug	€ 3,70	€ 7,20	€ 3,00
Sonstige variable Kosten Fremdbezug	€ 1,90	€ 2,20	€ 1,10

Aufgabe: Entscheide, welche Produkte selbst hergestellt bzw. fremdbezogen werden sollen. Begründe deine Entscheidung rechnerisch. D

KOMPETENZCHECK

Meine Kompetenzen	Kann ich?	Lernstoff	Aufgaben
Ich kann Kosten nach ihrem Verhältnis zum Beschäftigungsgrad unterscheiden.		Lerneinheit 1	Ü 3.1, Ü 3.2, K 3.1
Ich kann Deckungsbeiträge ermitteln.		Lerneinheit 2	Ü 3.3 bis Ü 3.22, K 3.2 bis K 3.8
Ich kann unternehmerische Entscheidungen treffen.		Lerneinheit 3	Ü 3.11 bis Ü 3.22, K 3.4 bis K 3.8

4 Kostenrechnung als Ergebnisrechnung

Kostenrechnung als Ergebnisrechnung
Einstiegsvideo zum Kapitel

Was sind „unfertige" Erzeugnisse?

Kannst du dich erinnern, wie der Erfolg in der Finanzbuchhaltung ermittelt wird?

Darum geht's in diesem Kapitel:

Am Ende einer Periode wird der Betriebserfolg ermittelt. In diesem Kapitel lernst du, welche Verfahren es zu diesem Zweck in der Kostenrechnung gibt.

Das lernst du in den folgenden Lerneinheiten:

1 Wie ermittelt man die **Leistungen** und den **Betriebserfolg?**
2 Was sind die **Verfahren der Betriebsergebnisrechnung?**

LERNEN

1 Leistungen und Betriebserfolg ermitteln

Leistungen sind das Ergebnis der betrieblichen Tätigkeiten, die sich in Produkten und Dienstleistungen (= Kostenträgern) niederschlagen.

1 Leistungen und Erträge

Die **Leistungen** (Kostenträger) sind entweder für den **Absatz** (Verkauf) oder für den **Betrieb selbst** (innerbetriebliche Leistungen, z. B. selbst erstellte Anlagen) bestimmt. Die am Absatzmarkt verkauften Leistungen werden mit den Verkaufspreisen, die innerbetrieblichen Leistungen mit den Herstellkosten bewertet.

Ähnlich wie aus den Aufwendungen durch zeitliche und betriebliche Abgrenzung die Kosten ermittelt werden, müssen aus den gesamten **Erträgen eines Unternehmens** die **Leistungen abgeleitet** werden.

Erträge in Leistungen überleiten: Die Erträge aus der Finanzbuchführung werden durch zeitliche und betriebliche Abgrenzung in Leistungen übergeleitet.

Erträge	→	Leistungen
Erträge entstehen durch den **Verkauf von Waren und Dienstleistungen.**	Zeitliche und betriebliche Abgrenzung	Leistungen sind das **Ergebnis der betrieblichen Tätigkeiten.**
Finanzbuchführung	– / +	Kostenrechnung

2 Erträge abgrenzen

Die Erträge werden **zeitlich** und **betrieblich** abgegrenzt.

Abgrenzung der Erträge

Zeitliche Abgrenzung	Betriebliche Abgrenzung
Die **zeitliche Abgrenzung** der Erträge hat die Aufgabe, die Leistungen **periodenrichtig** zuzuweisen. Sofern diese Abgrenzung in der Finanzbuchführung noch nicht vorgenommen wurde, müssen Erträge, die nicht den Abrechnungszeitraum betreffen, ausgeschieden werden. Leistungen, die im Abrechnungszeitraum nicht als Ertrag aufscheinen, werden hinzugerechnet.	Durch die **betriebliche Abgrenzung** der Erträge werden von den Gesamterträgen die **neutralen Erträge** ausgeschieden und die **Zusatzleistungen** zugerechnet.
Beispiele: Im Voraus erhaltene Mieterträge, bereits durchgeführte, jedoch nicht fakturierte Leistungen	**Beispiele:** Erträge aus nicht betriebsnotwendigen Beteiligungen, unentgeltlich durchgeführte Leistungen

Neutrale Erträge

Neutrale Erträge sind Erträge, die zwar in der **Finanzbuchführung**, nicht aber in der Kostenrechnung verrechnet werden. Zu den neutralen Erträgen gehören:

- **Außergewöhnliche betriebliche Erträge:** Diese betreffen zwar den Betrieb, d. h., sie sind betriebsbedingt, ergeben sich jedoch nicht aus der eigentlichen Betriebstätigkeit.

  Beispiele:
  Erlös verkaufter Anlagen, Erträge aus Spekulationsgeschäften
- **Betriebsfremde Erträge:** Diese hängen nicht mit der betrieblichen Tätigkeit zusammen.

  Beispiel:
  Erträge aus nicht betriebsnotwendigen Beteiligungen
- **Sonstige neutrale Erträge**

  Beispiel:
  Zinsen für gewährte Darlehen

Außergewöhnliche Erträge
Ein außergewöhnlicher betrieblicher Ertrag ist zum Beispiel in einer Druckerei der Verkauf einer alten Druckmaschine, die nicht mehr benötigt wird.

Zusatzleistungen

Zusatzleistungen sind Erträge, die in der **Kostenrechnung** verrechnet werden, aber nicht oder in anderer Höhe in der Finanzbuchführung. Zu den Zusatzleistungen gehören vor allem:

- Leistungen, denen **kein Ertrag** gegenübersteht

  Beispiel:
  Unentgeltlich durchgeführte Leistungen
- Leistungen mit einem Ertrag, der **unter dem Wert der Leistung** liegt

  Beispiel:
  Leistungen zu Sozialtarifen

Sozialtarif
Günstiger Tarif für Einkommensschwache

3 Betriebserfolgsrechnung

Der **Betriebserfolg** (das Betriebsergebnis) ist die **Differenz** zwischen den **Leistungen** und den **Kosten** einer Periode. Er kann für die gesamte Abrechnungsperiode (Geschäftsjahr) oder auch für kürzere Zeiträume (Quartal, Monat) ermittelt werden.

Mit der Kostenträgererfolgsrechnung (siehe Kapitel 2, Lerneinheit 4) wurde der Erfolg eines **Kostenträgers** (Produktes) oder einer **Kostenträgergruppe** (Produktgruppe) ermittelt. Wenn **sämtliche Kosten** einer Periode den entsprechenden **Leistungen** gegenübergestellt werden, wird der **periodenbezogene Betriebserfolg** (Betriebsgewinn oder Betriebsverlust) ermittelt (= Kostenträgerzeitrechnung).

Man unterscheidet also zwei Arten der Kostenträgerrechnung:

Arten der Kostenträgerrechnung

Kostenträgerstückrechnung (= Kostenträgererfolgsrechnung)	Kostenträgerzeitrechnung (= Betriebserfolgsrechnung)
Die Kostenträgerstückrechnung ermittelt die **Herstellkosten**, die **Selbstkosten** oder den **Verkaufspreis** des jeweiligen Kostenträgers oder bei gegebenem Verkaufspreis den **Gewinn für den Kostenträger** (siehe Kapitel 2, Lerneinheit 4).	Aufgabe der Kostenträgerzeitrechnung ist es, **alle** in der jeweiligen **Periode** entstandenen **Kosten** zu ermitteln und diese den **Leistungen** (Erträgen/Erlösen) gegenüberzustellen. So wird der **Betriebserfolg** (Betriebsgewinn oder Betriebsverlust) ermittelt.

Betriebserfolg berechnen

	Leistungen
–	Kosten
	Betriebserfolg

Beispiel:

	Leistungen (= abgegrenzte Periodenerträge)	€ 570.120,00
–	Kosten	€ 526.950,00
	Betriebserfolg (Betriebsgewinn)	**€ 43.170,00**

Vom Betriebserfolg ist der **Unternehmenserfolg** zu unterscheiden, der sich durch **Gegenüberstellung der Erträge (Erlöse) und Aufwände** in der **Finanzbuchführung** ergibt.

Absatzsegmenterfolgsrechnung

Der Betriebserfolg muss meist im Rahmen der **Absatzsegmenterfolgsrechnung** nach den **Bereichen des absatzpolitischen Handelns** aufgegliedert werden. Dadurch gewinnt man Erkenntnisse für den Einsatz der absatzpolitischen Instrumente (z. B. Produkt- und Sortimentspolitik, Preispolitik).

Eine Absatzsegmentierung kann z. B. folgendermaßen vorgenommen werden:

- nach Artikelgruppen
- nach Kunden
- nach Absatzgebieten
- nach Aufträgen
- nach Absatzmethoden

In Betrieben mit einer **Profit-Center-Organisation** wird der **Periodenerfolg jedes Profit-Centers** gesondert ermittelt (Profit-Center-Erfolgsrechnung). Profit-Center sind Unternehmensbereiche, für die ein eigener Periodenerfolg vorgegeben und ermittelt wird. Der Leiter des Profit-Centers ist für die Erreichung des Periodenerfolges verantwortlich.

Profit-Center Asien
In international tätigen Unternehmen wird für jedes Land oder jeden Kontinent ein eigenes Profit-Center eingerichtet. Die Wünsche der asiatischen Kunden unterscheiden sich z. B. oft stark von jenen der europäischen.

LERNEN

2 Verfahren der Betriebsergebnisrechnung

Mit der Betriebsergebnisrechnung (Betriebserfolgsrechnung) wird das Betriebsergebnis (der Betriebserfolg) der Periode ermittelt.

1 Verfahren der Betriebsergebnisrechnung

Um das **Betriebsergebnis** (Betriebserfolg) der Periode zu ermitteln, stehen zwei Verfahren zur Verfügung:

Verfahren der Betriebsergebnisrechnung

Gesamtkostenverfahren	Umsatzkostenverfahren
Beim Gesamtkostenverfahren werden die **gesamten Periodenkosten** den **gesamten abgegrenzten Periodenerträgen** gegenübergestellt. Man geht dabei von allen in einer Periode **tatsächlich produzierten Erzeugnissen** aus und korrigiert die Erträge um die Bestandsveränderung der unfertigen und fertigen Erzeugnisse. Wenn mehr produziert wurde als verkauft wird, wird die **Bestandsvermehrung** im Lager zu den Erträgen addiert. Wenn weniger produziert wurde als verkauft wird, wird die **Bestandsverminderung** im Lager von den Erträgen subtrahiert.	Beim Umsatzkostenverfahren werden die **Kosten der verkauften Erzeugnisse** den **entsprechend abgegrenzten Periodenerträgen** gegenübergestellt. Man geht dabei von den Erträgen für die **tatsächlich verkauften Erzeugnisse** aus und berücksichtigt nur die Kosten für diese tatsächlich verkauften Erzeugnisse.
Gesamte abgegrenzte Periodenerträge ± **Bestandsveränderungen** der unfertigen und fertigen Erzeugnisse (bewertet zu Herstellkosten) – **Gesamte Periodenkosten** (Einzel-, Gemein- und Sonderkosten) **Betriebserfolg der Periode** (Betriebsgewinn oder Betriebsverlust)	**Periodenerträge** – **Herstellkosten der verkauften Erzeugnisse** – **Verwaltungs- und Vertriebsgemeinkosten** **Betriebserfolg der Periode** (Betriebsgewinn oder Betriebsverlust)

Beide Verfahren ergeben den gleichen Betriebserfolg.

Nachteil des Gesamtkostenverfahrens

Beim **Gesamtkostenverfahren** müssen die **Bestände der unfertigen und fertigen Erzeugnisse** bekannt sein. Eine kurzfristige Erfolgskontrolle ist nur bei Vorliegen von (Zwischen-)Inventuren möglich.

Zur **Bewertung von unfertigen und fertigen Erzeugnissen** siehe Kapitel 9.

Bestand an unfertigen Erzeugnissen ermitteln

  Anfangsbestand der unfertigen Erzeugnisse
+ Perioden-Herstellkosten (gesamt)
– Herstellkosten der in der Periode fertiggestellten Erzeugnisse

Endbestand der unfertigen Erzeugnisse

Das Gesamtkostenverfahren wird in vielen Unternehmen, insbesondere in **Klein- und Mittelbetrieben,** angewendet.

Vorteil des Umsatzkostenverfahrens

Beim **Umsatzkostenverfahren** ist **keine Erfassung** der Bestände an unfertigen und fertigen Erzeugnissen erforderlich. Daher ist eine rasche Erfolgsermittlung möglich.

Das Umsatzkostenverfahren wird überwiegend in **großen Unternehmen** (Konzernen) eingesetzt.

L 4.1 Betriebserfolg ermitteln

In der Vorderberger Zementwerke AG ergeben sich für April folgende Daten der Kosten- und Leistungsrechnung:

	April
Erträge (abgegrenzt, entsprechen den Leistungen)	€ 595.920,00
Aufwände (abgegrenzt)	€ 540.380,00
Anfangsbestand an unfertigen und fertigen Erzeugnissen	€ 50.900,00
Endbestand an unfertigen und fertigen Erzeugnissen	€ 54.500,00
Herstellkosten	€ 439.720,00
Herstellkosten der verkauften Erzeugnisse	€ 436.120,00
Verwaltungs- und Vertriebsgemeinkosten	€ 115.500,00

Aufgabe: a) Ermittle den Unternehmenserfolg. C
b) Ermittle den Betriebserfolg nach dem Gesamt- und dem Umsatzkostenverfahren. C

Lösung:

a)

Erträge			€ 595.920,00
Unfertige und fertige Erzeugnisse:	Endbestand	€ 54.500,00	
	– Anfangsbestand	€ 50.900,00	
	Bestandsvermehrung	+ € 3.600,00	+ € 3.600,00
– Aufwände			– € 540.380,00
Unternehmensgewinn			**€ 59.140,00**

b)

Gesamtkostenverfahren

Leistungen		€ 595.920,00
Bestandsveränderungen unfertige und fertige Erzeugnisse		+ € 3.600,00
– Kosten: Herstellkosten	€ 439.720,00	
Verwaltungs- und Vertriebsgemeinkosten	€ 115.500,00	– € 555.220,00
Betriebsgewinn		**€ 44.300,00**

Umsatzkostenverfahren

Leistungen	€ 595.920,00
– Herstellkosten der verkauften Erzeugnisse	– € 436.120,00
– Verwaltungs- und Vertriebsgemeinkosten	– € 115.500,00
Betriebsgewinn	**€ 44.300,00**

Ü 4.1 Betriebserfolg ermitteln

Im 2. Halbjahr wurden in der Walter Kriechbach KG, Herstellung von Faschings- und Scherzartikeln, folgende Daten aus der Kosten- und Leistungsrechnung ermittelt:

	2. Halbjahr
Erträge (abgegrenzt, entsprechen den Leistungen)	€ 675.900,00
Aufwände (abgegrenzt)	€ 625.000,00
Anfangsbestand an unfertigen und fertigen Erzeugnissen	€ 43.600,00
Endbestand an unfertigen und fertigen Erzeugnissen	€ 46.300,00
Herstellkosten	€ 521.200,00
Herstellkosten der verkauften Erzeugnisse	€ 518.500,00
Verwaltungs- und Vertriebsgemeinkosten	€ 125.600,00

Aufgabe: a) Ermittle den Unternehmenserfolg. C
b) Ermittle den Betriebserfolg nach dem Gesamt- und dem Umsatzkostenverfahren. C

LINK
Ermittlung des Betriebserfolges
Formular

LINK
Ü 4.1
Excel

ÜBEN

Probier es selbst: Bearbeite die folgenden Übungsbeispiele.

Ü 4.2 Betriebserfolg ermitteln

Die Bike & Drive GmbH, ein Fahrradproduzent, stellt im April City-Bikes her. Diese werden um €240,– (exkl. 20% USt) an Sportartikel-Discounter bzw. an öffentliche Institutionen verkauft.

Aus der Kostenrechnung stehen folgende Daten zur Verfügung:

	April
Produzierte Menge	1.500 Stück
Verkaufte Menge	1.200 Stück
Verkaufspreis pro City-Bike (exkl. 20% USt)	€ 240,00
Einzelkosten pro City-Bike: Fertigungsmaterial Fertigungslöhne	€ 60,00 € 55,00
Zuschlagssätze: Materialgemeinkosten Fertigungsgemeinkosten	5% 120%
Verwaltungsgemeinkosten	€ 10.000,00
Vertriebsgemeinkosten	€ 8.000,00
Anfangsbestand City-Bikes	€ 0,00
Endbestand City-Bikes	€ 55.200,00

Aufgabe: Ermittle den Betriebserfolg nach dem Gesamt- und dem Umsatzkostenverfahren. C

LINK
Ermittlung des Betriebserfolges
Formular

LINK
Ü 4.2
Excel

LINK
Das passende Übungsbuch mit Lösungen gibt's hier.

WEITER ÜBEN!

Zusätzliche Übungsbeispiele im Anhang ab Seite 334

Online-Training: Check dein Wissen!

LINK
Interaktive Übungen

KÖNNEN

Zeig, was du kannst: Wende bei der folgenden Aufgabe dein Wissen an.

LINK
Ermittlung des Betriebserfolges
Formular

LINK
K 4.1
Excel

K 4.1 Betriebserfolg ermitteln

In der Snowtex GmbH, Herstellung von Outfits für Snowboarder, ergeben sich für das 2. Quartal folgende Daten aus der Kosten- und Leistungsrechnung:

	2. Quartal
Zeitlich und betrieblich abgegrenzte Erträge (entsprechen den Leistungen)	€ 663.200,00
Aufwände (abgegrenzt)	€ 644.220,00
Anfangsbestand an unfertigen und fertigen Erzeugnissen	€ 63.600,00
Endbestand an unfertigen und fertigen Erzeugnissen	€ 37.800,00
Herstellkosten	€ 482.000,00
Herstellkosten der verkauften Erzeugnisse	€ 507.800,00
Verwaltungs- und Vertriebsgemeinkosten	€ 130.800,00

Aufgabe: a) Ermittle den Unternehmenserfolg. C
b) Ermittle den Betriebserfolg nach dem Gesamt- und dem Umsatzkostenverfahren. C

KOMPETENZCHECK

Meine Kompetenzen	Kann ich?	Lernstoff	Aufgaben
Ich kann Kostenträgerstück- und Kostenträgerzeitrechnung durchführen.		Kapitel 4	Ü 4.1, Ü 4.2, K 4.1
Ich kann den Betriebserfolg ermitteln.		Kapitel 4	Ü 4.1, Ü 4.2, K 4.1

6. Semester

Darum geht's in diesem Semester:

5 Kostenrechnung im Handel und im Handwerk
6 Grundlagen des Jahresabschlusses
7 Anlagenbewertung
8 Waren- und Materialbewertung
9 Bewertung von unfertigen und fertigen Erzeugnissen

FALLSTUDIEN ZUM 6. SEMESTER IN KAPITEL 10

Platz zum Schreiben

5 Kostenrechnung im Handel und im Handwerk

Kostenrechnung im Handel und im Handwerk
Einstiegsvideo zum Kapitel
Warum ist es auch im Handel wichtig, eine Kostenrechnung durchzuführen?
Was ist der Rohaufschlag?

Darum geht's in diesem Kapitel:

Zusätzlich zu den allgemeinen Grundlagen der Kostenrechnung müssen in jeder Branche gewisse Besonderheiten beachtet werden, z. B. der konkurrenzorientierte Preisdruck im Einzelhandel.

Das lernst du in den folgenden Lerneinheiten:

1 Welche Besonderheiten weist die **Kostenrechnung im Handel** auf?
2 Welche Besonderheiten weist die **Kostenrechnung im Handwerk** auf?

Aktiviere dein MEHR!-Buch online: **lernenwillmehr.at**

LERNEN

1 Besonderheiten der Kostenrechnung im Handel

In Klein- und Kleinstbetrieben wird oft keine Kostenrechnung durchgeführt. Die Wirtschaftlichkeit eines Unternehmens ist jedoch nur durch eine fundierte Kalkulation der Verkaufspreise gesichert.

Handel als wichtiger Arbeitgeber
In Österreich gibt es rund 75.000 Handelsbetriebe, das ist ca. ein Viertel der österreichischen Unternehmen. Sie beschäftigen ca. 610.000 Arbeitnehmer und sind somit nach der Industrie die zweitwichtigsten Arbeitgeber in Österreich.

1 Kalkulation im Handel

Vor allem in **kleinen Handelsbetrieben** wird meist **auf** eine **Kostenrechnung verzichtet.** Die **Verkaufspreise** werden dann durch einen **Aufschlag zum Einstandspreis** festgelegt. Die Höhe des Aufschlages wird z. B. aufgrund der Erfahrung des Unternehmers oder aufgrund von Richtwerten der Wirtschaftskammer festgelegt.

Häufig werden die **Listenverkaufspreise** bzw. **Bruttoverkaufspreise** von Vertragspartnern (z. B. bei Zulieferung durch Handelsketten), Großhändlern, Produzenten usw. **empfohlen bzw. vorgegeben.** Oft werden auch die **Verkaufspreise** von **Mitbewerbern übernommen.**

Um die Wirtschaftlichkeit der gehandelten Produkte feststellen zu können, müssen aber entsprechende Berechnungen auf Grundlage der Daten des Rechnungswesens durchgeführt werden.

Einheitliche Verkaufspreise bei Subway
Kunden von Franchiseunternehmen erwarten an allen Standorten einheitliche Preise. Zumindest landesweit sind diese in jeder Filliale gleich.

Das Grundschema der **Kalkulation im Handel** lautet:

Verkaufspreis einer Ware berechnen	Erlöse des Betriebes berechnen
Einstandspreis	Wareneinsatz
+ Gemeinkosten (Regien)	+ Gemeinkosten (Regien)
+ Sonderkosten der Manipulation	+ Sonderkosten der Manipulation
Selbstkosten	Selbstkosten
+ Gewinn	+ Gewinn
Nettoverkaufspreis	Nettoerlöse
+ Sonderkosten des Vertriebes	+ Sonderkosten des Vertriebes
Listenverkaufspreis (exkl. USt)	Erlöse exkl. USt
+ Umsatzsteuer	+ Umsatzsteuer
Bruttoverkaufspreis (inkl. USt)	**Bruttoerlöse (inkl. USt)**

Gemeinkosten-zuschlagssatz (Einstandspreis → Selbstkosten)
Gewinnzuschlag (Selbstkosten → Nettoverkaufspreis)
Rohaufschlag exkl. USt (Einstandspreis → Listenverkaufspreis exkl. USt)
Rohaufschlag inkl. USt (Einstandspreis → Bruttoverkaufspreis inkl. USt)
Handelsspanne inkl. USt (Bruttoverkaufspreis inkl. USt → Einstandspreis)
Handelsspanne exkl. USt (Listenverkaufspreis exkl. USt → Einstandspreis)

Erläuterungen:

- **Sonderkosten der Manipulation** sind z. B. besondere Arbeits- und Verpackungskosten, Verluste durch Schwund oder Verderb und besondere Lagerkosten.
- Zu den **Sonderkosten des Vertriebes** siehe Kapitel 2, Lerneinheit 5.
- Das Grundschema der Kalkulation im Handel entspricht einer **Absatzkalkulation;** siehe Kapitel 2, Lerneinheit 5.
- Der Absatzkalkulation vorgelagert ist die **Bezugskalkulation,** siehe dazu Kapitel 2, Lerneinheit 1.

Verdorbene Waren verursachen Sonderkosten
Verluste durch verdorbene Waren werden als Sonderkosten der Manipulation auf den Verkaufspreis einer Ware aufgeschlagen.

Gemeinkostenzuschlag

Die **Gemeinkosten** (Regien) umfassen die Personalkosten, die Geschäftsmiete, die Werbekosten, die Abschreibungen usw. Sie ergeben sich wie im Industriebetrieb durch die zeitliche und betriebliche Abgrenzung der Aufwendungen. Der **Gemeinkostenzuschlagssatz** ergibt sich, wenn man die **Gemeinkosten in Prozent des Wareneinsatzes** ausdrückt:

Gemeinkostenzuschlag berechnen

$$\text{Gemeinkostenzuschlagssatz} = \frac{\text{Gemeinkosten}}{\text{Wareneinsatz}} \cdot 100\ (\%)$$

Ausgehend vom Einstandspreis können mit dem **Gemeinkostenzuschlagssatz,** unter Berücksichtigung eventueller Sonderkosten der Manipulation, die **Selbstkosten einer Ware berechnet** werden.

Gewinnzuschlag

Der **Gewinnzuschlag** wird meist **in Prozent der Selbstkosten** ausgedrückt. Die Höhe des Gewinnzuschlages ist abhängig von der Konkurrenz, der Umsatzhöhe, der Marktlage, vom Risiko usw.

Gewinnzuschlag berechnen

$$\text{Gewinnzuschlag} = \frac{\text{Gewinn}}{\text{Selbstkosten}} \cdot 100\ (\%)$$

Rohaufschlag

Anstelle der Zuschlagssätze für die **Gemeinkosten** und den **Gewinn** kann ein **einheitlicher Rohaufschlag** (Kalkulationsaufschlag) verwendet werden. Der Rohaufschlag kann auch die Umsatzsteuer beinhalten.

Der **Rohaufschlag** ist die **prozentmäßige Differenz** zwischen **Einstandspreis und Verkaufspreis, bezogen auf den Einstandspreis,** bzw. **Wareneinsatz und Erlösen, bezogen auf den Wareneinsatz.**

Wenn ausgehend vom Verkaufspreis oder von den Erlösen der Rohaufschlag berechnet werden soll, muss zuerst der Bruttogewinn ermittelt werden:

Bruttogewinn einer Ware ermitteln	Bruttogewinn des Betriebes ermitteln
Verkaufspreis (exkl. bzw. inkl. USt)	Erlöse (exkl. bzw. inkl. USt)
– Einstandspreis	– Wareneinsatz
Bruttogewinn	**Bruttogewinn**

Der Bruttogewinn deckt die **Gemeinkosten** (Regien) sowie die **Sonderkosten** der Manipulation und des Vertriebes, enthält einen angemessenen **Gewinn** und gegebenenfalls die **Umsatzsteuer.**

Für die Berechnung des **Rohaufschlages** gibt es folgende Möglichkeiten:

Rohaufschlag berechnen – bezogen auf einzelne Waren

$$\text{Rohaufschlag (exkl. bzw. inkl. USt)} = \frac{\text{Bruttogewinn}}{\text{Einstandspreis}} \cdot 100\ (\%)$$

Rohaufschlag berechnen – bezogen auf den gesamten Betrieb

$$\text{Rohaufschlag (exkl. bzw. inkl. USt)} = \frac{\text{Bruttogewinn}}{\text{Wareneinsatz}} \cdot 100\ (\%)$$

Einstandspreis
bzw. Wareneinsatz
\+ Gemeinkosten
Selbstkosten
\+ Gewinn
Nettoverkaufspreis
bzw. Nettoerlöse
\+ Umsatzsteuer
Bruttoverkaufspreis
bzw. Bruttoerlöse

Rohaufschlag exkl. USt
Rohaufschlag inkl. USt

Verkaufspreis/Erlöse mit Rohaufschlag berechnen: In kleinen Handelsbetrieben wird der Verkaufspreis oft mit einem Rohaufschlag berechnet. Dieser wird aufgrund der Erfahrung des Unternehmers oder aufgrund von allgemeinen Richtwerten festgelegt.

Auf eine Ware bezogen:	Auf den gesamten Betrieb bezogen:
Einstandspreis	Wareneinsatz
+ Gemeinkosten (Regien)	+ Gemeinkosten (Regien)
+ Sonderkosten der Manipulation	+ Sonderkosten der Manipulation
Selbstkosten	Selbstkosten
+ Gewinn	+ Gewinn
Nettoverkaufspreis	Nettoerlöse
+ Sonderkosten des Vertriebes	+ Sonderkosten des Vertriebes
Listenverkaufspreis (exkl. USt)	Erlöse (exkl. USt)
+ Umsatzsteuer	+ Umsatzsteuer
Bruttoverkaufspreis (inkl. USt)	**Bruttoerlöse (inkl. USt)**

Rohaufschlag (exkl. bzw. inkl. USt)

Reduzierte Kalkulation mit Rohaufschlag

Einstandspreis	Wareneinsatz
+ Rohaufschlag (exkl. bzw. inkl. USt)	**+ Rohaufschlag (exkl. bzw. inkl. USt)**
Verkaufspreis (exkl. bzw. inkl. USt)	**Erlöse (exkl. bzw. inkl. USt)**

Der Rohaufschlag hat in vielen Branchen eine **hohe Aussagekraft.** Für die Finanzbehörde ist z. B. ein Abweichen der Rohaufschläge von den durchschnittlichen Branchenrohaufschlägen ein Anzeichen für mögliche Verfehlungen (z. B. ungenaue Aufzeichnungen), was häufig eine Betriebsprüfung nach sich ziehen kann.

Kalkulationsfaktor

Anstelle des Rohaufschlages kann der Verkaufspreis auch mit einem **Kalkulationsfaktor** ermittelt werden. Dieser wird ausgehend vom Rohaufschlag oder vom Verkaufspreis ermittelt.

Verkaufspreis mit Kalkulationsfaktor berechnen: Auch mit dem Kalkulationsfaktor kann der Verkaufspreis berechnet werden. Dieser wird ebenfalls aufgrund der Erfahrung des Unternehmers oder aufgrund von allgemeinen Richtwerten festgelegt.

$$\text{Kalkulationsfaktor inkl. USt} = \frac{100 + \text{Rohaufschlag inkl. USt}}{100} \quad \textbf{oder} \quad \frac{\text{Verkaufspreis inkl. USt}}{\text{Einstandspreis}}$$

Verkaufspreis inkl. USt = Einstandspreis · **Kalkulationsfaktor inkl. USt**

Beispiel:

Bei einem Rohaufschlag (inkl. 20 % USt) von 92 % beträgt der Kalkulationsfaktor inkl. USt:

$$\text{Kalkulationsfaktor inkl. USt} = \frac{100 + \text{Rohaufschlag inkl. USt}}{100} = \frac{100 + 92}{100} = \mathbf{1{,}92}$$

Mit dem Kalkulationsfaktor inkl. USt kann bei einem Einstandspreis einer Ware von € 20,– direkt der Verkaufspreis inkl. USt berechnet werden:

Verkaufspreis inkl. USt = Einstandspreis · Kalkulationsfaktor inkl. USt =
= 20 · 1,92 = **€ 38,40**

Handelsspanne

Die **Handelsspanne** ist die **prozentmäßige Differenz** zwischen **Einstandspreis und Verkaufspreis, bezogen auf den Verkaufspreis,** bzw. **Wareneinsatz und Erlösen, bezogen auf die Erlöse.** Sie wird auch als Gewinnspanne oder Marge bezeichnet.

Sie kann ausgehend vom Verkaufspreis oder von den Erlösen ermittelt werden:

Handelsspanne berechnen – bezogen auf einzelne Waren

$$\text{Handelsspanne (exkl. bzw. inkl. USt)} = \frac{\text{Bruttogewinn}}{\text{Verkaufspreis (exkl. bzw. inkl. USt)}} \cdot 100\,(\%)$$

Handelsspanne berechnen – bezogen auf den gesamten Betrieb

$$\text{Handelsspanne (exkl. bzw. inkl. USt)} = \frac{\text{Bruttogewinn}}{\text{Erlöse (exkl. bzw. inkl. USt)}} \cdot 100\,(\%)$$

Einstandspreis
bzw. Wareneinsatz
\+ Gemeinkosten
Selbstkosten
\+ Gewinn
Nettoverkaufspreis
bzw. Nettoerlöse
\+ Umsatzsteuer
Bruttoverkaufspreis
bzw. Bruttoerlöse

Handelsspanne exkl. USt
Handelsspanne inkl. USt

Die Handelsspanne gibt u. a. Auskunft über die **Rentabilität des Unternehmens,** über den optimalen **Verkaufspreis** und darüber, zu welchem Preis **Waren bezogen** werden können. Sie kann exkl. oder inkl. Umsatzsteuer ermittelt werden.

Einstandspreis/Wareneinsatz mit Handelsspanne berechnen: Ausgehend vom Verkaufspreis bzw. von den Erlösen kann mittels Handelsspanne auf den Einstandspreis bzw. Wareneinsatz hochgerechnet werden.

Auf eine Ware bezogen:

	Einstandspreis
+	Gemeinkosten (Regien)
+	Sonderkosten der Manipulation
	Selbstkosten
+	Gewinn
	Nettoverkaufspreis
+	Sonderkosten des Vertriebes
	Listenverkaufspreis (exkl. USt)
+	Umsatzsteuer
	Bruttoverkaufspreis (inkl. USt)

Handelsspanne (exkl. bzw. inkl. USt)

Auf den gesamten Betrieb bezogen:

	Wareneinsatz
+	Gemeinkosten (Regien)
+	Sonderkosten der Manipulation
	Selbstkosten
+	Gewinn
	Nettoerlöse
+	Sonderkosten des Vertriebes
	Erlöse (exkl. USt)
+	Umsatzsteuer
	Bruttoerlöse (inkl. USt)

Reduzierte Kalkulation mit Handelsspanne

	Verkaufspreis (exkl. bzw. inkl. USt)
–	**Handelsspanne (exkl. bzw. inkl. USt)**
	Einstandspreis

	Erlöse (exkl. bzw. inkl. USt)
–	**Handelsspanne (exkl. bzw. inkl. USt)**
	Wareneinsatz

Die **Handelsspanne exkl. USt** entspricht dem **Wiederverkäuferrabatt** (Großhandels-, Einzelhandelsrabatt), wenn es sich um einen Artikel mit einem empfohlenen Wiederverkaufspreis handelt und dieser Preis auch angesetzt wird (siehe Kapitel 2, Lerneinheit 5).

2 Kalkulation im Handel ohne Differenzierung nach Warengruppen oder Kostenstellen

Nicht in allen Handelsbetrieben wird nach Warengruppen oder Kostenstellen differenziert. In diesen Betrieben werden die **Zuschlags-(Aufschlags-)Sätze** ausgehend von den **Aufwendungen laut Gewinn- und Verlustrechnung (GuV)** ermittelt. Die errechneten Sätze können nur beschränkt für die Kalkulation einzelner Produkte eingesetzt werden, da sie häufig nicht der Kostenverursachung der einzelnen Produkte entsprechen.

Diese Form der Kalkulation ist daher nur in **einfach strukturierten Betrieben** (keine Differenzierung nach Warengruppen oder Kostenstellen) anwendbar.

L 5.1 Kalkulation im Handel

Die vereinfachte GuV-Rechnung der Einzelunternehmerin Katrin Obermoser e. U., Kindermodengeschäft, weist folgende Positionen auf:

Gewinn- und Verlustrechnung

Warenerlöse		€ 560.000,00
– Wareneinsatz		– € 340.000,00
– Personalaufwand		– € 60.000,00
– Abschreibungen von Sachanlagen		– € 15.000,00
– Sonstige betriebliche Aufwendungen:		
Mietaufwand	– € 28.000,00	
Werbeaufwand	– € 12.000,00	
Sonstige Aufwände	– € 25.800,00	– € 65.800,00
Betriebserfolg		€ 79.200,00
– Zinsenaufwand		– € 1.000,00
Bilanzgewinn (= Jahresüberschuss)		**€ 78.200,00**

Umsatzsteuer einheitlich 20%

Hinweis: In Handelsbetrieben wird meist auf eine Überleitung der Aufwendungen in Kosten verzichtet. Die Aufwendungen entsprechen somit den Kosten.

Aufgabe: Berechne die folgenden Werte (auf 1 Dez. genau): C

a) Gemeinkostenzuschlagssatz
b) Rohaufschlag exkl. USt
c) Rohaufschlag inkl. USt
d) Kalkulationsfaktor inkl. USt (auf 2 Dez. aufrunden)
e) Handelsspanne exkl. und inkl. USt
f) Verkaufspreis inkl. USt (auf 10 Cent genau), wenn der Einstandspreis der Kapuzenjacke „Eisbär" € 43,– beträgt und mit dem Kalkulationsfaktor gemäß d) kalkuliert wird

Lösung:

a)

Summe der Aufwendungen (= Kosten)	€ 481.800,00
– Wareneinsatz	€ 340.000,00
Gemeinkosten	€ 141.800,00

340.000 + 60.000 + 15.000 + 65.800 + 1.000 = € 481.800,00

$$\text{Gemeinkostenzuschlagssatz} = \frac{\text{Gemeinkosten}}{\text{Wareneinsatz}} \cdot 100 = \frac{141.800}{340.000} \cdot 100 = \mathbf{41{,}7\,\%}$$

b)

Erlöse exkl. USt	€ 560.000,00
– Wareneinsatz	€ 340.000,00
Bruttogewinn	€ 220.000,00

$$\text{Rohaufschlag exkl. USt} = \frac{\text{Bruttogewinn}}{\text{Wareneinsatz}} \cdot 100 = \frac{220.000}{340.000} \cdot 100 = \mathbf{64{,}7\,\%}$$

c)

Erlöse inkl. USt	€ 672.000,00
– Wareneinsatz	€ 340.000,00
Bruttogewinn	€ 332.000,00

560.000 · 1,2 = € 672.000,00

$$\text{Rohaufschlag inkl. USt} = \frac{\text{Bruttogewinn}}{\text{Wareneinsatz}} \cdot 100 = \frac{332.000}{340.000} \cdot 100 = \mathbf{97{,}6\,\%}$$

d)

$$\text{Kalkulationsfaktor inkl. USt} = \frac{100 + \text{Rohaufschlag inkl. USt}}{100} = \frac{100 + 97{,}6}{100} = \mathbf{1{,}98}$$

e)

$$\text{Handelsspanne exkl. USt} = \frac{\text{Bruttogewinn}}{\text{Erlöse (exkl. USt)}} \cdot 100 = \frac{220.000}{560.000} \cdot 100 = \mathbf{39{,}3\,\%}$$

$$\text{Handelsspanne inkl. USt} = \frac{\text{Bruttogewinn}}{\text{Erlöse (inkl. USt)}} \cdot 100 = \frac{332.000}{672.000} \cdot 100 = \mathbf{49{,}4\,\%}$$

f)

Verkaufspreis inkl. USt der Kapuzenjacke „Eisbär" = 43 · 1,98 = 85,14 ≈ **€ 85,10** (gerundet)

Anmerkung: Der kalkulierte Verkaufspreis ist in der Praxis oft aufgrund der Konkurrenz **nicht erzielbar.** In diesem Fall muss der Preis meist an den üblichen **Marktpreis** angepasst werden und es muss dann ein kalkulatorischer Ausgleich angestrebt werden. Beim kalkulatorischen Ausgleich wird bei anderen Produkten ein entsprechend höherer Rohaufschlag (Kalkulationsaufschlag) angewendet, damit der durchschnittliche Rohaufschlag (und damit der Betriebsgewinn) nicht kleiner wird.

In vielen Branchen des Handels werden die Preise heute auch sehr stark durch **marketingpolitische Überlegungen** beeinflusst (z. B. Aktionspreise, Lockpreise, psychologische Preisfestlegung [€ 9,90 statt € 10,10]). Auch in diesen Fällen muss ein durchschnittlicher Rohaufschlag angestrebt werden, der einen entsprechenden Gewinn sicherstellt.

Ü 5.1 Kalkulation im Handel

Die vereinfachte GuV-Rechnung der Christine Fellner KG, Boutique „Young Fashion", zeigt folgendes Bild:

Gewinn- und Verlustkonto	Aufwände	Erträge
Warenerlöse		990.000,00
Wareneinsatz	620.000,00	
Abschreibungen von Sachanlagen	42.000,00	
Sonstige betriebliche Aufwände	198.000,00	
Gewinn	130.000,00	
	990.000,00	990.000,00

Umsatzsteuer einheitlich 20 %

Aufgabe: Berechne die folgenden Werte (auf 1 Dez. genau) und beantworte die Fragestellung: C D

a) Gemeinkostenzuschlagssatz
b) Rohaufschlag exkl. USt
c) Rohaufschlag inkl. USt
d) Kalkulationsfaktor inkl. USt (auf 2 Dez. aufrunden)
e) Handelsspanne exkl. und inkl. USt
f) Verkaufspreis inkl. USt (auf 10 Cent genau), wenn der Einstandspreis der Herrenjeans „Westernstyle" € 32,30 beträgt und mit dem Kalkulationsfaktor gemäß d) kalkuliert wird
g) Welche Überlegungen sind anzustellen, wenn ein in nächster Nähe befindlicher Konkurrent die im Punkt f) kalkulierten Jeans um
   1. € 59,90,
   2. € 54,90,
   3. € 67,90

   anbietet?

LINK
Kalkulation im Handel
Formular

LINK
Ü 5.1
Excel

Individuelle Jeans aus dem Mühlviertel
Das Modelabel Ompura produziert u. a. Jeans aus nachwachsenden Naturstoffen in Österreich. Stoff, Farbe und Schnitt kann individuell gewählt werden.

3 Kalkulation im Handel mit Differenzierung nach Warengruppen oder Kostenstellen

Bei einer Differenzierung nach Warengruppen oder Kostenstellen werden die Kostenarten **entsprechend der Kostenverursachung** den einzelnen **Warengruppen** oder **Kostenstellen** zugeordnet. Dabei ist eine gewisse Großzügigkeit hinsichtlich der Genauigkeit vertretbar, da die Ergebnisse nur Richtwerte für eine differenzierte Kalkulation darstellen.

Die Differenzierung setzt eine entsprechende **Kostenrechnung** voraus.

L 5.2 Differenzierte Kalkulation im Handel

Das Kaufhaus Hans Ronacher KG führt drei Warengruppen (Damen-, Herren- und Kinderbekleidung) in drei Abteilungen.

Aufgabe: a) Vervollständige die nachfolgende Tabelle (Beträge in € 1.000, auf 1 Dez. genau; Prozentsätze auf 1 Dez. genau; Kalkulationsfaktoren auf 3 Dez. genau). C

b) Der Einstandspreis eines Damensommerkleides beträgt € 65,–. Berechne mithilfe des Kalkulationsfaktors der Abteilung Damenbekleidung den Verkaufspreis inkl. 20 % USt (auf € aufrunden). C

Lösung:

a)

	Gesamtbetrag	Abteilung		
		Damenbekleidung	Herrenbekleidung	Kinderbekleidung
Wareneinsatz	3.310,0	1.510,0	1.320,0	480,0
Gemeinkosten lt. BAB	1.283,0	603,0	486,5	193,5
Gesamtkosten	4.593,0	2.113,0	1.806,5	673,5
Umsatz	4.810,0	2.240,0	1.790,0	780,0
Betriebserfolg	217,0	127,0	– 16,5	106,5
Gemeinkostenzuschlagssatz	38,8 %	39,9 %	36,9 %	40,3 %
Bruttogewinn	1.500,0	730,0	470,0	300,0
Handelsspanne exkl. USt	31,2 %	32,6 %	26,3 %	38,5 %
Rohaufschlag exkl. USt	45,3 %	48,3 %	35,6 %	62,5 %
Rohaufschlag inkl. USt	74,4 %	78,0 %	62,7 %	95,0 %
Kalkulationsfaktor inkl. 20 % USt	1,744	1,780	1,627	1,950

- Betriebserfolg: Umsatz – Gesamtkosten
- Gemeinkostenzuschlagssatz: $\frac{\text{Gemeinkosten}}{\text{Wareneinsatz}} \cdot 100\ (\%)$
- Bruttogewinn: Erlöse (Umsatz) – Wareneinsatz
- Handelsspanne exkl. USt: $\frac{\text{Bruttogewinn}}{\text{Erlöse}} \cdot 100\ (\%)$
- Rohaufschlag exkl. USt: $\frac{\text{Bruttogewinn}}{\text{Wareneinsatz}} \cdot 100\ (\%)$
- Rohaufschlag inkl. USt: $\frac{\text{Umsatz} \cdot 1{,}2 - \text{Wareneinsatz}}{\text{Wareneinsatz}} \cdot 100\ (\%)$
- Kalkulationsfaktor: $\frac{100 + \text{Rohaufschlag inkl. USt}}{100}$

b)

Verkaufspreis inkl. 20 % USt des Damensommerkleides =
= 65 · 1,780 = 115,70 ≈ **€ 116,00** (gerundet)

Ü 5.2 Differenzierte Kalkulation im Handel

LINK Ü 5.2 Excel

Die Haus & Garten Handels GmbH führt die Warengruppen Haus- und Küchengeräte, Eisenwaren, Gartengeräte.

Aufgabe: a) Stelle den folgenden Betriebsabrechnungsbogen fertig (in € 1.000, auf 1 Dez. genau). Teile dazu die Raum- und Werbungskosten auf die entsprechenden Warengruppen auf.

Kostenart	Aufteilungs-schlüssel	Gesamt-betrag	Warengruppe			Verwaltung
			Haus- und Küchen-geräte	Eisenwaren	Gartengeräte	
Raumkosten	m^2-Anteil	25,0	57%	20%	14%	9%
Werbung	Umsatzanteil	39,0				
Umlage Verwaltung			35%	40%	25%	

Die errechnete Gemeinkostensumme der Kostenstelle Verwaltung ist auf die übrigen Kostenstellen im angegebenen Verhältnis aufzuteilen. In der Kostenstelle Verwaltung ist der aufgeteilte Betrag mit einem negativen Vorzeichen einzutragen. Weiters sind die Gemeinkostensummen zu berechnen. C

b) Berechne die folgenden Werte, gesamt und für die einzelnen Warengruppen, in der nachfolgenden Tabelle: Gesamtkosten, Betriebserfolg, Gemeinkostenzuschlagssatz, Bruttogewinn, Handelsspanne exkl. USt, Rohaufschlag exkl. USt, Rohaufschlag inkl. USt (Beträge in € 1.000, auf 1 Dez. genau; Prozentsätze auf 1 Dez. genau), Kalkulationsfaktoren inkl. 20% USt (auf 2 Dez. genau). C

c) Ermittle die Warengruppe mit dem höchsten Rohaufschlag. C

d) Ermittle die Warengruppe mit dem höchsten Betriebsgewinn. C

e) Erkläre, warum bei der Warengruppe Gartengeräte trotz eines höheren Rohaufschlages der Gewinn viel niedriger ist als bei der Warengruppe Eisenwaren. D

f) Nenne einige Maßnahmen, die zu einer Vergrößerung des Gewinnes bei der Warengruppe Haus- und Küchengeräte führen könnten. D

Lösung:

a) und **b)**

Kostenart	Gesamt-betrag	Warengruppe			Verwaltung
		Haus- und Küchen-geräte	Eisenwaren	Gartengeräte	
Wareneinsatz	700,0	220,0	320,0	160,0	
Personalkosten	144,0	32,0	45,0	24,0	43,0
Raumkosten					
Werbung					
Sonstige Gemeinkosten	56,0	14,0	17,0	9,0	16,0
Summe Gemeinkosten					
Umlage Verwaltung					
Gemeinkostensummen					
Gesamtkosten					
Umsatz	1.030,0	320,0	470,0	240,0	
Betriebserfolg					
Gemeinkostenzuschlagssatz					
Bruttogewinn					
Handelsspanne exkl. USt					
Rohaufschlag exkl. USt					
Rohaufschlag inkl. USt					
Kalkulationsfaktor inkl. 20% USt					

4 Direct Costing im Handel

Beim **Direct Costing** werden nur die **variablen Kosten** als Grundlage für unternehmerische Entscheidungen herangezogen. Im Einzelhandel stellt im Allgemeinen der **Einstandspreis einer Ware** die **variablen Kosten** dar, während die **Gemeinkosten** meist überwiegend **Fixkostencharakter** haben.

Der **Deckungsbeitrag** ergibt sich dabei als **Differenz** zwischen dem **Nettoverkaufspreis** und dem **Einstandspreis** einer Ware. Dieser Umstand ermöglicht eine besonders **flexible Preispolitik.**

Ermittlung des Deckungsbeitrages

	Nettoverkaufspreis
–	Einstandspreis
	Deckungsbeitrag

Kalkulationsschema einschließlich der Ermittlung des Deckungsbeitrages

Dieses Grundschema entspricht einer Absatzkalkulation; siehe Kapitel 2, Lerneinheit 5.

	Einstandspreis = variable Kosten		
+	**Deckungsbeitrag**		
	Nettoverkaufspreis		
+	Verkaufsprovision	Sonderkosten des Vertriebes	– v. h.
	Kassapreis		
+	Skonto	Sonderkosten des Vertriebes	– v. h.
	Zielpreis		
+	Rabatt	Sonderkosten des Vertriebes	– v. h.
	Listenverkaufspreis (exkl. USt)		
+	Umsatzsteuer		– a. h.
	Bruttoverkaufspreis (inkl. USt)		

Die **Preispolitik im Handel,** insbesondere in Großbetrieben des Einzelhandels, orientiert sich vor allem an **marketingpolitischen Überlegungen** (Lockpreise, z. B. Verkauf von Lockartikeln knapp über dem Einstandspreis; psychologische Preisgestaltung, z. B. € 39,90; konkurrenzorientierte Preise usw.) und **weniger an kostenmäßigen Überlegungen.**

Ziel ist natürlich im Allgemeinen die **Optimierung des Gesamtgewinnes.** Die beschriebene Preispolitik hat allerdings in vielen Branchen zu einem Preisverfall und damit zum Teil zu einer Existenzgefährdung vieler Betriebe geführt.

Elektrogroßhändler
Lockpreise und Preiskampf haben viele kleine Elektrohändler in den Konkurs getrieben, diese Lücken wurden durch wenige Großanbieter und den Onlinehandel geschlossen.

L 5.3 Direct Costing im Handel

Die Elektroeinzelhändlerin Selina Luschnig e. U. hat den Staubsauger „Turbo 3000“ mit einem empfohlenen Bruttoverkaufspreis von € 177,– (inkl. 20 % USt) im Sortiment. Der Einstandspreis beträgt € 89,–. Aus dem Verkauf wurde ein Umsatz von € 7.788,– (inkl. 20 % USt) erzielt.

Um den Absatz zu steigern, wird der Bruttoverkaufspreis auf € 150,– (inkl. 20 % USt) gesenkt. Weiters sind in der neuen Kalkulation 10 % Mengenrabatt bei 40 % des Umsatzes und 2 % Skonto zu berücksichtigen.

Aufgabe: a) Ermittle den Deckungsbeitrag, wenn der Staubsauger „Turbo 300“ zum empfohlenen Bruttoverkaufspreis verkauft wird. C

b) Ermittle den Deckungsbeitrag, der sich nach der Senkung des Bruttoverkaufspreises ergibt. C

c) Um wie viel muss der neue Umsatz steigen, damit der gleiche Deckungsbeitrag erzielt wird? Berechne die Umsatzsteigerung in Stück und in Prozent (auf 1 Dez. genau). D

Lösung:

a)

	Einstandspreis	€ 89,00
+	**Deckungsbeitrag**	**€ 58,50**
	Nettoverkaufspreis	€ 147,50
+	20% USt	€ 29,50
	Bruttoverkaufspreis (inkl. USt)	€ 177,00

b)

	Einstandspreis	€ 89,00
+	**Deckungsbeitrag**	**€ 28,60**
	Nettoverkaufspreis	€ 117,60
+	2% Skonto	€ 2,40
	Zielpreis	€ 120,00
+	10 · 4 : 100 = 4% Rabatt	€ 5,00
	Listenverkaufspreis (exkl. USt)	€ 125,00
+	20% USt	€ 25,00
	Bruttoverkaufspreis (inkl. USt)	€ 150,00

c)

Verkaufte Stückzahlen zum Bruttoverkaufspreis vor der Preissenkung: 7.788 : 177 = 44 Stück

Deckungsbeitrag vor der Preissenkung: 44 · 58,50 = € 2.574,00

Zu verkaufende Stückzahlen nach der Preissenkung: 2.574,00 : 28,60 = 90 Stück

44 · 58,50 = x · 28,60
x = **90 Stück**

Die mengenmäßige Umsatzsteigerung beträgt (90 Stück – 44 Stück) **46 Stück,** das sind **104,5%.**

$\frac{(90-44)}{44} \cdot 100 =$ **104,5%**

Ü 5.3 Direct Costing im Handel

LINK Ü 5.3 Excel

Der Raumausstatter Mutz GmbH bestellt bei seiner Lieferantin Caroline Schweighard GmbH 50 Couchtische „Maron" laut folgendem Auszug aus der Rechnung:

Pos.	Art. Nr.	Bezeichnung	Menge	Einzelpreis	Rabatt	Gesamtpreis
1	A 75	Couchtisch „Maron" laut Angebot	50	€ 475,00	– 50,00%	€ 11.875,00
		Lieferung frei Haus!			Nettobetrag	€ 11.875,00
					+ 20% USt	€ 2.375,00
					Bruttobetrag	€ 14.250,00

Aufgabe: a) Der empfohlene Bruttoverkaufspreis der Lieferantin Caroline Schweighard GmbH beträgt € 570,– (inkl. 20% USt). Berechne den Deckungsbeitrag, der sich aufgrund des empfohlenen Bruttoverkaufspreises ergibt. C

b) Aufgrund der Marktsituation legt die Mutz GmbH den Bruttoverkaufspreis des Couchtisches mit € 549,– (inkl. 20% USt) fest. In der Kalkulation der Mutz GmbH sind weiters 2% Skonto und 6% Verkaufsprovision zu berücksichtigen. Berechne den Deckungsbeitrag, der sich aufgrund des tatsächlichen Bruttoverkaufspreises der Mutz GmbH ergibt. C

c) Im Dezember wurden bisher 23 Couchtische zum Bruttoverkaufspreis von € 549,– (inkl. 20% USt) verkauft. Berechne, wie viele Couchtische die Mutz GmbH mehr verkaufen muss, damit der gleiche Deckungsbeitrag erzielt wird, der sich aufgrund des empfohlenen Bruttoverkaufspreises ergibt (auf ganze Stück aufrunden bzw. Zwischenergebnis auf 1 Dez. genau). D

ÜBEN

Probier es selbst: Bearbeite die folgenden Übungsbeispiele.

Ü 5.4 Kalkulation im Handel

Die vereinfachte GuV-Rechnung der Biomöbel HandelsgmbH weist folgende Positionen auf:

Gewinn- und Verlustrechnung

Warenerlöse	€ 3.080.000,00
– Wareneinsatz	– € 1.840.000,00
– Personalaufwand	– € 610.000,00
– Abschreibungen von Sachanlagen	– € 60.000,00
– Sonstige betriebliche Aufwendungen	– € 260.000,00
Betriebserfolg	€ 310.000,00
– Zinsenaufwand	– € 30.000,00
Bilanzgewinn (= Jahresüberschuss)	**€ 280.000,00**

Umsatzsteuer einheitlich 20 %

Aufgabe: Berechne die folgende Werte (auf 1 Dez. genau): C D

a) Gemeinkostenzuschlagssatz
b) Rohaufschlag exkl. USt
c) Rohaufschlag inkl. USt
d) Kalkulationsfaktor inkl. USt (auf 2 Dez. aufrunden)
e) Handelsspanne exkl. und inkl. USt
f) Verkaufspreis inkl. USt (auf € aufrunden), wenn der Einstandspreis des Gesundheitsbettes „Wellness 140" € 460,– beträgt und mit dem Kalkulationsfaktor gemäß d) kalkuliert wird
g) Erläutere, welche Überlegungen bei der Festlegung des unter f) errechneten Verkaufspreises anzustellen sind.

Ü 5.5 Differenzierte Kalkulation im Handel

Das IT-Handelsunternehmen Johanna Huber e. U. bezieht von seinem Großhändler Laptops von Apple zum Einstandspreis von € 985,–. Diese werden um € 1.398,– (inkl. 20 % USt) zum Verkauf angeboten.

Aufgabe: Berechne die folgenden Werte (auf 1 Dez. genau): C

a) Rohaufschlag exkl. und inkl. USt
b) Kalkulationsfaktor inkl. USt (auf 2 Dez. aufrunden)
c) Handelsspanne exkl. und inkl. USt
d) Verkaufspreis inkl. USt, wenn 20 Laptops abgenommen werden und mit einem Rohaufschlag inkl. USt von 30 % kalkuliert wird
e) Verkaufspreis inkl. USt, wenn aufgrund eines Preisverfalls wegen eines Modellwechsels der Einstandspreis der Laptops € 785,– beträgt und mit dem Kalkulationsfaktor gemäß b) kalkuliert wird

Ü 5.6 Differenzierte Kalkulation im Handel

Der Werkzeughändler Josef Müller e. U. bezieht die Baumschere „Floramat" um € 15,– abzüglich 30 % Wiederverkäuferrabatt. Er verkauft sie um € 18,– (inkl. 20 % USt).

Aufgabe: a) Berechne die Handelsspanne exkl. und inkl. 20 % USt. C
b) Berechne den Rohaufschlag inkl. 20 % USt. C

LINK
Kalkulation im Handel
Formular

LINK
Ü 5.4
Excel

Ü 5.7 Differenzierte Kalkulation im Handel

Für das Make-up „Colourline“ wurde ein Einstandspreis von €4,30 und ein Listenverkaufspreis (exkl. 20% USt) von €7,– ermittelt. Für das neue Produkt „Colourline plus“ beträgt der Einstandspreis €4,90.

Aufgabe: a) Berechne den Listenverkaufspreis (exkl. 20% USt) für das Produkt „Colourline plus“, wobei der Rohaufschlag in Euro gleich hoch sein soll wie beim Produkt „Colourline“. [C]

b) Berechne den Rohaufschlag exkl. 20% USt in% bei beiden Produkten. [C]

c) Berechne die Handelsspanne inkl. 20% USt beim Produkt „Colourline plus“. [C]

Ü 5.8 Differenzierte Kalkulation im Handel

Der Einstandspreis des Kopfhörers „Studiomaster“ beträgt €24,90; Rohaufschlag der Warengruppe Hi-Fi exkl. USt 38,2%; zusätzliche Sonderkosten des Vertriebes €0,90, 20% USt.

Aufgabe: Berechne den Bruttoverkaufspreis (inkl. USt). [C]

Ü 5.9 Direct Costing im Handel

Importeur (Großhandel): Einstandspreis des Kühlschrankes Polaris*** K 200 € 230,–; Listenverkaufspreis € 310,– (exkl. USt); Sonderkosten des Vertriebes: 10% Mengenrabatt bei 60% des Umsatzes, 2% Skonto, 4% Verkaufsprovision, diverse Sonderkosten durchschnittlich € 3,– pro Stück

Aufgabe: Berechne den Deckungsbeitrag. [C]

Ü 5.10 Direct Costing im Handel

Einstandspreis der Katzenfutterdose „Catlove“ €0,70; Bruttoverkaufspreis € 1,30 (inkl. 10 % USt); Sonderkosten des Vertriebes: 30% Mengenrabatt bei 60% des Umsatzes, 3 % Skonto

Abgesetzte Menge im April: 2.500 Dosen

Aufgabe: a) Berechne den Deckungsbeitrag. [C]

b) Um den Absatz zu steigern, soll die Katzenfutterdose um €1,10 (inkl. 10% USt) angeboten werden. Berechne den Deckungsbeitrag, der sich nach der Preissenkung ergibt, wenn alle anderen Konditionen gleich bleiben. [C]

c) Um wie viel muss der neue Umsatz steigen, damit nach der Preissenkung der gleiche Deckungsbeitrag erzielt wird? Berechne die Umsatzsteigerung in Stück und in Prozent (auf 1 Dez. genau). [D]

Ü 5.11 Direct Costing im Handel

Bisheriger Bruttoverkaufspreis des Müsliriegels „Schokogold“ €1,10 (inkl. 10% USt), Einstandspreis €0,74, Absatzmenge pro Woche 250 Stück

Der Bruttoverkaufspreis soll auf €1,– (inkl. 10% USt) gesenkt werden.

Aufgabe: Berechne, wie hoch der Einstandspreis nach Durchführung der Preissenkung maximal sein darf, wenn die Absatzmenge pro Woche auf 300 Stück steigt und der gleiche Deckungsbeitrag erzielt werden soll. [D]

LINK
Das passende Übungsbuch mit Lösungen gibt’s hier.

WEITER ÜBEN!

Zusätzliche Übungsbeispiele im Anhang ab Seite 335

Online-Training: Check dein Wissen!

LINK
Interaktive Übungen

LERNEN

2 Besonderheiten der Kostenrechnung im Handwerk

Susanne besitzt seit einem Jahr ein Motorrad. Auf einer Werkstattrechnung kann sie erkennen, dass die meisten Kosten durch die Arbeitszeit verursacht werden. Wie kalkulieren Handwerksbetriebe und wie werden Stundensätze ermittelt?

1 Kostenrechnung im Handwerk

Handwerksbetriebe sind Klein- und Mittelbetriebe, die **individuelle Leistungen** erstellen.

Die Abgrenzung zwischen Handwerk und Industrie ist oft nicht genau möglich, da sich Handwerksbetriebe in den letzten Jahrzehnten stark verändert haben. Viele Handwerksbetriebe haben heute durch den starken Maschineneinsatz, durch die Arbeit für den anonymen Markt in größeren Stückzahlen, durch eine größere Zahl von Beschäftigten und durch einen relativ hohen Kapitaleinsatz **industriellen Charakter.**

Die **Kostenrechnung** hat im **Handwerksbetrieb** im Prinzip die gleichen Aufgaben wie in der Industrie oder im Handel, wobei der **Ermittlung der Selbstkosten** als **Grundlage der Preisbildung** eine besondere Bedeutung zukommt.

Handwerk in Österreich
In Österreich gibt es mehr als 127.000 Handwerksbetriebe, das sind ca. 31 % aller österreichischen Unternehmen. Diese Betriebe sind fester Bestandteil unseres Alltags, angefangen vom Kfz-Mechaniker über den Bäcker bis zum Friseur.

Reparaturkosten sparen
Inzwischen gibt es viele Kfz-Werkstätten, die es den Kunden erlauben, bei den eigenen Fahrzeugen selbst Hand anzulegen. Diverse Mietwerkstätten bieten die Räumlichkeiten und das Werkzeug an, um selbst zu reparieren.

Kalkulationsverfahren

In vielen Dienstleistungsbetrieben, die Reparatur- oder Montagearbeiten (z. B. Kfz-Reparaturwerkstätten und Elektroinstallateure) oder sonstige Dienstleistungen (z. B. Maler und Anstreicher) verrichten, wird die **Zuschlagskalkulation** meist in Verbindung mit der **Kalkulation mit Stundensätzen** durchgeführt.

Dabei werden die **Einzelkosten** dem **Kostenträger direkt** und die **Gemeinkosten** in Form eines **pauschalen Gemeinkostenzuschlagssatzes indirekt** zugerechnet.

Beispiel:
Für die Reparatur des Pkw Renault Espace fallen Kosten für die Ersatzteile und für den Stundenlohn des Gesellen an (= Einzelkosten). Diese Kosten werden der Reparatur (= Kostenträger) direkt zugerechnet. Die Stromkosten, Verwaltungskosten etc. (= Gemeinkosten) werden ihr über den Gemeinkostenzuschlagssatz indirekt zugerechnet.

Zur Ermittlung des pauschalen Gemeinkostenzuschlagssatzes werden die **Gemeinkosten** durch die den Kunden verrechneten **Arbeitsstunden** dividiert. Die **verrechenbaren Arbeitsstunden** werden auch als **produktive Personalkosten** bezeichnet und stellen **Einzelkosten** dar.

Gemeinkostenzuschlagssatz ermitteln

Gemeinkostenzuschlagssatz/Stunde (in €) =

$$= \frac{\text{Gemeinkosten}}{\text{verrechenbare (produktive) Arbeitsstunden}}$$

L 5.4 Kostenrechnung im Handwerk

In der Kfz-Werkstätte Renate Aichlseder e. U. werden Reparaturen für alle gängigen Zweiradmarken durchgeführt. Die Meisterin Renate Aichlseder beschäftigt einen Gesellen und einen Lehrling ganzjährig.

Die Aufwandssumme laut GuV-Rechnung betrug für das Vorjahr € 160.550,–. Darin ist ein Materialeinsatz von € 58.000,– enthalten. Auf den Materialeinsatz werden 20 % Materialaufschlag verrechnet, davon wird die Hälfte zur Abdeckung der Gemeinkosten verwendet.

Hinweis: In Handwerksbetrieben wird meist auf eine Überleitung der Aufwendungen in Kosten verzichtet. Die Aufwendungen entsprechen somit den Kosten.

Für Reparaturleistungen wurden den Kunden folgende Stunden verrechnet (= verrechenbare Personalkosten):

Meisterin: 850 Stunden à € 11,50

Geselle: 1.350 Stunden à € 11,50

Lehrling: 950 Stunden à € 3,80

Die Lohnnebenkosten (inkl. Nichtleistungslöhne) betragen für die Meisterin und den Gesellen 100 % und für den Lehrling 130 %.

Aufgabe: a) Berechne die Selbstkosten-Stundensätze für eine Arbeitsstunde der Meisterin, des Gesellen sowie des Lehrlings. C

b) Bei einem Reparaturauftrag fallen Materialkosten von € 235,– und 11,5 Arbeitsstunden des Gesellen an. Rechne diesen Auftrag inkl. 20 % USt ab, wenn auf den Stundensatz des Gesellen 25 % Gewinn aufgeschlagen (Stundensatz auf € aufrunden) und beim Material 20 % Materialaufschlag berücksichtigt werden. C

Lösung:

a)

Aufwandssumme laut GuV		€ 160.550,00
– direkt verrechenbare Kosten:		
Materialeinsatz		– € 58.000,00
Personalkosten		
Meisterin: 850 h · 11,50 + 100% Lohnnebenkosten =	€ 19.550,00	
Geselle: 1.350 h · 11,50 + 100% Lohnnebenkosten =	€ 31.050,00	
Lehrling: 950 h · 3,80 + 130% Lohnnebenkosten =	€ 8.303,00	– € 58.903,00
– aus dem Materialaufschlag gedeckte Gemeinkosten = 58.000 · 10%		– € 5.800,00*
Gemeinkosten		€ 37.847,00

verrechenbare (produktive) Arbeitsstunden = 850 + 1.350 + 950 = 3.150 h

$$\text{Gemeinkostenzuschlagssatz/Stunde} = \frac{37.847}{3.150} = \textbf{€ 12,01}$$

Berechnung der Selbstkosten-Stundensätze:

Meisterin/Geselle		Lehrling	
Stundenlohn	€ 11,50	Stundenlohn	€ 3,80
+ 100% Lohnnebenkosten	€ 11,50	+ 130% Lohnnebenkosten	€ 4,94
+ Gemeinkostenzuschlagssatz	€ 12,01	+ Gemeinkostenzuschlagssatz	€ 12,01
Selbstkosten/h	**€ 35,01**	**Selbstkosten/h**	**€ 20,75**

b) Abrechnung des Reparaturauftrages:

Selbstkosten/h	€ 35,01	Material: € 235,00 · 1,20	€ 282,00**
+ 25% Gewinn	€ 8,75	11,5 Arbeitsstunden zu je € 44,00	€ 506,00
Stundensatz (Preis/h)	€ 43,76	Rechnungsbetrag exkl. USt	€ 788,00
Stundensatz aufgerundet	€ 44,00	+ 20% Umsatzsteuer	€ 157,60
		Rechnungsbetrag inkl. USt	**€ 945,60**

*In Handwerksbetrieben werden auch Materialbestandteile (z. B. Autobatterien) ohne unmittelbare Arbeitsleistung (z. B. Einbau) verkauft. Daher ist auch auf das Material ein Aufschlag zu verrechnen, der zur Abdeckung der im Betrieb angefallenen Gemeinkosten verwendet wird.

**Die Berechnung des Materialaufschlages scheint auf der Rechnung des Kunden nicht auf.

Ü 5.12 Kostenrechnung im Handwerk

LINK **Kostenrechnung im Handwerk** Formular

LINK **Ü 5.12** Excel

Im Handwerksbetrieb Alois Pflegerl e. U., Gas-, Wasser- und Heizungsinstallationen, waren im vergangenen Jahr ein Meister, ein Geselle und ein Lehrling beschäftigt.

Die Aufwandssumme laut Gewinn- und Verlustrechnung betrug für das Vorjahr € 132.740,–. Der Materialeinsatz betrug € 49.500,–. Auf den Materialeinsatz werden 20% aufgeschlagen, davon werden 10 % zur Abdeckung der Gemeinkosten verwendet.

Verrechenbare Stunden:

Meister 800 h, Geselle 1.500 h, Lehrling 900 h

Stundenlöhne: Meister und Geselle € 11,–, Lehrling € 3,60

Lohnnebenkosten (inkl. Nichtleistungslöhne) für den Meister und den Gesellen 98%, für den Lehrling 130%

Aufgabe: a) Berechne die Selbstkosten-Stundensätze für den Meister, den Gesellen und den Lehrling. C

b) Berechne die Stundensätze inkl. 20% Gewinn (auf € aufrunden). C

c) Berechne folgenden Angebotspreis mit den unter b) errechneten Stundensätzen: Material € 655,–, 12 Arbeitsstunden Geselle, 12 Arbeitsstunden Lehrling, 20% USt. C

ÜBEN

Probier es selbst: Bearbeite die folgenden Übungsbeispiele.

Ü 5.13 Kostenrechnung im Handwerk

Im Handwerksbetrieb Claudia Reitinger e. U., Maß- und Änderungsschneiderei, betrugen die Aufwände laut Gewinn- und Verlustrechnung für das vergangene Jahr € 162.439,–. Beschäftigt waren neben der Meisterin zwei Gesellen.

Der Materialeinsatz betrug € 39.200,–. Es werden 30% Materialaufschlag verrechnet, davon werden 15% zur Abdeckung der Gemeinkosten verwendet.

Verrechenbare Stunden:
Meisterin 750 h, Gesellen je 1.500 h
Stundenlohn Meisterin und Gesellen € 10,–
Lohnnebenkosten (inkl. Nichtleistungslöhne) 96%

Aufgabe: a) Berechne die Selbstkosten-Stundensätze für die Meisterin und die Gesellen. C

b) Kalkuliere folgenden Herren-Maßanzug mit den unter a) errechneten Stundensätzen: 25% Gewinnzuschlag auf die Stundensätze (Stundensätze auf € aufrunden); Materialeinsatz € 80,–, Materialaufschlag 30%; Arbeitszeit: Meisterin 3 Stunden, Geselle 7 Stunden; 20% USt. C

LINK
Kostenrechnung im Handwerk
Formular

LINK
Ü 5.13
Excel

WEITER ÜBEN!

Zusätzliche Übungsbeispiele im Anhang ab Seite 337

Online-Training: Check dein Wissen!

LINK
Interaktive Übungen

LINK
Das passende Übungsbuch mit Lösungen gibt's hier.

KÖNNEN

Zeig, was du kannst: Wende bei den folgenden Aufgaben dein Wissen an.

K 5.1 Differenzierte Kalkulation im Handel

Der Einstandspreis des Hairstylingsets „Profi" beträgt € 39,30; 28 % Rohaufschlag exkl. USt der Warengruppe Elektrogeräte; zusätzliche Sonderkosten des Vertriebes: 1,5 % Verkaufsprovision, 5 % Rabatt.

Aufgabe: Berechne den Listenverkaufspreis (exkl. USt). C

K 5.2 Direct Costing im Handel

Supermarkt: Der Bruttoverkaufspreis für eine Obst-Konserve wird von € 0,77 (inkl. 10 % USt) auf € 0,70 gesenkt. Der Einstandspreis beträgt € 0,52 (= variable Kosten). Bisheriger Umsatz € 4.774,– (inkl. 10 % USt).

Aufgabe: a) Berechne, um wie viel Prozent der mengenmäßige Umsatz steigen muss, damit der gleiche Deckungsbeitrag erzielt wird. D

b) Berechne, wie hoch der neue Umsatz betragsmäßig sein muss (auf € genau). C

LINK
Kostenrechnung im Handwerk
Formular

LINK
K 5.3
Excel

K 5.3 Kostenrechnung im Handwerk

In der Werkstatt von Lucas Machrainer werden Wakeboards per Hand gefertigt. Neben dem Meister sind ein Geselle und ein Lehrling beschäftigt.

Laut Gewinn- und Verlustrechnung betragen die Aufwände im Vorjahr € 292.028,–. Der Materialeinsatz betrug € 108.900,–. Auf den Materialeinsatz werden 22 % aufgeschlagen, davon werden 11 % zur Abdeckung der Gemeinkosten verwendet.

Ein Blick in die Unterlagen zeigt folgende Werte:

Personal	Verrechenbare Stunden	Stundenlöhne	Lohnnebenkosten (inkl. Nichtleistungslöhne)
Meister	960 h	€ 12,00	96 %
Geselle	1.800 h	€ 12,00	96 %
Lehrling	1.080 h	€ 4,00	135 %

Aufgabe: a) Berechne die Selbstkosten-Stundensätze für den Meister, den Gesellen und den Lehrling. C

b) Berechne die Stundensätze inkl. 15 % Gewinn (auf € aufrunden). C

c) Berechne einen Angebotspreis für ein Wakeboard mit den unter b) errechneten Stundensätzen: Material € 250,–, 6 Arbeitsstunden Geselle, 2 Arbeitsstunden Lehrling, 20 % USt. C

KOMPETENZCHECK

Meine Kompetenzen	Kann ich?	Lernstoff	Aufgaben
Ich kann eine Kalkulation durchführen.		Lerneinheiten 1 und 2	Ü 5.1 bis Ü 5.13, K 5.1 bis K 5.3

Platz zum Schreiben

6 Grundlagen des Jahresabschlusses

Grundlagen des Jahresabschlusses
Einstiegsvideo zum Kapitel

Weißt du noch, wie man eine Summen- und Saldenbilanz aufstellt?

Und wie wird der Gewinn oder Verlust am Jahresende berechnet?

Darum geht's in diesem Kapitel:

In der doppelten Buchführung beginnt das Geschäftsjahr mit einer Eröffnungsbilanz, in die die Bestände aus dem Vorjahr übertragen werden. Die laufenden Geschäftsfälle werden täglich erfasst. Am Ende des Geschäftsjahres muss ein Jahresabschluss, bestehend aus der Gewinn- und Verlustrechnung und der Schlussbilanz, aufgestellt werden.

Das lernst du in den folgenden Lerneinheiten:

1 Welche **Abschluss-(Bilanzierungs-)Arbeiten** fallen an?
2 Was sind die **Grundlagen der Bewertung**?

Die Früchte der Arbeit ernten
Am Adamah BioHof im Marchfeld wird Obst und Gemüse geerntet, das man sich im BioKistl nachhause liefern lassen kann. Am Jahresende wird wie in jedem Unternehmen festgestellt, ob es ein erfolgreiches Jahr war.

LERNEN

1 Abschluss- (Bilanzierungs-)Arbeiten

Der Jahresabschluss ist der rechnerische Abschluss eines Geschäftsjahres. Der Jahresabschluss informiert über die Vermögens- und Ertragslage des Unternehmens und ist die Grundlage für zukünftige Planungen und Entscheidungen.

1 Einführung

Der **Jahresabschluss** ist der **rechnerische Abschluss der Buchführung einer Abschlussperiode** (Geschäftsjahr, Wirtschaftsjahr).

Die **Buchführung** und der **Jahresabschluss** sind untrennbar miteinander verbunden. Die **Abschlussperiode** ist in der Regel genau ein **Kalenderjahr** – 1. Jänner bis 31. Dezember. Rechnungslegungspflichtige Unternehmen können auch ein vom Kalenderjahr abweichendes Wirtschaftsjahr führen (z. B. 1. April bis 31. März). Aus Vereinfachungsgründen wird in den Beispielen stets vom Kalenderjahr als Wirtschaftsjahr ausgegangen.

Buchführung und Jahresabschluss

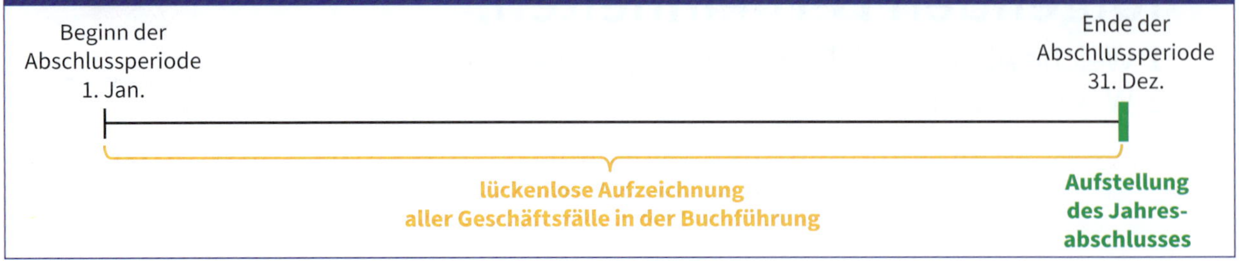

Aufgaben des Jahresabschlusses

Der Jahresabschluss hat im Wesentlichen folgende Aufgaben:

- **Buchführung** zusammenfassen und kontrollieren
- Höhe des **Vermögens** und der **Schulden** zum Abschlussstichtag feststellen – **Bilanz** erstellen
- **Erfolg** (Gewinn oder Verlust) der Abschlussperiode ermitteln – **Gewinn- und Verlustrechnung** erstellen

Bilanzierung

Die verschiedenen Tätigkeiten, die für die Erstellung des Jahresabschlusses notwendig sind, bezeichnet man als **Bilanzierung.** Das Ergebnis der Abschlussarbeiten sind die **Gewinn- und Verlustrechnung** (GuV-Rechnung) und die **Bilanz.**

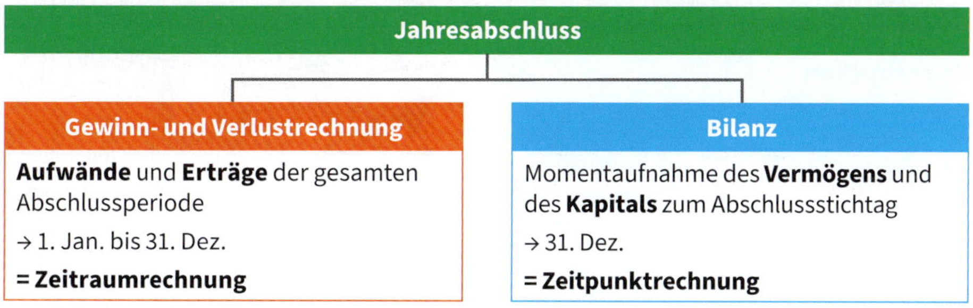

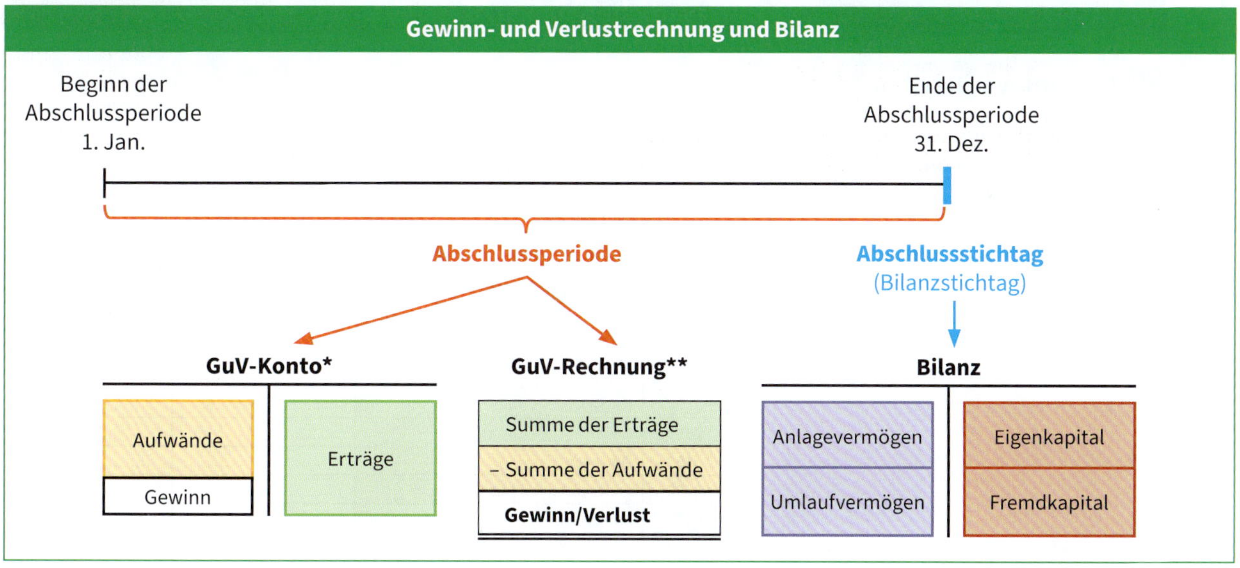

Die GuV-Rechnung kann **kontoförmig*** oder **staffelförmig**** erstellt werden.

Bei der Aufstellung des Jahresabschlusses (Bilanzierung) müssen bestimmte **Gesetze** und **Vorschriften,** wie

- das **Unternehmensgesetzbuch (UGB),**
- die **Bundesabgabenordnung (BAO),**
- das **Einkommensteuergesetz (EStG),**
- das **Umsatzsteuergesetz (UStG),**
- die sich aus den Gesetzen ergebende **Rechtssprechung,**
- entsprechende **Gutachten** der Kammer der Wirtschaftstreuhänder, Wirtschaftskammer u. a. sowie
- das **Gewohnheitsrecht** der wirtschaftlichen Praxis

beachtet werden.

Wichtige Gesetze
Im UGB, BAO, EStG und UStG wird u. a. die Aufstellung des Jahresabschlusses geregelt.

2 Reihenfolge der Abschluss-(Bilanzierungs-)Arbeiten

Die **Abschluss-(Bilanzierungs-)Arbeiten** sind auch in kleineren Betrieben **umfangreich und zeitaufwendig.** Es ist daher eine sorgfältige Planung und Vorbereitung notwendig, damit die Arbeiten rechtzeitig und mit möglichst geringen Kosten durchgeführt werden können.

Von der laufenden Buchführung zum Jahresabschluss: Nachdem die Geschäftsfälle laufend in der Buchführung aufgezeichnet wurden, fallen zum Jahresende die Abschlussarbeiten an.

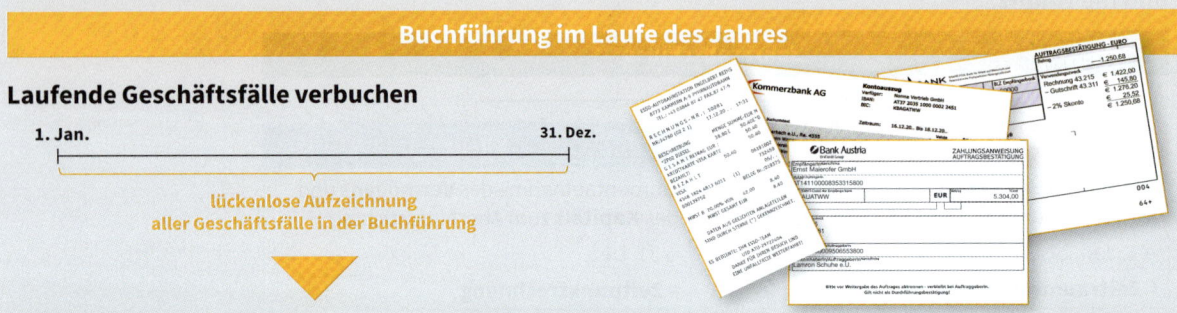

Buchführung im Laufe des Jahres

Laufende Geschäftsfälle verbuchen

1. Jan. — 31. Dez.

lückenlose Aufzeichnung aller Geschäftsfälle in der Buchführung

Abschlussarbeiten zum 31. Dezember

1 Inventur vorbereiten und durchführen

2 Abstimmungs- und Korrekturarbeiten durchführen

Abstimmung der Buchführung mit den Ergebnissen der Inventur, Bereinigung der Konten wie Ausbuchung von Cent-Differenzen, Korrektur von Fehlbuchungen

3 Summen- und Saldenbilanz erstellen

Konto-Nr.	Kontobezeichnung	Summenbilanz		Saldenbilanz	
		Soll	Haben	Soll	Haben
0600	Betriebs- und Geschäftsausstattung	....	....	....	....
0640	Lkw	....	....	....	....
1600	HW-Vorrat	....	....	....	....
2700	Kassa	....	....	....	....
2800	Bank	....	....	....	....
3150	Darlehen	....	....	....	....
3300	Lieferverbindlichkeiten	....	....	....	....
4000	HW-Erlöse	....	....	....	....
5000	HW-Einsatz	....	....	....	....
6000	Fertigungslöhne	....	....	....	....

4 Vermögensgegenstände und Schulden bewerten, Um- und Nachbuchungen aufstellen

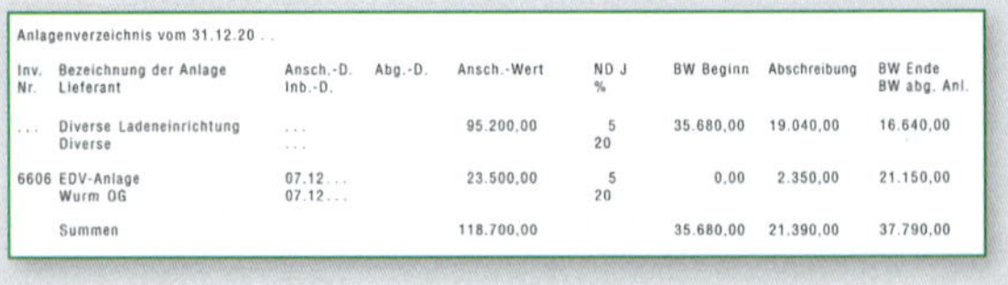

Anlagenverzeichnis vom 31.12.20 . .

Inv. Nr.	Bezeichnung der Anlage Lieferant	Ansch.-D. Inb.-D.	Abg.-D.	Ansch.-Wert	ND J %	BW Beginn	Abschreibung	BW Ende BW abg. Anl.
. . .	Diverse Ladeneinrichtung Diverse	. . . . . .		95.200,00	5 20	35.680,00	19.040,00	16.640,00
6606	EDV-Anlage Wurm OG	07.12. . . 07.12. . .		23.500,00	5 20	0,00	2.350,00	21.150,00
	Summen			118.700,00		35.680,00	21.390,00	37.790,00

5 Um- und Nachbuchungen auf den Konten erfassen, Konten abschließen

6 Erfolg ermitteln

7 GuV-Rechnung und Bilanz erstellen

8 Belege, Konten und Journale ablegen

9 Jahresabschluss auswerten

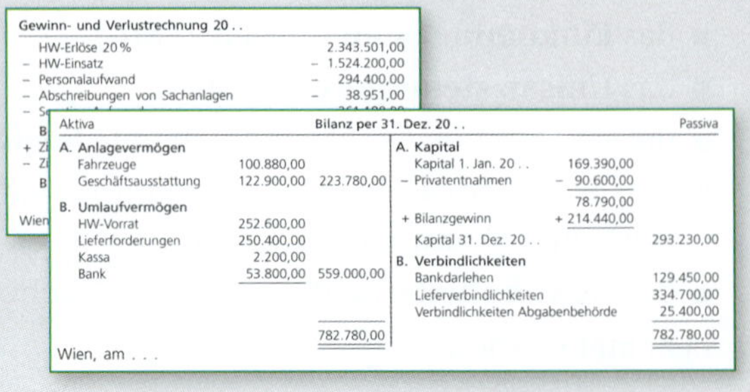

Gewinn- und Verlustrechnung 20 . .

	HW-Erlöse 20 %	2.343.501,00
–	HW-Einsatz	– 1.524.200,00
–	Personalaufwand	– 294.400,00
–	Abschreibungen von Sachanlagen	– 38.951,00

Bilanz per 31. Dez. 20 . .

Aktiva			Passiva		
A. Anlagevermögen			**A. Kapital**		
Fahrzeuge	100.880,00		Kapital 1. Jan. 20 . .	169.390,00	
Geschäftsausstattung	122.900,00	223.780,00	– Privatentnahmen	– 90.600,00	
B. Umlaufvermögen				78.790,00	
HW-Vorrat	252.600,00		+ Bilanzgewinn	+ 214.440,00	
Lieferforderungen	250.400,00		Kapital 31. Dez. 20 . .		293.230,00
Kassa	2.200,00		**B. Verbindlichkeiten**		
Bank	53.800,00	559.000,00	Bankdarlehen		129.450,00
			Lieferverbindlichkeiten		334.700,00
			Verbindlichkeiten Abgabenbehörde		25.400,00
		782.780,00			782.780,00

Wien, am . . .

3 Inventur und Inventar

Unter **Inventur** versteht man die **Bestandsaufnahme aller Vermögensteile und Schulden,** die zu einem bestimmten Zeitpunkt in einem Unternehmen vorhanden sind. Die Inventur ist ein wesentlicher Bestandteil einer **ordnungsgemäßen Buchführung.**

Das mengen- und wertmäßige **Verzeichnis der Vermögens- und Schuldposten** eines Unternehmens nennt man **Inventar.**

Im normalen Sprachgebrauch versteht man unter Inventur bloß die **körperliche Bestandsaufnahme der Vorräte** durch Messen, Zählen und Wiegen. Die **anderen Vermögensteile** bzw. **Schulden** lassen sich oft überhaupt nicht mengenmäßig aufnehmen, sondern ergeben sich aus den **Aufzeichnungen der Buchführung.** Sie müssen aber mit **Kontoauszügen, Saldenbestätigungen** usw. abgestimmt werden.

Inventur und Inventar: Jeder Unternehmer muss zu Beginn seines Unternehmens und am Ende jeder Abschlussperiode eine Inventur machen und ein Inventar aufstellen.

Inventur

Bestandsaufnahme von Vermögen und Schulden

Inventar

Verzeichnis der Vermögens- und Schuldposten

Inventar			
A. Vermögen		**B. Schulden**	
I. Anlagevermögen	....	I. Langfristige Schulden	....
II. Umlaufvermögen	....	II. Kurzfristige Schulden	....
	....		....

Bilanz

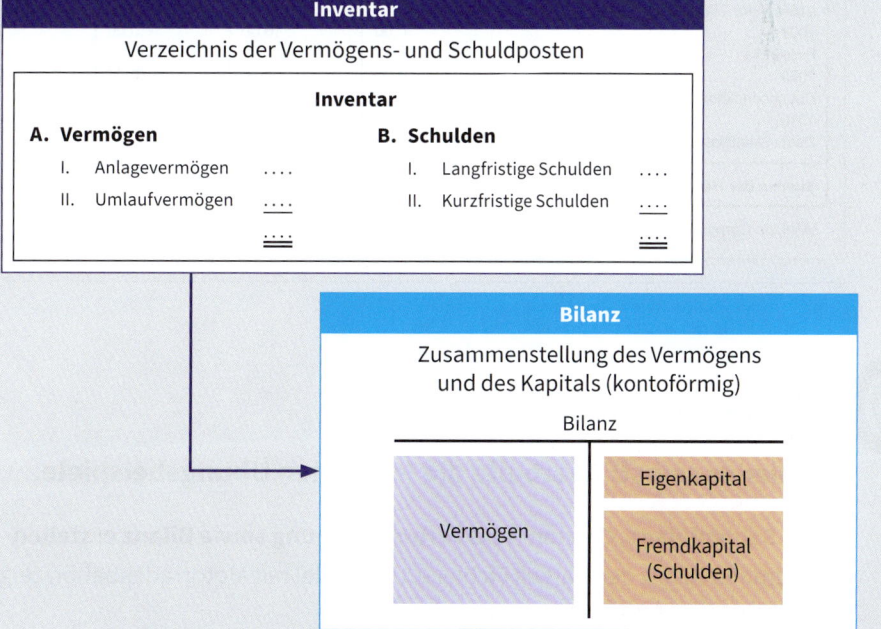

Zusammenstellung des Vermögens und des Kapitals (kontoförmig)

Bilanz	
Vermögen	Eigenkapital
	Fremdkapital (Schulden)

Zeitpunkt der Inventur

Die Inventur wird meist **kurz vor** bzw. **kurz nach** dem **Abschlussstichtag** durchgeführt.

Inventurarbeiten

Das Schwergewicht der Arbeit bei der Durchführung der Inventur liegt in der Aufnahme der **Warenbestände** sowie der **Roh-, Hilfs- und Betriebsstoffe.** Im Regelfall erfolgt eine vollständige körperliche Bestandsaufnahme der **Vermögensteile** und **Schulden.**

Durch die Erfassung der Wareneingänge und Warenausgänge in einem Warenwirtschaftssystem ergibt sich für jeden Artikel ein **Soll-Endbestand (bzw. Lager Soll).** Im Rahmen der Inventur wird anschließend geprüft, ob sich tatsächlich die entsprechende Menge eines Artikels im Lager befindet **(Ist-Endbestand bzw. Lager Ist).** Gibt es Abweichungen zum Soll-Endbestand, so wird die Differenz in die entsprechende Spalte eingetragen und die Stückzahl im Warenwirtschaftssystem korrigiert.

Beispiel:

Inventurliste

Jakob Hübner e.U. - Outdoor
Mandant UEBE
Jahr 20 . .

Seite 1
Datum 10.08.20 . .

Artikelnummer Bezeichnung	Inventurstand	Zugang	Abgang	Produktion	Lager Soll	Lager Ist	Differenz
1001 Alu-Felge Aluett 6 x 14	0,00	15,00	0,00	0,00	15,00	....	....
1002 Apple iPhone 64 GB	0,00	22,00	2,00	0,00	20,00	19	1
1003 Assam Mangalam second flush	0,00	8,00	0,00	0,00	8,00	....	....
1004 Bauknecht GMX 5990	0,00	5,00	0,00	0,00	5,00	....	....
1005 Samsung Gallaxy A50	0,00	20,00	0,00	0,00	20,00	....	....
1006 Ceylon Schawlands	0,00	50,00	10,00	0,00	40,00	38	2
1007 China Lung Ching, Grüner Tee	0,00	30,00	0,00	0,00	30,00	....	....
1008 Power Mac	0,00	10,00	0,00	0,00	10,00	....	....
1009 Dachgepäckbox Jetbag	0,00	5,00	0,00	0,00	5,00	....	....
1010 Dach-Skiaufsatz Mont Blanc universal	0,00	2,00	0,00	0,00	2,00	....	....
Summe der Hauptartikel:	**0,00**	**167,00**	**0,00**	**0,00**	**167,00**		

WinLine Corporate Version 10.0 (Build 10000.28) Benutzer:

ÜBEN

Probier es selbst: Bearbeite die folgenden Übungsbeispiele.

Ü 6.1 Saldenbilanz, Gewinn- und Verlustrechnung sowie Bilanz erstellen

LINK Ü 6.1 Excel

Die Summenbilanz der Markus Pichler e. U., Handel mit Motorradzubehör, zeigt die nachstehenden Werte.

Aufgabe: a) Erstelle die Saldenbilanz. C

b) Stelle die Gewinn- und Verlustrechnung sowie die Bilanz zum 31. Dezember auf. C

Lösung:

a)

Konto-Nr.	Kontobezeichnung	Summenbilanz		Saldenbilanz	
		Soll	Haben	Soll	Haben
0600	Betriebs- und Geschäftsausstattung	71.500,00	14.300,00		
1600	HW-Vorrat	28.750,00	3.887,00		
2000	Lieferforderungen	321.850,00	292.256,00		
2500	Vorsteuer	62.702,00	62.702,00		
2700	Kassa	116.592,00	111.342,00		
2800	Bank	422.848,00	370.882,00		
3300	Lieferverbindlichkeiten	291.732,00	318.450,00		
3500	Umsatzsteuer	81.920,00	81.920,00		
3520	USt-Zahllast	88.061,00	92.375,00		
4000	Handelswarenerlöse	5.700,00	409.600,00		
5000	Handelswareneinsatz	296.460,00	350,00		
Kl. 6	Personalaufwand	41.200,00			
7330	Lkw-Betriebsaufwand	7.150,00			
7400	Mietaufwand	7.950,00			
Kl. 7	Sonstige Aufwände	2.212,00			
9000	Kapital	55.500,00	144.063,00		
9600	Privat	55.500,00	55.500,00		
		1.957.627,00	1.957.627,00		

b)

Aktiva **Schlussbilanz zum 31. Dez.** **Passiva**

Aktiva		Passiva		
Betriebs- und Geschäftsausstattung		Kapital AB 1.1.		
HW-Vorrat		– Privatentnahmen		
Lieferforderungen		+ Gewinn		
Kassa		Kapital EB 31.12.		
Bank		Lieferverbindlichkeiten		
		USt-Zahllast		

Gewinn- und Verlustrechnung zum 31. Dez.

Summe der Erträge	
– Summe der Aufwände	

Ü 6.2 Belege kontieren, Summen- und Saldenbilanz, Gewinn- und Verlustrechnung sowie Bilanz erstellen

LINK Ü 6.2 Excel

LINK Ü 6.2 Buchungstrainer

Jakob Hübner betreibt einen Shop für Outdoorbekleidung. Das Sortiment enthält überwiegend Produkte namenhafter Markenhersteller. Ein Drittel des Umsatzes erzielt das Unternehmen über einen Onlineshop.

Jakob Hübner e. U.
Outdoor Fashion
Herrengasse 13, 8010 Graz

Tel.: +43 316 76 33 00
Fax :+43 316 76 33 10
UID-Nr.: ATU68920368
E-Mail: office@huebner-outdoor.at
Website: www.huebner-outdoor.at

Die folgenden Geschäftsfälle vom Dezember müssen in der Buchführung erfasst werden. Im Rahmen der Abschlussarbeiten muss außerdem die Summen- und Saldenbilanz vervollständigt sowie die Bilanz und die Gewinn- und Verlustrechnung aufgestellt werden.

Die letzten Belegnummern lauten:

Beleggruppe	Letzte Belegnummer
Eingangsrechnungen	E 556
Ausgangsrechnungen	A 745
Kassabelege	K 620
Bankbelege	B 98
Sonstige Belege	S 755

Für die Kunden und Lieferanten wurden u. a. folgende Kontonummern vergeben:

Kundenkonto	Lieferantenkonto
20045 Jessica Zieher	33015 MGC Mode GmbH

Hinweis: Bei einer Ausgangsrechnung an den Kunden bzw. einer Eingangsrechnung vom Lieferanten erfolgt die Kontierung mit der jeweiligen Kontonummer des Kunden bzw. des Lieferanten. Die Eintragung dieser Kontierungen auf Konten erfolgt anschließend jedoch auf den Sammelkonten Lieferforderungen (Konto 2000) und Lieferverbindlichkeiten (Konto 3300).

Das Belegdatum entspricht dem Buchungsdatum.

Aufgabe:
a) Nummeriere und kontiere die Belege. C
b) Verbuche die Belege auf den nachfolgenden Konten. C
c) Buche die Konten Vorsteuer und Umsatzsteuer gegen USt-Zahllast um (U 23, U 24). C
d) Berechne die Differenz zwischen Endbestand (Vorrat laut Inventur € 136.875,–) und Anfangsbestand der Handelswaren und verbuche diese (U 32). C
e) Erstelle die Summen- und Saldenbilanz. C
f) Stelle die Gewinn- und Verlustrechnung sowie die Bilanz zum 31. Dezember auf. C

1.

Jakob Hübner e. U. | Herrengasse 13 | 8010 Graz
Tel.: +43 316 76 33 00 | Fax.: +43 316 76 33 10
office@huebner-outdoor.at - www.huebner-outdoor.at - ATU68920368

Jessica Zieher
Mariatroster Straße 122
8043 Graz

Kunde:	**20045**
Ihre UID-Nr.:	-

Sachbearbeiter:	Steiner
Kurzzeichen:	ST
Datum:	9.12.20 . .
Lieferung:	9.12.20 . .

Rechnung Nr. 746

Menge	Artikel	Art.-Nr.	Einzelpreis	Gesamtpreis
1	Löffler Hybridjacke WS light M	1021	165,00 €	165,00 €
1	Mammut Multisport Rucksack light	1022	83,00 €	83,00 €

	Nettobetrag	248,00 €
+	20 % Umsatzsteuer	49,60 €
	Rechnungsbetrag	**297,60 €**

Versand:	GLS Austria
Zahlungsbedingung:	2 % Skonto bei Zahlung innerhalb von acht Tagen, 30 Tage ohne Abzug
Bankverbindung:	Handelsbank AG
	AT04 2051 0000 0061 5211 - BIC: HBAGATWW
Firmenbuch:	FN 42898v
Gerichtsstand:	Landesgericht Graz

Hinweis: Die Kundin Jessica Zieher ist eine Konsumentin (Letztverbraucherin).

Outdoor-Fashion made in Austria
Das Unternehmen Löffler produziert seine Outdoor- und Sport-Bekleidung in Ried im Innkreis. Bei der Produktion wird auf gute Arbeitsbedingungen sowie gesundheitlich einwandfreie und schadstofffreie Materialien geachtet.

2.

MGC
MGC Mode GmbH

Salzburger Straße 17
5301 Eugendorf
Österreich/Austria
Tel.: +43 6225 288 08
Fax: +43 6225 288 08-10
Mail: office@mgc-mode.com
Web: www.mgc-mode.com
UID-Nr.: ATU88521207

Outdoor Fashion
Jakob Hübner e. U.
Herrengasse 13
8010 Graz

Kunde: **20154**
Datum: 10.12.20 . .

Ihre UID-Nr.: ATU68920368

Verkäufer: Dorfer

Rechnung 247/20 . .

Verkauf vom 9.12.20 . .

Pos	Bezeichnung	Menge	Preis	Gesamt
1	Salomon Speedcross 3CS Laufschuhe	5	48,00 €	240,00 €
2	Salomon X Ultra 2 GTX Trekkingschuhe	5	51,00 €	255,00 €

Nettobetrag	495,00 €
+ 20 % Umsatzsteuer	99,00 €
Rechnungsbetrag	**594,00 €**

Firmenbuch: FN 51350s, LG Salzburg
Zahlungskondition: nach Erhalt der Rechnung
Bankverbindung: Raiffeisenverband Salzburg reg. Gen.m.b.H.
IBAN: AT66 3500 0000 0004 5005 - BIC: RVSAAT2SXXX

3.

HANDELSBANK AG

KONTOAUSZUG

Jakob Hübner e. U. – Outdoor Fashion

Datum	Auszugsnummer	Währung	IBAN	BIC
20.12.20 . .	099 0001	EUR	AT04 2051 0000 0061 5211	HBAGATWW

Buchungstag/Buchungstext		Valuta	
16.12.	Jessica Zieher, R 746, abz. 2 % Skonto	16.12.	291,65
19.12.	MGC Mode GmbH, R 247/20 . .	19.12.	594,00 –
20.12.	Energie Steiermark AG, Abbuchung Strom 12/20 . .	20.12.	324,00 –

Alter Kontostand	Summe der Belastungen	Summe der Gutschriften	Neuer Kontostand
13.185,24	918,00 –	291,65	12.558,89

Hinweis: Strom 20 % USt

Auftragsbestätigung — **Handelsbank AG**

Empfänger MGC Mode GmbH
Salzburger Straße 17, 5301 Eugendorf

IBAN AT663500000000045005
BIC RVSAAT2SXXX
Raiffeisenverband Salzburg reg.Gen.m.b.H.

Überweisung
Betrag EUR 594,00
Verwendungszweck R 247/20. .
Kundendaten 20154
Zu überweisen am 19.12.20. .

Art: Inlandsüberweisung
Datum: 19.12.20. .
TAN: 5466655
Uhrzeit: 15:20

Auftraggeber Jakob Hübner e. U.
IBAN AT042051000000615211 BIC HBAGATWW

4.

Bürobedarf
Marion Verlitzer e.U.
Annenstraße 22, 8020 Graz
Ihr Partner für Büro und Schule!

Fil 00048 — Kassiername Jung — Datum 27.12.20..

Kopierpapier Copystar C 4,90
Spiralblock kariert C 5,90

ZW-SUMME EUR 10,80

GEGEBEN bar

Betrag dankend erhalten

C : 20 % MWST von 9,00 = 1,80

TEL: +43 316 76 09 59
ATU57329000
Bon-Nr 8977 Pos 14 Zeit 14:12 Kas 1
RE-NR: 004 0-20.. 12 27 6-02-891 1

5.

Oilplus TANKSTELLE
Julia Roitner
8020 Graz - Göstinger Straße 5
UID-Nr.: ATU34943407

28. 12. . . 10:15 Beleg: 4467
SÄULENNR. 2 1,128 EUR/Liter
05 *Diesel 47,87 Liter EUR 54,00* 2
ZW. SUMME 54,00 EUR
SUMME EUR 54,00
MWST 2 9,00 EUR
NETTO 45,00 EUR
BAR: EUR 60,00
RETOUR: 6,00
08036972 065470 0 12830 A00
00000034050
Verkauf von Treibstoffen u. Wäschen
erfolgt im Namen und Rechnung der
Berger GmbH.

Daten aus geeichten Anlagenteilen sind
durch Sterne (*) gekennzeichnet.

Hinweis: Treibstoff für den Firmen-Pkw

Lösung:

b), **c)** und **d)**

Handelswarenvorrat				1600
Datum	Gegenkonto	Text	Soll	Haben
1. 1.	Anfangsbestand	EB 5	139.975,00	

Lieferforderungen				2000
Datum	Gegenkonto	Text	Soll	Haben
	Summe		356.445,00	318.662,50

Vorsteuer				2500
Datum	Gegenkonto	Text	Soll	Haben
	Summe		203.220,21	185.235,20

Kassa				2700
Datum	Gegenkonto	Text	Soll	Haben
	Summe		148.895,25	132.330,30

Bank				2800
Datum	Gegenkonto	Text	Soll	Haben
	Summe		1.778.475,57	1.759.872,27

Lieferverbindlichkeiten				3300
Datum	Gegenkonto	Text	Soll	Haben
	Summe		947.814,48	1.039.998,20

Umsatzsteuer				3500
Datum	Gegenkonto	Text	Soll	Haben
	Summe		255.097,50	279.450,00

USt-Zahllast				3520
Datum	Gegenkonto	Text	Soll	Haben
	Summe		278.242,95	291.885,31

Handelswarenerlöse				4000
Datum	Gegenkonto	Text	Soll	Haben
	Summe		10.845,00	1.397.250,00

Kundenskonti 20%				4410
Datum	Gegenkonto	Text	Soll	Haben
	Summe		5.430,60	

Handelswareneinsatz				5000
Datum	Gegenkonto	Text	Soll	Haben
	Summe		901.850,00	6.705,00

Stromverbrauch				7270
Datum	Gegenkonto	Text	Soll	Haben
	Summe		2.592,00	

Pkw- und Kombi-Betriebsaufwand				7320
Datum	Gegenkonto	Text	Soll	Haben
	Summe		12.725,00	

Büromaterial				7600
Datum	Gegenkonto	Text	Soll	Haben
	Summe		8.324,50	

e)

Konto-Nr.	Kontobezeichnung	Summenbilanz		Saldenbilanz	
		Soll	Haben	Soll	Haben
0300	Gebäude	124.050,00		124.050,00	
0600	Betriebs- und Geschäftsausstattung	67.080,00		67.080,00	
0620	Büromaschinen, EDV-Anlagen	34.335,00		34.335,00	
0630	Pkw und Kombis	18.375,00		18.375,00	
1600	Handelswarenvorrat				
2000	Lieferforderungen				
2500	Vorsteuer				
2700	Kassa				
2800	Bank				
3300	Lieferverbindlichkeiten				
3500	Umsatzsteuer				
3520	USt-Zahllast				
4000	Handelswarenerlöse				
4410	Kundenskonti 20%				
5000	Handelswareneinsatz				
Kl. 6	Personalaufwand	302.175,00		302.175,00	
7270	Stromverbrauch				
7320	Pkw- und Kombi-Betriebsaufwand				
7600	Büromaterial				
Kl. 7	Sonstige Aufwände	114.296,72		114.296,72	
9000	Kapital	64.213,50	363.069,50		298.856,00
9600	Privat	64.213,50	64.213,50		

f)

Aktiva — **Schlussbilanz zum 31. Dez.** — **Passiva**

Gewinn- und Verlustrechnung zum 31. Dez.

WEITER ÜBEN!

Online-Training: Check dein Wissen!

LINK
Interaktive Übungen

Was ist auf Lager?
Auch der Lagerbestand muss bewertet werden, um den Erfolg des Unternehmens feststellen zu können.

LERNEN

2 Einführung in die Bewertung

Im Rahmen des Jahresabschlusses stellt sich unter anderem die Frage, wie viel das Vermögen wert ist bzw. wie hoch die Schulden sind. Das heißt, Vermögen und Schulden müssen bewertet werden.

1 Bewertungsvorschriften, Bewertungsgrundsätze und Wertmaßstäbe

Für die **Erfolgsermittlung** (Vermögensvergleich) müssen das **Vermögen** und die **Schulden** zum Abschlussstichtag **festgestellt** und **bewertet** werden. Bewerten heißt, den **Wert eines Wirtschaftsgutes, einer Leistung etc. in Geldeinheiten** ausdrücken.

Zur **Erfolgsermittlung (Vermögensvergleich)** siehe auch Unternehmensrechnung HAK I.

Es müssen folgende Fragen beantwortet werden:

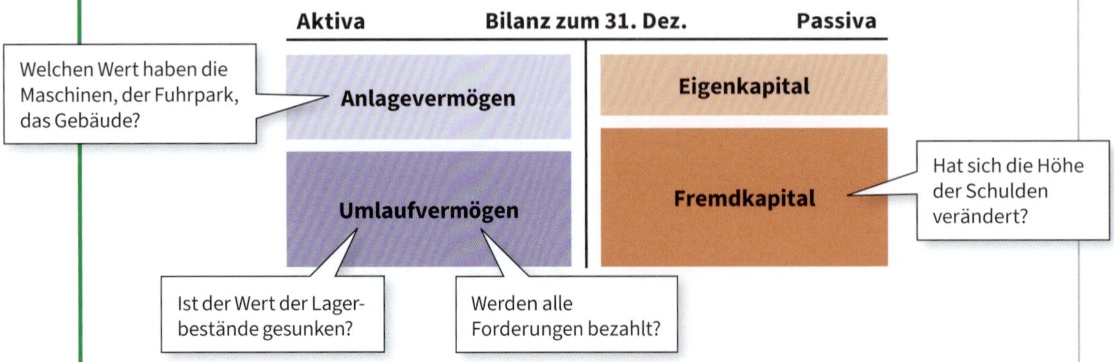
Aktiva
Bilanz zum 31. Dez.
Passiva
Welchen Wert haben die Maschinen, der Fuhrpark, das Gebäude?
Anlagevermögen
Umlaufvermögen
Eigenkapital
Fremdkapital
Hat sich die Höhe der Schulden verändert?
Ist der Wert der Lagerbestände gesunken?
Werden alle Forderungen bezahlt?

Bewertungsvorschriften

Die für die Bilanzierung bzw. Erfolgsermittlung wichtigen Bewertungsvorschriften sind im **Unternehmensgesetzbuch (UGB)** und im **Einkommensteuergesetz (EStG)** enthalten.

- Für **rechnungslegungspflichtige Unternehmen** sind vor allem die Bestimmungen des **UGB zur Bewertung maßgebend,** daneben sind auch die Vorschriften des **EStG zu beachten.**

  Rechnungslegungspflichtige Unternehmen sind Kapitalgesellschaften sowie Einzelunternehmen (mit Zusatz e. U. für im Firmenbuch eingetragene Unternehmen) und Personengesellschaften mit Umsatzerlösen von mehr als € 700.000,– pro Geschäftsjahr.

- Unternehmen, die **nicht rechnungslegungspflichtig** sind, müssen nur die steuerlichen Bewertungsvorschriften des **EStG** beachten.

  Diese gelten z. B. für Unternehmen mit Umsatzerlösen von weniger als € 700.000,– pro Geschäftsjahr, Angehörige freier Berufe, Land- und Forstwirte.

Für wen gilt was?
An welche steuerlichen Bestimmungen sich ein Unternehmen bei der Erfolgsermittlung halten muss, hängt von der Art des Unternehmens und vom Jahresumsatz ab.

Bewertung nach UGB bzw. EStG: Rechnungslegungspflichtige Unternehmen gemäß UGB bewerten primär nach den Bestimmungen des UGB; zusätzlich sind die Vorschriften des EStG zu beachten.

Bewertung nach UGB (und EStG)

Kapitalgesellschaften
AG, GmbH und GmbH & Co KG sind unabhängig von Umsatzhöhe und Tätigkeit immer rechnungslegungspflichtig

Einzelunternehmen und Personengesellschaften

Jahresumsatz > € 1.000.000,–
Bei **einmaliger Überschreitung**
▼
Rechnungslegungspflicht ohne Pufferjahr bereits **ab dem Folgejahr**

Beispiel:
Umsatz 2021 € 1.050.000,–, Rechnungslegungspflicht ab 2022

Jahresumsatz > € 700.000,–
Bei **zweimalig aufeinanderfolgender Überschreitung**
▼
Rechnungslegungspflicht nach einem Pufferjahr **ab dem zweitfolgenden Jahr**

Beispiel:
Umsätze 2019 und 2020 jeweils € 750.000,–, Rechnungslegungspflicht ab 2022

Nicht rechnungslegungspflichtige Unternehmen laut UGB, z. B. Einzelunternehmen und Personengesellschaften mit einem Jahresumsatz ≤ € 700.000,–, Freie Berufe sowie Land- und Forstwirte, haben zur Bewertung nur die steuerlichen Bestimmungen des EStG anzuwenden.

Bewertungsgrundsätze

Rechnungslegungspflichtige Unternehmen müssen bei der Bewertung u. a. folgende allgemeine **Bewertungsgrundsätze** anwenden:

Bewertungsgrundsätze	
Grundsatz der Einzelbewertung	**Vermögensgegenstände** und **Schulden** müssen **einzeln** bewertet werden.
Grundsatz der Vorsicht	Die **Vermögens- und Schuldensituation** eines Unternehmens darf durch die Bewertung **nicht besser dargestellt** werden, **als sie tatsächlich ist.** – „Der Unternehmer darf sich nicht reicher machen, als er ist".
Grundsatz der Periodenrichtigkeit	**Aufwände und Erträge** sind unabhängig vom Zahlungszeitpunkt in dem **Geschäftsjahr** (Periode) **zu berücksichtigen,** zu dem sie **wirtschaftlich gehören.**
Grundsatz der Unternehmensfortführung	Bei der Bewertung wird von der **Fortführung des Unternehmens** (Going-concern-Prinzip) ausgegangen.
Grundsatz der Bilanzidentität	Die **Eröffnungsbilanz** des Geschäftsjahres muss mit der **Schlussbilanz** des vorherigen Geschäftsjahres **übereinstimmen.**
Grundsatz der Bewertungsstetigkeit	Die auf den vorherigen Jahresabschluss angewendeten **Bilanzierungs- und Bewertungsmethoden** müssen **beibehalten** werden.
Grundsatz der verlässlichen Schätzung	Ist die Bestimmung eines Wertes nur durch **Schätzung** möglich, muss diese auf Basis einer **objektiven Grundlage** erstellt werden. Erfahrungen in ähnlichen Geschäftsfällen oder Berichte unabhängiger Experten müssen miteinbezogen werden.

Wertmaßstäbe

Um den **Wert** von **Vermögensgegenständen** und **Schulden** am Abschlussstichtag zu ermitteln, werden in der Praxis im Allgemeinen folgende Werte herangezogen:

- **Anschaffungs- und Herstellungskosten:**
  Die **Anschaffungskosten** umfassen den Einkaufspreis des Anlagegegenstandes zuzüglich der Bezugskosten und der Aufstellungskosten, abzüglich Rabatte und Skonti.
  Die **Herstellungskosten** beinhalten alle Kosten, die bei selbst erzeugten (hergestellten) Vermögensgegenständen anfallen.
- **Wert am Abschlussstichtag** (beizulegender Wert, beizulegender Zeitwert): Die Bestimmungen des Unternehmensrechts legen für den **Wert am Abschlussstichtag** bei Vermögensgegenständen den **beizulegenden Wert** bzw. den **beizulegenden Zeitwert** fest.
  Aus Vereinfachungsgründen werden bei der Bewertung von Vermögensgegenständen die Wertmaßstäbe beizulegender Wert bzw. beizulegender Zeitwert als **Wert am Abschlussstichtag** bezeichnet. Auf eine weitergehende Unterscheidung wird in diesem Kapitel verzichtet.
- **Erfüllungsbetrag:** Der **Erfüllungsbetrag** ist die Summe, die der Schuldner zum **Ausgleich der Verbindlichkeit** zahlen muss.
- **Teilwert:** Erfolgt die Bewertung von Vermögensgegenständen und Schulden nach dem **Steuerrecht,** gilt der **Teilwert.**

beizulegender Wert
Betrag, den ein Erwerber des gesamten Unternehmens im Rahmen des Gesamtkaufpreises für den Vermögensgegenstand oder die Schuld ansetzen würde

beizulegender Zeitwert
Börsenkurs oder Marktwert

Teilwert
Begriff aus dem Steuerrecht, entspricht dem beizulegenden Wert

Im Einzelnen werden für die Bewertung des Vermögens und der Verbindlichkeiten folgende Wertmaßstäbe herangezogen:

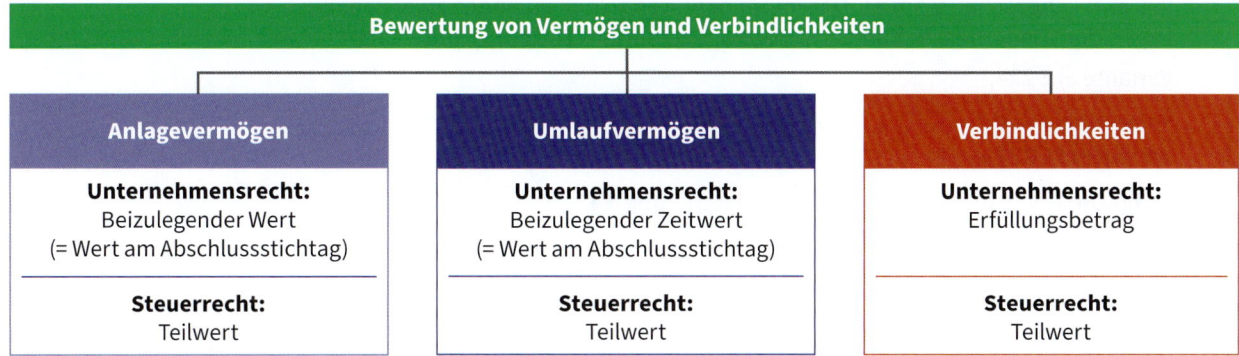

Bewertung von Vermögen und Verbindlichkeiten

Anlagevermögen	Umlaufvermögen	Verbindlichkeiten
Unternehmensrecht: Beizulegender Wert (= Wert am Abschlussstichtag)	**Unternehmensrecht:** Beizulegender Zeitwert (= Wert am Abschlussstichtag)	**Unternehmensrecht:** Erfüllungsbetrag
Steuerrecht: Teilwert	**Steuerrecht:** Teilwert	**Steuerrecht:** Teilwert

In dieser Lerneinheit wird die **Bewertung nach Unternehmensrecht** dargestellt.

Zur **steuerlichen Bewertung anhand des Teilwertes** siehe Unternehmensrechnung HAK IV.

Hilfswerte

Um den **Wert am Abschlussstichtag** zu ermitteln, werden in der Praxis folgende **Hilfswerte** herangezogen:

- Bei **nicht abnutzbaren Wirtschaftsgütern des Anlagevermögens:** die tatsächlichen Anschaffungs- oder Herstellungskosten eines gleichartigen Wirtschaftsgutes zum Bewertungsstichtag
- Bei **abnutzbaren Wirtschaftsgütern des Anlagevermögens:** die tatsächlichen Anschaffungs- oder Herstellungskosten eines gleichartigen Wirtschaftsgutes zum Bewertungsstichtag (Wiederbeschaffungspreis) abzüglich der Abschreibung, die der bisherigen Nutzung entspricht
- Bei **Gütern des Umlaufvermögens:** der Wiederbeschaffungspreis zum Bewertungsstichtag

L 6.1 Wert am Abschlussstichtag ermitteln – Umlaufvermögen

Das Unternehmen Barbara Schumanig OG hat 40 Paar Damenschuhe mit einem Einstandspreis von € 25,– pro Paar auf Lager. Der Wiederbeschaffungspreis für ein Paar Damenschuhe beträgt am 31. Dezember:

Variante a) € 20,–

Variante b) € 24,–

Variante c) € 18,–

Aufgabe: Ermittle die Werte am Abschlussstichtag. C

Hinweis: Die Schuhe sind Handelswaren und damit Teil des Umlaufvermögens. Als Hilfswert dient der Wiederbeschaffungspreis.

Lösung:

Einstandspreis	Wiederbeschaffungspreis (31. Dez.)	Lagerbestand	Wert am Abschlussstichtag (31. Dez.)	
€ 25,00	Variante a) € 20,00	40 Paar	**€ 800,00**	20 · 40 = € 800,00
	Variante b) € 24,00		**€ 960,00**	24 · 40 = € 960,00
	Variante c) € 18,00		**€ 720,00**	18 · 40 = € 720,00

Ü 6.3 Wert am Abschlussstichtag ermitteln – Umlaufvermögen

In einem Sportgeschäft wurden am 19. Dezember zwölf Paar RaceCarver-Schi um je € 224,– angeschafft. Am 31. Dezember befinden sich davon noch zwei Paar auf Lager, der Wiederbeschaffungspreis beträgt zu diesem Zeitpunkt pro Paar:

Variante a) € 224,–

Variante b) € 188,–

Variante c) € 221,–

Aufgabe: Ermittle die Werte am Abschlussstichtag. C

Lösung:

2 Bewertungsregeln für Vermögen und Verbindlichkeiten – Übersicht

Die Gegenstände des **Anlage- und Umlaufvermögens** müssen im Rahmen der Bewertungsmaßnahmen im Allgemeinen **abgewertet** werden (↓), das **Fremdkapital** (Verbindlichkeiten) muss **aufgewertet** werden (↑).

Bewertungsregeln für Vermögen und Verbindlichkeiten – Übersicht: Das Anlage- und Umlaufvermögen (AV, UV) muss abgewertet, das Fremdkapital (FK) muss aufgewertet werden.

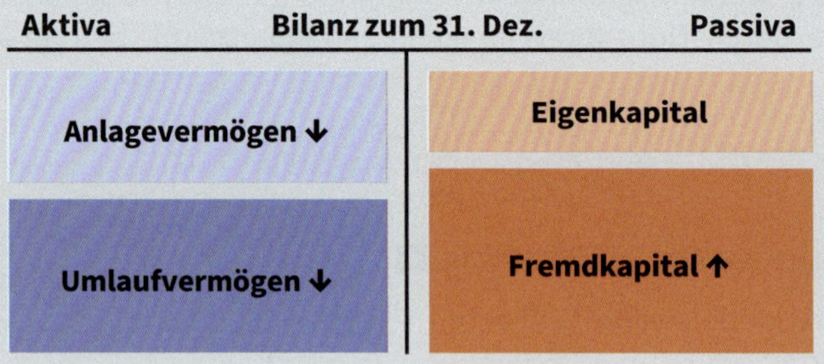

3 Anlagevermögen bewerten

Das Anlagevermögen wird in nicht abnutzbares und abnutzbares Anlagevermögen unterteilt.

Zum **Anlagevermögen** siehe Kapitel 7.

Nicht abnutzbares Anlagevermögen	Abnutzbares Anlagevermögen
Beispiele: Grundstücke, Wertpapiere des AV, Lizenzen	**Beispiele:** Gebäude, Maschinen, Betriebs- und Geschäftsausstattung
Außerordentliche Wertminderung	**Ordentliche und außerordentliche Wertminderung**
Eine außerordentliche Wertminderung kann z. B. durch Nachfrageverschiebungen verursacht werden.	Die ordentliche Wertminderung entsteht durch die übliche Nutzung (Verwendung) des Wirtschaftsgutes. Eine außerordentliche Wertminderung kann z. B. durch technischen Fortschritt verursacht werden.
Beispiele: • Der Grundstückspreis sinkt aufgrund geringer Nachfrage. • Der Aktienkurs sinkt aufgrund einer Wirtschaftskrise.	**Beispiele:** • Ordentliche Wertminderung: Mit einem Lkw werden jährlich 40.000 km gefahren. Durch die Nutzung kommt es zu einer ordentlichen Wertminderung. • Außerordentliche Wertminderung: Aufgrund der technischen Weiterentwicklung zu digital gesteuerten Bewässerungsanlage verliert die in einer Gärtnerei eingesetzte manuell betriebene Anlage an Wert. Es kommt zu einer außerordentlichen Wertminderung.
Außerplanmäßige Abschreibung	**Planmäßige und außerplanmäßige Abschreibung**

Für die Bewertung des Anlagevermögens werden folgende Konten benötigt:

7040 Außerplanmäßige Abschreibungen von Anlagevermögen (Teilwertabschreibungen)
8200 Abschreibungen auf Beteiligungen

4660 Erträge aus der Zuschreibung zum Anlagevermögen
8170 Erträge aus der Zuschreibung zu Finanzanlagen

Nicht abnutzbares Anlagevermögen bewerten

Das nicht abnutzbare Anlagevermögen (z. B. Grundstücke, Wertpapiere des Anlagevermögens, Lizenzen) muss mit den **Anschaffungs- oder Herstellungskosten** angesetzt werden.

Bei einer voraussichtlich **dauernden** (d. h. nicht nur vorübergehenden) **Wertminderung muss** der **niedrigere Wert am Abschlussstichtag** angesetzt werden **(gemildertes Niederstwertprinzip).**

Nur bei **Finanzanlagen** (z. B. Beteiligungen an anderen Unternehmen) **dürfen** solche **Abwertungen auch dann vorgenommen werden,** wenn es **keine dauernde Wertminderung** ist **(gemildertes Niederstwertprinzip).**

Fallen die **Gründe** für eine Abwertung **weg, muss aufgewertet** werden. Eine Aufwertung ist **höchstens bis** zu den **Anschaffungs- oder Herstellungskosten** möglich.

Nicht abnutzbares Anlagevermögen bewerten: Es gilt das gemilderte Niederstwertprinzip, d.h. bei einer voraussichtlich dauernden Wertminderung muss der niedrigere Wert am Abschlussstichtag angesetzt werden. Ausgangswert sind die Anschaffungs- oder Herstellungskosten.

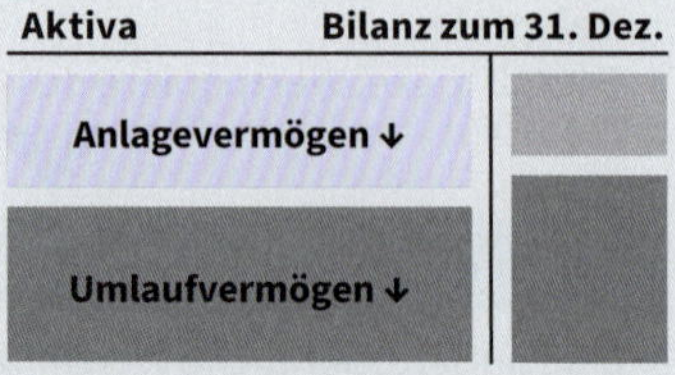

Abwertung (Abschreibung):

. . . . Aufwandskonto / 0 . . . Nicht abnutzbares Anlagevermögen

Nur bei **Finanzanlagen dürfen** solche **Abwertungen auch dann vorgenommen werden,** wenn es **keine dauernde Wertminderung** ist.

Aufwertung (Zuschreibung):

Fallen die **Gründe** für eine Abwertung **weg, muss aufgewertet** werden (höchstens bis zu den Anschaffungs- oder Herstellungskosten).

0 . . . Nicht abnutzbares Anlagevermögen / . . . . Ertragskonto

L 6.2 Nicht abnutzbares Anlagevermögen bewerten

Die Hotel-Planungs- und Bau-GmbH kauft im März 2021 ein Grundstück in der Größe von 25.000 m² zu € 86,– pro m² zum Bau eines Wellness-Hotels.

Auszug aus dem Anlagenverzeichnis vom 31. Dezember 2021:

Anlagenverzeichnis
per 31.12.2021

Inv.-Nr. / Konto / Inbetr.datum	Bezeichnung / GND / RND	Ansch.wert	Hist. Stand Anf. / Zugang	Abschreibung / BW Ende
0201	Grundstück			
0200	0	2.150.000,00		
12.03.2021	0		2.150.000,00	2.150.000,00

Hinweis: Die GND (= Gesamtnutzungsdauer) und die RND (= Restnutzungsdauer) sind bei Grundstücken Null, da diese im Allgemeinen nicht abnutzbar sind.

2022: Anfang des Jahres 2022 wird bekannt, dass in unmittelbarer Nähe mit einer Schottergewinnung begonnen werden soll. Der Grundstückspreis sinkt dadurch auf € 75,– pro m².

2023: Im Frühjahr 2023 stehen die Pläne für den Bau eines Autobahnzubringers zur Diskussion, der dem Fremdenverkehrsort insgesamt großen Schaden zufügen würde. Der Bau des Wellness-Hotels wird im Jahr 2023 überhaupt infrage gestellt. Das Grundstück wird in der Bilanz zum 31. Dezember 2023 auf € 65,– pro m² abgewertet.

2024: Nach heftigen Bürgerprotesten wird der Autobahnzubringer nicht gebaut und von der geplanten Schottergewinnung wird mangels ausreichender Verkehrsanbindung Abstand genommen. Ende des Jahres 2024 beträgt der Preis dieses Grundstückes € 90,– pro m².

Aufgabe: Ermittle den Betrag, mit dem das Grundstück in den Bilanzen 2021 bis 2024 der Hotel-Planungs- und Bau-GmbH anzusetzen ist und stelle die erforderlichen Buchungen per 31. Dezember 2022, 31. Dezember 2023 und 31. Dezember 2024 auf. C

Lösung:

31.12.2021 **Bilanzansatz** = 86 · 25.000 = **€ 2.150.000,00**

31.12.2022 Es liegt eine voraussichtlich dauernde Wertminderung vor.
Daher: **Bilanzansatz** = 75 · 25.000 = **€ 1.875.000,00**
(= niedrigerer Wert am Abschlussstichtag)
Die Wertminderung von € 275.000,– ist abzuschreiben.

7040 Außerplanmäßige Abschreibungen von Anlagevermögen / 0200 Unbebaute Grundstücke 275.000,00

	€ 1.875.000,00 (31.12.2022)
–	€ 2.150.000,00 (31.12.2021)
– €	**275.000,00**

31.12.2023 Es liegt ebenfalls eine voraussichtlich dauernde Wertminderung vor.
Daher: **Bilanzansatz** = 65 · 25.000 = **€ 1.625.000,00**
(= niedrigerer Wert am Abschlussstichtag)
Die weitere Wertminderung von € 250.000,– ist abzuschreiben.

7040 Außerplanmäßige Abschreibungen von Anlagevermögen / 0200 Unbebaute Grundstücke 250.000,00

	€ 1.625.000,00 (31.12.2023)
–	€ 1.875.000,00 (31.12.2022)
– €	**250.000,00**

31.12.2024 Eine Aufwertung auf € 86,– pro m² ist vorzunehmen, da die Abwertungsgründe weggefallen sind, nicht jedoch über die Anschaffungskosten von € 90,– pro m².
Daher: **Bilanzansatz** = 86 · 25.000 = **€ 2.150.000,00**
Die Aufwertung von € 525.000,– ist zuzuschreiben.

	€ 2.150.000,00 (31.12.2024)
–	€ 1.625.000,00 (31.12.2023)
+ €	**525.000,00**

0200 Unbebaute Grundstücke / 4660 Erträge a. d. Zuschreibung zum Anlagevermögen 525.000,00

Abnutzbares Anlagevermögen bewerten

Das abnutzbare Anlagevermögen (z. B. Gebäude, Maschinen, Betriebs- und Geschäftsausstattung) muss mit den **Anschaffungs- oder Herstellungskosten, vermindert um** die **jährliche planmäßige Abschreibung,** angesetzt werden.

Zur **planmäßigen Abschreibung** siehe Kapitel 7.

Bei einer voraussichtlich **dauernden** (d. h. nicht nur vorübergehenden) **Wertminderung muss** der **niedrigere Wert am Abschlussstichtag** angesetzt werden **(gemildertes Niederstwertprinzip).**

Fallen die **Gründe** für eine Abwertung **weg, muss aufgewertet** werden. Eine Aufwertung ist **höchstens bis** zu den **Anschaffungs- oder Herstellungskosten, vermindert um** die **jährliche planmäßige Abschreibung,** möglich.

Abnutzbares Anlagevermögen bewerten: Auch hier gilt das gemilderte Niederstwertprinzip, d. h. bei einer voraussichtlich dauernden Wertminderung muss der niedrigere Wert am Abschlussstichtag angesetzt werden. Ausgangswert sind die Anschaffungs- oder Herstellungskosten, vermindert um die jährliche planmäßige Abschreibung.

Abwertung (Abschreibung):

. . . . Aufwandskonto / 0 . . . Abnutzbares Anlagevermögen

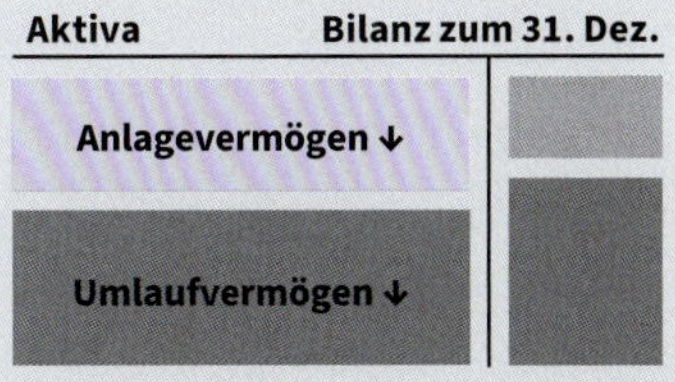

Aufwertung (Zuschreibung):

Fallen die **Gründe** für eine Abwertung **weg, muss aufgewertet** werden (höchstens bis zu den Anschaffungs- oder Herstellungskosten, vermindert um die jährliche planmäßige Abschreibung).

0 . . . Abnutzbares Anlagevermögen / . . . . Ertragskonto

Die Anlagenbewertung wird im Kapitel 7 näher behandelt.

4 Umlaufvermögen bewerten

Das Umlaufvermögen (z. B. Warenvorrat, Wertpapiere des Umlaufvermögens) muss mit den **Anschaffungs- oder Herstellungskosten** angesetzt werden.

Ist der **Wert am Abschlussstichtag niedriger, muss** dieser angesetzt werden **(strenges Niederstwertprinzip).**

Fallen die **Gründe** für eine Abwertung **weg, muss aufgewertet** werden. Eine Aufwertung ist **höchstens bis** zu den **Anschaffungs- oder Herstellungskosten** möglich.

Für die Bewertung des Umlaufvermögens werden folgende Konten benötigt:

7800 Abschreibungen von Vorräten
780 . Abschreibungen von Forderungen
8271 Abschreibungen auf Wertpapiere des Umlaufvermögens

8180 Erträge aus der Zuschreibung zu Wertpapieren des Umlaufvermögens

Umlaufvermögen bewerten: Es gilt das strenge Niederstwertprinzip, d. h., wenn der Wert am Abschlussstichtag niedriger ist, muss dieser angesetzt werden. Ausgangswert sind die Anschaffungs- oder Herstellungskosten.

Abwertung (Abschreibung):

. . . . Aufwandskonto / . . . . Umlaufvermögen

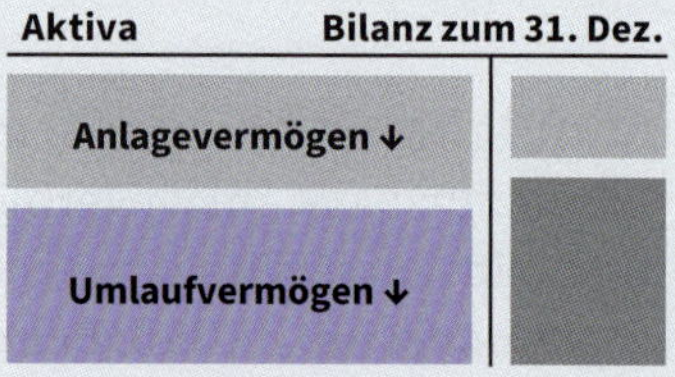

Aufwertung (Zuschreibung):

Fallen die **Gründe** für eine Abwertung **weg, muss aufgewertet** werden (höchstens bis zu den Anschaffungs- oder Herstellungskosten).

. . . . Umlaufvermögen / . . . . Ertragskonto

Die Bewertung von Vorräten an Handelswaren, Roh-, Hilfs- und Betriebsstoffen wird im Kapitel 8 näher behandelt.

Zur **Bewertung von Forderungen** siehe Unternehmensrechnung HAK IV.

L 6.3 Warenvorrat bewerten

Am 4. Dezember wurden zehn Fernseher um € 360,– je Stück angeschafft. Am 31. Dezember sind davon noch fünf Fernseher vorrätig, der Wiederbeschaffungspreis beträgt zu diesem Zeitpunkt je Fernseher:

Variante a) € 360,–

Variante b) € 320,–

Variante c) € 390,–

Aufgabe: Führe die Bewertung zum Abschlussstichtag durch. C

5 · 360 = **€ 1.800,00**
5 · 320 = **€ 1.600,00**
5 · 390 = **€ 1.950,00**

Lösung:

Wiederbeschaffungspreis pro Stück	Wert am Abschlussstichtag	Bilanzansatz	Anmerkung
Variante a) € 360,00	€ 1.800,00	**€ 1.800,00**	Der Wert am Abschlussstichtag entspricht dem Einstandspreis. Der Bilanzansatz muss daher in derselben Höhe angesetzt werden.
Variante b) € 320,00	€ 1.600,00	**€ 1.600,00**	Der Wert am Abschlussstichtag ist niedriger als der Einstandspreis; gemäß dem strengen Niederstwertprinzip muss der niedrigere Wert angesetzt werden.
Variante c) € 390,00	€ 1.950,00	**€ 1.800,00**	Der Wert am Abschlussstichtag ist höher als der Einstandspreis. Da die Anschaffungskosten nicht überschritten werden dürfen, wird der Bilanzansatz in der Höhe der Anschaffungskosten angesetzt.

L 6.4 Wertpapiere des Umlaufvermögens bewerten

Anschaffung von 100 Stück Chemie AG-Aktien am 29. Mai 2021 aus spekulativen Gründen zum Kurs von € 40,–
Auszug des Kontos 2620 Aktien des Umlaufvermögens vom 31. Dezember 2021:

Kontoblatt					Seite	1
					Datum	31.12.2021
Aktien des Umlaufvermögens						2620
Buch.-Nr.	Datum	Beleg-Nr.	Text	Gegenkonto	Soll	Haben
15.132	29.05.2021	B 75	Chemie AG-Aktien	2800	4.000,00	

Der Kurs des Wertpapiers lautet am jeweiligen Abschlussstichtag:
31. Dez. 2021, Kurs 35,00
31. Dez. 2022, Kurs 25,00
31. Dez. 2023, Kurs 28,00
31. Dez. 2024, Kurs 52,00

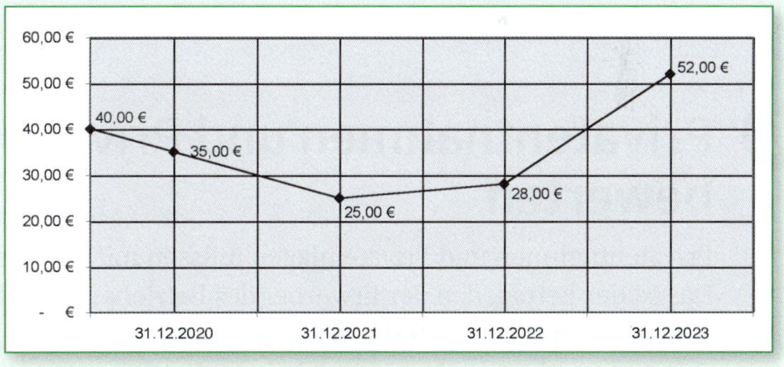

Hinweis: Wertpapiere, die zu Spekulationszwecken angeschafft werden, sind im Allgemeinen dem Umlaufvermögen zuzuordnen.

Aufgabe: a) Ermittle den Wert am Abschlussstichtag und den Bilanzansatz. **C**
b) Stelle die Buchungen zum jeweiligen Abschlussstichtag auf. **C**

Lösung:

Abschlussstichtag	Kurs	Wert am Abschlussstichtag	Bilanzansatz	Buchungssatz
31.12.2021	€ 35,00	**€ 3.500,00**	€ 3.500,00	8271 Abschr. auf WP des UV / 2620 Aktien des UV 500,00[1]
31.12.2022	€ 25,00	**€ 2.500,00**	€ 2.500,00	8271 Abschr. auf WP des UV / 2620 Aktien des UV 1.000,00[2]
31.12.2023	€ 28,00	**€ 2.800,00**	€ 2.800,00	2620 Aktien des UV / 8180 Ertr. a. d. Zuschr. zu WP des UV 300,00[3]
31.12.2024	€ 52,00	**€ 5.200,00**	€ 4.000,00	2620 Aktien des UV / 8180 Ertr. a. d. Zuschr. zu WP des UV 1.200,00[4]

[1] Bilanzansatz per 31.12.2021 € 3.500,00 – Anschaffungswert € 4.000,00 = Abwertung € 500,00
[2] Bilanzansatz per 31.12.2022 € 2.500,00 – Bilanzansatz per 31.12.2021 € 3.500,00 = Abwertung € 1.000,00
[3] Bilanzansatz per 31.12.2023 € 2.800,00 – Bilanzansatz per 31.12.2022 € 2.500,00 = Aufwertung € 300,00
[4] Eine Aufwertung bis zu den Anschaffungskosten ist vorzunehmen. Bilanzansatz 31.12.2023 € 2.800,00 – Anschaffungskosten € 4.000,00 = = Aufwertung € 1.200,00

5 Verbindlichkeiten bewerten

Verbindlichkeiten müssen mit dem **Erfüllungsbetrag zum Entstehungszeitpunkt** (Entstehungswert) angesetzt werden.

Ist der **Erfüllungsbetrag am Abschlussstichtag höher,** so **muss** dieser angesetzt werden **(strenges Höchstwertprinzip).**

Fallen die **Gründe** für eine Aufwertung **weg, muss abgewertet** werden. Eine Abwertung ist **höchstens bis** zum **Entstehungswert** möglich.

Verbindlichkeiten bewerten: Es gilt das strenge Höchstwertprinzip, d. h., wenn der Erfüllungsbetrag am Abschlussstichtag höher ist, muss dieser angesetzt werden. Ausgangswert ist der Erfüllungsbetrag zum Entstehungszeitpunkt (Entstehungswert).

Aufwertung (Zuschreibung):

. . . . Aufwandskonto / 3 . . . Verbindlichkeiten

Abwertung (Abschreibung):

Fallen die **Gründe** für eine Aufwertung **weg**, **muss abgewertet** werden (höchstens bis zum Entstehungswert).

3 . . . Verbindlichkeiten / . . . . Ertragskonto

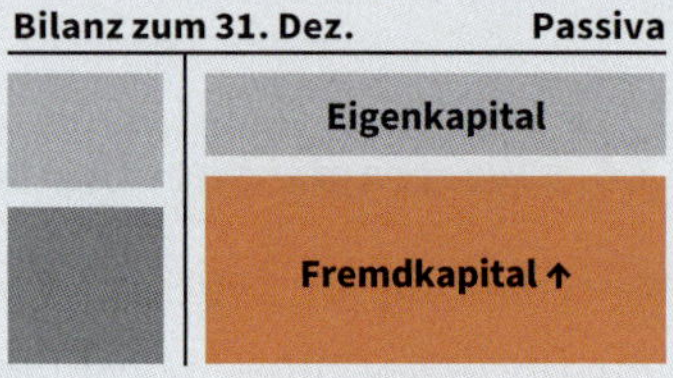

Diese Bewertungsbestimmungen sind vor allem bei **Verbindlichkeiten in ausländischer Währung** von Bedeutung.

Die Bewertung von Verbindlichkeiten in fremder Währung wird im IV. Jahrgang näher behandelt.

6 Privatentnahmen und Privateinlagen bewerten

Privatentnahmen und Privateinlagen müssen mit dem **Teilwert** bewertet werden. Das ist der Betrag, den der Erwerber des Betriebes im **Rahmen des Gesamtkaufpreises für das einzelne Wirtschaftsgut** ansetzen würde. Bei der Ermittlung des Teilwertes geht man davon aus, dass der Betrieb weitergeführt wird.

Privatentnahmen

Entnahmen müssen unabhängig von den Anschaffungs- oder Herstellungskosten mit dem **Teilwert zum Zeitpunkt der Entnahme** bewertet werden. Bei Waren ist der Teilwert normalerweise der Einkaufspreis zum Zeitpunkt der Entnahme **(= Wiederbeschaffungspreis).**

Privateinlagen

Einlagen müssen mit dem **Teilwert** angesetzt werden, der ihnen **zum Zeitpunkt der Zuführung (Einlage)** beizumessen ist.

L 6.5 Private Warenentnahme bewerten

Der Juwelier Kuno Trimmel e. U. entnimmt am 17. März aus seinem Unternehmen für private Zwecke eine Armbanduhr mit einem Einkaufspreis (= Einstandspreis) von € 100,–.
Der Wiederbeschaffungspreis der Armbanduhr beträgt am 17. März:
Variante a) € 100,– Variante b) € 90,– Variante c) € 110,–
Der Teilwert ist mit dem Wiederbeschaffungspreis identisch.
Aufgabe: Ermittle den Teilwert per 17. März und verbuche die Privatentnahme. C
Lösung:

Einstands-preis	Wiederbeschaffungs-preis (17. März)	Teilwert (17. März)	Buchungssatz	
€ 100,00	Variante a) € 100,00	**€ 100,00** (+ € 20,00 USt = € 120,00)	9600 Privat .... 120,00 an 4900 Eigenverbrauch 20 %. . an 3500 Umsatzsteuer	 100,00 20,00
	Variante b) € 90,00	**€ 90,00** (+ € 18,00 USt = € 108,00)	9600 Privat .... 108,00 an 4900 Eigenverbrauch 20 %. . an 3500 Umsatzsteuer	 90,00 18,00
	Variante c) € 110,00	**€ 110,00** (+ € 22,00 USt = € 132,00)	9600 Privat .... 132,00 an 4900 Eigenverbrauch 20 %. . an 3500 Umsatzsteuer........	 110,00 22,00

Bewertungsregeln – Zusammenfassung: Vermögensgegenstände und Verbindlichkeiten müssen am Abschlussstichtag, abhängig von den jeweiligen Bewertungsregeln, bewertet werden.

	Anlagevermögen		Umlaufvermögen	Verbindlichkeiten
	Nicht abnutzbar	Abnutzbar		
Bewertungsregel	**Gemildertes Niederstwertprinzip**		**Strenges Niederst-wertprinzip**	**Strenges Höchstwert-prinzip**
Ausgangswert	**Anschaffungs- oder Herstellungskosten**	**Anschaffungs- oder Herstellungskosten,** vermindert um die jährliche planmäßige Abschreibung	**Anschaffungs- oder Herstellungskosten**	**Entstehungswert**
Abwertung (Abschreibung)	bei einer voraus-sichtlich **dauernden Wertminderung** → **muss** abgewertet werden --- bei **nicht dauernder Wertminderung** → **keine** Abwertung Ausnahme: bei **Finanzanlagen kann** abgewertet werden	bei einer voraus-sichtlich **dauernden Wertminderung** → **muss** abgewertet werden --- bei **nicht dauernder Wertminderung** → **keine** Abwertung	bei **jeder Wert-minderung** → **muss** abgewertet werden	die **Gründe für** eine **Aufwertung fallen weg** → es **muss** abgewertet werden (höchstens bis zum Entstehungswert)
Aufwertung (Zuschreibung)	die **Gründe für** eine **Abwertung fallen weg** → es **muss** aufgewer-tet werden (höchstens bis zu Anschaffungs- oder Herstellungskos-ten)	die **Gründe für** eine **Abwertung fallen weg** → es **muss** aufgewertet werden (höchstens bis zu Anschaffungs- oder Herstellungskosten, vermindert um die jährliche planmäßige Abschreibung)	die **Gründe für** eine **Abwertung fallen weg** → es **muss** aufgewer-tet werden (höchstens bis zu Anschaffungs- oder Herstellungskos-ten)	bei einem **höheren Erfüllungsbetrag** → **muss** aufgewertet werden

Ü 6.4 Vermögen und Verbindlichkeiten bewerten

Im Bauunternehmen Harald Gruber e. U. ergeben sich u. a. folgende Sachverhalte:

LINK Ü 6.4 Buchungstrainer

Sachverhalt	per	Wertansatz €	Buchungssatz (Kontierung)
1. Harald Gruber plant den Bau einer zusätzlichen Lagerhalle im Jahr 2024. Am 18. April 2021 kauft er deshalb ein Grundstück mit 10.000 m² zu € 79,– pro m².	18.04.2021		
Aufgrund von Spekulationen sinkt der Grundstückspreis am 31. Dezember 2021 vorübergehend auf € 72,– pro m².	31.12.2021		
Ende des Jahres 2022 beträgt der Grundstückspreis infolge der Planung einer Abwasserkläranlage in direkter Nachbarschaft € 69,– pro m².	31.12.2022		
Im Winter 2023 wird entschieden, die Abwasserkläranlage nicht zu errichten. Der Grundstückspreis steigt infolgedessen Ende 2023 auf € 77,– pro m².	31.12.2023		
2. Am 10. März 2021 werden als Finanzanlage 1.000 Stück Aktien zum Kurs von € 50,– von der Bau AG erworben (Konto 0800 Beteiligungen).	10.03.2021		
Am 31. Dezember 2021 beträgt infolge des allgemeinen Kursverfalles der Kurs € 40,–. Eine Erholung des Kurses ist nicht absehbar.	31.12.2021		
Nach einer doch eingetretenen Erholung beträgt der Kurs am 31. Dezember 2022 € 52,–.	31.12.2022		
3. Harald Gruber kauft 500 Stück Aktien des Umlaufvermögens, Anschaffungskurs € 20,– pro Aktie	22.08.2021		
Kurs 31. Dezember 2021 € 21,– pro Aktie	31.12.2021		
Kurs 31. Dezember 2022 € 15,– pro Aktie	31.12.2022		
Kurs 31. Dezember 2023 € 18,– pro Aktie	31.12.2023		
4. Private Entnahme von Baustoffen (Ziegel, Zement) am 20. Dezember 2021; Einstandspreis der Baustoffe € 250,–, Wiederbeschaffungspreis am 20. Dezember € 300,–, Verkaufspreis exklusive USt am 20. Dezember € 375,–	20.12.2021		

Aufgabe: Ermittle die Wertansätze und stelle die Buchungssätze (Kontierung) auf. C

ÜBEN

Probier es selbst: Bearbeite die folgenden Übungsbeispiele.

Ü 6.5 Vermögen und Verbindlichkeiten bewerten

In der Tina Schlief KG, Computer Projects Unlimited, ergeben sich u. a. folgende Sachverhalte:

LINK Ü 6.5 Buchungstrainer

Sachverhalt	per	Wertansatz €	Buchungssatz (Kontierung)
1. Tina Schlief plant die Erweiterung des Betriebsgebäudes in den nächsten Jahren. Aus diesem Grund wird am 15. Juni 2021 ein Grundstück mit 2.000 m² zu € 150,– pro m² gekauft.	15.06.2021		

Sachverhalt	per	Wertansatz €	Buchungssatz (Kontierung)
Der Grundstückspreis sinkt Ende des Jahres 2021 auf € 80,– pro m², weil die geplante Umwidmung der Fläche in Bauland nicht erfolgte. Diese Umwidmung ist kurzfristig nicht absehbar.	31.12.2021		
Im Herbst 2022 erfolgte nun doch die Umwidmung in Bauland und es kommt zu einem Preisanstieg auf € 140,– pro m².	31.12.2022		
Da die Nachfrage nach Betriebsgrundstücken in der Region weiter ansteigt, liegt der Preis Ende des Jahres 2023 bei € 160,– pro m².	31.12.2023		
2. Am 3. April 2021 werden als Finanzanlage 2.000 Stück Aktien zum Kurs von je € 30,– von der Computer AG erworben.	03.04.2021		
Am 31. Dezember 2021 beträgt der Kurs € 35,– pro Aktie.	31.12.2021		
Am 31. Dezember 2022 beträgt der Kurs infolge eines allgemeinen Kursverfalles € 22,– pro Aktie. Eine Erholung des Kurses ist nicht abzusehen.	31.12.2022		
Am 31. Dezember 2023 beträgt der Kurs € 28,– pro Aktie. Der Grund für die Abwertung im Jahr 2022 fällt weg.	31.12.2023		
3. Am 28. November 2021 wurden zwölf Bluetooth-Kopfhörer (Handelsware) um € 26,– pro Stück angeschafft.	28.11.2021		
Am 31. Dezember 2021 sind noch sechs Bluetooth-Kopfhörer auf Lager. Der Wiederbeschaffungspreis beträgt zu diesem Zeitpunkt pro Stück:			
Variante a) € 26,–	31.12.2021		
Variante b) € 23,–	31.12.2021		
Variante c) € 29,–	31.12.2021		
4. Tina Schlief kauft am 24. Mai 2021 700 Stück Aktien des Umlaufvermögens, Anschaffungskurs € 17,– pro Aktie	24.05.2021		
Kurs 31. Dezember 2021 € 19,– pro Aktie	31.12.2021		
Kurs 31. Dezember 2022 € 14,– pro Aktie	31.12.2022		
Kurs 31. Dezember 2023 € 18,– pro Aktie	31.12.2023		
5. Private Warenentnahme eines Laptops am 21. August 2021; Einstandspreis des Laptops € 1.300,–, Wiederbeschaffungspreis am 21. August € 1.210,–, Verkaufspreis exklusive USt am 21. August € 1.570,–	21.08.2021		

Aufgabe: Ermittle die Wertansätze und stelle die Buchungssätze (Kontierung) auf. C

WEITER ÜBEN!

Zusätzliche Übungsbeispiele im Anhang ab Seite 338

Online-Training: Check dein Wissen!

LINK Interaktive Übungen

KÖNNEN

Zeig, was du kannst: Wende bei den folgenden Aufgaben dein Wissen an.

LINK
K 6.1
Interaktive Übung

K 6.1 Abschlussarbeiten reihen

Ergänze die fehlenden Arbeiten, die im Rahmen des Jahresabschlusses zu erledigen sind. A

1 Inventur vorbereiten und durchführen
2 Abstimmungs- und Korrekturarbeiten durchführen
3 ______
4 ______
5 Um- und Nachbuchungen auf den Konten erfassen, Konten abschließen
6 ______
7 ______
8 Belege, Konten und Journale ablegen
9 Jahresabschluss auswerten

K 6.2 Inventur und Inventar

Erläutere die Begriffe Inventur und Inventar. B

LINK
K 6.3
Interaktive Übung

K 6.3 Bewertungsgrundsätze

Ordne dem jeweiligen Bewertungsgrundsatz die passende Erklärung zu. B

Bewertungsgrundsatz	Erklärung	Zuordnung
A. Grundsatz der Einzelbewertung	a) Bei der Bewertung wird von der Fortführung des Unternehmens (Going-concern-Prinzip) ausgegangen.	A. +
B. Grundsatz der Vorsicht	b) Aufwände und Erträge sind unabhängig vom Zahlungszeitpunkt in dem Geschäftsjahr (Periode) zu berücksichtigen, zu dem sie wirtschaftlich gehören.	B. +
C. Grundsatz der Periodenrichtigkeit	c) Die auf den vorherigen Jahresabschluss angewendeten Bilanzierungs- und Bewertungsmethoden müssen beibehalten werden.	C. +
D. Grundsatz der Unternehmens-fortführung	d) Vermögensgegenstände und Schulden müssen einzeln bewertet werden.	D. +
E. Grundsatz der Bilanzidentität	e) Ist die Bestimmung eines Wertes nur durch Schätzung möglich, muss diese auf Basis einer objektiven Grundlage erstellt werden. Erfahrungen in ähnlichen Geschäftsfällen oder Berichte unabhängiger Experten müssen miteinbezogen werden.	E. +
F. Grundsatz der Bewertungsstetigkeit	f) Die Eröffnungsbilanz des Geschäftsjahres muss mit der Schlussbilanz des vorherigen Geschäftsjahres übereinstimmen.	F. +
G. Grundsatz der verlässlichen Schätzung	g) Die Vermögens- und Schuldensituation eines Unternehmens darf durch die Bewertung nicht besser dargestellt werden, als sie tatsächlich ist. – „Der Unternehmer darf sich nicht reicher machen, als er ist".	G. +

LINK
K 6.4
Interaktive Übung

K 6.4 Bewertungsvorschriften

Unternehmen	Für die Bewertung maßgebend	
	UGB	EStG
Die Siemtec GmbH erzielt einen Jahresumsatz von € 600.000,–.		
Business Design e. U. hat im letzten Jahr einen Umsatz von € 1.200.000,– erwirtschaftet.		
Der Schriftsteller Simon Rotpuller erzielte mit dem Verkauf seiner Kinderbücher einen jährlichen Umsatz von rund € 70.000,–.		
Cultstyle e. U. hat in den letzten Jahren einen Umsatz von rund € 600.000,– pro Jahr erwirtschaftet.		

Aufgabe: Analysiere für die einzelnen Unternehmen, welche Bestimmungen zur Bewertung maßgebend sind. D

LINK
K 6.5
Interaktive Übung

K 6.5 Bewertungsregel

a) Zeichne in der Grafik die Bewertungsregeln für das Anlage- und Umlaufvermögen sowie für das Fremdkapital ein. A

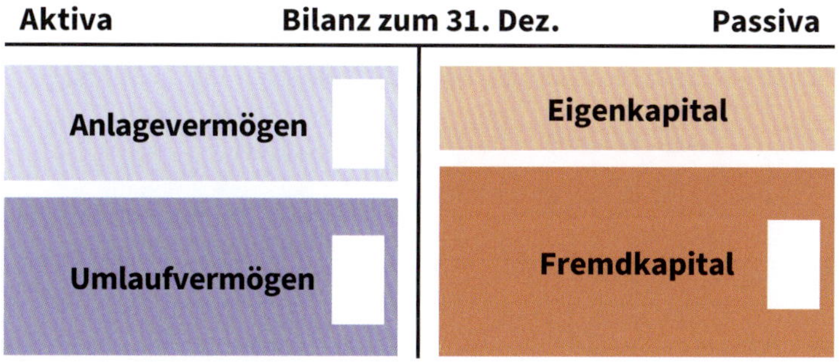

b) Ergänze den Lückentext. B

Im Allgemeinen sind die Gegenstände des Anlage- und Umlaufvermögens im Rahmen der Bewertungsmaßnahmen ____________________, Fremdkapital (Verbindlichkeiten) ____________________.

KOMPETENZCHECK

Meine Kompetenzen	Kann ich?	Lernstoff	Aufgaben
Ich kann die Abschlussarbeiten nach dem Anfall reihen.		Lerneinheit 1	K 6.1
Ich kann Inventur und Inventar unterscheiden.		Lerneinheit 1	K 6.2
Ich kann die grundlegenden Bewertungsvorschriften, Bewertungsgrundsätze, Wertmaßstäbe nennen.		Lerneinheit 2	K 6.3, K 6.4
Ich kann die Bewertungsregeln für das Anlage- und Umlaufvermögen sowie das Fremdkapital aufzählen.		Lerneinheit 2	Ü 6.3, Ü 6.4, Ü 6.5, K 6.5

Platz zum Schreiben

Anlagenbewertung
Einstiegsvideo zum Kapitel

Was sind geringwertige Wirtschaftsgüter?

Kannst du dich noch an die Abschreibung erinnern?

7 Anlagenbewertung

Darum geht's in diesem Kapitel:

Ist ein Pkw eine Anlage? In einer Bäckerei, die Gebäck an die Kunden liefert, gehört ein Pkw zum Anlagevermögen. Für den Autohändler ist ein Pkw Handelsware und gehört damit zum Umlaufvermögen. Ausschlaggebend ist also der Verwendungszweck des Vermögensgegenstandes und die Dauer der Nutzung.

Das lernst du in den folgenden Lerneinheiten:

1 Welche **Methoden der Anlagenabschreibung** gibt es und wie wird die **Abschreibung berechnet** und **verbucht?**
2 Wie werden **selbst erstellte Anlagen** und **Anlagen in Bau verbucht?**
3 Wie verbucht man die **Instandhaltung,** die **Instandsetzung,** den **Umbau** und die **Erweiterung von Anlagen?**
4 Was passiert, wenn **Anlagen** aus dem Unternehmen **ausscheiden?**

Gebäude verlieren an Wert
Betriebsgebäude, wie der gläserne Kubus von Bene in Waidhofen/Ybbs, verlieren laufend an Wert. Durch die Abschreibung wird diese Wertminderung erfasst.

LERNEN

1 Abschreibung berechnen und verbuchen

Die Verbuchung eines Anlagenkaufes auf dem Anlagenkonto wirkt sich nicht auf den Erfolg (Gewinn bzw. Verlust) aus. Erst durch die Abschreibung, also die Erfassung der Wertminderung des Anlagegegenstandes, wird das Unternehmensergebnis verändert.

1 Anlagevermögen

Zum **Anlagevermögen** gehören alle **Wirtschaftsgüter**, die bestimmt sind, **dauernd** (länger als ein Jahr) **dem Geschäftsbetrieb zu dienen.** Das **Anlagevermögen** wird auf der **Aktivseite** (Vermögensseite) **der Bilanz** ausgewiesen. Für das Anlagevermögen ist die Kontenklasse 0 vorgesehen.

Beispiel:
Das Unternehmen Myschuh besitzt ein Grundstück, ein Gebäude, Geschäftsausstattung und Fahrzeuge. Diese Vermögensgegenstände werden auf der Aktivseite der Bilanz als Anlagevermögen ausgewiesen.

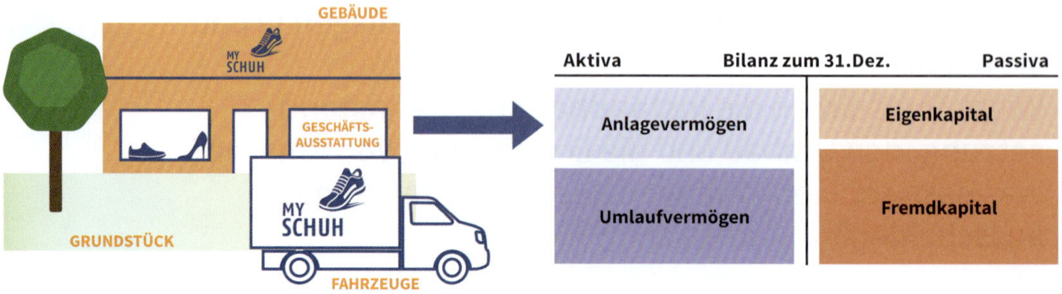

Nach den Bestimmungen des Unternehmensgesetzbuches (UGB) zur **Bilanzgliederung** wird das Anlagevermögen in **immaterielle Vermögensgegenstände, Sachanlagen und Finanzanlagen** unterteilt:

Anlagevermögen

Immaterielle Vermögensgegenstände	Sachanlagen	Finanzanlagen
Beispiele: • Patente, Markenrechte • Software • Lizenzen	**Beispiele:** • Grundstücke • Gebäude • Maschinen • Betriebs- und Geschäftsausstattung • Anlagen in Bau	**Beispiele:** • Anteile und Beteiligungen an Unternehmen • Wertpapiere des Anlagevermögens

Patent
Recht der alleinigen Nutzung einer Erfindung

Lizenz
Vom Patentinhaber erteiltes Recht zur Nutzung einer fremden Erfindung

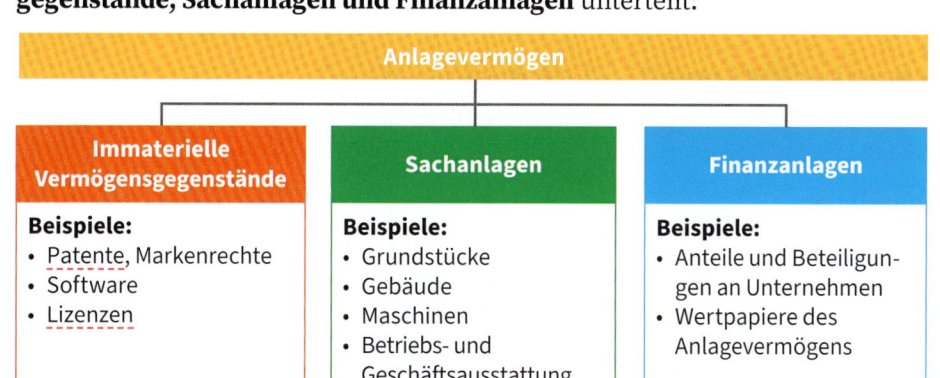

Außerdem wird zwischen **abnutzbarem** und **nicht abnutzbarem Anlagevermögen** unterschieden. Beim **abnutzbaren Anlagevermögen** muss die ordentliche **Wertminderung,** die sich durch die Nutzung ergibt, in Form der planmäßigen **Abschreibung** berücksichtigt werden.

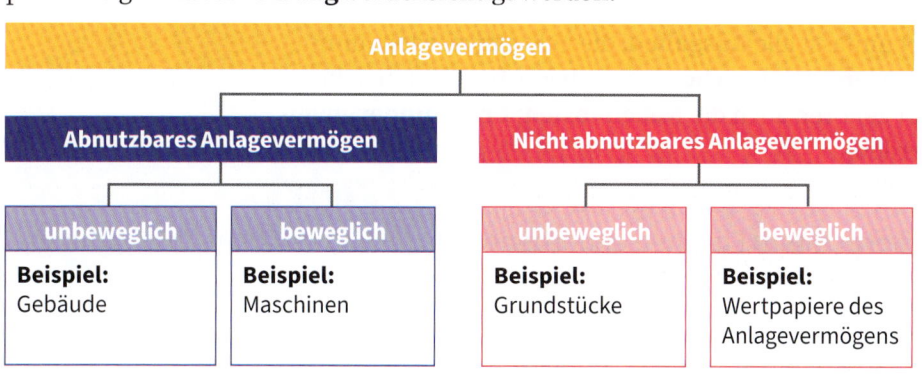

Anlagevermögen

Abnutzbares Anlagevermögen		Nicht abnutzbares Anlagevermögen	
unbeweglich	beweglich	unbeweglich	beweglich
Beispiel: Gebäude	**Beispiel:** Maschinen	**Beispiel:** Grundstücke	**Beispiel:** Wertpapiere des Anlagevermögens

Coca Cola
Der Schriftzug Coca Cola ist eine wertvolle, bekannte Marke und zählt zum immateriellen Vermögen des Unternehmens.

2 Kauf von Anlagegütern verbuchen – Wiederholung

Der Kauf von Anlagen wird auf dem entsprechenden **Anlagenkonto** in der **Kontenklasse 0** bzw. bei **geringwertigen Wirtschaftsgütern** in der **Klasse 7** mit dem **Anschaffungswert** verbucht.

Zur **Verbuchung von Anlagenzugängen (inkl. GWG)** siehe Unternehmensrechnung HAK II.

Beispiele:

Kauf eines Computers:

0620 Büromaschinen, EDV-Anlagen / 33 . . . Lieferantenkonto (2700 Kassa etc.)
2500 Vorsteuer

Kauf eines Pkw, Kombis oder Motorrades:

0630 Pkw und Kombis / 33 . . . Lieferantenkonto

Kauf eines Elektrofahrzeuges:

0630 Pkw und Kombis / 33 . . . Lieferantenkonto
2500 Vorsteuer

Geringwertige Wirtschaftsgüter sind jene **abnutzbaren Anlagegüter,** deren **Anschaffungswert den Betrag von € 800,– (ohne USt) nicht übersteigt.**

LINK
GWG-Grenze
Mehr Infos gibt's hier.

1. Sofort beim Kauf abschreiben:

7060 Abschreibungen geringwertiger Wirtschaftsgüter 2500 Vorsteuer	/ 2700 Kassa (33 . . . Lieferantenkonto etc.)

2. Am Jahresende abschreiben:

- Buchung beim Kauf:

0 . . . Geringwertige . . . 2500 Vorsteuer	/ 2700 Kassa (33 . . . Lieferantenkonto etc.)

- Buchung am Jahresende:

7060 Abschreibungen geringwertiger Wirtschaftsgüter / 0 . . . Geringwertige . . .

3 Anschaffungswert (Anschaffungskosten)

Der **Anschaffungswert** umfasst alle **Ausgaben,** die geleistet werden, um einen **Vermögensgegenstand zu erwerben** und **betriebsbereit** zu machen. Zum Anschaffungswert gehören auch die **Nebenkosten; Preisminderungen** müssen abgezogen werden.

Anschaffungswert berechnen: Eine neu erworbene Anlage wird mit dem Anschaffungswert in der Buchführung erfasst.

	Kaufpreis (– Rabatte und sonstige Nachlässe, in der Regel ohne Vorsteuer)	Kaufpreis
+	**Bezugskosten** (z. B. Transportkosten, Versicherung, Provision, bei Import aus Drittländern der Zoll, nicht jedoch die Einfuhrumsatzsteuer)	+ Nebenkosten
+	**Steuern** (z. B. Grunderwerbsteuer) und sonstige Abgaben, Notariats-, Gerichts- und Registrierkosten	
+	**Kosten der Aufstellung und Inbetriebnahme der Anlage**	
+	**Kosten der Überprüfung der Anlage**	
–	**Preisminderungen** (z. B. nachträglich gewährte Rabatte, Skonti, Subventionen)	Preisminderungen
	Anschaffungswert	

Finanzierungskosten, z. B. Kosten der Kreditbeschaffung und Kreditzinsen, gehören **nicht zu den Anschaffungskosten;** sie dürfen daher nicht berücksichtigt werden.

Bei **Pkw, Kombis** und **Motorrädern** setzt sich der **Anschaffungswert** aus dem **Kaufpreis**, der **Normverbrauchsabgabe (NoVA)** und der **Umsatzsteuer** (Vorsteuer) zusammen, da **kein Vorsteuerabzug** möglich ist.

Elektro-Pkw und **Elektro-Kombis** (mit 0 Gramm CO_2-Ausstoß) bis zu einem Anschaffungswert von **€ 40.000,–** (inkl. Umsatzsteuer) sind dagegen in voller Höhe **vorsteuerabzugsberechtigt.** Zudem sind Elektro-Pkw und Elektro-Kombis **generell NoVA-befreit.** Als Anschaffungswert wird daher der Nettobetrag angesetzt.

Anlagegüter, die **im Betrieb selbst erzeugt** werden, sind mit den **Herstellungskosten** im Anlagevermögen zu erfassen.

Aktivierung des Anschaffungswertes

Der **Anschaffungswert** muss in der Buchhaltung **aktiviert** werden, d.h., er wird in der Kontenklasse 0 erfasst.

Anschaffungswert aktivieren: Beim Kauf einer neuen Anlage werden der Kaufpreis und die Nebenkosten abzüglich der Preisminderungen am Anlagenkonto aktiviert (= erfasst).

Verbuchung des Kaufpreises:

0 . . . Anlagenkonto / 33 . . . Lieferantenkonto
2500 Vorsteuer / (2700 Kassa etc.)

Verbuchung der Nebenkosten:

0 . . . Anlagenkonto / 33 . . . Lieferantenkonto
2500 Vorsteuer / (2700 Kassa etc.)

Verbuchung der Preisminderungen:

33 . . . Lieferantenkonto / 0 . . . Anlagenkonto
2500 Vorsteuer

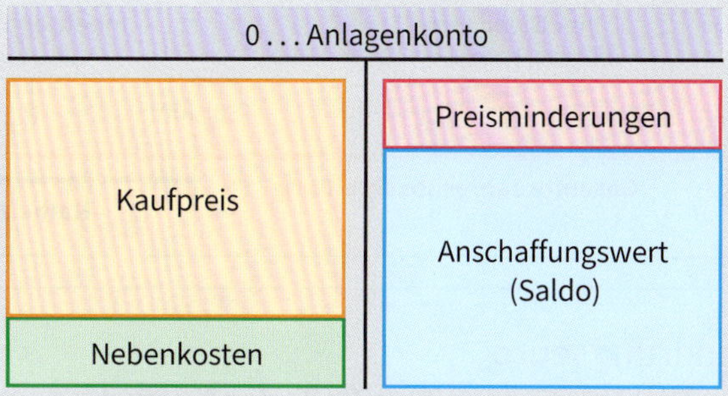

Der Saldo des Anlagenkontos ergibt den **Anschaffungswert** (die Anschaffungskosten).

4 Anlagenabschreibung

Der Wert eines abnutzbaren Anlagegegenstandes verringert sich durch **Nutzung** (= Einsatz im Betrieb) oder **Zeitablauf.** Diese **Wertminderung** wird im **Anlagenverzeichnis** dokumentiert und in der **Buchführung** durch die **Abschreibung** erfasst. Durch die Abschreibung wird ein **Teil des Anschaffungswertes** der Anlage jährlich als **Aufwand** berücksichtigt.

Zur **Abschreibung** und zum **Anlagenverzeichnis** siehe auch Unternehmensrechnung HAK I.

Im Steuerrecht wird die Anlagenabschreibung als **Absetzung für Abnutzung (AfA)** bezeichnet.

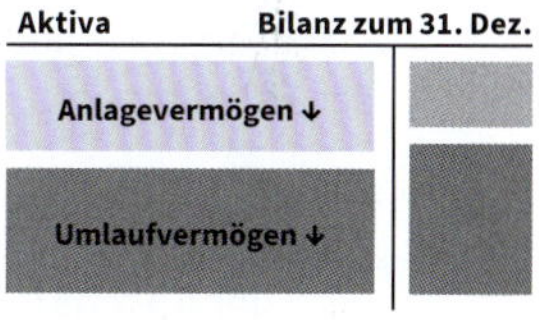

Mit der **Abschreibung** erfolgt eine **Abwertung der Vermögensgegenstände** auf den **Wert am Abschlussstichtag.** Abschreibungen sind **verpflichtend vorzunehmen,** unterlassene Abschreibungen können **nicht nachgeholt** werden.

Beginn der Abschreibung, Halbjahresregel

Für den **Beginn der Abschreibung** ist nicht der Zeitpunkt der Anschaffung des Anlagegutes, sondern der **Zeitpunkt seiner Inbetriebnahme** maßgebend.

- Wird das Anlagegut in der **ersten Jahreshälfte** (1.1.–30.6.) **in Betrieb genommen,** wird die **gesamte Jahresabschreibung** als Aufwand berücksichtigt.
- Wird das Anlagegut in der **zweiten Jahreshälfte** (1.7.–31.12.) **in Betrieb genommen,** wird die **halbe Jahresabschreibung** als Aufwand berücksichtigt **(Halbjahresregel).**

Beispiele:
Wenn ein PC am 4. März in Betrieb genommen wird, wird die gesamte Jahresabschreibung berücksichtigt. Wird er am 28. August in Betrieb genommen, wird nur die halbe Jahresabschreibung berücksichtigt.

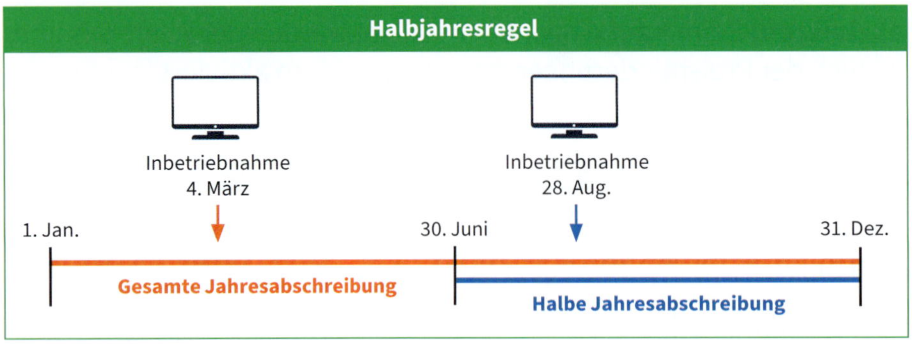

Erinnerungseuro

Wenn die Anlage nach dem **Ende der Nutzungsdauer weiterhin im Betrieb** bleibt, wird sie auf den **Erinnerungseuro** abgeschrieben. Das heißt, im letzten Jahr der Nutzungsdauer wird der **Abschreibungsbetrag um € 1,– gekürzt**. Der Erinnerungseuro bleibt so lange in der Buchführung stehen, bis die Anlage **ausscheidet.** Dann wird auch der Erinnerungseuro abgeschrieben.

Nutzungsdauer
Anzahl von Jahren, in denen eine Anlage im Betrieb voraussichtlich genutzt werden kann

Methoden der Anlagenabschreibung

Man unterscheidet folgende Methoden der Anlagenabschreibung:

Methoden der Anlagenabschreibung		
Lineare Abschreibung	**Degressive Abschreibung**	**Beschleunigte Abschreibung**
Pkw und Kombis, unkörperliche Wirtschaftsgüter (z. B. Patente, Lizenzen), gebrauchte Wirtschaftsgüter etc.	Maschinen, Betriebsanlagen, Werkzeuge, Betriebs- und Geschäftsausstattung, Büromaschinen, EDV-Anlagen, Lkw, Elektrofahrzeuge etc.	Gebäude
Bei der **linearen Abschreibung** wird der **Anschaffungswert** der Anlage gleichmäßig **auf** die **voraussichtliche Nutzungsdauer verteilt** und in gleichbleibenden Beträgen jährlich als Aufwand verbucht.	Bei der **degressiven** und der **beschleunigten Abschreibung** werden in den **ersten Jahren höhere Abschreibungsbeträge** als Aufwand verbucht. Durch diese höheren Abschreibungsbeträge kommt es zu einem niedrigeren ausgewiesenen Gewinn und somit zu einer höheren **Steuerersparnis** in den ersten Jahren nach der Anschaffung. Dadurch werden Anreize für Unternehmen geschaffen, Investitionen zu tätigen.	

Bei jenen Anlagen, die degressiv abgeschrieben werden dürfen, muss man sich im Jahr der Anschaffung zwischen der linearen und der degressiven Abschreibung entscheiden. Bei der **degressiven Abschreibung** kann der **Abschreibungssatz** innerhalb einer **Höchstgrenze von 30 %** frei gewählt werden; dieser Satz kommt auch in den Folgejahren zur Anwendung. Aus Gründen der Steuerersparnis wird meist die degressive Abschreibung im Höchstausmaß von 30 % gewählt.

Für jedes Wirtschaftsgut kann die Abschreibungsmethode eigens gewählt werden.

Ein **Wechsel** von der **degressiven Abschreibung zur linearen Abschreibung** ist **jederzeit möglich.** Umgekehrt, ein Wechsel **von** der **linearen** Abschreibung **zur degressiven** Abschreibung ist jedoch **nicht zulässig.**

Bei Gebäuden wird im dritten Jahr der Nutzung **automatisch von der beschleunigten Abschreibung zur linearen Abschreibung gewechselt.**

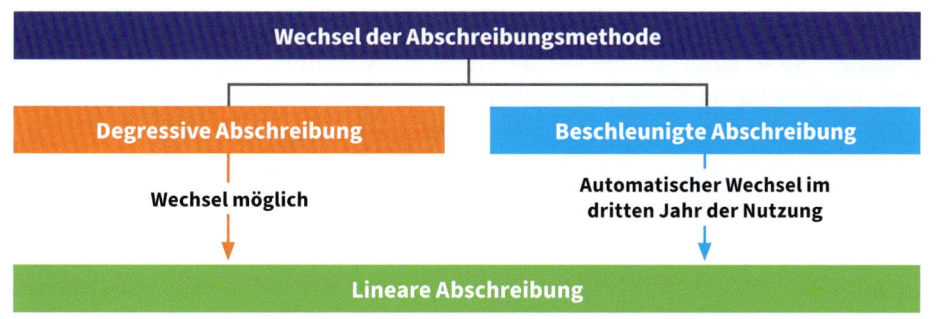

Wechsel der Abschreibungsmethode

- **Degressive Abschreibung** → Wechsel möglich → **Lineare Abschreibung**
- **Beschleunigte Abschreibung** → Automatischer Wechsel im dritten Jahr der Nutzung → **Lineare Abschreibung**

Aus Gründen der Steuerersparnis ist ein Wechsel von der degressiven Abschreibung zur linearen Abschreibung in dem Jahr sinnvoll, in dem der Abschreibungsbetrag der linearen Abschreibung höher ist als der Abschreibungsbetrag, der sich durch die degressive Abschreibung ergibt.

Methoden der Anlagenabschreibung und Berechnung der Abschreibungsbeträge:
Je nach Art des Wirtschaftsgutes können unterschiedliche Abschreibungsmethoden gewählt werden.

Berechnung der Abschreibungsbeträge

Lineare Abschreibung

Gilt für:
Pkw und Kombis, unkörperliche Wirtschaftsgüter (z. B. Patente, Lizenzen), gebrauchte Wirtschaftsgüter etc.

$\frac{\text{Anschaffungswert}}{\text{Nutzungsdauer}}$ = **jährlich gleichbleibender Abschreibungsbetrag**

Folgejahre ab Wechsel:
$\frac{\text{Buchwert 1.1.}}{\text{Restnutzungsdauer}}$ = linearer **Abschreibungsbetrag**

Degressive Abschreibung

Gilt für:
Maschinen, Betriebsanlagen, Werkzeuge, Betriebs- und Geschäftsausstattung, Büromaschinen, EDV-Anlagen, Lkw, Elektrofahrzeuge etc.

Jahr der Anschaffung:
Anschaffungswert · 30 % = **Abschreibungsbetrag**

Folgejahre:
Buchwert 1.1. · 30 % = **Abschreibungsbetrag**

Wechsel von der degressiven Abschreibung zur linearen Abschreibung in dem Jahr sinnvoll, in dem der **degressiv berechnete Abschreibungsbetrag kleiner ist als der linear berechnete Abschreibungsbetrag** → Folgejahre ab Wechsel (lineare Abschreibung)

Beschleunigte Abschreibung

Gilt für:
Gebäude

Jahr der Anschaffung:
Anschaffungswert · 7,5 % = **Abschreibungsbetrag**

1. Folgejahr:
Anschaffungswert · 5 % = **Abschreibungsbetrag**

Alle weiteren Folgejahre:
Anschaffungswert · 2,5 % = **Abschreibungsbetrag**

Im Anschaffungsjahr beträgt die Abschreibung das Dreifache (7,5 %) des Abschreibungssatzes von 2,5 %, im darauffolgenden Jahr das Zweifache (5 %).

Keine Halbjahresabschreibung!
Auch bei Anschaffung im zweiten Halbjahr ist der Betrag der gesamten Jahresabschreibung anzusetzen.

Abnutzbare Anlagegegenstände, die **vor dem 1. Juli 2020** angeschafft wurden, werden über die gesamte Nutzungsdauer **linear** abgeschrieben.

Hinweis: Der Abschreibungsbetrag kann auch vom Buchwert 31. Dez. des Vorjahres berechnet werden, da er ident mit dem Buchwert am 1. Jan. des Abschlussjahres ist (z. B. Buchwert 31.12.2021 = Buchwert 1.1.2022).

Restnutzungsdauer einer Anlage

Unter der **Restnutzungsdauer (RND)** einer Anlage versteht man die **Anzahl der Jahre,** in denen sie noch **wirtschaftlich genutzt** werden kann.

Restnutzungsdauer berechnen

	Gesamte Nutzungsdauer
–	Bisherige Nutzungsdauer
	Restnutzungsdauer in Jahren

Abschreibungsbeträge berechnen

Der **Abschreibungbetrag** ist der Betrag, der in einem Geschäftsjahr **abgeschrieben und als Aufwand verbucht** wird.

Wenn man vom Anschaffungswert alle bereits verbuchten Abschreibungsbeträge abzieht, erhält man den **Buchwert.**

Der **Abschreibungssatz** gibt die **Höhe der Abschreibung in Prozent** an:

$$\textbf{Abschreibungssatz} = \frac{100}{\text{Nutzungsdauer}}$$

Methode	Wirtschaftsgut	Berechnung der Abschreibungsbeträge
Linear	Pkw und Kombis, Patente, Lizenzen etc.	Anschaffungswert · Abschreibungssatz **oder** $\frac{\text{Anschaffungswert}}{\text{Nutzungsdauer}}$
Degressiv	Maschinen, Betriebsanlagen, Werkzeuge, Betriebs- und Geschäftsausstattung, Büromaschinen, EDV-Anlagen, Lkw, Elektrofahrzeuge etc.	1. Jahr 30 % vom Anschaffungswert Folgejahre 30 % vom Buchwert zu Beginn des jeweiligen Abschlussjahres Wechsel auf die lineare Abschreibung sinnvoll, wenn der degressiv berechnete Abschreibungsbetrag kleiner als der lineare Abschreibungsbetrag ist. Berechnung der linearen Abschreibung (nach dem Wechsel): $\frac{\text{Buchwert zu Beginn des Jahres, in dem der Wechsel stattgefunden hat}}{\text{Restnutzungsdauer}}$
Beschleunigt	Gebäude	1. Jahr 7,5 % vom Anschaffungswert 2. Jahr 5,0 % vom Anschaffungswert Folgejahre 2,5 % vom Anschaffungswert

Beispiel:

Berechnung der Abschreibungsbeträge und Buchwerte bei linearer Abschreibung: Kombi mit einem Anschaffungswert von € 18.920,–, Inbetriebnahme am 4. Oktober 2021, Nutzungsdauer acht Jahre; der Kombi scheidet nach Ablauf der Nutzungsdauer aus dem Betrieb aus.

Lineare Abschreibung:

	Anschaffungswert 2021		€ 18.920,00	
1. Jahr	**Abschreibung 2021**	**12,5 %**	**– € 1.182,50**	Halbe Jahresabschreibung
	Buchwert 1.1.2022		€ 17.737,50	
2. Jahr	**Abschreibung 2022**	**12,5 %**	**– € 2.365,00**	
	Buchwert 1.1.2023		€ 15.372,50	
. . .				
	Buchwert 1.1.2028		€ 3.547,50	
8. Jahr	**Abschreibung 2028**	**12,5 %**	**– € 2.365,00**	
	Buchwert 1.1.2029		€ 1.182,50	
9. Jahr	**Abschreibung 2029**	**12,5 %**	**– € 1.182,50**	Halbe Jahresabschreibung
	Buchwert 31.12.2029		€ 0,00	

Beispiel:

Berechnung der Abschreibungsbeträge und Buchwerte bei degressiver Abschreibung und Wechsel der Abschreibungsmethode: Maschine mit einem Anschaffungswert von € 42.000,–, Inbetriebnahme am 26. April 2021, Nutzungsdauer fünf Jahre; die Maschine verbleibt nach Ablauf der Nutzungsdauer im Unternehmen (Erinnerungseuro).

Degressive Abschreibung mit Wechsel zur linearen Abschreibung:

			Degressive Abschreibung	Wechsel zur linearen Abschreibung	
	Anschaffungswert 2021		€ 42.000,00		
1. Jahr	**Abschreibung 2021**	**30 %**	**– € 12.600,00**		
	Buchwert 1.1.2022		€ 29.400,00		
2. Jahr	**Abschreibung 2022**	**30 %**	**– € 8.820,00**	– € 7.350,00	Buchwert 1.1.2022 / Restnutzungsdauer = 29.400 / 4
	Buchwert 1.1.2023		€ 20.580,00		
3. Jahr	**Abschreibung 2023**	**30 %**	**– € 6.174,00** →	**– € 6.860,00***	Buchwert 1.1.2023 / Restnutzungsdauer = 20.580 / 3
	Buchwert 1.1.2024			€ 13.720,00	
4. Jahr	**Abschreibung 2024**			**– € 6.860,00**	
	Buchwert 1.1.2025			€ 6.860,00	
5. Jahr	**Abschreibung 2025**			**– € 6.859,00**	
	Buchwert 31.12.2025			€ 1,00	Erinnerungseuro

* Im Jahr 2023 ist der errechnete Betrag der linearen Abschreibung (€ 6.860,–) höher als der errechnete Betrag der degressiven Abschreibung (€ 6.174,–). Aus Gründen der Steuerersparnis ist hier der Übergang von der degressiven zur linearen Abschreibung sinnvoll.

Beispiel:

Gebäude mit einem Anschaffungswert von € 600.000,–, Inbetriebnahme am 2. September 2021, Nutzungsdauer 40 Jahre (= 2,5 % Abschreibungssatz).

Beschleunigte Abschreibung:

	Anschaffungswert 2021		€ 600.000,00	
1. Jahr	**Abschreibung 2021**	**7,5 %**	**– € 45.000,00**	Keine Halbjahresregel!
	Buchwert 1.1.2022		€ 555.000,00	
2. Jahr	**Abschreibung 2022**	**5,0 %**	**– € 30.000,00**	
	Buchwert 1.1.2023		€ 525.000,00	
3. Jahr	**Abschreibung 2023**	**2,5 %**	**– € 15.000,00**	
	Buchwert 1.1.2024		€ 510.000,00	
4. Jahr	**Abschreibung 2024**	**2,5 %**	**– € 15.000,00**	
	Buchwert 1.1.2025		€ 495.000,00	
5. Jahr	**Abschreibung 2025**	**2,5 %**	**– € 15.000,00**	
	. . .			

Abschreibung verbuchen

Der Abschreibungsbetrag wird vom jeweiligen **Anlagenkonto** (Kontenklasse 0) abgebucht (Habenbuchung). Die Sollbuchung erfolgt auf folgendem Konto:

7010 Abschreibungen von Sachanlagen

Die Anlagegegenstände werden **jährlich** abgeschrieben. Die Berechnung und Verbuchung der Abschreibungsbeträge erfolgt im Rahmen der **Abschlussarbeiten** (Bilanzierung) zum Abschlussstichtag (in der Regel 31. Dez.).

Abschreibung verbuchen: Am Abschlussstichtag wird der Abschreibungsbetrag berechnet und verbucht.

Verbuchung der Abschreibung:

7010 Abschreibungen von Sachanlagen / 0 . . . Anlagenkonto

Ausbuchung des Erinnerungseuros im Jahr des Ausscheidens:

7010 Abschreibungen von Sachanlagen / 0 . . . Anlagenkonto 1,00

L 7.1 Anlagenkauf verbuchen, Abschreibung berechnen und verbuchen, Erfolgsauswirkung

10. 8.2021		Die Großbäckerei Ankerbrot GmbH & Co. KG kauft einen Backofen von der Maschinenbau AG (33120).
23. 8.2021	E 568	Der Backofen wird geliefert, aufgestellt und sofort in Betrieb genommen. Die Rechnung lautet auf € 79.500,– + € 15.900,– USt = € 95.400,–.
24. 8.2021	E 570	Für die Aufstellung werden € 2.090,– + € 418,– USt = € 2.508,– vom Installationsunternehmen Margret Huber OG (33142) in Rechnung gestellt.
30. 8.2021	B 115	Überweisung an die Maschinenbau AG € 95.400,– – € 1.908,– Skonto (€ 1.590,– + € 318,– USt) = € 93.492,–
31.12.2021		Nutzungsdauer des Backofens fünf Jahre; der Backofen scheidet nach Ablauf der Nutzungsdauer aus dem Betrieb aus.

Aufgabe: a) Verbuche die laufenden Geschäftsfälle. C
b) Berechne den Anschaffungswert. C
c) Berechne die degressiven Abschreibungsbeträge sowie die Buchwerte und wechsle zum optimalen Zeitpunkt (das ist im vierten Jahr der Nutzung) im Sinne hoher Abschreibungsbeträge zur linearen Abschreibung. Trage die Werte in eine Tabelle ein. C
d) Verbuche die Abschreibungen für 2021, 2022 und 2024. C
e) Gib an, ob sich durch den jeweiligen Geschäftsfall das Eigenkapital vermehrt (↑), vermindert (↓), oder ob es sich um eine erfolgsneutrale Buchung (∅) handelt. D

Fahrbare Anlagen
Ankerbrot betreibt rund 110 Bäckereifilialen und beliefert mit eigenen Transportfahrzeugen auch Großverbraucher, Gastronomie und Supermärkte in ganz Österreich.

Lösung:

a) und **e)**

23. 8.2021 E 568
0400 Maschinen 79.500,00 / 33120 Maschinenbau AG 95.400,00 (∅)
2500 Vorsteuer 15.900,00 /

24. 8.2021 E 570
0400 Maschinen 2.090,00 / 33142 Margret Huber OG 2.508,00 (∅)
2500 Vorsteuer 418,00 /

30. 8.2021 B 115
33120 Maschinenbau AG / 2800 Bank 93.492,00 (∅)
33120 Maschinenbau AG 1.908,00 / 0400 Maschinen 1.590,00 (∅)
/ 2500 Vorsteuer 318,00

b)

	Kaufpreis (ohne Vorsteuer)	€ 79.500,00
+	Aufstellungskosten (ohne Vorsteuer)	€ 2.090,00
–	Skonto (ohne Vorsteuer)	€ 1.590,00
	Anschaffungswert (Anschaffungskosten)	**€ 80.000,00**

c)

			Degressive Abschreibung	Wechsel zur linearen Abschreibung	
	Anschaffungswert 2021		€ 80.000,00		
1. Jahr	**Abschreibung 2021**	30 %	**– € 12.000,00**		Halbe Jahresabschreibung
	Buchwert 1.1.2022		€ 68.000,00		
2. Jahr	**Abschreibung 2022**	30 %	**– € 20.400,00**		
	Buchwert 1.1.2023		€ 47.600,00		
3. Jahr	**Abschreibung 2023**	30 %	**– € 14.280,00**		
	Buchwert 1.1.2024		€ 33.320,00		
4. Jahr	**Abschreibung 2024**	30 %	– € 9.996,00 →	**– € 13.328,00**	Buchwert 1.1.2024 / Restnutzungsdauer = 33.320 / 2,5
	Buchwert 1.1.2025			€ 19.992,00	
5. Jahr	**Abschreibung 2025**			**– € 13.328,00**	
	Buchwert 1.1.2026			€ 6.664,00	
6. Jahr	**Abschreibung 2026**			**– € 6.664,00**	Halbe Jahresabschreibung
	Buchwert 31.12.2026			€ 0,00	

Der Backofen wird in der **zweiten Jahreshälfte** (23.8.2021) **in Betrieb genommen.** Daher wird im ersten Jahr die **halbe Jahresabschreibung** angesetzt.

Im Jahr der **2024** kommt es zum **Wechsel** von der degressiven **zur linearen Abschreibung,** da der lineare Abschreibungsbetrag mit € 13.328,– höher ist als jener der degressiven Abschreibung (€ 9.996,–).

d) und **e)**

31.12.2021 7010 Abschreibungen von Sachanlagen / 0400 Maschinen 12.000,00 (↓)

31.12.2022 7010 Abschreibungen von Sachanlagen / 0400 Maschinen 20.400,00 (↓)

31.12.2024 7010 Abschreibungen von Sachanlagen / 0400 Maschinen 13.328,00 (↓)

Ü 7.1 Anlagenkauf verbuchen, Abschreibung berechnen und verbuchen, Erfolgsauswirkung

LINK Ü 7.1 Excel

LINK Ü 7.1 Buchungstrainer

Die Haus & Heim-Baumarkt OG kauft im Jahr 2021 unter anderem folgende Anlagegegenstände:

5.5.2021 Kauf eines Empfangspults für den Eingangsbereich von der Speigner GmbH (33104) laut abgebildeter Rechnung, sofortige Inbetriebnahme, Nutzungsdauer zehn Jahre, Abschreibung auf den Erinnerungseuro

Abschreibung: ganzes Jahr ☐ halbes Jahr ☐

SPEIGNER E 392
Thinking about tomorrow.
Speigner GmbH, Altenberger Straße 22 • 4040 Linz • Tel.: +43 732 25 18 27 • E-Mail: office@speigner.at • Web: www.speigner.at

Haus & Heim-Baumarkt OG
Günser Straße 50
2700 Wiener Neustadt

Rechnung: 1520/2021
Ihre UID-Nr.: ATU26506901

Unsere UID-Nr.: ATU54459802 Lieferdatum: 3. Mai 2021 Datum: 5. Mai 2021

Anzahl	Artikelbezeichnung	Preis/Sack	Gesamtpreis
1	Empfangspult PUNTA	1.600,00 €	1.600,00 €
	Nettobetrag		1.600,00 €
	+ 20 % Umsatzsteuer		320,00 €
	Rechnungsbetrag		1.920,00 €

Zahlungsvereinbarung:
Zehn Tage ohne Abzug

6.9.2021	E 745	Kauf eines Elektro-Staplers von der Claudia Wallner GmbH (33180) um € 10.300,– + € 2.060,– USt = € 12.360,–; der Stapler wird am 8. September 2021 in Betrieb genommen, Nutzungsdauer sechs Jahre; er scheidet am Ende der Nutzungsdauer aus dem Betrieb aus.
13.9.2021	E 768	Die Spedition Dietrich & Dietrich GmbH (33550) stellt für die Anlieferung des Elektro-Staplers € 179,– + € 35,80 USt = € 214,80 in Rechnung; zahlbar innerhalb von zehn Tagen ohne Abzug.
20.9.2021	B 148	Überweisung € 11.989,20 (€ 12.360,– – 3% Skonto) an die Claudia Wallner GmbH

Abschreibung
ganzes Jahr ☐ | halbes Jahr ☐

Aufgabe: a) Verbuche die laufenden Geschäftsfälle. C

b) Berechne die degressiven Abschreibungsbeträge sowie die Buchwerte für das Empfangspult und wechsle im achten Jahr der Nutzung zur linearen Abschreibung. Erfasse die Werte in der nachstehenden Tabelle. C

c) Berechne den Anschaffungswert des Elektro-Staplers. C

d) Berechne die degressiven Abschreibungsbeträge sowie die Buchwerte für den Elektro-Stapler und wechsle im fünften Jahr der Nutzung zur linearen Abschreibung. Erfasse die Werte in der nachstehenden Tabelle. C

e) Verbuche die Abschreibungen der Anlagen in den ersten beiden Jahren und im jeweils letzten Jahr der Nutzungsdauer. C

f) Gib an, ob sich durch den jeweiligen Geschäftsfall das Eigenkapital vermehrt (↑), vermindert (↓), oder ob es sich um eine erfolgsneutrale Buchung (∅) handelt. D

Lösung:

a) und **f)**

b)

Empfangspult

				Degressive Abschreibung	**Wechsel zur linearen Abschreibung**	
	Anschaffungswert 2021		€	1.600,00		
1. Jahr	**Abschreibung 2021**	30%	– €			
	Buchwert 1.1.2022		€			
2. Jahr	**Abschreibung 2022**	30%	– €			
	Buchwert 1.1.2023		€			
3. Jahr	**Abschreibung 2023**	30%	– €			
	Buchwert 1.1.2024		€			
4. Jahr	**Abschreibung 2024**	30%	– €			
	Buchwert 1.1.2025		€			
5. Jahr	**Abschreibung 2025**	30%	– €			
	Buchwert 1.1.2026		€			
6. Jahr	**Abschreibung 2026**	30%	– €			
	Buchwert 1.1.2027		€			
7. Jahr	**Abschreibung 2027**	30%	– €			
	Buchwert 1.1.2028		€			
8. Jahr	**Abschreibung 2028**	30%	– €		→ – €	
	Buchwert 1.1.2029				€	
9. Jahr	**Abschreibung 2029**				– €	
	Buchwert 1.1.2030				€	
10. Jahr	**Abschreibung 2030**				– €	
	Buchwert 31.12.2030				€	

$$\frac{\text{Buchwert 1.1.2028}}{\text{Restnutzungsdauer}}$$

c)

d)

Elektro-Stapler

				Degressive Abschreibung		**Wechsel zur linearen Abschreibung**
	Anschaffungswert 2021		€			
1. Jahr	**Abschreibung 2021**	30%	– €			
	Buchwert 1.1.2022		€			
2. Jahr	**Abschreibung 2022**	30%	– €			
	Buchwert 1.1.2023		€			
3. Jahr	**Abschreibung 2023**	30%	– €			
	Buchwert 1.1.2024		€			
4. Jahr	**Abschreibung 2024**	30%	– €			
	Buchwert 1.1.2025		€			
5. Jahr	**Abschreibung 2025**	30%	– €		→ – €	
	Buchwert 1.1.2026				€	
6. Jahr	**Abschreibung 2026**				– €	
	Buchwert 1.1.2027				€	
7. Jahr	**Abschreibung 2027**				– €	
	Buchwert 31.12.2027				€	

Buchwert 1.1.2025 / Restnutzungsdauer

e) und **f)**

ÜBEN

Probier es selbst: Bearbeite die folgenden Übungsbeispiele.

LINK Ü 7.2 Excel

LINK Ü 7.2 Buchungstrainer

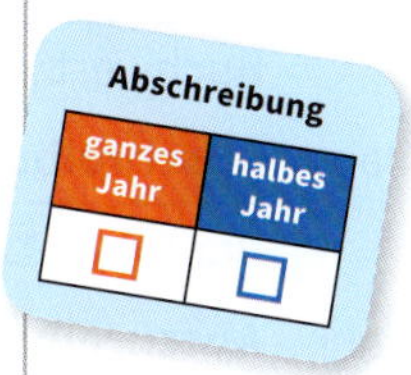

Ü 7.2 Anlagenkauf verbuchen, Abschreibung berechnen und verbuchen, Erfolgsauswirkung

Die Winzergenossenschaft Krems bestellt am 12. Jänner 2021 eine Abfüllanlage von der Maschinenfabrik Schmidinger GmbH (33083) um € 33.200,– + € 6.640, USt = € 39.840,–.

23. 2.2021	E 399	Die Schmidinger GmbH übermittelt die Rechnung über den Kauf der Abfüllanlage. Die Anlage wird frei Haus geliefert, installiert und am 1. März 2021 in Betrieb genommen.
1. 3.2021	E 471	Rechnung der Cornelia Huber GmbH (33210) über die Installation der Abfüllanlage € 2.450,– + € 490,– USt = € 2.940,–
3. 3.2021	E 484	Rechnung der Strabag Bau GmbH (33217) über die Maurerarbeiten von € 1.615,20 (inkl. 20 % USt), welche im Rahmen der Aufstellung der Abfüllanlage erforderlich waren.
16. 3.2021	B 35	Überweisung € 38.644,80 an die Maschinenfabrik Schmidinger GmbH zum Ausgleich der E 399 abzüglich 3 % Skonto
22. 3.2021	B 38	Ausgleich der E 471 der Cornelia Huber GmbH € 2.940,– durch Banküberweisung
31.12.2021		Die Nutzungsdauer der Abfüllanlage beträgt fünf Jahre. Am 31. Dezember 2025 ist die Abfüllanlage weiterhin voll gebrauchsfähig; Abschreibung auf den Erinnerungseuro. Sie scheidet am Ende des Jahres 2026 aus dem Betrieb aus.

Aufgabe: a) Verbuche die laufenden Geschäftsfälle. C
b) Berechne den Anschaffungswert. C
c) Berechne die degressiven Abschreibungsbeträge sowie die Buchwerte und wechsle im dritten Jahr der Nutzung zur linearen Abschreibung. C
d) Verbuche die Abschreibungen für 2021, 2024, 2025 und 2026. C
e) Gib an, ob sich durch den jeweiligen Geschäftsfall das Eigenkapital vermehrt (↑), vermindert (↓), oder ob es sich um eine erfolgsneutrale Buchung (0) handelt. D

Lösung:

a) und **e)**

b)

c)

			Degressive Abschreibung	Wechsel zur linearen Abschreibung
	Anschaffungswert 2021		€	
1. Jahr	**Abschreibung 2021**	30%	– €	
	Buchwert 1.1.2022		€	
2. Jahr	**Abschreibung 2022**	30%	– €	
	Buchwert 1.1.2023		€	
3. Jahr	**Abschreibung 2023**	30%	– €	→ – €
	Buchwert 1.1.2024			€
4. Jahr	**Abschreibung 2024**			– €
	Buchwert 1.1.2025			€
5. Jahr	**Abschreibung 2025**			– €
	Buchwert 1.1.2026			€
6. Jahr	**Abschreibung 2026**			– €
	Buchwert 31.12.2026			€

$\frac{\text{Buchwert 1.1.2023}}{\text{Restnutzungsdauer}}$

d) und **e)**

Ü 7.3 Anlagenkauf verbuchen, Abschreibung berechnen und verbuchen, Erfolgsauswirkung

LINK Ü 7.3 Excel

LINK Ü 7.3 Buchungstrainer

Die Markus Kremser GmbH hat sich auf den Handel mit exklusiven Designermöbeln spezialisiert. Im Oktober 2021 ergeben sich u. a. zwei Anlagenkäufe.

11.10.2021	E 1123	Kauf eines neuen Firmen-Pkw bei der Auto Lindner GmbH (33565) um € 34.000,– (inkl. 20 % USt und NoVA), sofortige Inbetriebnahme, Nutzungsdauer acht Jahre, lineare Abschreibung
25.10.2021	E 1146	Rechnung über die Fertigstellung einer Lagerhalle von der Hillebrand Bau GmbH (33578) über € 200.000,– + € 40.000,– = = € 240.000,–, sofortige Inbetriebnahme, Nutzungsdauer 40 Jahre, beschleunigte Abschreibung

Aufgabe: a) Verbuche die laufenden Geschäftsfälle. C

b) Berechne für den Pkw die Abschreibungsbeträge im ersten und zweiten Jahr (lineare Abschreibung) und für die Lagerhalle die Abschreibungsbeträge in den ersten drei Jahren (beschleunigte Abschreibung, Abschreibungssätze: 1. Jahr 7,5%, 2. Jahr 5%, 3. Jahr 2,5%). C

c) Verbuche die Abschreibungen für den Pkw im ersten und zweiten Jahr und die Abschreibungen für die Lagerhalle in den ersten drei Jahren. C

d) Gib an, ob sich durch den jeweiligen Geschäftsfall das Eigenkapital vermehrt (↑), vermindert (↓), oder ob es sich um eine erfolgsneutrale Buchung (∅) handelt. D

Lösung:

a) und **d)**

b)

Pkw				**Lineare Abschreibung**
	Anschaffungswert 2021		€	
1. Jahr	**Abschreibung 2021**		– €	
	Buchwert 1.1.2022		€	
2. Jahr	**Abschreibung 2022**		– €	
	Buchwert 1.1.2023		€	

Lagerhalle				**Beschleunigte Abschreibung**
	Anschaffungswert 2021		€	
1. Jahr	**Abschreibung 2021**	7,5%	– €	
	Buchwert 1.1.2022		€	
2. Jahr	**Abschreibung 2022**	5,0%	– €	
	Buchwert 1.1.2023		€	
3. Jahr	**Abschreibung 2023**	2,5%	– €	
	Buchwert 1.1.2024		€	

c) und **d)**

Ü 7.4 Anlagenzugänge verbuchen

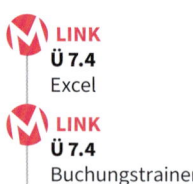

LINK
Ü 7.4
Excel

LINK
Ü 7.4
Buchungstrainer

Im Skateshop Skates24 e. U., einem Onlinehändler für Skateboards, Inlineskates und Zubehör, ergeben sich im Geschäftsjahr 2021 u. a. folgnde Geschäftsfälle:

16. 3.2021 E 186 Kauf einer Verpackungsmaschine „easy" für das Lager, Anschaffungswert € 8.500,– + € 1.700,– USt = € 10.200,–, von der Lindner GmbH (33812), Innrain 115, 6020 Innsbruck, Inbetriebnahme am 22. März 2021; Nutzungsdauer zehn Jahre, degressive Abschreibung 30 %

23. 3.2021 B 49 Überweisung an die Lindner GmbH zum Ausgleich der E 186

20. 4.2021 Kauf eines zusätzlichen Servers laut nachstehender Rechnung von der EDV-Service Berger GmbH (33112), um die steigenden Datenmengen besser bewältigen zu können (Konto 0620 Büromaschinen, EDV-Anlagen)

E 272

EDV-Service Berger GmbH

Schöndorferplatz 15 – 5400 Hallein | Telefon & Fax: +43 6245 80 21 44 | E-Mail: office@berger-edv.at | www.berger-edv.at

Skateshop Skates24 e. U.
Gadollaplatz 2
8010 Graz

Datum:	20.04.2021
Kunden-Nr.:	20462
Ihre UID-Nr.:	ATU31565455

Rechnung 1612

Lieferung vom 19.04.2021

Pos.	Artikelbezeichnung	Menge	USt-Satz	Preis	Gesamt
1	Dell PowerEdge T430 Intel Xeon Prozessor, E5-2600 v4 12 x DIMM-Steckplätze, DDR4-Arbeitsspeicher	1	20 %	2.320,00	2.320,00 €
	Rechnungsbetrag exkl. USt				2.320,00 €
	+ 20 % USt				464,00 €
	Rechnungsbetrag inkl. USt				**2.784,00 €**

Bankverbindung:
UniCredit Bank Austria AG, Hallein
IBAN: AT89 1100 0002 2401 1685, BIC: BKAUATWW

Zahlungsbedingungen:
10 Tage netto

UID-Nr.: ATU12573366

Die Inbetriebnahme erfolgte am 26. April 2021; Nutzungsdauer des Servers vier Jahre, degressive Abschreibung 30 %, Wechsel zur linearen Abschreibung im zweiten Jahr der Nutzung.

26. 4.2021 B 68 Überweisung an die EDV-Service Berger GmbH zum Ausgleich der E 272, entsprechend der Zahlungskondition laut Rechnung

12.10.2021 S 856 Kauf eines Ventilators für die Verwaltung € 699,– (inkl. 20 % USt), Zahlung mit der Firmendebitkarte

19.10.2021 E 720 Kauf eines Wandtresors „Wächter" von der Aga Securetechnik GmbH (33612), Franz-Josef-Straße 4, 5700 Zell am See, € 1.400,– + € 280,– USt = € 1.680,–. Die Inbetriebnahme erfolgt am 27. Oktober 2021; Nutzungsdauer zehn Jahre, degressive Abschreibung 30 %.

25.10.2021 B 175 Bankausgang € 1.646,40; Überweisung an die Aga Securetechnik GmbH zum Ausgleich der E 720, abzüglich 2 % Skonto

2.11.2021 S 915 Kauf eines Samsung-Tablets um €859,– (inkl. 20% USt), Zahlung mit der Firmenkreditkarte

Aufgabe: a) Verbuche die laufenden Geschäftsfälle. Die geringwertigen Wirtschaftsgüter sind sofort beim Kauf auf dem Konto 7060 Abschreibungen geringwertiger Wirtschaftsgüter zu erfassen. C

b) Trage die Anlagen in das Anlagenverzeichnis ein (Maschinen – letzte Inventar-Nr. 4042, Betriebs- und Geschäftsausstattung – letzte Inventar-Nr. 6022, Büromaschinen und EDV-Anlagen – letzte Inventar-Nr. 6217) und erfasse die Abschreibungsbeträge und Buchwerte bis 31. Dezember 2023. C

c) Verbuche die Abschreibungen per 31. Dezember 2021. Nummeriere die Um- und Nachbuchungen (U 26, U 27 etc.). C

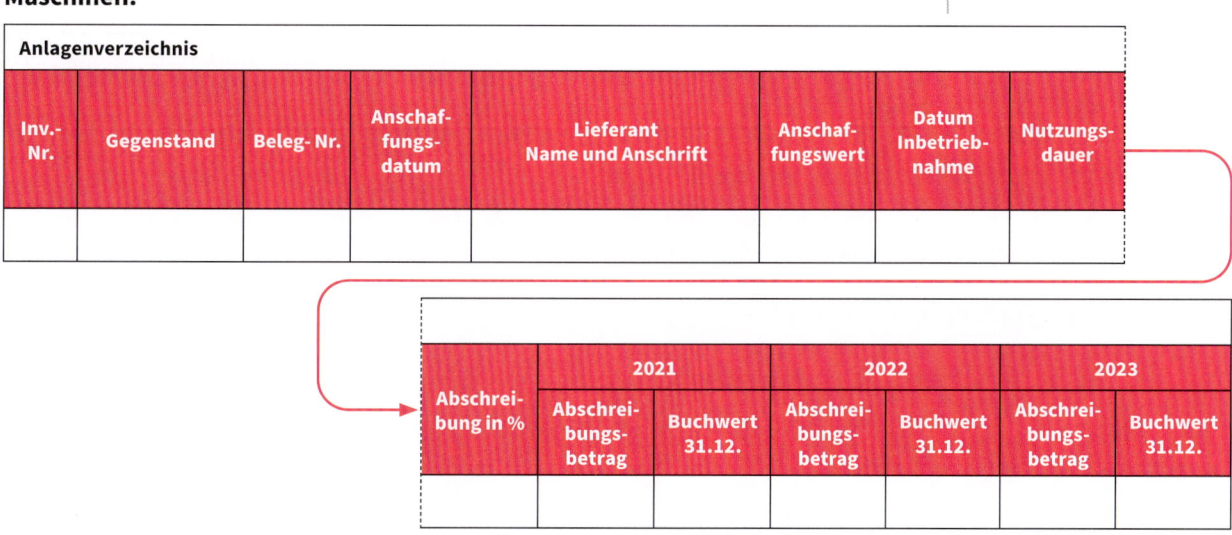

Lösung:

b)

Maschinen:

Anlagenverzeichnis

Inv.-Nr.	Gegenstand	Beleg-Nr.	Anschaffungsdatum	Lieferant Name und Anschrift	Anschaffungswert	Datum Inbetriebnahme	Nutzungsdauer

Abschreibung in %	2021		2022		2023	
	Abschreibungsbetrag	Buchwert 31.12.	Abschreibungsbetrag	Buchwert 31.12.	Abschreibungsbetrag	Buchwert 31.12.

Betriebs- und Geschäftsausstattung:

Anlagenverzeichnis

Inv.-Nr.	Gegenstand	Beleg-Nr.	Anschaffungsdatum	Lieferant Name und Anschrift	Anschaffungswert	Datum Inbetriebnahme	Nutzungsdauer

Abschreibung in %	2021		2022		2023	
	Abschreibungsbetrag	Buchwert 31.12.	Abschreibungsbetrag	Buchwert 31.12.	Abschreibungsbetrag	Buchwert 31.12.

Büromaschinen und EDV-Anlagen:

Anlagenverzeichnis							
Inv.-Nr.	Gegenstand	Beleg- Nr.	Anschaf-fungs-datum	Lieferant Name und Anschrift	Anschaf-fungswert	Datum Inbetrieb-nahme	Nutzungs-dauer

Abschrei-bung in %	2021		2022		2023	
	Abschrei-bungs-betrag	Buchwert 31.12.	Abschrei-bungs-betrag	Buchwert 31.12.	Abschrei-bungs-betrag	Buchwert 31.12

WEITER ÜBEN!

Zusätzliche Übungsbeispiele im Anhang ab Seite 340

Online-Training: Check dein Wissen!

LINK
Interaktive Übungen

LINK
Das passende Übungsbuch mit Lösungen gibt's hier.

Eigene Lagerhalle bauen
Auch wenn eine Baufirma eine Lagerhalle für den Eigengebrauch baut, muss sie als Anlage verbucht werden.

LERNEN

2 Selbst erstellte Anlagen und Anlagen in Bau verbuchen

Anlagen werden nicht immer von anderen Unternehmen gekauft. Sie können auch selbst hergestellt werden und müssen dann ebenfalls in der Buchführung erfasst werden.

1 Selbst erstellte Anlagen verbuchen

Erzeugt ein Unternehmen **eine Anlage zur eigenen Verwendung,** spricht man von **selbst erstellten Anlagen.**

Viele Unternehmen besitzen das technische und/oder fachliche Know-how, um betriebliche Anlagen (z. B. Maschinen, Gebäude) selbst zu erstellen. Sie müssen nicht fremde Unternehmen beauftragen, sondern nutzen hierfür eigene Arbeitnehmer und eigenes Material **(Eigenleistung des Unternehmens).**

Die im Erzeugungsprozess anfallenden **Aufwendungen** (Rohstoffe und sonstige Materialien, Löhne, Energie usw.) werden auf den **entsprechenden Aufwandskonten** verbucht.

Nach **Fertigstellung** wird die Anlage mit ihren **Herstellungskosten** auf dem **entsprechenden Anlagenkonto** (Kontenklasse 0) im **Soll** verbucht.

Zu den **Herstellungskosten** siehe Kapitel 9.

Die auf den verschiedensten Konten verbuchten **Aufwendungen** werden durch die **Habenbuchung** auf folgendem Ertragskonto **neutralisiert:**

4580 Aktivierte Eigenleistungen

Die Aufwendungen werden dadurch ausgeglichen und wirken sich **nicht mehr erfolgsmindernd** aus.

Selbst erstellte Anlagen verbuchen: Wenn ein Unternehmen eine Anlage zur eigenen Verwendung erzeugt, werden die Herstellungskosten nach Fertigstellung der Anlage auf das entsprechende Anlagenkonto umgebucht. Als Gegenkonto dient das Ertragskonto 4580 Aktivierte Eigenleistungen.

0 . . . Anlagenkonto / 4580 Aktivierte Eigenleistungen

Beispiel:

Das Bauunternehmen Ing. Stefan Halbritter KG errichtet für eigene Zwecke eine Lagerhalle. Es entstehen folgende Aufwände (vereinfachte Darstellung):

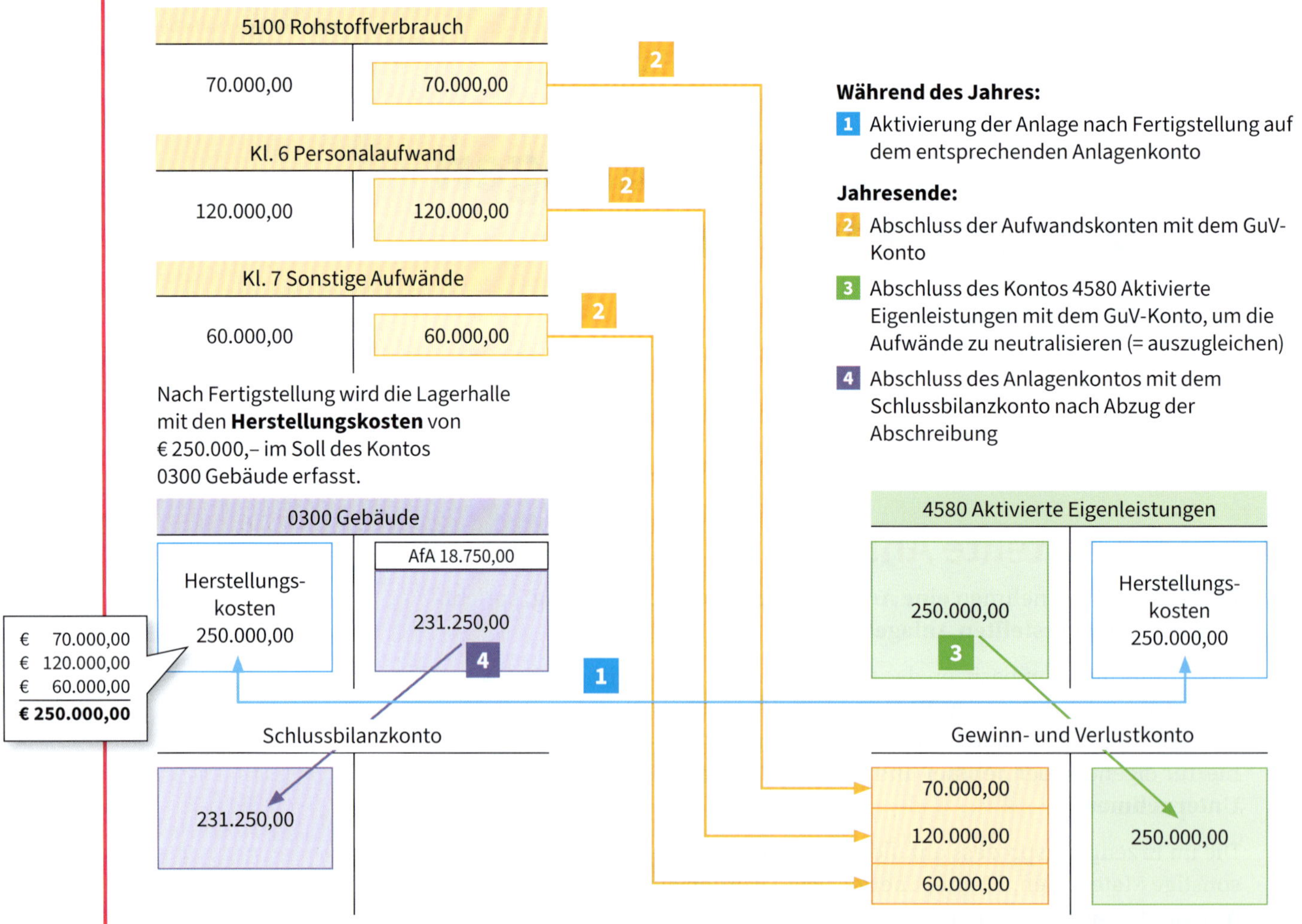

Durch die Buchung **0300 Gebäude / 4580 Aktivierte Eigenleistungen 250.000,–** ist die Lagerhalle als Anlagevermögen auf dem Gebäudekonto erfasst und die Aufwendungen sind durch die Habenbuchung auf dem Konto 4580 neutralisiert (siehe die sich ergebende Summengleichheit dieser Zahlen am Gewinn- und Verlustkonto).

L 7.2 Selbst erstellte Anlagen verbuchen

Die Maschinen- und Anlagenbau GmbH nimmt am 30. Juli eine selbst hergestellte Maschine in Betrieb. Die Herstellungskosten wurden mit €46.000,– errechnet; Nutzungsdauer acht Jahre, degressive Abschreibung 30%.

Aufgabe: Verbuche die Erfassung (U 13) und die Abschreibung der Anlage (U 29). C

Lösung:

30. 7.	U 13	0400 Maschinen	46.000,00	
		an 4580 Aktivierte Eigenleistungen		46.000,00
31.12.	U 29	Abschreibung: 46.000 · 30% : 2 = € 6.900,00		
		7010 Abschreibungen von Sachanlagen	6.900,00	
		an 0400 Maschinen		6.900,00

Ü 7.5 Selbst erstellte Anlagen verbuchen, Erfolgsauswirkung

Am 4. Oktober wird ein im eigenen Betrieb hergestellter Baukran in Verwendung genommen. Herstellungskosten €61.400,–, Nutzungsdauer zehn Jahre, degressive Abschreibung 30%

Aufgabe: a) Verbuche die Erfassung (U 19) und die Abschreibung der Anlage (U 28). C

b) Gib an, ob sich durch den jeweiligen Geschäftsfall das Eigenkapital vermehrt (↑), vermindert (↓), oder ob es sich um eine erfolgsneutrale Buchung (∅) handelt. D

LINK
Ü 7.5
Buchungstrainer

2 Anlagen in Bau verbuchen

Anlagen in Bau sind Anlagegegenstände, z. B. eine Montagehalle, die **zum Abschlussstichtag nicht fertiggestellt** sind. Ihre Herstellung erstreckt sich über einen **längeren Zeitraum**, z. B. über mehrere Jahre.

In der Praxis ist es üblich, **Aufwendungen für nicht fertiggestellte Anlagen** während des Herstellungszeitraumes auf folgendem Konto auszuweisen:

0710 Anlagen in Bau

Mit **Teilrechnungen** werden die für die Erstellung der Anlage **bisher erbrachten Leistungen** (z. B. für den Rohbau eines Gebäudes) in Rechnung gestellt. Der Ausgleich einer Teilrechnung wird als **Abschlagszahlung** oder **Teilzahlung** bezeichnet.

Werden Teile der Anlage **selbst erstellt,** so erfolgt die Habenbuchung auf dem Konto **4580 Aktivierte Eigenleistungen.**

Nach **Fertigstellung** der **Anlage** werden die gesamten Herstellungskosten auf das **entsprechende Anlagenkonto umgebucht,** wodurch das Konto 0710 Anlagen in Bau aufgelöst wird.

Wenn's mal etwas länger dauert
Eine der längsten Bauzeiten in Österreich hat das Wiener AKH vorzuweisen. 1974 wurde mit dem Haupthaus begonnen und erst 1994 wurden der Zentralbau und die Bettentürme offiziell eröffnet.

Anlagen in Bau verbuchen: Da sich die Herstellung einer Anlage meist über einen längeren Zeitraum erstreckt, werden in der Praxis oft Teilrechnungen ausgestellt. Nach Fertigstellung der Anlage erfolgt eine Endabrechnung.

Teilrechnungen:

0710 Anlagen in Bau / 33 . . . Lieferantenkonto
2500 Vorsteuer

Selbst erstellte Teile:

0710 Anlagen in Bau / 4580 Aktivierte Eigenleistungen

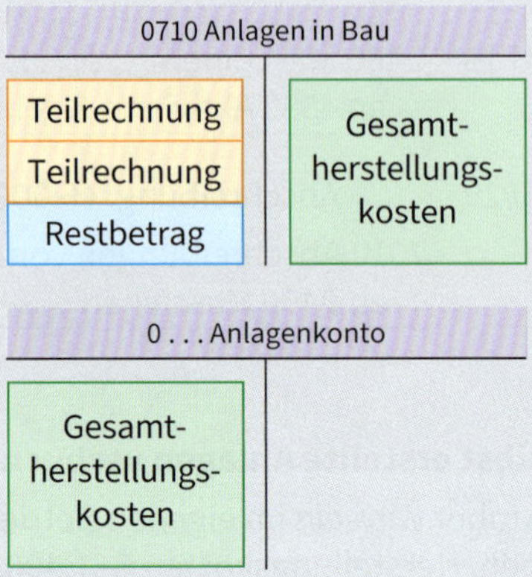

Endabrechnung über den offenen Restbetrag:

0710 Anlagen in Bau / 33 . . . Lieferantenkonto
2500 Vorsteuer

Umbuchung der Gesamtherstellungskosten:

0 . . . Anlagenkonto / 0710 Anlagen in Bau

Die Anlage darf erst ab dem **Zeitpunkt der Inbetriebnahme** abgeschrieben werden!

Handelt es sich bei der Anlage um ein **Gebäude,** kann die **beschleunigte Abschreibung** angewendet werden (keine Halbjahresregel!).

L 7.3 Anlagen in Bau verbuchen

Die Textilfabrik Schramm GmbH errichtet in den Jahren 2021 und 2022 eine Produktionshalle. Im Jahr 2021 wird der Rohbau fertiggestellt, wofür an den Baumeister Ing. Jan Zeiler GmbH (33996) aufgrund von zwei Teilrechnungen Teilzahlungen geleistet werden. Es ergeben sich folgende Geschäftsfälle:

21. 6.2021	E 721	1. Teilrechnung € 70.000,– + € 14.000,– USt = € 84.000,–
28. 6.2021	B 95	Überweisung der 1. Teilrechnung
18.10.2021	E 1251	2. Teilrechnung € 200.000,– + € 40.000,– USt = € 240.000,–
25.10.2021	B 158	Überweisung der 2. Teilrechnung

Am 11. Juli 2022 wird das fertige Gebäude dem Bauherrn übergeben und in Nutzung genommen.

12. 7.2022 E 860 Endabrechnung des Baumeisters:

Gesamtherstellungskosten	€ 620.000,00
– Teilzahlungen	€ 270.000,00
	€ 350.000,00
+ 20 % Umsatzsteuer	€ 70.000,00
Restbetrag	€ 420.000,00

18. 7.2022 B 110 Ausgleich des Restbetrages durch Banküberweisung

Aufgabe: Stelle die Buchungssätze für 2021 und 2022 auf. Die Halle wird im ersten Jahr der Nutzung mit 7,5 % beschleunigt abgeschrieben (U 25). C

Lösung:

2021:

21. 6. E 721 0710 Anlagen in Bau 70.000,00 / 33996 Ing. Jan Zeiler GmbH 84.000,00
2500 Vorsteuer 14.000,00 /

28. 6. B 95 33996 Ing. Jan Zeiler GmbH / 2800 Bank 84.000,00

18.10. E 1251 0710 Anlagen in Bau 200.000,00 / 33996 Ing. Jan Zeiler GmbH 240.000,00
2500 Vorsteuer 40.000,00 /

25.10. B 158 33996 Ing. Jan Zeiler GmbH / 2800 Bank 240.000,00

2022:

12. 7. E 860 0710 Anlagen in Bau 350.000,00 / 33996 Ing. Jan Zeiler GmbH 420.000,00
2500 Vorsteuer 70.000,00 /

0300 Gebäude / 0710 Anlagen in Bau 620.000,00

Hinweis: Das Konto 0710 wird mit dieser Buchung aufgelöst.

0710 Anlagen in Bau			
21. 6.	70.000,00	12. 7.	620.000,00
18.10.	200.000,00		
12. 7.	350.000,00		
	620.000,00		620.000,00

18. 7. B 110 33996 Ing. Jan Zeiler GmbH / 2800 Bank 420.000,00

31.12. Abschreibung: 620.000 · 7,5 % = € 46.500,00

Hinweis: Die Halbjahresregel ist bei der beschleunigten Gebäudeabschreibung nicht anzuwenden.

U 25 7010 Abschreibungen von Sachanlagen / 0300 Gebäude 46.500,00

Ü 7.6 Anlagen in Bau verbuchen

LINK
Ü 7.6
Buchungstrainer

Die Karl Bauer GmbH, Autohandel und -reparatur, beginnt im Jahr 2021 mit dem Bau einer modernen Reparaturhalle. Im Jahr 2021 werden zwei Teilrechnungen, die dem jeweiligen Baufortschritt entsprechen, vom Baumeister Peter Bruck OG (33998) übermittelt:

€ 40.000,– + € 8.000,– USt = € 48.000,– am 16. August (E 951)

€ 70.000,– + € 14.000,– USt = € 84.000,– am 21. Dezember (E 1482)

Im Jahr 2022 wird die Halle weitergebaut und fertiggestellt. Am 20. Juni 2022 geht die dritte Teilrechnung in Höhe von € 50.000,– + € 10.000,– USt = € 60.000,– (E 734) ein.

Am 19. September 2022 wird die Reparaturhalle übernommen und in Verwendung genommen. Die Endabrechnung wird am 27. September 2022 durch den Baumeister gelegt (E 1160):

Reparaturhalle laut Plan		€ 324.000,00
– Teilrechnungen:		
16. Aug. 2021	€ 40.000,00	
21. Dez. 2021	€ 70.000,00	
20. Juni 2022	€ 50.000,00	€ 160.000,00
		€ 164.000,00
+ 20 % Umsatzsteuer		€ 32.800,00
Restbetrag		€ 196.800,00

Der Ausgleich des Restbetrages erfolgt am 17. Oktober 2022 durch Banküberweisung (B 121).

Aufgabe: Stelle die Buchungssätze für 2021 und 2022 auf. Die Halle wird im ersten Jahr der Nutzung mit 7,5 % beschleunigt abgeschrieben (U 26). C

Reparieren statt wegwerfen
Über reparaturnetzwerk.at kann man sich in Reparaturworkshops und Reparaturcafés das nötige Know-how aneignen um Elektrogeräte, Fahrräder oder Waschmaschinen selbst reparieren zu können.

ÜBEN

Probier es selbst: Bearbeite die folgenden Übungsbeispiele.

Ü 7.7 Selbst erstellte Anlagen verbuchen, Erfolgsauswirkung

LINK Ü 7.7 Buchungstrainer

Das Unternehmen Daniel Bichler e. U, Produzent von Photovoltaikanlagen, erzeugt im eigenen Betrieb mehrere Photovoltaikmodule mit dem erforderlichen Zubehör zur Erzeugung von elektrischer Energie für seine Produktionsanlagen.

Inbetriebnahme der Anlage am 3. April; Herstellungskosten € 125.000,–, Nutzungsdauer 20 Jahre, degressive Abschreibung 30 %

Aufgabe: a) Verbuche die Erfassung (Konto 0400 Maschinen, U 7) und die Abschreibung der Anlage im ersten Jahr der Nutzung (U 28). C

b) Gib an, ob sich durch den jeweiligen Geschäftsfall das Eigenkapital vermehrt (↑), vermindert (↓), oder ob es sich um eine erfolgsneutrale Buchung (∅) handelt. D

Ü 7.8 Anlagen in Bau verbuchen

LINK Ü 7.8 Buchungstrainer

Die Memoplast-Kunststoffbearbeitungs-GmbH errichtet ein neues Geschäftsgebäude. Mit dem Bau wird Mitte des Jahres 2021 begonnen. Eine Teilfaktura (Rechnungsdatum 15. November 2021, E 1421) des Baumeisters Peter Ebster & Sohn OG (33997), der als Generalunternehmer das Gebäude errichtet, in Höhe von € 500.000,– + € 100.000,– USt = € 600.000,– wird am 29. November 2021 (B 177) ausgeglichen.

Im Jahr 2022 wird das Geschäftsgebäude fertiggestellt und am 3. Oktober der Memoplast- Kunststoffbearbeitungs-GmbH übergeben und in Betrieb genommen. Der Auszug der Endabrechnung (E 1314) vom 11. Oktober 2022 zeigt folgendes Bild:

Geschäftsgebäude laut Plan	€ 920.000,00
– Teilrechnung vom 15. Nov. 2021	€ 500.000,00
	€ 420.000,00
+ 20 % Umsatzsteuer	€ 84.000,00
Restbetrag	€ 504.000,00

Am 24. Oktober 2022 erfolgt eine weitere Zahlung in Höhe von € 252.000,– (B 179), der Rest bleibt offen.

Aufgabe: Stelle die Buchungssätze für 2021 und 2022 auf. Das Geschäftsgebäude (Nutzungsdauer 40 Jahre) wird im ersten Jahr der Nutzung mit 7,5 % beschleunigt abgeschrieben (U 27). C

Ü 7.9 Anlagenabschreibung verbuchen, Erfolgsauswirkung

LINK Ü 7.9 Excel

LINK Ü 7.9 Buchungstrainer

Auszug aus der Saldenbilanz der Celina Hofer e. U., Handelsagentur für Sportartikel, per 31. Dezember 2021:

Konto-Nr.	Kontobezeichnung	Saldenbilanz	
		Soll	Haben
0300	Gebäude	380.130,00	
0400	Maschinen	19.120,00	
0710	Anlagen in Bau	20.000,00	

Abschlussangaben:

1. Am 20. Dezember des Abschlussjahres wurde die von der Bauunternehmung Lorenz GmbH (33450) erstellte Garage in Nutzung genommen. Eine Teilzahlung wurde am 3. Oktober 2021 geleistet und auf dem Konto 0710 Anlagen in Bau verbucht.

Die Endabrechnung lautet wie folgt:

Bauunternehmung Lorenz GmbH

E 1269

Bauunternehmung Lorenz GmbH
5101 Bergheim – Plainstraße 4
Telefon & Fax: +43 662 45 43 22
E-Mail: office@lorenz.at | www.lorenz.at

Celina Hofer e. U.
Ferdinand-Leihs-Straße 5
8230 Hartberg

Rechnungsnr.:	4202
Rechnungsdatum:	27.12.2021
Kunden-Nummer:	20455
Ihre UID-Nr.:	ATU21565483

Artikel/Dienstleistung	Gesamt
Errichtung Garage lt. Einreichplan	48.000,00 €
abzüglich Teilzahlung vom 3. Oktober 2021	- 20.000,00 €

Nettobetrag	20,00 % USt		28.000,00 €
28.000,00 €	5.600,00 €	**Restbetrag**	**33.600,00 €**

Zahlbar innerhalb von acht Tagen netto

Die Endabrechnung wurde noch nicht verbucht.

Nutzungsdauer der Garage 40 Jahre (2,5% p. a.), im ersten Jahr der Nutzung 7,5% beschleunigte Abschreibung

Abschreibungen der übrigen Gebäude laut Anlagenverzeichnis €23.240,–

2. Im Abschlussjahr wurden zwei Maschinen angeschafft und ordnungsgemäß auf dem Konto 0400 Maschinen verbucht.

15. 3.2021 Bespannungsmaschine „Joker“ für Tennisschläger, Anschaffungswert €2.240,–; Lieferant: Tennispoint Posch GmbH (33741, E 219), Wallerer Straße 20, 4600 Wels; Inbetriebnahme 16. März, Nutzungsdauer zehn Jahre, degressive Abschreibung 30%

25.10.2021 Kantenschleifmaschine „Jet“ für Ski und Snowboards, Anschaffungswert €4.200,–; Lieferant: Wintersteiger GmbH (33456, E 998), Johann-Michael-Dimmel-Straße 9, 4910 Ried; Inbetriebnahme 2. November, Nutzungsdauer zehn Jahre, degressive Abschreibung 30%

Abschreibungen der übrigen Maschinen laut Anlagenverzeichnis €3.471,–

3. Während des Jahres wurden ein Wachseisen und ein Akkuschrauber für die Montage der Skibindungen im Gesamtwert von €1.420,– (netto) auf dem Konto 0400 Maschinen verbucht. Die Einzelpreise liegen jeweils unter €800,– (netto); sie sind als geringwertige Wirtschaftsgüter im Abschlussjahr voll abzuschreiben.

Aufgabe: a) Trage die beiden Maschinen in das Anlagenverzeichnis (letzte Inventar-Nr. 4065) ein und ermittle die erforderlichen Werte für diese beiden Maschinen bis 2023. Die Spalten Anschaffungswert, Abschreibungsbetrag und Buchwert sind zu summieren. C

b) Stelle die Buchungsanweisungen für die Um- und Nachbuchungen per 31.12.2021 auf. Die Nummer der letzten Um- und Nachbuchung lautet U 25. C

c) Gib an, ob sich durch die jeweilige Um- und Nachbuchung das Eigenkapital vermehrt (↑), vermindert (↓), oder ob es sich um eine erfolgsneutrale Buchung (∅) handelt. D

Lösung:

a)

Anlagenverzeichnis

Inv.-Nr.	Gegenstand	Beleg-Nr.	Anschaf-fungs-datum	Lieferant Name und Anschrift	Anschaf-fungswert	Datum Inbetrieb-nahme	Nutzungs-dauer
....	Div. Gegenstände*	...	...	Diverse	34.710,00	...	10

* Zum 1.1.2021 vorhandene Anlagen

Abschrei-bung in %	2021		2022		2023	
	Abschrei-bungs-betrag	Buchwert 31.12.	Abschrei-bungs-betrag	Buchwert 31.12.	Abschrei-bungs-betrag	Buchwert 31.12.
10	3.471,00	17.355,00	3.471,00	13.884,00	3.471,00	10.413,00

Ü 7.10 Anlagenabschreibung verbuchen, Erfolgsauswirkung

Auszug aus der Saldenbilanz der Bianca Huber e. U., Großhandel mit Reitsport-artikeln, per 31. Dezember 2021:

Konto-Nr.	Kontobezeichnung	Saldenbilanz	
		Soll	Haben
0600	Betriebs- und Geschäftsausstattung	40.360,00	
0630	Pkw	77.960,00	

LINK
Ü 7.10
Excel

LINK
Ü 7.10
Buchungstrainer

Abschlussangaben:

1. Ein Büroregal wurde selbst hergestellt. Die Herstellungskosten betragen € 1.200,– und wurden noch nicht verbucht. Nutzungsbeginn 31. Dezember 2021, Nutzungsdauer zehn Jahre, degressive Abschreibung 30 %

2. Für den Verkaufs- und Ausstellungsraum wurden verschiedene Einrichtungsgegenstände gekauft. Die einzelnen Positionen wurden ordnungsgemäß auf dem Konto 0600 Betriebs- und Geschäftsausstattung verbucht und in das Anlagenverzeichnis eingetragen:

Anlagegegenstand	Nutzungsdauer
Gesprächstisch mit sechs Stühlen	10 Jahre
Präsentationsregal	10 Jahre
Laserdrucker	4 Jahre
Büroschreibtisch	8 Jahre
Smartboard	4 Jahre
LED-Eingangsmonitor	4 Jahre

Alle neu angeschafften Anlagen sind im ersten Jahr degressiv mit 30 % abzuschreiben.

Die Abschreibungen der übrigen Betriebs- und Geschäftsausstattung beträgt laut Anlagenverzeichnis € 6.240,–.

3. Im Abschlussjahr wurden zwei Pkw für die Außendienstmitarbeiter angeschafft:

15.2.2021 VW ID.3 (Elektro-Pkw), Anschaffungswert € 28.200,– (exkl. 20 % USt); Lieferant: Volkswagen Weiß GmbH, Ressavarstraße 15, 8230 Hartberg; Inbetriebnahme 17. Februar, degressive Abschreibung 30 %

16.8.2021 VW Golf Variant TDI, Anschaffungswert € 24.320,– (inkl. 20 % USt und NoVA); Lieferant: Volkswagen Weiß GmbH, Ressavarstraße 15, 8230 Hartberg; Inbetriebnahme 18. August, lineare Abschreibung

Die Fahrzeuge wurden ordnungsgemäß auf dem Konto 0630 Pkw und Kombis verbucht und im Anlagenverzeichnis erfasst. Die Nutzungsdauer beträgt jeweils acht Jahre.

Abschreibungen der weiteren Fahrzeuge (Konto 0630 Pkw und Kombis) laut Anlagenverzeichnis € 6.360,–

Aufgabe: a) Trage das selbst hergestellte Büroregal in das nachfolgend abgebildete Anlagenverzeichnis ein. Berechne die Abschreibungsbeträge und die Buchwerte der im Jahr 2021 in Betrieb genommenen Anlagen bis 2023 und bilde die Summe der Spalten Anschaffungswert, Abschreibungsbetrag und Buchwert. C

b) Stelle die Buchungsanweisungen für die Um- und Nachbuchungen auf. Die Nummer der letzten Um- und Nachbuchung lautet U 26. C

c) Gib an, ob sich durch die jeweilige Um- und Nachbuchung das Eigenkapital vermehrt (↑), vermindert (↓), oder ob es sich um eine erfolgsneutrale Buchung (0) handelt. D

Lösung:

a)

* Zum 1.1.2021 vorhandene Anlagen

Anlagenverzeichnis

Inv.-Nr.	Gegenstand	Beleg-Nr.	Anschaffungsdatum	Lieferant Name und Anschrift	Anschaffungswert	Datum Inbetriebnahme
....	Div. Gegenstände*	...	...	Diverse	49.920,00	...
6061	Gesprächstisch mit sechs Stühlen	E 298	15.3.2021	Möbel Federspieler OG, Lerchenfelder Straße 5, 1070 Wien	3.220,00	15.3.2021
6062	Präsentationsregal	E 415	19.4.2021	Möbel Federspieler OG, Lerchenfelder Straße 5, 1070 Wien	840,00	19.4.2021
6063	Laserdrucker	E 649	10.5.2021	EDV-Lösungen Hübner GmbH, Währinger Straße 10, 1090 Wien	920,00	10.5.2021
6064	Büroschreibtisch	E 968	2.8.2021	Büromöbel Juricevic GmbH, Wiener Straße 20, 8230 Hartberg	1.440,00	2.8.2021
6065	Smartboard	E 1025	16.8.2021	EDV-Lösungen Hübner GmbH, Währinger Straße 10, 1090 Wien	900,00	18.8.2021
6066	LED-Eingangsmonitor	E 1199	20.9.2021	Elektro Radacher e.U., Habersdorfer Straße 15, 8230 Hartberg	1.840,00	21.9.2021

Fortsetzung auf der nächsten Seite

Nutzungsdauer	Abschreibung in %	2021		2022		2023	
		Abschreibungsbetrag	Buchwert 31.12.	Abschreibungsbetrag	Buchwert 31.12.	Abschreibungsbetrag	Buchwert 31.12.

Nutzungs-dauer	Abschrei-bung in %	2021		2022		2023	
		Abschreibungs-betrag	Buchwert 31.12.	Abschreibungs-betrag	Buchwert 31.12.	Abschreibungs-betrag	Buchwert 31.12.
...	...	6.240,00	24.960,00	6.240,00	18.720,00	5.950,00	12.770,00
10	10*						
10	10*						
4	25**						
8	12,5*						
4	25***						
4	25***						
	*						

* Degressive Abschreibung 30 %

** Degressive Abschreibung 30 %, Wechsel zur linearen Abschreibung ab 2022

*** Degressive Abschreibung 30 %, Wechsel zur linearen Abschreibung ab 2023

WEITER ÜBEN!

Zusätzliche Übungsbeispiele im Anhang ab Seite 342

Online-Training: Check dein Wissen!

LINK
Interaktive Übungen

LINK
Das passende Übungsbuch mit Lösungen gibt's hier.

Erhaltungsaufwand in einer Raffinerie
Die OMV-Raffinerien in Schwechat decken rund die Hälfte des Bedarfs an Mineralölprodukten in Österreich. Eine regelmäßige Inspektion, Wartung und Instandhaltung der gesamten Raffinerien ist sehr wichtig.

LERNEN

3 Erhaltungs- und Herstellungsaufwand verbuchen

Damit Anlagen funktionsfähig bleiben, werden laufend kleinere oder größere Wartungsarbeiten durchgeführt und als Erhaltungsaufwand verbucht. Wenn eine Anlage aber wesentlich verändert oder vergrößert wird, erhöhen sich die Nutzungsmöglichkeiten und somit der Wert der Anlage. Diese sogenannten Herstellungsaufwände müssen am Anlagenkonto erfasst werden.

1 Instandhaltung und Instandsetzung von Anlagen verbuchen

Aufwände für die Instandhaltung und Instandsetzung von Anlagen (= **Erhaltungsaufwände**) werden zur Erhaltung der Betriebsfähigkeit der Anlagen getätigt. Während es sich bei **Instandhaltungen** um kleinere Reparaturen, Wartungen, Servicearbeiten etc. handelt, stellen **Instandsetzungen** größere Reparaturen dar.

Sie werden auf folgendem Aufwandskonto erfasst:

7200 Instandhaltung durch Dritte

Zum **Instandhaltungsaufwand** für **Lkw, Pkw, Kombis und Motorräder** siehe Unternehmensrechnung HAK II.

Instandhaltung und Instandsetzung von Anlagen verbuchen: Aufwände für Instandhaltungen und Instandsetzungen (= Erhaltungsaufwände) sind im Jahr des Aufwandes voll absetzbar.

Instandhaltung oder Instandsetzung:

7200 Instandhaltung durch Dritte 2500 Vorsteuer	33 . . . Lieferantenkonto (2700 Kassa etc.)

Aufwände sind immer dann **absetzbare Instandhaltungen** bzw. **Instandsetzungen,** wenn sie dazu dienen, einen Vermögensgegenstand

- in **ordnungsgemäßem Zustand** zu **erhalten** und wenn dadurch
- die **Wesensart** des Vermögensgegenstandes **nicht verändert** wird.

Beispiele:

- Maschinenwartung
- Einbau eines Austauschmotors
- Ausbesserung des Mauerwerkes
- Umdeckung des Daches des Betriebsgebäudes
- Erneuerung des Verputzes und des Anstriches
- Reparatur von Fenstern und Türen
- Reparatur von Elektroanlagen
- Austausch einer Gasofen-Einzelheizung durch eine Gasetagenheizung
- Asphaltierung (Pflasterung eines Weges)

Die Verwendung von besserem Material oder eine modernere Ausführung beeinträchtigen nicht den Charakter des Erhaltungsaufwandes. Diese Aufwände sind somit ebenfalls im Jahr des Aufwandes voll absetzbar.

Instandhaltung oder Instandsetzung
Der Austausch einer kaputten Fensterscheibe ist eine Instandhaltung. Werden alle Fenster eines Gebäudes ausgetauscht, um z. B. eine höhere Energieeffizienz zu erreichen, handelt es sich um eine Instandsetzung.

2 Umbau und Erweiterung von Anlagen verbuchen

Aufwände für den Umbau und die Erweiterung von Anlagen **(= Herstellungsaufwände)** werden auf dem entsprechenden **Anlagenkonto** in der Kontenklasse 0 **verbucht (= aktiviert)** und auf die **Restnutzungsdauer** des Anlagegutes verteilt **abgeschrieben.**

Umbau und Erweiterung von Anlagen verbuchen: Aufwände für den Umbau und die Erweiterung von Anlagen (= Herstellungsaufwände) müssen am Anlagenkonto aktiviert werden.

Umbau oder Erweiterung:

0 . . . Anlagenkonto 2500 Vorsteuer	33 . . . Lieferantenkonto

Diese Aufwände können auf die **Restnutzungsdauer** der Anlage verteilt abgeschrieben werden.
Bei einem Umbau oder einer Erweiterung eines Gebäudes kommt die beschleunigte Abschreibung dabei nicht zur Anwendung, da das Gebäude bereits linear abgeschrieben wird.

Aufwände sind **aktivierungspflichtig,** wenn durch sie entweder

- die Anlage **in ihrer Substanz vermehrt oder**
- die **Gebrauchsmöglichkeit** der Anlage **wesentlich verändert** wird.

Beispiele:

- Anbau oder Umbau von Gebäuden
- Gebäudeaufstockungen
- Ausbau des Dachbodens zu Betriebsräumen (z. B. Büroräumen)
- Erstmaliger Einbau einer Zentralheizungsanlage (Etagenheizung) oder eines Aufzuges
- Aufbau eines Kranes bei einem Lkw

Restnutzungsdauer einer Anlage

Unter der **Restnutzungsdauer (RND)** einer Anlage versteht man die **Anzahl der Jahre,** in denen sie noch **wirtschaftlich genutzt** werden kann. Die Restnutzungsdauer kann auf zwei Arten ermittelt werden.

Restnutzungsdauer mithilfe der bisherigen Nutzungsdauer berechnen

	Gesamte Nutzungsdauer
–	Bisherige Nutzungsdauer
	Restnutzungsdauer in Jahren

Restnutzungsdauer mithilfe der Werte aus dem Anlagenverzeichnis berechnen

$$\text{Jahresabschreibung} = \frac{\text{Anschaffungswert}}{\text{Nutzungsdauer}}$$

$$\textbf{Restnutzungsdauer in Jahren (ab 1.1. des Abschlussjahres)} = \frac{\text{Buchwert am 1.1. des Abschlussjahres}}{\text{Jahresabschreibung}}$$

Diese Methode kann angewendet werden, wenn es bisher noch keinen Umbau bzw. keine Erweiterung gab.

L 7.4 Restnutzungsdauer berechnen

Eine Lagerhalle mit einem Anschaffungswert von € 440.000,– wurde am 5. September 2011 in Betrieb genommen; Nutzungsdauer 40 Jahre, lineare Abschreibung.

Im Jahr 2021 wird die Lagerhalle um einen Zubau erweitert. Dieser ist auf die Restnutzungsdauer der Lagerhalle abzuschreiben. Die Inbetriebnahme des Zubaus erfolgt am 2. August 2021. Der Buchwert am 1. Jänner des Abschlussjahres beträgt laut Saldenbilanz € 335.500,–.

Aufgabe: Berechne die Restnutzungsdauer des Zubaues. C

Lösung:

Inbetriebnahme des Zubaus: 2. Jahreshälfte 2021

1. Möglichkeit: Berechnung mithilfe der bisherigen Nutzungsdauer

2. Jahreshälfte 2011	0,5 Jahre
2012 bis 2020	9,0 Jahre
1. Jahreshälfte 2021	0,5 Jahre
Bisherige Nutzungsdauer	10,0 Jahre

	Gesamte Nutzungsdauer	40,0 Jahre
–	Bisherige Nutzungsdauer	10,0 Jahre
	Restnutzungsdauer	**30,0 Jahre**

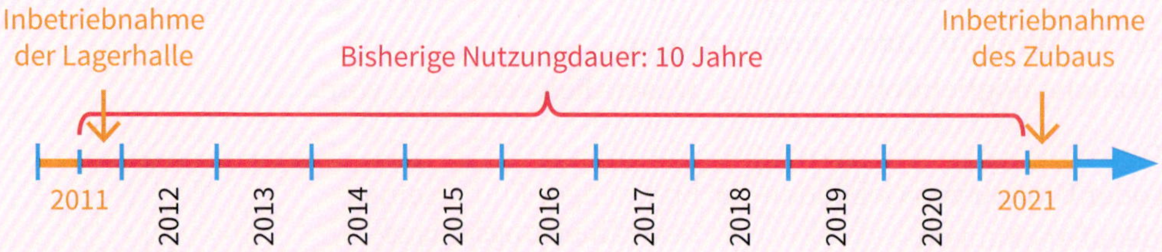

2. Möglichkeit: Berechnung mithilfe der Werte aus dem Anlagenverzeichnis

$$\text{Jahresabschreibung} = \frac{440.000}{40} = € 11.000,00$$

$$\text{Restnutzungsdauer ab 1.1.2021} = \frac{335.500}{11.000} = 30,5 \text{ Jahre}$$

Die Restnutzungsdauer bezieht sich auf die Zeit ab 1. Jänner des Abschlussjahres.

Restnutzungsdauer ab 1.1.2021	30,5 Jahre
– 1. Jahreshälfte 2021	0,5 Jahre
Restnutzungsdauer ab 1.7.2021	**30,0 Jahre**

L 7.5 Instandhaltung und Erweiterung eines Gebäudes verbuchen

Die Garten- und Landschaftsbau Lischka GmbH lässt vom Bauunternehmen Malina Pawlowski OG im Jahr 2021 das Betriebs- und Verwaltungsgebäude renovieren und den Dachboden zu Büroräumen umbauen.

Daten des Betriebs- und Verwaltungsgebäudes laut Anlagendatei:

Anschaffungswert € 1.054.000,–, Inbetriebnahme Juni 2005, Abschreibung 2,5% p.a., lineare Abschreibung, Buchwert am 1. Jänner 2021 € 632.400,–

Es ergeben sich in diesem Zusammenhang folgende Geschäftsfälle:

30. 8.2021	E 618	Abrechnung des Bauunternehmens Malina Pawlowski OG (33899) über die Renovierungsarbeiten € 94.800,– + € 18.960,– USt = € 113.760,–
6. 9.2021	B 145	Ausgleich der E 618 durch Banküberweisung
29.11.2021	E 854	Abrechnung des Bauunternehmens Malina Pawlowski OG über den Umbau des Dachbodens: € 154.000,– + € 30.800,– USt = € 184.800,–; Nutzungsbeginn 17. November
6.12.2021	B 198	Ausgleich der E 854 durch Banküberweisung

Aufgabe: Stelle die Buchungssätze auf. Die Kosten des Umbaus sind auf die Restnutzungsdauer des Gebäudes verteilt abzuschreiben, d.s. ab Mitte 2021 23,5 Jahre (Gesamtnutzungsdauer 40 – bisherige Nutzungsdauer 16,5); Berechnungen auf € genau. Die Nummer der letzten Um- und Nachbuchung lautet U 24. C

2005 bis 2020	16,0 Jahre
1. Jahreshälfte 2021	0,5 Jahre
Bisherige ND	**16,5 Jahre**

Lösung:

30. 8.2021 Renovierungen sind Instandhaltungen und Instandsetzungen und damit als Aufwand sofort voll absetzbar.

	E 618	7200 Instandhaltung durch Dritte	94.800,00	
		2500 Vorsteuer	18.960,00	
		an 33899 Malina Pawlowski OG		113.760,00
6. 9.2021	B 145	33899 Malina Pawlowski OG	113.760,00	
		an 2800 Bank		113.760,00

29.11.2021 Der Umbau des Dachbodens ist als Erweiterung von Anlagen aktivierungspflichtig.

	E 854	0300 Gebäude	154.000,00	
		2500 Vorsteuer	30.800,00	
		an 33899 Malina Pawlowski OG		184.800,00
6.12.2021	B 198	33899 Malina Pawlowski OG	184.800,00	
		an 2800 Bank		184.800,00

31.12.2021	Abschreibung Gebäude für ein ganzes Jahr: AW 1.054.000 · 2,5 % =	€ 26.350,00
	+ Umbaukosten, verteilt auf die Restnutzungsdauer des Gebäudes: 154.000 : 23,5* : 2 =	€ 3.277,00 (gerundet)
	Gesamtabschreibung	**€ 29.627,00**

Hinweis: Die **Inbetriebnahme** des umgebauten Dachbodens erfolgt in der **zweiten Jahreshälfte.**

U 25	7010 Abschreibungen von Sachanlagen	29.627,00	
	an 0300 Gebäude		29.627,00

*** Alternative Berechnung der Restnutzungsdauer mithilfe der Werte aus dem Anlagenverzeichnis:**

$$\text{Jahresabschreibung} = \frac{1.054.000}{40} = € 26.350,00$$

$$\text{Restnutzungsdauer ab 1.1.2021} = \frac{632.400}{26.350} = 24 \text{ Jahre}$$

Die Restnutzungsdauer bezieht sich auf die Zeit ab 1. Jänner des Abschlussjahres.

Restnutzungsdauer ab 1.1.2021	24,0 Jahre
– 1. Jahreshälfte 2021	0,5 Jahre
Restnutzungsdauer ab 1.7.2021	**23,5 Jahre**

Ü 7.11 Instandhaltung und Erweiterung eines Gebäudes verbuchen

LINK
Ü 7.11
Buchungstrainer

Nachstehende Konten der Klimo-Leuchtstudio GmbH zeigen per 1. Jänner 2021 folgende Werte (Auszug aus der Saldenbilanz):

Konto-Nr.	Kontobezeichnung	Saldenbilanz	
		Soll	Haben
0210	Bebaute Grundstücke	100.000,00	
0300	Gebäude	502.250,00	

Im Zusammenhang mit dem Betriebsgebäude ergeben sich im Jahr 2021 folgende Geschäftsfälle:

11. 5.2021 Fassadenerneuerung durch die Baumeister Ing. Helmut Kotzian GmbH (33299)

HELMUT KOTZIAN GMBH
ING. BAUMEISTER

BAUMEISTER
BETON & KIES

7111 PARNDORF, NEUDORFER STR. 8
TEL. +43 2166 631 18 • FAX +43 2166 646 18
website: www.kotzian.com
e-mail: baumeister@kotzian.com
FB-Nr. 43.502 - Handelsgericht Wien

E 401

Klimo-Leuchtstudio GmbH
Ruster Straße 15
7000 Eisenstadt

Datum: Parndorf, 11.05.2021

Rechnung 0132/21

Für diverse Baumeisterarbeiten gemäß Angebot vom 23.11.2020.

Pos.Nr.	Bezeichnung	Menge EH	Preis in EUR	Betrag in EUR
01	Fassadenerneuerung laut Kostenvoranschlag			
	LEISTUNGSSUMME		€	17.750,00
	+ 20,00 % Umsatzsteuer		€	3.550,00
	RECHNUNGSSUMME		€	21.300,00

1. 6.2021	B 91	Ausgleich der E 401 ohne Abzug
20. 7.2021	E 593	Im Zuge der Renovierungsarbeiten werden leerstehende Räume zu einer Garage umgebaut und im Juli 2021 in Betrieb genommen. Abrechnung des Baumeisters Ing. Helmut Kotzian GmbH über die Errichtung der Garage € 50.800,– + € 10.160,– USt = = € 60.960,–
17. 8.2021	B 139	Ausgleich der E 593 ohne Abzug
31.12.2021	U 25	AW des Gebäudes € 980.000,–, Nutzungsdauer 40 Jahre, bis 1. Jänner 2021 19,5 Jahre genutzt, lineare Abschreibung; die Garage ist auf die Restnutzungsdauer des Gebäudes verteilt abzuschreiben.

Aufgabe: Stelle die Buchungsanweisungen für die laufenden Geschäftsfälle und für die Um- und Nachbuchungen zum 31. Dezember 2021 auf. C

ÜBEN

Probier es selbst: Bearbeite die folgenden Übungsbeispiele.

Ü 7.12 Instandhaltung und Erweiterung eines Gebäudes verbuchen, Erfolgsauswirkung

LINK
Ü 7.12
Buchungstrainer

Die angeführten Konten der Bäckerei Franz Mann KG zeigen per 1. Jänner 2021 folgende Beträge (Auszug aus der Saldenbilanz):

Konto-Nr.	Kontobezeichnung	Saldenbilanz	
		Soll	Haben
0210	Bebaute Grundstücke	50.000,00	
0300	Gebäude	258.300,00	

Abschreibung des Gebäudes 2,5% p.a., lineare Abschreibung, Anschaffungswert € 861.000,–

Im Jahr 2021 wird beim Betriebsgebäude die Fassade renoviert und der Dachboden in Büroräume umgebaut. In diesem Zusammenhang ergeben sich folgende Geschäftsfälle:

27. 4.2021	E 371	Abrechnung des Baumeisters Franz Pelzmann KG (33290) über die Fassadenrenovierung € 19.000,– + € 3.800,– USt = = € 22.800,–
4. 5.2021	B 61	Bankausgang € 22.800,–; Ausgleich der E 371
7.12.2021	E 1020	Abrechnung über die Umbauarbeiten des Dachbodens in Büroräume durch den Baumeister Franz Pelzmann KG € 166.000,– + € 33.200,– USt = € 199.200,–. Die Büroräume wurden mit 6. Dezember in Betrieb genommen.
14.12.2021	B 173	Bankausgang € 99.200,–; Teilausgleich der E 1020

Aufgabe: a) Stelle die Buchungssätze auf (inkl. 31. Dezember); Abschreibung der Umbauarbeiten auf die Restnutzungsdauer des Gebäudes, bisherige Nutzungsdauer bis Mitte 2021 28,5 Jahre (Berechnungen auf € genau). Die Nummer der letzten Um- und Nachbuchung lautet U 25. C

b) Gib an, ob sich durch den jeweiligen Geschäftsfall das Eigenkapital vermehrt (↑), vermindert (↓), oder ob es sich um eine erfolgsneutrale Buchung (∅) handelt. D

Ü 7.13 Instandhaltung und Erweiterung eines Gebäudes verbuchen, Erfolgsauswirkung

LINK
Ü 7.13
Buchungstrainer

Die angeführten Konten der Fahrradprofi GmbH zeigen per 1. Jänner 2021 folgende Beträge:

Konto-Nr.	Kontobezeichnung	Saldenbilanz	
		Soll	Haben
0210	Bebaute Grundstücke (Grundwert)	480.000,00	
0300	Gebäude	378.000,00	
7010	Abschreibungen von Sachanlagen	18.420,00	
7060	Abschreibungen geringwertiger Wirtschaftsgüter	3.240,00	
7200	Instandhaltung durch Dritte	6.245,00	

Im September 2021 ergeben sich u. a. folgende Geschäftsfälle:

3.9.2021 Das Bauunternehmen Hillebrand Bau GmbH (33421) übermittelt folgende Rechnung:

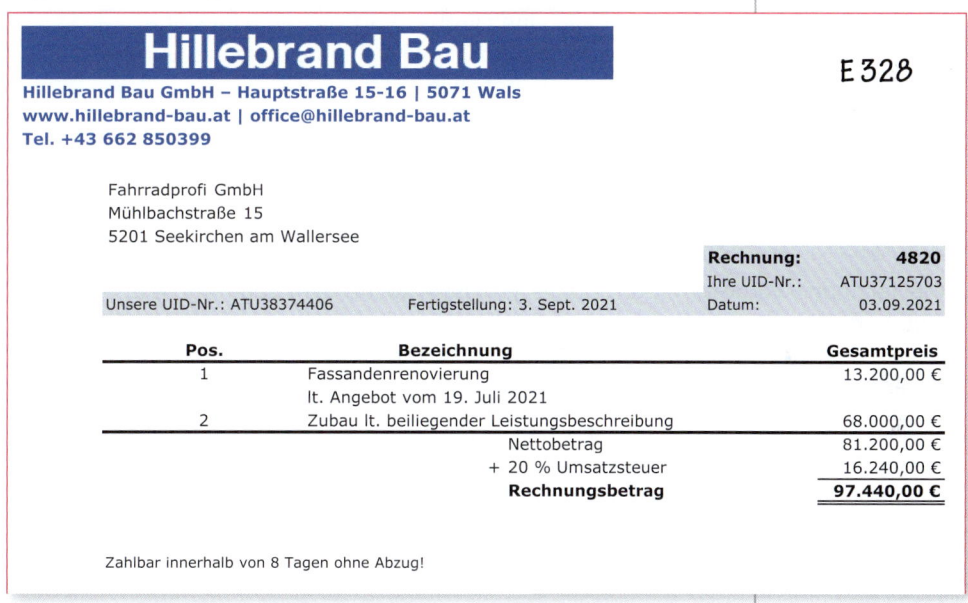

Hillebrand Bau
Hillebrand Bau GmbH – Hauptstraße 15-16 | 5071 Wals
www.hillebrand-bau.at | office@hillebrand-bau.at
Tel. +43 662 850399

E 328

Fahrradprofi GmbH
Mühlbachstraße 15
5201 Seekirchen am Wallersee

Rechnung: **4820**
Ihre UID-Nr.: ATU37125703
Unsere UID-Nr.: ATU38374406 Fertigstellung: 3. Sept. 2021 Datum: 03.09.2021

Pos.	Bezeichnung	Gesamtpreis
1	Fassandenrenovierung lt. Angebot vom 19. Juli 2021	13.200,00 €
2	Zubau lt. beiliegender Leistungsbeschreibung	68.000,00 €
	Nettobetrag	81.200,00 €
	+ 20 % Umsatzsteuer	16.240,00 €
	Rechnungsbetrag	**97.440,00 €**

Zahlbar innerhalb von 8 Tagen ohne Abzug!

5.9.2021 S 381 Kauf eines Hochdruckreinigers für die Reinigung der Fahrräder bei der Obi Bau- und Heimwerkermarkt GmbH um € 849,50 (inkl. 20 % USt), Zahlung mit der Firmendebitkarte

9.9.2021 B 116 Ausgleich der E 328 mittels Banküberweisung

Aufgabe: a) Stelle die Buchungssätze auf (inkl. 31. Dezember). Geringwertige Wirtschaftsgüter sind sofort beim Kauf über das Konto 7060 Abschreibungen geringwertiger Wirtschaftsgüter abzuschreiben.

Ermittle die Restnutzungsdauer anhand folgender Werte und schreibe den Zubau auf die Restnutzungsdauer ab. Der Abschreibungssatz beträgt 2,5 % p. a., lineare Abschreibung. Der Anschaffungswert des Gebäudes beträgt € 840.000,–; bisher wurde kein Umbau bzw. keine Erweiterung vorgenommen; Berechnung auf € genau. Die Nummer der letzten Um- und Nachbuchung lautet U 24. C

b) Gib an, ob sich durch den jeweiligen Geschäftsfall das Eigenkapital vermehrt (↑), vermindert (↓), oder ob es sich um eine erfolgsneutrale Buchung (∅) handelt. D

Ü 7.14 Anlagenabschreibung verbuchen

LINK
Ü 7.14
Buchungstrainer

Die Saldenbilanz des Unternehmens Ing. Günther Schneider e. U. zeigt per 31. Dezember 2021 folgendes Bild:

Konto-Nr.	Kontobezeichnung	Saldenbilanz	
		Soll	Haben
0210	Bebaute Grundstücke	50.000,00	
0300	Gebäude	220.075,00	
0600	Betriebs- und Geschäftsausstattung	52.030,00	
0620	Büromaschinen, EDV-Anlagen	7.562,00	
0640	Lkw	29.400,00	
7060	Abschreibungen geringwertiger Wirtschaftsgüter	2.470,00	

Abschlussangaben:

1. Die Nutzungsdauer des Gebäudes beträgt 40 Jahre, AW € 215.800,–, lineare Abschreibung.

   Im Abschlussjahr hat Herr Schneider einen großen Vortragsraum für seine Kunden errichten lassen. Die Rechnung (Auszug) des Baumeisters Ing. Günther Leitner e. U. (33102) vom 27. Oktober lautete wie folgt:

Zubau (Vortragsraum)	€ 85.200,00
+ 20 % Umsatzsteuer	€ 17.040,00
	€ 102.240,00

   Die Rechnung wurde bereits ordnungsgemäß verbucht. Der Zubau wurde Ende Oktober erstmals verwendet und ist auf die Restnutzungsdauer des Gebäudes, d. s. ab Mitte des Abschlussjahres 24,5 Jahre, verteilt linear abzuschreiben; Berechnung auf € genau.

2. Die Betriebs- und Geschäftsausstattung ist mit 20 % p. a. vom AW € 42.300,– linear abzuschreiben. Auf dem Konto 0600 Betriebs- und Geschäftsausstattung ist ein Drehsessel im Wert von € 230,– ausgewiesen, dieser ist voll abzuschreiben.

3. Die Büromaschinen und EDV-Anlagen setzen sich zusammen aus:

Büromaschine	Anschaffung	Anschaffungswert	Buchwert am 1. Jan.
PC		€ 2.400,00	€ 1.440,00
Farblaserdrucker		€ 3.600,00	€ 1.800,00
Hochleistungskopierer		€ 4.820,00	€ 482,00
Farbkopierer	11. Okt. 2021	€ 3.840,00	

   Der Hochleistungskopierer bleibt weiterhin im Betrieb und ist mit € 1,– auszuweisen. Die Anschaffung des Farbkopierers wurde bereits ordnungsgemäß verbucht. Der PC, der Farblaserdrucker und der Hochleistungskopierer werden linear (20 % p. a.), der Farbkopierer degressiv (30 %) abgeschrieben.

4. Der Kleinbus Chrysler Grand Voyager wurde am 26. April d. J. angeschafft und sofort in Nutzung genommen; Abschreibungssatz 30 % degressiv. Der Kauf wurde ordnungsgemäß auf dem Konto 0640 Lkw verbucht. Außer diesem Lkw befinden sich keine weiteren Fahrzeuge im Fuhrpark des Unternehmens.

Aufgabe: Stelle die Buchungsanweisungen per 31. Dezember auf. Die Nummer der letzten Um- und Nachbuchung lautet U 28. C

WEITER ÜBEN!

- **Zusätzliche Übungsbeispiele im Anhang ab Seite 344**
- **Online-Training: Check dein Wissen!**

LINK
Interaktive Übungen

LINK
Das passende Übungsbuch mit Lösungen gibt's hier.

Redesign im KHM
Wird ein Betrieb komplett neu eingerichtet, wie z. B. das Café des Kunsthistorischen Museums in Wien, dann werden oft auch die Anlagen durch neue ersetzt.

LERNEN

4 Ausscheiden von Anlagen verbuchen

Anlagen können aus verschiedenen Gründen aus dem Unternehmen ausscheiden: Sie wurden zum Beispiel durch den Einsatz im Unternehmen abgenutzt, sind technisch veraltet oder werden aus anderen Gründen nicht mehr gebraucht.

1 Möglichkeiten des Ausscheidens von Anlagen

Anlagegegenstände können entweder **gegen Entgelt** oder **ohne Entgelt** aus dem Betriebsvermögen ausscheiden.

Möglichkeiten des Auscheidens einer Anlage

Ausscheiden einer Anlage gegen Entgelt	Ausscheiden einer Anlage ohne Entgelt
• Die Anlage wird **verkauft.** • Die Anlage wird bei Kauf einer neuen Anlage **in Zahlung gegeben.** • Die Anlage wird durch einen Unfall, Brand, höhere Gewalt etc. **zerstört** und scheidet aus; die Versicherung leistet **Schadenersatz.**	• Die Anlage scheidet wegen **Abnutzung** als **unbrauchbar und wertlos** aus. • Die Anlage wird durch einen Unfall, Brand, höhere Gewalt etc. **zerstört** und scheidet **ohne Schadenersatz** aus (weil sie z. B. nicht versichert war).

Veraltete Anlagen
Selbst wenn sie noch funktionieren, müssen manche Anlagen ersetzt werden, weil sie z. B. eine inzwischen veraltete Technologie nutzen.

2 Anlagenverkauf verbuchen

Wenn ein gebrauchter Anlagegegenstand verkauft wird, muss der **Verkaufserlös** eingebucht werden. **Erlöse aus Anlagenverkäufen** werden auf folgenden Konten verbucht:

4600 Erlöse aus dem Abgang von Anlagen 20%
4601 Erlöse aus dem Abgang von Anlagen 0%

Anlagenverkäufe unterliegen in der Regel dem **Steuersatz von 20%.** Erlöse aus dem Verkauf von **Pkw, Kombis oder Motorrädern,** ausgenommen Elektro-Pkw und Elektro-Kombis (20%), unterliegen **nicht der Umsatzsteuer.** Sie werden auf dem Konto **4601 Erlöse aus dem Abgang von Anlagen 0%** verbucht.

Da die Anlage aus dem Betriebsvermögen ausscheidet, muss der **Buchwert** der Anlage **ausgebucht** werden. Der **Buchwert (Restbuchwert)** der ausgeschiedenen Anlage wird auf folgendem Konto verbucht:

7820 Buchwert abgegangener Anlagen

Anlagenverkauf und Ausscheiden von Anlagen verbuchen: Der Verkauf und das Ausscheiden von Anlagen wird in drei Arbeitsschritten verbucht.

1 Verkaufserlös:

20 . . . Kundenkonto (2700 Kassa etc.) / 4600 Erlöse a. d. Abgang v. Anlagen 20%, 3500 Umsatzsteuer

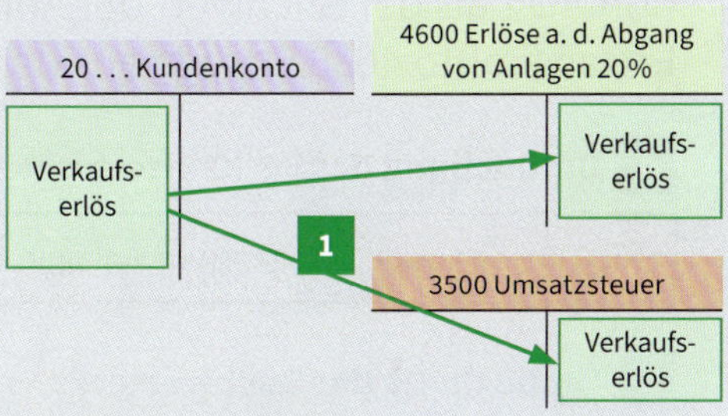

Ausbuchung der Anlage:

2 Abschreibung bis zum Verkaufszeitpunkt:

7010 Abschreibungen von Sachanlagen / 0 . . . Anlagenkonto

3 Ausbuchung des Buchwertes (Restbuchwertes):

7820 Buchwert abgegangener Anlagen / 0 . . . Anlagenkonto

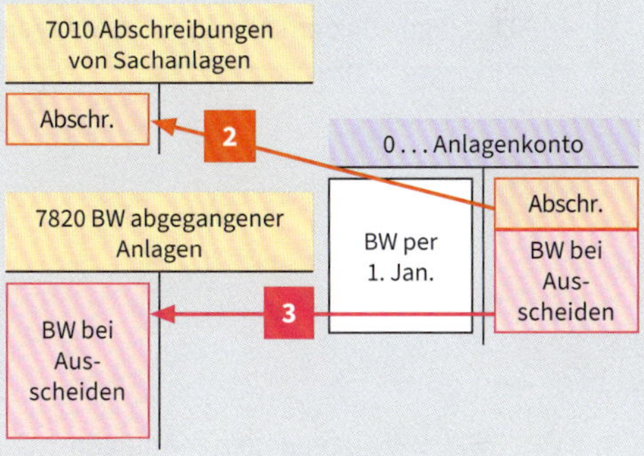

Während der **Verkaufserlös** in der Regel **sofort beim Verkauf** verbucht werden muss, erfolgt die **Ausbuchung der Anlage (Abschreibung** und **Ausbuchung des Buchwertes)** meist erst **am Jahresende.**

Da der **Buchwert zum Zeitpunkt des Ausscheidens** maßgebend ist, muss **zuerst** die **Abschreibung** erfolgen.

Wenn die Anlage in der **ersten Jahreshälfte** (1.1.–30.6.) **ausscheidet,** darf nur die **halbe Jahresabschreibung** verbucht werden **(Halbjahresregel).**

Scheidet sie in der **zweiten Jahreshälfte** (1.7.–31.12.) **aus,** wird die **gesamte Jahresabschreibung** berücksichtigt.

Saldierungsbuchungen

In **Kapitalgesellschaften muss** laut UGB am Jahresende der **Saldo** aus einem **Anlagenverkauf,** also die Differenz zwischen Verkaufserlös und Buchwert, verbucht und auf einem eigenen Konto ausgewiesen werden **(= Saldierungsbuchungen).** Dadurch ist erkennbar, ob das Unternehmen beim Verkauf einer Anlage einen Gewinn oder einen Verlust erzielt hat. Zu diesem Zweck wird zunächst der Saldo ermittelt.

Saldo ermitteln

Verkaufserlös
– Buchwert
Saldo

Ist der **Saldo positiv** (Verkaufserlös ist höher als Buchwert) oder **Null** (Verkaufserlös ist gleich hoch wie Buchwert), werden der Verkaufserlös und der Buchwert auf folgendes Konto umgebucht:

4630 Erträge aus dem Abgang von Anlagen

Saldierungsbuchungen bei positivem Saldo: Wenn der Erlös aus einem Anlagenverkauf höher ist als der Buchwert der Anlage, wird der positive Saldo als Gewinn auf das Ertragskonto 4630 Erträge aus dem Abgang von Anlagen verbucht.

4 Umbuchung des Verkaufserlöses:

4600 Erlöse aus dem Abgang von Anlagen 20% / 4630 Erträge aus dem Abgang von Anlagen

5 Umbuchung des Buchwertes:

4630 Erträge aus dem Abgang von Anlagen / 7820 Buchwert abgegangener Anlagen

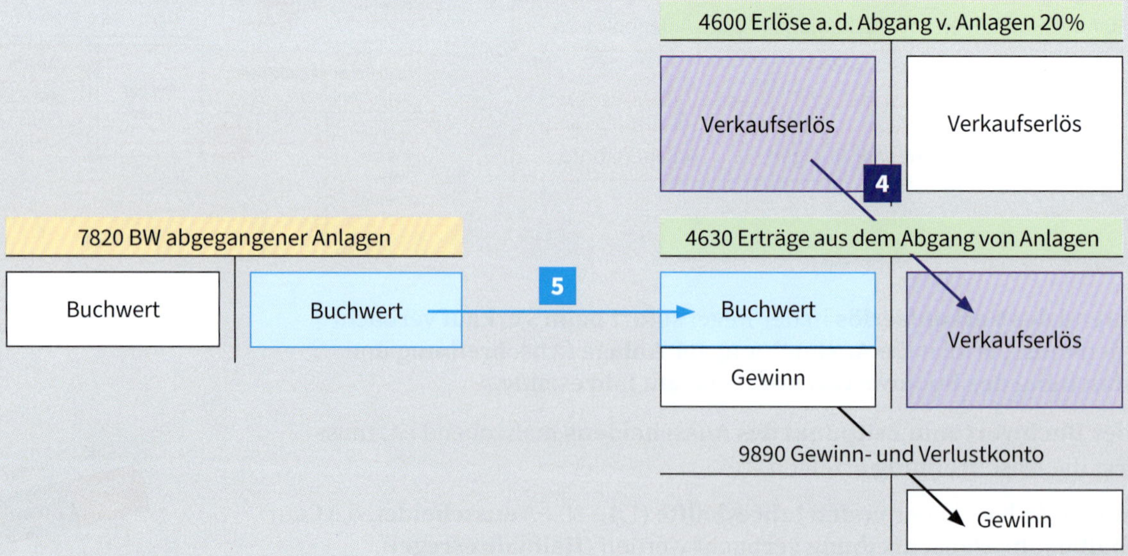

Ist der **Saldo negativ** (Verkaufserlös ist niedriger als Buchwert), werden der Verkaufserlös und der Buchwert auf folgendes Konto umgebucht:

7830 Verluste aus dem Abgang von Anlagen

Saldierungsbuchungen bei negativem Saldo: Wenn der Erlös aus einem Anlagenverkauf niedriger ist als der Buchwert der Anlage, wird der negative Saldo als Verlust auf das Aufwandskonto 7830 Verluste aus dem Abgang von Anlagen verbucht.

4 Umbuchung des Verkaufserlöses:

4600 Erlöse aus dem Abgang von Anlagen 20 % / 7830 Verluste aus dem Abgang von Anlagen

5 Umbuchung des Buchwertes:

7830 Verluste aus dem Abgang von Anlagen / 7820 Buchwert abgegangener Anlagen

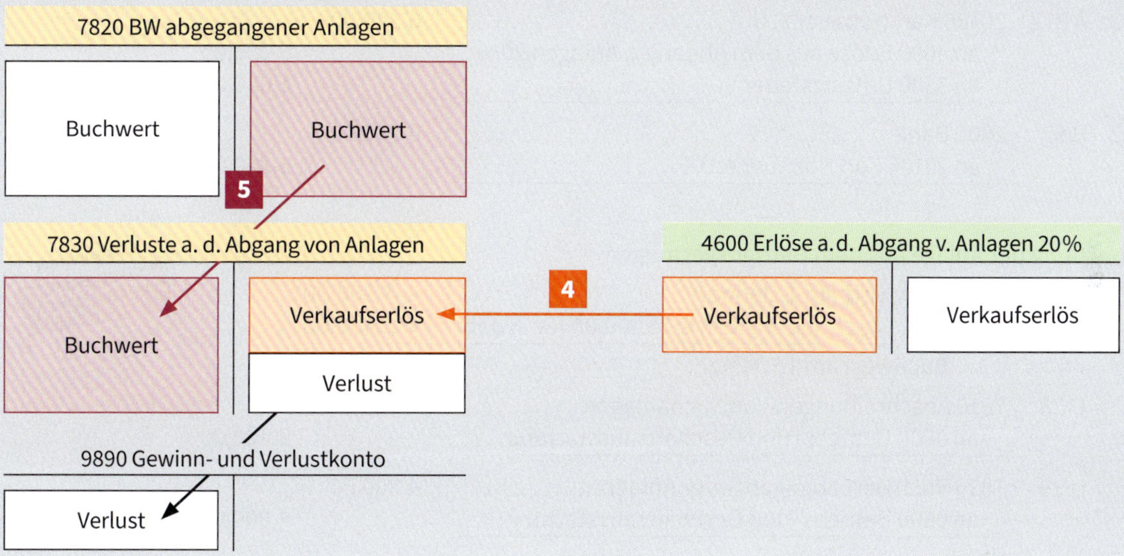

In den folgenden Beispielen sind die **Saldierungsbuchungen** nur durchzuführen, wenn dies in der Aufgabenstellung ausdrücklich gefordert ist.

L 7.6 Anlagenverkauf verbuchen

Die Fresh Fruit GmbH verkauft dem Gemüsehändler Karl Nöbauer e. U. (20106) eine gebrauchte Kühlanlage.

15. 3. Die Anlage wird geliefert und in Rechnung gestellt.

FRESH FRUIT

Karl Nöbauer e. U.
Biogemüse
Hauptplatz 2
4910 Ried / Innkreis

4600 Wels, Bahnhofstraße 12
Tel. +43 7242 596-0 Fax +43 7242 596-10 Mail: office@fresh-fruit.at

Rechnung Nr. 312/20 . . 15. März 20 . .

Menge	Bezeichnung	Preis
1 Stk.	Linde-Kühlanlage, Type Irios mit Standardverglasung Länge 2630 mm, gebraucht	€ 5.200,00
	+ 20 % Umsatzsteuer	€ 1.040,00
		€ 6.240,00
	Zahlbar innerhalb von 14 Tagen ohne Abzug	

31. 3.   B 52   Gutschrift € 6.240,–; Karl Nöbauer e. U. hat die Kühlanlage bezahlt.

31.12.   Ausbuchung der Kühlanlage (Betriebs- und Geschäftsausstattung)

                  Daten laut Anlagenbuchführung: AW € 24.000,–, Buchwert am 1. Jänner € 7.200,–,
                  Nutzungsdauer fünf Jahre, lineare Abschreibung

Aufgabe: a) Verbuche die Ausgangsrechnung und den Bankeingang. [C]

b) Stelle die Buchungssätze für die Ausbuchung der Anlage auf (U 28, U 29). [C]

c) Ermittle den Saldo. Nimm die Umbuchung des Verkaufserlöses und des Buchwertes
(Saldierungsbuchungen) vor (U 30, U 31). [C]

Lösung:

a)

Verbuchung des Verkaufserlöses:

15. 3.	A 312	20106 Karl Nöbauer e. U.	6.240,00	
		an 4600 Erlöse aus dem Abgang v. Anlagen 20 % .		5.200,00
		an 3500 Umsatzsteuer		1.040,00
31. 3.	B 52	2800 Bank	6.240,00	
		an 20106 Karl Nöbauer e. U.		6.240,00

b)

Ausbuchung der Anlage aus dem Betriebsvermögen:

31.12.		Buchwert am 1. Jänner	€ 7.200,00
		– 20 % Abschreibung von € 24.000,00 für ½ Jahr	€ 2.400,00
		Buchwert am 15. März	**€ 4.800,00**

U 28	7010 Abschreibungen von Sachanlagen	2.400,00	
	an 0600 Betriebs- und Geschäftsausstattung....		2.400,00
U 29	7820 Buchwert abgegangener Anlagen	4.800,00	
	an 0600 Betriebs- und Geschäftsausstattung....		4.800,00

Abschreibung
ganzes Jahr ☐   halbes Jahr ☒

c)

Saldierungsbuchungen:

31.12.		Verkaufserlös	€ 5.200,00
		– Buchwert	€ 4.800,00
		Positiver Saldo	**+ € 400,00**

U 30	4600 Erlöse aus dem Abgang v. Anlagen 20 %	5.200,00	
	an 4630 Erträge aus dem Abgang v. Anlagen.....		5.200,00
U 31	4630 Erträge aus dem Abgang v. Anlagen	4.800,00	
	an 7820 Buchwert abgegangener Anlagen.......		4.800,00

Ü 7.15 Anlagenverkauf verbuchen

LINK
Ü 7.15
Buchungstrainer

Die Obstgroßhandels-GmbH von Johanna Sittinger verkauft ihre gebrauchte
Registrierkasse.

15. 5.   A 1248   Ausgangsrechnung über den Verkauf der Anlage an den Fisch-
                  händler Lukas Berchtold e. U. (20456) € 1.500,– (inkl. 20 % USt)

20. 5.   B 79   Zahlungseingang über € 1.500,–, Lukas Berchtold hat die A 1248
                  beglichen.

31.12.   Ausbuchung der Anlage: AW € 3.000,–, Buchwert am 1. Jänner
                  € 1.125,–, Nutzungsdauer acht Jahre, lineare Abschreibung

Abschreibung
ganzes Jahr ☐   halbes Jahr ☐

Aufgabe: Erstelle die Buchungsanweisungen für die

a) Verbuchung des Verkaufserlöses und des Zahlungseinganges, [C]

b) Ausbuchung der Anlage (U 31, U 32), [C]

c) Umbuchung des Verkaufserlöses und des Buchwertes
(Saldierungsbuchungen, U 33, U 34). [C]

Ü 7.16 Anlagenverkauf verbuchen

Die Dämmstoffe Oberleitner GmbH verkauft eine gebrauchte Verpackungsmaschine.

13. 8.	A 2348	Der Baustoffhändler Lehrmoser e. U. (20147) übernimmt die Verpackungsmaschine und erhält eine Rechnung über € 2.700,– + + € 540,– USt = € 3.240,– (zahlbar prompt, ohne Abzug)
16. 8.	B 113	Die Lehrmoser e. U. überweist den offenen Betrag zum Ausgleich der A 2348.
31.12.		Ausbuchung der Anlage Im Anlagenverzeichnis finden sich folgende Werte: Anschaffungswert: € 16.800,00 Buchwert 1. Jan.: € 5.040,00 Nutzungsdauer: 10 Jahre Lineare Abschreibung

Aufgabe: a) Verbuche den Verkaufserlös und den Bankeingang. C
b) Stelle die Buchungssätze für die Ausbuchung der Anlage und die Saldierungsbuchungen auf. Die Nummer der letzten Um- und Nachbuchung lautet U 29. C

LINK
Ü 7.16
Buchungstrainer

3 In Zahlung gegebene Anlagen verbuchen

Beim Kauf einer neuen Anlage nimmt der Lieferant oft die **alte Anlage** gegen einen angemessenen Betrag **in Zahlung.** Der Käufer zahlt dann **nur die Differenz** zwischen dem Anschaffungswert der neuen Anlage und der Gutschrift für die eingetauschte alte Anlage.

Der Betrag, mit dem der Lieferant die alte Anlage in Zahlung nimmt, ist für den Käufer der **Erlös aus dem Anlagentausch.** Er **vermindert die Verbindlichkeit** bzw. den **zu zahlenden Betrag** gegenüber dem Lieferanten. Meist wird dafür vom Lieferanten eine eigene **Gutschrift** erstellt.

In Zahlung gegebene Anlagen verbuchen: Wenn der Lieferant beim Kauf einer neuen Anlage die alte Anlage in Zahlung nimmt, wird die Gutschrift für die alte Anlage als Verkaufserlös verbucht.

1 Kauf der neuen Anlage:

0 . . . Anlagenkonto / 33 . . . Lieferantenkonto (2700 Kassa etc.)
2500 Vorsteuer

2 Verkaufserlös der alten Anlage:

33 . . . Lieferantenkonto (2700 Kassa etc.) / 4600 Erlöse aus dem Abgang von Anlagen 20 %
3500 Umsatzsteuer

3 Ausgleich des Restbetrages:

33 . . . Lieferantenkonto / 2800 Bank

Arbeitsschritte am Abschlussstichtag:

- **Alte Anlage** aus dem **Betriebsvermögen ausbuchen**
- **Saldo** aus dem Anlagenverkauf ermitteln
- **Saldierungsbuchungen** durchführen
- **Abschreibung** der **neuen Anlage** verbuchen

Erfolgt das Geschäft **„Zug um Zug“**, d. h., die alte Anlage wird sofort bei Erhalt der neuen Anlage übergeben, so kann folgender zusammengesetzter Buchungssatz gebildet werden:

Verbuchung bei einem „Zug um Zug“- Geschäft:

0 . . . Anlagenkonto	4600 Erlöse aus dem Abgang von Anlagen 20 %
2500 Vorsteuer	3500 Umsatzsteuer
	33 . . . Lieferantenkonto (2700 Kassa etc.)

L 7.7 In Zahlung gegebene Anlage verbuchen

16. 1. Das Bauunternehmen Natalie Katzenberger GmbH schließt mit der Autohof Handels und Service GmbH (33991) einen Kaufvertrag über die Lieferung eines neuen Tranporters Renault MASTER L1H1 zum Kaufpreis von € 33.600,– (inkl. 20 % USt) ab. Die Übernahme eines alten Lkw wird vereinbart; Liefertermin Anfang März.

13. 3. Natalie Katzenberger übernimmt den neuen Lkw und übergibt den alten Lkw.

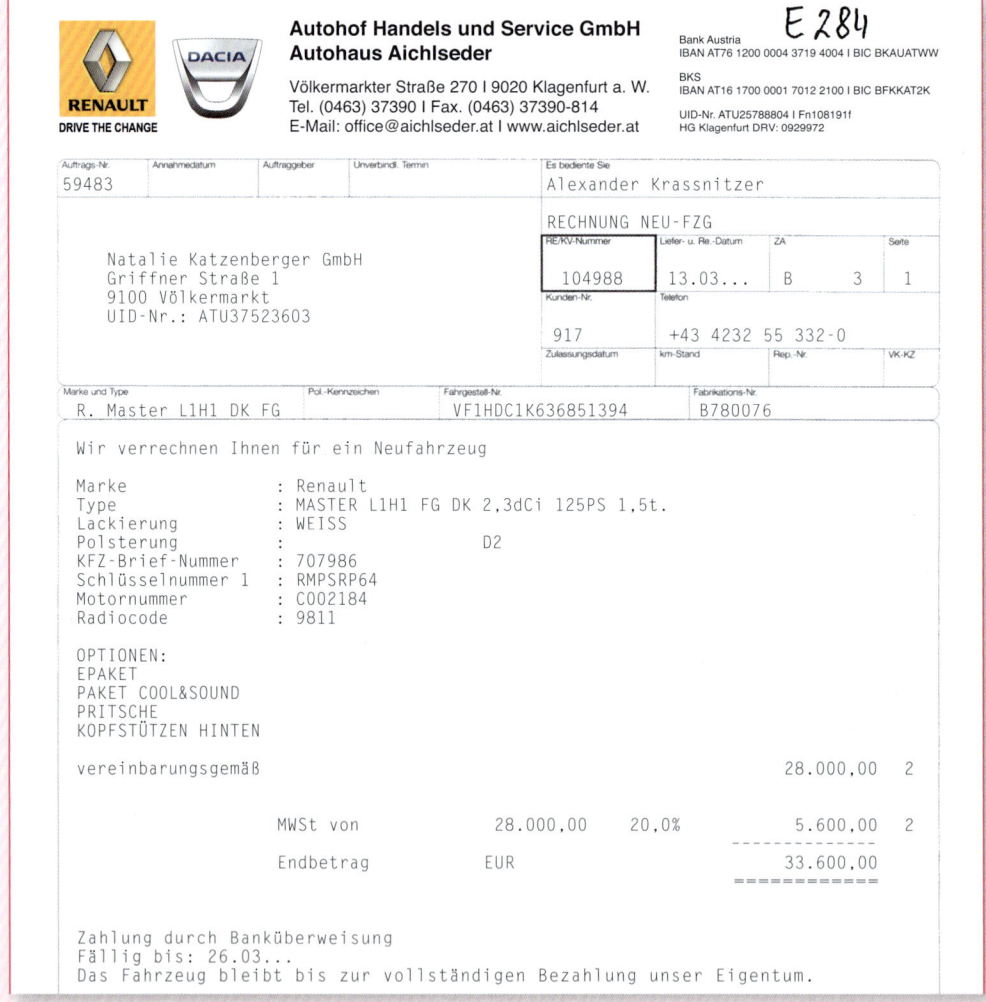

RENAULT DRIVE THE CHANGE

DACIA

Autohof Handels und Service GmbH
Autohaus Aichlseder

Völkermarkter Straße 270 I 9020 Klagenfurt a. W.
Tel. (0463) 37390 I Fax. (0463) 37390-814
E-Mail: office@aichlseder.at I www.aichlseder.at

E 284

Bank Austria
IBAN AT76 1200 0004 3719 4004 I BIC BKAUATWW
BKS
IBAN AT16 1700 0001 7012 2100 I BIC BFKKAT2K
UID-Nr. ATU25788804 I Fn108191f
HG Klagenfurt DRV: 0929972

Auftrags-Nr.	Annahmedatum	Auftraggeber	Unverbindl. Termin	Es bediente Sie
59483				Alexander Krassnitzer

Natalie Katzenberger GmbH
Griffner Straße 1
9100 Völkermarkt
UID-Nr.: ATU37523603

RECHNUNG NEU-FZG

RE/KV-Nummer	Liefer- u. Re.-Datum	ZA		Seite
104988	13.03. . .	B	3	1

Kunden-Nr.	Telefon
917	+43 4232 55 332-0

Zulassungsdatum	km-Stand	Rep.-Nr.	VK-KZ

Marke und Type	Pol.-Kennzeichen	Fahrgestell-Nr.	Fabrikations-Nr.
R. Master L1H1 DK FG		VF1HDC1K636851394	B780076

Wir verrechnen Ihnen für ein Neufahrzeug

Marke	: Renault
Type	: MASTER L1H1 FG DK 2,3dCi 125PS 1,5t.
Lackierung	: WEISS
Polsterung	: D2
KFZ-Brief-Nummer	: 707986
Schlüsselnummer 1	: RMPSRP64
Motornummer	: C002184
Radiocode	: 9811

OPTIONEN:
EPAKET
PAKET COOL&SOUND
PRITSCHE
KOPFSTÜTZEN HINTEN

vereinbarungsgemäß			28.000,00	2
MWSt von	28.000,00	20,0%	5.600,00	2
Endbetrag	EUR		33.600,00	

Zahlung durch Banküberweisung
Fällig bis: 26.03. . .
Das Fahrzeug bleibt bis zur vollständigen Bezahlung unser Eigentum.

S 64

RENAULT DRIVE THE CHANGE — DACIA

Autohof Handels und Service GmbH
Autohaus Aichlseder
Völkermarkter Straße 270 I 9020 Klagenfurt a. W.
Tel. (0463) 37390 I Fax. (0463) 37390-814
E-Mail: office@aichlseder.at I www.aichlseder.at

Bank Austria
IBAN AT76 1200 0004 3719 4004 I BIC BKAUATWW
BKS
IBAN AT16 1700 0001 7012 2100 I BIC BFKKAT2K
UID-Nr. ATU25788804 I Fn108191f
HG Klagenfurt DRV: 0929972

Auftrags-Nr.	Annahmedatum	Auftraggeber	Unverbindl. Termin	Es bediente Sie
15122				Alexander Krassnitzer

Natalie Katzenberger GmbH
Griffner Straße 1
9100 Völkermarkt
UID-Nr.: ATU37523603

GUTSCHRIFT

RE/KV-Nummer	Liefer- u. Re.-Datum	ZA		Seite
200589	13.03...	B	3	1

Kunden-Nr.	Telefon
917	

Zulassungsdatum	km-Stand	Rep.-Nr.	VK-KZ
07.07...			

Marke und Type	Pol.-Kennzeichen	Fahrgestell-Nr.	Fabrikations-Nr.
R. Trafic L2H2 2,0		VF1FLBAD66Y164592	Y174182

Wir schreiben Ihnen für Ihr Gebrauchtfahrzeug

Marke	: Renault
Type	: R. Trafic L2H2 Kasten 2,0 16V 120PS 2,9t
Lackierung	: PANORAMA-BLAU
Polsterung	: POSTERUNG STOFF D1
Hubraum	: 1.998
KFZ-Brief-Nummer	: 699441
Schlüsselnummer 1	: NMNPSP72
Motornummer	: C006118
Leistung in KW	: 87

vereinbarungsgemäß	gut			-4.500,00	2
	MWSt von	-4.500,00	20,0%	-900,00	2
	Endbetrag	EUR		-5.400,00	

Dieser Betrag wurde Ihnen heute gutgeschrieben.

27. 3. B 48 Bankausgang € 28.200,–; Überweisung des restlichen Kaufpreises an die Autohof Handels- und Service GmbH

31.12. Daten des alten Lkw laut Anlagendatei: AW € 23.000,–, Buchwert am 1. Jänner € 6.900,–; Abschreibung 20 % p.a., lineare Abschreibung

Neuer Lkw: Nutzungsdauer fünf Jahre, degressive Abschreibung 30 %

Aufgabe: Stelle die Buchungssätze vom Standpunkt der Natalie Katzenberger GmbH auf, und zwar:

- für den Anlagenkauf,
- für die Gutschrift für den alten Lkw,
- für die Überweisung des restlichen Kaufpreises,
- für die Abschreibung und Ausbuchung des alten Lkw (inklusive der Saldierungsbuchungen) und
- für die Abschreibung des neuen Lkw per 31. Dezember.

Die Nummer der letzten Um- und Nachbuchung lautet U 34. **C**

Lösung:

Kauf der neuen Anlage:

13. 3. E 284 0640 Lkw 28.000,00 / 33991 Autohof Handels und Service GmbH 33.600,00
2500 Vorsteuer 5.600,00 /

Verkaufserlös der alten Anlage:

13. 3. S 64 33991 Autohof Handels und Service GmbH 5.400,00 / 4600 Erlöse aus dem Abgang von Anlagen 20% 4.500,00
/ 3500 Umsatzsteuer 900,00

Hinsweis: Die Buchungssätze können auch zusammengefasst werden:

0640 Lkw 28.000,00 / 4600 Erlöse aus dem Abgang von Anlagen 20% 4.500,00
2500 Vorsteuer 5.600,00 / 3500 Umsatzsteuer 900,00
/ 33991 Autohof Handels und Service GmbH 28.200,00

Verbuchung der Zahlung des Restbetrages:

27. 3. B 48 33991 Autohof Handels und Service GmbH / 2800 Bank 28.200,00

Ausbuchung der Anlage aus dem Betriebsvermögen:

31.12.	Buchwert am 1. Jänner	€ 6.900,00
	– 20% Abschreibung von € 23.000,00 für 1/2 Jahr	€ 2.300,00
	Buchwert am 13. März	**€ 4.600,00**

U 35 7010 Abschreibungen von Sachanlagen / 0640 Lkw 2.300,00

U 36 7820 Buchwert abgegangener Anlagen / 0640 Lkw 4.600,00

Saldierungsbuchungen:

Verkaufserlös	€ 4.500,00
– Buchwert	€ 4.600,00
Negativer Saldo	**– € 100,00**

U 37 4600 Erlöse a. d. Abgang von Anlagen 20% / 7830 Verluste a. d. Abgang von Anlagen 4.500,00

U 38 7830 Verluste aus dem Abgang von Anlagen / 7820 Buchwert abgegangener Anlagen 4.600,00

Abschreibung des neuen Lkw: AW 28.000 · 30% = **€ 8.400,00**

U 39 7010 Abschreibungen von Sachanlagen / 0640 Lkw 8.400,00

Ü 7.17 In Zahlung gegebene Anlage verbuchen

Die Klara Macht OG bestellt am 26. Februar bei der Müller Bürotechnik GmbH (33185) einen Office Colour Printer, Modell CANON. Der alte Kopierer wird in Zahlung genommen. Die neue Büromaschine wird am 12. März geliefert und das alte Modell übergeben. Am 17. März erhält die Klara Macht OG folgende Rechnung:

LINK
Ü 7.17
Buchungstrainer

Canon Kopierer – Telefax – Laserdrucker –
Büromaterial – EDV-Zubehör
HP – Hewlett Packard

E124

Klara Macht OG
Windmühlgasse 16
1060 Wien

1160 Wien, Wiesberggasse 4
Tel.: +43 1 419 97 95, Fax: +43 1 912 915-1
E-Mail: office@mueller-edv.at
Website: www.mueller-edv.at
UID: ATU19735302, ARA-LNr.: 10435
Firmenbuch: HG Wien, FN 144477t

MÜLLER BÜROTECHNIK

RECHNUNG Nr. 02783 — 15. März 20..

Bestellnr.	Bestelldatum	Lieferschein Nr.	Lieferdatum	Ihre UID-Nummer	Kundennr.
Fr. Müller	26.02.20..	DHL	12.03.20..	ATU27004309	20814

Menge	EH	Art. Nr.	Artikelbezeichnung	Einzelpreis in EUR	Gesamtpreis in EUR
1,00		18371	Canon Office Colour Printer	14.600,00	14.600,00
			– 10 % Rabatt		1.460,00
					13.140,00
			+ 20 % USt		2.628,00
					15.768,00
			In Zahlung genommener Kopierer		
			Altgerät, Type Canon S/W	EUR 650,00	
			+ 20 % USt	EUR 130,00	– 780,00
					14.988,00

Zahlbar: Zehn Tage 2 % Skonto, 30 Tage netto
Netto bis zum 15.04... EUR 14.988,00
2 % bis zum 25.03... EUR 14.688,24

Gerichtsstand Wien.
Die Ware bleibt bis zur vollständigen Bezahlung unser Eigentum.
Bei Zahlungsverzug werden die bankühlichen Verzugszinsen berechnet.
Bankverbindung: UniCredit Bank Austria AG, IBAN AT35 1200 0003 6720 0415, BIC BKAUATWW

Aufgabe: a) Verbuche diesen Beleg. **C**

b) Stelle die Buchungssätze für die Ausbuchung der alten Anlage und für die Abschreibung der neuen Anlage zum 31. Dezember auf. (Alte Anlage: AW € 3.920,–, Buchwert am 1. Jänner € 1.176,–, Nutzungsdauer fünf Jahre, lineare Abschreibung; neue Anlage: Nutzungsdauer fünf Jahre, degressive Abschreibung 30 %). Die Nummer der letzten Um- und Nachbuchung lautet U 27. **C**

4 Ausscheiden von Anlagen durch Schadensfall verbuchen

Wird eine Anlage wegen eines **Schadensfalles** (z. B. das Betriebsgebäude brennt ab, Totalschaden eines Lkw während einer Betriebsfahrt) **für das Unternehmen unbrauchbar,** dann muss sie am Abschlussstichtag ausgebucht werden.

Falls ein Anspruch auf Versicherungszahlungen besteht, werden diese bei Anerkennung durch die Versicherung bzw. bei Zahlungseingang auf folgendem Konto verbucht:

4610 Versicherungsentschädigungen für Anlagenabgänge

Versicherungsentschädigungen für Anlagenabgänge stellen meist einen **echten Schadenersatz** dar (kein Leistungsaustausch) und sind **nicht umsatzsteuerbar.** Es wird daher keine Umsatzsteuer verbucht.

Scheidet eine Anlage **ohne Erhalt einer Versicherungsentschädigung** aus (die Anlage war nicht versichert), so **entfällt die Buchung.**

In weiterer Folge muss der **Schaden (Buchwert) der unbrauchbaren Anlage ausgebucht** werden**:**

7819 Sonstige Schadensfälle

Ausscheiden von Anlagen durch Schadensfall: Wenn eine Anlage durch einen Schadensfall unbrauchbar geworden ist, wird sie zum Abschlussstichtag ausgebucht.

1 Anerkennung des Schadens durch die Versicherung:

2300 Sonstige Forderungen / 4610 Versicherungsentschädigungen für Anlagenabgänge

2 Überweisung der Versicherungsentschädigung durch die Versicherung:

2800 Bank / 2300 Sonstige Forderungen

Ausbuchung der Anlage:

3 Abschreibung bis zum Zeitpunkt des Ausscheidens:

7010 Abschreibungen von Sachanlagen / 0 . . . Anlagenkonto

4 Ausbuchung des Schadens (Buchwertes):

7819 Sonstige Schadensfälle / 0 . . . Anlagenkonto

Arbeitsschritte am Abschlussstichtag:

- **Anlage** aus dem **Betriebsvermögen ausbuchen**
- **Saldo** aus dem Schadensfall ermitteln
- **Saldierungsbuchungen** durchführen

Saldierungsbuchungen bei Schadensfall

Saldierungsbuchungen sind nur **bei Kapitalgesellschaften zwingend** vorgeschrieben. Sind Saldierungsbuchungen erforderlich, so muss zuerst der Saldo ermittelt werden.

Saldo ermitteln

Versicherungsentschädigung
– Schaden (Buchwert)
Saldo

Saldierungsbuchungen bei Schadensfall: Die Differenz aus der Versicherungsentschädigung und dem Schaden (Buchwert) wird als Gewinn bzw. Verlust verbucht.

Positiver Saldo oder Saldo ist Null:

5 Umbuchung der Versicherungsentschädigung:

4610 Versicherungsentschädigungen für Anlagenabgänge / 4630 Erträge aus dem Abgang von Anlagen

6 Umbuchung des Schadens (Buchwertes):

4630 Erträge aus dem Abgang von Anlagen / 7819 Sonstige Schadensfälle

Negativer Saldo:

5 Umbuchung der Versicherungsentschädigung:

4610 Versicherungsentschädigungen für Anlagenabgänge / 7830 Verluste aus dem Abgang von Anlagen

6 Umbuchung des Schadens (Buchwertes):

7830 Verluste aus dem Abgang von Anlagen / 7819 Sonstige Schadensfälle

Bei **Ausscheiden ohne Versicherungsentschädigung** entfällt die Umbuchung der Versicherungsentschädigung. Es muss nur der Schaden umgebucht werden:

Umbuchung des Schadens:

7830 Verluste aus dem Abgang von Anlagen / 7819 Sonstige Schadensfälle

L 7.8 Ausscheiden einer Anlage durch Schadensfall verbuchen

In der Aquaterm GmbH, Wasser- und Abwassertechnik, verursacht ein Mitarbeiter am 27. Juni einen Unfall, bei dem ein Lkw einen Totalschaden erleidet. Das Wrack wird zum Autohändler abgeschleppt. In diesem Zusammenhang ergeben sich folgende Geschäftsfälle:

6. 8.	S 224	Die Helvetia Versicherungen Österreich AG erkennt in einem Schreiben den Schaden in Höhe von € 16.000,– (Vollkaskoversicherung!) an (Konto 2300 Sonstige Forderungen).
10. 9.	B 151	Überweisung durch die Helvetia Versicherungen Österreich AG € 16.000,–
16. 9.		Abschluss eines Kaufvertrages über die Anschaffung eines neuen Lkw mit dem Autohändler Zeppetzauer Nutzfahrzeughandel GmbH, Kaufpreis € 81.440,– + € 16.288,– USt = € 97.728,–, Liefertermin für den neuen Lkw im Jänner nächsten Jahres
31.12.		Daten laut Anlagenbuchführung: Anschaffungswert des Unfall-Lkw € 76.800,–, Buchwert am 1. Jänner d. J. € 23.040,–, Nutzungsdauer fünf Jahre, lineare Abschreibung

Abschreibung	
ganzes Jahr	halbes Jahr
☐	☒

Aufgabe: Stelle die Buchungssätze inklusive Umbuchung der Versicherungsentschädigung und des Schadens (Saldierungsbuchungen) auf (letzte Nummer U 33). C

Lösung:

Versicherungsentschädigung:

6. 8.	S 224	2300 Sonstige Forderungen	16.000,00	
		an 4610 Versicherunsentsch. f. Anlagenabg.		16.000,00
10. 9.	B 151	2800 Bank	16.000,00	
		an 2300 Sonstige Forderungen		16.000,00

Ausbuchung der Anlage aus dem Betriebsvermögen:

31.12.	Buchwert am 1. Jänner	€ 23.040,00
	– 20 % Abschreibung von € 76.800,00 für 1/2 Jahr	€ 7.680,00
	Schaden (Buchwert am 27. Juni)	**€ 15.360,00**

U 34	7010 Abschreibungen von Sachanlagen	7.680,00	
	an 0640 Lkw		7.680,00
U 35	7819 Sonstige Schadensfälle	15.360,00	
	an 0640 Lkw		15.360,00

Saldierungsbuchungen:

Versicherungsentschädigung	€ 16.000,00
– Schaden (Buchwert)	€ 15.360,00
Positiver Saldo	**+ € 640,00**

U 36	4610 Versicherungsentsch. f. Anlagenabgänge	16.000,00	
	an 4630 Erträge aus dem Abgang von Anlagen		16.000,00
U 37	4630 Erträge aus dem Abgang von Anlagen	15.360,00	
	an 7819 Sonstige Schadensfälle		15.360,00

Ü 7.18 Ausscheiden einer Anlage durch Schadensfall verbuchen

Durch einen Brand aufgrund eines Kurzschlusses wurde am 18. August in der Bäckerei Viennareuter GmbH ein Elektro-Backofen zerstört. Es ergeben sich dabei folgende Geschäftsfälle:

10.10.	S 514	Anerkennung des Schadens von € 4.800,– durch die Allianz Elementar Versicherungs-AG (Konto 2300 Sonstige Forderungen)
28.10.	B 155	Die Allianz Elementar Versicherungs-AG hat zur Schadensabdeckung € 4.800,– überwiesen.
31.12.		Ausbuchung des zerstörten Backofens: Anschaffungswert laut Anlagendatei € 15.800,–, Abschreibungssatz 10 % p. a., lineare Abschreibung, bis zum 1. Jänner des Abschlussjahres wurde die Anlage 6,5 Jahre genutzt.
		Abschreibungen der restlichen Maschinen laut Anlagendatei € 12.520,–

Aufgabe: Verbuche die laufenden Geschäftsfälle und stelle die Um- und Nachbuchungen zum 31. Dezember einschließlich der Saldierungsbuchungen auf (letzte Nummer U 25). C

LINK
Ü 7.18
Buchungstrainer

5 Ausscheiden voll abgeschriebener Anlagen verbuchen

Wenn **voll abgeschriebene** Anlagen als **unbrauchbar** und **wertlos** aus dem Betriebsvermögen ausscheiden, muss der auf dem Anlagenkonto verbliebene **Erinnerungseuro abgeschrieben** werden.

7010 Abschreibungen von Sachanlagen / 0 . . . Anlagenkonto 1,00

ÜBEN

Probier es selbst: Bearbeite die folgenden Übungsbeispiele.

Ü 7.19 Anlagenverkauf verbuchen

LINK
Ü 7.19
Buchungstrainer

Die Timo Schweiger GmbH, Süßwarengroßhandel, verkauft im Jahr 2021 einen gebrauchten Lkw.

29.3.2021 A 2018 Verkauf eines Lkw um € 18.400,– + € 3.680,– USt = € 22.080,– an die Konrad Stoiber OG (20095). Die Erfassungsmaske der Anlagenbuchführung zeigt folgendes Bild:

Die **Erfassungsmaske** stammt aus dem Programm **WINLine.**

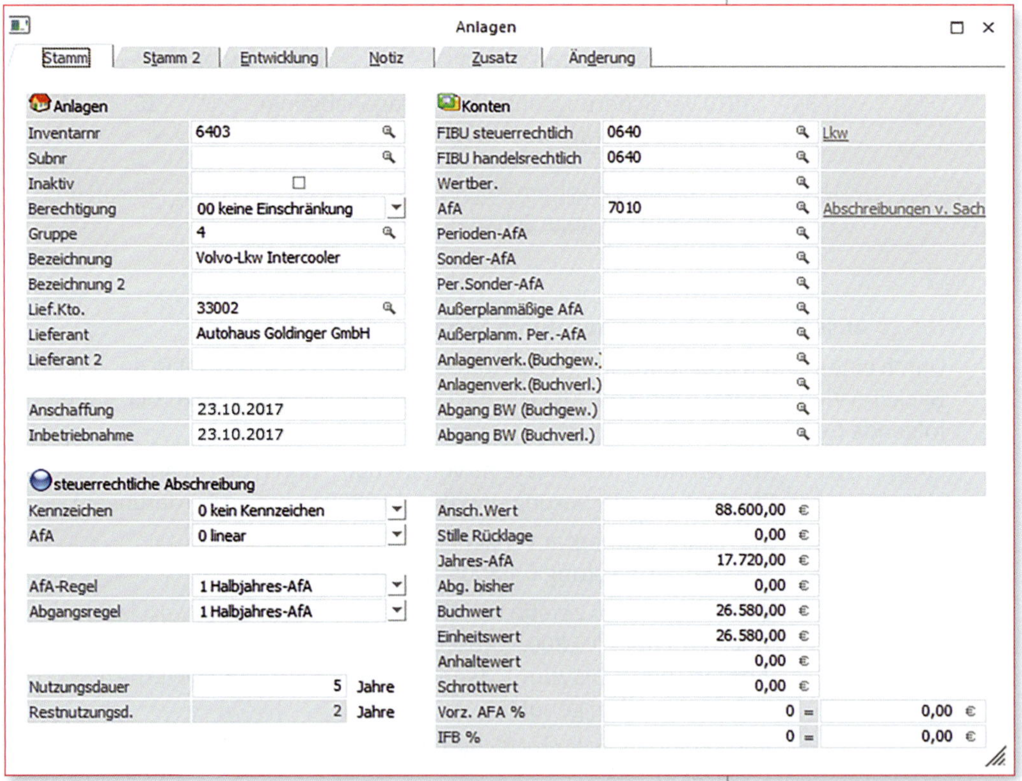
Anlagen

Stamm | Stamm 2 | Entwicklung | Notiz | Zusatz | Änderung

Anlagen		Konten		
Inventarnr	6403	FIBU steuerrechtlich	0640	Lkw
Subnr		FIBU handelsrechtlich	0640	
Inaktiv	☐	Wertber.		
Berechtigung	00 keine Einschränkung	AfA	7010	Abschreibungen v. Sach
Gruppe	4	Perioden-AfA		
Bezeichnung	Volvo-Lkw Intercooler	Sonder-AfA		
Bezeichnung 2		Per.Sonder-AfA		
Lief.Kto.	33002	Außerplanmäßige AfA		
Lieferant	Autohaus Goldinger GmbH	Außerplanm. Per.-AfA		
Lieferant 2		Anlagenverk. (Buchgew.)		
		Anlagenverk. (Buchverl.)		
Anschaffung	23.10.2017	Abgang BW (Buchgew.)		
Inbetriebnahme	23.10.2017	Abgang BW (Buchverl.)		

steuerrechtliche Abschreibung

Kennzeichen	0 kein Kennzeichen	Ansch.Wert	88.600,00 €	
AfA	0 linear	Stille Rücklage	0,00 €	
		Jahres-AfA	17.720,00 €	
AfA-Regel	1 Halbjahres-AfA	Abg. bisher	0,00 €	
Abgangsregel	1 Halbjahres-AfA	Buchwert	26.580,00 €	
		Einheitswert	26.580,00 €	
		Anhaltewert	0,00 €	
Nutzungsdauer	5 Jahre	Schrottwert	0,00 €	
Restnutzungsd.	2 Jahre	Vorz. AFA %	0 =	0,00 €
		IFB %	0 =	0,00 €

19.4.2021 B 52 Der Käufer hat € 12.080,– überwiesen. Der Rest bleibt offen.

Aufgabe: a) Stelle die Buchungssätze für den Verkauf des Lkw und den Zahlungseingang auf. **C**

b) Stelle die Buchungssätze für die Ausbuchung des Lkw (lineare Abschreibung) zum 31. Dezember 2021 einschließlich der Saldierungsbuchungen auf. Die Nummer der letzten Um- und Nachbuchung lautet U 36. **C**

Ü 7.20 In Zahlung gegebene Anlage verbuchen

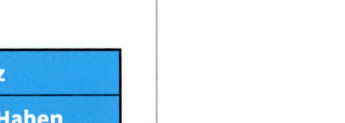

LINK
Ü 7.20
Buchungstrainer

Konten der Mag. Carmen Perchtaler KG per 1. Jänner (Auszug aus der Saldenbilanz des Vorjahres):

Konto-Nr.	Kontobezeichnung	Saldenbilanz	
		Soll	Haben
0640	Lkw	27.856,00	

4. 3. S 48 Anschaffung eines City-Transporters, Ford Transit Connect TDCi, um € 12.990,– + € 2.598,– USt = € 15.588,–. Der Autohändler nimmt den alten Transporter, Fiat Ducato, mit € 1.440,– (€ 1.200,– + € 240,– USt) in Zahlung. Der Restbetrag wird mit der Firmenkreditkarte bezahlt.

31.12. Ausbuchung des alten Transporters: AW € 9.200,–, Nutzungsdauer fünf Jahre, lineare Abschreibung, bis 1. Jänner des Jahres € 7.360,– abgeschrieben. Abschreibung des neuen City-Transporters: Nutzungsdauer fünf Jahre, degressive Abschreibung 30%

Abschreibungen der übrigen Fahrzeuge laut Anlagendatei € 13.008,–

Aufgabe: Stelle die Buchungssätze für das laufende Geschäftsjahr und den Jahresabschluss auf. Die Nummer der letzten Um- und Nachbuchung lautet U 34. C

Ü 7.21 Ausscheiden einer Anlage durch Schadensfall verbuchen

LINK
Ü 7.21
Buchungstrainer

Bei der Brantner & Sohn GmbH, Maschinenfabrik, wird durch einen Brand am 3. April eine computergesteuerte Fräsmaschine total zerstört. Dadurch ergeben sich folgende Geschäftsfälle:

22. 5. S 210 Die Interunfall-Versicherung hat den Schaden über € 24.000,– anerkannt (Konto 2300 Sonstige Forderungen).

14. 6. B 77 Bankeingang € 24.000,–; Überweisung der Interunfall-Versicherung für den Maschinenschaden

31.12. Ausbuchung der zerstörten Fräsmaschine
Daten laut Anlagendatei: Anschaffungswert € 67.200,–, Buchwert am 1. Jänner d. J. € 33.600,–, Nutzungsdauer acht Jahre, lineare Abschreibung
Abschreibungen der übrigen Maschinen laut Anlagendatei € 16.750,–

Aufgabe: Stelle die Buchungssätze (einschließlich Saldierungsbuchungen) auf. Die Nummer der letzten Um- und Nachbuchung lautet U 28. C

Ü 7.22 Anlagenabschreibung (inkl. Verkauf und Kauf von Anlagen) verbuchen

LINK
Ü 7.22
Buchungstrainer

Im Jahr 2021 ergeben sich bei der Claudia Luttenbauer Druck- und Verlags-GmbH nachstehende Veränderungen beim Anlagevermögen:

1. Betriebs- und Geschäftsausstattung

Am 12. April 2021 wurde ein Kopiergerät um € 1.450,– + € 290,– USt = € 1.740,– gegen Bezahlung mit der Debitkarte verkauft (S 62).

Abschreibungen der Betriebs- und Geschäftsausstattung (lineare Abschreibung) und Ausbuchung des verkauften Kopiergerätes laut Anlagendatei:

Anlagenverzeichnis vom 31.12.2021 — Seite 1

Inv. Nr.	Bezeichnung der Anlage Lieferant	Ansch.-D. Inb.-D.	Abg.-D.	Ansch.-Wert	ND J %	BW Beginn	Abschreib.	BW Ende BW abg. Anl.
...	Diverse Gegenstände Diverse	... ...		132.900,00	10 10	76.320,00	13.290,00	63.030,00
6006	Kopiergerät Koch OG, 1030 Wien	09.07.18 09.07.18	12.04.21	4.400,00	5 20	2.200,00		
	Summen			137.300,00		78.520,00		63.030,00

2. Fahrzeuge

Kauf eines neuen Lkw am 11. Oktober 2021 um € 37.400,– + € 7.480,– USt = = € 44.880,– bei der Anna Steiner GmbH (33790, E 1440)

Abschreibungen der Fahrzeuge laut Anlagendatei (Abschreibung des neuen Lkw: degressiv 30 %):

Abschreibung: ganzes Jahr ☐ | halbes Jahr ☐

Anlagenverzeichnis vom 31.12.2021 — Seite 1

Inv. Nr.	Bezeichnung der Anlage Lieferant	Ansch.-D. Inb.-D.	Abg.-D.	Ansch.-Wert	ND J %	BW Beginn	Abschreib.	BW Ende BW abg. Anl.
6407	Mercedes-Benz Sprinter-Kastenwagen Type 210 CDI Anna Steiner GmbH	09.12.17 12.12.17		30.400,00	4 25	3.800,00	3.799,00	1,00
6408	Lkw Citroën Jumper Schindler OG	18.06.18 18.06.18		42.800,00	5 20	17.120,00	8.560,00	8.560,00
6409	Mercedes-Benz Sprinter-Kombi Type 313 CDI Anna Steiner GmbH	11.10.21 11.10.21		37.400,00	5 20*			
	Summen			110.600,00		20.920,00		

* Degressive Abschreibung 30 %

Aufgabe: a) Stelle die Buchungssätze für den Verkauf des Kopierers und für den Kauf des neuen Lkw auf. C

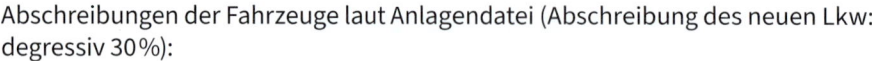

b) Vervollständige die Anlagendateien Betriebs- und Geschäftsausstattung sowie Fahrzeuge. C

c) Stelle die Buchungssätze zum 31. Dezember 2021 (einschließlich Saldierungsbuchungen) zur Betriebs- und Geschäftsausstattung sowie zu den Fahrzeugen auf. Die Nummer der letzten Um- und Nachbuchung lautet U 32. C

WEITER ÜBEN!

Zusätzliche Übungsbeispiele im Anhang ab Seite 346

Online-Training: Check dein Wissen!

LINK **Interaktive Übungen**

LINK **Das passende Übungsbuch mit Lösungen gibt's hier.**

KÖNNEN

Zeig, was du kannst: Wende bei den folgenden Aufgaben dein Wissen an.

K 7.1 Aufgabe der Anlagenbewertung

Nenne die Aufgabe der Anlagenbewertung. B

Lösung:

K 7.2 Selbst erstellte Anlagen und Anlagen in Bau verbuchen

LINK
K 7.2
Buchungstrainer

Die Schokoladenmanufaktur Max Musil GmbH erzeugt Süßigkeiten mit hohem Kakaoanteil, welche in die ganze Welt verschickt werden. Zur Erhöhung der Produktionskapazitäten ist die Errichtung einer weiteren Halle vorgesehen, mit deren Bau im Juni 2021 begonnen wird.

25.10.2021	E 1819	Das Bauunternehmen Schrammel & Rameder GmbH (33130) rechnet den ersten Bauabschnitt ab und stellt am 25. Oktober eine Teilrechnung über € 280.000,– + € 56.000,– USt = = € 336.000,–.
22.11.2021	B 171	Bankausgang € 336.000,–; Ausgleich der E 1819
21. 2.2022	E 320	Der zweite Bauabschnitt der Produktionshalle ist fertiggestellt. Die Teilrechnung des Bauunternehmers lautet auf € 210.000,– + € 42.000,– USt = € 252.000,–.
21. 3.2022	B 40	Die Max Musil GmbH gleicht die E 320 über € 252.000,– durch Banküberweisung aus.
30. 5.2022	U 9	Kurz vor Fertigstellung werden an der Produktionshalle noch kleinere Arbeiten mit firmeneigenen Arbeitskräften und Material durchgeführt. Diese Herstellungskosten belaufen sich auf € 10.000,–.
31. 5.2022	E 901	Die Produktionshalle ist fertiggestellt. Die Halle wird vom Bauunternehmen Schrammel & Rameder GmbH an die Max Musil GmbH übergeben und von dieser in Nutzung genommen. Der Auszug aus der Endabrechnung zeigt folgendes Bild:

Produktionshalle	€ 1.010.000,00
Teilrechnung vom 25. Okt. 2021	– € 280.000,00
Teilrechnung vom 21. Feb. 2022	– € 210.000,00
Nettobetrag	€ 520.000,00
+ 20 % Umsatzsteuer	€ 104.000,00
Restbetrag	€ 624.000,00

28. 6.2022	B 88	Ausgleich des Restbetrages der E 901 über € 624.000,– durch Banküberweisung
31.12.2022	U 28	Nutzungsdauer der Produktionshalle 40 Jahre, beschleunigte Abschreibung 7,5 % im ersten Jahr der Nutzung

Aufgabe: Stelle die Buchungssätze für 2021 und 2022 auf. C

LINK
K 7.3
Buchungstrainer

K 7.3 Instandhaltung und Erweiterung eines Gebäudes verbuchen

In der Textilgroßhandels GmbH zeigt der Auszug aus der Saldenbilanz zum 1. Jänner 2021 folgende Werte:

Konto-Nr.	Kontobezeichnung	Saldenbilanz	
		Soll	Haben
0300	Gebäude	532.560,00	
7200	Instandhaltung durch Dritte		

Im April 2021 wird die Fassade des Gebäudes renoviert.

12. 4.2021	E 1081	Abrechnung des Baumeisters Karl Haderer GmbH (33090) über das Malen der Fassade € 11.460,– + € 2.292,– USt = = € 13.752,–
27. 4.2021	B 61	Ausgleich der E 1081 ohne Abzug durch Banküberweisung

Das am 11. März 2009 in Betrieb genommene Verkaufsgebäude wird um einen Zubau erweitert.

31. 8.2021	E 3120	Die Errichtungskosten des Zubaus über € 385.000,– + + € 77.000,– USt = € 462.000,– werden vom Baumeister Hans Legat KG (33443) in Rechnung gestellt.
6. 9.2021	S 371	Aufgrund von Baumängeln werden vom Baumeister Hans Legat KG € 6.000,– (inkl. 20% USt) gutgeschrieben.
13. 9.2021	B 122	Bankausgang € 456.000,–; Ausgleich der E 3120 abzüglich S 371
21. 9.2021		Der Zubau wird in Nutzung genommen.
31.12.2021	U 26	Anschaffungswert des Verkaufsgebäudes € 760.800,–; Abschreibung 2,5% p.a., lineare Abschreibung; bisherige Nutzung bis zum 1. Jänner 2021 zwölf Jahre Der Zubau ist auf die Restnutzungsdauer des Verkaufsgebäudes abzuschreiben (auf € genau).

Aufgabe: Stelle die Buchungssätze auf (inkl. 31. Dezember). C

LINK
K 7.4
Buchungstrainer

K 7.4 Anlagenverkauf verbuchen

Das Sägewerk A. Hofstätter KG verkauft am 13. Dezember eine Maschine um € 9.600,– + € 1.920,– USt = € 11.520,–. Der Käufer bezahlt mit Kreditkarte bei Übernahme (S 165). Daten laut Anlagenverzeichnis: AW € 48.000,–, Buchwert am 1. Jänner des Abschlussjahres € 21.000,–, Nutzungsdauer acht Jahre, lineare Abschreibung

Aufgabe: Stelle die Buchungssätze (Verbuchung des Verkaufserlöses, Ausbuchung der Anlage, Saldierungsbuchungen) auf. Die Nummer der letzten Um- und Nachbuchung lautet U 26. C

LINK
K 7.5
Buchungstrainer

K 7.5 In Zahlung gegebene Anlagen verbuchen

10. 2. E 321 Kauf und sofortige Inbetriebnahme eines Elektrostaplers Still R20-18 durch die Kathrin Huss GmbH. Der bisher im Einsatz befindliche Dieselgabelstapler Linde H16D wurde von der Heinrich GmbH (33190) in Zahlung genommen. Die Rechnung der Heinrich GmbH zeigt folgendes Bild:

Elektrostapler Still R20-18, fabriksneu		€ 6.500,00
+ 20 % Umsatzsteuer		€ 1.300,00
		€ 7.800,00
– In Zahlung gegebener		
Dieselstapler Linde H16D	€ 2.000,00	
+ 20 % Umsatzsteuer	€ 400,00	€ 2.400,00
		€ 5.400,00

31.12. Nutzungsdauer der Stapler jeweils acht Jahre; Anschaffungswert des alten Dieselstaplers € 10.000,–, Abschreibung bis zum 1. Jänner d. J. sechs Jahre, lineare Abschreibung, Saldierungsbuchungen; degressive Abschreibung des neuen Elektrostaplers 30 %; Abschreibungen weiterer Maschinen laut Anlagendatei € 22.324,–

Aufgabe: a) Verbuche die Eingangsrechnung E 321. C

b) Stelle die Buchungssätze per 31. Dezember auf. Die Nummer der letzten Um- und Nachbuchung lautet U 25. C

LINK
K 7.6
Buchungstrainer

K 7.6 Ausscheiden einer Anlage durch Schadensfall verbuchen

Konten der K. Palfinger e. U. zum 31. Dezember (Auszug aus der Saldenbilanz):

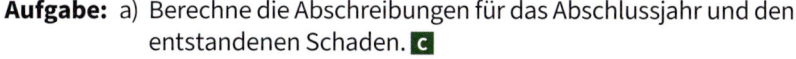

Konto-Nr.	Kontobezeichnung	Saldenbilanz	
		Soll	Haben
0400	Maschinen	73.600,00	

Eine Maschine mit dem Anschaffungswert von € 67.200,–, Buchwert am 1. Jänner € 33.600,–, wird am 12. April durch ein technisches Gebrechen unbrauchbar und scheidet aus dem Betrieb aus. Nutzungsdauer der Maschinen acht Jahre, lineare Abschreibung

Abschreibungen der übrigen Maschinen laut Anlagendatei € 5.000,–

Aufgabe: a) Berechne die Abschreibungen für das Abschlussjahr und den entstandenen Schaden. C

b) Stelle die erforderlichen Um- und Nachbuchungen (ohne Saldierungsbuchungen) auf. Die Nummer der letzten Um- und Nachbuchung lautet U 26. C

LINK
K 7.7
Buchungstrainer

K 7.7 Anlagenbewertung, Abschlussbuchungen durchführen, Erfolgsauswirkung

Die Saldenbilanz der Karl Fellner e. U., Sanitär- und Heizungsartikel-Großhandel mit Zustellservice, weist per 31. Dezember 2021 folgende Werte auf:

Konto-Nr.	Kontobezeichnung	Saldenbilanz	
		Soll	Haben
0210	Bebaute Grundstücke	80.000,00	
0300	Gebäude	398.750,00	
0600	Betriebs- und Geschäftsausstattung	126.101,00	
0640	Lkw	146.630,00	
0710	Anlagen in Bau	120.000,00	
1600	HW-Vorrat	285.700,00	
2000	Lieferforderungen	254.400,00	
2300	Sonstige Forderungen	12.100,00	
2620	Aktien des Umlaufvermögens	12.000,00	
2700	Kassa	2.200,00	
2800	Bank	41.800,00	
3150	Darlehen		629.000,00
3300	Lieferverbindlichkeiten		327.850,00
3520	USt-Zahllast		18.600,00
4000	HW-Erlöse 20%		2.447.651,00
4600	Erlöse aus dem Abgang von Anlagen 20%		2.500,00
4610	Versicherungsentschädigungen für Anlagenabgänge		12.100,00
5000	HW-Einsatz	1.696.500,00	
Kl. 6	Personalaufwand	294.400,00	
7010	Abschreibungen von Sachanlagen		
7400	Mietaufwand	32.000,00	
7800	Abschreibungen von Vorräten		
7819	Sonstige Schadensfälle		
Div.	Diverse Aufwände	213.700,00	
8050	Zinsenerträge aus Bankguthaben		180,00
8271	Abschreibungen auf Wertpapiere des Umlaufvermögens		
8310	Zinsenaufwand für Bankkredite	37.100,00	
9000	Kapital		493.000,00
9600	Privat	177.500,00	
		3.930.881,00	3.930.881,00

Hinweis: Aus Vereinfachungsgründen wird in den Saldenbilanzen manchmal nur die Kontenklasse (z. B. Kl. 6 Personalaufwand) bzw. die Kontengruppe angegeben. In diesem Fall werden die Konten dieser Klasse bzw. Gruppe zusammengefasst. Bei der Durchführung der Um- und Nachbuchungen sind jedoch die exakten Kontonummern laut Kontenplan anzugeben.

Abschlussangaben:

1. Abschreibung des Gebäudes laut Anlagenverzeichnis:
   Anschaffungswert € 580.000,–, Nutzungsdauer 40 Jahre, lineare Abschreibung
2. Abschreibung der Fahrzeuge laut Anlagenverzeichnis:

Anlagenverzeichnis vom 31.12.2021

Inv. Nr.	Bezeichnung der Anlage Lieferant	Ansch.-D. Inb.-D.	Abg.-D.	Ansch.-Wert	ND J %	BW Beginn	Abschreibung	BW Ende BW abg. Anl.
...	Diverse Fahrzeuge Diverse	... ...		135.200,00	5 20	88.229,00	19.040,00	69.189,00
6405	Lkw Mercedes Vario Schneider AG	20.07.15 22.07.15	16.08.21	30.900,00	5 20	1,00		
6409	Lkw Hyundai H-1 Cargo Brandstätter GmbH	15.03.21 17.03.21		29.900,00	5 20*			
6410	Lkw Hyundai H350 Brandstätter GmbH	11.10.21 11.10.21		28.500,00	5 20*			
	Summen			224.500,00		88.230,00		

* Degressive Abschreibung 30 %

Der Lkw Mercedes Vario ist voll abgeschrieben, Buchwert per 1. Jänner d. J. € 1,–. Er schied am 16. August d. J. aus dem Betriebsvermögen aus; der Verkaufserlös wurde bereits verbucht. Die beiden neu angeschafften Transporter wurden in der Finanz- und Anlagenbuchführung bereits erfasst.

Führe die Berechnung der Abschreibungen für die Anlagegegenstände 6405, 6409 und 6410 durch. Die neu angeschafften Fahrzeuge sind mit 30 % degressiv abzuschreiben. Vervollständige das Anlagenverzeichnis.

3. Abschreibungen der Betriebs- und Geschäftsaustattung laut Anlagenverzeichnis:

Anlagegegenstand	AW	Nutzungsdauer	
Monitore	€ 3.200,–	4 Jahre	wurden am 26. April d. J. angeschafft
Laserdrucker	€ 1.320,–	4 Jahre	wurde am 9. August d. J. gekauft

Die neuen Anlagen sind mit 30 % degressiv abzuschreiben.

Abschreibungen laut Anlagenverzeichnis für diverse weitere Einrichtungsgegenstände außer die Büroeinrichtung von 7. € 24.360,–

4. Die Wertpapiere (600 Stück) des Umlaufvermögens wurden zu einem Kurs von € 20,– pro Stück angeschafft. Am 31. Dezember beträgt der Kurs € 13,50.
5. Am 27. Dezember d. J. wurde ein Computer (Server) von der Data GmbH (33125) geliefert. Die Rechnung mit Datum 29. Dezember d. J. lautet auf € 3.420,– + + € 684,– USt = € 4.104,– und wurde noch nicht verbucht (E 420). Die Inbetriebnahme erfolgt im nächsten Jahr.
6. Eine neue Ausstellungshalle wurde auf dem Firmengelände errichtet. Aufgrund von Teilrechnungen wurden zwei Abschlagszahlungen über insgesamt € 120.000,– geleistet und verbucht. Die Endabrechnung des Baumeisters Franz Mayerhofer GmbH (33121) vom 29. Dezember des Abschlussjahres wurde noch nicht verbucht (E 422) und lautet:

	Gesamtherstellungskosten	€ 205.000,00
–	Teilzahlungen	€ 120.000,00
		€ 85.000,00
+	20 % Umsatzsteuer	€ 17.000,00
	Restbetrag	€ 102.000,00
	Zahlbar innerhalb von 30 Tagen ohne Abzug!	

Die Nutzungsdauer der neuen Ausstellungshalle beträgt 40 Jahre; Inbetriebnahme am 29. Dezember 2021, beschleunigte Abschreibung 7,5 % im ersten Jahr der Nutzung.

7. Aufgrund eines Eisstaues im Dachbereich der Verwaltung kam es am 5. November bei einem Föhnsturm zu einem Wassereinbruch. Für die dabei zerstörte Büroeinrichtung hat die Versicherung am 20. Dezember eine Schadenssumme von € 12.100,– anerkannt. Dies wurde bereits verbucht (Konto 2300 Sonstige Forderungen).

   Die Gutschrift der Versicherungsentschädigung am Bankkonto erfolgt per 29. Dezember (B 199). In diesem Zusammenhang wurde bisher nur die Forderung an die Versicherung verbucht.

   Daten der Büroeinrichtung laut Anlagenverzeichnis: AW € 20.000,–, Abschreibung 10 % p. a., lineare Abschreibung, Nutzung per 1. Jänner d. J. 3,5 Jahre; es sind keine Saldierungsbuchungen vorzunehmen.
8. Umbuchung des Privatkontos

Aufgabe: a) Stelle die Um- und Nachbuchungen auf. Die Nummer der letzten Um- und Nachbuchung lautet U 25. **C**

b) Gib an, ob sich durch den jeweiligen Geschäftsfall bzw. die jeweilige Um- und Nachbuchung zum 31. Dezember das Eigenkapital vermehrt (↑), vermindert (↓), oder ob es sich um eine erfolgsneutrale Buchung (0) handelt. **D**

K 7.8 Anlagenbewertung, Abschlussbuchungen durchführen

LINK **K 7.8** Buchungstrainer

Die Saldenbilanz der Julia Golic GmbH, Internethandel mit Kosmetika, weist per 1. Jänner 2021 folgende Werte auf (Auszug):

Konto-Nr.	Kontobezeichnung	Saldenbilanz	
		Soll	Haben
0300	Gebäude	324.820,00	
0400	Maschinen	13.820,00	
0620	Büromaschinen, EDV-Anlagen	2.375,00	
0630	Pkw	6.240,00	
0640	Lkw	28.800,00	
0710	Anlagen in Bau	100.000,00	
2700	Kassa	8.820,00	
2800	Bank	36.250,00	
3300	Lieferverbindlichkeiten		37.201,00
3520	USt-Zahllast		13.258,00
4000	HW-Erlöse 20 %		1.441.218,00
4600	Erlöse aus dem Abgang von Anlagen 20 %		
5000	HW-Einsatz	950.237,00	
Kl. 6	Personalaufwand	269.241,00	
7010	Abschreibungen von Sachanlagen	13.240,00	
Div.	Diverse Aufwände	148.268,00	
9000	Kapital		378.541,00
9600	Privat	86.245,00	

Nachdem Frau Vitzkotter aus der Rechnungswesenabteilung erkrankt ist, wurden einige Geschäftsfälle noch nicht bearbeitet. Aufgrund deiner ausgezeichneten Buchhaltungskenntnisse übernimmst du auf Bitte der Firmenchefin die Bearbeitung dieser Aufgaben.

1. Anlagenkauf verbuchen

23.12.2021	E 1248	Kauf einer Verpackungsmaschine bei der Berger Maschinen GmbH (33045) um € 6.900,– (inkl. 20 % USt) Zahlungsbedingung: 8 Tage 3 % Skonto/30 Tage netto Inbetriebnahme am 23. Dezember 2021, Nutzungsdauer 10 Jahre, degressive Abschreibung 30 %
29.12.2021	B 189	Überweisung des offenen Rechnungsbetrages abzüglich 3 % Skonto zur Begleichung der E 1248 an die Berger Maschinen GmbH
30.12.2021	E 1253	Rechnung der Spedition Gebrüder Weiss GmbH (33236) für die Lieferung der Verpackungsmaschine in Höhe von € 325,– + + 20 % USt

Aufgabe: Verbuche die laufenden Geschäftsfälle vom Dezember, ermittle den Anschaffungswert und führe die Abschreibung durch (U 30). C

2. Anlagenzugänge verbuchen

30.12.2021	E 1254	Kauf eines Elektro-Pkw BMW i3 bei der Denzel Auto AG (33612) um € 37.550,– + € 7.510,– USt = € 45.060,–
30.12.2021	S 588	Kauf eines Regals für das Besprechungszimmer bei Möbel Santner e. U. (33741) um € 948,– (inkl. 20 % USt); Zahlung mit der Firmendebitkarte

Aufgabe: Verbuche die laufenden Geschäftsfälle und führe die Abschreibungen durch. Ein Blick in das Anlagenverzeichnis zeigt für Möbel eine Nutzungsdauer von 10 Jahren und für Fahrzeuge 8 Jahre. Neu angeschaffte Anlagen sind degressiv mit 30 % abzuschreiben (U 31). Geringwertige Wirtschaftsgüter sind sofort beim Kauf abzuschreiben. C

3. Selbst erstellte Anlagen und Anlagen in Bau verbuchen

16.12.2021	U 24	Der Hausmeister des Unternehmens, Miro Rohrer, ist ein begnadeter Handwerker und hat sich bereit erklärt, eine mobile Behindertenrampe im Bereich des Lagers aus verschiedenen Rohstoffen selbst herzustellen (Konto 0600 Betriebs- und Geschäftsausstattung). Die Herstellungskosten betragen € 1.440,–. Die Rampe geht am 16. Dezember in Betrieb. Nutzungsdauer 10 Jahre, degressive Abschreibung 30 %
20.12.2021	E 1234	Die Brötzner Bau GmbH (33231) hat die neue Lagerhalle fertiggestellt und übermittelt die Endabrechnung:

Lagerhalle	€ 310.000,00
– Teilrechnung Februar 2021	€ 100.000,00
	€ 210.000,00
20 % Umsatzsteuer	€ 42.000,00
offener Rechnungsbetrag	**€ 252.000,00**
Zahlbar innerhalb von 14 Tagen ohne Abzug!	

Die Nutzungsdauer der Lagerhalle beträgt 40 Jahre.
Die Lagerhalle wird im ersten Jahr der Nutzung mit 7,5 % beschleunigt abgeschrieben.

22.12.2021	S 575	Eine Kontrolle der Bauarbeiten ergab einige unwesentliche Mängel im Eingangsbereich. Die Brötzner Bau GmbH übermittelt als Entschädigung eine Gutschrift über € 14.400,– (inkl. 20 % USt).

Aufgabe: Verbuche die laufenden Geschäftsfälle und führe die Abschreibungen durch (U 32, U 33). C

4. Instandhaltung und Erweiterung einer Anlage verbuchen

2.12.2021	E 1170	Der Firmen-Lkw wird nachträglich mit einer Hebebühne ausgestattet. Die Tschann Auto GmbH (33319) übermittelt dafür eine Rechnung in Höhe von € 4.860,– (inkl. 20% USt). Das Anlagenverzeichnis zeigt für den Lkw folgende Werte: Anschaffungswert: € 48.000,00 Buchwert 1.1.2021: € 28.800,00 Nutzungsdauer: 5 Jahre Lineare Abschreibung Die Hebebühne ist auf die Restnutzungsdauer des Lkw abzuschreiben.
6.12.2021	E 1188	Pflasterung des Eingangsbereiches, Kiessand wird durch Steinplatten ersetzt. Die Garten Service GmbH (33987) verrechnet € 4.800,–(inkl. 20% USt).

Aufgabe: Verbuche die laufenden Geschäftsfälle und führe die Abschreibung durch (U 34). C

5. In Zahlung gegebene Anlage verbuchen

7.12.2021 S 551 Frau Golic kauft online einen neuen Apple Computer und erhält im Rahmen der Aktion „Trade in" eine Gutschrift für den alten Computer; Bezahlung mit der Firmenkreditkarte.

Artikelnummer	Materialnummer	Produktbeschreibung	Menge	Preis
000015	MWHF3ED/A	iMac pro 3,2 GHz 8-Core Intel Xeon W Prozessor 1 TB SSD Speicher, 27" Retina	1	€ 4.582,50
			20% USt	€ 916,50
				€ 5.499,00
Trade In - in Zahlung genommener iMac				
000008	WEFSSAS/A	iMac Intel Core-i5 DDR4-SODIMM, 2400 MHZ	1	
			€ 290,83	
		20% USt	€ 58,17	
				– € 349,00
			Rechnungsbetrag	**€ 5.150,00**

Ein Blick in das Anlagenverzeichnis zeigt folgendes Bild für das eingetauschte Gerät:

iMac Intel Core-i5
Anschaffungswert: € 2.850,00
Buchwert 1.1.2021: € 475,00
Nutzungsdauer: 3 Jahre
Lineare Abschreibung

Aufgabe: Verbuche den Anlagentausch, führe die Ausbuchung des alten Computers durch (inkl. Saldierungsbuchungen) und schreibe den neuen Computer (Nutzungsdauer 3 Jahre, degressive Abschreibung 30%) ab (U 35, U 36 etc.). C

KOMPETENZCHECK

Meine Kompetenzen	Kann ich?	Lernstoff	Aufgaben
Ich kann die Aufgabe der Anlagenbewertung nennen.		Lerneinheit 1	K 7.1
Ich kann weitere Zugänge des Anlagevermögens in der Buchführung erfassen.		Lerneinheiten 1 und 2	Ü 7.1 bis Ü 7.10, Ü 7.17, Ü 7.20, Ü 7.22, K 7.2, K 7.5, K 7.7, K 7.8
Ich kann die Verbuchung von Aufwendungen für Instandhaltung und Instandsetzung sowie für den Umbau und die Erweiterung von Anlagen vornehmen.		Lerneinheit 3	Ü 7.11 bis Ü 7.14, K 7.3, K 7.8
Ich kann das Ausscheiden von Anlagegütern verbuchen.		Lerneinheit 4	Ü 7.15 bis Ü 7.22, K 7.4 bis K 7.8
Ich kann den Bilanzansatz von Anlagegütern ermitteln.		(Kapitel 6, Lerneinheit 2), Lerneinheit 1	Ü 7.1 bis Ü 7.4, Ü 7.9, Ü 7.10, Ü 7.22
Ich kann die Auswirkung der Anlagenbewertung auf Bilanz sowie Gewinn- und Verlustrechnung ermitteln.			Ü 7.1 bis Ü 7.3, Ü 7.5, Ü 7.7, Ü 7.9, Ü 7.10, Ü 7.12, Ü 7.13, K 7.7

Platz zum Schreiben

8 Waren- und Materialbewertung

Waren- und Materialbewertung
Einstiegsvideo zum Kapitel
Warum ist es wichtig, die Vorräte zu bewerten?
Was ist ein „Schwund"?

Darum geht's in diesem Kapitel:

Nachdem mithilfe der Inventur zum Abschlussstichtag der Vorrat an Handelswaren, Roh-, Hilfs- und Betriebsstoffen festgestellt wurde, muss noch der Verbrauch ermittelt und der Vorrat bewertet werden.

Das lernst du in den folgenden Lerneinheiten:

1 Wie wird der **Verbrauch ermittelt?**
2 Wie wird der **Vorrat** an Handelswaren, Roh-, Hilfs- und Betriebsstoffen **bewertet?**

LERNEN

1 Verbrauch ermitteln

Eine der wichtigsten Arbeiten bei der Erstellung des Jahresabschlusses ist die Ermittlung des Verbrauches von Handelswaren, Roh-, Hilfs- und Betriebsstoffen.

1 Was sind Vorräte?

Zu den **Vorräten** gehören **auf Lager liegende Gegenstände,** die entweder im Produktionsprozess noch **be- und verarbeitet** werden sollen oder bereits für den **Verkauf** bestimmt sind.

Vorräte sind **Teil des Umlaufvermögens** und werden laut UGB u. a. in

- Roh-, Hilfs- und Betriebsstoffe,
- unfertige und fertige Erzeugnisse sowie
- Waren

untergliedert.

Vorräte sind da, um verbraucht zu werden
Für die Produktion bzw. den Verkauf von Waren werden Vorräte benötigt. Im Zuge der Produktion bzw. des Verkaufes werden sie verbraucht.

Beispiel:

Im Unternehmen Myschuh werden Schuhe beim Lieferanten eingekauft. Sie bilden den Handelswarenvorrat und zählen somit zum Umlaufvermögen.

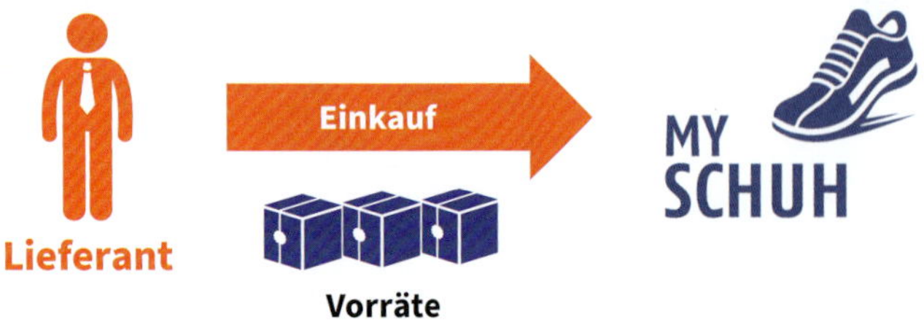

Aktiva	Bilanz zum 31. Dez.	Passiva
Anlagevermögen		Eigenkapital
Umlaufvermögen		Fremdkapital
Vorräte		
...		

Mithilfe der Inventur wird der mengenmäßige **Endbestand von Vorräten** festgestellt. Ausgehend von den Inventurwerten wird der **Verbrauch ermittelt** und die **Endbestände bewertet.**

Der **Verbrauch (Einsatz)** von Handelswaren, Roh-, Hilfs- und Betriebsstoffen wird

- **direkt** oder
- **indirekt**

ermittelt.

Laufende Inventur
Die Inventur wird, vor allem im Lebensmittelhandel, nicht am Jahresende, sondern permanent mit dem Handscanner beim Nachfüllen der Regale erledigt.

2 Verbrauch direkt ermitteln (Fortschreibung)

Diese Methode setzt eine **Lagerbuchführung** voraus, bei der die Entnahmen (Abfassungen) aus dem Lager mithilfe von **Entnahmescheinen** mengen- und wertmäßig erfasst werden. Die **Bewertung** erfolgt zum **Einstandspreis.** Die Entnahmen werden softwareunterstützt erfasst (z. B. im Supermarkt mithilfe von Scannerkassen).

Durch die **Gegenüberstellung** des **Soll-Endbestandes laut Lagerbuchführung** mit dem **Ist-Endbestand laut Inventur** können die **Verluste,** bedingt durch Schwund, Bruch, Diebstahl oder Preisrückgang, **ermittelt** werden. Diese Verluste werden auf folgendes Aufwandskonto umgebucht:

7800 Abschreibungen von Vorräten

Verbrauch direkt ermitteln: Wenn es möglich ist, muss der Verbrauch direkt ermittelt werden. So kann der Verlust (Schwund) berechnet und abgeschrieben werden.

	Anfangsbestand
+	Zukäufe (+ Bezugsspesen – Retourwaren etc.)
	Zwischensumme
–	Verbrauch (Einsatz) aufgrund von Entnahmescheinen
	Soll-Endbestand
–	Verlust (Schwund)
	Ist-Endbestand (aufgrund der Inventur)

Der **Verlust (Schwund)** ergibt sich als **Differenz** zwischen **Soll-Endbestand** und **Ist-Endbestand.**

Verbuchung des Verlustes (Schwundes):

7800 Abschreibungen von Vorräten / 5000 HW-Einsatz (5100 Rohstoffverbrauch etc.)

L 8.1 Verbrauch direkt ermitteln

In der Matthias Nagl e. U., Großhandel mit Elektrogeräten, ergeben sich per 31. Dezember auf den Konten 1600 HW-Vorrat und 5000 HW-Einsatz folgende Werte:
Anfangsbestand am 1. Jänner € 76.532,–
Zukäufe während des Jahres € 419.250,–
Verbrauch (Wareneinsatz) laut Entnahmescheinen € 425.650,–
Endbestand laut Inventur € 69.692,–

Hinweis: Die Verbuchung von Wareneinkäufen und Warenrücksendungen an Lieferanten erfolgt in den Lehr- und Übungsbeispielen in der Kontenklasse 5.

Aufgabe: a) Berechne den Verlust (Schwund). C
b) Ermittle die Differenz zwischen Endbestand (Bilanzansatz) und Anfangsbestand. C
c) Stelle die Buchungssätze zum 31. Dezember auf (U 31, U 32). C

Lösung:

a)

	Anfangsbestand (Konto 1600 HW-Vorrat)	€ 76.532,00
+	Zukäufe (Konto 5000 HW-Einsatz)	€ 419.250,00
	Zwischensumme	€ 495.782,00
–	**Verbrauch (Wareneinsatz)**	**€ 425.650,00***
	Soll-Endbestand	€ 70.132,00
–	**Verlust (Schwund)**	**€ 440,00**
	Ist-Endbestand	€ 69.692,00

b)

	Endbestand laut Inventur (Bilanzansatz)	€ 69.692,00
–	Anfangsbestand (Konto 1600 HW-Vorrat)	€ 76.532,00
	Differenz (Bestandsverminderung)	**– € 6.840,00**

c)

Verbuchung der Bestandsverminderung:

U 31 5000 HW-Einsatz / 1600 HW-Vorrat 6.840,00

Verbuchung des Verlustes (Schwundes):

U 32 7800 Abschreibungen von Vorräten / 5000 HW-Einsatz 440,00

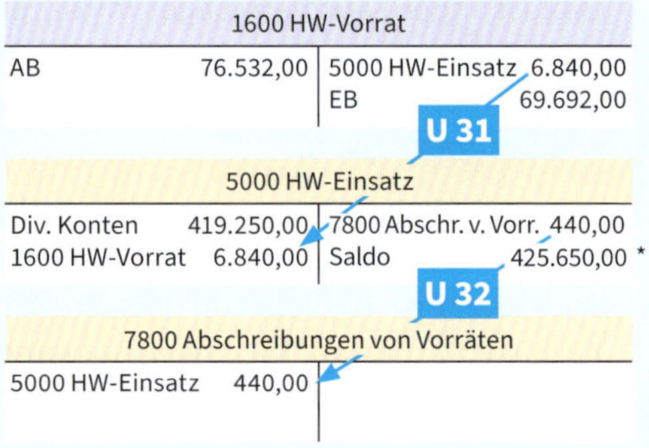

1600 HW-Vorrat
AB 76.532,00
5000 HW-Einsatz 6.840,00
EB 69.692,00
U 31
5000 HW-Einsatz
Div. Konten 419.250,00
1600 HW-Vorrat 6.840,00
7800 Abschr. v. Vorr. 440,00
Saldo 425.650,00 *
U 32
7800 Abschreibungen von Vorräten
5000 HW-Einsatz 440,00

Ü 8.1 Verbrauch direkt ermitteln

In einem Modegeschäft ergeben sich per 31. Dezember auf den Konten 1600 HW-Vorrat und 5000 HW-Einsatz folgende Werte:

Anfangsbestand am 1. Jänner € 29.212,–
Zukäufe während des Jahres € 247.181,–
Verbrauch (Wareneinsatz) laut Entnahmescheinen € 245.728,–
Endbestand laut Inventur € 30.425,–

Aufgabe: a) Berechne den Verlust (Schwund). C
b) Ermittle die Differenz zwischen Endbestand (Bilanzansatz) und Anfangsbestand. C
c) Stelle die Buchungssätze zum 31. Dezember auf (U 29, U 30). C

LINK
Ü 8.1
Buchungstrainer

Inventur in der Zoohandlung
In Schauaquarien können Fische leicht gezählt werden. Schwieriger wird es bei Verkaufsbecken, in denen sich teilweise hunderte kleine Fische tummeln. Oft werden diese Fischbestände geschätzt oder die Becken fotografiert.

3 Verbrauch indirekt ermitteln (Rückrechnung)

Steht **keine Lagerbuchführung** zur Verfügung, wird der **Verbrauch nach der indirekten Methode** mithilfe einer **Rückrechnung** ermittelt:

	Anfangsbestand
+	Zukäufe (+ Bezugsspesen – Retourwaren etc.)
	Zwischensumme
–	Endbestand laut Inventur
	Verbrauch (Einsatz)

Der **Nachteil dieser Verbrauchsermittlung** ist, dass **Verluste** durch Schwund, Bruch, Diebstahl oder Preisrückgang **nicht gesondert ausgewiesen** werden, sondern im Verbrauch enthalten sind.

ÜBEN

Probier es selbst: Bearbeite die folgenden Übungsbeispiele.

Ü 8.2 Verbrauch direkt ermitteln

LINK
Ü 8.2
Buchungstrainer

Die Konten Rohstoffvorrat und Rohstoffverbrauch eines Tischlereibetriebes weisen per 31. Dezember folgende Werte auf:

Rohstoffvorrat				1100
Datum	Gegenkonto	Text	Soll	Haben
1. 1.	Anfangsbestand	EB 9	150.440,00	

Endbestand laut Vorjahresbilanz

Rohstoffverbrauch				5100
Datum	Gegenkonto	Text	Soll	Haben
......	Lieferverbindlichkeiten	....	466.439,00	

Summe der Rohstoffeinkäufe per 31. Dez.

Weitere Daten:

Rohstoffverbrauch laut Entnahmescheinen € 472.119,–
Endbestand an Rohstoffen laut Inventur € 143.975,–

Aufgabe: a) Berechne den Verlust (Schwund). C
b) Ermittle die Differenz zwischen Endbestand (Bilanzansatz) und Anfangsbestand. C
c) Stelle die Buchungssätze zum 31. Dezember auf (U 35, U 36). C

WEITER ÜBEN!

Online-Training: Check dein Wissen!

LINK
Interaktive Übungen

LERNEN

2 Vorrat an Handelswaren, Roh-, Hilfs- und Betriebsstoffen bewerten

Nach der direkten bzw. indirekten Ermittlung des Verbrauches muss der Vorrat an Handelswaren, Roh-, Hilfs- und Betriebsstoffen bewertet werden. In der Praxis werden für die Verbrauchsermittlung und die Bewertung verschiedene Verfahren eingesetzt.

Wie viel soll ins Lager?
Lagerplatz ist teuer. Wenn allerdings die Ware vom Einzelhändler erst bei Kundeninteresse bestellt wird, besteht die Gefahr, dass der Kunde lieber selbst übers Internet bestellt.

1 Welche Bewertungsverfahren gibt es?

Für die Bewertung der Vorräte an Handelswaren, Roh-, Hilfs- und Betriebsstoffen und der sonstigen Vorräte (z. B. von Verpackungsmaterial) gelten die für das **Umlaufvermögen** angeführten **Bewertungsbestimmungen.** Es muss somit das **strenge Niederstwertprinzip** angewendet werden.

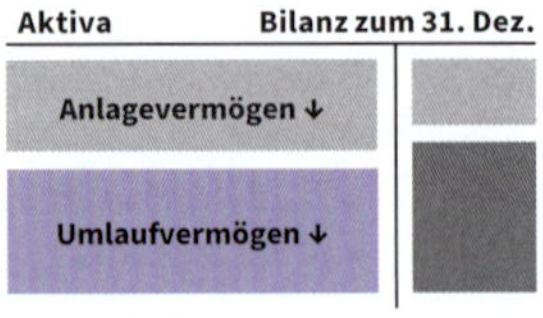

In der Praxis werden im Allgemeinen folgende Bewertungsverfahren angewendet:

Identitätspreisverfahren

Beim Identitätsverfahren erfolgt die Ermittlung des Verbrauches (und Schwundes) sowie die Bewertung des Endbestandes mit dem **tatsächlichen** (identischen) **Einstandspreis** der einzelnen Gegenstände.

Voraussetzung ist, dass bekannt ist, **wie sich** der **Verbrauch** (und der **Schwund)** bzw. der **Endbestand** aus Anfangsbestand und Zukäufen **zusammensetzt.** Bei gleichartigen Gütern müssen diese **getrennt gelagert** oder **besonders gekennzeichnet** werden (z. B. Motornummer, Seriennummer).

Zur **Bewertung des Endbestandes** muss der **Preis am Abschlussstichtag** mit dem jeweiligen **Einstandspreis verglichen** und der jeweils **niedrigere Preis** angesetzt werden. Das **Identitätspreisverfahren muss** immer dann **eingesetzt werden, wenn es anwendbar ist!**

Fifo-Verfahren

Fifo bedeutet **„first in – first out"**, d. h., die zuerst angeschafften Güter werden als erste wieder verkauft. Die **Abfassungen (Lagerabgänge)** werden daher mit dem jeweils **ältesten Einstandspreis** bewertet.

Ein allfälliger **Schwund** muss mit dem **Einstandspreis des Zukaufes** bewertet werden, von dem nach der letzten Abfassung **noch ein Bestand auf Lager** ist.

Der Endbestand wird mit dem **Einstandspreis des letzten Zukaufes** bzw. **der letzten Zukäufe** ermittelt. Der jeweilige **Einstandspreis** muss mit dem **Preis am Abschlussstichtag verglichen** werden; davon ist der **niedrigere Preis** anzusetzen.

Gleitendes Durchschnittspreisverfahren

Bei diesem Verfahren muss die **zeitliche Reihenfolge der Zugänge und Abfassungen** (Entnahmen, Verbrauch, Lagerabgänge) bekannt sein. **Nach jedem Zukauf** wird ein **neuer Durchschnittspreis** aus bisherigem Bestand und Zugang errechnet und die nächsten **Abfassungen** werden mit diesem **neuen Durchschnittspreis bewertet.**

Ein **Schwund** ist mit dem **zuletzt ermittelten Durchschnittspreis** zu bewerten.

Der **zuletzt ermittelte Durchschnittspreis** wird der **Bewertung des Endbestandes** zugrunde gelegt. Ist der **Preis am Abschlussstichtag niedriger,** so muss entsprechend **abgewertet** werden.

Das gleitende Durchschnittspreisverfahren wird im Allgemeinen bei einer **Lagerbuchführung mittels Software** angewandt.

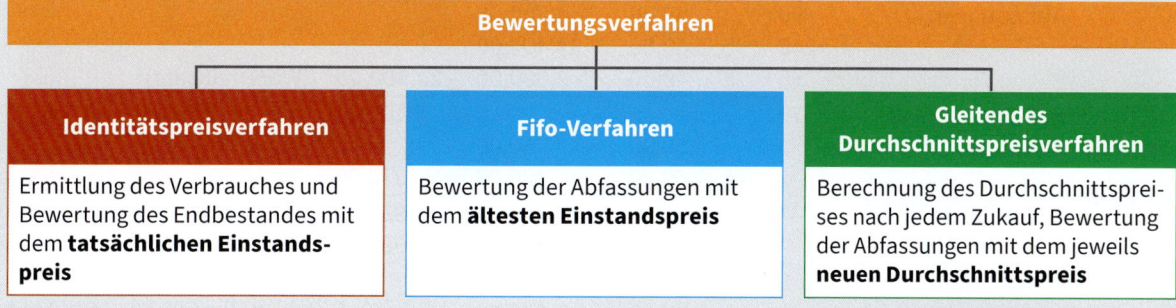

Bewertungsverfahren: Die Bewertung der Vorräte wird in der Praxis mit einem der drei folgenden Bewertungsverfahren durchgeführt. In allen Fällen muss das strenge Niederstwertprinzip angewendet werden.

Bewertungsverfahren

Identitätspreisverfahren	Fifo-Verfahren	Gleitendes Durchschnittspreisverfahren
Ermittlung des Verbrauches und Bewertung des Endbestandes mit dem **tatsächlichen Einstandspreis**	Bewertung der Abfassungen mit dem **ältesten Einstandspreis**	Berechnung des Durchschnittspreises nach jedem Zukauf, Bewertung der Abfassungen mit dem jeweils **neuen Durchschnittspreis**

Das **Identitätspreisverfahren** muss immer dann eingesetzt werden, wenn es anwendbar ist!

Wenn man die einzelnen Bewertungsverfahren einander gegenüberstellt, erkennt man, dass diese zu unterschiedlichen Ergebnissen und damit zu unterschiedlichen Gewinnen (Verlusten) führen.

Das Unternehmen kann aber nicht das günstigste Bewertungsverfahren wählen, sondern **muss,** sofern dies möglich ist, nach dem **Identitätspreisverfahren** bewerten. Ist dieses Verfahren nicht anwendbar, so sind das Fifo-Verfahren bzw. das gleitende Durchschnittspreisverfahren anzuwenden.

2 Vorrat bewerten bei direkter Verbrauchsermittlung

Bei der direkten Verbrauchsermittlung wird **jede Entnahme (Abfassung)** aus dem Lager unmittelbar **erfasst.** Dadurch lässt sich ein allfälliger **Schwund von Vorräten** ermitteln.

Der Verbrauch soll wenn möglich **direkt** ermittelt werden.

L 8.2 Identitätspreisverfahren, Erfolgsauswirkung

In der Vinothek Vinova GmbH ergeben sich für den Artikel „Korkenzieher Screwpull“ folgende Werte:

Anfangsbestand, Zukäufe			Abfassungen (Entnahmen)		Ist-Endbestand laut Inventur
Datum	Menge	Preis pro Stk.	Datum	Menge	
Anfangsbestand 1. 1.	100 Stk.	€ 50,–	6. 2. 9. 5.	50 Stk. 40 Stk.	9 Stk.
13.3.	300 Stk.	€ 60,–	10. 4. 20.10.	90 Stk. 150 Stk.	58 Stk.
20.9.	150 Stk.	€ 40,–	10.12.	50 Stk.	100 Stk.

Preis am Abschlussstichtag: € 44,– pro Stk.

Aufgabe: a) Berechne den Bilanzansatz und den Wareneinsatz (= Summe der Abfassungen). C
b) Ermittle die Differenz zwischen Endbestand (Bilanzansatz) und Anfangsbestand. C
c) Stelle die Buchungssätze per 31. Dezember auf (U 33, U 34). C
d) Gib an, ob sich durch die Buchungen vom 31. Dezember das Eigenkapital vermehrt (↑), vermindert (↓), oder ob es sich um eine erfolgsneutrale Buchung (∅) handelt. D

Lösung:

a)

Datum	Text	Menge (Stk.)	Preis €	€	Betrag €	
1. 1.	Anfangsbestand	100	50,00		5.000,00	
13. 3.	Zukauf	300	60,00		18.000,00	
20. 9.	Zukauf	150	40,00		6.000,00	
		550			29.000,00	
	Abfassungen	– 90	50,00	4.500,00		
		– 240	60,00	14.400,00		
		– 50	40,00	2.000,00	**– 20.900,00***	(Wareneinsatz)
31.12.	Soll-Endbestand	170			8.100,00	
31.12.	Schwund	– 1	50,00	50,00		
		– 2	60,00	120,00	– 170,00	
31.12.	Ist-Endbestand	167			7.930,00	
31.12.	Abwertung	–			– 982,00	
31.12.	Bilanzansatz	9	44,00	396,00		
		58	44,00	2.552,00		
		100	40,00	4.000,00	**6.948,00**	

Strenges Niederstwertprinzip, daher € 44,– statt € 50,– bzw. € 60,–

Ist-Endbestand	€ 7.930,00
– Bilanzansatz	€ 6.948,00
Abwertung	**€ 982,00**

oder

9 Stk. · 6,00 (50 – 44) =	€ 54,00
58 Stk. · 16,00 (60 – 44) =	€ 928,00
Abwertung	**€ 982,00**

b)

Endbestand (Bilanzansatz)	€ 6.948,00
– Anfangsbestand	€ 5.000,00
Differenz (Bestandsvermehrung)	**+ € 1.948,00**

c) und **d)**

U 33 1600 HW-Vorrat / 5000 HW-Einsatz 1.948,00 (↑)

U 34 7800 Abschreibungen von Vorräten / 5000 HW-Einsatz 1.152,00 (∅)

Schwund	€	170,00
+ Abwertung	€	982,00
		€ 1.152,00

1600 HW-Vorrat

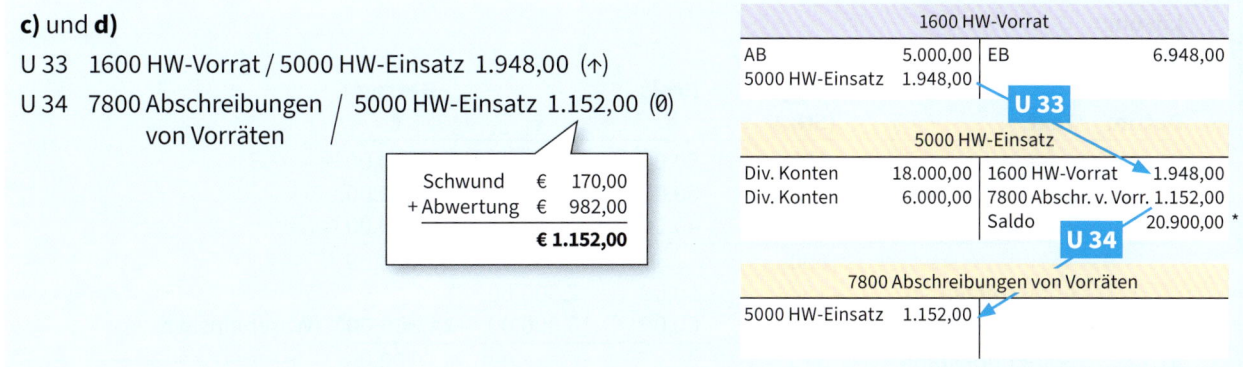

AB	5.000,00	EB	6.948,00
5000 HW-Einsatz	1.948,00		

U 33

5000 HW-Einsatz

Div. Konten	18.000,00	1600 HW-Vorrat	1.948,00
Div. Konten	6.000,00	7800 Abschr. v. Vorr.	1.152,00
		Saldo	20.900,00 *

U 34

7800 Abschreibungen von Vorräten

5000 HW-Einsatz	1.152,00		

Ü 8.3 Identitätspreisverfahren, Erfolgsauswirkung

Die Josef Barth e. U. ist ein Fachmarkt für Heimwerker. Für den Hochdruckreiniger „Cleanstar“ ergeben sich folgende Werte:

Anfangsbestand:	1.1.	4 Stk. à € 200,–
Zukäufe:	15.3.	22 Stk. à € 220,–
	20.8.	30 Stk. à € 250,–

Abfassungen laut Lagerbuchführung:
vom Anfangsbestand 2 Stk.
vom 1. Zukauf 20 Stk.
vom 2. Zukauf 25 Stk.

Schadensfälle: Vom Anfangsbestand ist ein Stück bei einem Betriebsunfall zerstört worden. Preis am Abschlussstichtag: € 240,– pro Stk.

Aufgabe: a) Berechne den Bilanzansatz und den Wareneinsatz (= Summe der Abfassungen). C
b) Ermittle die Differenz zwischen Endbestand (Bilanzansatz) und Anfangsbestand. C
c) Stelle die Buchungssätze per 31. Dezember auf (U 31, U 32). C
d) Gib an, ob sich durch die Buchungen vom 31. Dezember das Eigenkapital vermehrt (↑), vermindert (↓), oder ob es sich um eine erfolgsneutrale Buchung (∅) handelt. D

LINK Ü 8.3 Excel

LINK Ü 8.3 Buchungstrainer

L 8.3 Fifo-Verfahren, Erfolgsauswirkung

Anna Peter e. U. handelt mit Autoreifen für Pkw in den verschiedensten Dimensionen. Für den Ganzjahresreifen „Eagle“ ergeben sich folgende Werte:

Anfangsbestand:	1.1.	150 Stk. à € 50,–
Zukäufe:	13.3.	300 Stk. à € 60,–
	20.9.	150 Stk. à € 40,–

Abfassungen laut Lagerbuchführung:	430 Stk.
Ist-Endbestand laut Inventur:	168 Stk.
Preis am Abschlussstichtag:	€ 44,– pro Stk.

Aufgabe: a) Berechne den Bilanzansatz und den Wareneinsatz (= Summe der Abfassungen). C
b) Ermittle die Differenz zwischen Endbestand (Bilanzansatz) und Anfangsbestand. C
c) Stelle die Buchungssätze per 31. Dezember auf (U 35, U 36). C
d) Gib an, ob sich durch die Buchungen vom 31. Dezember das Eigenkapital vermehrt (↑), vermindert (↓), oder ob es sich um eine erfolgsneutrale (∅) Buchung handelt. D

Lösung:

a)

Datum	**Text**	**Menge (Stk.)**	**Preis €**	**€**	**Betrag €**	
1. 1.	Anfangsbestand	150	50,00		7.500,00	
13. 3.	Zukauf	300	60,00		18.000,00	
20. 9.	Zukauf	150	40,00		6.000,00	
		600			31.500,00	
	Abfassungen	– 150 } 430	50,00	7.500,00		
		– 280	60,00	16.800,00	**– 24.300,00***	(Wareneinsatz)
31.12.	Soll-Endbestand	170			7.200,00	
31.12.	Schwund	– 2	60,00		– 120,00	
31.12.	Ist-Endbestand	168			7.080,00	
31.12.	Abwertung	–			– 288,00	
31.12.	Bilanzansatz	18	44,00	792,00		
		150	40,00	6.000,00	**6.792,00**	

Ist-Endbestand	€ 7.080,00
– Bilanzansatz	€ 6.792,00
Abwertung	**€ 288,00**

oder

18 Stk. · 16,00 (60 – 44) = **€ 288,00**

1. Zukauf	300 Stk.
– Abfassungen	280 Stk.
– Schwund	2 Stk.
Bilanzansatz	**18 Stk.**

Strenges Niederstwertprinzip, daher € 44,– statt € 60,–

b)

	Endbestand (Bilanzansatz)	€ 6.792,00
–	Anfangsbestand	€ 7.500,00
	Differenz (Bestandsverminderung)	**– € 708,00**

c) und **d)**

U 35 5000 HW-Einsatz / 1600 HW-Vorrat 708,00 (↓)

U 36 7800 Abschreibungen von Vorräten / 5000 HW-Einsatz 408,00 (∅)

Schwund	€ 120,00
+ Abwertung	€ 288,00
	€ 408,00

1600 HW-Vorrat

AB	7.500,00	5000 HW-Einsatz	708,00
		EB	6.792,00

U 35

5000 HW-Einsatz

Div. Konten	18.000,00	7800 Abschr. v. Vorr.	408,00
Div. Konten	6.000,00	Saldo	24.300,00 *
1600 HW-Vorrat	708,00		

U 36

7800 Abschreibungen von Vorräten

5000 HW-Einsatz	408,00		

Ü 8.4 Fifo-Verfahren, Erfolgsauswirkung

LINK Ü 8.4 Excel

LINK Ü 8.4 Buchungstrainer

Die Hannelore Kamper KG ist ein metallverarbeitender Betrieb. Für die Lackierung von Stahl wird ein wetterbeständiger Acryl-Lack verwendet, der wasserverdünnbar und schadstoffarm ist. Für diesen Lack ergeben sich heuer die nachfolgenden Werte. Die Rohstoffe werden auf den Konten 1100 Rohstoffvorrat bzw. 5100 Rohstoffverbrauch verbucht.

Anfangsbestand:	1.1.	18.000 kg à € 8,–
Zukäufe:	12.4.	30.000 kg à € 10,–
	18.9.	10.000 kg à € 12,–

Abfassungen laut Lagerbuchführung:	46.000 kg
Ist-Endbestand laut Inventur:	11.900 kg
Preis am Abschlussstichtag:	€ 11,20 pro kg

Aufgabe: a) Berechne den Bilanzansatz und den Rohstoffverbrauch (= Summe der Abfassungen). C

b) Ermittle die Differenz zwischen Endbestand (Bilanzansatz) und Anfangsbestand. C

c) Stelle die Buchungssätze zum 31. Dezember auf (U 39, U 40). C

d) Gib an, ob sich durch die Buchungen vom 31. Dezember das Eigenkapital vermehrt (↑), vermindert (↓), oder ob es sich um eine erfolgsneutrale Buchung (∅) handelt. D

L 8.4 Gleitendes Durchschnittspreisverfahren, Erfolgsauswirkung

In der Bau- und Hobby-Markt GmbH ergeben sich heuer für die Heckenschere „Thujenstar" folgende Werte:

Anfangsbestand: 1.1. 100 Stk. à € 50,–
Zukäufe: 13.3. 300 Stk. à € 60,–
20.9. 150 Stk. à € 40,–

Abfassungen (laut Lagerbuchführung): 6. 2. 50 Stk.
10. 4. 90 Stk.
9. 5. 40 Stk.
20.10. 150 Stk.
10.12. 50 Stk.

Ist-Endbestand laut Inventur: 168 Stk.
Preis am Abschlussstichtag: € 44,– pro Stk.

Aufgabe: a) Berechne den Bilanzansatz und den Wareneinsatz (= Summe der Abfassungen). C
b) Ermittle die Differenz zwischen Endbestand (Bilanzansatz) und Anfangsbestand. C
c) Stelle die Buchungssätze zum 31. Dezember auf (U 34, U 35). C
d) Gib an, ob sich durch die Buchungen vom 31. Dezember das Eigenkapital vermehrt (↑), vermindert (↓), oder ob es sich um eine erfolgsneutrale Buchung (∅) handelt. D

Lösung:

a)

Datum	**Text**	**Menge (Stk.)**	**Preis €**	**Betrag €**	**Verbrauch €**
1. 1.	Anfangsbestand	100	50,00	5.000,00	
6. 2.	Abfassung	– 50	50,00	– 2.500,00	2.500,00
		50		2.500,00	
13. 3.	Zukauf	300	60,00	18.000,00	
		350	58,57	20.500,00	
10. 4.	Abfassung	– 90	58,57	– 5.271,30	5.271,30
9. 5.	Abfassung	– 40	58,57	– 2.342,80	2.342,80
		220		12.885,90	
20. 9.	Zukauf	150	40,00	6.000,00	
		370	51,04	18.885,90	
20.10.	Abfassung	– 150	51,04	– 7.656,00	7.656,00
10.12.	Abfassung	– 50	51,04	– 2.552,00	2.552,00
31.12.	Soll-Endbestand	170		8.677,90	**20.322,10*** (Wareneinsatz)
31.12.	Schwund	– 2	51,04	– 102,08	
31.12.	Ist-Endbestand	168		8.575,82	
31.12.	Abwertung	–		– 1.183,82	
31.12.	Bilanzansatz	168	44,00	**7.392,00**	

20.500,00 : 350 Stk. = **€ 58,57**

18.885,90 : 370 Stk. = **€ 51,04**

Ist-Endbestand	€ 8.575,82
– Bilanzansatz	€ 7.392,00
Abwertung	**€ 1.183,82**

Strenges Niederstwertprinzip, daher € 44,– statt € 51,04

b)

	Endbestand (Bilanzansatz)	€ 7.392,00
–	Anfangsbestand	€ 5.000,00
	Differenz (Bestandsvermehrung)	**+ € 2.392,00**

c) und **d)**

U 34 1600 HW-Vorrat / 5000 HW-Einsatz 2.392,00 (↑)

U 35 7800 Abschreibungen von Vorräten / 5000 HW-Einsatz 1.285,90 (∅)

Schwund	€ 102,08
+ Abwertung	€ 1.183,82
	€ 1.285,90

1600 HW-Vorrat

AB	5.000,00	EB	7.392,00
5000 HW-Einsatz	2.392,00		

U 34

5000 HW-Einsatz

Div. Konten	18.000,00	1600 HW-Vorrat	2.392,00
Div. Konten	6.000,00	7800 Abschr. v. Vorr.	1.285,90
		Saldo	20.322,10 *

U 35

7800 Abschreibungen von Vorräten

5000 HW-Einsatz	1.285,90		

Ü 8.5 Gleitendes Durchschnittspreisverfahren, Erfolgsauswirkung

In der Computerhandels GmbH ergeben sich für den Bestandteil Grafikkarte folgenden Werte:

Anfangsbestand:	1. 1.	50 Stk. à € 12,–
Zukäufe:	20. 3.	80 Stk. à € 14,–
	17.10.	60 Stk. à € 15,–

Abfassungen laut Lagerbuchführung: 5. 4. 100 Stk.
20.11. 60 Stk.

Ist-Endbestand laut Inventur: 29 Stk.

Der Schwund ist nicht aufklärbar.

Preis am Abschlussstichtag: € 14,– pro Stk.

Aufgabe: a) Berechne den Bilanzansatz und den Wareneinsatz (= Summe der Abfassungen). C

b) Ermittle die Differenz zwischen Endbestand (Bilanzansatz) und Anfangsbestand. C

c) Stelle die Buchungssätze zum 31. Dezember auf (U 39, U 40). C

d) Gib an, ob sich durch die Buchungen vom 31. Dezember das Eigenkapital vermehrt (↑), vermindert (↓), oder ob es sich um eine erfolgsneutrale Buchung (0) handelt. D

LINK Ü 8.5 Excel

LINK Ü 8.5 Buchungstrainer

3 Vorrat bewerten bei indirekter Verbrauchsermittlung

Wenn die direkte Verbrauchsermittlung nicht möglich ist, wird der **Verbrauch über den Umweg der Inventur indirekt ermittelt.** Ein allfälliger **Schwund** von Vorräten kann mit dieser Methode **nicht festgestellt werden.**

L 8.5 Identitätspreisverfahren, Erfolgsauswirkung

Die Maschinen GmbH betreibt einen Handel mit Maschinen für die holzverarbeitende Industrie. Für die Maschinen der Type XL ergeben sich folgende Werte:

Anfangsbestand am 1. Jänner:	€ 38.400,–
Zukäufe während des Jahres:	€ 307.270,–
Vorrat laut Inventur am 31. Dezember:	
2 Maschinen zum Einstandspreis von je	€ 6.100,–
3 Maschinen zum Einstandspreis von je	€ 6.800,–
Einkaufspreis (= Einstandspreis) am 31. Dezember:	€ 6.600,–

Aufgabe: a) Berechne den Bilanzansatz und den Wareneinsatz. C

b) Ermittle die Differenz zwischen Endbestand (Bilanzansatz) und Anfangsbestand. C

c) Stelle die Buchungssätze zum 31. Dezember auf (U 40, U 41). C

d) Gib an, ob sich durch die Buchungen vom 31. Dezember das Eigenkapital vermehrt (↑), vermindert (↓), oder ob es sich um eine erfolgsneutrale Buchung (0) handelt. D

Lösung:

a)

Strenges Niederstwertprinzip, daher € 6.600,– statt € 6.800,–

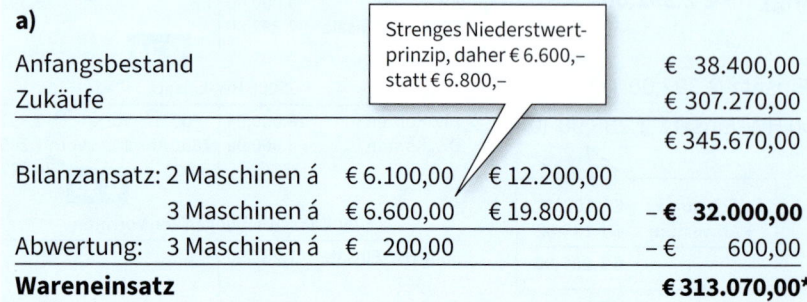

Anfangsbestand				€ 38.400,00
Zukäufe				€ 307.270,00
				€ 345.670,00
Bilanzansatz:	2 Maschinen á	€ 6.100,00	€ 12.200,00	
	3 Maschinen á	€ 6.600,00	€ 19.800,00	– **€ 32.000,00**
Abwertung:	3 Maschinen á	€ 200,00		– € 600,00
Wareneinsatz				**€ 313.070,00***

b)

	Endbestand (Bilanzansatz)	€ 32.000,00
–	Anfangsbestand	€ 38.400,00
	Differenz (Bestandsverminderung)	**–€ 6.400,00**

c) und **d)**

U 40 5000 HW-Einsatz / 1600 HW-Vorrat 6.400,00 (↓)

U 41 7800 Abschreibungen von Vorräten / 5000 HW-Einsatz 600,00 (∅)

1600 HW-Vorrat

AB	38.400,00	5000 HW-Einsatz	6.400,00
		EB	32.000,00

U 40

5000 HW-Einsatz

Div. Konten	307.270,00	7800 Abschr. v. Vorr.	600,00
1600 HW-Vorrat	6.400,00	Saldo	313.070,00 *

U 41

7800 Abschreibungen von Vorräten

5000 HW-Einsatz	600,00		

Ü 8.6 Identitätspreisverfahren, Erfolgsauswirkung

Die Reisemobil GmbH handelt mit Wohnwagen und Wohnmobilen. Für den Wohnwagen „Eriba-Touring" ergeben sich folgenden Werte:

Anfangsbestand am 1. Jänner: € 51.020,–
Zukäufe während des Jahres: € 533.516,–

Endbestand laut Inventur:
5 Stück à € 10.300,–, Einstandspreis am 31. Dezember € 9.800,–
8 Stück à € 13.600,–, Einstandspreis am 31. Dezember € 14.300,–

Aufgabe: a) Berechne den Bilanzansatz und den Wareneinsatz. C
b) Ermittle die Differenz zwischen Endbestand (Bilanzansatz) und Anfangsbestand. C
c) Stelle die Buchungssätze zum 31. Dezember auf (U 33, U 34). C
d) Gib an, ob sich durch die Buchungen vom 31. Dezember das Eigenkapital vermehrt (↑), vermindert (↓), oder ob es sich um eine erfolgsneutrale Buchung (∅) handelt. D

LINK
Ü 8.6
Buchungstrainer

Autarke Wohnwagons
Das niederösterreichische Start-up WOHNWAGON produziert autarke, nachhaltige Wohnwagen. Inzwischen gibt es die Wohnwagons auch als Hotelzimmer mit Bio-Toilette, PV-Inselanlage, Grünkläranlage u. v. m.

L 8.6 Fifo-Verfahren, Erfolgsauswirkung

Die Roland Fichtner e. U. betreibt ein Fachgeschäft für Drehstrom-Elektromotoren. Für den Elektromotor 400 V ergeben sich folgende Werte:

Anfangsbestand am 1. Jänner: € 5.800,–
Zukäufe während des Jahres: € 56.780,–
Letzte Zukäufe: 10. Oktober 30 Motoren à € 330,–
20. November 20 Motoren à € 300,–
Endbestand laut Inventur: 22 Motoren
Preis (Einstandspreis) am 31. Dezember: € 310,–

Aufgabe: a) Berechne den Bilanzansatz und den Wareneinsatz. C
b) Ermittle die Differenz zwischen Endbestand (Bilanzansatz) und Anfangsbestand. C
c) Stelle die Buchungssätze zum 31. Dezember auf (U 35, U 36). C
d) Gib an, ob sich durch die Buchungen vom 31. Dezember das Eigenkapital vermehrt (↑), vermindert (↓), oder ob es sich um eine erfolgsneutrale Buchung (∅) handelt. D

Lösung:

a)

Strenges Niederstwertprinzip, daher € 310,– statt € 330,–

Anfangsbestand				€ 5.800,00
Zukäufe				€ 56.780,00
				€ 62.580,00
Bilanzansatz:	20 Motoren á	€ 300,00	€ 6.000,00	
	2 Motoren á	€ 310,00	€ 620,00	**–€ 6.620,00**
Abwertung:	2 Motoren á	€ 20,00		–€ 40,00
Wareneinsatz				**€ 55.920,00***

b)

	Endbestand (Bilanzansatz)	€ 6.620,00
–	Anfangsbestand	€ 5.800,00
	Differenz (Bestandsvermehrung) +€	**820,00**

c) und **d)**

U 35 1600 HW-Vorrat / 5000 HW-Einsatz 820,00 (↑)

U 36 7800 Abschreibungen von Vorräten / 5000 HW-Einsatz 40,00 (∅)

1600 HW-Vorrat

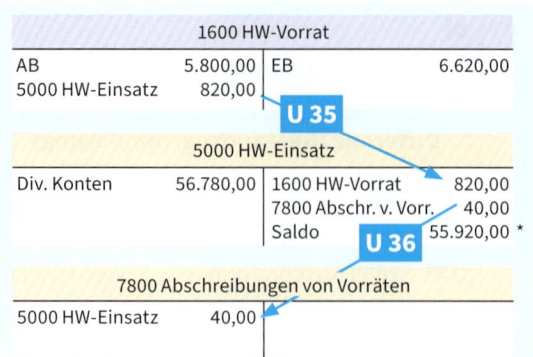

AB	5.800,00	EB	6.620,00
5000 HW-Einsatz	820,00		

U 35

5000 HW-Einsatz

Div. Konten	56.780,00	1600 HW-Vorrat	820,00
		7800 Abschr. v. Vorr.	40,00
		Saldo	55.920,00 *

U 36

7800 Abschreibungen von Vorräten

5000 HW-Einsatz	40,00		

Ü 8.7 Fifo-Verfahren, Erfolgsauswirkung

LINK **Ü 8.7** Buchungstrainer

Die Dreh & Schmeck OG hat sich auf den Handel mit Grillmotoren spezialisiert. Heuer ergeben sich folgende Werte:

Anfangsbestand der Grillmotoren am 1. Jänner: € 10.563,–
Zukäufe während des Jahres: € 73.153,–

Letzte Zukäufe: 28. Oktober 50 Grillmotoren à € 122,–
20. Dezember 40 Grillmotoren à € 130,–
Endbestand laut Inventur: 79 Grillmotoren
Preis (Einstandspreis) am 31. Dezember: € 125,–

Aufgabe: a) Berechne den Bilanzansatz und den Wareneinsatz. C
b) Ermittle die Differenz zwischen Endbestand (Bilanzansatz) und Anfangsbestand. C
c) Stelle die Buchungssätze zum 31. Dezember auf (U 33, U 34). C
d) Gib an, ob sich durch die Buchungen vom 31. Dezember das Eigenkapital vermehrt (↑), vermindert (↓), oder ob es sich um eine erfolgsneutrale Buchung (∅) handelt. D

ÜBEN

Probier es selbst: Bearbeite die folgenden Übungsbeispiele.

Ü 8.8 Identitätspreisverfahren, Erfolgsauswirkung

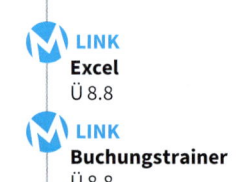

LINK **Excel** Ü 8.8

LINK **Buchungstrainer** Ü 8.8

In der Charlotte Urban e. U., Einzelhandel für Kfz-Zubehör, ergeben sich für die Handelsware Motorenöl „ViscoStar" folgende Werte:

Anfangsbestand: 1.1. 6.000 l à € 1,–
Zukäufe: 1.4. 25.000 l à € 1,20
19.7. 40.000 l à € 1,30

Verkäufe laut Lagerbuchführung: vom Anfangsbestand 5.000 l
vom 1. Zukauf 24.000 l
vom 2. Zukauf 38.000 l

Endbestand laut Inventur: vom Anfangsbestand 900 l
vom 1. Zukauf 1.000 l
vom 2. Zukauf 1.900 l

Preis am Abschlussstichtag: € 1,10 pro Liter

Aufgabe: a) Berechne den Bilanzansatz und den Wareneinsatz (= Summe der Abfassungen). C
b) Ermittle die Differenz zwischen Endbestand (Bilanzansatz) und Anfangsbestand. C
c) Stelle die Buchungssätze zum 31. Dezember auf (U 31, U 32). C
d) Gib an, ob sich durch die Buchungen vom 31. Dezember das Eigenkapital vermehrt (↑), vermindert (↓), oder ob es sich um eine erfolgsneutrale Buchung (∅) handelt. D

Ü 8.9 Fifo-Verfahren, Erfolgsauswirkung

Die Tischlerei Kartner & Schneider OG produziert Küchenmöbel in Einzelfertigung. Für die hauptsächlich verwendeten Messinggriffe ergeben sich heuer die nachfolgenden Werte. Die Messinggriffe werden auf den Konten 1100 Rohstoffvorrat bzw. 5100 Rohstoffverbrauch verbucht.

Anfangsbestand:	1.1.	50 Stk. à € 6,–
Zukäufe:	20.5.	80 Stk. à € 6,50
	17.9.	70 Stk. à € 5,80

Verbrauch laut Lagerbuchführung:	120 Stk.
Ist-Endbestand laut Inventur:	79 Stk.
Preis am Abschlussstichtag:	€ 6,– pro Stk.

Aufgabe: a) Berechne den Bilanzansatz und den Rohstoffverbrauch (= Summe der Abfassungen). C
b) Ermittle die Differenz zwischen Endbestand (Bilanzansatz) und Anfangsbestand. C
c) Stelle die Buchungssätze zum 31. Dezember auf (U 37, U 38). C
d) Gib an, ob sich durch die Buchungen vom 31. Dezember das Eigenkapital vermehrt (↑), vermindert (↓), oder ob es sich um eine erfolgsneutrale Buchung (∅) handelt. D

LINK Ü 8.9 Excel

LINK Ü 8.9 Buchungstrainer

Ü 8.10 Gleitendes Durchschnittspreisverfahren, Erfolgsauswirkung, betriebswirtschaftliche Aufgabe

Im Malereifachhandel Valentin Lackner e. U. ergeben sich für die Malerfarbe in Kübeln folgende Werte:

Anfangsbestand:	1.1.	200 Kübel à € 11,–
Zukäufe:	30.3.	400 Kübel à € 14,–
	18.6.	300 Kübel à € 13,–

Abfassungen laut Lagerbuchführung:	17.4.	100 Kübel
	25.8.	600 Kübel

Ist-Endbestand laut Inventur: 195 Kübel

Der Schwund ist nicht aufklärbar.

Preis am Abschlussstichtag: € 12,– pro Kübel

Aufgabe: a) Berechne den Bilanzansatz und den Wareneinsatz (= Summe der Abfassungen). C
b) Ermittle die Differenz zwischen Endbestand (Bilanzansatz) und Anfangsbestand. C
c) Stelle die Buchungssätze zum 31. Dezember auf (U 29, U 30). C
d) Gib an, ob sich durch die Buchungen vom 31. Dezember das Eigenkapital vermehrt (↑), vermindert (↓), oder ob es sich um eine erfolgsneutrale Buchung (∅) handelt. D
e) In Handelsbetrieben entfallen bis zu 75 % der Gesamtkosten auf die zugekauften Waren und Materialien. Eine optimale Gestaltung der Materialwirtschaft ist daher sehr wichtig. Erstelle eine Übersicht über die Kosten der Materialwirtschaft am Beispiel des Malereifachgeschäftes Valentin Lackner e. U. D

LINK Ü 8.10 Excel

LINK Ü 8.10 Buchungstrainer

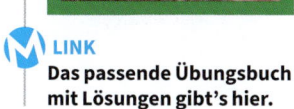

LINK **Das passende Übungsbuch mit Lösungen gibt's hier.**

WEITER ÜBEN!

Zusätzliche Übungsbeispiele im Anhang ab Seite 349

Online-Training: Check dein Wissen!

LINK **Interaktive Übungen**

KÖNNEN

Zeig, was du kannst: Wende bei der folgenden Aufgabe dein Wissen an.

LINK K 8.1 Excel

LINK K 8.1 Buchungstrainer

K 8.1 Fallbeispiel – Bewertung von Wareneinsatz und Warenendbestand, Erfolgsauswirkung

Die MultiLux Vertriebs GmbH ist führender Anbieter von modernen Beleuchtungskörpern. Es soll ermittelt werden, welche Auswirkungen die Wahl des Bewertungsverfahrens auf die GuV-Rechnung des Unternehmens hat.

Für die smarte Wohnzimmerlampe Lucy ergeben sich folgende Werte:

Anfangsbestand, Zukäufe			Abfassungen (laut Lagerbuchführung)		Endbestand
Datum	Menge	Preis pro Stk.	Datum	Menge	
Anfangsbestand 1.1.	30 Stk.	€ 34,–	3.2.	20 Stk. vom Anfangsbestand	9 Stk.
29.6.	130 Stk.	€ 32,–	2.7.	112 Stk. vom Zukauf	18 Stk.

Preis am Abschlussstichtag: € 32,– pro Stk.

Aufgabe: a) Bewerte nach dem Identitätspreisverfahren und stelle die erforderlichen Buchungen per 31. Dezember auf (U 35, U 36). C

b) Gib an, ob sich durch die Buchungen vom 31. Dezember das Eigenkapital vermehrt (↑), vermindert (↓), oder ob es sich um eine erfolgsneutrale Buchung (Ø) handelt. D

c) Bewerte nach dem Fifo-Verfahren. C

d) Bewerte nach dem gleitenden Durchschnittspreisverfahren. C

e) Stelle die Unterschiede fest, die sich in Bezug auf den Erfolg bei den Verfahren b) und c) gegenüber a) ergeben. D

KOMPETENZCHECK

Meine Kompetenzen	Kann ich?	Lernstoff	Aufgaben
Ich kann Methoden der Verbrauchsermittlung einsetzen.		Lerneinheit 1	Ü 8.1, Ü 8.2
Ich kann Bewertungsverfahren einsetzen.		Lerneinheit 2	Ü 8.3 bis Ü 8.10, K 8.1
Ich kann daraus resultierende Verbuchungen vornehmen.		Lerneinheit 2	Ü 8.3 bis Ü 8.10, K 8.1
Ich kann die Auswirkung der Waren- und Materialbewertung auf Bilanz sowie Gewinn- und Verlustrechnung erkennen.		Lerneinheit 2	Ü 8.3 bis Ü 8.10, K 8.1

9 Bewertung von unfertigen und fertigen Erzeugnissen

Bewertung von unfertigen und fertigen Erzeugnissen
Einstiegsvideo zum Kapitel

Welche Gemeinkosten könnten in einer Tischlerlei anfallen?

Kannst du drei Beispiele für Fertigungsmaterial nennen?

Darum geht's in diesem Kapitel:

Die am Abschlussstichtag vorhandenen unfertigen und fertigen Erzeugnissen (auch Halb- und Fertigerzeugnisse genannt) müssen mit den Herstellungskosten bewertet werden.

Das lernst du in den folgenden Lerneinheiten:

1 Woraus setzen sich die **Herstellungskosten** zusammen?
2 Wie werden die **Herstellungskosten ermittelt?**

LERNEN

1 Bestandteile der Herstellungskosten

Zusätzlich zu den gesetzlich vorgeschriebenen Bestandteilen der Herstellungskosten können weitere Kosten in die Berechnung mit aufgenommen werden.

Herstellungskosten sind laut UGB und EStG **Aufwendungen, die für die Herstellung eines Vermögensgegenstandes, für seine Erweiterung oder für seine wesentliche Verbesserung** entstehen.

Bei der Ermittlung der Herstellungskosten wird zwischen einem **Mindestansatz** und einem **Höchstansatz** unterschieden. Eine **Aktivierungspflicht** sowohl **nach dem Unternehmensrecht** als auch **nach dem Steuerrecht** ergibt sich in Höhe des **Mindestansatzes.** Unter Berücksichtigung der jeweiligen **Aktivierungswahlrechte** kann aber auch ein zwischen dem Mindestansatz und dem Höchstansatz liegender Wert gewählt werden.

Um den **Mindestansatz der Herstellungskosten** zu berechnen, sind das **Fertigungsmaterial,** die **Fertigungslöhne** sowie die **Material- und Fertigungsgemeinkosten** und die **Sonderkosten der Fertigung** anzusetzen.

Zusätzlich zum Mindestansatz **können Zinsen für das Fremdkapital,** das zur Finanzierung der Herstellung eines Vermögensgegenstandes verwendet wird, und **bestimmte Sozialleistungen** berücksichtigt werden.

Bestandteile der Herstellungskosten: Die Herstellungskosten sind in Höhe des Mindestansatzes aktivierungspflichtig. Weitere Bestandteile können (Wahlrecht!) bis zum Höchstansatz aktiviert werden.

<table>
<tr><th colspan="2">Bestandteile der Herstellungskosten</th><th></th><th></th></tr>
<tr><td rowspan="5">Aktivierungspflicht</td><td>Fertigungsmaterial</td><td rowspan="5">Mindestansatz</td><td rowspan="7">Höchstansatz</td></tr>
<tr><td>Materialgemeinkosten*</td></tr>
<tr><td>Fertigungslöhne</td></tr>
<tr><td>Fertigungsgemeinkosten*</td></tr>
<tr><td>Sonderkosten der Fertigung</td></tr>
<tr><td rowspan="2">Aktivierungswahlrecht</td><td>Zinsen für das Fremdkapital, das zur Finanzierung der Herstellung eines Vermögensgegenstandes verwendet wird**</td><td></td></tr>
<tr><td>Aufwendungen für Sozialeinrichtungen des Betriebes, freiwillige Sozialleistungen, betriebliche Altersversorgung, Abfertigungen**</td><td></td></tr>
</table>

* Sind die Gemeinkosten durch offenbare Unterbeschäftigung überhöht, so dürfen nur die einer durchschnittlichen Beschäftigung entsprechenden Teile dieser Kosten eingerechnet werden.

** Diese Bestandteile werden in den nachfolgenden Beispielen aus Vereinfachungsgründen nicht berücksichtigt.

LERNEN

2 Herstellungskosten ermitteln

Zur Ermittlung der Herstellungskosten müssen zunächst die Gemeinkostenzuschlagssätze berechnet werden.

Zu den Herstellungskosten zählen nur Werte, die **sowohl Kosten als auch Aufwand** darstellen. Alle Werte, die entweder **nur Aufwand oder nur Kosten** sind (z. B. Zinsen vom Eigenkapital, kalkulatorischer Unternehmerlohn), werden bei der Ermittlung der Herstellungskosten **nicht berücksichtigt.**

Die **Zusatzkosten** (z. B. kalkulatorische Abschreibungen, kalkulatorische Wagnisse) werden durch entsprechende **neutrale Aufwendungen,** jedoch maximal **bis zur Höhe der jeweiligen Zusatzkosten, ersetzt. Die Verwaltungs- und Vertriebsgemeinkosten** gehören **nicht zu** den **Herstellungskosten.**

Herstellungskosten der unfertigen und fertigen Erzeugnisse ermitteln: Die Herstellungskosten werden mithilfe von Gemeinkostenzuschlagssätzen ermittelt.

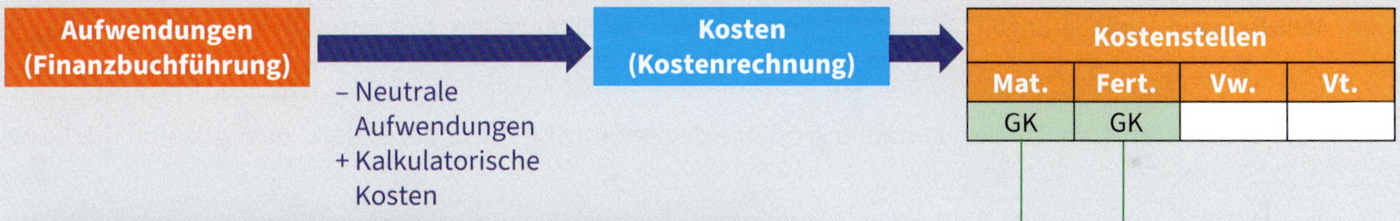

		Material-lager	Fertigung
1	Gemeinkosten laut BAB – Kalk. Abschreibungen – Kalk. Wagnisse – Kalk. Zinsen – Kalk. Unternehmerlohn	...	...
2	+ Ordentl. Abschreibungen + Schadensfälle	...	...
		Σ	Σ
3	Zuschlagsbasen	...	...
	Gemeinkostenzuschlagssätze	**...%**	**...%**

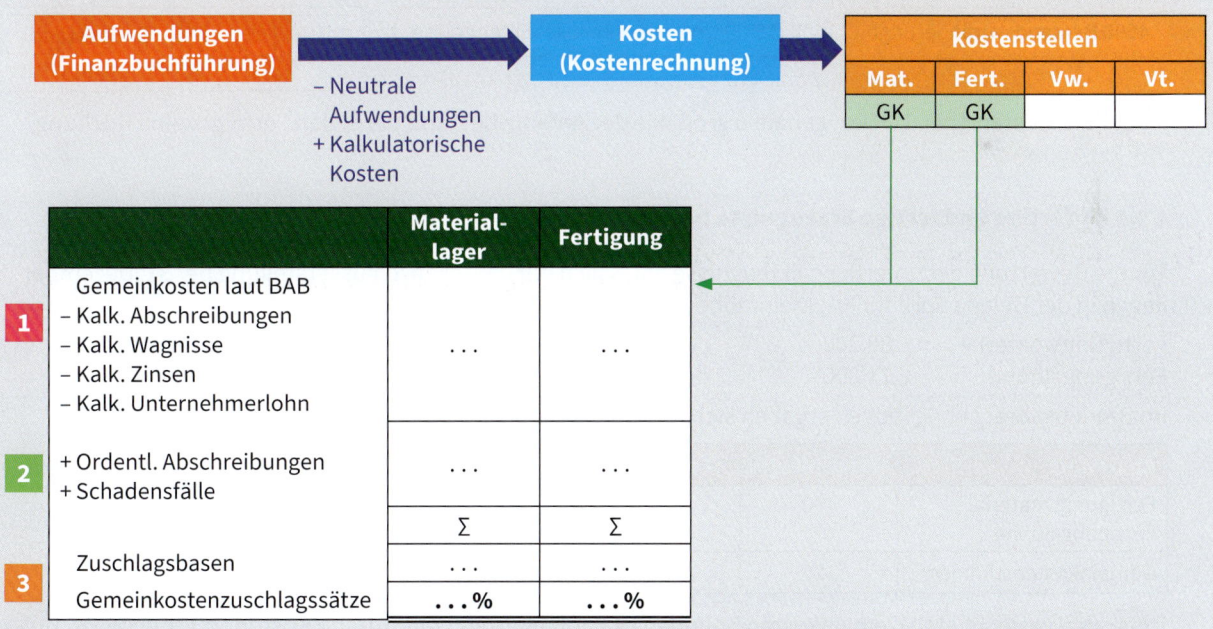

Arbeitsschritte:

1 Von den **Gemeinkostensummen laut Betriebsabrechnungsbogen** (BAB) der Kostenstellen **Materiallager und Fertigung** die enthaltenen **kalkulatorischen Kosten abziehen**

2 Folgende **Posten addieren:**
- die **ordentlichen Abschreibungen** (Absetzung für Abnutzung, AfA)
- die **durchschnittlichen Schadensfälle,** maximal die tatsächlich eingetretenen Wagnisverluste

3 Die für die Bewertung maßgeblichen **Gemeinkostenzuschlagssätze berechnen,** auf Basis der neu berechneten Aufwandssummen

4 Die **Herstellungskosten** mithilfe der berechneten Gemeinkostenzuschlagssätze **berechnen**

Entsprechend dem **Grundsatz der Bewertungsstetigkeit** muss auf jeden Fall die beim vorhergehenden Jahresabschluss **angewendete Bewertungsmethode beibehalten** werden. Ein Abweichen ist nur bei Vorliegen besonderer Umstände, z. B. Änderung von Gesetzen, größere Produktions- und Sortimentsumstellungen und Ergebnisse einer Betriebsprüfung, zulässig.

In den Beispielen in diesem Kapitel erfolgt, wie in der Praxis, die Bewertung von unfertigen und fertigen Erzeugnissen mit dem **Mindestansatz.**

Für die Verbuchung der **Differenz** zwischen dem **Endbestand** und dem **Anfangsbestand** der Herstellungskosten für unfertige und fertige Erzeugnisse werden folgende Konten benötigt:

1400 Unfertige Erzeugnisse
1500 Fertige Erzeugnisse

4500 Bestandsveränderungen

Unfertige und fertige Erzeugnisse bewerten: Die ermittelten Herstellungskosten werden mit dem Anfangsbestand der Herstellungskosten verglichen, die Differenz (Bestandsvermehrung oder Bestandsverminderung) wird verbucht.

Endbestand per 31. Dez. ist größer als Anfangsbestand per 1. Jan.

1400 (1500) Unfertige (Fertige) Erzeugnisse / 4500 Bestandsveränderungen

1400 Unfertige Erzeugnisse	
Anfangsbestand	Endbestand
Saldo	

Endbestand per 31. Dez. ist kleiner als Anfangsbestand per 1. Jan.

4500 Bestandsveränderungen / 1400 (1500) Unfertige (Fertige) Erzeugnisse

1400 Unfertige Erzeugnisse	
Anfangsbestand	Endbestand
	Saldo

Ist der Endbestand per 31. Dez. genauso groß wie der Anfangsbestand per 1. Jan., erfolgt keine Buchung.

L 9.1 Unfertige und fertige Erzeugnisse bewerten

Für die Bewertung der unfertigen Erzeugnisse anlässlich der Jahresabschlusserstellung per 31. Dezember liegen in der Helena Spraiter KG, Kleinmöbelerzeugung, folgende Daten vor:

Fertigungsmaterial € 98.200,–
Fertigungslöhne € 71.800,–

Im Betriebsabrechnungsbogen ergaben sich folgende Kosten (in € 1.000):

Kostenart	Materiallager	Fertigung	Verwaltung	Vertrieb
Fertigungsmaterial	700			
Fertigungslöhne		500		
Gemeinkostensummen	126	1.393	476	145

Unter den verrechneten Gemeinkosten befinden sich folgende kalkulatorische Kosten (in € 1.000):

Kalk. Abschreibungen 326 (8 : 262 : 22 : 34)
Kalk. Wagnisse 57 (7 : 8 : 2 : 40)
Kalk. Zinsen 173 (17 : 127 : 11 : 18)
Kalk. Unternehmerlohn 72 (— : 24 : 24 : 24)

Es wurden folgende neutrale Aufwendungen ausgeschieden (in € 1.000):

Zinsenaufwendungen 28 (— : 28 : — : —)
Ordentliche Abschreibungen 275 (7 : 217 : 19 : 32)
Schadensfälle 60 (10 : 12 : 3 : 35)

Die kalkulatorischen Wagnisse entsprechen den durchschnittlichen Schadensfällen. Die Fremdkapitalzinsen werden nicht zu den Herstellungskosten gerechnet. Der Ist-Beschäftigungsgrad entsprach in der Abrechnungsperiode dem durchschnittlichen Beschäftigungsgrad.

Aufgabe: a) Ermittle die für die Bewertung erforderlichen Gemeinkostenzuschlagssätze (auf 1 Dez. genau). C
b) Bewerte die unfertigen Erzeugnisse mit dem Mindestansatz (auf € genau). C
c) Nimm die Umbuchung per 31. Dezember vor (U 38), wenn der Bestand an unfertigen Erzeugnissen per 31. Dezember des Vorjahres € 331.000,– betrug. C

Lösung:

a) Absolute Zahlen in € 1.000

	Materiallager	Fertigung
Gemeinkostensummen laut BAB	126	1.393
– Kalk. Abschreibungen	8	262
– Kalk. Wagnisse	7	8
– Kalk. Zinsen	17	127
– Kalk. Unternehmerlohn		24
	94	972
+ Ordentliche Abschreibungen	7	217
+ Durchschnittliche Schadensfälle	7	8
	108	1.197
Zuschlagsbasis Fertigungsmaterial	700	
Zuschlagsbasis Fertigungslöhne		500
Gemeinkostenzuschlagssätze	**15,4%**	**239,4%**

Obergrenze der durchschnittlichen Schadensfälle bilden die kalkulatorischen Wagnisse von € 7.000,– bzw. € 8.000,–.
Fremdkapitalzinsen sind nicht Bestandteil des Mindestansatzes.

b)

	Fertigungsmaterial	€ 98.200,00
+	15,4 % Materialgemeinkosten	€ 15.122,80
	Fertigungslöhne	€ 71.800,00
+	239,4 % Fertigungsgemeinkosten	€ 171.889,20
	Herstellungskosten	**€ 357.012,00**

c)

	Bilanzansatz per 31. Dez. des Abschlussjahres	€ 357.012,00
–	Bilanzansatz per 31. Dez. des Vorjahres	€ 331.000,00
	Differenz (Bestandsvermehrung)	**+ € 26.012,00**

U 38 1400 Unfertige Erzeugnisse / 4500 Bestandsveränderungen 26.012,00

Ü 9.1 Unfertige und fertige Erzeugnisse bewerten

LINK Ü 9.1 Excel
LINK Ü 9.1 Buchungstrainer

Für die Bewertung der unfertigen Erzeugnisse anlässlich der Bilanzerstellung per 31. Dezember wurden in der ÖKOSTAR Elisabeth Krainer OG, Produktion von umweltfreundlichen Brennwertkesseln, folgende Daten ermittelt:

Fertigungsmaterial € 78.400,–
Fertigungslöhne € 101.000,–

Im Betriebsabrechnungsbogen ergeben sich folgende Kosten (in € 1.000):

Kostenart	Materiallager	Fertigung	Verwaltung	Vertrieb
Fertigungsmaterial	720			
Fertigungslöhne		900		
Gemeinkostensummen	101	2.302	1.250	891

Unter den verrechneten Gemeinkosten befinden sich folgende kalkulatorische Kosten (in € 1.000):

Kalk. Abschreibungen	650 (10 : 510 : 50 : 80)
Kalk. Wagnisse	108 (10 : 20 : 8 : 70)
Kalk. Zinsen	380 (15 : 300 : 25 : 40)
Kalk. Unternehmerlohn	132 (— : 36 : 48 : 48)

Es wurden folgende neutrale Aufwendungen ausgeschieden (in € 1.000):

Zinsenaufwendungen	60 (11 : 49 : — : —)
Ordentliche Abschreibungen	583 (8 : 455 : 50 : 70)
Schadensfälle	107 (12 : 21 : 9 : 65)

Die kalkulatorischen Wagnisse entsprechen den durchschnittlichen Schadensfällen. Die Fremdkapitalzinsen werden nicht in die Herstellungskosten eingerechnet. Der Ist-Beschäftigungsgrad entspricht dem durchschnittlichen Beschäftigungsgrad.

Aufgabe: a) Ermittle die für die Bewertung erforderlichen Gemeinkostenzuschlagssätze (auf 1 Dez. genau). C

b) Bewerte die unfertigen Erzeugnisse mit dem Mindestansatz (auf € genau). C

c) Nimm die Umbuchung per 31. Dezember vor (U 35), wenn der Bestand an unfertigen Erzeugnissen in der Vorjahresbilanz mit € 528.500,– ausgewiesen ist. C

ÜBEN

Probier es selbst: Bearbeite die folgenden Übungsbeispiele.

Ü 9.2 Unfertige und fertige Erzeugnisse bewerten

LINK Ü 9.2 Excel

In der Bauschlosserei Hubert Praxmarer e. U. liegen für die Bewertung der fertigen Erzeugnisse per 31. Dezember folgende Daten vor:

Fertigungsmaterial	€ 9.300,–
Fertigungslöhne	€ 7.600,–

Im Betriebsabrechnungsbogen ergeben sich folgende Kosten:

Kostenart	Materiallager	Fertigung	Verwaltung	Vertrieb
Fertigungsmaterial	90.000,00			
Fertigungslöhne		76.000,00		
Gemeinkostensummen	18.200,00	160.200,00	79.600,00	58.800,00

Unter den verrechneten Gemeinkosten befinden sich folgende kalkulatorische Kosten:

Kalk. Abschreibungen	€ 36.000,– (1.000,– : 26.000,– : 5.000,– : 4.000,–)
Kalk. Wagnisse	€ 11.500,– (2.000,– : 1.000,– : 500,– : 8.000,–)
Kalk. Zinsen	€ 22.000,– (1.500,– : 18.000,– : 1.000,– : 1.500,–)
Kalk. Unternehmerlohn	€ 36.000,– (0,– : 10.000,– : 10.000,– : 16.000,–)

Es wurden folgende neutrale Aufwendungen ausgeschieden:

Zinsenaufwendungen	€ 4.000,– (1.000,– : 3.000,– : 0,– : 0,–)
Ordentliche Abschreibungen	€ 29.000,– (0,– : 22.000,– : 4.000,– : 3.000,–)
Schadensfälle	€ 10.100,– (2.100,– : 3.000,– : 1.000,– : 4.000,–)

Die kalkulatorischen Wagnisse entsprechen den durchschnittlichen Schadensfällen. Die Fremdkapitalzinsen werden nicht in die Herstellungskosten eingerechnet. Der Ist-Beschäftigungsgrad liegt über dem durchschnittlichen Beschäftigungsgrad.

Aufgabe: a) Ermittle die für die Bewertung erforderlichen Gemeinkostenzuschlagssätze (Beträge in € 1.000, auf 1 Dez. genau; Prozentsätze auf 1 Dez. genau). C

b) Bewerte die fertigen Erzeugnisse mit dem Mindestansatz (auf € genau). C

LINK **Das passende Übungsbuch mit Lösungen gibt's hier.**

WEITER ÜBEN!

Zusätzliche Übungsbeispiele im Anhang ab Seite 354

Online-Training: Check dein Wissen!

LINK **Interaktive Übungen**

KÖNNEN

Zeig, was du kannst: Wende bei der folgenden Aufgabe dein Wissen an.

LINK K 9.1 Excel

LINK K 9.1 Buchungstrainer

K 9.1 Unfertige und fertige Erzeugnisse bewerten, Erfolgsauswirkung

In der Lorenz Münzer OG liegen für die Bewertung der unfertigen Erzeugnisse per 31. Dezember folgende Kosten aus dem Betriebsabrechnungsbogen vor:

Fertigungsmaterial	€ 1.740.000,00
Fertigungslöhne	€ 1.850.000,00
Materialgemeinkosten	€ 194.000,00
Fertigungsgemeinkosten	€ 4.130.000,00
Verwaltungsgemeinkosten	€ 1.110.000,00
Vertriebsgemeinkosten	€ 926.000,00

Unter den Gemeinkosten befinden sich folgende kalkulatorische Kosten bzw. wurden folgende neutrale Aufwendungen ausgeschieden (in € 1.000):

Kostenart	Gesamt	Kostenstellen			
		Materiallager	Fertigung	Verwaltung	Vertrieb
Kalk. Abschreibungen	1.710	70	1.210	240	190
Kalk. Wagnisse	230	40	30	20	140
Kalk. Zinsen	850	30	640	110	70
Kalk. Unternehmerlohn	120			60	60
Zinsenaufwendungen	180		120	60	
Bilanzmäßige Abschreibungen	1.300	30	920	190	160
Schadensfälle	210	45	35	20	110

Die kalkulatorischen Wagnisse entsprechen den durchschnittlichen Schadensfällen. Die Fremdkapitalzinsen werden nicht zu den Herstellkosten gerechnet. Der Ist-Beschäftigungsgrad entspricht dem durchschnittlichen Beschäftigungsgrad.

Für die am 31. Dezember lagernden unfertigen Erzeugnisse sind folgende Einzelkosten angefallen:

Fertigungsmaterial	€ 185.000,–
Fertigungslöhne	€ 213.000,–

Aufgabe: a) Ermittle die für die Bewertung erforderlichen Gemeinkostenzuschlagssätze (auf 1 Dez. genau). C

b) Bewerte die unfertigen Erzeugnisse mit dem Mindestansatz (auf € genau). C

c) Nimm die Umbuchung per 31. Dezember vor (U 39), wenn der Bestand an unfertigen Erzeugnissen per 31. Dezember des Vorjahres € 825.320,– betrug. C

d) Gib an, ob sich durch die Buchung vom 31. Dezember das Eigenkapital vermehrt (↑), vermindert (↓), oder ob es sich um eine erfolgsneutrale Buchung (∅) handelt. D

KOMPETENZCHECK

Meine Kompetenzen	Kann ich?	Lernstoff	Aufgaben
Ich kann die Herstellungskosten ermitteln und die Bewertung vornehmen.		Lerneinheiten 1 und 2	Ü 9.1, Ü 9.2, K 9.1
Ich kann die Auswirkung der Bewertung von unfertigen und fertigen Erzeugnissen auf Bilanz sowie Gewinn- und Verlustrechnung ermitteln.		Lerneinheit 2	Ü 9.1, K 9.1

10 Betriebswirtschaftliche Fallstudien

zum 5. und 6. Semester

Betriebswirtschaftliche Fallstudien
Einstiegsvideo zum Kapitel

Kannst du zwei Aufgaben nennen, die im Rechnungswesen anfallen?

An welche Arten der Lagerordnung kannst du dich erinnern?

Darum geht's in diesem Kapitel:

Du wirst in deinem zukünftigen Berufsalltag täglich mit Aufgaben konfrontiert werden, für deren Lösung du Kenntnisse aus verschiedenen Fachbereichen brauchst – vernetztes Denken ist angesagt!

Die betriebswirtschaftlichen Fallstudien in diesem Kapitel fordern deine Kenntnisse aus den Gegenständen

- Betriebswirtschaft,
- Unternehmensrechnung,
- Wirtschaftsinformatik sowie
- Officemanagement und angewandte Informatik

und bereiten dich somit optimal auf die Arbeit in einer Übungsfirma, auf die Reife- und Diplomprüfung und auf die echte Arbeitswelt vor!

Aktiviere dein MEHR!-Buch online: **lernenwillmehr.at**

ÜBEN

Probier es selbst: Bearbeite die folgenden Fallbeispiele.

FALLBEISPIEL: KURT WEIDLINGER GMBH

KURT WEIDLINGER

Ü 10.1 Bezugskalkulation, Aufbauorganisation – Fallbeispiel

Als Absolvent/in der Handelsakademie arbeitest du im Rechnungswesen des Gartencenters Kurt Weidlinger GmbH. Dein Unternehmen bezieht für die Kultivierung von Parkanlagen von der Beiselen GmbH 200 Sack Spezialdünger „Rosaflor MT“ laut nachfolgender Bestellung (Auszug).

Kurt Weidlinger GmbH
Gallitzinstraße 6, 1160 Wien
☎ +43 1 486 12 20
Fax +43 1 486 12 20-30
E-mail: office@garten-weidlinger.at

KURT WEIDLINGER

Beiselen GmbH
Lilienberggasse 4
1130 Wien

Wien, am 28. März 20 . .

Bestellung 6789/20 . . – Kundennummer 20569

Position	Warenart	Menge	Preis/Einheit (exkl. 20% USt)	Rabatt
001	Rosaflor MT – Spezialrosendünger, Abfüllung in Säcken zu je 50 kg	200 Sack	€ 1,30/kg	20%
002	Verpackungskosten		€ 0,30/Sack	

Für die **Lieferung und Zahlung** gelten nachfolgende Vereinbarungen:

Die bestellte Ware wird zum Liefertermin im Auslieferungslager, Lilienberggasse 4, 1130 Wien, zur Abholung durch den Käufer bereitgestellt.

Der Rechnungsbetrag inkl. 20% USt ist innerhalb von 60 Tagen ohne Abzug auf das Firmenkonto bei der BAWAG P.S.K. AG, IBAN AT54 1400 0000 9015 0300, BIC BAWAATWW zu überweisen. Bei Überweisung innerhalb von 14 Tagen können 3% Skonto vom Rechnungsbetrag abgezogen werden.

Für die Abholung des bestellten Spezialdüngers wurden dem Gartencenter Kurt Weidlinger GmbH vom Spediteur Transalpina € 190,– + € 38,– USt = € 228,– in Rechnung gestellt.

Aufgabe 1: Berechne den Gesamteinstandspreis für 200 Sack und den Einstandspreis pro kg „Rosaflor MT“. Die Überweisung erfolgt innerhalb der Skontofrist. **C**

Für weitere Kultivierungsarbeiten werden zusätzlich noch 100 Sack des Spezialdüngers „Rosaflor MT“ benötigt. In einem „Garten-Portal“ im Internet konnte folgendes Angebot (Auszug) ermittelt werden.

Spezialdünger Rosaflor MT — Preis/Sack **€ 55,00**

Hochwertiger Spezialdünger aus wertvollen Nährstoffen mit optimaler Nährstoffkombination

Abfüllung: 50 kg Sack
Verpackungskosten pro Sack **€ 0,40**

Zahlungsbedingungen: Innerhalb von 10 Tagen ohne Abzug

Zustellung: Die Zustellung innerhalb von Wien erfolgt durch den eigenen Fuhrpark zu folgenden Konditionen:

Bestellte Menge	Zustellkosten (netto)
Bis 1.000 kg	€ 80,00
Von 1.001 kg bis 3.000 kg	€ 120,00
Von 3.001 kg bis 5.000 kg	€ 135,00
. . .	

Aufgabe 2: a) Berechne den Gesamteinstandspreis für 100 Sack und den Einstandspreis pro kg Spezialdünger „Rosaflor MT“ auf Basis des Internetangebotes. C

b) Der errechnete Einstandspreis pro kg des Lieferanten Beiselen GmbH ist mit dem Einstandspreis pro kg des Internetangebotes zu vergleichen. Beurteile, welchem Lieferanten der Zusatzauftrag über 100 Sack des Spezialdüngers „Rosaflor MT“ zu erteilen ist. D

Neben deinem Arbeitsplatz in der Rechnungswesenabteilung hängt folgendes Organigramm (Auszug) an der Wand:

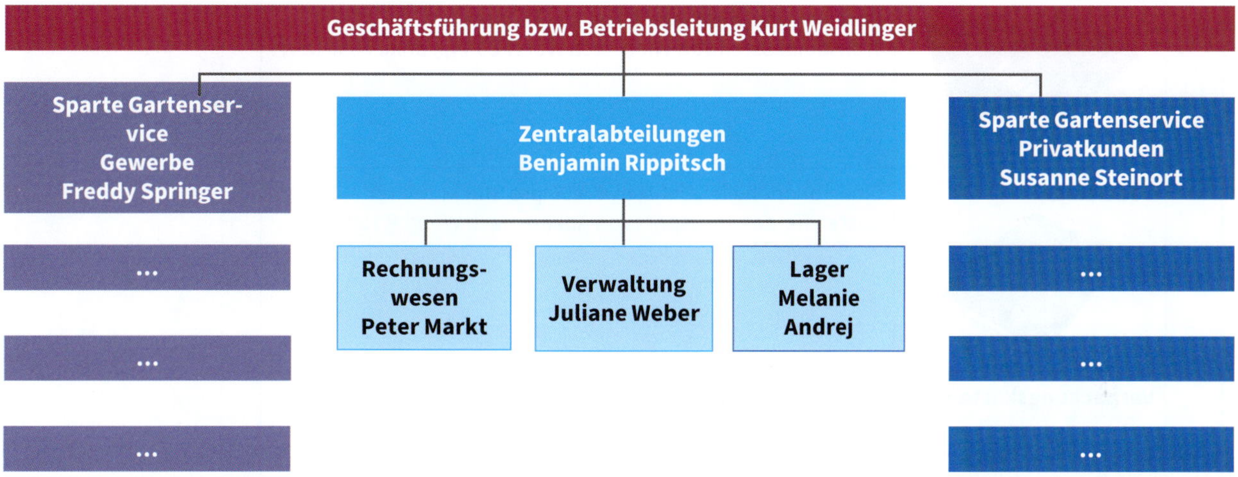

Aufgabe 3: a) Nach welchem Leitungssystem ist die Aufbauorganisation der Kurt Weidlinger GmbH gestaltet? Beschreibe dieses kurz. B

b) Markiere deine Abteilung im obigen Leitungssystem. B

c) Analysiere die Vor- und Nachteile dieses Leitungssystems. D

FALLBEISPIEL: BÖHM IMPORT-EXPORT GMBH

Ü 10.2 Bezugskalkulation, Kostenträgerrechnung, Absatzkalkulation, Kaufvertrag – Fallbeispiel

Die Böhm Import-Export GmbH benötigt für ein Internet-Angebot 1.000 Stück Smartphones mit zusätzlichen Speicherkarten.

Die Smartphones werden aus Bukarest (Rumänien) bezogen, per Bahnfracht nach Wien geliefert und anschließend mit Hermes Paketversand nach Wörgl befördert. Die Speicherkarten werden aus Wien bezogen und mit der Spedition Schenker & Co AG zugestellt. Zusätzlich werden 1.000 Stück Lederhüllen aus Ankara (Türkei) zugekauft. Diese werden per Spedition angeliefert.

In der Unternehmenszentrale in Wörgl werden jeweils ein Smartphone, eine Speicherkarte und eine Lederhülle zu einem Set-Angebot zusammengefasst. Für eine attraktive Verpackung sorgt ein weißer Glanzkarton. Dieser wird vom örtlichen Büroartikelhändler frei Haus geliefert.

LINK
Ü 10.2
Buchungstrainer

Aufgabenstellung 1

Das Set-Angebot setzt sich aus folgenden Produkten zusammen:

Smartphone 	Smartphone LG K 40, € 54,40 pro Stück, 10 % Mengenrabatt, Kosten für die Bahnfracht von Bukarest nach Wien € 270,– Paketgebühren für die Lieferung von Wien nach Wörgl € 72,–
Speicherkarte 	Hama microSD-Karte, € 14,90 pro Stück, 5 % Mengenrabatt Überweisung unter Abzug von 2 % Skonto Transportkosten von Wien nach Wörgl € 144,– (inkl. 20 % USt)
Lederhülle 	Smartphonehülle „Deluxe“, € 4,90 pro Stück, zollfrei Kosten für den Transport von Ankara nach Wörgl € 159,–
Verpackungskarton 	Karton, weiß, € 0,50 pro Stück Lieferung frei Haus durch den Büroartikelhändler Kurt Obermeier e. U. aus Kufstein

Aufgabe: Berechne den Gesamteinstandspreis und den Einstandspreis für ein Stück Set-Angebot. C

Aufgabenstellung 2

Das Smartphone und die zusätzlichen Speicherkarten werden für den Verkauf hergerichtet. An Kosten fallen dabei pro Produkt an:

- Verpackungsmaterial (Folie, Schleife, Aufkleber) € 2,40 pro Stück
- Arbeitsaufwand in der Fertigung 10 Minuten

Die aktuelle Kostenstellenrechnung weist folgende Werte aus (in Euro):

Betriebsabrechnungsbogen			
Kostenart	**Kostenstellen**		
	Materiallager	**Fertigung**	**Verwaltung & Vertrieb**
Fertigungsmaterial	125.000,00		
Fertigungslöhne		49.000,00	
Gemeinkosten	57.500,00	109.350,00	34.085,00
Zuschlagsbasen		2.430 h	
Gemeinkostenzuschlagssätze			

Der Einzelhandelspreis ist mit 80 % Gewinn, 2 % Skonto, 25 % Rabatt und 20 % USt zu kalkulieren.

Aufgabe: a) Berechne die Selbstkosten unter Berücksichtigung der Kosten der Verpackung. C

b) Berechne den Einzelhandelspreis inkl. 20 % USt. C

c) Erläutere, welche Rechtsgrundlagen bei Kaufverträgen im Internet zwischen Unternehmer und Konsument zu beachten sind. **B**

d) Die Nachfrage der unterschiedlichen Käuferschichten nach dem Smartphone soll voll ausgeschöpft werden. Erläutere, welche Formen der Preisdifferenzierung für dieses Produkt in Frage kommen. **B**

Aufgabenstellung 3

Die Speicherkarten wurden zugekauft. Der Lieferant stellt folgende Rechnung:

E 920

TROBAK GmbH

Trobak GmbH, Freyung 20, 1010 Wien

Böhm Import-Export GmbH
Innsbrucker Straße 30
6300 Wörgl

Seite:	1
Kunden Nr.:	41738
Bestellnr.:	414786
Datum:	12.08.20. .
Ihre UID-Nr.:	ATU21476150

Rechnung Nr. 336243

Wir lieferten Ihnen am: 11.08.20. .
Transport: DHL
Vielen Dank für Ihre Bestellung!

Pos	Menge	Art.-Nr.	Text	Einzelpreis EUR	Gesamtpreis EUR
1	1.000 Stk.	83013	Hama microSD-Karte	14,90	14.900,00
			abzüglich 5 % Mengenrabatt		- 745,00
2	1,00	000013	Frachtpauschale inkl. Verpackung, Österreich	120,00	120,00
Rechnungsbetrag ohne USt					**14.275,00**
+ 20 % Umsatzsteuer					**2.855,00**
Rechnungsbetrag inkl. USt					**17.130,00**

Zahlungskondition: 30 Tage Ziel, bei Zahlung innerhalb von 14 Tagen 2 % Skonto

Trobak GmbH
GF Rudi Heinlein
Freyung 20
1010 Wien

UID-Nr.: ATU 16293909
Steuer Nr.: 093456728
Finanzamt Wien 1/23

Tel.: +43 1 470 67 49
Fax: +43 1 470 67 49-20
email: info@trobak.at
www.trobak.at

Bank: Raiffeisenbank Wien AG
IBAN: AT57 3200 0000 0820 4190
BIC: RLNWATWW

Die Lieferung erfolgt auf Grundlage unserer auf der Rückseite abgedruckten „Allgemeinen Geschäftsbedingungen". Die gelieferte Ware bleibt bis zur völligen Bezahlung unser Eigentum!

Aufgabe: a) Markiere auf der Rechnung die Kaufvertragsbestandteile. **D**

b) Entspricht die Rechnung den umsatzsteuerlichen Erfordernissen? Markiere die Bestandteile, die laut UStG erforderlich sind. **D**

c) Verbuche die Eingangsrechnung; Kontonummer des Lieferanten Trobak GmbH 33140. **C**

d) Ermittle die Jahresverzinsung des Skontos in Prozent, die durch die Inanspruchnahme des Skontos erzielt wird (auf 1 Dez. genau). **C**

e) Berechne und verbuche den Überweisungsbetrag, wenn die Überweisung innerhalb der Skontofrist erfolgen soll (24. August, B 125). **C**

FALLBEISPIEL: WALTER SCHMIDT E. U.

WALTER SCHMIDT

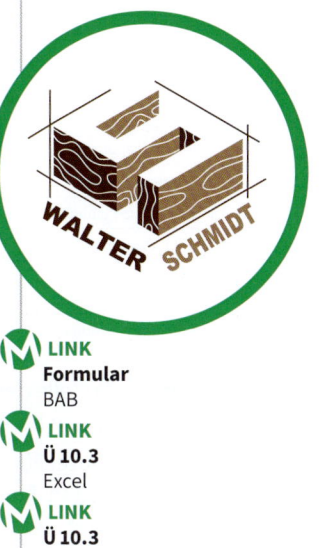

Ü 10.3 Kostenstellenrechnung, Angebotskalkulation und Kostenmanagement – Fallbeispiel

Die Tischlerei Walter Schmidt e. U. hat sich auf die Herstellung von Vollholzprodukten (Möbel und Türen) spezialisiert. Der Betrieb ist in die Kostenstellen Materiallager, Werkstätte 1, Werkstätte 2, Werkstätte 3 und Verwaltung/Vertrieb gegliedert. Für die Herstellung von Naturholztüren wurde bei der Johann Wallner GmbH u. a. Schnittholz Fichte gekauft.

LINK
Formular
BAB

LINK
Ü 10.3
Excel

LINK
Ü 10.3
Buchungstrainer

Auszug aus der Eingangsrechnung der Johann Wallner GmbH:

Johann Wallner GmbH

Säge-, Furnier- und Sperrholzwerk
Johann Wallner GmbH
2620 Neunkirchen, Schillergasse 10
Telefon und Fax: +43 2635 641 10
UID: ATU47134505
BAWAG PSK AG, BIC BAWAATWW
IBAN AT51 1400 0000 0732 8456
Website: www.wallner.at
E-Mail: office@wallner.at

Tischlerei
Walter Schmidt e. U.
Alplandstraße 15
3580 Horn

E 338

RECHNUNG Nr. 3796 — 3. Juli 20 . .

Wir sandten Ihnen auf Ihre Rechnung und Gefahr durch die Spedition Berger & Sohn OG am 3. Juli 20 . . :

Stück	Stärke mm	Gegenstand	Qualität	m³	Preis	Betrag
250	50	SCHNITTHOLZ FICHTE TROCKEN 4000/200 + 20 % Umsatzsteuer Zahlung: in 60 Tagen ohne Abzug, in 10 Tagen 3 % Skonto	1A-Ware	10	350,00	€ 3.500,00 € 700,00 € 4.200,00

Aufgabe 1: a) Verbuche den Rohstoffeinkauf (33432 Johann Wallner GmbH). C

b) Die Eingangsrechnung wird innerhalb von 10 Tagen mit 3 % Skonto durch Banküberweisung bezahlt (12. Juli, B 71). Nimm die entsprechenden Buchungen vor. C

c) Stellt das Schnittholz Fichte Rohstoff oder Hilfsstoff dar? (Begründe deine Entscheidung.) D

d) Zu welcher Kostenart (nach der Zurechenbarkeit auf die Leistungen) gehört das Schnittholz Fichte? D

e) Worauf musste die Tischlerei Walter Schmidt e. U. bei der Bildung der Kostenstellen achten? D

Die Kosten für das 2. Quartal in der Tischlerei Walter Schmidt e. U. betragen (in € 1.000):

	Kostenart	Verteilungsgrundlage	Gesamtbetrag	Materiallager	Werkstätte 1	Werkstätte 2	Werkstätte 3	Verwaltung/ Vertrieb
1	Rohstoffverbrauch	Einzelkosten	27,0					
2	Fertigungslöhne	Einzelkosten			10,2	13,0	2,3	
3	Hilfsstoffverbrauch		5,0		40,0 %	50,0 %	10,0 %	
4	Hilfslöhne	Lohnzettel		1,8	1,9	1,7	0,6	
5	Gehälter	Gehaltslisten			1,4	2,0		7,8
6	Lohnnebenkosten FL	98 % der FL						
7	Lohnnebenkosten HL	90 % der HL						
8	Gehaltsnebenkosten	60 % der Gehälter						
9	Wartungsarbeiten Fremdfirmen	laut Belegen		0,8	1,8	2,3	0,4	1,5
10	Stromverbrauch	Zählerstände	1,0	10,0 %	30,0 %	30,0 %	10,0 %	20,0 %
11	Telefon- und Internetgebühren	laut Schätzungen	0,9	5,0 %	10,0 %	15,0 %		70,0 %
12	Sonstige Kosten	verschiedene Unterlagen		1,5	2,3	3,0	0,6	12,0
13	Kalk. Abschreibungen	laut Anlagenverzeichnis		0,7	3,9	4,6	1,2	2,4
14	Kalk. Wagnisse	durchschn. Schadensfälle		1,1	0,3	0,4	0,1	2,6
15	Kalk. Zinsen	investiertes verzinstes Kapital (in € 1.000)	7,0	120,0	111,0	125,0	42,0	82,5
16	Kalk. Unternehmerlohn	laut Aufzeichnungen		0,2	0,5	0,8		3,0

Aufgabe 2: Erstelle den Betriebsabrechnungsbogen für das 2. Quartal (in € 1.000, auf 1 Dez. genau) und berechne die Gemeinkostenzuschlagssätze (auf 1 Dez. genau). C

Für das Bio-Hotel Fürstenwalde, Brunn am Gebirge, ist ein Angebot für 10 Vollholztüren zu erstellen. Für die Herstellung einer Holztüre wird Fichtenholz im Wert von € 100,– benötigt. Die Türen werden in der Kostenstelle Werkstätte 1 gefertigt. Die Fertigungslöhne betragen € 190,– pro Tür.

Aufgabe 3: Kalkuliere das Angebot für die gesamte Menge. Berücksichtige in der Kalkulation einen Gewinnzuschlag von 30%. Runde den Angebotsbetrag inkl. 20% Umsatzsteuer auf ganze Euro auf. C

Für eine Besprechung mit dem Unternehmensberater der Tischlerei will Herr Walter Schmidt einige Unterlagen zum Thema „Die Kosten als Faktor der Preispolitik" vorbereiten.

Aufgabe 4: Erstelle je eine Struktur für das Gespräch mit dem Unternehmensberater zu folgenden Themenbereichen: D

a) Die Vollkosten als Preisbestimmungsfaktor
b) Die Bedeutung der Teilkostenrechnung für die Preispolitik
c) Liquiditätspolitische Überlegungen zur Preisuntergrenze

FALLBEISPIEL: FRANZ PASTERK E. U.

Ü 10.4 Istkostenrechnung zu Vollkosten, Absatzkalkulation, Materialwirtschaft – Fallbeispiel

Die Tischlerei Franz Pasterk e. U. hat sich auf die Produktion von Naturholzmöbeln sowie die Restaurierung von und den Handel mit Antiquitäten spezialisiert. Der Eigentümer kontrolliert die Arbeiten in den Werkstätten und ist im Verkauf tätig.

Aufgabenstellung 1

Nach Durchführung der zeitlichen und betrieblichen Abgrenzung ergeben sich folgende Kosten (in € 1.000):

Betriebsüberleitungsbogen					
Konto-Nr.	Aufwands-/Kostenart	Aufwendungen	Zeitliche und betriebliche Abgrenzung		Kosten
			–	+	
5000	HW-Einsatz Antiquitäten	60,9	5,9		55,0
5100	Holzmaterialeinsatz	77,5		7,5	85,0
5300	Diverses Hilfsmaterial	24,0		2,0	26,0
6000	Fertigungslöhne	159,5	13,5		146,0
6200	Gehälter	23,3			23,3
Kl. 6	Gesetzliche Lohnabgaben	52,6	52,6		
Kl. 6	Gesetzliche Gehaltsabgaben	7,5	7,5		
7010	Abschreibungen von Sachanlagen	23,8	23,8		
7270	Energie	18,0			18,0
7380	Telefongebühren	3,3			3,3
7400	Miete	32,0			32,0
Div.	Sonstige Aufwendungen	28,0			28,0
8310	Zinsenaufwand für Bankkredite	12,5	12,5		
	Lohnnebenkosten der FL			135,8	135,8
	Gehaltsnebenkosten			14,0	14,0
	Kalk. Abschreibungen			27,6	26,6
	Kalk. Zinsen			26,5	26,5
	Kalk. Unternehmerlohn			96,0	96,0
	Summen	522,9	115,8	309,4	716,5

Hinweis: Die Kosten für Antiquitäten sowie das Holzmaterial sind Einzelkosten.

Aufgabe: Markiere in den Lösungsvorlagen die
a) Materialkosten,
b) Personalkosten,
c) Einzelkosten und
d) Gemeinkosten. B

Lösung:

a) Materialkosten

Konto-Nr.	Aufwands-/Kostenart	Kosten
5000	HW-Einsatz Antiquitäten	55,0
5100	Holzmaterialeinsatz	85,0
5300	Diverses Hilfsmaterial	26,0
6000	Fertigungslöhne	146,0
6200	Gehälter	23,3
Kl. 6	Gesetzliche Lohnabgaben	
Kl. 6	Gesetzliche Gehaltsabgaben	
7010	Abschreibungen von Sachanlagen	
7270	Energie	18,0
7380	Telefongebühren	3,3
7400	Miete	32,0
Div.	Sonstige Aufwendungen	28,0
8310	Zinsenaufwand für Bankkredite	
	Lohnnebenkosten der FL	135,8
	Gehaltsnebenkosten	14,0
	Kalk. Abschreibungen	27,6
	Kalk. Zinsen	26,5
	Kalk. Unternehmerlohn	96,0

b) Personalkosten

Konto-Nr.	Aufwands-/Kostenart	Kosten
5000	HW-Einsatz Antiquitäten	55,0
5100	Holzmaterialeinsatz	85,0
5300	Diverses Hilfsmaterial	26,0
6000	Fertigungslöhne	146,0
6200	Gehälter	23,3
Kl. 6	Gesetzliche Lohnabgaben	
Kl. 6	Gesetzliche Gehaltsabgaben	
7010	Abschreibungen von Sachanlagen	
7270	Energie	18,0
7380	Telefongebühren	3,3
7400	Miete	32,0
Div.	Sonstige Aufwendungen	28,0
8310	Zinsenaufwand für Bankkredite	
	Lohnnebenkosten der FL	135,8
	Gehaltsnebenkosten	14,0
	Kalk. Abschreibungen	27,6
	Kalk. Zinsen	26,5
	Kalk. Unternehmerlohn	96,0

c) Einzelkosten

Konto-Nr.	Aufwands-/Kostenart	Kosten
5000	HW-Einsatz Antiquitäten	55,0
5100	Holzmaterialeinsatz	85,0
5300	Diverses Hilfsmaterial	26,0
6000	Fertigungslöhne	146,0
6200	Gehälter	23,3
Kl. 6	Gesetzliche Lohnabgaben	
Kl. 6	Gesetzliche Gehaltsabgaben	
7010	Abschreibungen von Sachanlagen	
7270	Energie	18,0
7380	Telefongebühren	3,3
7400	Miete	32,0
Div.	Sonstige Aufwendungen	28,0
8310	Zinsenaufwand für Bankkredite	
	Lohnnebenkosten der FL	135,8
	Gehaltsnebenkosten	14,0
	Kalk. Abschreibungen	27,6
	Kalk. Zinsen	26,5
	Kalk. Unternehmerlohn	96,0

d) Gemeinkosten

Konto-Nr.	Aufwands-/Kostenart	Kosten
5000	HW-Einsatz Antiquitäten	55,0
5100	Holzmaterialeinsatz	85,0
5300	Diverses Hilfsmaterial	26,0
6000	Fertigungslöhne	146,0
6200	Gehälter	23,3
Kl. 6	Gesetzliche Lohnabgaben	
Kl. 6	Gesetzliche Gehaltsabgaben	
7010	Abschreibungen von Sachanlagen	
7270	Energie	18,0
7380	Telefongebühren	3,3
7400	Miete	32,0
Div.	Sonstige Aufwendungen	28,0
8310	Zinsenaufwand für Bankkredite	
	Lohnnebenkosten der FL	135,8
	Gehaltsnebenkosten	14,0
	Kalk. Abschreibungen	27,6
	Kalk. Zinsen	26,5
	Kalk. Unternehmerlohn	96,0

Aufgabenstellung 2

Der Betrieb ist in vier Kostenstellen gegliedert, und zwar:

Kostenstellen der Tischlerei Franz Pasterk

Werkstätte I

für die Herstellung der Naturholzmöbel

Werkstätte II

für die Restaurierung der Antiquitäten, wobei auch bei den Handelswaren zum Teil Ausbesserungsarbeiten vorgenommen werden.

Büro

für die Durchführung der unternehmerischen Arbeiten

Verkaufsraum (Schauraum)

für die Begutachtung des Warenangebotes durch die Kunden

Nach der Verteilung der Gemeinkosten auf die Kostenstellen ergeben sich die nachfolgenden Werte. Für die Gemeinkosten in den Kostenstellen Werkstätte I und Werkstätte II werden Stundensätze auf Basis der angefallenen Fertigungsstunden ermittelt – Werkstätte I 8.330 Fertigungsstunden, Werkstätte II 1.730 Fertigungsstunden. Die Gemeinkosten der Kostenstellen Büro und Verkaufsraum werden auf Basis der Herstellkosten verteilt.

Betriebsabrechnungsbogen

Nr.	Kostenart	Gesamtkosten	Kostenstellen			
			Werkstätte I	Werkstätte II	Büro	Verkaufsraum
1.	HW-Einsatz Antiquitäten	55,0		55,0		
2.	Holzmaterialeinsatz	85,0	67,0	18,0		
3.	Fertigungslöhne	146,0	116,8	29,2		
	Gemeinkostensummen	430,5	195,2	78,7	55,1	101,5
	Zuschlagsbasen					
	Gemeinkostenzuschlagssätze					

Aufgabe: Trage die Zuschlagsbasen ein und berechne die Stundensätze (auf 2 Dez. genau) bzw. Gemeinkostenzuschlagssätze (auf 1 Dez. genau). C

Aufgabenstellung 3

Zur Berechnung der Selbstkosten für den Naturholzkasten „Sperber“ und für die Restaurierung eines Gründerzeitschrankes stehen folgende Daten zur Verfügung:

Produkt		Materialbedarf	Fertigungslöhne	Fertigungsstunden
	Naturholzkasten „Sperber“	€ 400,00	€ 675,00	45
	Renovierung Gründerzeitschrank	€ 287,00	€ 175,00	10

Aufgabe: a) Berechne die Selbstkosten für die beiden oben angeführten Kostenträger (auf Cent genau). C

b) Berechne für den Naturholzkasten „Sperber“ auf Grundlage der errechneten Selbstkosten den Bruttoverkaufspreis (inkl. 20 % USt) auf Cent genau. Es sind 25 % Gewinn, 2 % Skonto und 10 % Rabatt zu berücksichtigen. Der Bruttoverkaufspreis (inkl. 20 % USt) ist auf ganze € aufzurunden. C

Aufgabenstellung 4

Die Lagerordnung in der Tischlerei Franz Pasterk e. U. ist teilweise chaotisch. Dabei werden die Güter am nächsten freien und geeigneten Platz gelagert.

Aufgabe: Welche Lagerordnung empfiehlst du für die bei der Erzeugung der Naturholzmöbel erforderlichen Roh-, Hilfs- und Betriebsstoffe, für die fertigen Produkte „Naturholzmöbel“ sowie für die „Antiquitäten“? Begründe deine Ansicht. D

FALLBEISPIEL: MOTION

MOTION

Ü 10.5 Absatz- und Differenzkalkulation (Kostenträgererfolgsrechnung) – Fallbeispiel

Du bist Schüler/in des III. Jahrganges der Handelsakademie in Tulln. In den kommenden Sommerferien willst du in einem Betrieb arbeiten, um Praxiserfahrung zu sammeln. Außerdem möchtest du Geld verdienen, damit du dir den Kurs für den Pkw- und Motorradführerschein finanzieren kannst.

In den „Niederösterreichischen Nachrichten“ vom 5. März findest du ein Stelleninserat des Unternehmens „MOTION – der hifi-profi“. Das Unternehmen hat sich auf die Produktion von trendigen Hi-Fi-Geräten für Jugendliche spezialisiert.

Du bewirbst dich am 8. März telefonisch bei der „MOTION – der hifi-profi“. Frau Münzer lädt dich zu einem persönlichen Einstellungsgespräch am 11. April nach Stockerau ein.

Von einem Schulfreund, der im Vorjahr in diesem Unternehmen gearbeitet hat, erfährst du, dass im Rahmen des Einstellungsgespräches einfache betriebswirtschaftliche Aufgabenstellungen zu lösen sind und einige Fragen zur Bewerbung an die Praktikantinnen und Praktikanten gerichtet werden.

Nachfolgend ein Auszug aus den Aufgabenstellungen und Fragen, die Frau Münzer an die Praktikantinnen und Praktikanten im letzten Jahr gerichtet hat.

1. Absatz- und Differenzkalkulation für den Sony Extra Bass-Kopfhörer MDR-XB950BT

Selbstkosten € 40,–, 40 % Gewinn, Sonderverpackung/Stück € 0,50, 10 % Verkaufsprovision, 3 % Skonto, 5 % Mengenrabatt, 25 % Einzelhandelsspanne, 20 % USt

Extra Bass-Kopfhörer mit Bluetooth® und NFC; integrierte Fernbedienung zum Annehmen von Smartphone-Anrufen und zur Steuerung der Musiktitel; Treibereinheit: 40-mm-Dynamik; Frequenzgang: 3–28.000 Hz; Empfindlichkeiten: 102 dB/mW; Stereo-Mini-Klinkenstecker; Reichweite: 10 m; Akkulaufzeit 20 h; Gewicht: 280 g

a) Berechnen Sie den Bruttoverkaufspreis inkl. 20 % USt. Das Ergebnis ist auf 10 Cent zu runden.
b) Welcher Gewinn wird mit dem Extra Bass-Kopfhörer MDR-XB950BT erzielt, wenn der Bruttoverkaufspreis auf € 99,90 (inkl. 20 % USt) gesenkt werden muss. Ein Mitbewerber bietet ein qualitativ vergleichbares Produkt zu diesem Preis an. Alle anderen Konditionen bleiben gleich.
c) Welche Möglichkeit der Preispolitik wird im Punkt b) angewandt?

2. Beantworten Sie die folgenden Fragen zu Ihrer Person:

a) Welche Interessen und Hobbys haben Sie?
b) Warum haben Sie sich bei uns beworben?
c) Was sind Ihre weiteren beruflichen Ziele?

Aufgabe: Bearbeite die Aufgabenstellungen und Fragen aus dem Vorjahr als Vorbereitung auf dein Bewerbungsgespräch. C

FALLBEISPIEL: ROBERT NIEDERBICHLER GMBH

ROBERT NIEDERBICHLER

Ü 10.6 Einstufiges Direct Costing und Managementtechniken – Fallbeispiel

Die Robert Niederbichler GmbH produziert Zubehör für Smartphones und Smartwatches. Die Nachfrage nach Handyketten ist derzeit besonders hoch. Zur Angebotserstellung über eine Lieferung an einen großen Elektronikkonzern sind die entsprechenden Produkte zu analysieren. Dazu stehen folgende Daten zur Verfügung:

Handykette	Golden Coast	Bubblegum	Ciao Bella	City Dip
Angebotsmenge	22.500 Stück	25.000 Stück	10.000 Stück	30.200 Stück
Fertigungsmaterial je Stück	€ 4,00	€ 5,00	€ 3,00	€ 3,50
Fertigungslöhne je Stück	€ 3,20	€ 3,60	€ 2,80	€ 2,90
Nettoverkaufspreis je Stück	€ 11,60	€ 14,10	€ 10,80	€ 11,30

Es gelten folgende variable Gemeinkostenzuschlagssätze:

Materialgemeinkosten	7,1 %
Fertigungsgemeinkosten	120,0 %
Verwaltungs- und Vertriebsgemeinkosten	4,5 %

Fixkosten für die Angebotsmengen der Erzeugnisgruppe Handyketten € 35.500,–

Aufgabe 1: a) Ermittle die Deckungsbeiträge je Stück (auf 2 Dez. genau). C
b) Führe die stufenweise Ermittlung der Deckungsbeiträge durch. C
c) Führe die Kostenträgererfolgsrechnung, die Berechnung der Deckungsbeiträge in % vom Umsatz und der DBU-Faktoren (auf 2 Dez. genau), die Ermittlung des Ergebnisses für die Angebotsmenge der Handyketten durch. Gib eine Empfehlung an die Geschäftsleitung ab, welches Produkt den höchsten Beitrag zum Erfolg des Unternehmens leistet. D

Der Firmenchef Herr Robert Niederbichler möchte auf Anraten seines Steuerberaters neben der bereits seit Jahren bestehenden Geschäftsverbindung zur Hausbank des Unternehmens über eine weitere Bankverbindung verfügen. Es stehen zwei Kreditinstitute zur Auswahl. Da nicht nur die Konditionen für die Entscheidung maßgebend sein sollen, sondern z. B. auch die persönliche Betreuung und eine gute Beratung, ersucht dich Herr Niederbichler, ihn mit einer strukturierten Entscheidungsgrundlage zu unterstützen.

Aufgabe 2: a) Erkläre den Begriff Punktwertmethode (Scoringmethode). B

b) Welche Schritte sind zur Anwendung der Punktwertmethode erforderlich? B

FALLBEISPIEL: PEDALO SCHUHPRODUKTIONS-GMBH

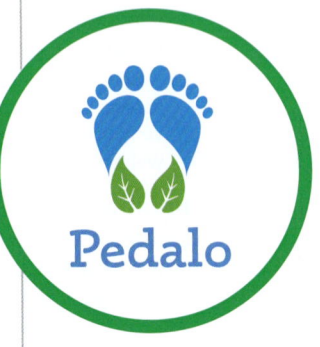

Pedalo

Ü 10.7 Unternehmerentscheidungen – Fallbeispiel

Deckungsbeitrag und Betriebsergebnis

Die Pedalo Schuhproduktions-GmbH hat sich auf die Produktion von Gesundheitssandalen spezialisiert. In diesem Kalenderjahr wurden 5.000 Paar Gesundheitssandalen zu einem Preis von € 50,– pro Paar abgesetzt. Die variablen Kosten betrugen € 30,– pro Paar. Die Fixkosten für das Unternehmen beliefen sich auf € 105.000,–.

LINK
Ü 10.7
Excel

Mehrstufiges Direct Costing

Die Pedalo Schuhproduktions-GmbH erweitert im folgenden Jahr ihr Produktions- und Absatzprogramm. Neben den Gesundheitssandalen sollen künftig auch Gesundheitspantoffeln, wasserdichte Clogs sowie wasserdichte Bergschuhe angeboten werden.

Organisatorisch wird die Pedalo Schuhproduktions-GmbH in den Bereich Gesundheitsschuhe, der die Gesundheitssandalen und die Gesundheitspantoffeln umfasst, und in den Bereich wasserdichte Schuhe, zu dem die wasserdichten Clogs und Bergschuhe gehören, umstrukturiert. Am Jahresende liegen folgende Produktions- und Absatzdaten vor:

Unternehmensbereich	Gesundheitsschuhe		Wasserdichte Schuhe	
Produkte	Gesundheitssandalen	Gesundheitspantoffeln	Wasserdichte Clogs	Wasserdichte Bergschuhe
			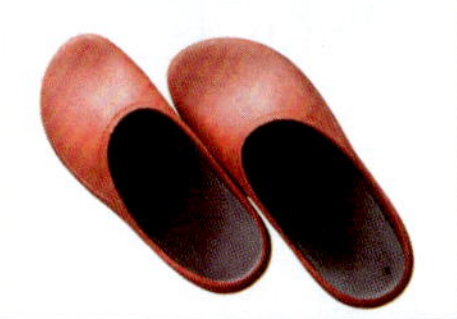	
Absatz	5.000 Paar	11.000 Paar	3.000 Paar	5.000 Paar
Verkaufspreis netto/Paar	€ 50,00	€ 40,00	€ 80,00	€ 100,00
Variable Kosten/Paar	€ 30,00	€ 25,00	€ 56,00	€ 97,00

Durch die Ausweitung der Produktion haben sich auch die Fixkosten erhöht:
Die Gesundheitssandalen müssen auf einer Spezialmaschine nachbearbeitet werden, für die jährliche Abschreibungskosten in Höhe von € 25.000,– anfallen. Für die Produktion der Gesundheitspantoffeln und der wasserdichten Clogs fallen Lizenzgebühren von € 50.000,– bzw. € 45.000,– an. Die Bergschuhe wurden auf einer internationalen Outdoor-Messe intensiv beworben, wofür Fixkosten von € 17.500,– entstanden sind. Für den Bereich Gesundheitsschuhe wurde eine Werbekampagne durchgeführt, wodurch Kosten in Höhe von € 25.000,– entstanden. Für das Zuschneiden des wasserdichten Materials musste eine Spezialmaschine angeschafft werden, die jährliche Fixkosten in Höhe von € 30.000,– verursacht.
Die verbleibenden Unternehmensfixkosten belaufen sich auf € 95.000,–.

Eigenfertigung oder Fremdbezug

Eine Eigenfertigung der bisher fremdbezogenen Spezialeinlagen für wasserdichte Bergschuhe wird in Betracht gezogen, da der Lieferant den Preis von €0,50 pro Paar auf €3,– pro Paar erhöht hat. An variablen Kosten entstehen € 0,80 pro Einlagenpaar. Der Nettoverkaufspreis für ein Paar Spezialeinlagen beträgt €5,–. Ausreichende Produktionskapazitäten sind vorhanden.

Zusatzauftrag

Der Pedalo Schuhproduktions-GmbH liegt die Anfrage einer großen Schuhhandelskette vor, die kurzfristig 5.000 Paar Gesundheitspantoffeln zu einem Preis von €30,– pro Paar bestellen möchte. Die variablen Kosten für die Herstellung betragen €25,–. Die Pantoffeln werden unter einem anderen Namen und in einer anderen Farbe verkauft, sodass eine Beeinträchtigung der Absatzmenge und der Erlöse der regulären Gesundheitspantoffeln nicht gegeben ist. Die erforderlichen Produktionskapazitäten sind vorhanden.

Produktions- und Absatzprogramm

Aufgrund dringend notwendiger Wartungs- und Instandhaltungsarbeiten steht die Maschine, auf der alle Schuharten bearbeitet werden müssen, für das kommende Kalenderjahr nur mit 125.000 Minuten zur Verfügung.

Die einzelnen Produkte benötigen folgende Bearbeitungszeiten:

Unternehmensbereich	Gesundheitsschuhe		Wasserdichte Schuhe	
Produkte	Gesundheitssandalen	Gesundheitspantoffeln	Wasserdichte Clogs	Wasserdichte Bergschuhe
Absatz	5.000 Paar	11.000 Paar	3.000 Paar	5.000 Paar
Verkaufspreis netto/Paar	€50,00	€40,00	€80,00	€100,00
Variable Kosten/Paar	€30,00	€25,00	€56,00	€ 97,00
Bearbeitungszeit pro Paar in Minuten	8 Minuten	5 Minuten	10 Minuten	3 Minuten

Fixkosten: €287.500,–

Der Betriebsgewinn dieses Kalenderjahres beträgt €64.500,–.

Aufgabe: a) Berechne für dieses Kalenderjahr den Deckungsbeitrag pro Paar Gesundheitssandalen und das Betriebsergebnis für die Pedalo Schuhproduktions-GmbH. C

b) Berechne für das nachfolgende Kalenderjahr das Betriebsergebnis mittels der mehrstufigen Deckungsbeitragsrechnung. Zu welcher Entscheidung würdest du der Unternehmung raten? D

c) Lohnt sich die Eigenfertigung der Einlagen? (Begründe rechnerisch.) D

d) Soll die Pedalo Schuhproduktions-GmbH den Zusatzauftrag annehmen? Wie hoch ist der zusätzliche Gewinn?
Löse diese Aufgabe unabhängig von Aufgabe c). D

e) Für welche Alternative, Eigenfertigung der Einlagen oder Annahme des Zusatzauftrages, soll sich die Pedalo Schuhproduktions-GmbH entscheiden, da die erforderlichen Kapazitäten für eine gleichzeitige Produktion beider Produkte nicht gegeben sind? Begründe deine Entscheidung rechnerisch. D

f) Berechne für das kommende Kalenderjahr das gewinnoptimale Produktions- und Absatzprogramm und den damit erzielbaren Betriebsgewinn.
Löse diese Aufgabe unabhängig von den Aufgaben c), d) und e).
Wie wirken sich die Wartungs- und Instandhaltungsarbeiten auf den Betriebsgewinn des kommenden Kalenderjahres aus? D

FALLBEISPIEL: IPHONE

Ü 10.8 Kalkulation im Handel, Produkt- und Sortimentspolitik, Distributionspolitik – Fallbeispiel

LINK
Ü 10.8
Excel

Am 9. Jänner 2007 wurde auf der Macworld Conference & Expo in San Francisco das erste iPhone vorgestellt. Mittlerweile gab es zahlreiche neue Modelle und technische Veränderungen. Ein iPhone SE ohne vertragliche Bindung an einen Mobilfunkbetreiber kostet derzeit € 479,– (inkl. 20 % USt). Wie viel kostet jedoch die Produktion eines iPhone SE?

Die Produktion erfordert eine Arbeitszeit von acht Stunden. Erfolgt diese in China, betragen die Arbeitskosten insgesamt € 5,40. Wird das iPhone in den USA hergestellt, sind für eine Arbeitsstunde € 16,– zu berücksichtigen. Bei einer Herstellung in Europa ist in der Kalkulation eine Arbeitsstunde mit € 23,– anzusetzen.

Die Materialkosten betragen € 136,50.

Aufgabe: a) Berechne die Produktionskosten (Material- und Arbeitskosten) eines iPhone SE für die Standorte China, USA und Europa. C

b) Wie viel Prozent beträgt die Handelsspanne, wenn der Einzelhandelspreis exkl. 20% USt als 100 % angesehen wird (Berechnung auf Ganze genau)?

Herstellkosten (Produktionskosten)

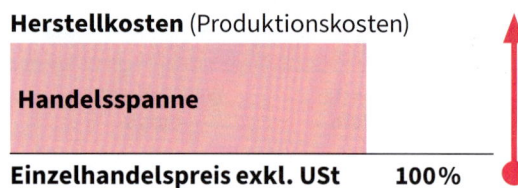

Handelsspanne

Einzelhandelspreis exkl. USt **100%**

Wie viel beträgt die Handelsspanne in Prozent, wenn die Herstellung in China, in den USA bzw. in Europa erfolgt? (Berechnungen auf Ganze genau.) C

c) Produkte leben nicht ewig! Daher verändern Unternehmen diese, um am Markt attraktiv zu bleiben. Erläutere den Relaunch von Produkten am Beispiel des iPhone von Apple. Recherchiere dazu im Internet. D

d) Analysiere die Breite und die Tiefe des Apple-Angebotes. D

e) Über welche Absatzwege kommen die Apple-Produkte zum Kunden? Erstelle dazu eine auf Österreich bezogene Analyse. D

FALLBEISPIEL: JOACHIM KATZENBERGER E. U.

KATZENBERGER

Ü 10.9 Investitionsrechnung, Anlagenabschreibung – Fallbeispiel

Im Einzelunternehmen Joachim Katzenberger e. U. wurde ein Firmen-Lkw am 24. November durch einen Unfall total zerstört. Aufgrund der hohen Auslastung im Schotterwerk muss Joachim Katzenberger möglichst schnell einen neuen Lkw anschaffen.

LINK
Ü 10.9
Buchungstrainer

Für dieses Investitionsvorhaben stehen Herrn Katzenberger folgende Angebote zur Verfügung:

Lkw MAN		Lkw Volvo	
Anschaffungswert (netto)	€ 80.000,00	Anschaffungswert (netto)	€ 90.000,00
Restwert am Ende der Nutzungsdauer	€ 5.000,00	Restwert am Ende der Nutzungsdauer	€ 7.000,00
Jährliche Betriebskosten:		Jährliche Betriebskosten:	
Wartung	€ 1.800,00	Wartung	€ 2.200,00
Betriebsstoffe (z. B. Diesel)	€ 18.300,00	Betriebsstoffe (z. B. Diesel)	€ 17.900,00
Reparatur	€ 900,00	Reparatur	€ 2.400,00

Die Nutzungsdauer der Lkw wird aufgrund der starken Belastung im täglichen Baustellen- und Schottergrubenverkehr mit fünf Jahren angenommen. Das eingesetzte Kapital soll mit 8% p. a. verzinst werden. Die Auslastung beträgt 1.200 Lkw-Fahrstunden pro Jahr.

Aufgabe 1: a) Vergleiche die Kosten der beiden Fahrzeuge pro Jahr und pro Lkw-Fahrstunde mithilfe der Kostenvergleichsrechnung. C

b) Welche weiteren statischen Verfahren der Investitionsrechnung stehen für Investitionsentscheidungen zur Verfügung? Zähle die Verfahren auf und beschreibe diese in Stichworten. B

Auszug aus der Saldenbilanz per 31. Dezember:

Konto-Nr.	Kontobezeichnung	Saldenbilanz	
		Soll	Haben
0640	Lkw	104.000,00	
4600	Erlöse aus dem Abgang von Anlagen 20%		
4610	Versicherungsentschädigungen für Anlagenabgänge		22.000,00
4630	Erträge aus dem Abgang von Anlagen		
7010	Abschreibungen von Sachanlagen		
7819	Sonstige Schadensfälle		

Joachim Katzenberger hat sich aufgrund der durchgeführten Kostenvergleichsrechnung für die Anschaffung des Lkw MAN entschieden. Das Wrack des zerstörten Firmen-Lkw wurde bei der Anschaffung in Zahlung gegeben. Der neue Lkw wurde am 29. Dezember angemeldet und übernommen. Die Rechnung (E 521) des Fahrzeughändlers Ing. Oliver Posvek KG (33089) mit Rechnungsdatum 27. Dezember ging am 8. Jänner n. J. ein und zeigt folgendes Bild (Auszug):

Rechnung Nr. 001523 27. Dez. 20 . .

Lkw, Type MAN		€ 80.000,00
+ 20% USt		€ 16.000,00
		€ 96.000,00
abzüglich:		
Lkw-Wrack, Type Fiat.	€ 3.000,00	
+ 20% USt.	€ 600,00	€ 3.600,00
		€ 92.400,00

Zahlungsbedingungen: zahlbar innerhalb von 14 Tagen netto Kassa

In diesem Zusammenhang erfolgte noch keine Buchung.

Für den zerstörten Lkw zahlte die Versicherung € 22.000,–. Der Betrag ging am 29. Dezember auf unserem Bankkonto ein und wurde ordnungsgemäß verbucht.

Auszug aus der Anlagendatei:

Lkw Fiat: Anschaffungswert € 120.000,–, Nutzungsdauer fünf Jahre, Nutzung bis 1. Jänner des Abschlussjahres dreieinhalb Jahre, lineare Abschreibung

Lkw MAN: Nutzungsdauer fünf Jahre, Inbetriebnahme am 29. Dezember, degressive Abschreibung 30%

Abschreibungen der übrigen Lkw € 21.000,–

Aufgabe 2: Stelle die erforderlichen Um- und Nachbuchungen (inklusive Saldierungsbuchungen) auf. Die Nummer der letzten Um- und Nachbuchung lautet U 33. C

FALLBEISPIEL: FRANZ ANTONI E. U.

Franz Antoni

Ü 10.10 Anlagenkauf verbuchen, Finanzierung – Fallbeispiel

Die Franz Antoni e. U. betreibt eine Tischlerei in Eisenstadt. Im Zusammenhang mit dem Kauf einer neuen Kantenanleimmaschine ergeben sich die folgenden Geschäftsfälle.

LINK
Ü 10.10
Buchungstrainer

4. 1. Bestellung der Kantenanleimmaschine AF 12/789 bei der Maschinen Konrad GmbH, Mödling
Erteilung eines Online-Auftrages an den Spediteur LKW WALTER AG – über die Website www.lkw-walter.com – für den Transport von Mödling nach Eisenstadt

9. 2. Rechnung der Maschinen Konrad GmbH (33059)

KONRAD **MASCHINEN KONRAD GMBH**

2340 MÖDLING • MARIA-THERESIEN-STRASSE 25
TELEFON +43 2236 82 10 03-0 • TELEFAX +43 2236 82 11 65

Tischlerei
Franz Antoni e.U.
Bad-Kissingen-Platz 3
7001 Eisenstadt

E 56

RECHNUNG

Bestellung vom / Nr.	Ihre UID-Nummer	Rechnungs-Nr.	Rechnungs- / Lieferdatum	Kunden-Nr.
4. Jan. 20../121	ATU12335472	20..121	9. Feb 20..	20234

Anzahl	Lieferung oder Leistung	Preis	Betrag
1	Kantenanleimmaschine AF 12/789	14.104,00	14.104,00

Nettowert	Spesen	Umsatzsteuer Bemessung	%	Betrag	
14.104,00	0,00	14.104,00	20	2.820,80 →	2.820,80
				GESAMTBETRAG	EUR 16.924,80

Bankverbindungen:

BAWAG P.S.K. AG, BIC: OPSKATWW, IBAN: AT87 6000 0000 0751 6182
Gewerbebank AG, BIC: GBAGATWW, IBAN: AT56 3142 0003 8748 7681

E-Mail: office@maschinenkonrad.at
Homepage: www.maschinenkonrad.at

STAATLICHE AUSZEICHNUNG

TÜV CERT
ISO 9001: 2000

Zahlbar — klagbar in Mödling • Zahlbar innerhalb 30 Tagen ohne Abzug
Handelsgericht Wien, FN 18925a • UID-Nummer: ATU45721893

9. 2. Rechnung der LKW WALTER AG (33027) über die Transportkosten:

INTERNATIONALE LKW WALTER TRANSPORTORGANISATION AG

292473

LKW WALTER Internationale Transportorganisation AG
2355 Wiener Neudorf, POB36

Bearbeiter : KERSTIN BERGER
Tel (Fax) : +43 2236 611 48
E-Mail : BERGERK@LKW-WALTER.COM

Unser UID-Code: ATU19208701 Ihr UID-Code: ATU12335472 AR

Tischlerei
Franz Antoni e.U.
Bad-Kissingen-Platz 3
7001 Eisenstadt

E57

RECHNUNG Nummer:		Blatt Page	Kundennummer Account number	Positionsnummer Our reference	Datum Date
	391435	1	227595	1312/402/0001/001	...02.09

1 STK Kantenanleimmaschine Typ AF 12/789 11.094 KG

Ladestelle : Maschinen Konrad GmbH, 2340 Mödling
Entladestelle : Antoni Franz e.U. - Tischlerei, 7001 Eisenstadt
Ihre Disposition : Order-Nr. 85367/20.. Order-Nr. 85367/20..
Leistungsdatum : 20...02.09

WSL	TEXT	MWST	EUR BETRAG
010	Fracht	20,00 %	1.070,00
415	Avisi, Telefon, Fax	20,00 %	8,46
406	Vorlage	20,00 %	32,35
421	SKR	20,00 %	11,10
	NETTO		1.121,91
	MWST 20,00 %		224,38
	GESAMT EUR		1.346,29

Wir ersuchen um Überweisung auf unser Konto bei der
RAIFFEISENLANDESBANK NÖ-WIEN, BIC RLNWATWW, IBAN AT87 3200 0000 0051 0289

Wir bedanken uns für die gute Zusammenarbeit und wünschen Ihnen ein erfolgreiches neues Jahr!

Zahlungen werden zunächst auf Frachten und Spesen, zuletzt auf Zölle angerechnet. Bei Zahlungsverzug verrechnen wir Verzugszinsen gem. Speditionstarif für Kaufmannsgüter. Erfüllungsort: Wien (Zentrale) bzw. Kufstein (Betrieb). Es gilt österreichisches Recht. Wir arbeiten ausschließlich auf Grundlage der Allgemeinen Österreichischen Spediteurbedingungen, in der nach der jeweiligen Kundmachung in der "Wiener Zeitung" geltenden und bei uns zur Einsicht aufliegenden Fassung. Lkw Walter Internationale Transportorganisation AG, Sitz: Laxenburg, Firmenbuchgericht: LG Wiener Neustadt, FN 35799x

Zentrale: LKW WALTER INTERNATIONALE TRANSPORTORGANISATION AG, 2355 WIENER NEUDORF, IZ NÖ-SÜD, STRASSE 14
Betrieb: LKW WALTER INTERNATIONALE TRANSPORTORGANISATION AG, 6330 KUFSTEIN, ZELLERSTRASSE 1

27. 2. B 37 Überweisung von € 1.346,29 an die LKW WALTER AG

9. 3. B 41 Überweisung von € 16.924,80 an die Maschinen Konrad GmbH

31.12. U 29 Abschreibung der Kantenanleimmaschine, Nutzungsdauer fünf Jahre, degressive Abschreibung 30 %

Aufgabe: a) Verbuche die Geschäftsfälle. C

b) Die Hausbank hat zur Finanzierung des Maschinenkaufs (netto € 14.104,–) ein Leasingangebot mit folgenden Konditionen vorgelegt:
Monatliches Leasingentgelt € 110,–, Anzahlung € 4.167,–, 48 Monate Vertragsdauer, Restwert € 6.400,–, keine zusätzlichen Nebenkosten. Alle Beträge verstehen sich ohne 20 % USt.
Berechne näherungsweise die gesamte Mehrbelastung der Leasingvariante gegenüber der Eigenfinanzierung und die Verzinsung (den Zinssatz p. a.) bezogen auf das durchschnittlich gebundene Kapital.

FALLBEISPIEL: AUTOHAUS ZIEHER GMBH

AUTOHAUS ZIEHER

Ü 10.11 Erweiterung und Instandhaltung eines Gebäudes verbuchen, Umfeldanalyse – Fallbeispiel

Die Autohaus Zieher GmbH in Landeck handelt seit 1985 erfolgreich mit Neu- und Gebrauchtwagen. Eine konsequente Ausrichtung des Sortiments an die Bedürfnisse der Kunden, eine aggressive Preispolitik und eine starke Serviceorientierung machten das Unternehmen zum größten Autohändler in der Region. 40% der Fahrzeuge werden mittlerweile über das Internet verkauft. Drei Mitarbeiter kümmern sich ausschließlich um den stark boomenden Onlinehandel. Viele Autokäufer bevorzugen jedoch nach wie vor die persönliche Beratung und besuchen die Verkaufsräume vor Ort. Um die Attraktivität der Fahrzeugpräsentation zu erhöhen, begann Herr Zieher im Abschlussjahr mit dem Bau einer neuen Verkaufshalle und der Renovierung der bestehenden Halle. Die Verkaufshalle wird am 4. September feierlich eingeweiht und in Betrieb genommen.

LINK
Ü 10.11
Buchungstrainer

2. 9. Die Abrechnung der Servus Bau GmbH (33636) zeigt folgendes Bild:

E 1340

SERVUS Bau GmbH
Ihr Partner am Bau

Servus Bau GmbH – Baumeister Markus Lechner
Bahnhofstraße 14 – 6500 Landeck
Tel.: +43 5442 69 09 32 Website: www.servusbau.at E-Mail: office@servusbau.at

Autohaus Zieher GmbH
Innstraße 25
6500 Landeck

Kunden-Nr.: 20488
Ihre UID-Nr.: ATU22844233

Landeck, 02. Sep. 20 . .

Rechnung
Nr.: 2453 **Bearbeiter:** Marcel Horner **Projekt: 2453/20 . .**

Auftrag: 389/20..

Leistungsübersicht		
Errichtung einer Verkaufshalle lt. Auftrag vom 2. Februar 20 . .		195.000,00
Renovierungsarbeiten bestehender Verkaufsraum		28.000,00
Betrag netto	€	223.000,00
+ Umsatzsteuer 20 %	€	44.600,00
Gesamtbetrag	**€**	**267.600,00**

Vielen Dank für Ihren Auftrag! Servus Bau GmbH – Ihr Partner am Bau!

Bankverbindung:
Bank für Tirol und Vorarlberg AG
IBAN AT70 1600 0001 0026 2266, BIC BTVAAT22

Zahlungsbedingungen:
Zahlbar netto bei Erhalt der Rechnung
FN 19239w, LG Innsbruck

8. 9. B 130 Ausgleich des Rechnungsbetrages durch Banküberweisung

31.12. U 26 Das ursprüngliche Verwaltungs- und Verkaufsgebäude mit einem Anschaffungswert von € 980.500,– wird mit 2,5% p. a. linear abgeschrieben; bisherige Nutzungsdauer bis zum 1. Jänner des Abschlussjahres 21 Jahre. Bei der neuen Verkaufshalle handelt es sich um einen Zubau, der auf die Restnutzungsdauer des bestehenden Gebäudes abgeschrieben wird. Berechnung der Abschreibung auf € genau.

Aufgabe: a) Stelle die Buchungsanweisungen auf. C

b) Herr Zieher möchte eine Umfeldanalyse für sein Autohaus durchführen. Zeige am Beispiel des Autohauses, welche Kriterien eine Rolle spielen können. D

FALLBEISPIEL: KURT WINTERHELLER E. U.

KURT WINTERHELLER

Ü 10.12 Neubau und Instandhaltung eines Gebäudes verbuchen, Marktbearbeitung – Fallbeispiel

Das Möbelhaus Kurt Winterheller e. U. ist ein Familienunternehmen mit jahrzehntelanger Erfahrung im Möbelgeschäft. Das Sortiment wird ständig an die neuen Marktgegebenheiten angepasst. Mit dem Bau eines Möbel-Abholmarktes sollen neue Käuferschichten gewonnen werden. Die Zielgruppe sind Leute mit gutem Geschmack, die innovative Möbel bevorzugen. Die Möbelstücke sollen preisgünstig und im Selbstbau einfach zusammenzubauen sein.

LINK
Ü 10.12
Buchungstrainer

Das neue Sortiment wurde bereits anlässlich eines Besuches bei den Möbelmessen in Mailand und Köln zusammengestellt. Die Möbel können niedrig kalkuliert werden, da die hohen Kosten der Zustellung und Montage wegfallen.

Mit dem Bau des Abholmarktes wurde Anfang Februar begonnen. Im Zuge der Baumeisterarbeiten wurde auch die Fassade des bereits vorhandenen Gebäudes renoviert.

15. 8. Der Baumeister Franz Koss GmbH (33057) stellt folgende Rechnung über die Fassadenrenovierung.

BAUMEISTER

E 1201

Baumeister Franz Koss
Hoch-, Tief- und Stahlbetonbau GmbH
Albertgasse 10 – Postfach 33
1081 Wien
Telefon: + 43 1 405 12 18
Fax: + 43 1 405 12 18 DW 73
E-Mail: office@baumeister_koss.at

Möbelhaus
Kurt Winterheller e. U.
Langenloiser Straße 22
3500 Krems an der Donau

Kunde 20089
Ihre UID-Nr.: ATU42719304

Wien, 15. August 20 . .

RECHNUNG

Wir bedanken uns für Ihren Auftrag und stellen unsere Leistungen wie folgt in Rechnung:

Renovierungsarbeiten am bestehenden Möbelhaus	€ 18.000,00
+ 20 % Umsatzsteuer	€ 3.600,00
	€ 21.600,00

Der Abholmarkt wurde Mitte September fertiggestellt und am 30. September unter Anwesenheit von viel Prominenz feierlich eröffnet.

30. 9. Abrechnung des Baumeisters Franz Koss GmbH über den Neubau des Abholmarktes, Nutzungsbeginn 25. September

E 1441

Baumeister Franz Koss
Hoch-, Tief- und Stahlbetonbau GmbH
Albertgasse 10 – Postfach 33
1081 Wien
Telefon: + 43 1 405 12 18
Fax: + 43 1 405 12 18 DW 73
E-Mail: office@baumeister_koss.at

Möbelhaus
Kurt Winterheller e. U.
Langenloiser Straße 22
3500 Krems an der Donau

Kunde 20089
Ihre UID-Nr.: ATU42719304

Wien, 30. September 20 . .

RECHNUNG

Wir bedanken uns für Ihren Auftrag und stellen unsere Leistungen wie folgt in Rechnung:

Gesamtherstellungskosten des Möbel-Abholmarktes	€ 320.000,00
+ 20 % Umsatzsteuer	€ 64.000,00
	€ 384.000,00

14.10. B 168 Ausgleich der beiden Rechnungen (E 1201, E 1441) durch Banküberweisung

31.12. U 29 Abschreibung des bestehenden Möbelhauses und des neuen Möbel-Abholmarktes laut nachstehend abgebildetem Auszug aus der Anlagendatei:

Anlage	Ansch.-Datum / Inb.-Datum	Anschaffungswert	Abschreibungssatz	Buchwert per 1.1.
Möbelhaus	20.02.20 . . / 20.02.20 . .	1.400.000,00	2,5 % p. a.	980.000,00
Möbel-Abholmarkt	30.09.20 . . / 25.09.20 . .	320.000,00	2,5 % p. a.	

Der neue Möbel-Abholmarkt wird im ersten Jahr der Nutzung mit 7,5 % beschleunigt abgeschrieben.

Aufgabe: a) Stelle die erforderlichen Buchungsanweisungen auf. C

b) Herr Winterheller hat das Sortiment des Abholmarktes auf eine bestimmte Zielgruppe ausgerichtet. Die Möbel sind innovativ, preisgünstig und im Selbstbau einfach zusammenzustellen.
In welchen Schritten erfolgt eine zielgruppenorientierte Marktbearbeitung? Beschreibe die einzelnen Phasen am Beispiel des Möbel-Abholmarktes Kurt Winterheller e. U. D

FALLBEISPIEL: SPORTARTIKEL VERTRIEBS GMBH

Ü 10.13 Bewertung von Wareneinsatz und Warenendbestand – Fallbeispiel

Die Sportartikel Vertriebs GmbH ist führender Anbieter von Laufschuhen. Es werden Marken mit sportlichem Lifestyle geführt.

Als Vorbereitung für eine Besprechung mit dem Steuerberater soll berechnet werden, welche Auswirkung die Wahl des Bewertungsverfahrens auf das Betriebsergebnis des Unternehmens hat.

Für dieses Jahr ergeben sich für den Laufschuh „Adidas Supernova" folgende Werte:

LINK
Ü 10.13
Excel

Anfangsbestand, Zukäufe			Abfassungen (laut Lagerbuchführung)		Endbestand
Datum	Menge	Preis pro Stk.	Datum	Menge	
Anfangsbestand 1.1.	200 Stk.	€ 110,–	17.2.	150 Stk. vom Anfangsbestand	50 Stk.
18.4.	700 Stk.	€ 130,–	25.8.	600 Stk. vom Zukauf	95 Stk.

Preis am Abschlussstichtag: € 120,– pro Stk.

Aufgabe: a) Bewerte nach dem Identitätspreisverfahren. C
b) Bewerte nach dem Fifo-Verfahren. C
c) Bewerte nach dem gleitenden Durchschnittspreisverfahren. C
d) Stelle fest, welche Unterschiede sich in Bezug auf den Erfolg bei den Verfahren b) und c) gegenüber a) ergeben. D

FALLBEISPIEL: RAINER WAGNER E. U.

Ü 10.14 Belegbearbeitung, strategische Planung – Fallbeispiel

Das Unternehmen Rainer Wagner e. U. hat sich auf den Handel mit exklusiven Gitarren spezialisiert. Die Lieferanten der Musikinstrumente sind in- und ausländische Hersteller. Zu den Kunden zählen sowohl der Musikinstrumentehandel als auch Berufsmusiker, die ihre Gitarren nach ihren individuellen Vorstellungen gefertigt haben wollen.

Im April fallen u. a. die nachfolgenden Geschäftsfälle an. Die abgebildeten Belege sind bereits sortiert.

Es gibt folgende Beleggruppen:

LINK
Ü 10.14
Buchungstrainer

Beleggruppen	Letzte Belegnummer am 19. April
Eingangsrechnungen	E 274
Ausgangsrechnungen	A 108
Kassabelege	K 188
Bankbelege	B 54
Sonstige Belege	S 128

Die Kontonummern für die Sachkonten findest du im Kontenplan im Anhang. Für die Kunden wurden u. a. folgende Kontonummern vergeben:

Kundenkonten	Lieferantenkonten
20001 Becker Musikinstrumente GmbH	33001 Dr. Franz Binder, Steuerberater 33002 Mag. Andreas Schwarzinger 33003 Ing. Herbert Muzel e. U., Kopienzentrum 33004 Jochen Legat e. U., Installateur

Aufgabe: a) Nummeriere und kontiere die Belege. C
b) Erstelle anhand der Kontierungen auf den Belegen eine computergerechte Buchungsliste. C

c) Herr Rainer Wagner möchte längerfristige Prognosen über die Entwicklung seines Unternehmens anstellen und unter Berücksichtigung dieser Prognosen langfristige (strategische) Ziele formulieren. Dazu benötigt er von Ihnen folgende Informationen: D

- Was sind die Instrumente der strategischen Planung?
- Welche Faktoren sollten bei einer Analyse der Mikro- bzw. Makroumwelt des Unternehmens von Rainer Wagner berücksichtigt werden?
- Wie hängt die Szenariotechnik mit den Ergebnissen der Umfeldanalyse zusammen?
- Womit beschäftigt sich die Branchenanalyse?
- Wodurch unterscheiden sich die Portfolioanalyse und der Produkt-Markt-Expansionsraster?
- Was ist eine SWOT-Analyse?

1.

Rainer Wagner

Währinger Gürtel 189/A, 1180 Wien, Austria

Bei Problemen mit dem Instrument mailen Sie uns einfach: info@wagner-gitarren.at

Becker Musikinstrumente GmbH
Ernst-Bergmann-Gasse 196
1140 Wien

RECHNUNG 109

Rechnungsdatum = Lieferdatum: 20. April 20 . .
Ihre UID-Nummer: ATU38582903

1	Gitarre, Modell **Bassic Five,** Elektrobass 5-saitig	EUR 1.810,00
	20 % Umsatzsteuer	EUR 362,00
		EUR 2.172,00

Zahlung: innerhalb 8 Tagen abzüglich 2 % Skonto oder
in 30 Tagen ohne Abzug

Bankverbindung: Handelsbank AG, IBAN AT70 2051 0007 1088 4204, BIC HBAGATWW
Tel/Fax: +43 1 912 15 78, www.wagner-gitarren.at, info@wagner-gitarren.at
Firmenbuchnummer: FN 7606k, Firmenbuchgericht: HG Wien, UID: ATU11888705

2.

Mag. Andreas Schwarzinger
Gitarrenbau

Seidengasse 32, 1070 Wien

E-Mail: post@guitarcity.at — Web: www.guitarcity.at — Tel: +43 1 479 69 49

Rainer Wagner e. U.
Exklusive Gitarren
Währinger Gürtel 189/A
1180 Wien

Rechnung Nr. 20 . ./73

Bestellung: 7. Jan. 20 . . Lieferung: 21. April 20 . . Ihre UID-Nr.: ATU11888705 Wien, 21. April 20 . .

Position	Warenart	Menge	Preis	Betrag
01	Gitarre Bluefish, Elektroakustisch	01	2.120,00	2.120,00
02	Gitarre Touch Style, Elektro-Bass	01	2.080,00	2.080,00
			zusammen	4.200,00
			+ 20 % USt	840,00
			Rechnungsbetrag	5.040,00

Bei Zahlung innerhalb von 8 Tagen 2 % Skonto,
30 Tage netto.

Bank: BAWAG PSK AG, IBAN AT56 1400 0000 0115 1406, BIC BAWAATWW
UID-Nr. ATU37181900, ARA-Lizenz: 2821, Handelsgericht Wien, FN 124811w

3.

BIC HBAGATWW AUSZAHLUNG

AT07 2051 0007 1088 4204 Rainer Wagner e.U.EUR ***2.500,00-

22.04... 09:27 HAL 84210 b1119KL P/4410

Zeichen

Rainer Wagner

Unterschrift/Losungswort

Hinweis: Kassabeleg – Barabhebung vom Bankkonto, Einlage in die Geschäftskasse

4.

Martha Weiser

Papier, Bürobedarf
Penzinger Straße 20, 1140 Wien
Telefon +43 1 834 67 20
UID-Nr.: ATU29631707

Beleg-Nr. 809 20..0422 10:14

RECHNUNG

50 x 0,15 Klarsichthüllen	€	7,50
	€	7,50
– Skonto	€	0,23
Summe	€	7,27
Netto	€	6,06
+ 20 % USt	€	1,21
Brutto	€	7,27
BAR	**€**	**7,27**

5.

Österreichische Post AG
UID-Nr: ATU46674503
1120 Wien
Arndtstraße 81-83
Tel.: 0800 010 100
Internet: 1120.post.at

....
....
....

Datum: 23.04.20 . . 15:18

Rechnung Nr.: 11200240171393

Stk	Bezeichnung	EUR	
1	EMS Inland bis 4 kg	11,76	2
	LKW-Maut	0,23	2
	Sendungsnummer(n):		
	1120050012017288 PLZ: 9020		
	SUMME	**11,99**	
	20% USt 9,99	2,00	2

Vielen Dank für den Versand Ihrer Sendung(en) mit der österreichischen Post AG! Bitte heben Sie diesen Beleg auf. Er ist der Nachweis für die Aufgabe von Paketen/EMS und die Transportversicherung. Den weiteren Sendungsverlauf können Sie im Internet mit der / den o. a. Sendungsnummer(n) nachverfolgen.
www.post.at/tracking

WIR DANKEN FÜR IHR KOMMEN

Es gelten die Allgemeinen Geschäftsbedingungen der Österreichischen POST AG in der jeweils geltenden Fassung.

6.

HANSA WERBUNG e.U.

Lindengasse 84, 1070 Wien | Tel.: +43 1 523 17 81, Fax: +43 1 523 19 45
UID-Nr.: ATU56594019, Firmenbuch: FN44504l, HG Wien

Rainer Wagner e.U.
Währinger Gürtel 189/A
1080 Wien

RECHNUNG NR.: 944

Kunden-Nr.: 20440
Datum: 23.04... 10:41

Ihre Bestellung: –
Sachbearbeiter: Gottfried Kern
Auftrag Nr.: –

Pos	Artikel Bezeichnung		Gesamt
001	Inserat – Music Man „Rainer Wagner – Exklusive Gitarren"		EUR 180,00
	UMSATZSTEUER	+ 20 % USt	EUR 36,00
	RECHNUNGSBETRAG		**EUR 216,00**
	Maestro 201253515333		

Hinweis: Zahlung mit der Firmendebitkarte

7.

KOPIEN ZENTRUM re REPROGRAFIE

Ing. Herbert MUZEL e. U.
Kärntner Straße 17 · 1010 Wien
Tel. +43 1 51 40 800 · Fax +43 1 51 40 805
ATU44321097 · HG Wien, FN 121809l
BWN, IBAN AT19 1234 5001 4039 9980, BIC BWNKATWW
Urheberrecht: Die Reproduktion aller uns übergebenen Vorlagen geschieht unter der Voraussetzung, dass der Überbringer (Besteller) die Berechtigung zur Vervielfältigung besitzt und uns diesbezüglich gegenüber dem Urheberrechtsinhaber schad- und klaglos hält.

80355

Rainer Wagner e.U.
Währinger Gürtel 189/A
1180 Wien

Wien, am 26.04...

RECHNUNG Nr. 20..79

Lieferung	Stück	Artikel	Preis	Summe
April	800.00	SCHWARZ/WEISS KOPIEN A4	0.06	48.00
	1.00	•ENTSORGUNGSBEITRAG	2.00	2.00

Achtung**Achtung**Achtung**Achtung
- 5% Schnellzahlerbonus Zahlung 5 Tage
***** - 3% Skonto innerhalb 8 Tage *****
****

NETTO	50.00
+ 20% MwSt.	10.00
GESAMT	60.00

www.kopienzentrum.at
office@kopienzentrum.at

Erfüllungsort und Gerichtsstand Wien

Hinweis: Verbuchung auf dem Konto 7610 Kopien und sonstige Druckkosten

8.

Währinger Gürtel 189/A, 1180 Wien, Austria

Bei Problemen mit dem Instrument mailen Sie uns einfach: info@wagner-gitarren.at

Becker Musikinstrumente GmbH
Ernst-Bergmann-Gasse 196
1140 Wien

GUTSCHRIFT 114

26. April 20 . .
Ihre UID-Nummer: ATU38582903

Aufgrund Ihrer Reklamation zu dem Transportschaden an der Gitarre **Bassic Five,** Elektrobass 5-saitig, schreiben wir Ihrem Konto folgenden Betrag gut.

	EUR 35,00
20 % Umsatzsteuer	EUR 7,00
	EUR 42,00

Wir ersuchen Sie, die nicht ordnungsgemäße Lieferung zu entschuldigen.

Mit besten Grüßen

Rainer Wagner

Bankverbindung: Handelsbank AG, IBAN AT70 2051 0007 1088 4204, BIC HBAGATWW
Tel/Fax: +43 1 912 15 78, www.wagner-gitarren.at, info@wagner-gitarren.at
Firmenbuchnummer: FN 7606k, Firmenbuchgericht: HG Wien, UID: ATU11888705

9.

Dkfm. Dr. Franz Binder
Wirtschaftstreuhänder – Steuerberater

1070 Wien, Kaiserstraße 92

E-Mail: office@dr-binder.at
Telefon +43 1 592 18 06 Telefax +43 1 592 28 43
Handelsbank AG
IBAN AT65 2051 0006 3414 4102, BIC HBAGATWW
UID-Nr.: ATU47123303 DVR: 0287431

Rainer Wagner e. U.
Währinger Gürtel 189/A
1180 Wien

Ihre UID-Nummer	Unser Zeichen	Datum
ATU11888705	*Dr. B/lu*	*27. April 20 . .*

Honorarnote-Nr. 56/20 . .

Erstellung des Jahresabschlusses 20 . . und der Steuererklärungen für 20 . .	*Pauschale*	*€ 2.600,00*
	+ 20 % USt	*€ 520,00*
		€ 3.120,00

Zahlbar netto Kassa innerhalb von 8 Tagen nach Erhalt der Rechnung, zahlbar und klagbar in Wien

10.

ING. OTTO MARKL GmbH

Brunnengasse 21, 1120 Wien
Tel. +43 1 804 13-0, Fax +43 1 804 13-49, 53

www.marklbmw.at
postmaster@marklbmw.at

Auftrags-Nr.	Annahmedatum	Auftraggeber	Unverbindl. Termin	Es bediente Sie
219310	26.04...	142300		Hubert Pekarek/DW 301

Rainer Wagner e.U.
Währinger Gürtel 189/A
A 1180 Wien

RECHNUNG R1

Nummer	Liefer- u. R.-Datum	ZA	ZK	Seite
12 72413	27.04...	B	14	1

Kunden-Nr.	Telefon	Ihre UID-Nummer	WD-KZ
142300	9121578	ATU11888705	

Zulassungsdatum	km-Stand	Leitzahl	VK-KZ
04.07...	28.025		

Marke und Type	Pol.-Kennzeichen	Fahrgestell-Nr.	Motor-Nr.
BMW 330 xi	W 41016 B	A 6928471	22551843

Nummer	Menge		Bezeichnung	Einzelpreis	Gesamtpreis	MW
0000249	4	W	BMW Motorölservice inkl. Altölentsorgung Mobil Turbo Formula		150,00	2
			Summe Arbeit		150,00	
11429064275	1		Oelfilter		20,00	2
7119963155	1		Dichtring		0,20	2
11131273093	1		Schraube		1,50	2
ÖF1	5		Mobil Turbo Formula	15,50	77,50	2
			Summe Teile		99,20	
			Nettobetrag		249,20	
			MWSt von	249,20 20,0%	49,84	2
			Rechnungsendbetrag EUR		299,04	

ING. OTTO MARKL GMBH
1120 WIEN, BRUNNENGASSE 21
TEL.: 01/80413-0

VISA
4548 2403 3125 8780 (P) 10/..

243282168 06028630
Genehmigungsnummer:761124
Belegnummer:000191

KUNDENBELEG

B E Z A H L T EUR 299,04

27.04.20.. 17:42

Vielen Dank für Ihren Besuch!

ÖFFNUNGSZEITEN: Annahme: Mo-Fr 7.00-19.00
Ersatzteilversand: Mo-Do 7.30-16.30, Fr 7.30-14.30
Ersatzteilbarverkauf: Mo-Fr 8.00-16.30, Sa 8.30-12.00
WIR DANKEN FÜR IHREN BESUCH UND WÜNSCHEN GUTE FAHRT!

Zahlbar nach Erhalt der Rechnung ohne Abzug. Bis zur vollständigen Bezahlung bleibt die Ware unser ausschließliches und unveräußerliches Eigentum. Reklamationen nur 48 Stunden nach Übernahme der Ware oder Lieferung. Versandrisken zu Lasten des Empfängers. Zahlbar und klagbar sowie Gerichtsstand ausschließlich in Wien. Quittungsdruck gilt als Zahlungsbestätigung.

Handelsgericht Wien, FN 27312b
UID-Nr.: ATU25873908

Erste Bank AG
BIC GIBAATWW, IBAN AT76 2011 1000 0234 6681

Hinweis: Zahlung mit Firmenkreditkarte

11.

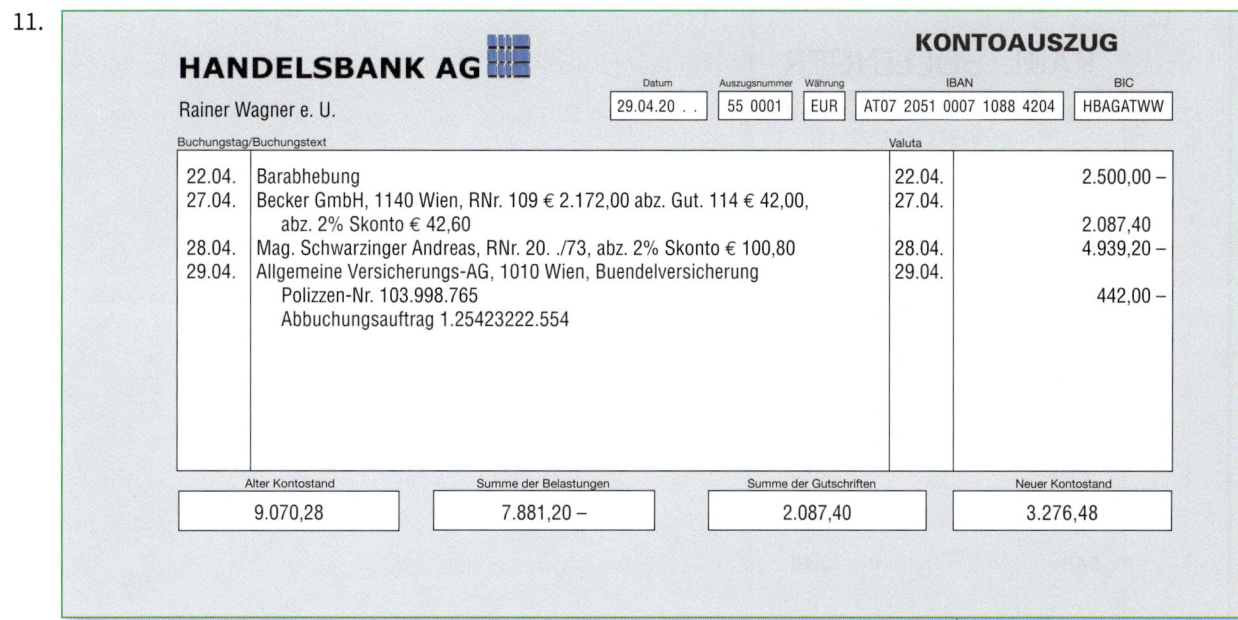

HANDELSBANK AG — **KONTOAUSZUG**

Rainer Wagner e. U.

Datum	Auszugsnummer	Währung	IBAN	BIC
29.04.20 . .	55 0001	EUR	AT07 2051 0007 1088 4204	HBAGATWW

Buchungstag	Buchungstext	Valuta	Betrag
22.04.	Barabhebung	22.04.	2.500,00 –
27.04.	Becker GmbH, 1140 Wien, RNr. 109 € 2.172,00 abz. Gut. 114 € 42,00, abz. 2% Skonto € 42,60	27.04.	2.087,40
28.04.	Mag. Schwarzinger Andreas, RNr. 20. ./73, abz. 2% Skonto € 100,80	28.04.	4.939,20 –
29.04.	Allgemeine Versicherungs-AG, 1010 Wien, Buendelversicherung Polizzen-Nr. 103.998.765 Abbuchungsauftrag 1.25423222.554	29.04.	442,00 –

Alter Kontostand	Summe der Belastungen	Summe der Gutschriften	Neuer Kontostand
9.070,28	7.881,20 –	2.087,40	3.276,48

Auftragsbestätigung — **Handelsbank AG**

Empfänger
Mag. Schwarzinger Andreas
Seidengasse 32, 1070 Wien

IBAN AT561400000001151406
BIC BAWAATWW
BAWAG PSK AG

Überweisung
Betrag: EUR 4.939,20
Verwendungszweck: RNr. 20. . / 73 abz. 2% Skonto € 100,80
Kundendaten: 20917
Zu überweisen am: 28.04.20. .

Art: Inlandsüberweisung
Datum: 28.04.20. .
TAN: 68-NKXP9
Uhrzeit: 14:30

Auftraggeber: Rainer Wagner e. U.
IBAN: AT072051000710884204 BIC HBAGATWW

12.

Wien 29. April 20 . .

Private Warenentnahme

1	Gitarre, Jazzcaster, Semiakustisch mit geschlossener Decke	EUR	1.280,00
	+ 20 % USt	EUR	256,00
		EUR	1.536,00

Rainer Wagner

13.

KARL BOLLINGER

Papierwaren, Bürobedarf
1120 Wien, Meidlinger Hauptstraße 45
Telefon +43 1 813 22 14
www.papierbollinger.at
UID-Nr.: ATU19509002

Beleg-Nr.#2120 20..0429 12:20:14

RECHNUNG

1 x 2,10 Tipp-Ex	€	2,10
Summe	€	2,10
Netto	€	1,75
+20% USt	€	0,35
Brutto	€	2,10
BAR	**€**	**2,10**

14.

Jochen Legat e.U.
Heizung- und Sanitärinstallationen
1120 Wien, Ruckergasse 50
Tel. u. Fax: +43 1 815 03 42
Handy: +43 650 8280 125
E-Mail: jochen.legat@aon.at

Rainer Wagner e. U.
Währinger Gürtel 189/A
1180 Wien

Wien, am 29. April 20 . .

Rechnung Nr.: 4.173/ . . Instandhaltung und Instandsetzung Heizungsanlage

Pos.	Menge	Einheiten	Bezeichnung	Einzelpreis €	Gesamtpreis €
1	1	Stk.	GRUNDFOS Heizungspumpe UPE 25-60 180 R 1"		250,00
2	2	Stk.	PAW Pumpen-Absperr-Set K 5 R 1" mit Thermometer	75,00	150,00
3	1		Service Heizungsanlage		120,00
4	1	Stk.	Kleinmaterial		16,00
5	2	Stk.	Monteurstunden	32,00	64,00
				Zwischensumme €:	600,00
				– 10 % Rabatt €:	60,00
				Nettosumme €:	540,00
				+ 20 % USt €:	108,00
				Summe €:	648,00
				– Anzahlung €:	0,00
				Gesamtsumme €:	**648,00**

Die Ware bleibt bis zur vollständigen Bezahlung mein Eigentum. Zahlbar innerhalb von 14 Tagen ohne Abzug.
Bankverbindung: UniCredit Bank Austria AG, IBAN AT60 1200 0062 8561 1412, BIC BKAUATWW
UID-Nr.: ATU62890303; Firmenbuch: FN 229452f, LG Wien
Öffnungszeiten: Montag–Donnerstag 7:30 Uhr–16:30 Uhr, Freitag 7:30 Uhr–12:00 Uhr

15.

STEMPEL KÖNIG
Anton König
1090 Wien, Spitalgasse 10
Tel.: +43 1 412 33 45
UID-Nr.: ATU47123009

Beleg-Nr. 1290 20..0430 08:20

RECHNUNG

1 x 17,50 Stempel	€	17,50
Summe	€	17,50
Netto	€	14,58
+20 % USt	€	2,92
Brutto	€	17,50
BAR	**€**	**17,50**

16.

Bel.-Nr.:

~~Eingang~~ — KASSA — Ausgang

€		netto	€	
€		+ ___ % Mwst. Vst.	€	
€		Gesamtbetrag	€	500,–

in Worten fünfhundert
von/an ~~/~~ Rainer Wagner
für Privatentnahme

Wien (Ort) 30/4/20.. (Datum) Rainer Wagner (Unterschrift)

Rainer Wagner e. U. – Kasse 1
30.04.20 . . Kassier/in: Krendl

KASSA AUS EUR 500,00

17.

BP-TANKSTELLE
GÜNTER KRAUSLER, UNGARGASSE 17
2700 WIENER NEUSTADT UID:ATU56062806

R E C H N U N G S - NR.: 62810
NR:23484 (04 2 1) 30.04.20.. 13:47:34

BESCHREIBUNG MENGE SUMME-EUR M
*ZP05 DIESEL 71,46l 80.03E*B
G E S A M T BETRAG EUR : 80.03
DEBIT KARTE BKASSE 80.03
B-KASSE: E 80.03
0133200004200001 40025485 0001 0401

MWST B 20.00% VON 66.69 13.34
MWST GESAMT EUR 13.34

DATEN AUS GEEICHTEN ANLAGETEILEN
SIND DURCH STERNE (*) GEKENNZEICHNET.

ES BEDIENTE: FR.SCHEIBER
DER VERKAUF VON TREIBSTOFFEN ERFOLGT
IM NAMEN DER FA. DOPPLER VERTRIEBS
GMBH, 4600 WELS, VOGELWEIDERSTRASSE 8

Hinweis: Kauf von Treibstoff für den Firmen-Lkw mit Debitkarte

18.

GEHALTSABRECHNUNG 30.04.20.. — BUCHUNGSBELEG

GEHÄLTER 4.200,00
SV 719,04
LST 169,56

AUSZAHLUNG 3.311,40

SV-DGA ANGESTELLTE 891,66
BV-BEITRAG ANGESTELLTE 64,26
DB ANGESTELLTE 163,80
DZ ANGESTELLTE 15,96
KOMMST ANGESTELLTE 126,00
WIENER DA ANGESTELLTE 20,00

KOMPETENZCHECK

Meine Kompetenzen	Kann ich?	Lernstoff	Aufgaben
Ich kann meine erworbenen Fach-, Methoden-, Sozial- und Selbstkompetenzen vernetzt anwenden.		Kapitel 10	Ü 10.1 bis Ü 10.14

Anhang

Weiter üben!

Im Anhang findest du zusätzliche Übungsbeispiele zu allen Kapiteln dieses Buches sowie Wiederholungsbeispiele zum Lehrstoff des I. und II. Jahrganges. Übe weiter und festige damit die erlernten Kompetenzen.

Nimm mich raus!

Hinten im Buch findest du den Kontenplan mit allen Konten, die in diesem Buch verwendet werden. Zusätzlich gibt es den Kontenplan als Seite zum Herausnehmen. So kannst du ihn auch in deiner Übungsmappe ablegen oder auf deine Pinnwand hängen.

Wo finde ich das?

Im Stichwortverzeichnis sind die wichtigsten Begriffe aus diesem Buch aufgelistet und mit Seitenzahlen versehen. Hier kannst du nachschlagen, wenn du eine Begriffsdefinition suchst oder dich zu einem bestimmten Thema informieren möchtest.

LERNEN WILL MEHR! MEHR!-LERNSERVICES

ÜBEN

1 Einführung in die Kostenrechnung

Hier kannst du ein zusätzliches Übungsbeispiel zu den Themen aus Kapitel 1 bearbeiten.

Ü 11.1 Aufgabenbereiche der Kostenrechnung

Karin Berghammer hat in einem Grazer Einkaufszentrum ein kleines Stehcafé eröffnet. Neben verschiedenen Kaffeesorten bietet sie auch eine kleine Auswahl an Kuchen und kalten Snacks an. Nachdem sie ein Start-up-Seminar besucht hat, beschäftigt sie sich intensiver mit der Kostenrechnung in ihrem kleinen Betrieb.

Aufgabenbereich der Kostenrechnung	Fragestellungen
a) Grundlage der Preisbildung	
b) Entscheidungsinstrument	
c) Ergebnisrechnung	
d) Planungsinstrument	

Aufgabe: Nenne jeweils zwei Fragestellungen, die sich für die Unternehmerin in den einzelnen Aufgabenbereichen der Kostenrechnung ergeben könnten. C

ÜBEN

2 Vollkostenrechnung als Grundlage der Preisbildung

Hier kannst du zusätzliche Übungsbeispiele zu den Themen aus Kapitel 2 bearbeiten.

1 Bezugskalkulation

Ü 11.2 Progressive Bezugskalkulation

LINK Ü 11.2 Excel

Die Werbeagentur Communication Network GmbH benötigt für Laserdrucker 20 Stück Toner. Eine Recherche im Internet ergibt einen Stückpreis von €44,90 exkl. 20% USt. Folgende Konditionen werden angeboten: 10% Neukundenrabatt, 2% Skonto bei Vorauszahlung. Für die Lieferung aus Deutschland werden €39,– (exkl. 20% USt) vom Verkäufer in Rechnung gestellt. Für eine vom Käufer abgeschlossene Transportversicherung müssen €16,– (exkl. 20% USt) berücksichtigt werden.

Aufgabe: a) Berechne den Gesamteinstandspreis und den Einstandspreis pro Stück. C

b) Ein zweites Angebot wird von der örtlichen Büroartikelhändlerin Johanna Koppelstädter e. U. eingeholt. Diese bietet den Toner zu einem Stückpreis von €38,– (exkl. 20% USt) an und liefert frei Haus. Prüfe mithilfe der Excel-Datei, welches Angebot günstiger ist. D

Ü 11.3 Retrograde Bezugskalkulation

LINK Ü 11.3 Excel

Der Einstandspreis des Bluetooth-Headsets Freephone darf €21,– pro Stück nicht überschreiten. Der Lieferant gewährt 8% Rabatt und 4% Sonderrabatt. Die eigenen Bezugsspesen betragen €58,– pro 100 Stück.

Aufgabe: a) Berechne den maximal zulässigen Rechnungspreis. Führe die Kalkulation für ein Stück durch. C

b) Für den X-Mas-Gift-Guide der Website wird ein Set-Angebot aus dem Bluetooth-Headset Freephone und einem Samsung Galaxy erstellt. Der Gesamteinstandspreis dieses Angebotes soll €150,– nicht übersteigen.

Konditionen des Lieferanten: 20% Sonderrabatt, 2% Skonto

Eigene Bezugsspesen für die Lieferung von 100 Stück Samsung Galaxy €100,–

Berechne den maximal zulässigen Rechnungspreis für ein Stück des Set-Angebotes (Bluetooth-Headset Freephone mit einem Samsung Galaxy); Kalkulation für 100 Stück. C

Ü 11.4 Kalkulatorische Abschreibungen berechnen

In der Tim Stranz OG ergeben sich für das Jahr 2021 folgende Werte:

1. Anschaffungswert eines Betriebsgebäudes € 716.000,–. Das Gebäude wird zu 15% privat genutzt. Nutzungsdauer 40 Jahre, Indexverhältnis 830 : 1.720
2. Anschaffungswert einer Montageanlage Anfang 2017 € 170.000,–. Die Nutzungsdauer wurde mit zehn Jahren angenommen. Ende 2021 stellt sich heraus, dass die Restnutzungsdauer nur mehr zwei Jahre beträgt. Indexverhältnis 175 : 234
3. Anschaffungswert der geringwertigen Wirtschaftsgüter:
   2018 € 3.900,–, 2019 € 4.800,–, 2020 € 7.600,–, 2021 € 3.200,–
   Nutzungsdauer drei Jahre, Preisindizes: 2018 127, 2019 133, 2020 141, 2021 148

Aufgabe: Berechne die kalkulatorischen Abschreibungen für 2021 (auf € genau). C

Ü 11.5 Kostenartenrechnung – Betriebsüberleitungsbogen

LINK **BÜB** Formular

LINK **Ü 11.5** Excel

Die Finanzbuchführung der Metallwarenfabrik Ing. Karl Gruber OG weist für das 1. Quartal folgende Aufwendungen aus (auf € 100 gerundet):

Konto-Nr.	Kontobezeichnung	Saldenbilanz	
		Soll	Haben
5100	Fertigungsmaterialverbrauch	346.000,00	
5300	Hilfsmaterialverbrauch	21.600,00	
Kl. 5	Sonstiger Materialverbrauch	4.200,00	
6000	Fertigungslöhne	287.600,00	
6010	Hilfslöhne	73.800,00	
6020	Sonderzahlungen Arbeiter	69.200,00	
6200	Gehälter	127.000,00	
Kl. 6	Gesetzliche Lohnabgaben (zusammengefasst)	136.000,00	
Kl. 6	Gesetzliche Gehaltsabgaben (zusammengefasst)	38.100,00	
7010	Abschreibungen von Sachanlagen	140.200,00	
7270	Stromverbrauch	25.700,00	
7700	Versicherungsaufwand	17.900,00	
78..	Schadensfälle	24.800,00	
Div.	Diverse Aufwände	100.600,00	
8310	Zinsenaufwand für Bankkredite	43.000,00	

Für die Abgrenzung ist zu beachten:

1. Die durchschnittliche Preissteigerung beim Fertigungsmaterial beträgt 5%.
2. Es ist noch ein Hilfsmaterialverbrauch von € 4.500,– zu berücksichtigen.
3. Die ausgewiesenen Fertigungslöhne sind Leistungslöhne.
   Lohnnebenkosten der Fertigungslöhne 94%
4. Lohnnebenkosten der Hilfslöhne 90%
5. Gehaltsnebenkosten 60%
6. Stromverbrauch € 19.300,– für das 1. Quartal
7. Versicherungsaufwand € 43.900,– für das ganze Jahr
8. Kalkulatorische Abschreibungen € 652.000,– für das ganze Jahr

9. Kalkulatorische Wagnisse € 220.400,– für das ganze Jahr
10. Kalkulatorische Zinsen € 314.000,– für das ganze Jahr
11. Kalkulatorischer Unternehmerlohn € 6.500,– pro Monat

Aufgabe: Führe die Abgrenzung der Aufwendungen durch und stelle den Betriebsüberleitungsbogen für das 1. Quartal auf (in € 1.000, auf 1 Dez. genau). C

3 Kostenstellenrechnung

Ü 11.6 Kostenartenrechnung – Betriebsüberleitungsbogen und Kostenstellenrechnung – Betriebsabrechnungsbogen

LINK **BÜB** Formular

LINK **BAB** Formular

LINK **Ü 11.6** Excel

Die Aufwendungen der Dr. H. Pollak GmbH, Kunststoffflaschenerzeugung, betragen laut Finanzbuchführung für Mai:

Konto-Nr.	Kontobezeichnung	Saldenbilanz	
		Soll	Haben
5100	Fertigungsmaterialverbrauch	65.000,00	
5300	Hilfsmaterialverbrauch	13.800,00	
6000	Fertigungslöhne	82.000,00	
6010	Hilfslöhne	21.000,00	
6020	Sonderzahlungen Arbeiter	17.400,00	
6200	Gehälter	38.000,00	
Kl. 6	Gesetzliche Lohnabgaben (zusammengefasst)	38.200,00	
Kl. 6	Gesetzliche Gehaltsabgaben (zusammengefasst)	11.400,00	
7010	Abschreibungen von Sachanlagen	62.000,00	
7650	Werbeaufwand	8.500,00	
78 . .	Schadensfälle	800,00	
Div.	Diverse Aufwände	85.200,00	
8310	Zinsenaufwand für Bankkredite	8.000,00	
8500	Körperschaftsteuer	45.000,00	

1. Abgrenzung

Für die Abgrenzung ist zu beachten:

1. Tageswert des Fertigungsmaterials € 70.000,–
2. Durchschnittliche Preissteigerung beim Hilfsmaterial 5 %
3. Die ausgewiesenen Fertigungslöhne sind Leistungslöhne.
   Lohnnebenkosten der Fertigungslöhne 90 %
4. Lohnnebenkosten der Hilfslöhne 89 %
5. Gehaltsnebenkosten 58 %
6. Es steht ein jährliches Werbebudget von € 166.000,– zur Verfügung.
7. Die Körperschaftsteuer ist auszuscheiden.
8. Die für den Abrechnungsmonat errechneten kalkulatorischen Kosten betragen:

Kalkulatorische Abschreibungen	€ 80.600,–
Kalkulatorische Wagnisse	€ 4.600,–
Kalkulatorische Zinsen	€ 34.400,–

2. Kostenverteilung

Die Kosten sind in der nachstehenden Reihenfolge in den Betriebsabrechnungsbogen einzutragen und entsprechend zu verteilen (in € 1.000, auf 1 Dez. genau).

Kostenart	Materiallager	Fertigung A	Fertigung B	Verwaltung	Vertrieb
1. Fertigungsmaterial	70,0				
2. Fertigungslöhne		52,0	30,0		
3. Hilfsmaterial		5,0 :	9,5	(= im Verhältnis der Aufwände)	
4. Hilfslöhne	2,0	11,0	8,0		
5. Gehälter	1,0	4,0	4,0	18,0	11,0
6. Lohnnebenkosten der FL im Verhältnis der FL					
7. Lohnnebenkosten der HL im Verhältnis der HL					
8. Gehaltsnebenkosten im Verhältnis der Gehälter					
9. Werbekosten					100 %
10. Diverse Kosten (Aufwände)	6,2	17,7	18,5	15,4	27,4
11. Kalk. Abschreibungen	2,4	43,3	20,2	8,0	6,7
12. Kalk. Wagnisse	0,6	0,9	0,9	0,7	1,5
13. Kalk. Zinsen	3,5 :	48,2 :	28,5 :	9,3 :	10,5 %

3. Gemeinkostenzuschlagssätze

Die Kostenstelle Fertigung B ist auf der Basis von 4.000 Maschinenstunden abzurechnen, die übrigen Kostenstellen auf Basis der Einzel- bzw. Herstellkosten.

Aufgabe: a) Stelle den Betriebsüberleitungsbogen für Mai auf (in € 1.000, auf 1 Dez. genau). C

b) Stelle den Betriebsabrechnungsbogen für Mai auf (in € 1.000, auf 1 Dez. genau) und berechne die Gemeinkostenzuschlagssätze (auf 1 Dez. genau; in der Kostenstelle Fertigung B auf Basis der Maschinenstunden, auf Cent genau). C

Ü 11.7 Kostenstellenrechnung – Betriebsabrechnungsbogen

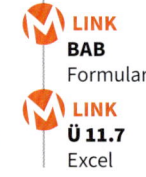

LINK
BAB
Formular

LINK
Ü 11.7
Excel

Die Kosten des 1. Halbjahres der Neuburger Kunststofffensterbau GmbH mit den Kostenstellen Materiallager, F 1 (Profilefertigung), F 2 (Glaszuschnitt), F 3 (Endmontage) sowie Verwaltung und Vertrieb (eine Kostenstelle) betragen (auf € 1.000 genau):

Kostenart	Betrag	Verteilung in € 1.000, auf 1 Dez. genau
1. Fertigungsmaterial	164,0	Einzelkosten
2. Fertigungslöhne	30,0	Einzelkosten: — : — : — : 30,0 : —
3. Hilfsmaterial	38,4	— : 18,4 : 11,2 : 8,8 : —
4. Betriebsstoffe	16,8	2,6 : 2,0 : 1,2 : 1,6 : 9,4
5. Hilfslöhne	77,8	5,2 : 40,0 : 20,0 : 10,0 : 2,6
6. Gehälter	80,0	2,0 : 6,0 : 4,0 : 6,0 : 62,0
7. Lohnnebenkosten der FL		95 % von 2.
8. Lohnnebenkosten der HL		88 % von 5.
9. Gehaltsnebenkosten		58 % der Gehälter
10. Versicherungskosten	14,0	im Verhältnis der Versicherungswerte: 15 : 30 : 25 : 17 : 13 %
11. Sonstige Kosten	204,6	4,0 : 48,4 : 31,2 : 16,8 : 104,2
12. Kalkulatorische Abschreibungen	121,4	lt. Anlagenverzeichnis: 1,2 : 58,8 : 47,3 : 9,1 : 5,0
13. Kalkulatorische Zinsen	59,6	im Verhältnis des investierten verzinsten Kapitals (in € 1.000): 184,0 : 4.994,0 : 4.026,0 : 740,0 : 280,0

In der Kostenstelle F 1 sind 3.670 Maschinenstunden, in der Kostenstelle F 2 2.256 Maschinenstunden angefallen.

Aufgabe: a) Stelle den Betriebsabrechnungsbogen für das 1. Halbjahr auf (in € 1.000, auf 1 Dez. genau) und ermittle die Gemeinkostenzuschlagssätze (auf 1 Dez. genau; in den Kostenstellen F 1 und F 2 auf Basis der Maschinenstunden, auf Cent genau). C

b) Durch Rationalisierungsmaßnahmen werden bei den Fertigungslöhnen €5.000,– und beim Fertigungsmaterial 10% eingespart. Der freiwillige Sozialaufwand wurde im Einverständnis mit dem Betriebsrat ersatzlos gestrichen. Damit konnten die Lohnnebenkosten für die Fertigungslöhne auf 93%, die Lohnnebenkosten für die Hilfslöhne auf 86% und die Gehaltsnebenkosten auf 55% gesenkt werden.

Führe die Neuberechnung des Betriebsabrechnungsbogens und der Gemeinkostenzuschlagssätze mithilfe der Excel-Datei durch. D

Ü 11.8 Kostenstellenrechnung – Betriebsabrechnungsbogen

LINK
BAB
Formular

LINK
Ü 11.8
Excel

Die Kosten des Handwerksbetriebes Johanna Mairinger KG mit den Kostenstellen Materiallager, Werkstätte 1, Werkstätte 2, Werkstätte 3 sowie Verwaltung und Vertrieb (eine Kostenstelle) betragen im 1. Quartal:

Kostenart	Betrag in €	Verteilung in € 1.000, auf 1 Dez. genau
1. Fertigungsmaterial	64.000,00	Einzelkosten
2. Fertigungslöhne	65.000,00	Einzelkosten: — : 34,0 : 20,0 : 11,0 : —
3. Hilfsmaterial	20.000,00	im Verhältnis des Verbrauches in kg: — : 1.200 : 725 : 575 : —
4. Betriebsmaterial	7.800,00	lt. Entnahmescheinen: 1,0 : 0,9 : 0,6 : 0,9 : 4,4
5. Hilfslöhne	23.000,00	lt. Lohnzetteln: 2,5 : 8,0 : 7,0 : 4,5 : 1,0
6. Gehälter	55.000,00	lt. Gehaltslisten: 1,0 : 7,0 : 9,0 : 6,0 : 32,0
7. Lohnnebenkosten der FL	61.100,00	94% der Fertigungslöhne
8. Lohnnebenkosten der HL	20.700,00	90% der Hilfslöhne
9. Gehaltsnebenkosten	31.900,00	58% der Gehälter
10. Energiekosten	7.800,00	nach dem Entgelt für die Netznutzung, dem Energiepreis und dem Verbrauch in kWh: 0,2 : 3,0 : 2,5 : 1,9 : 0,2
11. Werbekosten	16.500,00	nur Verwaltung und Vertrieb
12. Versicherungskosten	7.000,00	im Verhältnis der Versicherungswerte: 10 : 30 : 25 : 20 : 15%
13. Sonstige Kosten	41.700,00	lt. div. Unterlagen: 1,0 : 8,5 : 17,3 : 9,8 : 5,1
14. Kalkulatorische Abschreibungen	41.300,00	lt. Anlagenverzeichnis: 2,1 : 15,7 : 11,8 : 7,0 : 4,7
15. Kalkulatorische Wagnisse	5.000,00	im Verhältnis: 10 : 15 : 15 : 15 : 45%
16. Kalkulatorische Zinsen	18.400,00	im Verhältnis des investierten verzinsten Kapitals: 0,7 : 8,5 : 4,8 : 2,8 : 1,6

Aufgabe: a) Stelle den Betriebsabrechnungsbogen für das 1. Quartal auf (in € 1.000, auf 1 Dez. genau) und berechne die Gemeinkostenzuschlagssätze (auf 1 Dez. genau; in der Kostenstelle Werkstätte 2 auf Basis von 1.250 Maschinenstunden, auf Cent genau). C

b) Im Verwaltungsbereich sollen Kosten eingespart werden. Berechne die Gemeinkostenzuschlagssätze für das 1. Quartal mithilfe der Excel-Datei, unter der Annahme, dass in der Kostenstelle Verwaltung und Vertrieb zwei Mitarbeiter mit einem Bruttogehalt von € 2.100,– bzw. € 2.300,– pro Monat freigesetzt werden. C

Ü 11.9 Kostenstellenrechnung – Betriebsabrechnungsbogen mit Hilfskostenstellen

LINK
BAB mit Hilfskostenstellen
Formular

LINK
Ü 11.9
Excel

Die Jahreskosten der FTG Betonfertigteilbau GmbH mit den Kostenstellen Heizung, Fertigungshilfsstelle, Materiallager, Fertigung, Verwaltung und Vertrieb betragen (auf € 100 genau):

Kostenart	Betrag in €	Verteilung (in € 1.000, auf 1 Dez. genau) auf die Hilfskostenstellen Heizung, Fertigungshilfsstelle und auf die Hauptkostenstellen Materiallager, Fertigung, Verwaltung, Vertrieb
1. Fertigungsmaterial	520.000,00	Einzelkosten
2. Fertigungslöhne	360.000,00	Einzelkosten
3. Hilfs- und Betriebsmaterial	82.000,00	Materialentnahmescheine
4. Hilfslöhne	85.000,00	Lohnzettel
5. Gehälter	201.000,00	Gehaltslisten
6. Lohnnebenkosten der FL	342.000,00	95 % von 2.
7. Lohnnebenkosten der HL	76.500,00	90 % von 4.
8. Gehaltsnebenkosten	122.600,00	61 % von 5.
9. Sonstige Kosten	194.400,00	diverse Unterlagen
10. Kalkulatorische Abschreibungen	432.000,00	Anlagenverzeichnis
11. Kalkulatorische Wagnisse	35.000,00	Erfahrungswerte
12. Kalkulatorische Zinsen	151.000,00	nach Kapitaleinsatz
13. Kalkulatorischer Unternehmerlohn	84.000,00	nach der Tätigkeit des Unternehmers

Kostenverteilung:

	Heizung	Fertigungshilfsstelle	Materiallager	Fertigung	Verwaltung	Vertrieb
3.	10.000,00	5.000,00	2.000,00	53.000,00	5.000,00	7.000,00
4.	8.000,00	24.000,00	16.000,00	37.000,00		
5.				30.000,00	71.000,00	100.000,00
9.	9.500,00	18.500,00	10.100,00	48.300,00	38.000,00	70.000,00
10.	8.900,00	13.200,00	15.600,00	266.400,00	57.600,00	70.300,00
11.		2.000,00	8.000,00	2.000,00	1.000,00	22.000,00
12.	3 :	4 :	8 :	60 :	12 :	13 %
13.				10 :	30 :	60 %
Umlage Heizung:		4 :	7 :	57 :	18 :	14 %
Umlage Fertigungshilfsstelle:			10,0 :	230,0 :	20,0 :	15,0

Kostenstelle Fertigung: 26.000 Fertigungsstunden

Aufgabe: a) Stelle den Betriebsabrechnungsbogen auf (in € 1.000, auf 1 Dez. genau) und berechne die Gemeinkostenzuschlagssätze (auf 1 Dez. genau, in der Kostenstelle Fertigung Errechnung eines Stundensatzes auf Cent genau). C

b) Durch Auslagerung der Heizung an einen Fernwärmeproduzenten wird die Hilfskostenstelle Heizung eingespart. Dadurch ergibt sich für die angeführten Kostenarten folgende neue Kostenverteilung:

	Fertigungs-hilfsstelle	Materiallager	Fertigung	Verwaltung	Vertrieb
3.	6.000,00	2.000,00	53.000,00	5.000,00	7.000,00
4.	27.000,00	16.000,00	39.000,00		
9.	18.900,00	10.800,00	53.700,00	39.700,00	71.300,00
10.	13.600,00	16.200,00	271.500,00	59.200,00	71.500,00
12.	4 :	8 :	62 :	12 :	14%

Hinweis: Durch die Ausgliederung der Kostenstelle Heizung haben sich die Kostenarten Hilfs- und Betriebsmaterial bzw. Hilfslöhne reduziert.

Führe die Neuberechnung des Betriebsabrechnungsbogens und der Gemeinkostenzuschlagssätze (auf 1 Dez. genau, in der Kostenstelle Fertigung Errechnung eines Stundensatzes auf Cent genau) mithilfe der Excel-Datei durch. D

4 Kostenträgerrechnung

Ü 11.10 Differenzierende Zuschlagskalkulation

LINK Ü 11.10 Excel

Das Unternehmen Saxer GmbH erzeugt Glasbausteine und kalkuliert mit folgenden Gemeinkostenzuschlagssätzen:

MGK 25%, FGK-1 230%, FGK-2 250%, VwGK 10%, VtGK 15%

Mithilfe dieser Zuschlagssätze und eines Gewinnzuschlages von 20% wurde folgender Auftrag kalkuliert und ein fixes Angebot erstellt:

200 Stück, Fertigungsmaterialverbrauch pro Stück € 7,20, Fertigungslöhne in der Fertigungsstelle 1 pro Stück € 10,–, Fertigungslöhne in der Fertigungsstelle 2 pro Stück € 5,50

Die Nachkalkulation ergibt folgende Werte:

Fertigungsmaterialverbrauch insgesamt € 1.400,–, Fertigungslöhne 1 insgesamt € 2.040,–, Fertigungslöhne 2 insgesamt € 1.050,–

Gemeinkostenzuschlagssätze laut Betriebsabrechnungsbogen: MGK 24,6%, FGK-1 233,4%, FGK-2 253,8%, VwGK 10,5%, VtGK 16,3%

Aufgabe: a) Erstelle die Angebotskalkulation (pro Stück auf Cent genau) und ermittle den gesamten Nettoverkaufspreis (auf € genau). C

b) Erstelle die Nachkalkulation (für die Gesamtmenge auf Cent genau) und ermittle den tatsächlich erzielten Gewinn (in € und in% der Selbstkosten auf 1 Dez. genau). C

c) Durch einen Produktionsausfall im Werk des Materiallieferanten musste eine Ersatzbeschaffung vorgenommen werden. Der Preis für das benötigte Material ist um 35% höher.

Beurteile, wie sich die Preissteigerung auf das Ergebnis des aktuellen Auftrages auswirkt. Führe die Nachkalkulation mithilfe der Excel-Datei durch. D

5 Absatz- und Differenzkalkulation (Kostenträgererfolgsrechnung)

Ü 11.11 Progressive Absatzkalkulation

LINK Ü 11.11 Excel

LINK Ü 11.11 Buchungstrainer

Spindelböck GmbH, Produktion von Gartenmaschinen

Selbstkosten des Rasenmähers „Turbofix 400" € 227,10, 25% Gewinn, Transportkosten € 8,50, 4,5% Verkaufsprovision, 2% Skonto, 10% Mengenrabatt bei 60% des Umsatzes, 35% Einzelhandelsspanne, 20% USt

Aufgabe: a) Berechne den Bruttoverkaufspreis inkl. 20 % USt (Kalkulation auf Cent genau, Ergebnis auf 10 Cent aufrunden). C

b) Verkauf von 20 Stück Rasenmäher „Turbofix 400" an den Gartengerätefachhändler Christian Fuchs GmbH (20554, A 832 vom 14. April) € 6.647,– + € 1.329,40 USt = € 7.976,40 (Verkaufspreis abzüglich Einzelhandelsspanne); Zahlungsbedingung: Zahlbar innerhalb von 30 Tagen ohne Abzug

Der Kunde, die Christian Fuchs GmbH, hat am 12. Mai € 7.976,40 zum Ausgleich der A 832 überwiesen (B 98).

Verbuche den Rasenmäherverkauf (Konto 4100 Fertigerzeugniserlöse 20 %) und den Rechnungsausgleich. C

c) Für einen Einführungspreis muss knapp kalkuliert werden. Berechne den Bruttoverkaufspreis inkl. 20 % USt, wenn 10 % Gewinn, kein Skonto und kein Mengenrabatt in der Kalkulation berücksichtigt werden. Alle anderen Konditionen bleiben gleich.

Führe die Berechnung mithilfe der Excel-Datei durch (Kalkulation auf Cent genau, Ergebnis auf 10 Cent aufrunden). C

Ü 11.12 Retrograde Absatzkalkulation

LINK Ü 11.12 Excel

LINK Ü 11.12 Buchungstrainer

Der Einzelhandelspreis des Eierkochers „Deluxe 4" soll € 14,– inkl. 20 % USt nicht überschreiten; Wiederverkäuferrabatt 33 %, 8 % Mengenrabatt bei 40 % des Umsatzes, 2 % Skonto, 4 % Verkaufsprovision, 17 % Gewinn.

Aufgabe: a) Berechne die maximal zulässigen Selbstkosten. C

b) Verkauf von 100 Stück Eierkocher an den Küchengerätehandelsbetrieb Anna Strauss OG (20330) für eine Osteraktion zu je € 7,57 (= Listenverkaufspreis exkl. USt abzüglich Wiederverkäuferrabatt und Mengenrabatt) = € 757,– + € 151,40 USt = € 908,40 (A 1221 vom 2. März). Die Rechnung über die gelieferten Eierkocher ist innerhalb von zehn Tagen ohne Abzug zu bezahlen.

Bankeingang € 908,40; Ausgleich der A 1221 durch die Anna Strauss OG am 10. März (B 34)

Stelle die Buchungssätze für den Verkauf der Eierkocher (Konto 4100 Fertigerzeugniserlöse 20 %) und die Zahlung auf. C

c) Eierkocher können zum gegenwärtigen Zeitpunkt um höchstens € 10,– pro Stück (inkl. 20 % USt) verkauft werden. Welche Selbstkosten ergeben sich, wenn der Wiederverkäuferrabatt auf 20 % reduziert wird und weder Mengenrabatt noch Skonto in der Kalkulation berücksichtigt werden?

Führe die Berechnungen mithilfe der Excel-Datei durch. C

Ü 11.13 Differenzkalkulation (Kostenträgererfolgsrechnung)

LINK Ü 11.13 Excel

LINK Ü 11.13 Buchungstrainer

Der Einzelhandelspreis inkl. 20 % USt soll für das Bindegerät „Thermobind A4" € 860,– betragen; 40 % Einzelhandelsrabatt, 3 % Mengenrabatt, 2 % Skonto, 3,5 % Verkaufsprovision.

Die Selbstkosten betragen € 283,–.

Aufgabe: a) Berechne den Erfolg absolut (auf Cent genau) und in Prozent (auf 1 Dez. genau). C

b) Verkauf von 30 Stück Bindegerät „Thermobind A4" an den Bürofachmarkt Carinthia GmbH (20490), € 12.513,– + € 2.502,60 USt = = € 15.015,60 (A 827 vom 17. Juni)

Die Zahlung erfolgt am 25. Juni mit Banküberweisung (B 97), € 15.015,60 – € 300,31 Skonto = € 14.715,29.

Stelle die Buchungssätze für den Warenverkauf und den Rechnungsausgleich mit Skontoabzug auf. C

ÜBEN

3 Teilkostenrechnung als Entscheidungsinstrument

Hier kannst du zusätzliche Übungsbeispiele zu den Themen aus Kapitel 3 bearbeiten.

1 Direct Costing (Deckungsbeitragsrechnung)

Ü 11.14 Einstufiges Direct Costing – Kostenstellenrechnung – Betriebsabrechnungsbogen

In der Trendskate GmbH, Produktion von Inlineskates, werden die Kostenstellen Materiallager, Fertigung-1, Fertigung-2, Verwaltung/Vertrieb (eine Kostenstelle) geführt. Die Kosten betragen im 2. Halbjahr:

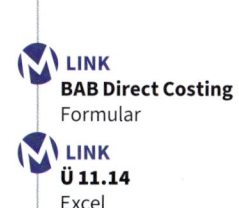

LINK
BAB Direct Costing
Formular

LINK
Ü 11.14
Excel

Kostenart	Betrag in €	Kostenverteilung in € 1.000 (Kostenanteil bzw. Kostenanteil und Variator je Kostenstelle)
1. Fertigungsmaterial	413.200,00	Einzelkosten
2. Fertigungslöhne	361.600,00	Einzelkosten (Fertigung-1 211,4, Fertigung-2 150,2)
3. Hilfs- und Betriebsmaterial	28.900,00	3,3 (V 7) : 12,0 (V 8) : 8,4 (V 8) : 5,2 (V 7)
4. Hilfslöhne	134.600,00	13,5 (V 3) : 60,4 (V 7) : 40,5 (V 8) : 20,2 (V 5)
5. Gehälter	242.500,00	— : 50,3 (V 0) : 31,5 (V 0) : 160,7 (V 0)
6. Lohnnebenkosten der FL	339.900,00	94 % der Fertigungslöhne
7. Lohnnebenkosten der HL	121.100,00	90 % der Hilfslöhne
8. Gehaltsnebenkosten	150.400,00	62 % der Gehälter
9. Instandhaltungen	19.100,00	1,0 (V 0) : 7,9 (V 7) : 5,7 (V 7) : 4,5 (V 2)
10. Energiekosten	27.100,00	2,4 (V 5) : 13,1 (V 8) : 7,2 (V 6) : 4,4 (V 7)
11. Werbekosten	70.400,00	— : — : — : 70,4 (V 0)
12. Versicherungskosten	24.900,00	5,3 (V 0) : 7,9 (V 0) : 5,7 (V 0): 6,0 (V 0)
13. Sonstige Kosten	88.700,00	12,1 (V 6) : 32,0 (V 6) : 23,0 (V 7) : 21,6 (V 5)
14. Kalk. Abschreibungen	294.300,00	8,3 (V 0) : 170,9 (V 0) : 79,6 (V 0) : 35,5 (V 0)
15. Kalk. Wagnisse	44.500,00	5,2 (V 10) : 6,5 (V 10) : 2,5 (V 10): 30,3 (V 10)
16. Kalk. Zinsen	204.900,00	20,7 (V 0) : 95,3 (V 0) : 69,1 (V 0) : 19,8 (V 0)

Aufgabe: a) Stelle den Betriebsabrechnungsbogen zu Teilkosten für das 2. Halbjahr auf (in € 1.000, auf 1 Dez. genau). C

b) Berechne die variablen Gemeinkostenzuschlagssätze (auf 2 Dez. genau). C

c) Eine Analyse hat ergeben, dass die Variatoren bei den Hilfslöhnen generell zu hoch angenommen wurden. In Zukunft werden folgende Werte angesetzt: Materiallager V2, Fertigung-1 V4, Fertigung-2 V5, Verwaltung/Vertrieb V3.
Berechne mithilfe der Excel-Datei die variablen Gemeinkostenzuschlagssätze für das 2. Halbjahr mit den geänderten Variatoren. C

Ü 11.15 Einstufiges Direct Costing – Kostenträgerrechnung

LINK
Ü 11.15
Excel

Massivholz-Sandkasten aus Fichtenholz, Modell „Creative“; Einzelkosten je Stück:
FM € 6,50, FL inkl. Lohnnebenkosten € 11,–
MGK_v 4,6 %, FGK_v € 0,30/min für 92 min, Vw- und $VtGK_v$ 7,1 %
Listenverkaufspreis (exkl. USt) € 87,–, 8 % Mengenrabatt bei 70 % Umsatzes,
3 % Skonto, 5 % Verkaufsprovision

Aufgabe: a) Berechne den Deckungsbeitrag pro Stück (auf Cent genau) und den Deckungsbeitrag in % vom Umsatz sowie den DBU-Faktor (auf 2 Dez. genau). C

b) Ermittle den Deckungsbeitrag stufenweise (auf Cent genau). C

Ü 11.16 Einstufiges Direct Costing – Kostenträgerrechnung

LINK
Ü 11.16
Excel

Der Spielzeugwarenproduzent Mattel AG erzeugt u. a. Tiere aus Plüschmaterial:

	Hund Wurzel	Katze Mauz	Bär Bruno
Erzeugte und abgesetzte Menge	2.500 Stück	1.800 Stück	2.200 Stück
Nettoverkaufspreis je Stück	€ 120,00	€ 135,00	€ 158,00
Variable Kosten je Stück	€ 45,00	€ 55,00	€ 70,00

Deckungsbeitrag der übrigen Produkte € 6.435.820,–; Fixkosten € 5.650.150,–

Aufgabe: a) Berechne den Deckungsbeitrag je Stück (auf Cent genau). C

b) Führe die Kostenträgererfolgsrechnung durch, berechne die Deckungsbeiträge in % vom Umsatz und die DBU-Faktoren (auf 2 Dez. genau). C

c) Die Produkte sind nach dem DB in % vom Umsatz bzw. dem DBU-Faktor zu reihen. Gib an, welches Produkt den höchsten Beitrag zum Erfolg des Unternehmens leistet. D

d) Ermittle das Betriebsergebnis. C

Ü 11.17 Mehrstufiges Direct Costing – Kostenträgerzeitrechnung und Betriebsergebnisrechnung

LINK
Mehrstufiges Direct Costing
Formular

LINK
Ü 11.17
Excel

Die Tankstelle Christine Obermayer e. U. hat ihr Sortiment in die Bereiche Shop, Service und SB-Tankstelle untergliedert. Im Bereich Shop werden die Produkte „Food“ (z. B. Süßwaren, Lebensmittel, Getränke) und „Non-Food“ (z. B. Zeitungen, Fahrzeugzubehör, Schmiermittel) angeboten. Der Bereich Service umfasst eine Waschstraße und Kleinreparaturen. Der Verkauf von Kraftstoffen erfolgt im Bereich SB-Tankstelle.

In der Abrechnungsperiode haben sich folgende Erlöse und Kosten ergeben (in € 1.000):

	Nettoerlöse	Variable Kosten		Fixe Kosten	
Produkte „Food“	60,0	Wareneinsatz	23,0	Kühlanlagen (Energie, kalk. Abschreibungen)	10,0
Produkte „Non-Food“	38,0	Wareneinsatz	8,0		
Waschstraße	80,0	Wasser, Wachs, Shampoo, Energie	4,0	Kalk. Abschreibung (Waschstraße)	43,0
Reparaturen	235,0	Ersatzteile	100,0	Löhne Kalk. Abschreibungen (Maschinen, Werkzeuge, Halle)	80,0 75,0
SB-Tankstelle	950,0	Kraftstoffe	746,0	Beleuchtung Kalk. Abschreibung (Tankanlage)	4,0 51,0
Bereich Shop				Heizung, kalk. Abschreibungen (Ausstattung, Betriebsgebäude)	33,5
Bereich Service				Hilfskraft (zur Hälfte)	16,0

	Netto-erlöse	Variable Kosten		Fixe Kosten	
Bereich SB-Tankstelle				Hilfskraft (zur Hälfte)	16,0
Unternehmen				Unternehmerlohn Fremdkapitalzinsen	50,0 66,0

Aufgabe: a) Berechne die Deckungsbeiträge und das Betriebsergebnis (in € 1.000, auf 1 Dez. genau). C
b) Interpretiere das Ergebnis. D

2 Anwendungsmöglichkeiten des Direct Costing

Ü 11.18 Break-even-Analyse

Frau Gabriela Rossi betreibt im Strandbad Alte Donau in Wien u. a. einen Eisstand und möchte ihren Kunden ab Sommer des kommenden Jahres Softeis zum Kauf anbieten. Folgende Daten stehen zur Verfügung:

	Softeis
Abschreibung der Softeismaschine	€ 2.800,00
Personalkosten	€ 5.000,00
Stromkosten	€ 600,00
Sonstige Kosten (z. B. Instandhaltung, Reinigung)	€ 800,00
Erlös je Tüte	€ 2,50
Variable Kosten je Tüte	€ 0,50

Aufgabe: a) Berechne, wie viele Tüten verkauft werden müssen, um Kostendeckung zu erzielen. C
b) Berechne den Break-even-Umsatz. C
c) Berechne, welcher Gewinn erzielt wird, wenn 6.000 Tüten verkauft werden. C
d) Berechne, wie viele Tüten Softeis verkauft werden müssen, wenn ein Mindestgewinn von € 2.000,– erzielt werden soll und ermittle den entsprechenden Umsatz. D

Ü 11.19 Kurzfristige Preisuntergrenze

Der Betriebsabrechnungsbogen der Schnell OG hat für das vergangene Kalenderjahr folgende Kosten und Bezugsgrößen ergeben, die auch für die Kalkulation in der kommenden Periode verwendet werden:

Kostenstelle	Material-lager	Fertigung-1	Fertigung-2	Fertigung-3	Verwaltung	Vertrieb
Variable Gemeinkosten	€ 250.000,00	€ 1.600.000,00	€ 2.100.000,00	€ 800.000,00	€ 280.000,00	€ 225.000,00
Fixe Gemeinkosten	€ 125.000,00	€ 1.500.000,00	€ 2.250.000,00	€ 1.500.000,00	€ 6.250.000,00	€ 1.000.000,00
Bezugsgröße	Material-einzelkosten € 1.250.000,00	Maschinen-stunden 1.000 h	Maschinen-stunden 1.500 h	Fertigungs-löhne € 1.000.000,00	Variable Herstellkosten	Variable Herstellkosten

Aufgabe: a) Berechne die variablen Gemeinkostenzuschlagssätze (auf 1 Dez. genau) und die Maschinenstundensätze (auf Cent genau). C

b) Ermittle die kurzfristige Preisuntergrenze für folgenden Zusatzauftrag (auf Cent genau):
Materialeinzelkosten € 25.000,–
Fertigung-1: 50 Maschinenstunden
Fertigung-2: 115 Maschinenstunden
Fertigungslöhne (Fertigung-3) € 100.000,–

Ü 11.20 Programmentscheidung ohne Engpass

LINK Ü 11.20 Excel

Die Flextable GmbH erzeugt unter anderem Computer- und Druckertische aus beschichteten Kunststoffplatten, für die folgende Daten vorliegen:

	PC-Tisch 120L	Druckertisch 80L
Erzeugte und abgesetzte Menge	3.200 Stück	4.000 Stück
Fertigungsmaterial Fertigungslöhne	€ 34.880,00 € 37.760,00	€ 52.400,00 € 42.400,00
Selbstkosten zu Vollkosten je Stück Variable Selbstkosten je Stück	€ 72,76 € 38,06	€ 70,09 € 37,76
Nettoverkaufspreis je Stück	€ 88,00	€ 68,00

Aufgabe: a) Berechne die Nettoergebnisse je Stück zu Vollkosten und die Deckungsbeiträge je Stück (auf Cent genau) und interpretiere die Ergebnisse. D

b) Ein Großkunde würde für den PC-Tisch 120L einen Auftrag über 400 Stück erteilen, wenn der Verkaufspreis pro Tisch € 69,– beträgt. Kapazität ist ausreichend vorhanden. Der Verkaufspreis für die übrige Menge ist nicht gefährdet. Entscheide, ob der Auftrag angenommen werden soll. Wenn ja, berechne den zusätzlichen Gewinn. D

c) Der Gesamtabsatz des Druckertisches 80L könnte auf 4.600 Stück gesteigert werden, wenn der Verkaufspreis auf € 66,– gesenkt wird. Kapazität ist ausreichend vorhanden. Entscheide, ob die Preissenkung vorgenommen werden soll. Begründe deine Entscheidung. D

Ü 11.21 Programmentscheidung mit einem Engpass

LINK Ü 11.21 Excel

Die TOP-LIGHT GmbH stellt u. a. Scheinwerferleuchten für Personenkraftwagen her. In der Produktion durchlaufen die Lampen die Bereiche Gehäusebau, Montage und Endkontrolle. Für das aktuelle Quartal ergeben sich dabei folgende Werte:

	Pkw-Halogen	Pkw-Xenon
Produzierte und verkaufte Menge	4.500 Stück	6.000 Stück
Endkontrolle – Zeitbedarf/Stück	60 Sekunden	80 Sekunden
Variable Kosten: Fertigungsmaterial/Stück Fertigungslöhne/Stück	€ 2,00 € 1,20	€ 3,20 € 1,50
Nettoverkaufspreis/Stück	€ 5,10	€ 8,40

Aufgrund eines Maschinenschadens verfügt die Endkontrolle zurzeit nur mehr über eine Kapazität von 12.000 Minuten (= 720.000 Sekunden). Die Fixkosten betragen € 12.400,–.

Aufgabe: a) Ermittle das gewinnoptimale Produktions- und Absatzprogramm und berechne das Betriebsergebnis. C

b) Im aktuellen Quartal sollen Xenon-Lampen für Klein-Lkw in das Produktionsprogramm aufgenommen werden.
Daten dieses Produktes:

	Klein-Lkw-Xenon
Nettoverkaufspreis/Stück	€ 12,50
Variable Kosten: Fertigungsmaterial/Stück Fertigungslöhne/Stück	€ 5,20 € 1,70
Geplante Absatzmenge	1.500 Stück
Endkontrolle – Zeitbedarf/Stück	90 Sekunden

Ermittle das gewinnoptimale Produktions- und Absatzprogramm und berechne das Betriebsergebnis. Entscheide, ob die neuen Xenon-Lampen für Klein-Lkw in das Produktionsprogramm aufgenommen werden sollen. Begründe deine Entscheidung rechnerisch mithilfe der Excel-Datei. D

Ü 11.22 Eigenfertigung oder Fremdbezug

Die Gruber GmbH erzeugt unter anderem Tonblumentöpfe mit den Durchmessern 20, 25 und 30 cm. Ergänzend zu den Blumentöpfen werden Tonuntersetzer angeboten. Die Tonuntersetzer wurden bisher aufgrund der hervorragenden Auslastung der Gruber GmbH von einer italienischen Großbrennerei um € 1,20 fremdbezogen. Da momentan die Absatzzahlen stagnieren, sind freie Kapazitäten vorhanden. Die Tonuntersetzer könnten selbst produziert werden.

Für einen Tonuntersetzer (der für alle drei Arten von Blumentöpfen geeignet ist) werden folgende Produktionsdaten ermittelt:

	Kosten/Gemeinkostensätze	
	Vollkosten	**Variable Kosten**
Rohstoff	€ 0,017	
Materialgemeinkosten	45 %	25 %
Fertigungslöhne	€ 0,150	
Fertigungsgemeinkosten	275 %	185 %
Maschinenstundensatz	€ 220,00/h	€ 110,00/h

Bearbeitungszeit je Stück	0,5 Minuten
Nettoverkaufspreis	€ 2,00

Aufgabe: Entscheide, ob die Tonuntersetzer fremdbezogen oder eigengefertigt werden sollen. Begründe deine Entscheidung rechnerisch (auf 3 Dez. genau). D

ÜBEN

4 Kostenrechnung als Ergebnisrechnung

Hier kannst du ein zusätzliches Übungsbeispiel zu den Themen aus Kapitel 4 bearbeiten.

Ü 11.23 Betriebserfolg ermitteln

Im 1. Quartal wurden in der Baldur Plaschnigg Maschinenfabrik GmbH folgende Daten aus der Kosten- und Leistungsrechnung ermittelt:

	1. Quartal
Erträge (abgegrenzt, entsprechen den Leistungen)	€ 2.060.000,00
Aufwände (abgegrenzt)	€ 1.830.000,00
Anfangsbestand an unfertigen und fertigen Erzeugnissen	€ 129.400,00
Endbestand an unfertigen und fertigen Erzeugnissen	€ 154.800,00
Herstellkosten	€ 1.652.000,00
Herstellkosten der verkauften Erzeugnisse	€ 1.626.600,00
Verwaltungs- und Vertriebsgemeinkosten	€ 248.000,00

Aufgabe: a) Berechne den Unternehmenserfolg. C
b) Berechne den Betriebserfolg nach dem Gesamt- und dem Umsatzkostenverfahren. C

LINK
Ermittlung des Betriebserfolges
Formular

LINK
Ü 11.23
Excel

ÜBEN

5 Kostenrechnung im Handel und im Handwerk

Hier kannst du zusätzliche Übungsbeispiele zu den Themen aus Kapitel 5 bearbeiten.

1 Besonderheiten der Kostenrechnung im Handel

LINK
Kalkulation im Handel
Formular

LINK
Ü 11.24
Excel

Ü 11.24 Kalkulation im Handel

Die vereinfachte GuV-Rechnung der Schuhprofi GmbH, Schuheinzelhandelsgeschäft, weist folgende Positionen auf:

Gewinn- und Verlustrechnung

	Warenerlöse	€ 630.000,00
–	Wareneinsatz	– € 420.000,00
–	Personalaufwand	– € 60.000,00
–	Abschreibungen von Sachanlagen	– € 20.000,00
–	Sonstige betriebliche Aufwendungen	– € 49.000,00
	Betriebserfolg	€ 81.000,00
–	Zinsenaufwand	– € 1.000,00
	Bilanzgewinn (= Jahresüberschuss)	**€ 80.000,00**

Umsatzsteuer einheitlich 20 %

Aufgabe: Berechne die folgenden Werte (auf 1 Dez. genau) und beantworte die Fragestellung: C D

a) Gemeinkostenzuschlagssatz
b) Rohaufschlag exkl. USt
c) Rohaufschlag inkl. USt
d) Kalkulationsfaktor inkl. USt (auf 2 Dez. aufrunden)
e) Handelsspanne exkl. und inkl. USt
f) Verkaufspreis inkl. USt (auf 10 Cent genau), wenn der Einstandspreis der Herrenschuhe „Walker 2000" € 29,40 beträgt und mit dem Kalkulationsfaktor gemäß d) kalkuliert wird
g) Erläutere, welche Überlegungen bei der Festlegung des unter f) errechneten Verkaufspreises anzustellen sind.

Ü 11.25 Differenzierte Kalkulation im Handel

Das Möbeleinrichtungshaus Antonia Lutz GmbH führt u. a. Sitzsäcke „Sitting Bull". Der Einstandspreis beträgt € 80,–, der vom Produzenten empfohlene Verkaufspreis ist mit € 156,– (inkl. 20 % USt) vorgegeben.

Aufgabe: Berechne die folgenden Werte (auf 1 Dez. genau): C

a) Rohaufschlag exkl. und inkl. USt
b) Kalkulationsfaktor inkl. USt (auf 2 Dez. genau)
c) Handelsspanne exkl. und inkl. USt

d) Für eine Lieferung an einen Kindergarten sollen die Sitzsäcke mit einem Rohaufschlag inkl. USt von 40% kalkuliert werden. Berechne den Bruttoverkaufspreis inkl. 20% USt mithilfe des entsprechenden Kalkulationsfaktors.

Ü 11.26 Differenzierte Kalkulation im Handel

Im Installationsunternehmen Kübler Heizungssysteme GmbH sollen auf der Hausbau-Messe u. a. folgende Produkte angeboten werden:

Kalkulation / Produkte	Einstandspreis	Bruttoverkaufspreis (inkl. 20% USt)
Heizkörper – Leistung 1,7 kW	€ 139,60	
Heizkörper – Leistung 1,3 kW	€ 109,90	
Wärmepumpe Buderus	€ 1.285,00	

Aufgabe: Berechne die Bruttoverkaufspreise (inkl. 20% USt, auf € genau) unter Berücksichtigung von 43% Gemeinkostenzuschlagssatz und 15% Gewinnzuschlag. C

Ü 11.27 Differenzierte Kalkulation im Handel

Die Fritz Kellner e. U., Haushaltswaren, bezieht den Stabmixer „Maxi 400“ um € 32,– abzüglich 35% Wiederverkäuferrabatt. Das Gerät wird um € 36,– (inkl. 20% USt) verkauft.

Aufgabe: a) Berechne den Rohaufschlag inkl. USt und die Handelsspanne inkl. USt (auf 1 Dez. genau). C

b) Ermittle den Kalkulationsfaktor inkl. USt (auf 2 Dez. genau) und überprüfe die Berechnung des Bruttoverkaufspreises inkl. 20% USt (auf € aufrunden) C

c) Stimmt der Wiederverkäuferrabatt mit der Handelsspanne exkl. USt überein? Führe die Berechnung (auf 1 Dez. genau) durch und begründe die Abweichung. D

Ü 11.28 Direct Costing im Handel

Einstandspreis des Biker-Helmes „Top 2000“ € 31,–; Bruttoverkaufspreis € 54,– (inkl. 20% USt); Sonderkosten des Vertriebes: 10% Mengenrabatt bei 20% des Umsatzes, 3% Skonto, 3% Verkaufsprovision

Aufgabe: Berechne den Deckungsbeitrag. C

Ü 11.29 Direct Costing im Handel

Einstandspreis der SAT-Anlage Skychannel One € 250,–; Listenverkaufspreis € 320,– (exkl. 20% USt); Sonderkosten des Vertriebes: 15% Mengenrabatt bei 40% des Umsatzes, 3% Skonto, 10% Verkaufsprovision, Verpackung € 5,– pro Stück

Aufgabe: Berechne den Deckungsbeitrag. C

2 Besonderheiten der Kostenrechnung im Handwerk

LINK
Kostenrechnung im Handwerk
Formular

LINK
Ü 11.30
Excel

Ü 11.30 Kostenrechnung im Handwerk

Christina Roth betreibt in der Salzburger Altstadt ein Lederwarengeschäft. Neben dem Handel mit Lederwaren werden auch individuelle Taschen handgefertigt. Die Aufwände laut Gewinn- und Verlustrechnung betragen für das vergangene Jahr € 149.320,–. Neben Christina Roth (Meisterin) ist mit Sibylle Schneider noch eine Gesellin beschäftigt.

Ihre Aufzeichnungen zeigen folgende Werte:

	Taschen
Materialeinsatz	€ 48.210,00
Materialaufschlag	25 % (davon 13 % zur Abdeckung der Gemeinkosten)
Verrechenbare Stunden	890 h Meisterin 1.380 h Gesellin
Stundenlöhne	€ 16,00 Meisterin € 13,00 Gesellin
Lohnnebenkosten (inkl. Nichtleistungslöhne)	94 %

Aufgabe: a) Berechne die Selbstkosten-Stundensätze für Christina Roth und Sibylle Schneider (auf € aufrunden). C

b) Kalkuliere die Damen-Ledertasche „Paris“ mit den unter a) errechneten Werten: C

Stundensätze: 30 % Gewinnzuschlag auf den Stundensatz (Stundensatz auf € aufrunden); Materialeinsatz € 101,–, Materialaufschlag 25 %; Arbeitszeit Meisterin 8 h; 20 % USt.

Die Gesellin arbeitet an diesem Auftrag nicht mit.

c) Runde den unter b) kalkulierten Rechnungsbetrag inkl. USt auf einen für die Kundin psychologisch attraktiven Verkaufspreis. D

ÜBEN

6 Grundlagen des Jahresabschlusses

Hier kannst du zusätzliche Übungsbeispiele zu den Themen aus Kapitel 6 bearbeiten.

Ü 11.31 Vermögen und Verbindlichkeiten bewerten

In der Selma Aslan e. U., Produktion von Sportartikeln, ergeben sich u. a. folgende Sachverhalte:

LINK
Ü 11.31
Buchungstrainer

Sachverhalt	per	Wertansatz €	Buchungssatz (Kontierung)
1. Selma Aslan plant eine Sortimentserweiterung. Für die Produktion der neuen Golfschläger wird ein zusätzlicher Standort in einem neu erschlossenen Industriegebiet benötigt. Aus diesem Grund wird am 25. August 2021 ein Grundstück mit 5.000 m^2 zu € 85,– pro m^2 gekauft. Mit dem Bau der Produktionshalle soll im Jahr 2024 begonnen werden.	25.08.2021		
Aufgrund eines vorübergehenden Rückganges der Nachfrage nach Betriebsgrundstücken in der Region sinkt der Grundstückspreis Ende des Jahres 2021 auf € 75,– pro m^2.	31.12.2021		
Die von der Gemeinde zugesagte Erweiterung der Zufahrtsstraße zum Industriegebiet wird nun doch nicht ausgeführt. Infolgedessen sinkt der Grundstückspreis Ende des Jahres 2022 auf € 60,– pro m^2.	31.12.2022		
Da größere Unternehmen die Ansiedlung im Industriegebiet von der Erweiterung der Zufahrtsstraße abhängig machen, wird diese nun doch im Herbst 2023 von der Gemeinde gebaut. Der Grundstückspreis steigt Ende 2023 nun wieder auf € 90,– pro m^2.	31.12.2023		
2. Am 12. Mai 2021 werden 2.000 Aktien zur Finanzanlage zum Kurs von € 30,– von der Rieder Werke AG erworben.	12.05.2021		
Aufgrund von Spekulationen sinkt der Aktienkurs Ende des Jahres 2021 vorübergehend auf € 25,–. Es soll ein möglichst niedriger Gewinn in der Abschlussperiode ausgewiesen werden.	31.12.2021		
Am 31. Dezember 2022 beträgt der Kurs infolge des allgemeinen Kursverfalles € 21,80. Eine Erholung des Kurses ist nicht absehbar.	31.12.2022		
Die Wertpapiermärkte erholen sich doch wieder sehr rasch und der Kurs der Aktie steigt am 31. Dezember 2023 auf € 33,40.	31.12.2023		

Sachverhalt	per	Wertansatz €	Buchungssatz (Kontierung)
3. Am 19. Oktober 2021 werden 200 Aktien mit einem Anschaffungskurs von € 52,– pro Aktie zu Spekulationszwecken gekauft und auf dem Konto 2620 Aktien des Umlaufvermögens erfasst.	19.10.2021		
Kurs 31. Dezember 2021 € 55,– pro Aktie	31.12.2021		
Kurs 31. Dezember 2022 € 49,– pro Aktie	31.12.2022		
Kurs 31. Dezember 2023 € 51,– pro Aktie	31.12.2023		
4. Private Warenentnahme von zwei Tennisschlägern am 17. Oktober 2021; Einstandspreis pro Stück € 205,–, Wiederbeschaffungspreis pro Stück am 17. Oktober € 195,–, Verkaufspreis exkl. USt pro Stück am 17. Oktober € 310,–	17.10.2021		

Aufgabe: Ermittle die Wertansätze und stelle die Buchungssätze (Kontierung) auf. C

ÜBEN

7 Anlagenbewertung

Hier kannst du zusätzliche Übungsbeispiele zu den Themen aus Kapitel 7 bearbeiten.

1 Abschreibung berechnen und verbuchen

Ü 11.32 Anschaffungswert berechnen, Anlagenkauf verbuchen

LINK Ü 11.32 Buchungstrainer

Am 20. Oktober bestellt die Sofortdruck-GmbH bei Ing. Klaus Reiter e. U., Druckereimaschinen (33997), einen Produktionsdrucker, Modell InfoPrint 4100. Am 13. November wird der Drucker geliefert.

Ing. Klaus Reiter e. U.
Druckereimaschinen
8010 Graz, Elisabethstraße 20
Telefon +43 316 463 746, FAX +43 316 463 746-4
E-Mail: druck@reiterdruck.at
Website: www.reiterdruck.at

Sofortdruck-GmbH
Rudigierstraße 1
4020 Linz

E 974

Rechnung Nr. 614504 Datum: 15. 11. 20 . .

Pos.	Art.Nr.	Bezeichnung	Preis €	Betrag €
1	P Inf 4100	InfoPrint 4100 Produktionsdrucker	31.600,00	31.600,00
		– 20 % Rabatt		6.320,00
				25.280,00
		+ 20 % MwSt		5.056,00
				30.336,00
		Zahlungskondition: 30 Tage netto oder innerhalb 8 Tagen ab 2 % Skonto		

21.11. B 201 Ausgleich der E 974 mit € 29.729,28 = € 30.336,– – € 606,72 Skonto (€ ______________ netto + € ______________ USt)

23.11. E 999 Transportrechnung von der Spedition Braun & Sohn OG (33999) für Bezugskosten € 450,– + € 90,– USt = € 540,–

Aufgabe: a) Berechne den Anschaffungswert. C
b) Stelle die Buchungssätze auf. C

Ü 11.33 Anlagenkauf verbuchen, Abschreibung berechnen und verbuchen

LINK Ü 11.33 Excel

LINK Ü 11.33 Buchungstrainer

Gert Buchleitner e. U., Multimediaagentur

22.11.2021 E 777 Kauf eines Profi-Farbkopierers für die Marketingabteilung von der Josef Rosner KG, Büromaschinengroßhandel (33995), um € 7.250,– + € 1.450,– USt = € 8.700,–, Inbetriebnahme 27. November 2021

24.11.2021 E 783 Rechnung über den Transport durch die Spedition Schenker & Co AG (33540) € 180,– (inkl. 20 % USt)

6.12.2021 B 201 Überweisung € 8.700,–, E 777, Josef Rosner KG
Überweisung € 180,–, E 783, Schenker & Co AG

31.12.2021	Nutzungsdauer des Profi-Farbkopierers fünf Jahre; er scheidet am Ende des Jahres 2026 aus dem Betrieb aus. Degressive Abschreibung 30 %, Wechsel zur linearen Abschreibung im vierten Jahr der Nutzung

Abschreibung: ganzes Jahr ☐ halbes Jahr ☐

Aufgabe: a) Verbuche die Anschaffung des Profi-Farbkopierers. C
b) Berechne den Anschaffungswert. C
c) Berechne und erfasse die fehlenden Werte laut nachstehender Tabelle. C
d) Verbuche die Abschreibungen für 2021, 2022, 2024 und 2026. C
e) Ein Mitbewerber bietet einen hochwertigen Farbkopierer um € 8.500,– + + € 1.700,– USt = € 10.200,– an (Lieferung frei Haus). Stelle die Abschreibungsbeträge und die Buchwerte mithilfe der Excel-Datei dar. C

Lösung:

c)

				Degressive Abschreibung		**Wechsel zur linearen Abschreibung**
	Anschaffungswert 2021		€			
1. Jahr	**Abschreibung 2021**	30 %	– €			
	Buchwert 1.1.2022		€			
2. Jahr	**Abschreibung 2022**	30 %	– €			
	Buchwert 1.1.2023		€			
3. Jahr	**Abschreibung 2023**	30 %	– €			
	Buchwert 1.1.2024		€			
4. Jahr	**Abschreibung 2024**	30 %	– €		→ – €	
	Buchwert 1.1.2025				€	
5. Jahr	**Abschreibung 2025**				– €	
	Buchwert 1.1.2026				€	
6. Jahr	**Abschreibung 2026**				– €	
	Buchwert 31.12.2026				€	

Ü 11.34 Anlagenkauf verbuchen, Abschreibung berechnen und verbuchen

LINK Ü 11.34 Excel

LINK Ü 11.34 Buchungstrainer

Lisa Straube KG

1.1.2021		Anfangsbestand des Kontos 0600 Betriebs- und Geschäftsausstattung € 29.460,–
10.5.2021	E 687	Kauf eines Saeco-Kaffeevollautomaten „Gran Baristo Avanti Steel“ mit Bluetooth und App-Steuerung um € 1.600,– + € 320,– USt = € 1.920,– von der Gastro-Ausstattung Gesellschaft mbH (33102), sofortige Inbetriebnahme, Nutzungsdauer fünf Jahre. Ende des Jahres 2026 scheidet der Kaffeevollautomat aus (Erinnerungseuro).
18.5.2021	B 77	Ausgleich der E 687 ohne Abzug durch Banküberweisung

Abschreibung: ganzes Jahr ☐ halbes Jahr ☐

Aufgabe: a) Stelle die Buchungssätze für den Kauf und die Bezahlung des Kaffeevollautomaten auf. C
b) Berechne die Abschreibungsbeträge im Rahmen der degressiven Abschreibung mit 30 % und wechsle im dritten Jahr der Nutzung zur linearen Abschreibung. Erfasse die Werte in der nachstehenden Tabelle. C
c) Verbuche die Abschreibungen für den Kaffeevollautomaten für die Jahre 2021, 2023, 2025 und 2026. C

Lösung:

b)

				Degressive Abschreibung		Wechsel zur linearen Abschreibung
	Anschaffungswert 2021		€			
1. Jahr	**Abschreibung 2021**	30%	– €			
	Buchwert 1.1.2022		€			
2. Jahr	**Abschreibung 2022**	30%	– €			
	Buchwert 1.1.2023		€			
3. Jahr	**Abschreibung 2023**	30%	– €		→ – €	
	Buchwert 1.1.2024				€	
4. Jahr	**Abschreibung 2024**				– €	
	Buchwert 1.1.2025				€	
5. Jahr	**Abschreibung 2025**				– €	
	Buchwert 1.1.2026				€	
6. Jahr	**Abschreibung 2026**				– €	
	Buchwert 31.12.2026				€	

2 Selbst erstellte Anlagen und Anlagen in Bau verbuchen

Ü 11.35 Selbst erstellte Anlagen verbuchen

Die Starckl GmbH ist Marktführer im Produktbereich Holzzerkleinerungsmaschinen und stellt für den Eigenbedarf eine stationäre Hackmaschine mit Elektroantrieb zur Erzeugung von Hackschnitzeln für das firmeneigene Heizkraftwerk her. Die Herstellungskosten betragen laut den Aufzeichnungen der Kostenrechnung € 45.000,–. Die Inbetriebnahme der Anlage erfolgt am 27. März; Nutzungsdauer zehn Jahre.

Aufgabe: Verbuche die Erfassung der Hackmaschine (U 5) und die degressive Abschreibung (30% der Herstellungskosten, U 28). C

LINK
Ü 11.35
Buchungstrainer

Ü 11.36 Anlagen in Bau verbuchen

Der Generalunternehmer Otis GmbH errichtet im Verwaltungsgebäude des Sportartikelhandelsunternehmens Gallo GmbH mehrere Personenaufzüge. Mit der Bauausführung wurde im August 2021 begonnen.

Folgende Teilrechnungen werden von der Otis GmbH (33248) im Geschäftsjahr 2021 gelegt:

5.10.2021	E 901	1. Teilrechnung € 85.000,– + € 17.000,– USt = € 102.000,–
10.10.2021	B 99	Ausgleich der E 901 durch Banküberweisung
7.12.2021	E 1111	2. Teilrechnung € 72.500,– + € 14.500,– USt = € 87.000,–
12.12.2021	B 118	Ausgleich der E 1111 durch Banküberweisung
29.12.2021	E 1189	3. Teilrechnung € 102.000,– + € 20.400,– USt = € 122.400,–
4. 1.2022	B 2	Ausgleich der E 1189 durch Banküberweisung

LINK
Ü 11.36
Buchungstrainer

31. 1.2022 E 90 Die Fertigstellung der Personenaufzüge erfolgt am 31. Jänner 2022. Endabrechnung der Otis GmbH:

Innsbruck, am 31. Jänner 2022

Personenaufzüge	€ 312.000,00
Teilzahlungen	– € 259.500,00
	€ 52.500,00
+ 20% USt	€ 10.500,00
Restbetrag	€ 63.000,00

8. 2.2022 B 18 Überweisung des Restbetrages durch die Gallo GmbH

Aufgabe: Stelle die erforderlichen Buchungsanweisungen für 2021 und 2022 auf. Erfasse die Personenaufzüge auf dem Konto 0450 Sonstige Betriebsanlagen; Nutzungsdauer 15 Jahre (= Restnutzungsdauer des Gebäudes), lineare Abschreibung (U 29). C

Ü 11.37 Anlagenabschreibung verbuchen

LINK
Ü 11.37
Buchungstrainer

Auszug aus der Saldenbilanz der Ing. Hans Klösch e. U., Bauunternehmung, zum 31. Dezember 2021:

Konto-Nr.	Kontobezeichnung	Saldenbilanz Soll	Saldenbilanz Haben
0210	Bebaute Grundstücke	40.000,00	
0300	Gebäude	588.000,00	
0400	Maschinen	176.370,00	
0600	Betriebs- und Geschäftsausstattung	52.030,00	
0640	Lkw	27.024,00	
7060	Abschreibungen geringwertiger Wirtschaftsgüter	1.570,00	
7200	Instandhaltung durch Dritte	13.200,00	

Abschlussangaben:

1. Das Gebäude wird mit 2,5% p.a. linear abgeschrieben, AW € 960.000,–.

   Im Abschlussjahr wurde eine Garage (kein Gebäudezubau) in Eigenregie errichtet. Die Herstellungskosten betragen insgesamt € 63.000,–. Die Garage wurde Ende Dezember fertiggestellt und in Verwendung genommen. Bisher erfolgte noch keine Buchung. Nutzungsdauer 40 Jahre, beschleunigte Abschreibung mit 7,5% der Herstellungskosten im ersten Jahr der Nutzung.

2. Die Maschinen setzen sich zusammen aus:

Maschine	Anschaffung	Anschaffungswert	Buchwert am 1. Jan.
1		€ 120.000,00	€ 6.000,00
2		€ 72.900,00	€ 21.870,00
3		€ 65.000,00	€ 58.500,00
4	20. Dez. 2021	€ 90.000,00	

   Die am 20. Dezember angeschaffte und in Betrieb genommene Maschine wurde mit folgendem Buchungssatz erfasst:

   0400 Maschinen 90.000,00 / 3120 Bank 108.000,00
   2500 Vorsteuer 18.000,00 /

   Die Maschinen 1 bis 3 werden linear mit 10 %, die Maschine 4 degressiv mit 30 % abgeschrieben.

   Die Maschine 1 verbleibt im Betrieb; sie ist mit € 1,– auszuweisen.

3. Am 30. August wurde ein Bürostuhl um € 345,– + € 69,– USt = € 414,– gekauft und auf dem Konto 0600 Betriebs- und Geschäftsausstattung verbucht. Der Bürostuhl ist voll abzuschreiben.
4. Abschreibungen der Betriebs- und Geschäftsausstattung laut Anlagendatei € 21.040,–
5. Das ausgewiesene Fahrzeug (Lkw, AW € 67.560,–) hat eine Nutzungsdauer von fünf Jahren und wird linear abgeschrieben.

   Ende des Abschlussjahres wurde der Lkw generalüberholt. Die Rechnung (E 601) über € 4.350,– + € 870,– USt = € 5.220,– mit Datum 31. Dezember des Abschlussjahres wurde, wie eine Überprüfung der Belege zeigt, noch nicht verbucht und auch bisher nicht bezahlt (Konto 33098 Liebloch GmbH, Kfz-Handel und -Reparatur).

Aufgabe: Stelle die Buchungsanweisungen per 31. Dezember auf. Die Nummer der letzten Um- und Nachbuchung lautet U 26. C

3 Erhaltungs- und Herstellungsaufwand verbuchen

Ü 11.38 Instandhaltung und Erweiterung eines Gebäudes verbuchen

LINK
Ü 11.38
Buchungstrainer

Die Saldenbilanz des Handelsunternehmens Ing. Julia Huber e. U. zeigt per 1. Jänner folgendes Bild:

Konto-Nr.	Kontobezeichnung	Saldenbilanz	
		Soll	Haben
0210	Bebaute Grundstücke	80.000,00	
0300	Gebäude	183.900,00	
7200	Instandhaltung durch Dritte	7.190,00	

Auf dem Betriebsgelände wurde für die Mitarbeiter ein kleines Parkhaus errichtet. Die Rechnung der Strabag AG (33190) lautet auf € 240.000,– + € 48.000,– USt = = € 288.000,– (Rechnungsdatum 4. Juli, E 446). Der Herstellungsaufwand ist auf dem Konto 0300 Gebäude zu erfassen. Die E 446 wird am 11. Juli durch Banküberweisung ausgeglichen (B 80). Das Parkhaus wird mit 12. Juli in Nutzung genommen.

Im Abschlussjahr hat Frau Huber den Raum für Kundenbesprechungen und Marketingevents renovieren lassen. Die Rechnung (Auszug) des Baumeisters Ing. Andreas Höfer e. U. (33102) vom 27. Oktober lautet wie folgt:

	E 891
Renovierung lt. beiliegender Kostenaufstellung	€ 5.200,00
+ 20% Umsatzsteuer	€ 1.040,00
	€ 6.240,00

Der Rechnungsausgleich erfolgt am 10. November durch Banküberweisung (B 152).

31.12. U 26 Die Nutzungsdauer des Gebäudes beträgt 40 Jahre, lineare Abschreibung; Anschaffungswert € 245.200,–.
Die Nutzungsdauer des neuen Parkhauses beträgt 40 Jahre, beschleunigte Abschreibung mit 7,5% im ersten Jahr der Nutzung.

Aufgabe: a) Verbuche die laufenden Geschäftsfälle. C
b) Berechne und verbuche die Abschreibungen für das Abschlussjahr. C

LINK
Ü 11.39
Buchungstrainer

Ü 11.39 Anlagenabschreibung verbuchen

Auszug aus der Saldenbilanz der Ing. Markus Schnell e. U., Metallbautechnik, per 31. Dezember 2021:

Konto-Nr.	Kontobezeichnung	Saldenbilanz	
		Soll	Haben
0120	Datenverarbeitungsprogramme	4.600,00	
0200	Unbebaute Grundstücke	50.000,00	
0210	Bebaute Grundstücke	35.000,00	
0300	Gebäude	448.000,00	
0400	Maschinen	292.000,00	
0600	Betriebs- und Geschäftsausstattung	76.987,00	
0620	Büromaschinen, EDV-Anlagen	10.701,00	
0640	Lkw	59.180,00	
0670	Geringwertige Betriebs- und Geschäftsausstattung	968,00	
7010	Abschreibungen von Sachanlagen		
7060	Abschreibungen geringwertiger Wirtschaftsgüter	1.720,00	
7200	Instandhaltung durch Dritte	10.300,00	

Abschlussangaben:

1. Das im Mai 2009 in Nutzung genommene Gebäude, Anschaffungswert € 640.000,–, lineare Abschreibung 2,5 % p. a., wurde in den Jahren 2020 und 2021 aufgestockt, der Keller zu Schauräumen umgebaut und gleichzeitig generalsaniert. Fertigstellung und Nutzungsbeginn ist im Dezember des Abschlussjahres.

   Die Rechnung des Baumeisters DI Franz Comper GmbH (33994) lautet auf:

COMPER

DI FRANZ COMPER GMBH
BAUMEISTER
RUSTER STRASSE 89
7000 EISENSTADT

E1295

Ing. Adolf Schnell e. U.
Metallbautechnik
Michael-Koch-Straße 44
7210 Mattersburg

Datum: **Eisenstadt, 31.12.2021**

Rechnung AS 44/12/21

Bezeichnung		Betrag in EUR
Aufstockung, Umbau Keller, Sanierungsarbeiten laut beiliegenden Abrechnungen	Rechnungsbetrag netto	€ 290.000,00
	+ 20 % Umsatzsteuer	€ 58.000,00
	Rechnungsbetrag brutto	**€ 348.000,00**

   Die Verbuchung der Rechnung des Baumeisters ist vorzunehmen.

   Der Betrag der Gebäudeinvestition ist auf die Restnutzungsdauer des alten Gebäudes verteilt abzuschreiben; bisherige Nutzungsdauer bis zum 1. Jänner 2021 12 Jahre (Berechnungen auf € genau).

2. Eine selbst hergestellte Maschine wurde am 14. September des Abschlussjahres in Verwendung genommen. Die Herstellungskosten dafür betragen € 84.000,–. Eine Überprüfung ergab, dass die Maschine noch nicht verbucht wurde; Nutzungsdauer zehn Jahre, degressive Abschreibung 30 %.

   Abschreibungen der restlichen Maschinen laut Anlagenverzeichnis € 66.800,–

3. Im Abschlussjahr wurden nachstehende Geschäftsausstattung, EDV-Anlagen und Software gekauft und auf den angeführten Konten verbucht.

Anschaffungsdatum	Konto	Gegenstand	Anschaffungswert	Datum der Inbetriebnahme	Nutzungsdauer	Abschreibungsmethode	Abschreibungssatz
11.5.2021	0600	Regale	€ 6.400,00	11.5.2021	10	Degressiv	30%
22.6.2021	0620	PC	€ 2.500,00	14.7.2021	4	Degressiv	30%
6.7.2021	0120	Software	€ 4.600,00	14.7.2021	4	Linear	25%
13.7.2021	0670	Computertisch	€ 640,00	14.7.2021	—	—	GWG
13.7.2021	0670	Schreibtischlampe	€ 328,00	14.7.2021	—	—	GWG
13.7.2021	0620	Laserdrucker	€ 2.200,00	14.7.2021	4	Degressiv	30%

   Abschreibungen der am 1. Jänner 2021 vorhandenen Betriebs- und Geschäftsausstattung laut Anlagenverzeichnis € 12.350,–

   Abschreibungen der am 1. Jänner 2021 vorhandenen Büromaschinen und EDV-Anlagen laut Anlagenverzeichnis € 4.000,–

   Die Abschreibungen der Anlagenzugängen sind zu berechnen und gemeinsam mit den Abschreibungen der am 1. Jänner vorhandenen Gegenstände zu verbuchen. Von der Möglichkeit zur Abschreibung der geringwertigen Wirtschaftsgüter im Jahr der Anschaffung ist Gebrauch zu machen.

4. Am 13. Dezember 2021 wurde ein Lkw Renault Master 2,8 t angeschafft und in Betrieb genommen. Der Anschaffungswert beträgt € 23.500,–, die Nutzungsdauer fünf Jahre, degressive Abschreibung 30 %.

   Abschreibungen der vorhandenen Fahrzeuge laut Anlagenverzeichnis € 19.040,–.

5. Die Kontrolle der Belege zeigt, dass auf dem Konto 7060 eine Kettensäge mit einem Anschaffungswert von € 1.720,– verbucht wurde. Die Anschaffung und Inbetriebnahme erfolgte am 19. Oktober des Abschlussjahres, Nutzungsdauer drei Jahre.

   Die Kettensäge ist auf das Konto 0400 Maschinen umzubuchen und degressiv mit 30 % abzuschreiben.

Aufgabe: Stelle die Buchungsanweisungen für die Um- und Nachbuchungen auf. Die Nummer der letzten Um- und Nachbuchung lautet U 25. C

4 Ausscheiden von Anlagen verbuchen

Ü 11.40 Anlagenverkauf verbuchen

LINK
Ü 11.40
Buchungstrainer

Die Druckerei Dollinger GmbH verkauft am 19. September eine Druckereimaschine an die Druck & Partner KG (20102). Als Kaufpreis für die Maschine werden € 21.200,– + € 4.240,– USt = € 25.440,– vereinbart. Der Verkauf wurde noch nicht verbucht (A 844).

30. 9. B 178 Die Maschine wird per Banküberweisung von der Druck & Partner KG ohne Abzug bezahlt.

31.12. Daten laut Anlagenverzeichnis: AW € 68.000,–, Buchwert am 1. Jänner des Abschlussjahres € 23.800,–, Nutzungsdauer zehn Jahre, lineare Abschreibung

Aufgabe: Stelle die Buchungsanweisungen für das Abschlussjahr auf und führe die Saldierungsbuchungen durch. Die Nummer der letzten Um- und Nachbuchung lautet U 29. C

Ü 11.41 Anlagenabschreibung (inkl. Verkauf und Kauf von Anlagen) verbuchen

LINK
Ü 11.41
Buchungstrainer

Im Jahr 2021 ergeben sich bei der Carlo Maier GmbH, Erzeugung von Brillenfassungen aus Holz, Stein und Horn, nachstehende Veränderungen beim Anlagevermögen:

1. Maschinen

Kauf einer neuen Fräsmaschine am 11. Oktober 2021 um € 8.420,– + € 1.684,– USt = € 10.104,– bei der x-technik GmbH (33801, E 1210)

Abschreibungen der Maschinen laut Anlagendatei (Abschreibung der Fräsmaschine degressiv 30 %):

Anlagenverzeichnis vom 31.12.2021 — Seite 1

Inv. Nr.	Bezeichnung der Anlage Lieferant	Ansch.-D. Inb.-D.	Abg.-D.	Ansch.-Wert	ND J %	BW Beginn	Abschreib.	BW Ende BW abg. Anl.
...	Diverse Gegenstände Diverse	... ...		110.400,00	... ...	66.240,00	22.080,00	44.160,00
4010	Poliermaschine Techno GmbH	11.12.17 12.12.17		6.200,00	4 25	775,00	774,00	1,00
4011	Schleifmaschine Anger Machining GmbH	18.06.18 18.06.18		4.600,00	5 20	1.840,00	920,00	920,00
4012	Fräsmaschine x-technik GmbH	11.10.21 11.10.21		8.420,00	5 20*			
	Summen			129.620,00		68.855,00		

* Degressive Abschreibung 30 %

2. Betriebs- und Geschäftsausstattung

Am 10. April 2021 wurde ein Büroschrank um € 500,– + € 100,– USt = € 600,– gegen Barzahlung verkauft (K 144).

Abschreibungen der Betriebs- und Geschäftsausstattung und Ausbuchung des verkauften Büroschrankes (lineare Abschreibung) laut Anlagendatei:

Anlagenverzeichnis vom 31.12.2021 — Seite 1

Inv. Nr.	Bezeichnung der Anlage Lieferant	Ansch.-D. Inb.-D.	Abg.-D.	Ansch.-Wert	ND J %	BW Beginn	Abschreib.	BW Ende BW abg. Anl.
...	Diverse Gegenstände Diverse	... ...		48.400,00	... ...	29.040,00	4.840,00	24.200,00
6006	Büroschrank Quendler KG, 1100 Wien	07.08.18 07.08.18	10.04.21	2.400,00	5 20	1.200,00		
	Summen			50.800,00		30.240,00		24.200,00

Aufgabe:

a) Stelle die Buchungssätze für den Kauf der neuen Fräsmaschine und für den Verkauf des Büroschrankes auf. C

b) Vervollständige die Anlagendateien Maschinen sowie Betriebs- und Geschäftsausstattung. C

c) Stelle die Buchungssätze zum 31. Dezember 2021 (einschließlich Saldierungsbuchungen) zu den Maschinen sowie zur Betriebs- und Geschäftsausstattung auf. Die Nummer der letzten Um- und Nachbuchung lautet U 34. C

Ü 11.42 In Zahlung gegebene Anlage verbuchen

Am 6. April 2020 wird ein Kaufvertrag zwischen der Bäckerei Franz Nageldorfer e. U. und dem Autohändler Roland Deubler GmbH über die Anschaffung eines Kastenwagens um € 19.500,– + € 3.900,– USt = € 23.400,– abgeschlossen. Am 11. Mai 2020 wurde der Wagen von der Roland Deubler GmbH (33990) geliefert, angemeldet und fakturiert (E 179). Der Ausgleich erfolgt durch Banküberweisung am 13. Mai 2020 (B 49); Nutzungsdauer fünf Jahre, lineare Abschreibung.

Der Kastenwagen wird am 12. Mai 2021 für einen anderen Lkw in Zahlung gegeben (E 240). Preis des neuen Wagens € 38.000,– + € 7.600,– USt = € 45.600,–. Die Roland Deubler GmbH vergütet für den alten Wagen € 12.000,– (€ 10.000,– + € 2.000,– USt). Der Ausgleich des Restbetrages erfolgt am 2. Juni 2021 durch Banküberweisung (B 58); Nutzungsdauer des neuen Lkw fünf Jahre, degressive Abschreibung 30 %.

Aufgabe: Stelle die erforderlichen Buchungen vom Standpunkt der Bäckerei Franz Nageldorfer e. U. für 2020 (Um- und Nachbuchung per 31. Dezember 2020 mit U 27) und 2021 (Um- und Nachbuchungen per 31. Dezember 2021 mit U 28, U 29 etc.) auf; Saldierungsbuchungen sind vorzunehmen. C

LINK
Ü 11.42
Buchungstrainer

ÜBEN

8 Waren- und Materialbewertung

Hier kannst du zusätzliche Übungsbeispiele zu den Themen aus Kapitel 8 bearbeiten.

1 Vorrat an Handelswaren, Roh-, Hilfs- und Betriebsstoffen bewerten

Ü 11.43 Identitätspreisverfahren, Erfolgsauswirkung

Die Ing. Manfred Kovacs e. U. handelt mit Schrankmöbeln. Für den Artikel Schiebetürschrank P 1000 ergeben sich folgende Werte:

1.1.	Anfangsbestand	5 Stk. à € 415,–
25.2.	1. Zukauf	15 Stk. à € 445,–
16.8.	2. Zukauf	20 Stk. à € 462,–

Abfassungen laut Lagerbuchführung:

vom Anfangsbestand	2 Stk.
vom 1. Zukauf	12 Stk.
vom 2. Zukauf	19 Stk.

Ist-Endbestand laut Inventur:

vom Anfangsbestand	2 Stk.
vom 1. Zukauf	3 Stk.
vom 2. Zukauf	1 Stk.

Preis am Abschlussstichtag: € 441,– pro Stk.

Aufgabe: a) Berechne den Bilanzansatz und den Wareneinsatz (= Summe der Abfassungen). C
b) Ermittle die Differenz zwischen Endbestand (Bilanzansatz) und Anfangsbestand. C
c) Stelle die Buchungssätze per 31. Dezember auf (U 31, U 32). C
d) Gib an, ob sich durch die Buchungen vom 31. Dezember das Eigenkapital vermehrt (↑), vermindert (↓), oder ob es sich um eine erfolgsneutrale (∅) Buchung handelt. D

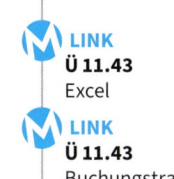

LINK Ü 11.43 Excel

LINK Ü 11.43 Buchungstrainer

Ü 11.44 Fifo-Verfahren, Erfolgsauswirkung

Die RIHA TEX GmbH ist ein Fachgeschäft für Textilien. Für den Artikel Baby Doll ergeben sich die folgenden Werte:

1. 1.	Anfangsbestand	115 Stk. à € 2,35
17. 5.	1. Zukauf	205 Stk. à € 2,15
28. 9.	2. Zukauf	190 Stk. à € 2,41
15.11.	3. Zukauf	145 Stk. à € 2,50

Abfassungen (aufgrund der Lagerbuchführung): 549 Stk.

Ist-Endbestand laut Inventur: 104 Stk.

Preis am Abschlussstichtag: € 2,45 pro Stk.

LINK Ü 11.44 Excel

LINK Ü 11.44 Buchungstrainer

Aufgabe: a) Berechne den Bilanzansatz und den Wareneinsatz (= Summe der Abfassungen). **C**
b) Ermittle die Differenz zwischen Endbestand (Bilanzansatz) und Anfangsbestand. **C**
c) Stelle die Buchungssätze per 31. Dezember auf (U 28, U 29). **C**
d) Gib an, ob sich durch die Buchungen vom 31. Dezember das Eigenkapital vermehrt (↑), vermindert (↓), oder ob es sich um eine erfolgsneutrale (0) Buchung handelt. **D**

Ü 11.45 Gleitendes Durchschnittspreisverfahren, Erfolgsauswirkung

LINK Ü 11.45 Excel

LINK Ü 11.45 Buchungstrainer

Christine Jung e. U. betreibt einen Großhandel für Gartenzubehör. Für den Artikel Blumenkasten 50 × 70 × 40 cm aus imprägniertem Holz ergeben sich folgende Werte:

1.1.	Anfangsbestand	20 Stk. à € 29,–
28.2.	1. Zukauf	45 Stk. à € 31,–
10.9.	2. Zukauf	30 Stk. à € 27,–

Abfassungen laut Lagerbuchführung:

20. 2.	15 Stk.
19. 4.	42 Stk.
22.10.	31 Stk.

Ist-Endbestand laut Inventur: 5 Stk.

Preis am Abschlussstichtag: € 26,– pro Stk.

Aufgabe: a) Berechne den Bilanzansatz und den Wareneinsatz (= Summe der Abfassungen). **C**
b) Ermittle die Differenz zwischen Endbestand (Bilanzansatz) und Anfangsbestand. **C**
c) Stelle die Buchungssätze per 31. Dezember auf (U 30, U 31). **C**
d) Gib an, ob sich durch die Buchungen vom 31. Dezember das Eigenkapital vermehrt (↑), vermindert (↓), oder ob es sich um eine erfolgsneutrale (0) Buchung handelt. **D**

Ü 11.46 Fallbeispiel – Bewertung von Wareneinsatz und Warenendbestand

LINK Ü 11.46 Excel

LINK Ü 11.46 Buchungstrainer

Die Mersch Handels-GmbH handelt mit Computerzubehör aller Art. Für die Lifecam LC-800 soll ermittelt werden, ob die Umstellung des Bewertungsverfahrens vom Fifo-Verfahren auf das Identitätspreisverfahren eine Auswirkung auf das Betriebsergebnis hat.

Für die Actionkamera Go Xtreme ergeben sich folgende Werte:

Anfangsbestand, Zukäufe			Abfassungen (laut Lagerbuchführung)		Endbestand
Datum	Menge	Preis pro Stk.	Datum	Menge	
Anfangsbestand 1.1.	10 Stk.	€ 29,–	3.4.	6 Stk. vom Anfangsbestand	2 Stk.
2.7.	60 Stk.	€ 31,–	2.8.	56 Stk. vom Zukauf	4 Stk.

Preis am Abschlussstichtag: € 30,– pro Stk.

Aufgabe: a) Bewerte nach dem Fifo-Verfahren und stelle die erforderlichen Buchungen per 31. Dezember auf (U 29, U 30). **C**
b) Bewerte nach dem Identitätspreisverfahren. **C**
c) Stelle fest, ob ein Wechsel des Bewertungsverfahrens eine Auswirkung auf das Betriebsergebnis mit sich bringt. **D**

LINK
Ü 11.47
Buchungstrainer

Ü 11.47 Anlagenbewertung, Waren- und Materialbewertung, Abschlussbuchungen durchführen

Saldenbilanz des Einzelunternehmens Friedrich Baumgartner e. U. zum 31. Dezember 2021 (Fehlende Konten sind zu eröffnen.):

Konto-Nr.	Kontobezeichnung	Saldenbilanz	
		Soll	Haben
0200	Unbebaute Grundstücke	120.000,00	
0210	Bebaute Grundstücke	21.000,00	
0300	Gebäude	318.750,00	
0400	Maschinen	36.801,00	
0600	Betriebs- und Geschäftsausstattung	22.936,00	
0640	Lkw	23.740,00	
1100	Rohstoffvorrat	100.000,00	
1350	Betriebsstoffvorrat	4.300,00	
1400	Unfertige Erzeugnisse	68.000,00	
2000	Lieferforderungen	207.500,00	
2500	Vorsteuer		
2700	Kassa	21.385,00	
3120	Bank		340.000,00
3300	Lieferverbindlichkeiten		306.000,00
3520	USt-Zahllast		17.760,00
4100	Fertigerzeugniserlöse 20%		2.644.680,00
4600	Erlöse aus dem Abgang von Anlagen 20%		150,00
4630	Erträge aus dem Abgang von Anlagen		
5100	Rohstoffverbrauch	1.500.000,00	
5400	Betriebsstoffverbrauch	23.400,00	
Kl. 6	Personalaufwand	812.075,00	
7010	Abschreibungen von Sachanlagen		
7200	Instandhaltung durch Dritte	3.409,00	
7800	Abschreibungen von Vorräten		
7820	Buchwert abgegangener Anlagen		
Div.	Diverse Aufwände	72.414,00	
8310	Zinsenaufwand für Bankkredite	22.270,00	
9000	Kapital		187.390,00
9600	Privat	118.000,00	
		3.495.980,00	3.495.980,00

Abschlussangaben:

1. Das ausgewiesene unbebaute Grundstück mit 1.500 m² wurde vor einigen Jahren um € 150.000,– angeschafft. Im Vorjahr musste eine Abwertung vorgenommen werden. Da der Grund für diese Abwertung im Abschlussjahr weggefallen ist, steigt der Grundstückspreis Ende 2021 auf € 110,– pro m².

2. AW des Gebäudes € 500.000,–, lineare Abschreibung 2,5% p.a.; bis zum 1. Jänner des Abschlussjahres wurde das Gebäude 14,5 Jahre genutzt.

   Im Abschlussjahr wurde das Dachgeschoß zu Büroräumen ausgebaut und am 20. Dezember 2021 in Nutzung genommen. Die Rechnung der EDER Bau GmbH (33201) lautet auf:

EDER-BAU GMBH

BAUMEISTER ING. KARL EDER

E 1075

5400 Hallein, Salzburger Straße 60

Tel. +43 6245 701 47 • Mobil +43 676 481 194 42
Website: www.eder.com
E-mail: office@eder.com
UID-Nummer: ATU36805105
FN 26672z – Landesgericht Salzburg

Friedrich Baumgartner e.U.
Thunstraße 10
5400 Hallein
ATU34610702

Datum: Hallein, 28.12.2021

Rechnung 1832/21

Entsprechend dem Angebot vm 21.9.2021 stelle ich für den Ausbau des Dachgeschoßes in Rechnung:

Pos.Nr.	*Bezeichnung*		*Menge EH*	*Preis in EUR*	*Betrag in EUR*
01	Umbauarbeiten Dachgeschoß in Büroräume (laut beiliegender Detailaufstellung)				
		LEISTUNGSSUMME			€ 64.000,00
		+ **20,00% Umsatzsteuer**			€ 12.800,00
		RECHNUNGSSUMME			**€ 76.800,00**

Zahlbar innerhalb von 30 Tagen ohne Abzug!

   Bisher wurde noch keine Buchung vorgenommen. Die Umbaukosten für das Dachgeschoß sind auf die Restnutzungsdauer des Gebäudes abzuschreiben.

3. Abschreibungen der Maschinen laut Anlagendatei € 8.730,–. Eine Maschine (AW € 11.000,–) wurde bereits im Vorjahr auf den Erinnerungseuro abgeschrieben. Sie scheidet Ende dieses Jahres als völlig wertlos aus dem Betrieb aus.

   Hinweis: Der Erinnerungseuro ist in der Gesamtabschreibung nicht enthalten.

4. Am 12. Juli des Abschlussjahres wurde ein Farbkopiergerät um € 3.240,– + € 648,– USt = € 3.888,– gekauft und ordnungsgemäß verbucht. Ein alter Drucker, Anschaffungswert € 1.400,–, Buchwert am 1. Jänner des Abschlussjahres € 420,–, wurde am 11. Oktober d.J. um € 150,– + € 30,– USt = € 180,– verkauft. Außer der Erlösbuchung

2700 Kassa	180,00	/ 4600 Erlöse aus dem Abgang von Anlagen 20%	150,00
		/ 3500 Umsatzsteuer	30,00

   wurde noch keine Buchung vorgenommen. Die Abschreibungen des Kopiergerätes (degressive Abschreibung 30%) und des Druckers (Abschreibungssatz 20% p.a., lineare Abschreibung) sowie die Ausbuchung des Druckers einschließlich der erforderlichen Saldierungsbuchungen sind vorzunehmen.

   Abschreibungen der übrigen Betriebs- und Geschäftsausstattung laut Anlagendatei € 9.520,–

5. Bei dem in der Saldenbilanz ausgewiesenen Lkw musste im abgelaufenen Jahr das Getriebe ausgetauscht werden. Die Rechnung für die Instandsetzung über € 5.740,– + € 1.148,– USt = € 6.888,– wurde mit dem Buchungssatz 0640, 2500 / 3180 verbucht.

   Anschaffungswert € 45.000,–, Nutzungsdauer fünf Jahre, lineare Abschreibung

6. Bewertung der Rohstoffe nach dem Identitätspreisverfahren

Anfangsbestand	10.000 kg à € 10,–
1. Zukauf	100.000 kg à € 12,–
2. Zukauf	30.000 kg à € 10,–

Abfassungen laut Lagerbuchführung:

vom Anfangsbestand	10.000 kg
vom 1. Zukauf	94.000 kg
vom 2. Zukauf	20.000 kg

Endbestand laut Inventur:

vom 1. Zukauf	5.000 kg
vom 2. Zukauf	10.000 kg

Preis am Abschlussstichtag: € 11,– pro kg

7. Endbestand an Betriebsstoffen € 5.400,–

8. Umbuchung der Konten Vorsteuer und Privat

Aufgabe: Stelle die Um- und Nachbuchungen auf. Die Nummer der letzten Um- und Nachbuchung lautet U 24. C

ÜBEN

9 Bewertung von unfertigen und fertigen Erzeugnissen

Hier kannst du zusätzliche Übungsbeispiele zu den Themen aus Kapitel 9 bearbeiten.

1 Herstellungskosten ermitteln

Ü 11.48 Unfertige und fertige Erzeugnisse bewerten, Erfolgsauswirkung

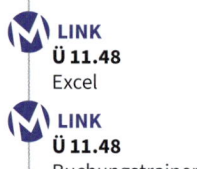

LINK Ü 11.48 Excel

LINK Ü 11.48 Buchungstrainer

Die Sabrina Flick e. U. ist auf die Herstellung umweltfreundlicher Mehrwegflaschen spezialisiert. Für die Bewertung der unfertigen Erzeugnisse anlässlich der Bilanzerstellung per 31. Dezember ergeben sich folgende Daten:

Fertigungsmaterial € 156.800,–
Fertigungslöhne € 200.800,–

Der Betriebsabrechnungsbogen zeigt folgendes Bild (in € 1.000):

Kostenart	Materiallager	Fertigung	Verwaltung	Vertrieb
Fertigungsmaterial	1.360			
Fertigungslöhne		1.760		
Gemeinkostensummen	202	4.600	2.500	1.776

Unter den verrechneten Gemeinkosten befinden sich folgende kalkulatorische Kosten (in € 1.000):

Kalkulatorische Abschreibungen 1.300 (20 : 1.020 : 100 : 160)
Kalkulatorische Wagnisse 216 (20 : 40 : 16 : 140)
Kalkulatorische Zinsen 760 (32 : 600 : 48 : 80)
Kalkulatorischer Unternehmerlohn 264 (— : 72 : 96 : 96)

Folgende neutrale Aufwendungen wurden ausgeschieden (in € 1.000):

Zinsenaufwendungen 120 (22 : 98 : — : —)
Ordentliche Abschreibungen 1.166 (16 : 910 : 100 : 140)
Schadensfälle 214 (24 : 42 : 18 : 130)

Die kalkulatorischen Wagnisse entsprechen den durchschnittlichen Schadensfällen. Die Fremdkapitalzinsen werden bei den Herstellungskosten nicht berücksichtigt. Der Ist-Beschäftigungsgrad entspricht dem durchschnittlichen Beschäftigungsgrad.

Aufgabe: a) Ermittle die für die Bewertung erforderlichen Gemeinkostenzuschlagssätze (auf 1 Dez. genau). C

b) Bewerte die unfertigen Erzeugnisse mit dem Mindestansatz (auf € genau). C

c) Nimm die Umbuchung per 31. Dezember vor (U 40), wenn der Bestand an unfertigen Erzeugnissen in der Vorjahresbilanz mit € 798.240,– ausgewiesen ist.

d) Gib an, ob sich durch die Buchung vom 31. Dezember das Eigenkapital vermehrt (↑), vermindert (↓), oder ob es sich um eine erfolgsneutrale Buchung (∅) handelt. D

LINK
Ü 11.49
Buchungstrainer

Ü 11.49 Anlagenbewertung, Waren- und Materialbewertung, Bewertung von unfertigen und fertigen Erzeugnissen, Abschlussbuchungen durchführen

Saldenbilanz des Einzelunternehmens Nadine Pillinger e. U. zum 31. Dezember 2021 (Fehlende Konten sind zu eröffnen.):

Konto-Nr.	Kontobezeichnung	Saldenbilanz	
		Soll	Haben
0210	Bebaute Grundstücke	24.000,00	
0300	Gebäude	450.000,00	
0400	Maschinen	28.300,00	
0600	Betriebs- und Geschäftsausstattung	25.660,00	
0640	Lkw	68.960,00	
0800	Beteiligungen	100.000,00	
1100	Rohstoffvorrat	125.000,00	
1350	Betriebsstoffvorrat	2.900,00	
1400	Unfertige Erzeugnisse	31.500,00	
2000	Lieferforderungen	183.850,00	
2500	Vorsteuer		
2700	Kassa	14.230,00	
3120	Bank		265.700,00
3300	Lieferverbindlichkeiten		221.000,00
3520	USt-Zahllast		11.460,00
4100	Fertigerzeugniserlöse 20%		1.089.600,00
4500	Bestandsveränderungen		
4600	Erlöse aus dem Abgang von Anlagen 20%		1.100,00
4630	Erträge aus dem Abgang von Anlagen		
5100	Rohstoffverbrauch	275.000,00	
5400	Betriebsstoffverbrauch	17.400,00	
Kl. 6	Personalaufwand	302.680,00	
7010	Abschreibungen von Sachanlagen		
7200	Instandhaltung durch Dritte	8.490,00	
7800	Abschreibungen von Vorräten		
7820	Buchwert abgegangener Anlagen		
Div.	Diverse Aufwände	52.350,00	
8310	Zinsenaufwand für Bankkredite	18.250,00	
9000	Kapital		266.910,00
9600	Privat	127.200,00	
		1.855.770,00	1.855.770,00

Abschlussangaben:

1. Das Gebäude wurde im Abschlussjahr renoviert. Das Dach wurde neu gedeckt und die Fassade verputzt. Gleichzeitig wurden im Keller zwei Räume zu einem Lagerraum umgebaut. Die Rechnung des Baumeisters Otto Stuck GmbH (E 1216), Konto 33205, in Höhe von € 71.900,– + € 14.380,– USt = € 86.280,– geht am 10. Jänner 2022 ein (Rechnungsdatum 29. Dezember 2021). Von den € 71.900,– entfallen € 28.400,– auf den Umbau des Kellers. Bisher wurde zu diesem Fall noch nichts gebucht. Der Lagerraum wurde am 13. Dezember 2021 in Verwendung genommen.

Anschaffungswert des Gebäudes € 600.000,–, lineare Abschreibung 2,5% p. a.; bis zum 1. Jänner des Abschlussjahres wurde das Gebäude zehn Jahre genutzt. Die Kosten des Lagerraumes sind auf die Restnutzungsdauer des Gebäudes abzuschreiben. (Hinweis: Berechnung der Abschreibung auf € genau.)

2. Abschreibungen der Maschinen laut Anlagendatei:

Anlagenverzeichnis vom 31.12.2021

Inv. Nr.	Bezeichnung der Anlage Lieferant	Ansch.-D. Inb.-D.	Abg.-D.	Ansch.-Wert	ND J %	BW Beginn	Abschreibung	BW Ende BW abg. Anl.
4001	Maschine 1	10.10.16 11.10.16		13.000,00	5 20	1.300,00		
4002	Maschine 2	23.03.20 23.03.20		8.000,00	4 25	6.000,00		
4003	Maschine 3	09.08.21 09.08.21		21.000,00	5 20*			
	Summen			42.000,00		7.300,00		

* Degressive Abschreibung 30%

Die Maschine 1 bleibt weiterhin im Betrieb; Abschreibung auf den Erinnerungseuro.

Das Anlagenverzeichnis ist zu vervollständigen. Die Maschine 2 wird linear laut Anlagenverzeichnis abgeschrieben. Die Maschine 3 wird degressiv mit 30% abgeschrieben.

3. Am 27. Dezember wurde eine Kühlvitrine um € 1.100,– + € 220,– USt = € 1.320,– verkauft. Der Verkauf wurde ordnungsgemäß verbucht. AW der Anlage € 12.000,–, Buchwert am 1. Jänner des Abschlussjahres € 4.800,–, lineare Abschreibung 20% p. a., Vornahme der Saldierungsbuchungen

   Abschreibungen der restlichen Betriebs- und Geschäftsausstattung € 9.600,–

4. Auf dem Konto 0640 sind zwei Lkw erfasst.

   Lkw 1: AW € 43.600,–, Buchwert 1. Jänner € 8.720,–, lineare Abschreibung 20% p. a. Der Lkw wird weiterhin genutzt; Abschreibung auf den Erinnerungseuro.

   Lkw 2: AW € 60.240,–, Inbetriebnahme am 20. September des Abschlussjahres, degressive Abschreibung 30%. Sofort nach der Inbetriebnahme wurde auf dem Lkw ein Kran montiert. Die Rechnung dafür in Höhe von € 6.730,– + € 1.346,– USt = € 8.076,– wurde mit dem Buchungssatz 7200, 2500 / 3120 erfasst.

5. Als langfristige Finanzanlage wurden vor einigen Jahren 5.000 Stück Aktien zum Kurs von je € 22,– von der Intertrade AG erworben. In den vergangenen Jahren wurde bereits eine Abwertung vorgenommen. Aufgrund negativer Unternehmensdaten sinkt der Kurs im Abschlussjahr und beträgt am 31. Dezember 2021 nur noch € 16,– pro Aktie. Eine Erholung des Kurses ist nicht absehbar.

6. Bewertung der Rohstoffe nach dem Fifo-Verfahren:

Anfangsbestand	10.000 Stück	zu	€ 12,50
1. Zukauf	3.500 Stück	zu	€ 10,–
2. Zukauf	20.000 Stück	zu	€ 12,–

   Abfassungen laut Lagerbuchführung: 30.000 Stück
   Endbestand laut Inventur: 3.300 Stück
   Preis am Abschlussstichtag: € 10,50 pro Stück

7. Endbestand an Betriebsstoffen € 2.000,–
   Endbestand an unfertigen Erzeugnissen € 28.000,–

8. Umbuchung der Konten Vorsteuer und Privat

Aufgabe: Stelle die Um- und Nachbuchungen auf. Die Nummer der letzten Um- und Nachbuchung lautet U 24.

ÜBEN

10 Wiederholungsbeispiele zum I. und II. Jahrgang

Hier kannst du Wiederholungsbeispiele zum Lehrstoff des I. und II. Jahrganges bearbeiten.

1 Wiederholungsbeispiel zur Einnahmen-Ausgaben-Rechnung

Ü 11.50 Einnahmen-Ausgaben-Rechnung – Fallbeispiel

Christina Hauser betreibt den kleinen Fahrradstore „Ciclomania", Gudrunstraße 4, 1050 Wien. Service und Qualität sind das Erfolgsgeheimnis von Frau Hauser. Sie führt im Rahmen einer Einnahmen-Ausgaben-Rechnung folgende Aufzeichnungen:

- **Anlagenverzeichnis**
- **Einnahmen-Ausgaben-Journal mit Verteilungstabelle**

  Alle Umsätze unterliegen 20% USt.

  Zur Führung der Aufzeichnungen stehen Christina Hauser folgende Daten zur Verfügung:

Kassa/Bank (brutto) – Übertrag (Summen 1. Jan. bis 29. Dez.):

	Betriebseinnahmen	Betriebsausgaben
Kassa	€ 192.074,10	€ 53.879,40
Bank	€ 82.240,30	€ 153.638,30
Gesamt	**€ 274.314,40**	**€ 207.517,70**

Umsatzsteuer/Vorsteuer – Übertrag (Summen 1. bis 29. Dez.):

USt € 3.481,30
VSt € 1.714,60

Verteilungstabelle:

Vom 1. Jan. bis 29. Dez. ergeben sich in der Einnahmen-Ausgaben-Verteilungstabelle folgende Summen:

Betriebseinnahmen (netto):

Verkaufserlöse	€ 228.472,00
Übrige Betriebseinnahmen	€ 148,00*

* In der Spalte Übrige Betriebseinnahmen werden nur die Habenzinsen abzüglich der KESt erfasst. Diese sind endbesteuert und werden bei der Erfolgsermittlung nicht berücksichtigt.

Betriebsausgaben (netto):

Waren- und Materialeinkäufe	€ 116.236,00
Personalausgaben	€ 44.127,00
Lkw-Kosten	€ 6.287,00
Pflichtversicherungsbeiträge	€ 12.521,50
Übrige Betriebsausgaben:	
Büromaterial	€ 924,00
Telefon und Internet	€ 1.289,00
Versicherung	€ 428,00
Bankspesen	€ 758,00

Die letzte laufende Nummer war 1217.

LINK
Einnahmen-Ausgaben-Journal mit Verteilungstabelle
Formular

LINK
UVA (U 30)
Formular

LINK
Erfolgsermittlung
Formular

LINK
Ü 11.50
Excel

Geschäftsfälle 30. und 31. Dezember:

Reinigungsmittel Hartmann
Stiegengasse 20
1060 Wien

K625

BARVERKAUF
..-12-30-004215
30.12.20.. 08:12

Mitarbeiter: Zehetner

	EUR
1 Kettenreiniger Ökostar 2000	168,00A
TOTAL EUR:	168,00
Barkasse (EUR)	170,00
Wechselgeld:	2,00

Mwst%	Netto	Mwst	Brutto
A=20%	140,00	28,00	168,00

Rechnungsdatum = Lieferdatum

Wiora Fahrradgroßhandels GmbH
Bachstraße 13 • 3300 Amstetten
Tel.: +43 7472 641-0 • Fax: +43 7472 641-5
www.wiorabikes.at • office@wiorabikes.at

E316

WIORA BIKES

Christina Hauser
Fahrradstore Ciclomania
Gudrunstraße 4
1050 Wien

Kundennummer: 205845
Ihre UID-Nr.: ATU37794008
Ihr Auftrag vom: 2. Dez. 20..
Datum: 30. Dez. 20..
Lieferdatum: 20. Dez. 20..

Rechnung: 6423/20..

Pos.	Bezeichnung	Menge	Einzelpreis	Gesamtpreis
1	Cube LTD SL 27,5	5	680,00 €	3.400,00 €
2	Cannondale F29	5	714,00 €	3.570,00 €
3	Cannondale Trail 1	2	550,00 €	1.100,00 €
			Nettobetrag	8.070,00 €
			20% USt	1.614,00 €
			Bruttobetrag	**9.684,00 €**

Zahlbar nach Erhalt der Rechnung ohne Abzug!

Hinweis: Bei den angeführten Produkten handelt es sich um Mountainbikes.

Bürofachmarkt K 626
Federspieler
Knutzigstraße 12, 5301 Eugendorf

Barverkauf
..-12-30-001465
30.12.20.. 14:32 Uhr

	EUR
1 Kopierpapier Eco 5er	126,00A
2 Toner HP Laserjet	93,60A
Total EUR:	219,60
Barkasse (EUR)	220,00
Wechselgeld	0,40

MwSt(%)	Netto	MwSt	Brutto
A=20%	183,00	36,60	219,60

Rechnungsdatum = Lieferdatum

Sebastian Weinberger GmbH • Sonnenstraße 10 - 8160 Weiz
E-Mail: office@weinberger.at • Web: www.weinberger.at

E 317

Christina Hauser
Fahrradstore Ciclomania
Gudrunstraße 4
1050 Wien

UID-Nr.: ATU26137908
Ihre UID-Nr.: ATU37794008
Kundennummer: 20156

Rechnung Nr. 482
Kurzzeichen: SW

30. Dezember 20 . .
Lieferdatum: 18. Dez. 20 . .
Ihr Auftrag vom: 10. Dez. 20 . .

Menge	Bezeichnung	Preis	Betrag
2	Scott Addict 20 compact	1.400,00 €	2.800,00 €
10	Rucksack GT Air 15 Pauschalpreis lt. Vereinbarung	30,00 €	300,00 €
	Nettobetrag		3.100,00 €
+	20 % USt		620,00 €
	Rechnungsbetrag		**3.720,00 €**

Zahlungsbedingung:
10 Tage 2 % Skonto - 30 Tage netto!

Hinweis: Scott Addict 20 compact ist ein Trekkingrad.

Christina Hauser – Tageslosung
30.12.20 . . Kassa 1 K 627

Kassa Ein 20 % USt	EUR 1.245,60
Gesamt 30.12.20 . .	EUR 1.245,60

KB KREDITBANK AG · WIEN B 68 Kontoauszug

Behebungen und Gutschriften in EUR.

		Valuta	Alter Kontostand
			EUR 14.545,32
INTERNET-UEBERWEISUNG BELA RUSU FAHRRADHANDELSGMBH DIABL ELISA, A 542 VOM 18.12.	10:50	30.12. 30.12.	3.244,80– 990,00
CHRISTINA HAUSER GUDRUNSTRASSE 4 1050 WIEN		GUTSCHRIFTEN	990,00
		BELASTUNGEN	3.244,80–
		GUTHABEN EUR	Neuer Kontostand 12.290,52

IBAN	Belege	BIC	Auszug-Nr./Blatt	Datum
AT56 1782 0000 0344 3344	2	KBAGATWW	68/1	30.12.20..

KB KREDITBANK AG-Internet B 68

Ü b e r n a h m e b e s t ä t i g u n g

Empfänger: Bela Rusu FahrradhandelsgmbH

BIC / IBAN: RVVGAT2B402 / AT133740200000602078
Bank Empfänger: Raiffeisenbank Altach

Auftraggeber: Christina Hauser
BIC / IBAN: KBAGATWW / AT561782000003443344

Betrag: 3.244,80 EUR

Verwendungszweck: RNr. 5455, 17.12.20 . .

Kundendaten: 15547662

Verfüger: Christina Hauser **Datum:** 30.12.20 . . **Uhrzeit:** 10:50

Art: Inlandsüberweisung **TAN:** 81 - UTZU6

Hinweis: Die Überweisung an die Bela Rusu FahrradhandelsgmbH betrifft die E 302 vom 17. Dezember für einen Wareneinkauf.

Silvio Junger e.U.
Bike-Zubehör
Uferweg 122
4614 Marchtrenk

K628

Barverkauf
..-12-31-0001319
01.09.20.. 10:12 Uhr

	EUR
5 Lichtset Cat Eye	72,00A
20 Votec Bike Bottle 700 ml	52,80A
Total EUR:	124,80
Barkasse (EUR)	125,00
Wechselgeld	0,20

MwSt(%)	Netto	MwSt	Brutto
A=20%	104,00	20,80	124,80

Rechnungsdatum = Lieferdatum

Christina Hauser – Tageslosung
31.12.20.. Kassa 1

K629

Kassa Ein 20% USt	EUR	883,20
Gesamt 31.12.20..	EUR	883,20

KB KREDITBANK AG · WIEN

B69

Kontoauszug

Behebungen und Gutschriften in EUR.

	Valuta	Alter Kontostand EUR 12.290,52
INTERNET-UEBERWEISUNG CLAUDIA SCHWÖLLINGER E.U. 14:30	31.12.	1.254,00–
HABENZINSEN	31.12.	2,45
KAPITALERTRAGSTEUER 25 %	31.12.	0,61–
SOLLZINSEN	31.12.	8,25–
KONTOFÜHRUNG 4. QUARTAL	31.12.	30,00–

CHRISTINA HAUSER
GUDRUNSTRASSE 4
1050 WIEN

GUTSCHRIFTEN	2,45
BELASTUNGEN	1.292,86–
Neuer Kontostand GUTHABEN EUR	11.000,11

IBAN	Belege	BIC	Auszug-Nr./Blatt	Datum
AT56 1782 0000 0344 3344	1	KBAGATWW	69/1	31.12.20..

Hinweis: Die Habenzinsen werden abzüglich der KESt in der Spalte Übrige Betriebseinnahmen erfasst. Diese sind endbesteuert und müssen somit bei der Erfolgsermittlung nicht berücksichtigt werden.

KB KREDITBANK AG-Internet B69

Übernahmebestätigung

Empfänger:	Claudia Schwöllinger e.U.
BIC / IBAN: **Bank Empfänger:**	RZTIAT22 / AT213600000003694999 Raiffeisen-Landesbank Tirol AG
Auftraggeber: **BIC / IBAN:**	Christina Hauser KBAGATWW / AT561782000003443344
Betrag:	1.254,00 EUR
Verwendungszweck:	RNr. 879, 20.12.20 . .
Kundendaten:	2488665

Verfüger: Christina Hauser **Datum:** 31.12.20 . . **Uhrzeit:** 14:30

Art: Inlandsüberweisung **TAN:** 24 - KKJJL3

Hinweis: Die Überweisung von € 1.254,– an die Claudia Schwöllinger e. U. betrifft die E 309 vom 20. Dezember für einen Wareneinkauf.

Für die **Erfolgsermittlung** und das **Anlagenverzeichnis** muss beachtet werden:

Abschreibungen:

Für die am 1. Jänner des Abschlussjahres vorhandenen Anlagen laut Anlagenverzeichnissen € 8.235,–

Das Anlagenverzeichnis zeigt folgendes Bild:

Anlagenverzeichnis

Inv.-Nr.	Gegenstand	Beleg-Nr.	Anschaffungsdatum	Lieferant Name und Anschrift	Anschaffungswert	Datum Inbetriebnahme	Nutzungsdauer	Abschreibung in %	Aktuelles Jahr Abschreibungsbetrag	Aktuelles Jahr Buchwert 31.12.
...	Diverse Anlagegegenstände	...	...	Diverse Lieferanten	...	...	...	...	8.235,00	11.941,00
21	Hochleistungsdrucker Canon „Deluxe Rapid“	E 61	28.2.20 . .	Büro Brandstötter GmbH	1.400,00	2.3.20 . .	8	12,5		
22										

Weitere Investition im Abschlussjahr:

Werkstättenbedarf **Lorenz**

E 151

Sebastian Lorenz GmbH – Werkstättenbedarf
Kremser Landstraße 3 | 3100 St. Pölten | Tel. +43 2742 899 611 | office@lorenzwerkstatt.at | www.lorenzwerkstatt.at

Christina Hauser
Fahrradstore Ciclomania
Gudrunstraße 4
1050 Wien

Rechnung **5211**
Ihre UID-Nr.: ATU37794008

Unsere UID-Nr.: ATU16250802 Lieferdatum: 26. Juni 20 . . Datum: 30. Juni 20 . .

Anzahl	Artikelbezeichnung	Preis	Gesamtpreis
1	Werkbank Profi 2000 inkl. Tools und Halterungen	1.200,00 €	1.200,00 €
		Nettobetrag	1.200,00 €
		+ 20 % Umsatzsteuer	240,00 €
		Rechnungsbetrag	1.440,00 €

Hinweis: Es handelt sich um eine Werkbank für die Reparaturwerkstätte; Nutzungsdauer zehn Jahre, lineare Abschreibung; die Rechnung wurde ordnungsgemäß erfasst, ohne Abzug bezahlt und ist noch in das Anlagenverzeichnis einzutragen; Datum der Inbetriebnahme: 30. Juni.

Aufgabe: a) Trage die angegebenen Summen in das Einnahmen-Ausgaben-Journal mit Verteilungstabelle ein. C

b) Zeichne die Geschäftsfälle ab 30. Dezember im Einnahmen-Ausgaben-Journal mit Verteilungstabelle auf und schließe es ab. C
Hinweis: Bei der Berechnung der Kontrollsummen müssen die Umsatzsteuer und die Vorsteuer des gesamten Geschäftsjahres beachtet werden (1. Jan. bis 31. Dez.: USt € 46.214,20, VSt € 25.782,40).

c) Trage die Rechnung der Sebastian Lorenz GmbH in das Anlagenverzeichnis ein; berechne die Abschreibungsbeträge bzw. die Buchwerte der im Abschlussjahr getätigten Investitionen (Inventarnummern 21 und 22) und bilde die Gesamtsumme der Abschreibungen. C

d) Ermittle die Bemessungsgrundlage für die Umsatzsteuer sowie die USt-Zahllast für Dezember. D

Ermittlung der Bemessungsgrundlage:

	Umsätze brutto	Umsätze netto
Umsätze Kassa/Bank vom 1. bis 29. Dez.	€ 20.887,80 : 1,2 =	€ 17.406,50
+ Umsätze Kassa/Bank vom 30. bis 31. Dez.		
Bemessungsgrundlage		

Ermittlung der USt-Zahllast:

Umsatzsteuer (20 % der Bemessungsgrundlage)		
− Vorsteuer (laut Verteilungstabelle)		
USt-Zahllast für Dezember		

e) Erstelle die Umsatzsteuervoranmeldung (UVA) für Dezember (Finanzamt Österreich, Postfach 260, 1000 Wien, Finanzamtsnummer – Steuernummer 09 422/3278). C

f) Ermittle den Erfolg. C

2 Wiederholungsbeispiele zur doppelten Buchführung

Ü 11.51 Buchungssätze bilden, Erfolgsauswirkung

Die Peter Kleppeis KG betreibt einen Großhandel und eine Erzeugung von Möbeln für Haus und Garten. Es ergeben sich im März u. a. folgende Geschäftsfälle:

2.3. A 396 Verkauf an die Gartenmöbel-GmbH (20351), Bregenz, diverse Gartenmöbel (Handelsware) frei Haus

	€ 8.700,00
+ 20% USt	€ 1.740,00
	€ 10.440,00

6.3. E 337 Rechnung von der Spedition Reicholt GmbH (33142) für die Lieferung der Gartenmöbel € 746,– + € 149,20 USt = € 895,20

9.3. S 274 Gutschriftsanzeige an die Gartenmöbel-GmbH über € 700,– + € 140,– USt = € 840,– für schadhafte Gartenmöbel, die retourniert wurden

12.3. B 46 Gutschrift auf dem Bankkonto, die Gartenmöbel-GmbH hat die A 496 abzüglich der Gutschrift (S 274) überwiesen.

15.3. Die Küchenbau GmbH (33275) hat die Rechnung über bestellte Küchen übermittelt.

KÜCHENBAU GMBH

KÜCHENBAU GMBH · 6130 SCHWAZ · JOHANNES-MESSNER-WEG 4–6

E 375

Peter Kleppeis KG
Schulgasse 7
7400 Oberwart

R E C H N U N G

Belegnummer .....: 8163
Belegdatum ......: 15.03...
Bearb./Vers.art .: hk
Bearbeit.datum ..: 14.03...
Lieferdatum .....: 14.03...
Ihre UID-Nummer .: ATU47718803

Bel.Nr.: 8163 Bearb.Nr.: 991138 Kdn.Nr.: 20513 Belegdatum: 15.03... Seite 1

Menge	Artikelbezeichnung	Preis	Rab.	Gesamt
5	Küche, Modell „Rustikal"	6.500,00	28	23.400,00

Summe netto	: €	23.400,00
Mwst. 20%	: €	4.680,00
Gesamtsumme	: €	28.080,00

Zahlung innerhalb von 8 Tagen ab Rechnungsdatum. Die Ware bleibt bis zur vollständigen Bezahlung unser Eigentum. Reklamationen nur innerhalb von 8 Tagen nach Warenerhalt. Erfüllungsort und Gerichtsstand ist Schwaz.
UID.-NR. ATU24011619 • ARA-LNr. 2541 • Firmenbuch-Nr. FN 29398i, LG Innsbruck • EAN-Betriebsnr.: 90 05486 6

Anschrift
6130 Schwaz • Johannes-Messner-Weg 4–6
Telefon +43 52 42 62 799-0
Telefax +43 52 42 62 799-40
e-mail verkauf@kuechenbau.at

Bankverbindung
UniCredit Bank Austria AG Schwaz
IBAN: AT75 1200 0661 1594 0000
BIC: BKAUATWW
www.kuechenbau.at

17.3. E 379 Rechnung der Spedition Schenker & Co AG (33542) für Lieferung der Küchen € 1.260,– + € 252,– USt = € 1.512,–

20.3. S 321 Gutschrift von der Küchenbau GmbH € 936,– + € 187,20 USt = = € 1.123,20 für Holzfehler bei einer Küche

22.3. B 51 Überweisung des Restbetrages zum Ausgleich der E 375 abzüglich der Gutschrift vom 20. März

25.3. A 530 Verkauf selbst erzeugter Gartenmöbel an Franz Berger e. U. (20093) € 1.764,– + € 352,80 USt = € 2.116,80

28.3. B 55 Auszug über den Kontoabschluss: Guthabenzinsen € 12,60, KESt € 3,15 (Endbesteuerung, Verbuchung im Soll des Kontos 9600), Manipulationsgebühr € 42,80, Porto und Spesen € 179,–

LINK
4 Schritte zum Buchungssatz
Formular

LINK
Ü 11.51
Buchungstrainer

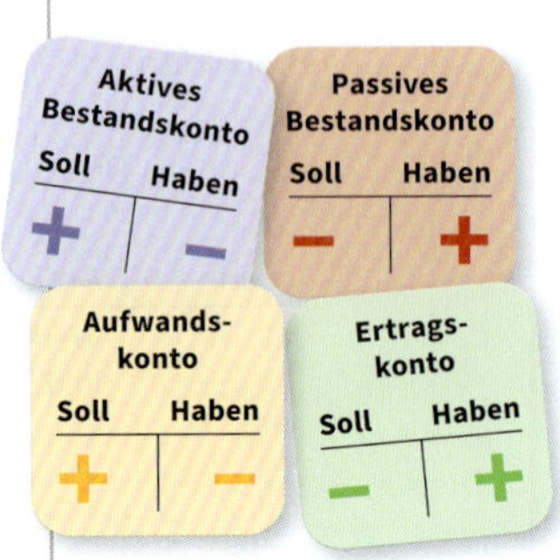

Hinweis: Die Kapitalertragsteuer (KESt) ist eine Privatsteuer und im Soll des Kontos 9600 Privat zu verbuchen. Die gesonderte Verbuchung der KESt ist im Hinblick auf die Summenkontrollen bei der Eingabe der Buchungen bzw. der Gegenbuchungen auf dem Bankkonto zweckmäßig.

Aufgabe: a) Bilde die Buchungssätze. C

b) Gib an, ob sich durch den jeweiligen Geschäftsfall das Eigenkapital vermehrt (↑), vermindert (↓), oder ob es sich um eine erfolgsneutrale (0) Buchung handelt. D

Ü 11.52 Buchungssätze bilden, Erfolgsauswirkung

LINK **Ü 11.52** Buchungstrainer

In der Baustoffhandlung Erwin Rasner e. U. sind im April u. a. die folgenden Geschäftsfälle zu verbuchen.

5.4.	E 89	Einkauf von Ziegeln vom Ziegelwerk Maria Wittner OG (33912) €4.821,– + €964,20 USt = €5.785,20
8.4.	K 116	Einkauf von Grillanzündern (Handelsware) €94,20 (inkl. 20% USt)
12.4.	A 243	Verkauf von Baustoffen an Kurt Berger (20096) €316,– + €63,20 USt = = €379,20
15.4.	S 95	Private Entnahme einer Mischmaschine €243,– + € 48,60 USt = = €291,60
19.4.	K 145	Abhebung vom Bankkonto und Einlage in die Geschäftskassa €1.000,–
22.4.	B 68	Kontoauszug: • Überweisung an Anna Mauthner (33560) für E 71 €3.142,80 (€3.240,– – €97,20 Skonto) • Barabhebung €1.000,– • Überweisung von Kurt Berger (20096) für A 243 €371,62 (€379,20 – €7,58 Skonto)
23.4.	S 101	Rücksendung einiger Paletten zerbrochener Ziegel an das Ziegelwerk Maria Wittner OG (33912), Gutschrift dafür €441,– + €88,20 USt = = €529,20
28.4.	S 106	(siehe Beleg)

GEHALTSABRECHNUNG — ZEITRAUM 04/20 . . — FINANZBUCHFÜHRUNGSBELEG

BEZEICHNUNG	BETRAG	SOLL	HABEN
GEHÄLTER	18.000,00	....	....
SV	– 3.261,60	....	....
LST	– 1.792,40	....	....
AUSZAHLUNG	12.946,00		
BEITRÄGE GESUNDHEITSKASSE	**BETRAG**	**SOLL**	**HABEN**
SV-DGA ANGESTELLTE	3.821,40	....	....
BV-BEITRAG ANGESTELLTE	275,40	....	....
ABGABEN FINANZAMT	**BETRAG**	**SOLL**	**HABEN**
DB ANGESTELLTE	702,00	....	....
DZ ANGESTELLTE	70,20	....	....
ABGABEN STADTKASSE	**BETRAG**	**SOLL**	**HABEN**
KOMMST ANGESTELLTE	540,00	....	....

Hinweis: Verbuchung des Auszahlungsbetrages auf dem Konto 3850

29.4.	B 72	Überweisung der Gehälter laut Gehaltsliste März €12.946,–
30.4.	S 109	Preisnachlass an den Kunden Florian Kunz KG (20052), Gutschrift über €245,– + €49,– USt = €294,–

Aufgabe: a) Bilde die Buchungssätze. C

b) Gib an, ob sich durch den jeweiligen Geschäftsfall das Eigenkapital vermehrt (↑), vermindert (↓), oder ob es sich um eine erfolgsneutrale (0) Buchung handelt. D

Ü 11.53 Kontierungen

LINK
Ü 11.53
Buchungstrainer

Der Fachgroßmarkt für Bastlerbedarf, Ofner & Ofner OG, hat u. a. folgende Geschäftsfälle zu verbuchen.

Die Kontonummern für die Sachkonten findest du im Kontenplan im Anhang. Für die Kunden wurden u. a. folgende Kontonummern vergeben:

Kundenkonten
20036 Fritz Gros e. U.
20058 Christa Hamberger KG

Geschäftsfall			Kontierung
1.	B 120	Überweisung Grunderwerbsteuer € 3.150,– für gekauftes unbebautes Grundstück	
2.	B 122	Viktoria Versicherungs AG Zahlung private Lebensversicherungsprämie € 1.360,–	
3.	S 278	Benzin für Firmen-Pkw € 58,– (inkl. 20% USt) Zahlung mit Firmendebitkarte	
4.	B 126	Tagesauszug Volksbank AG Gutschrift € 1.800,– Belastungen € 17.369,25	
		Auftraggeber: Christa Hamberger KG Überweisung für A 438 € 1.800,–	
		Zahlung Einkommensteuer € 12.000,–	
		Überweisung Kommunalsteuer € 234,–	
		Überweisung an das Finanzamt € 5.077,25: U € 3.612,65, L € 1.083,–, DB € 351,–, DZ € 30,60	
		Debitkarte (OMV Tankstelle) € 58,–	
5.	S 282	An Fritz Gros e. U.: Gutschrift für leicht beschädigte Holzplatten Preisnachlass € 200,00 + 20% USt € 40,00 € 240,00	
6.	K 293	Toner für Laserdrucker € 96,– + 20% USt = = € ________	
7.	K 296	Reparaturen im Elektroinstallationsverteiler € 117,00 + 20% USt € 23,40 € 140,40	
8.	K 297	Barverkäufe von Bastlerbedarf (Leisten, Stoffe usw.) € 472,– inkl. 20% USt	
	S 283	Umsätze mit Kreditkarten € 672,– (€ 560,– + € 112,– USt) Die Kreditkartenumsätze werden mit der SIX Payment Services (Austria) GmbH abgerechnet.	
	S 284	Umsätze mit Debitkarten € 1.482,– inkl. 20% USt	
9.	B 130	Tagesauszug Volksbank AG Gutschrift € 1.482,– für Debitkartenverkäufe	

Geschäftsfall			Kontierung
10.	B 131	Tagesauszug Volksbank AG Gutschrift €5.933,70	
		Auftraggeber: SIX Payment Services (Austria) GmbH Umsätze Kreditkarten: €6.140,– – €171,92 Provision – €34,38 USt = = €5.933,70	

Die Umsatzsteuer wird vom Provisionsbetrag berechnet.

Ü 11.54 Kontierungen

LINK
Ü 11.54
Buchungstrainer

Die Wolfgang Glaser e. U. handelt mit den verschiedensten Arten von Öfen und Heizungsanlagen. Es ergeben sich u. a. folgende Geschäftsfälle.

Die Kontonummern für die Sachkonten findest du im Kontenplan im Anhang. Für die Kunden bzw. Lieferanten wurden u. a. folgende Kontonummern vergeben:

Kundenkonten	Lieferantenkonten
20014 Herbert Lustig KG	33010 Hans Probst e. U., Autohaus
20318 Renate Schmidt	33020 Warenhandels AG

Geschäftsfall			Kontierung
1.	K 143	Bankabhebung € 1.200,–	
2.	E 82	Warenhandels AG Kaminöfen € 2.500,00 + 20% USt € 500,00 € 3.000,00	
3.	A 68	Renate Schmidt – Lieferung eines Saunaofens € 1.800,00 + 20% USt € 360,00 € 2.160,00	
4.	K 144	Privateinlage € 1.500,–	
5.	B 50	Tagesauszug Raiffeisenbank Gutschrift € 3.492,– Belastung € 9.068,15	
		Auftraggeber: Herbert Lustig KG Überweisung für A 60 € 3.600,00 – 3% Skonto € 108,00 € 3.492,00	
		Barabhebung € 1.200,–	
		Empfänger: Finanzamt USt-Zahllast März € 4.820,75 Kammerumlage Jan.–März € 107,40	
		Empfänger: Warenhandels AG Überweisung für E 82 € 3.000,00 – 2% Skonto € 60,00 € 2.940,00	
6.	B 52	Wiener Städtische Feuerversicherungsprämie € 610,–	

Beim Warenverkauf wurden 20% Umsatzsteuer in Rechnung gestellt.

Beim Wareneinkauf wurden 20% Umsatzsteuer (= Vorsteuer) verrechnet.

Geschäftsfall	Kontierung
7. E 83 Autohaus Hans Probst e. U. Kauf eines Firmen-Pkw € 25.600,00 + 20 % USt € 5.120,00 € 30.720,00	
8. S 36 Lohnliste: Brutto € 9.800,00 – SV-DNA € 1.775,76 – Lohnsteuer € 791,59 € 7.232,65	
9. S 37 Lohnnebenkosten: SV-DGA € 2.080,54 BV-Beitrag € 149,94 DB € 382,20 DZ € 33,32 KommSt € 294,00	
10. S 38 Private Warenentnahme von Heiz- material € 300,00 + 20 % USt € 60,00 € 360,00	

Aufgabe: Erstelle die Kontierungen. C

Ü 11.55 Belegbearbeitung (Sortierung, Nummerierung, Kontierung und Verbuchung von Belegen)

LINK
Ü 11.55
Buchungstrainer

Im Folgenden sind Belege der Robert Mück e. U. , Sportgeräte – Import und Großhandel, abgebildet, die im Jänner angefallen sind.

Aufgabe: a) Sortiere die Belege nach Beleggruppen durch Eintragung der laufenden Nummern der Geschäftsfälle in die entsprechenden Kolonnen der nachstehenden Aufstellung: C

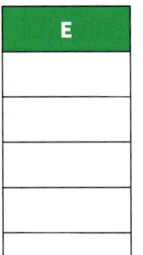

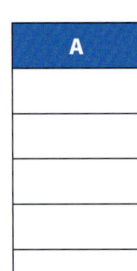

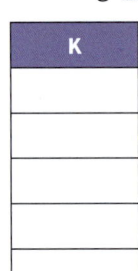

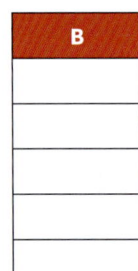

E	A	K	B	S

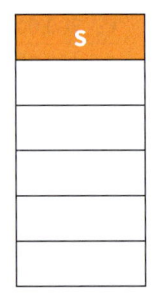

b) Nummeriere die Belege beginnend jeweils mit der Nummer 1. C
Hinweis: Bei den Bankbelegen sind die Beilagen der Kontoauszüge mit der Belegnummer des Kontoauszuges zu versehen.

c) Kontiere die Belege (siehe Muster erster Beleg). C
Die Kontonummern für die Sachkonten findest du im Kontenplan im Anhang. Für die Kunden bzw. Lieferanten wurden u. a. folgende Kontonummern vergeben:

Kundenkonten	Lieferantenkonten
20001 Florian Hammer KG 20999 Sonstige Kunden	33005 Heinz Kramer e. U., Papierfachgeschäft 33006 Gerhard Mertl OG 33007 Schauer Software GmbH

d) Erstelle eine computergerechte Buchungsliste anhand der Kontierungen auf den Belegen.

1.

M.

SPORT MÜCK
ROBERT MÜCK E.U.
SPORTGERÄTE – IMPORT UND GROSSHANDEL
1120 WIEN, RUCKERGASSE 48

Telefon +43 1 813 15 56-0 Telefax +43 1 813 15 56-60 Mail office@sportmueck.at Website www.sportmueck.at

Florian Hammer KG
Breitenseer Straße 120
1140 Wien
ATU59543499

G/G, 20..-12-27 M/S1 20..-01-02

20../0001 20..-01-02

10	Rackets "Revolution"	€ 186,00	€ 1.860,00
20	Tennisschuhe "Novak DJOKOVIĆ", je 5 Stück Größe 40 – 43	€ 56,00	€ 1.120,00
			€ 2.980,00
	20 % Umsatzsteuer		€ 596,00
			€ 3.576,00

Zahlbar innerhalb 10 Tagen ohne Abzug

2000/4000
/3500

UID-Nr.: ATU19521104
DVR: 0061788

Firmenbuch: FN 180129d
HG Wien

Bank: Handelsbank AG
IBAN AT07 2051 0007 1607 1055
BIC HBAGATWW

2.

Der Kopierprofi
Elstner GmbH
Hohenbergstraße 28
1120 Wien, Tel.: +43 1 12 24 61
Fax: +43 1 12 24 58

Beleg Nr. 13526 02.01.20..

Artikel
Rabatt Gesamtpreis St%

KOPIEN A4, AUFL. AB 1
82,00 x 0,10
8,20 20%

Summe: 8,20 EUR

zu bez.: 8,20 EUR

Nettowert: 6,83 EUR
+20,0% St.: 1,37 EUR

Bar geg.: 10,00 EUR

Summe bez.: 10,00 EUR
Rückgeld: 1,80 EUR

Sie wurden betreut von:
Helga BRAUN
Filiale Meidling

UID-Nr.: ATU51381106

3.

Hans Laufer GmbH | Staplerservice

Schönbrunner Straße 250, 1120 Wien I Tel.: +43 1 819 47, Fax: +43 1 819 47-120 I UID-Nr.: ATU69853526

Robert Mück e. U.
Ruckergasse 48
1120 Wien

Wien, 4.1.20 . .

Rechnung Nr: 0085

Reparatur Gabelstapler		EUR 1.200,00
UMSATZSTEUER	+20 % USt	EUR 240,00
RECHNUNGSBETRAG		**EUR 1.440,00**
Maestro 02452231331233		Zahlung mit der Firmendebitkarte

4.

MERTL
Erzeugung von Sportgeräten
Gerhard Mertl OG 4600 Wels, Stadtplatz 38

Robert Mück e. U.
Ruckergasse 48
1120 Wien

EINGEGANGEN 6. Jan. 20..

Ihr Zeichen, Ihre Bestellung vom	Unser Zeichen	Ihre UID-Nummer	Datum
M/S, 20 . .–12–29	M/M	ATU19521104	20 . .–01–05

Rechnung Nr. 002843 Lieferung am: 20 . .–01–05

Lieferschein	Menge	Einheit	Ware	Preis/Einheit	Betrag EUR
215	20	Stück	Rackets „Revolution“	145,00	2.900,00
215	20	Stück	Tennisanzüge „Serena“ verschiedene Größen	57,00	1.140,00
					4.040,00
			– 10 % Sonderrabatt		404,00
					3.636,00
			+ 20 % Umsatzsteuer		727,20
					4.363,20
			Zahlbar innerhalb 10 Tagen mit 3 % Skonto!		

www.mertlsport.at **E-Mail: office@mertlsport.at**

Geschäftszeit:	Telefon:	UID-Nr.	DVR 0062184	Bank: Sparkasse Wels
Mo–Fr 8–17 Uhr	+43 7242 83 187-0 Telefax: +43 7242 83 187-70	ATU37181900	ARA-Nr. 3976	BIC ASPKATZL IBAN AT02 1798 7000 0038 1482

5.

SCHAUER Software GmbH

Robert Mück e.U.
Ruckergasse 48
1120 Wien
ATU19521104

EINGEGANGEN 8. Jan. 20..

RECHNUNG 0224/00025 07. Jänner 20..

10 MS Windows 10 Pro 64 bit (DE) LS. 0033 Auftr.Nr. 90022	EUR	300,00	**300,00**	20% MwSt.
10 McAfee TOTAL PROTECTION LS. 0033 Auftr.Nr. 90022	EUR	37,50	**37,50**	20% MwSt.
1 Versand mit Paketdienst: Minipaket 24-Stunden Zustellservice, kein Aufschlag für Verpackung LS. 0033 Auftr.Nr. 90022	EUR	5,20	**5,20**	20% MwSt.
			342,70	**EUR**
	20 % MwSt.:		**68,54**	**EUR**
			411,24	**EUR**

Wir danken für Ihren Auftrag und ersuchen um Überweisung innerhalb von 14 Tagen ab Rechnungsdatum ohne Abzug.
Bei Rückfragen wenden Sie sich bitte an Frau Mag. Renate Schauer.

Schauer Software GmbH, Brennerweg 8, 2130 Mistelbach, Telefon +43 2572 23 05, Telefax +43 2572 28 77
E-Mail: office@schauersoftware.at, Website: www.schauersoftware.at
Geschäftsführer: Mag. Harald Schauer, FN 241579p, LG Korneuburg,
Bankverbindung: BAWAG P.S.K. AG, IBAN AT30 6000 0000 7798 5574, BIC OPSKATWW

Hinweis: Verbuchung auf dem Konto 0120 Datenverarbeitungsprogramme

6.

B P - H O C H H A U S E R
7350 OBERPULLENDORF, +43 2612 426 21
UID: ATU51342006

R E C H N U N G S - NR.: 28335
NR:62845 (14 1 1) 08.01.20 . . 09:42:13

BESCHREIBUNG	MENGE	SUMME-EUR	M
BP DIESEL	38.10	40.00	C
G E S A M T BETRAG EUR :		40.00	
KREDITKARTE VISA KARTE		40.00	
BEZAHLT!	40.00		

B E Z A H L T 06017359
VISA 546046
4548 1825 0303 7019 (1) 07/. .
600043251 BELEG NR.: 005802

MWST C 20.00% VON 33.33 6,67
MWST GESAMT EUR 6.67

ES BEDIENTE: HR.FRANZ HOFSTÄTTER

WIR WÜNSCHEN GUTE FAHRT!

Hinweis: Kauf von Treibstoff für den Lkw des Unternehmens, Zahlung mit der Firmenkreditkarte

7.

ING. KURT BAUMANN
GESELLSCHAFT M.B.H.
FARBEN • TAPETEN • PINSEL
1120 Wien 12, Aumannstraße 25
Tel.: +43 1 835 14 21, FN 44890y,
HG Wien, UID-Nr.: ATU39553103

Beleg-Nr. 170 20..0109 10:10

RECHNUNG

1 x 27,90 Lack rot 1812	€	27,90
Summe	€	27,90
Netto	€	23,25
+20 % USt	€	4,65
Brutto	€	27,90
BAR	**€**	**27,90**

Hinweis: Verbuchung auf dem Konto 5420

8.

MERTL
Erzeugung von Sportgeräten

Gerhard Mertl OG 4600 Wels, Stadtplatz 38

Robert Mück e. U.
Ruckergasse 48
1120 Wien

EINGEGANGEN 10. Jan. 20..

Ihr Zeichen, Ihre Nachricht vom	Unser Zeichen	Ihre UID-Nummer	Datum
M/S1, 20. .–01–05	M/M	ATU19521104	20. .–01–09

Betreff
Gutschrift Nr. 1/20. .

Für das von Ihnen retournierte Racket „Revolution" schreiben wir Ihnen

	EUR 145,00
– 10 % Rabatt	EUR 14,50
	EUR 130,50
+ 20 % USt	EUR 26,10
	EUR 156,60

gut.

Wir bitten Sie, die mangelhafte Lieferung zu entschuldigen.

Mit besten Grüßen

Gerhard Mertl OG
Wels

i.V. Straka

www.mertlsport.at				**E-Mail: office@mertlsport.at**
Geschäftszeit: Mo–Fr 8–17 Uhr	Telefon: +43 7242 83 187-0 Telefax: +43 7242 83 187-70	UID-Nr. ATU37181900	DVR 0062184 ARA-Nr. 3976	Bank: Sparkasse Wels BIC ASPKATZL IBAN AT02 1798 7000 0038 1482

9.

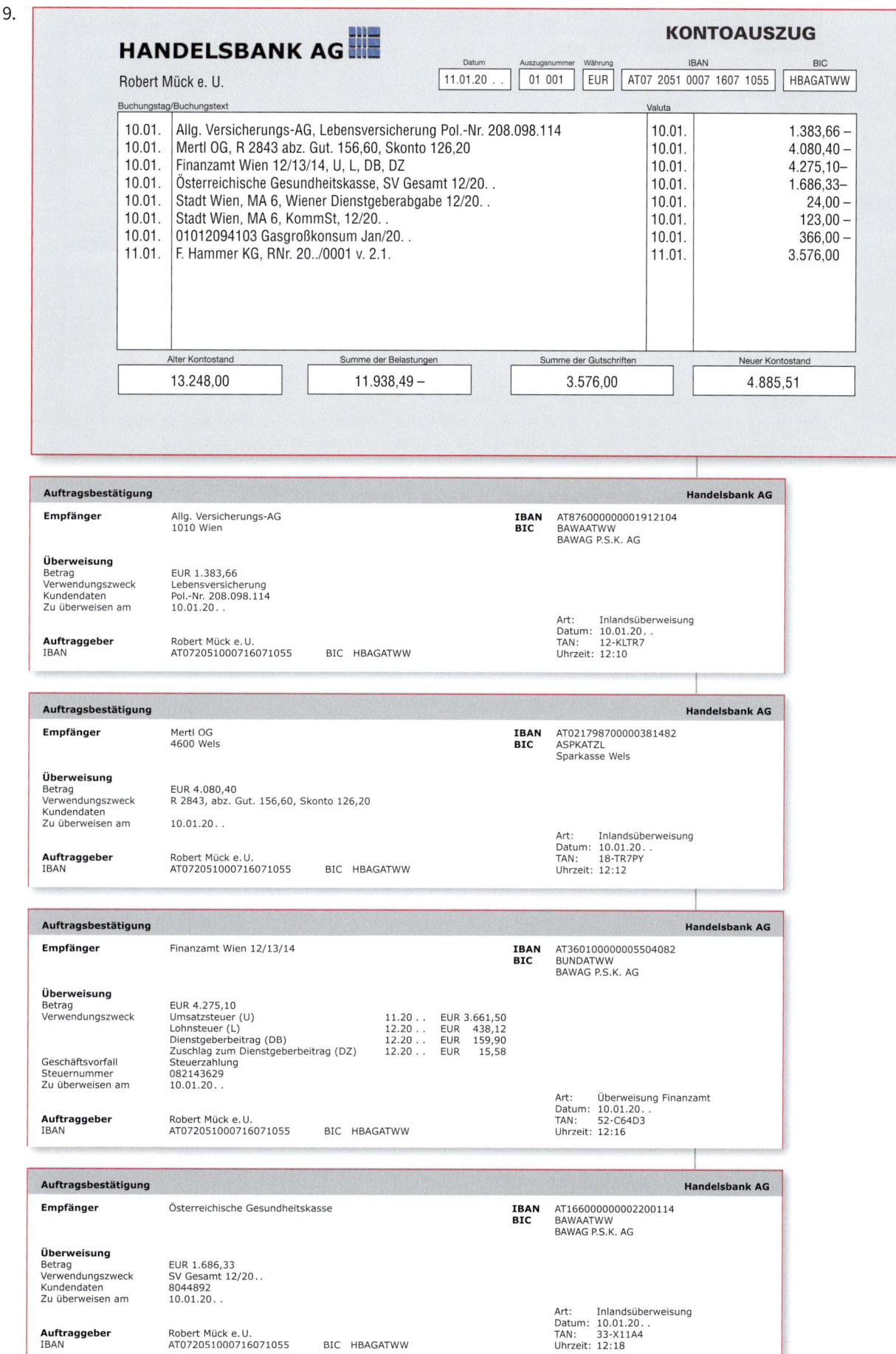

HANDELSBANK AG — **KONTOAUSZUG**

Robert Mück e. U.

Datum	Auszugsnummer	Währung	IBAN	BIC
11.01.20 . .	01 001	EUR	AT07 2051 0007 1607 1055	HBAGATWW

Buchungstag	Buchungstext	Valuta	
10.01.	Allg. Versicherungs-AG, Lebensversicherung Pol.-Nr. 208.098.114	10.01.	1.383,66 –
10.01.	Mertl OG, R 2843 abz. Gut. 156,60, Skonto 126,20	10.01.	4.080,40 –
10.01.	Finanzamt Wien 12/13/14, U, L, DB, DZ	10.01.	4.275,10–
10.01.	Österreichische Gesundheitskasse, SV Gesamt 12/20. .	10.01.	1.686,33–
10.01.	Stadt Wien, MA 6, Wiener Dienstgeberabgabe 12/20. .	10.01.	24,00 –
10.01.	Stadt Wien, MA 6, KommSt, 12/20. .	10.01.	123,00 –
10.01.	01012094103 Gasgroßkonsum Jan/20. .	10.01.	366,00 –
11.01.	F. Hammer KG, RNr. 20../0001 v. 2.1.	11.01.	3.576,00

Alter Kontostand	Summe der Belastungen	Summe der Gutschriften	Neuer Kontostand
13.248,00	11.938,49 –	3.576,00	4.885,51

Auftragsbestätigung — **Handelsbank AG**

Empfänger	Allg. Versicherungs-AG 1010 Wien	**IBAN** **BIC**	AT876000000001912104 BAWAATWW BAWAG P.S.K. AG
Überweisung			
Betrag	EUR 1.383,66		
Verwendungszweck	Lebensversicherung		
Kundendaten	Pol.-Nr. 208.098.114		
Zu überweisen am	10.01.20. .		
		Art: Datum: TAN: Uhrzeit:	Inlandsüberweisung 10.01.20. . 12-KLTR7 12:10
Auftraggeber	Robert Mück e. U.		
IBAN	AT072051000716071055 BIC HBAGATWW		

Auftragsbestätigung — **Handelsbank AG**

Empfänger	Mertl OG 4600 Wels	**IBAN** **BIC**	AT021798700000381482 ASPKATZL Sparkasse Wels
Überweisung			
Betrag	EUR 4.080,40		
Verwendungszweck	R 2843, abz. Gut. 156,60, Skonto 126,20		
Kundendaten			
Zu überweisen am	10.01.20. .		
		Art: Datum: TAN: Uhrzeit:	Inlandsüberweisung 10.01.20. . 18-TR7PY 12:12
Auftraggeber	Robert Mück e. U.		
IBAN	AT072051000716071055 BIC HBAGATWW		

Auftragsbestätigung — **Handelsbank AG**

Empfänger	Finanzamt Wien 12/13/14			**IBAN** **BIC**	AT360100000005504082 BUNDATWW BAWAG P.S.K. AG
Überweisung					
Betrag	EUR 4.275,10				
Verwendungszweck	Umsatzsteuer (U)	11.20 . .	EUR 3.661,50		
	Lohnsteuer (L)	12.20 . .	EUR 438,12		
	Dienstgeberbeitrag (DB)	12.20 . .	EUR 159,90		
	Zuschlag zum Dienstgeberbeitrag (DZ)	12.20 . .	EUR 15,58		
Geschäftsvorfall	Steuerzahlung				
Steuernummer	082143629				
Zu überweisen am	10.01.20. .				
				Art: Datum: TAN: Uhrzeit:	Überweisung Finanzamt 10.01.20. . 52-C64D3 12:16
Auftraggeber	Robert Mück e. U.				
IBAN	AT072051000716071055 BIC HBAGATWW				

Auftragsbestätigung — **Handelsbank AG**

Empfänger	Österreichische Gesundheitskasse	**IBAN** **BIC**	AT166000000002200114 BAWAATWW BAWAG P.S.K. AG
Überweisung			
Betrag	EUR 1.686,33		
Verwendungszweck	SV Gesamt 12/20. .		
Kundendaten	8044892		
Zu überweisen am	10.01.20. .		
		Art: Datum: TAN: Uhrzeit:	Inlandsüberweisung 10.01.20. . 33-X11A4 12:18
Auftraggeber	Robert Mück e. U.		
IBAN	AT072051000716071055 BIC HBAGATWW		

Auftragsbestätigung				**Handelsbank AG**
Empfänger	Stadt Wien, MA 6 – BA33	**IBAN** **BIC**	AT411200000696250109 BKAUATWW UniCredit Bank Austria AG	
Überweisung				
Betrag	EUR 24,00			
Verwendungszweck	Wiener Dienstgeberabgabe 12/20..			
Kundendaten	12784308013			
Zu überweisen am	10.01.20..		Art: Inlandsüberweisung Datum: 10.01.20.. TAN: 17-L14X1 Uhrzeit: 12:21	
Auftraggeber	Robert Mück e.U.			
IBAN	AT072051000716071055 BIC HBAGATWW			

Auftragsbestätigung				**Handelsbank AG**
Empfänger	Stadt Wien, MA 6 – BA33	**IBAN** **BIC**	AT411200000696250109 BKAUATWW UniCredit Bank Austria AG	
Überweisung				
Betrag	EUR 123,00			
Verwendungszweck	KommSt 12/20..			
Kundendaten	127284308013			
Zu überweisen am	10.01.20..		Art: Inlandsüberweisung Datum: 10.01.20.. TAN: 66-C19L1 Uhrzeit: 12:24	
Auftraggeber	Robert Mück e.U.			
IBAN	AT072051000716071055 BIC HBAGATWW			

10.

PAPIER-FACHGESCHÄFT

Robert Mück e.U.
Ruckergasse 48
1120 Wien

HEINZ KRAMER e.U.
1200 Wien, Dresdner Straße 182
Telefon +43 1 335 17 82

Rechnung Nr. 554
Ihre UID-Nummer ATU19521104

Wien, 20..-01-12

EINGEGANGEN 13. Jan. 20..

Lieferschein Nr.	Zahl	Text	pro Einheit	Summe
00168	250	Ordner	1,70	EUR 425,00
00169	100	Schnellhefter	0,30	EUR 30,00
				EUR 455,00
		+ 20 % USt		EUR 91,00
				EUR 546,00
		Zahlbar innerhalb 14 Tagen ohne Abzug!		
		Zahlbar und klagbar in Wien. — Bei Zahlungsverzug sind alle Mahn- und Inkassospesen zu ersetzen.		

Filialen: 1040 Wien, Operngasse 58 1040 Wien, Goldeggasse 48 (Büro) 1120 Wien, Rosasgasse 90	Bankverbindung: UniCredit Bank Austria AG IBAN AT04 1200 0500 5440 2500 BIC BKAUATWW	HG Wien, FN 101620d UID-Nr.: ATU58785112

11.

Baumann-Computer
Ing. W. Baumann GmbH
Klosterneuburger Straße 40
1200 Wien

BARVERKAUF
..-01-15-000011
15.01.20.. 10:07

Mitarbeiter: Grasböck

	EUR
Reparatur Drucker HP Laserjet	
Material	42,60A
Arbeitszeit 2 h à EUR 84,00	168,00
TOTAL EUR:	210,60
Barkasse (EUR)	220,00
Wechselgeld:	9,40

Mwst%	Netto	Mwst	Brutto
A=20%	175,50	35,10	210,60

Rechnungsdatum = Lieferdatum

Kontenplan

Klasse 0

0110 Patentrechte, Lizenzen
0120 Datenverarbeitungsprogramme
0121 Geringwertige Datenverarbeitungsprogramme
0180 Geleistete Anzahlungen auf immaterielle Vermögensgegenstände des Anlagevermögens
0200 Unbebaute Grundstücke
0210 Bebaute Grundstücke (Grundwert)
0300 Gebäude
0400 Maschinen
0450 Sonstige Betriebsanlagen
0480 Geringwertige Maschinen
0500 Werkzeuge
0550 Geringwertige Werkzeuge
0600 Betriebs- und Geschäftsausstattung
0620 Büromaschinen, EDV-Anlagen
0630 Pkw und Kombis
0640 Lkw
0670 Geringwertige Betriebs- und Geschäftsausstattung
0672 Geringwertige Büromaschinen, EDV-Anlagen
0700 Geleistete Anzahlungen auf Sachanlagen 20%
0710 Anlagen in Bau
0800 Beteiligungen
0930 Festverzinsliche Wertpapiere des Anlagevermögens

Klasse 1

1000 Bezugsverrechnung
1100 Rohstoffvorrat
1200 Vorrat bezogene Teile
1250 Vorrat Ersatzteile
1300 Hilfsstoffvorrat
1340 Vorrat Verpackungsmaterial
1350 Vorrat Betriebsstoffe
1360 Vorrat Heizöl
1364 Vorrat feste Brennstoffe
1365 Vorrat Schmiermittel
1370 Vorrat Reinigungsmaterial
1390 Vorrat Büromaterial
1400 Unfertige Erzeugnisse
1500 Fertige Erzeugnisse
1600 Handelswarenvorrat
1680 Emballagen-Vorrat
1800 Geleistete Anzahlungen auf Vorräte 20%
1801 Geleistete Anzahlungen auf Vorräte 10%
1802 Geleistete Anzahlungen auf Vorräte 13%

Klasse 2

2000 Lieferforderungen (Forderungen aus Lieferungen und Leistungen Inland, Kundensammelkonto)
2070 Verrechnungskonto erhaltene Anzahlungen
2100 Lieferforderungen Währungsunion
2150 Lieferforderungen sonstiges Ausland (Nicht-Währungsunion)
2300 Sonstige Forderungen
2320 Gegebene Darlehen
2330 Forderungen aus Darlehenszinsen
2340 Forderungen aus Beteiligungserträgen
2350 Forderungen aus Wertpapierzinsen
2360 Forderungen aus Leasinggeschäften
2380 Guthaben bei Lieferanten (nicht aus Anzahlungen)
2400 Lohn- und Gehaltsvorschüsse
2500 Vorsteuer
2510 Vorsteuer aus ig. Erwerben
2520 Einfuhrumsatzsteuer
2620 Aktien des Umlaufvermögens
2650 Festverzinsliche Wertpapiere des Umlaufvermögens
2700 Kassa
2800 Bank (Guthaben bei Kreditinstituten)
2870 Barverkehr mit Banken
2880 Forderungen Kreditkartenunternehmen
2885 Forderungen Debitkarten
2890 Schwebende Geldbewegungen
2905 Aktivposten Leasingfahrzeuge

Klasse 3

3000 Rückstellungen
3120 Bank (Bankschuld, Verbindlichkeiten gegenüber Kreditinstituten)
3130 Barverkehr mit Banken
3150 Darlehen (von einer Bank)
3160 Verbindlichkeiten aus Darlehenszinsen (zu 3150)
3180 Verbindlichkeiten Kreditkartenunternehmen
3190 Verbindlichkeiten Debitkarten
3200 Erhaltene Anzahlungen 20%
3201 Erhaltene Anzahlungen 10%
3202 Erhaltene Anzahlungen 13%
3203 Erhaltene Anzahlungen 0%
3300 Lieferverbindlichkeiten (Verbindlichkeiten aus Lieferungen und Leistungen Inland, Lieferantensammelkonto)
3350 Verrechnungskonto geleistete Anzahlungen
3360 Lieferverbindlichkeiten Währungsunion
3370 Lieferverbindlichkeiten sonstiges Ausland (Nicht-Währungsunion)
3500 Umsatzsteuer
3510 Erwerbsteuer (USt aus ig. Erwerben)
3520 USt-Zahllast
3540 Verbindlichkeiten Finanzamt (Verrechnungskonto Finanzamt)
3570 Verbindlichkeiten Zollamt
3600 Verbindlichkeiten Gesundheitskasse
3610 Verbindlichkeiten Gemeinde (Stadt)
3700 Darlehen (nicht von einer Bank)
3710 Verbindlichkeiten aus Darlehenszinsen (zu 3700)
3750 Verbindlichkeiten gegenüber Kunden (nicht aus Anzahlungen)
3800 Sonstige Verbindlichkeiten
3850 Verbindlichkeiten gegen Mitarbeiter aus der Bezugsverrechnung

Klasse 4

4000 Handelswarenerlöse 20% (Fertigerzeugniserlöse oder andere Erlöse oder Erträge aus der Hauptleistung des Unternehmens)
4001 Handelswarenerlöse 10%
4002 Handelswarenerlöse 13%
4010 Erlöse aus ig. Lieferungen
4015 Exporterlöse
4100 Fertigerzeugniserlöse 20%
4101 Fertigerzeugniserlöse 10%
4180 Emballagen-Erlöse
4400 Erlösberichtigungen 20%
4401 Erlösberichtigungen 10%
4402 Erlösberichtigungen 13%
4403 Erlösberichtigungen 0%
4405 Erlösberichtigungen ig. Lieferungen
4406 Erlösberichtigungen Export
4410 Kundenskonti 20%
4411 Kundenskonti 10%
4412 Kundenskonti 13%
4415 Kundenskonti aus ig. Lieferungen
4416 Kundenskonti Export
4500 Bestandsveränderungen
4580 Aktivierte Eigenleistungen
4600 Erlöse aus dem Abgang von Anlagen 20%
4601 Erlöse aus dem Abgang von Anlagen 0%
4610 Versicherungsentschädigungen für Anlagenabgänge
4630 Erträge aus dem Abgang von Anlagen
4660 Erträge aus der Zuschreibung zum Anlagevermögen
4810 Mieterträge (Pachterträge)*
4820 Provisionserträge*
4840 Fremdwährungskursgewinne
4850 Erträge aus Konventionalstrafen
4860 Versicherungsentschädigungen (sonstige)
4880 Übrige betriebliche Erträge 20%
4881 Übrige betriebliche Erträge 10%
4882 Übrige betriebliche Erträge 13%
4883 Übrige betriebliche Erträge 0%
4890 Mahnspesenvergütungen
4900 Eigenverbrauch 20%
4901 Eigenverbrauch 10%
4902 Eigenverbrauch 13%
4903 Eigenverbrauch 0%

Klasse 5

5000 Handelswareneinsatz 20 %
5001 Handelswareneinsatz 10 %
5002 Handelswareneinsatz 13 %
5080 Emballagen-Einsatz
5100 Rohstoffverbrauch (-einsatz)
5200 Verbrauch von bezogenen Teilen
5300 Hilfsstoffverbrauch
5340 Verpackungsmaterialverbrauch
5400 Betriebsstoffverbrauch
5410 Schmiermittelverbrauch
5420 Reparaturmaterialverbrauch
5450 Reinigungsmaterialverbrauch
5500 Verbrauch von Werkzeugen, Erzeugungshilfsmitteln
5510 Ersatzteileverbrauch
5600 Bezugskosten
5880 Lieferantenskonti auf Wareneinkauf (Materialaufwand) 20%
5881 Lieferantenskonti auf Wareneinkauf (Materialaufwand) 10%
5882 Lieferantenskonti auf Wareneinkauf (Materialaufwand) 13%

*Wenn es sich um Nebenerträge handelt.

5884 Lieferantenskonti Anlagenkäufe
5885 Lieferantenskonti aus ig. Erwerben
5886 Lieferantenskonti Import
5890 Umsatzbonus auf Wareneinkauf 20 %
5891 Umsatzbonus auf Wareneinkauf 10 %
5892 Umsatzbonus auf Wareneinkauf 13 %

Klasse 6

6000 Fertigungslöhne
6001 Überstunden Arbeiter
6010 Hilfslöhne
6020 Sonderzahlungen Arbeiter
6100 Lehrlingseinkommen Arbeiter
6120 Sonderzahlungen Arbeiterlehrlinge
6200 Gehälter
6201 Überstunden Angestellte
6220 Sonderzahlungen Angestellte
6300 Lehrlingseinkommen Angestellte
6320 Sonderzahlungen Angestelltenlehrlinge
6400 Abfertigungsaufwand Arbeiter
6420 Abfertigungsaufwand Angestellte
6440 Aufwand für Betriebliche Vorsorgekassen Arbeiter
6441 Aufwand für Betriebliche Vorsorgekassen Angestellte
6500 Gesetzlicher Sozialaufwand Arbeiter
6560 Gesetzlicher Sozialaufwand Angestellte
6600 Dienstgeberbeitrag Arbeiter
6610 Zuschlag zum DB Arbeiter
6620 Kommunalsteuer Arbeiter
6630 Wiener Dienstgeberabgabe Arbeiter
6660 Dienstgeberbeitrag Angestellte
6670 Zuschlag zum DB Angestellte
6680 Kommunalsteuer Angestellte
6690 Wiener Dienstgeberabgabe Angestellte
6700 Freiwilliger Sozialaufwand

Klasse 7

7010 Abschreibungen von Sachanlagen (Absetzung für Abnutzung, AfA)
7040 Außerplanmäßige Abschreibungen von Anlagevermögen (Teilwertabschreibungen, ausgenommen Finanzanlagen)
7060 Abschreibungen geringwertiger Wirtschaftsgüter
7070 Außerplanmäßige Abschreibungen von Umlaufvermögen
7100 Grundsteuer
7150 Tourismusabgabe
7180 Gebühren
7190 Sonstige Abgaben
7200 Instandhaltung durch Dritte
7210 Reinigung durch Dritte
7220 Entsorgungsaufwand
7240 Heizölverbrauch
7250 Treibstoffverbrauch
7260 Gasverbrauch
7270 Stromverbrauch
7280 Heizmaterialverbrauch (feste Brennstoffe)
7300 Ausgangsfrachten 20% (Transporte durch Dritte)
7301 Ausgangsfrachten 0%
7310 Paketgebühren 20%
7311 Paketgebühren 0%
7320 Pkw- und Kombi-Betriebsaufwand
7321 Motorbezogene Versicherungssteuer Pkw und Kombis
7325 Versicherungsaufwand Pkw und Kombis
7326 Parkgebühren, Straßenmaut Pkw und Kombis
7330 Lkw-Betriebsaufwand
7331 Motorbezogene Versicherungssteuer Lkw
7332 Kraftfahrzeugsteuer Lkw
7335 Versicherungsaufwand Lkw
7336 Parkgebühren, Straßenmaut Lkw
7340 Bahn- und Autobuskosten Inlandsreisen
7341 Flugkosten Inlandsreisen
7342 Taxikosten Inlandsreisen
7343 Sonstige Fahrtkosten Inlandsreisen
7344 Reise-Nebenkosten Inland
7345 Kilometergelder Inland
7360 Tagesgelder Inland
7364 Nächtigungsgelder Inland
7380 Telefon- und Internetgebühren
7385 Portogebühren
7400 Mietaufwand (Pachtaufwand)
7440 Leasingaufwand
7450 Leasingaufwand Pkw und Kombis
7460 Leasingaufwand Lkw
7480 Lizenzaufwand
7540 Provisionen an Dritte (Nicht-Arbeitnehmer; Vertriebsaufwand für Handelsvertreter)
7600 Büromaterial (Büroaufwand, Bürobedarf)
7610 Kopien und sonstige Druckkosten
7630 Fachliteratur und Zeitungen
7650 Werbeaufwand
7660 Aufwand für Geschäftsanbahnung 20%
7661 Aufwand für Geschäftsanbahnung 10%
7662 Aufwand für Geschäftsanbahnung 0%
7663 Nicht absetzbarer Aufwand für Geschäftsanbahnung 20%
7664 Nicht absetzbarer Aufwand für Geschäftsanbahnung 10%
7665 Nicht absetzbarer Aufwand für Geschäftsanbahnung 0%
7680 Spenden und Trinkgelder
7700 Versicherungsaufwand
7710 Haftpflichtversicherungen (ohne Kraftfahrzeuge)
7740 Versicherungsbeiträge an die Sozialversicherungsanstalt der Selbständigen
7750 Rechts- und Beratungsaufwand
7770 Aufwand für Aus- und Fortbildung
7780 Kammerumlage
7790 Spesen des Geldverkehrs
7791 Sonstige Bankspesen
7792 Provisionen, Gebühren Kredit- und Debitkarten
7800 Abschreibungen von Vorräten
7802 Abschreibungen von Forderungen 20%
7803 Abschreibungen von Forderungen 10%
7804 Abschreibungen von Forderungen 13%
7805 Abschreibungen von Forderungen 0%
7811 Konventionalstrafen
7815 Fremdwährungskursverluste
7818 Rundungsdifferenzen
7819 Sonstige Schadensfälle
7820 Buchwert abgegangener Anlagen
7830 Verluste aus dem Abgang von Anlagen
7850 Übrige betriebliche Aufwendungen 20%
7851 Übrige betriebliche Aufwendungen 10%
7852 Übrige betriebliche Aufwendungen 0%
7880 Lieferantenskonti auf sonstige betriebliche Aufwendungen

Klasse 8

8030 Steuerpflichtige Zinsenerträge für Wertpapiere des Anlagevermögens
8031 Endbesteuerte Zinsenerträge für Wertpapiere des Anlagevermögens
8035 Steuerpflichtige Dividenerträge (aus Aktien ohne Beteiligungscharakter)
8036 Endbesteuerte Dividenerträge (aus Aktien ohne Beteiligungscharakter)
8050 Zinsenerträge aus Bankguthaben
8051 Zinsenerträge aus gewährten Darlehen
8052 Steuerpflichtige Zinsenerträge für Wertpapiere des Umlaufvermögens
8053 Endbesteuerte Zinsenerträge für Wertpapiere des Umlaufvermögens
8055 Verzugszinsenerträge
8056 Sonstige Zinsenerträge 20%
8057 Sonstige Zinsenerträge 10%
8080 Erlöse aus dem Abgang von sonstigen Finanzanlagen
8090 Erlöse aus dem Abgang von Wertpapieren des Umlaufvermögens
8170 Erträge aus der Zuschreibung zu Finanzanlagen
8180 Erträge aus der Zuschreibung zu Wertpapieren des Umlaufvermögens
8200 Abschreibungen auf Beteiligungen
8270 Abschreibungen auf sonstige Finanzanlagen
8271 Abschreibungen auf Wertpapiere des Umlaufvermögens
8310 Zinsenaufwand für Bankkredite
8311 Sonstiger Aufwand für Bankkredite (z.B. Bereitstellungsprovision, Überziehungsprovision)
8315 Zinsenaufwand für Darlehen
8320 Verzugszinsenaufwand
8321 Mahnspesen
8325 Zinsenaufwand für Lieferantenkredite 20%
8326 Zinsenaufwand für Lieferantenkredite 10%

Klasse 9

9000 Kapital (Stammkapital, Grundkapital)
9600 Privat
9610 Privatsteuern
9800 Eröffnungsbilanzkonto (EBK)
9850 Schlussbilanzkonto (SBK)
9890 Gewinn- und Verlustkonto (GuV)

Stichwortverzeichnis

Im Buch findest du Erklärvideos, die du mit der MEHR!-App starten kannst.
Seiten mit Erklärvideos sind hier hellblau eingefärbt.

Bildnachweis

Umschlagbild: Xmentoys / shutterstock.com
Kapitelstartseiten: Illustrationen tom mackinger, tomillu.com;
S. 4: Ipatov / shutterstock.com; S. 5: Emilio100 / Shutterstock.com; S. 6: Terekhov Sergey / shutterstock.com; antoniodiaz / shutterstock.com; DUO Studio / shutterstock.com; S. 8: New Africa / shutterstock.com; DUO Studio / shutterstock.com; Terekhov Sergey / shutterstock.com; S. 9: antoniodiaz / shutterstock.com; S. 14: BigDane / shutterstock.com; Anton Starikov / shutterstock.com; S. 15: Christian Kobierski / shutterstock.com; S. 18: richardjohnson / shutterstock.com; zombiemaster / shutterstock.com; ; S. 19: Lastroll / Shutterstock.com; S. 21: KASUE / shutterstock.com; Dmytro Vietrov / shutterstock.com; S. 23: ©Sabine Kneidinger PHOTOGRAPH/ Smarter Ecommerce; S. 26: Bystronic CorCom; S. 27: sebra / shutterstock.com; S. 28: mavo / shutterstock.com; encierro / shutterstock.com; S. 29: Nova Rock_photo legacy Anastasiya Matrosova / shutterstock.com; S. 30: Anastasiya Matrosova / shutterstock.com; RossHelen / shutterstock.com; Andrey_Popov / shutterstock.com; S. 31: ImageFlow / shutterstock.com; S. 35: BONDART PHOTOGRAPHY / Shutterstock.com; S. 36: Stefan Joham, NEOH; S. 37: Peppinuzzo / Shutterstock.com; S. 45: Steyr-Werner Technischer Handel GmbH; S. 47: © Berglandmilch; Monkey Business Images / shutterstock.com; S. 48: pinyo bonmark / shutterstock.com; Friends Stock / shutterstock.com; Lina_Lisichka / shutterstock.com; Lina_Lisichka / shutterstock.com; Elena Elisseeva / shutterstock.com; VGstockstudio / shutterstock.com; S. 49: Friends Stock / shutterstock.com; pinyo bonmark / shutterstock.com; VGstockstudio / shutterstock.com; S. 52: Vertical Work GmbH; S. 55: BMW_Steyr; S. 59: Bystronic; S. 66: Leika production / shutterstock.com; S. 70: Photo by Barna Kovács on Unsplash; S. 72: ArtemSh / shutterstock.com; S. 75: Mike_shots / shutterstock.com; S. 78: Playbrush GmbH; S. 82: Kzenon / shutterstock.com; S. 84: Andrea Slatter / shutterstock.com; S. 90: Eckes-Granini; S. 91: www.kurtpinter.com; S. 94: Fishman64 / shutterstock.com; S. 97: Maxim Petrichuk / Shutterstock.com; S. 100: majo1122331 / shutterstock.com; S. 106: WAYHOME studio / shutterstock.com; moreimages / shutterstock.com; S. 108: spass / shutterstock.com; S. 112: Chubykin Arkady / shutterstock.com; S. 115: Alesandro14 / shutterstock.com; S. 117: REDPIXEL.PL / shutterstock.com; RossHelen / shutterstock.com; S. 125: TGW Logistic Group GmbH_tgw-group.com; S. 139: alterfalter / shutterstock.com; S. 140: Tung-Cheung / Shutterstock.com; S. 148: Kinga / shutterstock.com; Fresh-Forward-Köln-©Subway®-Sandwiches; S. 149: joerngebhardt68 / shutterstock.com; S. 154: Ompura / Julian Koch; S. 157: Sorbis / Shutterstock.com; S. 161: Africa Studio / shutterstock.com; Evgeny Atamanenko / shutterstock.com; S. 168: Adamah: Pia Hofmeister, Manfred Klimek; S. 169: Stephan Huger Studio Huger Wiedner Hauptstrasse 46 1040 Wien; S. 171: Zephyr_p / shutterstock.com; S. 175: @loeffler.at/pressefoto; Eigenschaft ‚copyright' kann nicht abgefragt werden!; S. 182: Halfpoint / shutterstock.com; S. 183: Stephan Huger Studio Huger Wiedner Hauptstrasse 46 1040 Wien; S. 200: Bene GmbH; S. 201: Eugenio Marongiu / Shutterstock.com; S. 208: Ankerbrot GmbH & Co KG; S. 219: chinahbzyg / Shutterstock.com; S. 221: Dontsov Evgeny / shutterstock.com; S. 223: Lazy_Bear / shutterstock.com; S. 229: © OMV Aktiengesellschaft; S. 230: Yuriy Golub / shutterstock.com; Aleksandar Tasevski / shutterstock.com; S. 238: Derenko; Santi S / shutterstock.com; S. 241: alexandra.a / shutterstock.com; S. 246: ColorMaker / shutterstock.com; S. 264: Leremy, Andics / shutterstock.com; Jacob Lund / shutterstock.com; S. 265: Aunging / shutterstock.com; goodluz / shutterstock.com; S. 266: Dobermaraner / shutterstock.com; Glynsimages2013 / Shutterstock.com; S. 268: Luckies / Shutterstock.com; S. 275: @wohnwagon.at/pressefoto; S. 288: Flat_Enot / shutterstock.com; Flat_Enot / shutterstock.com; S. 289: Redvy / Shutterstock.com; S. 290: LG Electronics Deutschland GmbH; REEDesign.IT; S. 291: SUPERGHONAM / shutterstock.com; S. 293: lecosta / shutterstock.com; S. 295: MIND AND I / shutterstock.com; mavo / shutterstock.com; aerogondo2 / shutterstock.com; Iakov Filimonov / shutterstock.com; S. 296: bintanks / shutterstock.com; S. 297: nerucci / shutterstock.com; S. 298: ftstudio / shutterstock.com ; S. 300: javierDan / shutterstock.com; S. 302: mArt88 / shutterstock.com; S. 303: ftstudio / shutterstock.com; S. 305: unien / shutterstock.com; S. 307: Marish / shutterstock.com; Drekhann / shutterstock.com; S. 308: Drekhann / shutterstock.com; S. 312: Drekhann / shutterstock.com;

Einstiegsvideos

Illustrationen tom mackinger, tomillu.com

Kapitel 1: hans engbers / shutterstock.com; Maryna Pleshkun / shutterstock.com; Lumppini / shutterstock.com; guruXOX / shutterstock.com; lovelyday12 / shutterstock.com; Dragana Gordic / shutterstock.com; LightField Studios / shutterstock.com; Nightman1965 / shutterstock.com;

Kapitel 2: Pressmaster / shutterstock.com; Antonio Guillem / shutterstock.com; Andrey Burstein / shutterstock.com; Anna Berdnik / shutterstock.com; Pasuwan / shutterstock.com; fizkes / shutterstock.com; Ksenia Kirillovykh / shutterstock.com; Jenson / shutterstock.com; S. 2: Pasuwan / shutterstock.com; Gena96 / shutterstock.com; Gajus / shutterstock.com; guruXOX / shutterstock.com; Karuka / shutterstock.com; Khongtham / shutterstock.com; SeventyFour / shutterstock.com; GingerKitten / shutterstock.com; ;

Kapitel 3: New Africa / shutterstock.com; Andrey_Popov / shutterstock.com; Kunertus / shutterstock.com; zhu difeng / shutterstock.com; Rido / shutterstock.com; manfredxy / shutterstock.com; SHUTTER TOP / shutterstock.com; Hyejin Kang / shutterstock.com; S. 2: Nadir Keklik / shutterstock.com; ILYA AKINSHIN / shutterstock.com; Krap / shutterstock.com; Monster Ztudio / shutterstock.com;

Kapitel 4: Dragana Gordic / shutterstock.com; Joyseulay / shutterstock.com; Dragana Gordic / shutterstock.com; fizkes / shutterstock.com; Khakimullin Aleksandr / shutterstock.com; Schira / shutterstock.com; mato181 / shutterstock.com; Patryk Kosmider / shutterstock.com; S. 2: Liderina / shutterstock.com;

Kapitel 5: Witthaya lOvE / shutterstock.com; Zadorozhnyi Viktor / shutterstock.com; Andrey_Popov / shutterstock.com; Mar1Art1 / shutterstock.com; Alenaisland / shutterstock.com; Casper1774 Studio / shutterstock.com; travis manley / shutterstock.com; VGstockstudio / shutterstock.com; S. 2: Arina P Habich / shutterstock.com; Kzenon / shutterstock.com; Michael Pettigrew / shutterstock.com; Atstock Productions / shutterstock.com; Golubovy / shutterstock.com;

Kapitel 6: LittlePigPower / shutterstock.com; ASDF_MEDIA / shutterstock.com; Standret / shutterstock.com; paradoks_blizanaca / shutterstock.com; Andrey_Popov / shutterstock.com; Witthaya lOvE / shutterstock.com; Zodar / shutterstock.com; Andrey_Kuzmin / shutterstock.com; S. 2: Dean Drobot / shutterstock.com; SFIO CRACHO / shutterstock.com; Brian A Jackson / shutterstock.com; Basileus / shutterstock.com; Markus Loretto / shutterstock.com;
Kapitel 7: Kunyakon Moonlapong / shutterstock.com; Shestakov Dmytro / shutterstock.com; wavebreakmedia / shutterstock.com; Arkadiusz Fajer / shutterstock.com; Mikael Damkier / shutterstock.com; Dean Drobot / shutterstock.com; S.Pytel / shutterstock.com; fotoinfot / shutterstock.com;
Kapitel 8: Labutin.Art / shutterstock.com; Thomas Bethge / shutterstock.com; Bannafarsai_Stock / shutterstock.com; Aleksandar Malivuk / shutterstock.com; tsyhun / shutterstock.com; Vladyslav Horoshevych / shutterstock.com; Zivica Kerkez / shutterstock.com; Photo Logrus / shutterstock.com; S. 2: Brian A Jackson / shutterstock.com; Don Pablo / shutterstock.com; Maxim Blinkov / shutterstock.com; Bjoern Wylezich / shutterstock.com;
Kapitel 9: Anna Berdnik / shutterstock.com; yevgeniy11 / shutterstock.com; VGstockstudio / shutterstock.com; WSW1985 / shutterstock.com; Andrey_Popov / shutterstock.com; VH-studio / shutterstock.com; GaudiLab / shutterstock.com; Andrey_Popov / shutterstock.com; S. 2: Lisa-S / shutterstock.com; Alex Yeung / shutterstock.com; mavo / shutterstock.com; kibri_ho / shutterstock.com; VH-studio / shutterstock.com;
Kapitel 10: Red Octopus / shutterstock.com; igorstevanovic / shutterstock.com; Tim Sharipov / shutterstock.com; Lucian Coman / shutterstock.com; mavo / shutterstock.com; Axel Alvarez / shutterstock.com; Flamingo Images / shutterstock.com; Iakov Filimonov / shutterstock.com;

Das Bildmaterial wurde bearbeitet von der Hölzel Verlag GmbH.

Alle anderen Quellenangaben befinden sich bei den Abbildungen. Sämtliche an dieser Stelle nicht angeführten Fotos und Abbildungen wurden von den Autorinnen und Autoren bzw. von der Hölzel Verlag GmbH selbst erstellt. Alle Rechte für diese Abbildungen liegen bei den Autorinnen und Autoren bzw. bei der Hölzel Verlag GmbH.

Wir haben uns bemüht, alle Inhaber/innen von Bildrechten ausfindig zu machen. Sollten dennoch Urheberrechte verletzt worden sein, bitten wir um Kontaktaufnahme mit uns.